형사절차법 삐딱하게 보기

김정한 지음

준커뮤니케이션즈

저자약력

약력
- 연세대학교 법과대학 졸업
- 안동대학교 대학원 졸업(법학석사)
- 경북대학교 대학원 졸업(법학박사)
- 사법시험 합격
- 서울북부검찰청, 대구지방검찰청 김천지청 검사
- 법무법인 경북삼일 대표변호사
- 김천대학, 대구대학, 단국대학 강사·겸임교수
- 조선대학교 법대 부교수
- 현 영남대학교 법학전문대학원 교수
- 변호사시험, 각종 공무원 임용시험 출제 및 채점 위원

저서 및 최근 논문
- 객관식 형법총론, 각론(도서출판 태학관, 2000)
- 객관식 형사소송법(도서출판 태학관, 2000)
- 형법총론, 각론(도서출판 동화기술, 2004)
- 형사증거법 삐딱하게 보기(준커뮤니케이션즈, 2019)

- CCTV 녹화자료의 압수 수색에 관한 소고(경북대학교 법학논고 2017)
- 형사소송에서 입증책임과 쟁점형성책임에 관한 실무적 고찰(형사소송의 이론과 실무 2017)
- 재심에서의 입증책임 분배와 입증의 정도에 관한 소고(형사소송의 이론과 실무 2018)
- 피의자신문조서와 형사소송법 제314조의 관계에 대한 소고(형사법의 신동향, 2019)
- 컴퓨터가 자동 생성한 문서에 대한 형사증거법적 연구(충북대학교 법학연구, 2019)
- 임의제출물의 압수에 관한 실무적 고찰(형사법의 신동향, 2020)
- 녹음테이프와 녹취록, 녹취진술의 증거능력에 대한 실무적 고찰(인권과 정의, 2021)
- 유류물 압수와 유기물 취거에 관한 영장주의적 통제 방안(형사법의 신동향, 2022)
- 구성요건 요소인 '정당한 사유' 유무의 입증에 관한 소고(형사법의 신동향, 2023)

머리말

저자가 2019년에 출간한 '형사증거법 삐딱하게 보기'가 분에 넘치는 사랑을 받았습니다. 그저 감사할 따름입니다. 이에 힘입어 이번에 속편이라 할 수 있는 '형사절차법 삐딱하게 보기'를 출간하게 되었습니다. 이 책은 2007년부터 최근까지 사이에 저자가 발표한 형사법 글 중에서 형사절차에 관한 글들과 '형사증거법 삐딱하게 보기' 출간 이후에 발표한 형사증거법에 관한 몇 개의 글을 모아서 엮은 것입니다.

민사소송이나 행정소송에서도 그렇겠지만, 특히 형사절차(수사와 재판)에서는 적법절차라는 이념이 더욱 강조됩니다. '10명의 범인을 놓치는 한이 있더라도 1명의 억울한 사람이 나오면 안된다'는 법언이 이를 잘 표현하고 있습니다. 형사소송법 학계는 물론이고 실무계에서도 추상적으로는 이 점을 잊지 않고 있습니다. 그러나 구체적 상황에 들어가면 무엇이 적법절차이고 어떻게 하는 것이 적법절차 이념에 더 부합하는가? 라는 물음에 대하여 쟁점마다 여러 가지 견해와 판례가 제시되고 있습니다. 심지어 판례는 1개이지만 그에 대한 해석론은 여러 개인 경우도 드물지 않습니다. 저자는 적법절차의 실질적 의미와 형사절차 현실(흔히 '실무'라고 표현합니다)을 함께 고려하여야 한다는 입장에서 형사절차를 규율하고 해석하여야 한다고 생각하고 있습니다. 그 결과 이 책에 실린 글들 역시 '형사증거법 삐딱하게 보기'와 마찬가지로 기존의 다수설(심지어는 통설), 판례 또는 그에 대한 일반적인 해석론과는 다른 견해를 주장하는 경우가 많아 책의 제목을 '형사절차법 삐딱하게 보기'로 정하였습니다. 삐딱하게 보는 것이 어쩌면 똑바로 보는 방법일 수도 있다는 생각은 지금도 변하지 않고 있습니다.

이 책에 실린 글들은 각기 개별적으로 여러 매체에 발표된 글이라 형식에서도 제각각이고 내용에서도 일관성이 떨어져 서로 조화롭지 못한 부분도 일부 있었습니다. 이 책을 편집하는 과정에 이러한 점들을 모두 정리 또는 조정하고 참고문헌도 가급적 최신의 자료로 고쳤습니다. 다만 혹 너무 다듬어 본래의 생기를 잃게 되지는 않을까 하는 점도 함께 유념하였습니다. 이 때문에 다소 거칠고 직설적인 표현도 남아있지만 독자 여러분의 넓은 이해와 질책을 함께 구합니다.

　김성룡 교수님, 최호진 교수님, 김혁돈 교수님, 김현조 교수님, 그 밖에도 성함을 더 적지 못하지만 학문적으로, 또 인간적으로 도와주신 분들이 많이 계십니다. 이 자리를 빌려 다시 한 번 깊은 감사의 말씀을 드립니다. 그리고 어려운 출판 환경 속에서도 책을 선뜻 출판해 주시는 준커뮤니케이션즈의 박준성 사장님께도 깊이 감사드립니다.

2025년 9월

김 정 한

차례

제1편 수사 | 1

체포의 요건과 절차에 관한 실무적 고찰 | 2
Ⅰ. 들어가며 | 2
Ⅱ. 체포·구속 이원주의와 체포전치주의 | 5
Ⅲ. 각 체포의 요건 | 10
Ⅳ. 각 체포의 주체와 절차 | 31
Ⅴ. 나가며 | 46

CCTV 녹화자료의 압수·수색에 관한 소고 | 47
Ⅰ. 들어가며 | 47
Ⅱ. CCTV 녹화자료에 대한 압수·수색 일반론 | 49
Ⅲ. 영장에 저장매체 자체 압수 허용 문구가 기재되어 있어야 하는지 | 54
Ⅳ. 탐색과정에 피압수자 등의 참여권이 보장되어야 하는지 | 57
Ⅴ. 별건정보 발견시 어떻게 대처하여야 하는지 | 69
Ⅵ. 나가며 | 72

임의제출물의 압수에 관한 실무적 고찰 | 74
Ⅰ. 들어가며 | 74
Ⅱ. 제출자의 지위 | 76
Ⅲ. 제출의 임의성 | 86
Ⅳ. 그 밖의 문제들 | 91
Ⅴ. 나가며 | 95

유류물 압수와 유기물 취거에 관한 영장주의적 통제 방안 | 97
Ⅰ. 들어가며 | 97
Ⅱ. 유류물의 개념과 유류물 압수에 관한 형사소송법 규정 | 99
Ⅲ. 유류물 압수에 대한 영장주의적 통제 | 103

Ⅳ. 유기물에 대한 검토 | 112
Ⅴ. 나가며 | 117

제2편 기소와 불기소 | 119

피고인의 특정에 관한 실무적 고찰 | 120
Ⅰ. 들어가며 | 120
Ⅱ. 피고인 특정의 기준 | 122
Ⅲ. 성명모용 소송의 경우 | 134
Ⅳ. 위장출석 소송의 경우 | 143
Ⅴ. 성명모용과 위장출석이 중첩된 소송의 경우 | 147
Ⅵ. 나가며 | 149

형사절차상 공범 처벌의 공평성에 관한 소고 | 151
Ⅰ. 들어가며 | 151
Ⅱ. 불가분원칙과 관련하여 | 153
Ⅲ. 공소시효 정지효와 관련하여 | 165
Ⅳ. 나가며 | 174

소멸시효 제도와 비교하여 검토해 본 공소시효 제도 | 175
Ⅰ. 들어가며 | 175
Ⅱ. 공소시효 제도의 근거와 본질 | 177
Ⅲ. 공소시효 기간과 기산점 | 185
Ⅳ. 공소시효의 정지 | 189
Ⅴ. 나가며 | 198

이념 조화적 시각에서 재검토한 공소장일본주의의 공과와 개선방안 | 199
Ⅰ. 들어가며 | 199
Ⅱ. 공소장일본주의와 관련한 외국의 입법례와 우리 형사소송법의 연혁 등 | 202
Ⅲ. 공소장일본주의의 이념적 근거 | 209
Ⅳ 공소장일본주의의 공과 | 217
Ⅴ. 공소장일본주의의 개선 방안 | 221
Ⅵ. 나가며 | 226

불기소처분의 주문 유형에 대한 실무적 고찰 | 227

Ⅰ. 들어가며 | 227
Ⅱ. 외국의 불기소처분 실태 | 230
Ⅲ. 혐의없음과 죄가안됨 처분에 대한 고찰 | 232
Ⅳ. 공소권없음과 각하 처분에 대한 고찰 | 235
Ⅴ. 기소유예와 공소보류, 기소중지와 참고인중지, 타관송치 처분 | 241
Ⅵ. 나가며 | 245

제3편 주장과 입증 | 247

형사소송에서 책문권의 인정과 한계에 대한 실무적 고찰 | 248

Ⅰ. 들어가며 | 251
Ⅱ. 형사소송에서 책문권 이론의 인정 여부 | 253
Ⅲ. 책문권 상실의 요건 | 259
Ⅳ. 책문권 상실의 효과와 증거능력 문제 | 265
Ⅴ. 나가며 | 268

구성요건 요소인 '정당한 사유' 유무의 입증에 관한 소고 | 269

Ⅰ. 들어가며 | 269
Ⅱ. 정당한 사유의 범죄성립 체계상 지위 | 271
Ⅲ. 정당한 사유 유무의 입증 | 276
Ⅳ. 나가며 | 286

피의자신문조서와 형사소송법 제314조의 관계에 대한 소고 | 287

Ⅰ. 들어가며 | 288
Ⅱ. 궐석재판과 증거동의 의제 | 291
Ⅲ. 피고인 자신의 피고인신문조서에 제314조를 적용하여 증거로 사용할 수 있는지 | 294
Ⅳ. 공범의 피의자신문조서에 제314조를 적용하여 피고인에게 증거로 사용할 수 있는지 | 300
Ⅴ. 나가며 | 305

녹음테이프와 녹취록, 녹취진술의 증거능력에 대한 실무적 고찰 | 307

Ⅰ. 들어가며 | 307
Ⅱ. 녹음테이프의 증거능력 | 308
Ⅲ. 녹취록의 증거능력 | 317

Ⅳ. 녹취진술의 증거능력 | 325
Ⅴ. 녹음테이프와 녹취록의 증거능력에 관한 판례 검토 | 326
Ⅵ. 나가며 | 330

컴퓨터가 자동 생성한 문서에 대한 형사증거법적 고찰 | 331

Ⅰ. 들어가며 | 331
Ⅱ. 컴퓨터 문서의 분류와 컴퓨터 자생 문서의 특성 | 333
Ⅲ. 컴퓨터 자생 문서의 증거방법적 본질과 증거능력 요건, 증거조사 방법 | 339
Ⅳ. 혼성문서, 혼재문서에 대한 검토 | 344
Ⅴ. 컴퓨터 자생 문서에 대한 대법원의 태도 | 349
Ⅵ. 나가며 | 354

제4편 판결과 그 효력 | 355

객관적 처벌조건에 관한 실무적 고찰 | 356

Ⅰ. 들어가며 | 356
Ⅱ. 객관적 처벌조건의 본질 | 357
Ⅲ. 사전수뢰죄에 대한 검토 | 361
Ⅳ. 사기파산죄에 대한 검토 | 368
Ⅴ. 부정수표단속법 제2조 제2항 위반죄 검토 | 371
Ⅵ. 나가며 | 373

기판력의 발현 형태와 효력 범위에 관한 소고 | 374

Ⅰ. 들어가며 | 374
Ⅱ. 기판력의 발현형태 | 377
Ⅲ. 기판력의 물적 범위의 의미와 기능 | 380
Ⅳ. 기판력의 시적 범위의 의미와 기능 | 387
Ⅴ. 나가며 | 397

포괄일죄의 일부에 대한 확정판결의 기판력과 죄수 문제 | 398

Ⅰ. 들어가며 | 399
Ⅱ. 확정판결에 의한 상습범 포괄일죄의 분리 여부 | 401
Ⅲ. 계속범, 영업범에서의 문제 | 414
Ⅳ. 확정판결이 무죄인 경우 | 415

Ⅴ. 나가며 | 417

행위 중에 법률이 변경된 경우 적용 법규와 1죄성에 관한 소고 | 419
Ⅰ. 들어가며 | 422
Ⅱ. 대상판결과 비교판결 검토 | 426
Ⅲ. 행위시법주의와 1죄 1회적 처벌 법리의 충돌과 조화 | 432
Ⅳ. 나가며 | 441

참고문헌 | 443

1

제 1 편

수 사

체포의 요건과 절차에 관한 실무적 고찰
– 체포의 목적·본질과의 연관성을 강조하여 –
CCTV 녹화자료의 압수·수색에 관한 소고
임의제출물의 압수에 관한 실무적 고찰
유류물 압수와 유기물 취거에 관한 영장주의적 통제 방안

체포의 요건과 절차에 관한 실무적 고찰
－체포의 목적·본질과의 연관성을 강조하여－

Ⅰ. 들어가며

1. 총설

체포란 수사단계에 범죄혐의와 체포사유가 존재하면 단기간동안 피의자의 인신을 속박하는 수사기관의 대인적 강제처분이다. 강제처분이라는 점에서 피의자 소환 등의 임의처분과 다르고, 대인적 처분이라는 점에서 압수·수색·검증과 같은 대물적 처분과 다르며, 수사단계의 처분이고 단기간 처분이라는 점에서 수사와 재판단계의 처분이고 상대적으로 장기간 처분인 구속[1]과도 다르다. 과거 우리 형사소송법에는 인신을 속박하는 제도로서 구속(수사단계의 구속은 제201조 이하, 재판단계의 구속은 제69조 이하)과 현행범체포는 있었지만(제212조) 그 밖에 일반적인 인신 속박제도로서의 체포제도는 존재하지 않았다. 현행범체포는 현행범인(준현행범인 포함) 상황에만 허용되므로 오·남용의 우려가 상대적으로 적지만[2], 구속의 한 종류로 규정되어 있던 긴급구속은 오·남용의 우려가 매우 컸다. 이에 1995년 형사소송법 개정의 기회에 구속과는 별도의 체포제도를 정비하면서, 체포의 원칙적 모습으로 영장체포 제도를 신설하고(제200조의2) 종래의 긴급구속은 긴급체포로 전환하였다(제200조의3). 비로소 영장체포, 긴급체포, 현행범체포의 3가지 체포제도가 완비된 것이다. 이로써 수사기관에게 피의자를 강제적으로 소환 조사할 수 있는 권한을 부여하여 제도적으로 수사를 지원함과 동시에 긴급구속을 법적 통제의 범위 내로 끌어들이게 되었다.

위와 같이 개정된 형사소송법은 1997년부터 시행되었다. 초기에는 영장체포 이용율이 낮아 2001년까지도 영장에 의한 체포자가 전체 체포자 중 5.7%에 불과하였는데, 2010년 무렵부터는 약 80%로 증가하였다. 반면에 2001년에도 80%를 상회하던 긴급체포자가 2010년 무

---

1) 구속에는 구인과 구금이 포함되어 있지만, 통상 구속이라 하면 구금을 의미한다. 이 글에서도 마찬가지이다.
2) 다만 준현행범인에 대한 현행범체포는 오남용의 우려가 적지 않아 지금도 논란의 대상이 되고 있다. 이 글 해당 부분에서 상술한다.

렵부터는 10% 남짓에 불과하게 되었다[3)4)]. 현행범체포는 큰 변화 없이 10% 내외를 차지하고 있다. 영장체포는 주로 소환불응자와 기소중지자 검거에 활용되는 반면, 긴급체포는 미처 체포영장을 발급받지 못한 피의자와 갑자기 맞닥뜨린 경우 또는 범죄혐의가 갑자기 드러나는 경우 등에 활용되고 있다.

위 각 체포는 단기간의 인신속박이라는 공통점도 있지만, 실제 용도에 큰 차이가 있으며, 이 때문에 각 체포의 요건과 절차에서 많은 차이점이 발생한다. 다만 체포의 공통된 목적이 단기간의 인신속박을 통해 피의자신문을 포함한 화급한 수사를 진행하는 것이라는 점은 분명하며, 이 점에서 피의자와 피고인의 인신을 상당기간 확보하여 수사와 재판에 대비하는 제도인 구속과는 확연히 구별된다. '구속은 상당정도 수사가 진행되어 피의자에 대한 범죄혐의가 밝혀지고 피의자에게 도주·증거인멸의 우려가 있는 때에 사용되는 제도인 반면, 체포는 초동 수사단계에 범죄혐의를 명확하게 밝혀냄으로써 이후의 형사절차 진행을 확보하기 위해 사용되는 제도'라는 설명[5)]도 같은 취지이다. 구속영장이 청구되면 그 발부율이 대략 75-80%임에 반하여 체포영장이 청구되면 그 발부율이 98% 이상인 이유도 위와 같은 목적의 차이에 기인한다. 다만 긴급체포는 일정 정도 구속을 염두에 두고 구속영장 청구와 발부까지 신병을 확보한다는 기능도 함께 가지고 있으며[6)], 현행범체포는 긴급체포와 같은 신병 확보는 물론이고 범죄를 일응 저지한다는 현실적인 기능도 함께 가지고 있는 것이 사실이다.

2. 문제의 제기

체포의 목적 또는 본질로부터 체포의 요건이 나온다. 체포의 종류에 따라 구체적 용도에 차이가 있기 때문에 각 체포의 요건에 적지 않은 차이가 있는 것이 사실이다. 먼저 체포의

---

3) 하태인, "수사상 긴급체포 요건과 운용", 형사법연구 제23권 1호(2011. 봄), 한국형사법학회, 286면 참조.
4) 1995년 체포제도를 도입하면서 피의자의 인권을 획기적으로 보장하겠다는 법무부의 설명과 달리 '수사편의적 발상이 강하게 반영된 개악'이라는 평가도 없지 않았다(조상제, "현행 형사소송법상 체포제도의 문제점", 계명법학 제3집, 계명대학교 사회과학연구소 법학연구실, 1998, 3면). 도입 초기에 영장체포의 활용도가 낮았던 것은 사실이지만, 그렇다고 하여 긴급체포의 활용이 더 확대된 것은 아니며, 시간의 흐름에 따라 애초의 계획대로 영장체포의 사용이 정상화되어 지금은 전체 체포의 80% 이상을 차지하게 되었다. 따라서 체포제도의 도입을 개악이라고 평가하기는 어렵다고 생각된다.
5) 심재무, "체포의 요건에 관한 고찰", 형사법연구 제13호(2000. 6.), 한국형사법학회, 227면.
6) 사실은 영장체포의 경우에도 그와 같은 부차적 기능이 전혀 없는 것은 아니지만, 긴급체포의 경우에는 그와 같은 기능이 영장체포보다 훨씬 더 강하게 나타나는 것이 사실이다.

원칙적 모습이라 할 수 있는 영장체포는 그 주된 목적이 피의자 소환 조사[7]에 있기 때문에[8] 형사소송법 제200조의2가 '범죄혐의의 상당성, 필요성, 소환불응 또는 그 우려'를 그 요건으로 명시하고 있는 것이다. 여기에서 말하는 '범죄혐의의 상당성'이 긴급체포나 구속의 경우와 동일한 정도인지, 만일 다르다면 어떻게 다른지, '필요성'을 어떤 의미라고 보아야 하는지, '소환불응·우려' 요건은 반드시 필요한지 등에 대하여는 논란이 있다.

긴급체포는 그 목적이 체포 자체에 있다고 볼 것인지 구속의 준비에 있다고 볼 것인지에 따라 그 요건이 달라진다. 형사소송법 제200조의3은 긴급체포의 요건으로 '범죄의 중대성, 범죄혐의의 상당성, 도주·증거인멸의 우려와 긴급성'을 명시하고 있다. 긴급체포를 체포의 일종, 즉 영장체포의 대용물로 본다면 위 요건들은 모두 영장 없는 체포의 남용을 통제하는 수단 정도로 이해되겠지만, 긴급체포를 구속의 준비로 본다면 '범죄의 중대성'이 더 강조되어야 할 뿐만 아니라 '범죄혐의의 상당성'이나 '필요성'도 구속에 준하는 요건으로 이해되어야 할 것이다.

현행범체포와 관련하여서는 형사소송법 제212조가 현행범인, 준현행범인의 개념과 '누구든지 영장 없이 현행범인을 체포할 수 있다'는 점을 규정하고 있을 뿐 그 밖의 요건, 즉 범죄혐의의 정도나 긴급성, 도주·증거인멸의 우려 등에 대하여는 전혀 규정하고 있지 않다. 다만 다수 학설과 판례는 '범죄혐의의 명백성'과 '도주·증거인멸의 우려'가 요구된다고 해석하고 있다. 여기에서 명백성이 어느 정도의 혐의를 말하는지, 도주·증거인멸의 우려 요건이 과연 필요한지, 더 나아가 준현행범인에 대하여도 현행범체포를 허용하는 것이 적절한지 등이 문제된다.

체포의 절차와 관련하여서도 많은 논란이 있다. 가장 근본적으로는 체포와 구속을 일원적으로 설정할 것인지 이원적으로 설정할 것인지, 만일 이원적으로 설정한다면 체포전치주의를 취할 것인지 여부부터 문제된다. 우리 형사소송법은 체포와 구속을 이원적으로 설

---

[7] 그 과정에 피의자의 변명 등에 의해 새로 필요하게 된 피해자와의 대질 등 추가수사를 포함한다.
[8] 물론 조사 결과 구속 사유가 발견되면 구속영장을 청구하고 영장이 발부될 때까지 피의자의 신병을 확보해 두는 것도 영장체포의 부수적 목적이기는 하지만, 이는 어디까지나 부수적이고도 조건부적인 목적이다. 이러한 부수적 목적을 인정하지 않는다면 조사를 마치고 구속이 필요하다고 판단하여 구속영장을 청구하는 경우에도 별도의 긴급체포를 활용하지 않는 한 일단 석방하여야 하는 것으로 해석될지도 모른다. 이와 같은 무용한 절차의 중복을 피하기 위해서 영장체포에도 구속 준비의 부차적 목적을 인정하지 않을 수 없을 것이다.

정하되 체포전치주의는 채택하지 아니하고 체포와 구속을 완전히 분리 운용하고 있다. 이에 대하여 체포와 구속의 일원화를 주장하는 분도 있고, 체포전치주의를 채택하여야 한다는 분도 없지 아니하다. 또한 영장체포와 관련하여서는 사법경찰관에게도 체포영장 청구권을 부여할 것인지 등의 문제가 있다. 긴급체포와 관련하여 가장 논란이 많은데 사후 체포영장 청구를 강제하여야 하는지, 긴급구속으로 되돌아가야 하는지를 비롯하여 사법경찰리에게도 긴급체포 권한을 부여할 것인지, 검사의 지휘·승인제도를 유지할 것인지, 긴급체포 상태에서 추가수사가 허용되는지 등 많은 문제가 제기되고 있다. 현행범체포와 관련하여서도 준현행범인 개념을 유지할 것인지를 비롯하여 준현행범인을 인정한다고 하더라도 준현행범인에 대한 사인의 체포 권한을 계속 인정할 것인지, 목격자 아닌 사인에게도 현행범체포 권한을 인정할 것인지, 사후 체포영장을 청구하여야 하는지 등의 논란이 있다. 체포시한이 너무 긴 것이 아닌지는 위 3가지 체포 모두에서 문제되고 있다.

체포의 목적 또는 본질은 체포의 절차와도 밀접한 관련이 있다. 특히 체포·구속 이원주의나 체포전치주의, 사후 체포영장의 요부 등의 문제에서 그러하다. 체포의 목적을 구속의 준비에서 찾는다면 체포전치주의를 취하게 되겠지만, 체포의 목적을 소환 조사에서 찾는다면 반드시 체포전치주의를 취할 필요는 없어진다. 체포의 목적을 구속의 준비라고 본다면 영장 없는 체포 후에도 구속영장 외에 사후 체포영장을 청구하여야 할 필요성이 적지만, 체포의 목적을 소환 조사라고 본다면 영장 없는 체포 후에는 구속영장과 별도로 사후 체포영장을 청구하여야 할 필요성이 크며, 이러한 점은 특히 긴급체포의 경우에 두드러진다. 아래에서 체포·구속 이원주의와 체포전치주의 채부 문제, 체포의 본질과 각 체포의 요건 문제, 각 체포의 절차 문제를 순차적으로 살펴보기로 한다.

Ⅱ. 체포·구속 이원주의와 체포전치주의

1. 체포와 구속의 관계에 대한 외국의 입법례와 우리 형사소송법의 태도

체포와 구속의 관계를 어떻게 볼 것인지는 인신 구속의 기본 체계의 이해와 관련하여 대단히 중요한 문제이다. 체포와 구속의 관계를 어떻게 설정할 것인지는 형사정책적 문제이며 나라에 따라 입법례가 다르다. 미국은 인신구속 개념이 일원화되어 있어 체포(arrest, 영장체포와 영장 없는 체포 포함)

외에 구속의 개념이 별도로 존재하지 않는다[9]. 따라서 일단 체포된 자는 이후 보석으로 석방되지 못하면 자동적으로 구속상태가 계속된다[10]. 독일은 체포와 구속이 이원적이기는 하지만, 구속을 중심으로 운영하면서 체포(현행범체포와 긴급체포)는 구속을 위한 수사기관의 임시적 처분으로 이해된다(독일 형사소송법 제127조 제1항, 제2항)[11]. 이 때문에 체포에는 법관의 영장을 요하지 않으며, 당연히 영장체포 제도가 존재할 여지가 없다[12]. 체포된 피의자는 곧바로(늦어도 다음날까지) 판사에게 인치되어 구속영장이 발부되거나 석방된다(제128조 제2항). 체포는 당연히 구속을 전제로 하고 있다는 점에서 우리나라의 경우와 큰 차이가 있는 것이다. 일본은 체포와 구속의 개념이 이원화되어 있을 뿐만 아니라 우리 형사소송법과 마찬가지로 영장체포(다만 '체포영장'이라 하지 않고 '체포장'이라 한다), 긴급체포, 현행범체포 제도가 모두 존재한다(일본 형사소송법 제199조, 제210조, 제213조). 그러나 사법경찰관도 체포장(우리나라의 체포 영장에 해당한다)을 청구할 수 있고, 체포된 피의자를 48시간 내에 검사에게 인치하여야 하며, 검사는 인치 받은 지 48시간 내에 구속영장을 청구하든지 석방하여야 하는 점 등에서 우리나라의 경우와 차이가 있다. 더욱이 체포전치주의를 채택한 결과 구속은 언제나 체포된 자에 대한 속칭 사후구속으로만 존재하고 속칭 사전구속 제도는 없다.

그런데 우리 형사소송법은 체포와 구속을 이원적으로 운용할 뿐만 아니라 독일과 달리 체포가 구속을 위한 임시적인 처분도 아니고, 일본과 달리 체포전치주의를 채택하고 있지도 않다. 완전한 의미에서의 체포·구속 이원주의, 즉 체포·구속 병렬주의를 취하고 있는 것이다[13]. 체포한다고 하여 언제나 구속으로 연결되는 것도 아니고, 구속 앞에 반드시 체포가 존재하는 것도 아니다. 따라서 불구속할 사건임이 명백한 사건에 대하여도 체포의 필요가 있다면 체포할 수 있고, 반대로 구속의 필요가 있지만 체포의 필요가 없다면 체포 없이 곧바로 구속할 수도 있다[14]. 물론 체포하여 조사한 결과 구속의 사유가 발견되면 구속영장을 청구하고 영장이 발부될 때까지 피의자의 신병을 확보해 두는 것도 체포의 기능 중 하나이기는 하지만, 이는 어디까지나 부수적 기능이다. 이러한 부수적 기능을 인정하지 않는다

---

9) Ronald V del Carmen(김성돈 역), 미국 형사소송법, 길안사, 1999, 176면 이하..
10) 김종덕, "체포제도에 관한 비교법적 고찰", 계명법학 제6집, 계명대학교 사회과학연구소 법학연구실, 2002, 120면.
11) Klaus Volk(김환수/문성도/박노섭 공역), 독일 형사소송법, 박영사, 2009, 117-119면.
12) 신양균, "독일의 인신구속제도에 대한 검토", 비교형사법연구 제11권 제1호(2009. 7.), 한국비교형사법학회, 29면. 따라서 긴급체포와 현행범체포 형태만 존재한다.
13) 일부 학자들이 사용하고 있는 용례에 따라 저자도 이를 '체포·구속 병렬주의'라고 부르기로 한다. 김상호, "체포제도의 문제점과 개선방안", 저스티스 통권 제89호(2006. 2.), 한국법학원, 123면 등 참조.
14) 통상적으로 이렇게 발부되는 구속영장을 '사전영장'이라고 한다.

면 소환 조사를 마치면 곧바로 석방하여야 하고 구속이 필요한 경우에는 별도의 긴급체포를 하여야 할 터인데, 이런 무용한 절차의 중복을 피하기 위해서 허용되는 부수적 기능일 뿐인 것이다. 이를 도식화하면 아래와 같다.

```
┌ 체포 · 구속 일원주의 : 미국
│                           ┌ 체포 임시처분 : 독일
└ 체포 · 구속 이원주의 ──────┤                     ┌ 체포전치주의 : 일본
                            └ 체포 정규처분 ──────┤
                                                  └ 체포병렬주의 : 한국
```

우리나라에서도 체포의 목적을 구속영장 청구를 위한 증거수집으로 판단하거나 체포를 구속에 선행하는 절차라고 보는 견해가 있다[15]. 미국과 같이 체포와 구속을 일원화하거나[16], 독일과 같이 체포를 구속으로 이어지는 임시처분으로 규정한 경우 또는 일본과 같이 체포전치주의를 취하여 구속에 앞서 반드시 체포를 거치게 하는 경우에는 그와 같이 볼 여지도 있을 것이다. 그러나 우리 형사소송법은 체포와 구속을 완전히 분리하여 독립적인 체계로 운용하고 있다. 이런 체계 하에서는 체포는 구속과 구별되는 독자적 목적이 있으며, 반드시 구속에 선행하지도 않는다. '체포한 때로부터 48시간 이내에 구속영장을 청구하여야 한다'는 제200조의2 제5항이 체포의 구속 前단계 기능을 보여준다는 견해도 있지만[17] 이 역시 체포의 시간적 제한을 규정한 데 따른 반사적 효과일 뿐 체포가 구속의 前단계 기능이 있다는 논리적 근거는 아니라고 생각된다. 극단적으로는 구속되어 있는 피의자에게 구속 사유인 도주 · 증거인멸 우려는 없어지고 체포 사유인 소환불응 우려만 남는다면 구속을 취소하고 새로이 체포(영장체포 포함)를 하여야 할 것이다.

2. 체포 · 구속 병렬주의에 대한 비판적 견해에 대하여

우리 형사소송법이 일본과 달리 체포전치주의를 채택하지 않고 체포 · 구속 병렬주의를 취하고 있다는 점에 대하여 비판적인 시각이 적지 않다. "사전절차 없이도 곧바로 구속영장을 청구할 수 있는 이러한 체계는 체포영장 제도를 활성화시키려던 당초의 입법취지와는 달리 체포제도를 유명무실하게 하고 그 조기정착에도 장애가 되며, 사전영장 구속은 수

---

15) 김종덕, 앞의 논문, 123면; 심재무, 앞의 논문, 225면.
16) 따라서 체포된 자는 석방되지 않는다면 계속 수감되어 있는 것이고 따로 구속으로 전환하는 절차가 필요하지 않다. 김종덕, 앞의 논문, 120면.
17) 정승환, "형사소송법의 체포제도에 대한 재검토", 법조 제54권 제7호(2005. 7.), 법조협회, 61면.

사의 진행에 따른 사정변경이 있는 경우에도 허용되어진 구속기간 동안 구속 계속 여부에 대한 판단을 수사기관에 일임해 버리는 결과가 되어 인신구속 필요최소한의 원칙에 반하기 때문에, 체포 후 다시 구속 여부를 결정하여 경직화된 구속수사의 관행을 탈피하고 미체포 피의자에 대한 구인제도의 폐해를 제거하여야 한다"는 주장도 그 중의 하나이다[18]. 결국 일본과 같이 체포전치주의를 도입하자는 취지로 보인다.

그러나 구속이 필요할 뿐 체포는 필요 없는 경우라면 굳이 체포의 이용을 활성화할 필요가 없을 것이고, 어차피 구속영장 발부 전에 영장심사를 통해 인권침해의 소지를 방지하고 있는데 체포단계를 더 거친다고 하여 인권침해 소지를 더 많이 방지하게 될 것 같지도 않다. 체포·구속 병렬주의 하에서는 체포는 그 목적에서부터 구속과 다르다. 체포의 주된 목적은 소환 조사의 강제이다. 더욱이 피의자는 구속적부심제도를 이용할 수 있기 때문에 굳이 체포단계를 거치지 않더라도 언제든지 법원의 재심사를 받을 수 있다. 따라서 인권침해의 소지를 줄이기 위해서는 체포단계를 거쳐야 하는 것이 아니라 구속의 판단 자체를 신중하게 하여야 한다. 구속영장이 청구된 미체포자에 대하여 법원이 구인영장을 발부하는 것이 적절하지 않다는 비판도 있지만[19], 굳이 체포를 하는 것이 구인영장 제도를 활용하는 것보다 인권보호의 측면에서나 원만한 절차진행의 측면에서 더 나을 것 같지도 않다.

"체포제도의 도입 취지를 임의동행과 보호유치 등 탈법적 수사관행을 근절하고 적법한 수사절차를 확보하는 것이라고 설명하지만, 근본적으로 문제가 있는 수사관행을 합법화한 것이 과연 정당한 것인지 의문이고, 기존의 구속체계에 영장체포를 단순 추가하였기 때문에 체포영장의 역할과 기능이 불분명하게 되어 상호 기능장애가 발생하였을 뿐만 아니라, 인신구속의 구조가 이중적, 이원적 구조로 오히려 확대되었다"는 비판도 있다[20]. 그러나 이 비판 역시 체포와 구속이 목적과 요건, 절차에서 명백히 다르다는 점을 간과하고 있다. 만일 체포영장과 구속영장의 인신속박 중첩을 기능장애라고 본다면 수사와 재판도 기능장애라고 보아야 할 것이다. 진실규명 절차를 이중적으로 할 필요 없이 입건되면 곧바로 기소하여 법원에서 진실을 밝히면 될 터이기 때문이다. 그러나 수사와 재판의 목적과 요건, 절차

---

18) 조상제, 앞의 논문, 25면. 김상호, 앞의 논문, 123면 등도 같은 취지.
19) 이은모, "피의자 인신구속제도의 정비방안", 형사법연구 제19호(2003. 6.), 한국형사법학회, 114면.
20) 정승환, 앞의 논문, 56면, 68면, 69면.

가 명백히 다르듯이 체포와 구속도 목적과 요건, 절차가 다르므로 상호 보완적 기능을 수행한다. 긴급체포는 피의자 신병확보에, 현행범체포는 범죄 저지와 신병확보에 부차적 기능이 있는 것은 맞지만 체포의 근본적인 목적은 피의자 소환 조사에 있는 것이다.

"구속 일원화를 통해 절차를 단순 명확하게 하여 절차적 투명성을 제고하고 비리를 감소하여야 하며, 소환 조사가 필요할 때에는 구속 중 구인제도를 활용하면 족하다"는 견해도 있다[21]. 그러나 체포, 특히 영장체포도 구인 즉 '피의자신문을 위한 소환기능' 뿐만 아니라 영장청구 시 대기시키는 기능도 가지고 있다. 피의자신문을 마쳤더라도 구속영장 청구 시 즉시 석방하지 않고 구인영장 발부 여부가 결정될 때까지 대기시키는 것이다. 만일 체포영장을 구인장으로 바꾸면 구인의 목적인 소환 조사가 달성되면 곧바로 석방하여야 하는 문제점이 발생하며, 구인장으로 영장대기도 시킬 수 있다면 결국 체포와 다를 것이 없다.

"사법경찰관이 긴급체포권을 행사하면 검사의 사후승인이나 영장 청구를 위해 수사기록이 검찰에 송부될 때까지 검찰 수사지휘권에 공백이 발생하기 때문에 검사는 가급적 긴급체포의 활용을 기피하거나 견제하여 사전 구속영장을 청구하는 관행이 발생하였는데 (30%라는 사전 구속 영장이 바로 이것이다), 이를 해결하기 위해서는 체포전치주의를 채택하여야 한다"는 주장도 있다[22]. 그러나 긴급체포가 줄어드는 것은 영장체포 원칙에 충실한 결과로서 오히려 바람직한 현상이고, 사전 구속영장은 굳이 체포의 필요는 없고 구속의 필요는 있는 경우 곧바로 구속영장 청구에 들어간 결과일 뿐이다. 또한 사법경찰관이 긴급체포한 경우 구속영장 청구 시한이 48시간임을 고려할 때 24시간 내, 늦어도 36시간 내에는 검사에게 보고되어 승인을 받거나 구속영장을 청구하는 것이 실무 관행인데, 이는 현행범체포나 다른 불구속 수사에 비하여 매우 빠른 수사지휘 체계이다. 따라서 이를 가지고 수사지휘권 공백이라고 말하기는 어렵고 검사들도 그렇게 느끼지 않는다. 더욱이 의무적인 체포전치주의는 체포의 필요성이 없는 경우에도 체포를 강요하는 것이어서 불구속수사 원칙에도 반하고, 체포하는 순간부터 48시간 내에 구속영장을 청구하여야 하므로 수사시간 제한이라는 현실적 문제도 발생하기 때문에 체포·구속 병렬주의보다 더 우수한 제도라고 생각되지도 않는다.

---

21) 김상호, "긴급체포의 명칭과 요건상의 대상범죄에 대한 검토", 동아법학 제47호(2010. 5.), 동아대학교 법학연구소, 242면, 251면.
22) 신동운, "인신구속제도를 둘러싼 법적용의 왜곡과 그 해결방안", 법학, 서울대학교 법학연구소, 1998, 37면.

Ⅲ. 각 체포의 요건

1. 영장체포

(1) 범죄혐의의 상당성

모든 수사에는 범죄혐의가 요구되는데, 특히 강제수사에는 일정 정도 이상의 범죄혐의가 요구된다. 다만 강제처분의 종류에 따라 요구되는 범죄혐의의 정도에 차이가 있을 뿐이다. 영장체포에 대하여 형사소송법은 "피의자가 죄를 범하였다고 의심할만한 상당한 이유"라고 규정하여(제200조의2 제1항) 상당한 정도의 범죄혐의를 요구하고 있다. 여기에서 '상당'은 수사 개시의 요건인 '수사기관의 주관적 혐의'만으로는 부족하고 구체적이고도 합리적인 자료, 즉 증거에 의한 객관적 혐의를 의미한다고 해석된다[23]. 범죄혐의가 미미할 때에도 체포하여 조사할 수 있다면 인권침해의 우려가 너무 크기 때문에 객관적 혐의를 요구하는 것이다. '충분한 범죄혐의'가 필요하다는 견해도 있으나[24], '충분한 범죄혐의'가 뒤에서 살펴볼 바와 같이 일본 형사소송법에서 긴급체포에 요구되는, '상당한 범죄혐의'보다 좀 더 강한 범죄혐의를 지칭하는 표현이어서 불필요한 오해를 살 우려가 있다.

그런데 긴급체포나 구속의 경우에도 형사소송법은 영장체포의 경우와 동일하게 "죄를 범하였다고 의심할만한 상당한 이유"라고 규정하고 있다(제200조의3 제1항, 제70조). 여기에서 '상당'이라는 것이 어느 정도의 범죄혐의를 의미하는지, 영장체포에서의 상당성이 긴급체포나 구속의 경우와 동일한 정도인지가 문제된다. 긴급체포에서의 혐의의 상당성과 동일한지의 문제는 이 글 중 긴급체포 부분에서 다루기로 하고 여기에서는 구속에서의 혐의의 상당성과만 비교하기로 한다. 영장체포에서의 혐의의 상당성과 구속에서의 혐의의 상당성이 동일한 의미라고 보는 견해도 있다[25]. 이 견해는 영장체포에서의 혐의의 상당성도 구속의 경우를 기준으로 판단하기 때문에 구속에서나 영장체포에서나 혐의의 상당성은 공히 '무죄추

---

[23] 김종덕, 앞의 논문, 130면.
[24] 심재무, 앞의 논문, 233면.
[25] 신동운, 신형사소송법(제5판), 법문사, 2014, 305면; 이재상/조균석/이창온, 형사소송법(제13판), 박영사, 2021, 270면; 신양균, 신판 형사소송법, 화산미디어, 2009, 158면; 이은모/김정환, 형사소송법(제9판), 박영사, 2023, 240면; 배종대/홍영기, 형사소송법(제2판), 홍문사, 2020, 127면. 이 견해는 구속과 영장체포에서의 범죄혐의의 상당성을 동일하게 보므로 뒤에서 살펴볼 긴급체포에서의 범죄혐의의 상당성도 달리 볼 수가 없음이 당연하다.

정을 깨트릴 수 있는 정도의 고도의 개연성'이라고 보고 있다. 이에 반하여 구속에서는 범죄에 대한 고도의 개연성이 필요하지만, 영장체포에서는 그보다 낮은 정도의 혐의, 즉 문자 그대로 상당한 정도의 범죄혐의만 있으면 족하다는 견해도 적지 않다[26].

생각건대 체포와 구속은 목적 뿐만 아니라 인권침해의 크기나 형사절차상 사용되는 단계 등에서 큰 차이가 있다. 구속은 재판단계 또는 수사가 상당 정도 진행되어 범죄혐의 유무가 거의 드러난 단계에 도주·증거인멸을 방지하여 장기간 신병을 확보하기 위한 처분이기 때문에 만의 하나라도 진범이 아닌 자를 구속하였다면 매우 중대한 인권침해의 문제가 된다. 그러나 체포는 수사 초기 범죄혐의 유무가 불확실한 상황에 피의자를 수사기관에 단기간 인치하여 조사하기 위한 처분이기 때문에 설혹 진범이 아닌 자를 체포하였다 하더라도 조사 후 곧바로 석방하였다면 매우 중대한 인권침해의 문제라고 보기는 어렵다. 실무적으로도 만일 체포에 대하여도 구속에서와 같은 정도의 범죄혐의를 요구한다면 체포제도를 활용하기가 어려울 뿐만 아니라, 체포가 가능한 대부분의 경우 차라리 구속을 해 버릴 것이기 때문에 체포제도를 활용할 필요도 없을 것이다. 따라서 구속은 범죄혐의가 거의 확실한 경우에만 허용되어야 하지만, 체포는 문자 그대로 범죄혐의가 상당하기만 하면 허용될 수 있다고 해석하지 않을 수 없다. 구속을 위해서는 죄를 범하였다고 '믿을만한' 범죄혐의가 필요하지만, 체포를 위해서는 죄를 범하였다고 '의심할만한' 범죄혐의로 족하다는 표현[27]은 매우 적절하다. 굳이 숫자로 표시한다면 영장체포에서의 상당성은 50% 내외, 구속에서의 상당성은 고도의 개연성으로서 95% 내외[28], 유죄판결은 개연성을 넘어 합리적 의심이 없는 확신, 즉 98% 정도라고 표현할 수 있지 않을까?[29]

예를 들어 정황상 갑과 을 중 1인이 범인인 것은 확실하지만 그 중 누가 범인인지는 불명확한 상황에서 체포 또는 구속 요건으로서의 혐의의 상당성이 인정되겠는지를 판단해 보

---

26) 배종대/이상돈/정승환/이주원, 형사소송법, 홍문사, 2015, 129면; 신양균/조기영, 형사소송법, 박영사, 2020, 131면; 정웅석/최창호/김한균, 신형사소송법(제2판), 박영사, 2023, 181면; 김종덕, 앞의 논문, 131면; 심재무, 앞의 논문, 233면; 조상제, 앞의 논문, 7면; 이재석, "현행 인신구속제도의 문제점과 개선방안", 형사정책 제11호(1999. 10.), 한국형사정책학회, 15면; 노정환, "현행 체포제도에 대한 실무적 고찰", 법조 제62권 제8호(2013. 8.), 법조협회, 119면 등.
27) 김종덕, 앞의 논문, 132면.
28) 독일 형사소송법 제112조는 이를 'dringend verdächtig(분명한 또는 유력한 혐의)'라고 표현하고 있다.
29) 이 때문에 체포나 구속에서는 범죄의 혐의가 필요하지만 유죄의 선고에는 범죄의 증명이 필요하다(형사소송법 제321조 제1항). "구속을 위해서는 '현저한 혐의'가, 유죄선고를 위해서는 '확인된 혐의'가 필요하다"는 설명(정승환, 앞의 논문, 66면)은 적절한 표현이다.

자. 이러한 경우 수사기관으로서는 일단 갑과 을을 소환 조사하여 혐의 유무를 밝히는 노력이 반드시 필요하고, 그 과정에 약간의 인권침해 우려가 있다고 하더라도 단기간의 인신속박을 통한 인권침해의 크기를 범인을 밝혀 처벌하여야 하는 체포의 필요성과 비교형량 할 때 그 정도의 혐의로도 갑과 을에 대한 체포가 허용되어야 할 것이다. 그러나 구속은 장기간의 인신속박으로서 인권침해의 크기가 체포에 비해 훨씬 중하므로 구속의 필요성과 비교형량 하더라도 그 정도의 혐의로는 구속이 허용될 수 없을 것이다. 다만 혐의의 상당성 외에 조사의 필요성도 고려하여야 할 것인데, 조사의 필요성은 사안의 경중과 혐의의 정도 및 수사상황 등에 따라 다르기 때문에 혐의 자체의 상당성 뿐만 아니라 뒤에서 살펴볼 체포의 필요성 단계에서 사안의 경중, 수사상황 등을 종합적으로 판단하여야 할 것임은 물론이다.

(2) 소환 불응 또는 그 우려

가. 소환 불응·우려 요건의 필요 여부

형사소송법은 "피의자가 -- 정당한 이유 없이 (검사 또는 사법경찰관의 수사를 위한) 출석요구에 응하지 아니하거나 응하지 아니할 우려가 있는 때에는 --"이라고 규정하여(제200조의2 제1항) 영장체포 특유의 요건으로 '소환 불응·우려'를 요구하고 있다. 단 1회의 소환에 불응한 경우에도 영장체포의 대상이 되는지에 대하여는 견해 대립이 없지 않으나[30], 불응 우려만으로도 체포의 사유가 됨에 비추어 위 불응이 정당한 이유 없는 불응이라면 1회 불응이라 하더라도 영장체포를 할 수 있다고 생각된다. 결국은 불응의 정당성을 얼마나 객관적, 합리적으로 판단하는지의 문제일 뿐이다.

형사소송법에 소환 불응·우려 요건이 명문화되어 있지만, 입법론으로서 위 요건이 필요한지에 대하여는 견해 대립이 있다. 필요설이 많지만[31], 불요설도 적지 않다. 불요설의 이유는 ㉠ 체포의 요건을 완화하여 체포의 실효성을 확보하기 위해서, ㉡ 임의수사인 피의자신문이 강제수사화 되는 것을 방지하기 위해서 등 2가지로 압축된다. 먼저 ㉠이유는 주로 수사기관의 입장에서 주장되는데, 영장체포에 지나치게 엄격한 요건을 요구하는 것은 수사 초동 단계의 절차라는 점과도 맞지 않고 이로 인하여 영장체포가 활용되지 못하고 있기 때문에

---

[30] 손동권, "현행 피의자 체포 구속제도에 관한 연구", 동암 이형국교수 회갑기념논문집, 법문사 1998. 561면.
[31] 이재상, 앞의 책, 271면; 노정환, 앞의 논문, 200면 이하; 이재석, 앞의 논문, 18면 등.

소환불응 요건을 삭제하여야 한다고 주장하기도 하고[32], 소환 불응·우려는 체포의 본질과 일치할 수 없고 영장주의가 적용되는 한 그와 같이 엄격하게 제한할 필요가 없다고 주장하기도 한다[33]. 그러나 이는 우리나라에서의 체포의 목적 또는 본질에 대한 오해일 뿐만 아니라 법원에 대한 과잉 신뢰이기도 하다. 체포의 목적은 소환 조사에 있으므로 소환 조사가 임의적으로 이루어지는 경우에는 원천적으로 체포의 필요성이 없다. 체포·구속 일원주의 또는 체포전치주의를 취하는 경우에는 소환 조사와 무관하게 구속을 위해서 체포를 하여야 하겠지만, 체포와 구속을 완전히 분리하여 이원적으로 운용하고 있는 우리나라에서는 필요성 없는 체포를 허용할 수 없고 허용하여서도 아니된다. 더욱이 아무리 영장주의를 취한다고 하더라도 법관은 법이 규정한 영장의 요건에 부합하는지 여부를 판단할 뿐이고 영장의 요건조차 법관에게 맡길 수는 없으므로 요건은 가급적 상세히 규정하는 것이 좋다. 미국의 경우 대부분의 주에서 경찰관은 (경죄만 아니면) 피의자가 공공장소에 있는 한 현행범인이 아니어도 범죄혐의의 상당성만 있으면 긴급성과 무관하게 영장 없이 체포할 수 있고[34], 일본도 (경미범죄만 아니면) 범죄혐의의 상당성만 있으면 소환불응 없어도 영장체포가 가능하다(일본 형사소송법 제199조). 1995년 당시 법무부의 형사소송법 개정안에는 범죄혐의의 상당성만 요하는 것으로 되어 있었으나, 국회에서의 심의과정에 체포제도의 남용을 막기 위하여 소환 불응·우려가 추가되었다[35]. 결과적으로 바람직한 시정이지만, 이는 체포제도의 남용을 막기 위해서 라기 보다는 영장체포의 목적이 소환 조사에 있기 때문이라고 보는 것이 더 적절하다고 생각된다.

ⓒ이유는 주로 피의자의 입장에서 주장되는데, 소환 불응·우려를 영장체포의 요건으로 하면 체포제도가 피의자신문을 확보하기 위한 수단으로 전락하여 임의수사인 피의자신문이 강제수사화 되고 더 나아가 피의자의 진술거부권을 본질적으로 침해하게 된다는 취지이다[36]. 심지어 도주·증거인멸의 우려가 없다면 신병확보의 필요성이 인정되지 않는다는 견

---

32) 양문상/박광섭, "현행 형사소송법상 체포제도에 대한 검토", 법학연구 제20권 제2호(2009. 12.), 충남대학교 법학연구소, 171면.
33) 이재석, 앞의 논문, 21면; 이은모, 앞의 논문, 111면; 김상호, 앞의 "체포제도의 문제점과 개선방안", 128면.
34) Rolando V. del Carmen(김성돈 역), 앞의 책, 190면, 191면.
35) 신양균, 형사소송법 제·개정자료집(상), 한국형사정책연구원, 2009, 415면, 441면, 442면 참조.
36) 신양균, 신판 형사소송법, 화산미디어, 2009, 159면; 김상호, 앞의 논문, 128면; 양문상/박광섭, 앞의 논문, 171면. 이은모 교수는 "영장체포가 구속과는 달리 도주·증거인멸의 우려가 불확실한 경우에도 허용되므로 인신구속의 필요성 요건까지 완화하는 것이 된다"고 설명하는데(이은모, 앞의 논문, 111면), 이는 체포의 필요성이 당연히 도주·증거인멸 방지임을 전제로 하는 논리 전개이다. 그러나 뒤에서 살펴볼 바와 같이 체포의 필요성 또는 목적은 도주·증거인멸 방지가 아니라 피의자신문 등 기초수사 확보이다.

해도 있다[37]. 그러나 영장체포의 목적은 피의자 소환 조사에 있다. 더욱이 피의자신문이 원칙적으로 임의수사이지만 수사기관 출석은 법원의 영장에 의하여 얼마든지 강제될 수 있으며[38], 출석이 강제된다고 진술이 강제되는 것도 아니다. 소환에 응해도 진술거부하면 더 이상 수사진행이 어려운 것은 맞지만 대부분의 경우 변명을 시도하다가 범죄혐의가 밝혀질 단서가 진술된다. 전면적으로 진술을 거부하는 경우에도 그 자체는 유무죄의 심증형성 자료가 될 수 없지만 양형자료는 될 수 있을 뿐만 아니라 그러한 태도는 향후의 수사방향 설정에 참고가 될 수 있다. 따라서 진술거부권이 있다고 하여 강제소환이 전혀 무의미한 것은 아니다. 진술거부권은 진술하지 않을 권리일 뿐 질문 받지 않을 권리, 신문 자리에 참석하지 않을 권리는 아니기 때문에 '진술 거부'라는 최소한의 보장을 받을 뿐이다. 만일 출석강제를 진술거부권 침해라고 본다면 역시 진술거부권이 인정되는 피고인에 대하여도 법정출석 강제나 피고인신문이 불허되어야 할 것이다.

나. 소환불응의 '우려'도 요건이 될 수 있는지

현실적인 소환 없이 소환불응의 '우려'만으로 영장체포의 요건이 될 수 있는지도 문제된다. "범죄혐의가 상당하면 소환하여야 하고 이에 불응하면 체포영장을 이용하여 소환 조사하여야 하므로 소환불응 우려는 영장체포의 사유가 될 수 없으며, 오히려 소환불응 우려는 도주·증거인멸 우려와 중첩되기 때문에 긴급체포의 사유일 뿐"이라는 견해도 있다[39]. 그러나 실무상 소환이 오히려 피의자에게 범죄혐의가 상당 정도 드러났다는 점을 암시하여 도주의 적기(適期)를 알려주는 결과가 되는 경우가 없지 않다. 따라서 이런 경우에는 소환절차를 거치지 않고 체포영장을 발부받아 곧바로 체포를 집행하는 것이 적절하다. 이런 상황이 반드시 중대범죄에서만 발생하는 것도 아니고, 도주의 우려는 인정된다고 하더라도 언제나 긴급성이 인정되는 것도 아니어서 이를 긴급체포의 대상으로 하는 것도 적절하지 않고, 언제나 구속의 대상이 되는 것은 더욱 아니다. 따라서 소환불응의 우려도 영장체포의 요건

---

[37] 심재무, 앞의 논문, 235면.
[38] 구속영장은 기본적으로 장차 공판정에의 출석이나 형의 집행을 담보하기 위한 것이지만, 이와 함께 구속기간의 범위 내에서 수사기관이 구속된 피의자를 조사하는 등 적절한 방법으로 범죄를 수사하는 것도 예정하고 있다고 할 것이다. 따라서 구속영장 발부에 의하여 적법하게 구금된 피의자가 피의자신문을 위한 출석요구에 응하지 아니하면서 수사기관 조사실 출석을 거부한다면 수사기관은 위 구속영장의 효력에 의하여 피의자를 조사실로 구인할 수 있다고 보아야 한다. 대법원 2013. 7. 1. 자 2013모160 결정.
[39] 하태인, 앞의 논문, 304면.

중 하나로 하지 않을 수 없는 것이다[40].

다만 '우려'라는 요건은 너무 추상적이어서 판단자의 자의에 의해 남용될 위험이 있는데, 영장체포의 경우도 예외가 아니다. 더욱이 어떤 의미에서는 소환불응 우려가 모든 피의자에게 공통적으로 있을 수 있는데[41], 그렇다고 하여 모든 피의자를 영장체포의 대상자라 보아서는 아니될 것이다. 따라서 이때의 '우려'는 '추상적 우려'가 아니라 객관적인 근거에 의한 '구체적 우려'라고 해석하여야 할 것이다. 실무에서도 소환불응 우려에 의한 영장체포를 지명수배 중인 자, 미리 도망한 자 등에 대하여만 엄격히 적용하고 있는 것은 바람직한 현상이다[42].

기소중지자에 대하여 지명수배를 하면서 체포영장을 일괄 청구하는 것이 적법 또는 적절한지가 문제될 수 있고, 좀 더 구체적으로는 그 과정에 선의의 기소중지자, 즉 자신이 기소중지된 줄도 모르는 피의자에게도 체포영장이 발부되는 것은 문제가 있다는 지적도 있다[43]. 선의의 기소중지자는 소환에 불응한 일이 없는 피의자이므로 소환불응의 우려만으로 체포영장이 발부된 것이라는 예상 때문일 것이다. 그러나 기소중지 처분 전에는 반드시 소재수사를 거치게 되므로 기소중지된 자는 그 전에 이미 소재가 불명하게 된 자이다. 소재불명의 경우 소환 자체가 불가능하므로 그 자체로 '소환불응'에 해당하는 것은 아니지만, 기소중지자를 발견하더라도 체포영장이 없다면 최소한의 조사도 쉽지 않을 뿐만 아니라[44] '소재불명'의 속성상 나중에 소재가 판명되더라도 소환에 불응할 우려가 큰 것이 현실이다. 물론 소재불명자 중 소환이 된다면 이에 응할 것으로 예상되는 자에 대하여는 체포영장을 발부받을 필요가 없는 것이 사실인데, 이러한 경우를 미리 판단하여 선별해 내는 것은 현실적으로 매우 어렵다[45]. 따라서 수사기관이 기소중지자에 대하여 '소환불응의 우려'를 이유로 미리 체포영장을 발부받아 놓는 것을 크게 비난하거나 금지할 수는 없지 않을까 생각된다.

---

40) 같은 취지, 정웅석/최창호/김한균, 앞의 책, 181면.
41) 손동권, 앞의 논문, 573면.
42) 손동권, 앞의 논문, 574면.
43) 손동권, 앞의 논문, 574면.
44) 기소중지 처분을 하는 경우 범죄의 경중과 혐의의 정도에 따라 지명통보 또는 지명수배를 하지만, 이는 행정적 조치로서 검문 등을 통한 피의자 발견에 도움이 될 뿐 발견된 피의자의 인신을 유치하는 기능은 전혀 없다.
45) 뒤에서 다룰 "명백히 체포의 필요가 인정되지 아니하는 경우(제200조의2 제2항 단서)"가 연상된다.

다. 경미범죄에서의 소환불응과 주거불명 요건

경미범죄란 법정형이 50만원 이하의 벌금 구류 또는 과료에 해당하는 범죄를 말한다(형사소송법 제214조). 경죄와 중죄를 구별하지 않는 우리 형사사법 체계에서 경미범죄 개념은 체포 등에서만 일부 사용될 뿐이다. 그 기준과 관련하여 종래 '5만원 이하의 벌금, 구류, 과료에 해당하는 범죄'로 규정되고 있다가 1995년 개정에서 '50만원 이하의 벌금'으로 상향 조정되었는데, 경제현실을 고려할 때 이제는 좀 더 상향 조정되어야 하지 않을까 생각된다.

형사소송법은 경미범죄의 영장체포 요건을 '주거불명 또는 소환불응'이라고 하여(제200조의2 제1항) 위 두 가지 요건 중 하나만 갖추면 되는 듯 규정하고 있다. 극단적으로는 주거불명이면 소환에 응하였더라도 영장체포가 가능한 것처럼 해석될 수 있다. 실제로 그렇게 해석하는 견해도 없지 않은데[46], 주거불명은 구속요건이기도 하므로 체포요건으로는 충분조건이라는 점을 논거로 한다. 그러나 체포의 목적이 소환 조사이므로 소환에 응하였다면 논리적으로도 체포할 필요가 없다. 더욱이 체포와 구속은 목적과 요건이 다르므로 주거불명이 구속의 요건은 될 수 있을지 몰라도 체포의 요건으로서는 충분조건이 될 수 없다. 위 단서는 '경미범죄자에 대하여는 소환불응의 경우에만 영장체포 할 수 있고 소환불응의 우려만으로는 영장체포 할 수 없는 것이 원칙이지만, 그가 주거불명자라면 소환불응의 우려만으로도 곧바로 체포할 수 있다'는 의미일 뿐이다. 따라서 주거불명자라고 하여 소환 응부 및 소환불응 우려 유무와 관계없이 언제나 영장체포의 대상이 된다고 해석하여서는 아니될 뿐만 아니라, 휴대전화 등에 의한 소환이 가능하다면 가급적 소환을 시도한 후 이에 불응할 경우에만 영장체포 하는 것이 바람직할 것으로 생각된다.

(3) 체포의 필요성과 도주·증거인멸 우려의 요부

가. 학설과 판례의 태도

형사소송법은 "명백히 체포의 필요가 인정되지 아니하는 경우"에는 체포영장을 발부하지 아니한다고 규정하여(제200조의2 제2항) 영장체포에도 체포의 필요성이 있어야 하지만, 다만 명백히 필요가 인정되어야 하는 것이 아니라 필요 없음이 명백하지만 않으면 되는 소극적 요건으로 하고 있다. 또 긴급체포나 구속의 경우와 달리 영장체포에서 도주·증거인멸

---
46) 김종덕, 앞의 논문, 133면; 이재석, 앞의 논문, 16면.

의 우려는 요구하지 않고 있다. 그러나 형사소송규칙은 "판사는 체포의 사유가 있다고 인정되는 경우에도 제반 사정에 비추어 피의자가 도망할 염려가 없고 증거를 인멸할 염려가 없는 등 명백히 체포의 필요가 없다고 인정되는 때에는 체포영장의 청구를 기각하여야 한다"고 규정하고 있어(제96조의2) 도주·증거인멸의 우려가 체포의 필요성인 것처럼 보일 여지를 제공하고 있다. 여기에서 영장체포에서의 체포의 필요성이 구체적으로 무엇을 말하는지, 그것이 과연 도주·증거인멸의 우려와 동일한 것인지가 문제된다.

학설은 대체로 도주·증거인멸의 우려를 체포의 필요성과 동일하게 보아 영장체포에서도 도주·증거인멸의 우려가 필요하지만, 다만 소극적인 요건으로서 존부가 의심스러울 때에는 체포가 가능하다고 보고 있다[47]. 더 나아가 "소환불응은 도주·증거인멸 우려의 판단기준일 뿐이고, 체포의 필요성인 소환불응·우려로부터 도주·증거인멸의 우려가 근거지워질 수 있어야 하기 때문에 결국 도주·증거인멸의 우려가 필요하다"는 견해도 있고[48], "소환불응·우려도 도주·증거인멸 우려 판단의 징표 중 하나로 보아야 하고 체포의 필요성도 소환불응·우려가 아닌 도주·증거인멸 우려로 보아야 한다"는 견해도 있다[49]. 대법원 역시 영장체포에서 도주·증거인멸의 우려가 필요한지를 직접 밝힌 바는 없지만, 현행범체포와 관련하여 그 요건으로 행위의 가벌성, 범죄의 현행성 또는 시간적 접착성, 범인·범죄의 명백성 외에 체포의 필요성, 즉 도망 또는 증거인멸의 염려가 있을 것을 요한다고 판시하여[50] 도주·증거인멸의 우려를 체포의 필요성과 동일하게 보는 입장이다.

나. 체포의 필요성과 도주·증거인멸 우려에 대한 검토

저자는 다수설과 판례가 체포 필요성의 의미를 오해하고 있다고 생각한다. 체포의 목적은 소환 조사에 있지 구속에 있지 않으며, 도주·증거인멸의 방지는 구속의 목적일 뿐이다. 체포와 구속을 완전히 분리하여 이원적으로 운용하고 있는 우리 형사소송법 체계에서 예

---

[47] 신양균/조기영, 앞의 책, 132면; 차용석/최용성, 형사소송법(제4판), 21세기사, 2013, 215면; 배종대/홍영기, 앞의 책, 127면; 이재상/조균석/이창온, 앞의 책, 271면; 이은모/김정환, 앞의 책, 241면; 정웅석/최창호/김한균, 앞의 책, 182면; 신현주, 형사소송법(신정2판), 박영사, 2002, 263면; 노정환, 앞의 논문, 203면; 이재석, "체포제도에 관한 고찰", 대구법학 제1호(2000. 2.), 대구대학교 법과대학, 221면; 안성수, "영·미의 체포·구속제도에 비추어 본 우리 제도의 문제점과 보완방안", 형사법의 신동향 통권 제7호(2007. 4.), 대검찰청, 136면.
[48] 심재무, 앞의 논문, 239면.
[49] 조상제, 앞의 논문, 13면.
[50] 대법원 1999. 1. 26. 선고 98도3029 판결.

컨대 확신범처럼 자신이 범인임을 밝히면서 집에 머물지만 소환에는 불응하는 경우와 같이 도주·증거인멸의 우려가 없더라도 현실적으로 소환에 불응하거나 불응할 우려가 있다면 소환 조사를 위하여 체포를 하여야 한다. 백보를 양보하여 도주 우려는 소환불응·우려와 관련하여 생각할 수 있다고 보더라도 증거인멸의 우려는 소환불응·우려와 전혀 무관하므로 처음부터 체포의 요건이 아니다. 따라서 체포의 필요성 역시 소환 조사가 곤란하게 될 우려에서 찾아야지 도주·증거인멸의 우려와 연계하는 것은 부적절하다. 도주·증거인멸의 우려를 체포의 필요성 판단에서의 필수적 요건 중 하나로 보아 도주·증거인멸의 우려가 없는 경우에는 다른 자료로는 체포의 필요성이 있다는 판단에 이를 수 없다고 해석한다면 이는 대단히 중대한 오해이다.

위 형사소송규칙조차 이러한 오해에 빠져있다. 다만 "도주·증거인멸의 염려가 없는 등"이라고 규정하여 도주·증거인멸의 염려를 체포 필요성 판단의 자료 중 하나라는 듯 설시하고 있는데, 이는 다른 자료로도 체포의 필요성을 판단할 수 있다는 의미가 되므로 그나마 다행이다. 일본 형사소송규칙 제143조의3이 "도주·증거인멸의 우려가 없는 등 명백히 체포의 필요가 없다고 인정하는 때에는 체포장의 청구를 각하하여야 한다"고 규정하고 있는데, 우리 형사소송규칙은 입법과정에 위 일본의 형사소송규칙을 그대로 답습한 결과가 아닌가 생각된다. 그러나 일본은 체포전치주의를 취하고 있어 구속을 준비하는 것이 체포의 필요성이므로 구속 사유 없음이 명백하다면 체포를 허가하기 어렵지만, 체포·구속 이원주의를 취하는 우리나라에서는 체포의 필요성은 체포 자체의 필요성이지 구속의 준비가 아니다. 따라서 영장체포에는 도주·증거인멸의 우려가 전혀 필요하지 않다. 따라서 위 형사소송규칙은 개정되어야 하며, 그 전까지는 위와 같이 제한적 또는 예시적으로만 해석되어야 할 것으로 생각된다.

2. 긴급체포의 요건

(1) 범죄의 중대성

가. 학설 대립과 판례

형사소송법은 긴급체포의 요건으로 혐의의 상당성, 체포의 필요성 및 긴급성과 함께 범죄의 중대성(사형, 무기 또는 장기 3년 이상의 징역·금고에 해당하는 범죄)을 요구하고 있다(제200조의3 제1항). 이에 대하여 중대성 요건을 더 강화하여야 한다는 견해와 반대로 더 완화하여야 한다는 견해가 병존하고 있다. 강화설은 우리 형사소송법이 범죄의 중대성을 요건으로 규정하고 있지만, 장기 징역·금고 3년에 해당하지 않는 범죄가 형사특별법에는 거의 없고 형법각칙에도 소수(237개 범죄 중 32개로서 약 13%)에 불과하므로 적어도 '장기 5년 이상 징역·금고' 정도로 높여야 237개 중 61로서 25%가 해당하게 된다고 주장한다[51]. 이에 반하여 완화설은 국가형벌권 실현의 효율성에서 문제가 있고 탈법적 수사관행의 부활이 우려될 뿐만 아니라 긴급체포에서는 범죄의 중대성 보다는 긴급성이 더 중요한 요건이기 때문에 중대성을 완화하여야 한다고 주장한다[52].

긴급체포에서의 범죄의 중대성 요건은 구속의 경우 직접적인 요건은 아니지만 고려하여야 할 첫 번째 사항이 범죄의 중대성(형사소송법 제70조 제2항)임을 연상시킨다[53]. 강화설은 최소한 잠재적으로라도 이를 의식하고 있는 것이 아닌가 생각된다. 완화설은 긴급체포 역시 체포일 뿐이므로 긴급성 외에 체포의 원칙적 모습인 영장체포에서와 달리 범죄의 중대성을 요구할 필요가 없다는 생각을 근저에 두고 있다. 결국 위와 같은 견해 대립은 긴급체포를 영장체포의 대용물로 보는지('순수체포설'이라 부를 수 있을 것이다) 그 뒤에 이어질 구속의 준비로 보는지('구속준비설'이라 부를 수 있을 것이다)와 밀접하게 관련되는 것이다. 순수체포설에서는 범죄의 중대성이나 혐의의 상당성 등에서 영장체포와의 차이를 영장 없는 체포 남용의 통제라는 목적 범위 내로 제한하여야 한다고 보지만, 구속준비설에서는 긴급체포는 사실상 구속적 성격이 강하여 그 요건도 구속에 준하여 설정되어야 하므로 영장체포와는 본질적인 차이가 있을 수 밖에 없다고 보고 있다.

나. 검토

1995년 개정 전 형사소송법에서는 '긴급구속'이라 하여 구속의 준비로 보았지만, 위 개정을 통해 이름도 '긴급체포'로 바꾸면서 체포영장을 발부받을 수 없는 긴급한 상황에 영장체포의 대용물로서 제한적으로 허용되는 체포의 한 방법으로 규정하고 있다. 다만 범죄의 중대성, 필요성(도주·증거인멸의 우려) 등 요건의 엄격성으로 인하여 단순한 체포의 성격을 넘어서 구속

---

51) 김상호, 앞의 "긴급체포의 명칭과 요건상의 대상범죄에 대한 검토", 257면; 이창현, "긴급체포의 규정과 운용에 대한 비판적 고찰", 외법논집 제36권 제1호(2012. 2.), 한국외국어대학교 법학연구소, 311면.
52) 하태인, 앞의 논문, 287면, 291면; 전용득, 피의자 구속론, 법문사, 2000, 240면.
53) 실제로 범죄의 중대성은 '고려사항'을 넘어 '요건'에 가까운 것이 현실이다.

의 준비라는 성격을 여전히 강하게 가지고 있는 것도 현실이며, 긴급체포된 자의 대부분이 곧바로 구속영장 청구로 연결되는 것도 그와 같은 현실의 반영이다. 이 때문에 심지어는 '긴급구속'으로 환원하자는 견해도 있을 정도이다[54]. 그러나 그와 같은 현실 역시 개정 전 긴급구속의 요건을 긴급체포가 그대로 수용하였기 때문에 발생한 것이다. 범죄의 중대성과 필요성 등 요건은 구속 특유의 요건인데 긴급구속에서의 이러한 요건을 긴급체포로 전환하면서도 그대로 수용하였기 때문에 긴급체포가 체포를 넘어 구속 준비적 성격까지 그대로 답습하게 된 것이다. 만일 종래의 긴급구속과 완전히 결별하면서 긴급체포를 영장체포의 대용물로서 새로이 입법하였다면[55] 위와 같은 문제는 발생하지 않았을 것이다.

긴급체포는 남용의 우려가 크기 때문에 통제 또한 엄격하여야 하는 것은 사실이다. 그러나 그렇다고 하여 긴급체포를 구속의 준비로 구성하는 것은 바람직하지 않다. 이제는 긴급구속의 잔재에서 벗어나야 하므로 긴급체포의 요건에 대한 신중한 재검토가 필요하다. 경미한 범죄라도 수사의 필요성이 있으면 영장체포의 대상이 된다는 점과 조화 내지 균형을 이루어야 하기 때문에 범죄의 중대성을 지나치게 강조하는 것은 적절하지 않다. 물론 필요성과 상당성, 비례성이 함께 검토되어야 하겠지만 그 기준은 구속이 아니라 체포이어야 하며, 구속의 요건은 나중에 실제로 구속으로 연결되는 경우에 별도로 검토하면 족하다. 극단적으로는 구속의 사유가 없더라도 체포가 필요하지만 영장체포가 곤란하다면 긴급체포라도 하여 조사하여야 한다. 물론 그 과정에 체포 자체가 남용되는 것이나 영장체포를 활용하지 않고 긴급체포로 우회하는 것은 엄격히 통제되어야 하며, 그 통제를 위하여 범죄의 중대성, 혐의의 상당성, 긴급성 등 판단에서 신중하여야 할 것임은 명백하지만, 그러한 신중함이 긴급체포의 목적 내지 본질을 왜곡하는 정도에 이르지는 말아야 할 것이다.

체포영장의 발부율이 98% 이상이기 때문에 영장 기각을 통한 체포권 남용 통제는 실효성이 크게 없고, 영장절차를 거친다는 점 자체가 가지는 상징성과 절차적 부담이 통제력을 가질 뿐이다. 그렇다면 영장체포를 대신하는 긴급체포에서 요구할 수 있는 체포 요건의 강화

---

54) 김상호, 앞의 논문, 242면; 김준성, "형사소송법상 긴급체포제도에 관한 재검토", 형사법연구 제23권 3호(2011. 가을), 한국형사법학회, 221면. 이 견해는 처음에 '긴급체포에 대하여 사후 체포영장이 필요하다'는 비판에 대하여 '차라리 긴급구속으로 환원하면 사후 구속영장이 필요할 뿐 사후 체포영장의 문제는 발생하지 않는다'는 취지에서 제안되었다. 이 견해는 긴급체포의 목적을 구속의 준비라고 보는 점에서 출발하고 있다.
55) 그것이 체포제도를 새로 도입한 1995년 형사소송법 개정의 취지에도 부합할 것으로 생각된다.

정도는 그리 크지 않을 것이므로 결국 강화설을 따르기는 어려울 것으로 보인다. 오히려 완화설이 논리적으로 상당한 설득력을 가질 수 있지만, 수사기관이 국민으로부터 크게 신뢰를 받지 못하고 있는 현실을 고려할 때 현재로서는 완화설 역시 시기상조가 아닌가 생각된다.

(2) 혐의의 상당성

가. 학설 대립

형사소송법은 필요한 범죄혐의의 정도에 대하여는 긴급체포에서도 영장체포나 구속의 경우와 동일하게 '죄를 범하였다고 의심할만한 상당한 이유'라고만 규정하고 있다(제200조의3 제1항). 여기에서 과연 긴급체포에서의 혐의의 상당성이 영장체포나 구속의 경우와 동일한 의미인지가 문제된다. 영장체포에서의 혐의의 상당성이 구속의 경우와 동일한지의 문제는 앞에서 살펴보았거니와 그 둘이 동일하다면 긴급체포의 경우에도 동일하다고 볼 수 밖에 없으므로 삼자 동일설이 될 것이고, 그 둘이 다르다면 다시 영장체포에서의 혐의의 상당성이 긴급체포의 경우와 동일한지 여부에 따라 결국 이분설과 삼분설이 될 것이다. 여기에서는 이분설과 삼분설의 대립에 대하여만 살펴보기로 한다[56].

이분설은 긴급체포에서도 영장체포와 동일한 정도의 상당한 혐의가 요구될 뿐이라는 견해이다[57]. 체포라는 점에서 동일함에도 굳이 차이를 두어 해석하면 혼란만 야기될 것이므로 상당성의 정도는 실무상 구체화하여도 큰 문제가 없을 것이라는 점을 논거로 한다. 이에 반해 삼분설은 긴급체포의 남용을 억제하기 위해서는 (구속보다는 좀 약하지만) 영장체포보다는 좀 더 강한 정도의 범죄혐의가 필요하다고 보는 견해이다[58]. 한편 일본 형사소송법 제210조 제1항은 긴급체포에 '충분한 혐의'를 요구함으로써 영장체포에서의 '상당한 혐의'와 구분하고 있으며[59], 긴급체포에서의 충분한 혐의는 영장체포에서의 상당한 이유보다 강한 의미로 이해되고 있다[60].

---

56) 영장체포에서의 혐의의 정도와 구속에서의 혐의의 정도는 다르지만 긴급체포에서의 혐의의 정도는 구속의 경우와 동일하다고 보아도 결과적으로 이분설이 된다. 그러나 이러한 견해는 없는 것으로 보인다. 더욱이 긴급체포의 혐의의 정도를 영장체포와는 다르고 구속과는 같다고 보는 것 자체가 긴급체포의 목적이나 수사 초기상황 등과 조화되기도 어렵다. 따라서 이 글에서는 논외로 한다.
57) 이창현, 앞의 논문, 313면.
58) 조상제, 앞의 논문, 19면; 김종덕, 앞의 논문, 133면; 이재석, 앞의 논문, 230면 등.
59) 그러나 구속에는 다시 '상당한 혐의'만을 요구하고 있어(일본 형사소송법 제60조 제1항) 혼란스럽다.
60) 三井誠/酒卷匡(신동운 역), 입문 일본 형사수속법, 법문사, 2003, 42면.

나. 검토

이 역시 순수체포설과 구속준비설의 대립과 밀접한 관련이 있다. 순수체포설을 취하면 이분설로, 구속준비설을 취하면 삼분설로 가게 될 가능성이 높다. 범죄혐의의 정도를 상향하는 것도 긴급체포의 남용 억제를 위해 충분히 생각해 볼 수 있는 방법이다. 그러나 긴급체포의 본질이 체포라면 상당한 정도의 범죄혐의만 있다면 일응 조사하여야 하는 필요성이 체포로 인한 인권침해 우려보다 우선하여 고려되어야 하며, 긴급체포의 남용 통제는 긴급성 판단을 통해 이루어져야 한다는 주장도 충분히 가능하다.

영장체포에서 든 사례를 통해 구체적으로 검토해 보자. 정황상 갑과 을 중 1인이 범인이라는 것은 확실하지만 그 중 누가 범인인지는 불명확한 상황에서 중대성, 필요성, 긴급성 요건이 모두 갖추어졌다면 갑과 을을 긴급체포 할 수 있을까? 50% 정도의 가능성은 상당성 기준은 통과하지만 충분성 기준은 통과할 수 없기 때문이다. '체포'라는 점을 강조하면 일응 긴급체포하여 조사한 후 혐의 정도에 따라 석방 또는 구속을 결정하면 된다고 보겠지만, '영장 없는' 체포라는 점을 강조하면 남용 억제를 위해 그 정도의 혐의로는 긴급체포를 허용할 수 없다고 볼 것이다[61]. 순수체포설에 따라 이분설을 취하되 엄격한 긴급성 판단을 통해 긴급체포의 남용을 통제하는 것이 적절하지 않을까 생각된다[62]. 형사소송법이 영장체포나 긴급체포에서 공히 상당성이라는 추상적 표현을 사용한 것도 입법상 구체적으로 규정하기 어려운 '정도'의 문제를 해석론과 실무의 판단에 맡긴 것이 아닐까 생각된다[63].

(3) 긴급체포의 필요성

형사소송법은 다른 체포와 달리 긴급체포가 도주·증거인멸의 우려가 있는 경우에만 허용됨을 명문화하고 있다(제200조의3 제1항). 이를 긴급체포의 '필요성'이라 한다. 필요성의 의미도 순수체포설 또는 구속준비설에 따라 달라진다. 순수체포설을 취하면 필요성은 영장 없는 체포의 남용을 방지하기 위한 장치에 불과하지만, 구속준비설을 취하면 당연히 갖추어야 할 구속 요건의 사전적 검토가 된다. 도주·증거인멸의 우려가 긴급체포의 구속적 성격을

---

[61] 이러한 견해를 취하면 결국 긴급체포는 할 수 없지만 이후 체포영장을 발부받아 영장체포는 가능할 것이다. 그러나 피의자의 소재가 불명하게 되었다면 집행이 문제될 것이다.
[62] 다만 영장 없는 체포라는 점을 고려하면 자연스럽게 상당성 판단에서도 신중하게 될 것이다.
[63] 같은 취지, 이창현, 앞의 논문, 313면.

말한다고 보는 견해가 많지만[64], 체포와 구속은 목적과 요건을 달리하며 위 우려는 긴급체포의 긴급성 개념의 일부일 뿐 구속적 성격을 말하는 것은 아니라는 견해도 없지 않다[65].

순수체포설의 입장에서 도주의 우려는 체포의 요건이 아니라고 볼 여지도 없지 않다. 긴급체포로 구성하려면 도주·증거인멸의 우려가 아닌 소환불응 또는 그 우려가 요건으로 규정되어야 한다는 견해[66]도 같은 취지이다. 그러나 긴급체포는 이미 범인을 대면하고 있는 상황이므로 소환불응·우려라는 것이 논리적으로도 맞지 않고, 도주만 하지 않는다면 조사가 가능하다. 따라서 긴급체포에서는 소환불응·우려 보다는 '도주 우려'라고 하는 것이 체포의 목적에 더욱 더 부합한다. 다만 증거인멸의 우려도 긴급체포의 사유가 될 수 있을지는 의문이다. 체포의 목적은 소환 조사 즉 피의자신문에 있을 뿐이므로 증거인멸의 우려를 체포로 막을 수는 없다. 따라서 증거인멸의 우려는 구속의 요건일 뿐 체포와는 본질적으로 조화되지 않는다. 범죄혐의가 상당할 뿐 명백하지는 않은 단계에서 피의자를 조사하기 위하여 소환할 수는 있지만 증거인멸을 막기 위하여 인신을 속박하여서는 아니되며, 범죄혐의가 명백한 단계라면 구속을 통해 이를 저지하는 것이 옳을 것이다. 따라서 긴급체포의 요건으로 규정된 증거인멸의 우려는 삭제하는 것이 옳다고 생각된다[67].

(4) 긴급성

가. 긴급성과 필요성의 관계

긴급성은 체포영장을 발부받을 시간적 여유가 없는 것을 의미한다. 그런데 앞에서 살펴본 필요성과 긴급성의 관계가 문제된다. 필요성과 긴급성은 병렬적인 요건으로서 독자적 의미를 가지고 있다는 견해도 있지만[68], 긴급체포에서 정말로 중요한 요건은 긴급성이고 필요성은 긴급성의 부수적 요건이라고 보는 견해가 많다[69]. 심지어는 도주·증거인멸의 우려

---

64) 이완규, 형사소송법특강, 법문사, 2006, 180면 등.
65) 하태인, "수사기관의 무영장체포와 영장주의의 실질적 의미", 법학논문집 제35집 제1호, 중앙대학교 법학연구원, 2011, 133면.
66) 김상호, 앞의 논문, 251면.
67) 이는 현행범체포에서 피의자의 도주 우려는 필요하지만 증거인멸 우려는 요하지 않는다는 견해(배종대/이상돈/정승환/이주원, 앞의 책, 139면)와도 일맥상통 한다.
68) 이창현, 앞의 논문, 313면.
69) 하태인, 앞의 "수사상 긴급체포 요건과 운용", 289면; 전승수, "개정 형사소송법상 구속제도", 법조 제57권 제2호

는 긴급성에 포함되는 개념이기 때문에 '도주·증거인멸의 우려'와 '긴급을 요한다거나 체포영장을 받을 수 없는 때'는 동어반복에 불과하다는 견해도 없지 않다.[70]

개념적으로는 필요성(그 중에서도 도주 우려)과 긴급성이 독립적이지만, 긴급체포의 특성상 긴급성이 더 중요한 요건으로 부각되는 것은 당연하다. 긴급성만 아니라면 영장체포를 하였을 것이고 그렇다면 도주 우려가 아닌 소환불응 우려만으로도 충분하였을 것이기 때문이다. 더욱이 도주 우려가 없다면 언제든지 영장을 받아 집행할 수 있기 때문에 결국 긴급성만 필요하고 필요성은 긴급성에 부수되는 요건에 불과하다고 볼 수도 있다. 그러나 현실적으로는 도주 우려 판단이 긴급성 판단을 대체하는 것도 사실이다. 도주 우려가 있다면, 예컨대 '지금 당장은 아니고 1주일 뒤에나 도주할 예정'이라는 등의 극단적인 예외가 아니라면 긴급성이 인정되기 때문이다. 긴급성은 도주의 우려를 전제로 하면서 위와 같은 우려를 시간적 측면에서 판단한 결과인 것이다. 결국 필요성과 긴급성을 병렬적인 요건으로 보든 필요성을 긴급성의 부수적 요건으로 보든 결과에 있어서는 아무런 차이가 없다고 생각된다.

나. 긴급성과 우연성

형사소송법은 긴급성에 대하여 "피의자를 우연히 발견한 경우 등과 같이"라는 예시적 표현으로 설명하고 있다(제200조의3 제1항). 이러한 예시적 표현이 실무상 긴급체포 남용 억제의 가이드라인으로서 의미가 있다는 견해도 있지만[71], 쓸데없는 오해만 불러올 소지가 크므로 불필요하다 견해도 있다[72]. 더 나아가 법문이 설시하고 있는 '우연한 발견'을 긴급성의 최저기준으로 해석할 것인지 최고기준으로 해석할 것인지 평균기준으로 해석할 것인지가 문제된다는 지적도 없지 않다[73]. 만일 우연한 발견을 최저기준으로 삼는다면 자진출석자에 대한 긴급체포는 원천적으로 불가능하게 될 것이다. 이와 관련하여 수사기관에 자진출석하여 조사받은 피의자에게 도주·증거인멸의 우려 또는 긴급성이 인정되는지가 문제된다. 대법원은 속칭 '변호사사무실 사무장 사건'에서 "여러 사정에 비추어 볼 때 범행을 범하였다고 의

(2008. 2.), 법조협회, 34면.
70) 류지영, "긴급체포제도의 문제점과 개선방안", 형사법연구 제20호(2003. 겨울), 한국형사법학회, 280면. 결국 도주·증거인멸의 우려라는 요건을 삭제하자는 취지라고 생각된다.
71) 하태인, 앞의 논문, 297면.
72) 차용석, "개정 형사소송법의 내용", 형사법연구 제9호(1997. 1.), 한국형사법학회, 84면.
73) 문채규, "긴급체포 및 긴급 압수·수색의 적법요건", 고시연구 통권 제384호(2006. 3.), 고시연구사, 60면.

심할만한 상당한 이유가 있었다고 볼 수 없고 도망할 우려가 있다거나 증거를 인멸할 우려가 있다고 보기도 어려우므로 긴급체포가 위법하다"고 판단하였을 뿐 피의자가 자진출석자였다는 점은 문제 삼지 않고 있다[74]. 도주·증거인멸의 우려가 있고 필요성이 인정되었다면 자진출석자에 대하여도 긴급성이 인정될 수 있다는 취지가 전제된 것으로 판단된다.

자진출석자에 대한 긴급체포를 반드시 우연성과 충돌하는 상황이라고 볼 필요는 없다. "자진출석자에 대한 긴급체포에서는 범인에 대한 우연성이 아니라 범죄에 대한 우연성"이라는 설명[75]이 이를 잘 대변하고 있다. 만일 위와 같은 우연성이 없었다면, 즉 범죄가 발각되고 자진출석한 피의자가 귀가하려고 할 것을 처음부터 예상하였다면 긴급체포할 것이 아니라 미리 체포영장을 발부받아 놓았다가 영장체포를 하였어야 옳았을 것이다. 영장체포가 체포의 원칙적 모습이고 긴급체포는 예외적 모습이라는 점에 비추어 보면 긴급체포는 범인 또는 범죄에 대한 우연성을 그 요건으로 한다고 표현하여도 무방할 것이다. 따라서 '범인을 우연히 발견한 경우 등'이라는 표현은 우연성의 일반적인 사례, 즉 평균적인 기준일 뿐이며 특별히 문제되지는 않는다고 생각된다.

3. 현행범체포의 요건

(1) 현행범인의 개념

가. 고유한 의미의 현행범인

다른 체포와 달리 현행범체포의 대상은 일반적인 피의자가 아니라 현행범인으로 제한된다. 현행범인에는 '고유한 의미의 현행범인'과 '준현행범인'이 포함된다. 고유한 의미의 현행범인이란 범죄 실행 중인 자와 실행 직후(법문에는 '즉후'라고 되어 있지만 '직후'라고 이해된다)인 자이다(형사소송법 제311조 제1항). 미수가 처벌되는 범죄에 있어서는 실행의 착수가 있으면 족하고, 예비·음모를 처벌하는 경우에는 예비·음모행위가 실행행위에 해당한다[76]. 교사범과 방조범은 공범이므로 정범이

---

74) 대법원 2006. 9. 8. 선고 2006도148 판결.
75) 하태인, 앞의 논문, 301면.
76) "현행범체포 절차의 기준이 반드시 실체형법에 종속되어야 하는 것은 아니고, 현행범체포를 통해 범죄를 예방하는 목적도 있으므로 예비·음모 처벌규정이 없더라도 현행범체포 할 수 있으며, 심지어 형사미성년자에 대한 현행범체포도 위법이 아니다"라는 견해가 있으나(배종대/홍영기, 앞의 책, 131면), 정당방위 등으로 위법성이

실행에 착수하여야 현행범이 되는 것이 원칙이지만, 정범이 실행에 착수하지 않더라도 교사범을 예비·음모에 준하여 처벌할 수 있으므로 예비죄를 처벌하는 범죄의 경우에는 정범이 실행에 착수하기 전에도 교사자는 현행범인이 된다[77]. 간접정범의 경우에도 피이용자의 실행행위로서 현행범이 된다는 견해[78]와 간접정범의 이용행위 자체로서 현행범이 된다는 견해[79]가 대립하고 있다. 피이용자 실행행위시설은 이용행위 자체는 구성요건적 정형성이 약해 혐의의 명백성 요건과 조화되기 어렵다는 점을 들고 있으나, 간접정범은 정범이기 때문에 이용행위 자체를 실행의 착수로 보는 견해가 일반적[80]임을 고려할 때 이용행위시에 곧바로 미수범이 성립하여 처벌의 대상이 되므로 후설이 타당하다고 생각된다.

실행 직후인 자와 관련하여서는 '직후'의 의미가 문제된다. 통상 시간적 근접성의 문제로 보이지만, 장소적 접착성도 함께 필요하다는 견해도 있다[81]. 법문은 '직후'라고 하여 시간적으로만 제한하고 있지만, 장소적 접착성은 '직후'인지 여부, 더 나아가 혐의의 명백성을 판단함에 중요한 역할을 담당할 것이므로 장소적 접착성도 함께 고려함이 상당하다고 생각된다. 대법원 역시 "시간적으로나 장소적으로 보아 체포를 당하는 자가 방금 범죄를 실행한 범인이라는 점에 관한 죄증이 명백히 존재하는 것으로 인정되는 경우에만 현행범인"이라고 하여[82] 같은 취지라고 생각된다. 시간적 근접성의 한계는 신고를 받은 경찰관이 현장에 출동하는데 통상적으로 소요되는 시간, 즉 30-40분 정도로 보고 있다[83].

한편, 실행 직후로서 체포자가 범죄 실행상황을 목격하지 못한 경우에는 사인에게는 체포 권한을 주지 말고 수사기관에게만 체포권한을 주자는 견해도 있다[84]. 판례에 나타나는

조각되는 것과 현행범체포가 적법한 것은 다른 문제라고 생각된다.
77) 신동운, 앞의 책, 323면 등.
78) 신동운, 앞의 책, 323면; 신양균, 앞의 신판 형사소송법, 167면; 이은모/김정환, 앞의 책, 252면; 정웅석/최창호/김한균, 앞의 책, 190면 등.
79) 권오걸, 형사소송법, 형설출판사, 2010, 256면; 이영란, 한국형사소송법(개정판), 나남출판, 2008, 320면; 이재상, 앞의 책, 249면.
80) 이재상/장영민/강동범, 형법총론(제11판), 박영사, 2022, 400면; 배종대, 형법총론(제17판), 홍문사, 2023, 359면; 임웅, 형법총론(제13정판), 법문사, 2022, 389면 등(피이용자 실행행위설을 취하는 분은 신동운 교수, 김성돈 교수 등 소수이다).
81) 심희기, "현행범체포의 요건", 영남법학 제1권 제1호(1994. 1.), 영남대학교 법학연구소, 130면.
82) 대법원 1991. 9. 24. 선고 91도1314 판결.
83) 위 같은 판결 및 대법원 2007. 4. 13. 선고 2007도1249 판결 참조.
84) 김대성, "현행법상 현행범인 체포제도의 문제점과 개선방안", 형사법연구 제25권 제1호(2013. 봄), 한국형사법

'목격자 아닌 자'의 체포도 대체로 신고를 받고 출동한 수사기관인 것은 사실이다[85]. 위 주장이 명백성 요건과 부합하는 면이 없지 않으나, 혐의의 명백성이 반드시 '범행상황의 목격'에서만 나오는 것은 아니며, 자신이 목격한 것이 범행상황인지 여부의 판단기준 또한 불명확하다. 따라서 범죄혐의가 명백하기만 하면 족하고 명백하게 인식하게 된 경위가 반드시 사인인 체포자 자신의 직접 체험에만 한정된다고 볼 이유는 없다고 생각된다.

나. 준현행범인

형사소송법은 범인으로 호창되어 추적되고 있는 자(제1호), 장물이나 범죄에 사용되었다고 인정함에 충분한 흉기 기타의 물건을 소지하고 있는 자(제2호), 신체나 의복류에 현저한 죄증이 있는 자(제3호), 누구임을 물음에 대하여 도망하려 하는 자(제4호)를 '준현행범인'이라고 규정하여(제211조 제2항) 현행범인과 동일하게 취급하고 있다. 특히 제4호 사유가 문제된다. 제4호의 입법취지는 불심검문 등에서 수사기관과 마주치자 도망하려 하는 자를 지칭하려 한 것으로 보인다. 그러나 표현이 지나치게 추상적이어서 사인 간에 '누구냐'라고 묻는 상황에도 적용되는 것으로 해석하면 정말로 이상한 결과가 초래된다. 더 나아가 수사기관과 마주치자 도망하려 하였다고 하더라도 그러한 사유만으로 체포의 대상이 된다고 보기는 어렵다. 만일 그렇게 해석하면 수사기관의 불심검문권은 사실상 강제력을 수반한 심문권한으로 변질될 우려가 크다. 따라서 제4호 사유는 삭제함이 마땅하다.

준현행범인에 대한 사인의 현행범체포를 허용할 것인지도 문제이다. 형사소송법은 준현행범인과 현행범인을 전혀 구별하지 않고 현행범체포의 대상으로 하고 있으며, 대법원 역시 교통사고를 내고 10분 만에 1킬로미터 가량 도주한 피의자에 대하여 "범죄실행 직후인 자에는 해당하지 않지만 차량의 파손상태로 보아 범죄에 사용되었다고 인정함에 충분한 물건을 소지하고 있는 때에 해당하므로 준현행범인으로서 영장 없이 체포할 수 있다"고 판시하여[86] 같은 입장이다. 사실 우리 형사소송법의 준현행범인 개념은 일본의 형사소송법 제212조 제2항 규정과 완전히 일치한다. 일본 형사소송법의 규정을 그대로 답습한 것으로 생각된다. 한편 독일 형사소송법 제127조는 임시체포(vorläufige Festnahme)를 규정하면서 제1항

학회, 287면.
85) 대법원 1993. 8. 13. 선고 93도926 판결, 대법원 2006. 2. 10. 선고 2005도7158 판결.
86) 대법원 2000. 7. 4. 선고 99도4341 판결. 다만 이 역시 수사기관이 현행범인을 체포한 사례이다.

에서 "현행범죄에 관여하거나 이로 인하여 추적되고 있는 자[87]"만 규정하고 있을 뿐, 따로 준현행범인을 규정하고 있지는 않다. 이와 관련하여 독일 내에서도 범죄가 현실적으로 행하여진 경우 뿐만 아니라 일정한 범죄를 저질렀다는 유력한 범죄혐의가 있으면 족하다는 견해나 판례도 적지 않다고 한다[88]. 이러한 견해에 따르면 준현행범인을 해석상 인정하는 결과가 될 것이다.

준현행범인을 인정할 경우 개념의 명확성 또는 그 한계가 문제되는데, (제4호 사유를 제외하더라도) 범인으로 호칭된다고 할 때 호칭의 주체나 상황 등이 불명확하며, 장물이나 흉기, 현저한 증적 등 개념 역시 지나치게 추상적이고 불명확하여 사인이 판단할 수 있는 사항이 아니다. 범죄혐의의 명백성 역시 문제되는데, 법문은 현행범체포의 요건으로 범죄혐의의 명백성을 요구하고 있지 않지만, 뒤에서 살필 바와 같이 고유한 현행범인의 경우에는 범죄혐의가 명백할 것을 당연한 전제로 이해하고 있으며, 사인에게 체포권을 부여하기 위해서는 그와 같은 명백성이 필연적으로 요구된다고 해석하는 것이 일반적인 견해이다. 그러나 준현행범인의 경우에는 범인으로 호칭, 장물 등 소지, 신체·의복 등의 죄증 만으로는 범죄혐의가 명백하다고까지 판단하기는 어렵고 위와 같은 사정만으로 범죄혐의가 명백한지를 판단하는 것은 자칫 주관적, 자의적 독단으로 흐를 위험이 크다. 따라서 준현행범인을 현행범인과 동일하게 취급하여 사인에게 체포권을 부여하는 것은 무리한 입법이라고 생각된다.

준현행범인 규정을 삭제하고 개별적, 구체적 사정에 따라 긴급체포로 취급하여야 한다는 견해가 있다[89]. 실제로 준현행범인의 대부분이 범죄의 중대성이나 도주·증거인멸 우려 등 요건을 구비한 상태이기 때문에 긴급체포의 대상으로 흡수될 수 있고 오남용의 우려가 크게 줄어들 것이기 때문에 위 견해에 찬성한다. 그렇게 되면 준현행범인 개념은 유지할 필요가 없으므로 개념 자체를 폐지하여야 할 것이다. 가사 준현행범인 개념을 유지하여 현행범체포의 대상으로 한다고 하더라도 이에 대한 체포권한을 사인에게 부여하는 것은 부적절하므로 수사기관에 대하여만 체포권한을 허용함이 상당하다고 생각된다.

---

[87] 현행범죄로 인하여 추적되고 있는 자를 지칭하므로 범죄 종료 직후인 자에 가깝고, 우리 형사소송법이 준현행범인으로 규정하고 있는 "범인으로 호창되어 추적되고 있는 자"와는 상당한 차이가 있다고 생각된다.
[88] 이와 관련하여 독일 내에서도 현행범이 실제로 행하여진 경우 뿐만 아니라 일정한 범죄를 저질렀다는 유력한 범죄혐의가 있으면 족하다는 견해나 판례도 적지 않다고 한다. 신양균, 앞의 논문, 31면 참조. 이러한 견해에 따르면 준현행범인을 해석상 인정하는 결과가 될 것으로 생각된다.
[89] 김대성, 앞의 논문, 284면.

(2) 혐의의 명백성

특정범죄를 저지른 범인임이 명백하여야 현행범체포의 대상이 된다. 형사소송법은 범죄 혐의의 정도에 대하여 따로 규정하지 않고 있지만(제211조, 제212조 참조) 혐의의 명백성을 요건으로 해석하는데 별다른 이견이 없다[90]. 다른 체포의 경우에는 범죄혐의의 상당성을 그 요건으로 하면서 현행범체포에서는 혐의의 명백성을 요건이라고 해석하는 이유에 대하여 학설들이 구체적으로 밝히고 있지는 않지만, 특히 고유한 의미의 현행범인이 범죄 실행 중 또는 실행 직후로서 개념적으로 혐의가 명백할 뿐만 아니라 혐의의 상당성 만으로는 사인에게 체포권한을 부여하기 어렵기 때문이라고 생각된다. 대법원도 "시간적, 장소적으로 보아 방금 범죄를 실행한 범인이라는 죄증이 명백히 존재하는 경우에만 현행범체포가 허용된다"고 하여[91] 같은 입장임을 보여주고 있다. 혐의의 명백성 때문에 실무상 지능범 보다는 폭력, 성폭력, 절도 등과 같은 범죄에서 현행범체포가 많이 활용되고 있는 것도 사실이다[92].

누구에게 명백하여야 하는지도 문제될 수 있으나, 누구나 알 수 있을 정도로 명백하여야 하는 것은 아니고 체포하는 자의 입장에서 볼 때 명백하면 충분하다고 해석된다. 대법원도 같은 입장이다[93]. 다만 체포하는 자의 자의적, 주관적 명백성만으로는 부족하고 객관적 자료나 특수한 지식 또는 경험에 근거하여 객관적으로 명백하여야 한다. 구성요건해당성은 명백하지만 위법성 또는 책임의 존부가 불명확한 경우에도 현행범체포가 허용되는지에 대하여 의심스러운 경우 허용되지 않는다는 견해도 없지 않다[94]. 그러나 사인으로서는 긴급상황에서 위법성 또는 책임의 존부를 판단하기 어려울 것이고 수사기관으로서는 범죄혐의만 있으면 수사를 개시하여야 하는 점에 비추어 보면 위법성과 책임이 존재한다고 믿을만한 상당한 이유만 있으면 체포가 허용된다고 생각된다[95].

(3) 현행범체포의 필요성과 도주 · 증거인멸의 우려

현행범체포에서도 도주 · 증거인멸의 우려가 필요한지 여부가 문제된다. 필요하다는 견

---

90) 이재상/조균석/이창온, 앞의 책, 280면 등.
91) 대법원 1991. 9. 24. 선고 91도1314 판결.
92) 노정환, 앞의 논문, 225면.
93) 대법원 1991. 9. 24. 선고 91도1314 판결.
94) 노명선/이완규, 형사소송법(제5판), 성균관대학교 출판부, 2017, 187면.
95) 같은 취지, 노정환, 앞의 논문, 226면.

해도 있지만[96], 필요하지 않다는 견해가 일반적이다[97]. 이에 더하여 도주의 우려는 요하지만 증거인멸의 우려는 요하지 않는다는 견해('제한적 필요설'이라 부르기로 한다)도 있고[98], 필요설을 취하면서도 도주·증거인멸의 우려가 적극적으로 필요한 것은 아니고 그러한 우려가 명백히 없는 경우에만 체포가 불허된다는 견해도 있다[99]. 판례는 "현행범인 체포의 요건으로서는 행위의 가벌성, 범죄의 현행성 또는 시간적 접착성, 범인·범죄의 명백성 외에 체포의 필요성 즉, 도망 또는 증거인멸의 염려가 있을 것을 요한다"고 하여[100] 필요설을 취하고 있다.

앞에서도 언급한 바와 같이 증거인멸의 우려는 체포의 목적과 조화되기 어려우므로 현행범체포에서도 요구되지 않는다고 해석함이 상당하다. 이 점에서 저자는 필요설을 취한다 하더라도 제한적 필요설이 옳다고 생각된다. 이하 도주 우려에 대하여만 논하기로 한다. 사인으로서는 도주 우려라는 요건을 알지도 못하고 이를 판단할 수도 없으므로 사인의 현행범체포에서는 도주 우려를 요구하기 어려울 것이다. 결국 수사기관이 직접 현행범체포 하거나 사인이 체포한 현행범인을 인수하는 경우에 대하여만 필요성을 판단하면 족하다. 이 문제는 예컨대 확신범과 같이 도주 우려는 없지만 소환에는 불응하거나 불응할 우려가 큰 경우에도 현행범체포를 하지 못할까? 라는 문제와 연관하여 생각해 볼 필요가 있다. 필요설에 따른다면 일단 체포할 수 없고 나중에 체포영장을 발부받아 조사하거나 구속을 활용하여야 한다. 그러나 법규정도 도주 우려를 요구하지 않고 있고, 현행범인에 대하여 도주 우려 여부를 판단하여 일단 불체포하고 나중에 다시 체포영장을 발부받는 것이 체포의 남용을 막는 실질적 효과를 가져올 것 같지도 않다(설령 그러한 효과가 조금 있다고 하더라도 위와 같은 절차상의 복잡성을 감수해야 할 만큼 크지는 않을 것이다)[101]. 따라서 현행범체포의 요건으로서 도주·증거인멸의 우려는 요구되지 않는다고 생각된다.

(4) 경미범죄

경미범죄에 대하여는 주거가 불명한 때에만 현행범체포가 가능하다(제214조). 즉 혐의의

---

96) 신양균, 앞의 신판 형사소송법, 169면; 신동운, 앞의 책, 325면.
97) 이재상/조균석/이창온, 앞의 책, 281면; 노명선/이완규, 앞의 책, 188면; 정웅석/최창호/김한균, 앞의 책, 192면; 이재석, 앞의 논문, 240면.
98) 배종대/이상돈/정승환/이주원, 앞의 책, 139면. 특히 독일 형사소송법 제127조 제1항이 현행범체포에서 "도주 우려가 있거나 신원을 즉시 확인할 수 없는 때"를 요건으로 하고 있는 점을 참고하고 있다.
99) 심희기, 앞의 논문, 133면.
100) 대법원 1999. 1. 26. 선고 98도3029 판결.
101) 범죄의 즉각적 저지를 위해서는 현행범체포 제도가 아니더라도 정당방위나 정당행위 등 이론을 적용할 수도 있겠지만, 정당방위 등 이론보다는 현행범체포 제도가 유리해 보인다.

명백성과 체포의 필요성을 갖추었더라도 주거만 명확하다면 현행범체포가 불가능하다. 경미범죄의 경우에는 주거만 명확하다면 도주할 가능성 또는 추후 소환에 불응할 가능성이 높지 않다는 점을 전제로 하고 있다. 그러나 체포자가 사인이라면 이와 같은 법리를 알기도 어렵고 경미범죄 여부를 판단할 수도 없으므로 이와 같은 제한은 수사기관에 대하여만 적용된다고 해석된다.

Ⅳ. 각 체포의 주체와 절차

1. 영장체포의 주체와 절차

(1) 사법경찰관에게도 영장청구권을 부여할 것인지

체포영장 제도가 있는 미국, 영국, 일본 모두 체포영장 청구권을 검사 뿐만 아니라 사법경찰관에게도 부여하고 있다. 그러나 우리 형사소송법은 검사와 사법경찰관에게 수사권의 일환으로서 체포와 구속의 권한을 부여하면서도, 체포영장과 구속영장의 청구권은 검사에게만 허용하고 있다(제200조의2 제1항, 제200조의3 제1항, 제201조 제1항). 이에 대하여는 체포권 남용 억제를 위해 바람직하다는 견해가 많지만[102], 수사의 효율성과 체포시한의 단축을 위해 사법경찰관에게도 영장청구권을 부여하여야 한다는 견해도 있다[103].

이는 경찰의 수사권독립과도 연결된 문제이지만, 기본적으로는 수사의 효율성을 우선시할 것인지 인권침해 소지 억제를 우선시할 것인지의 문제이다. 사법경찰관에게 직접 체포영장을 청구할 수 있는 권한을 부여하면 수사의 효율성에서는 상당한 도움이 될 것으로 생각된다. 우리 형사소송법은 종래 검사를 수사의 주재자로 설정해 놓고 사법경찰관은 모든 수사에 대하여는 검사의 지휘를 받도록 하다가(개정 전 제196조 제1항), 2020년 검사와 사법경찰관을 협력관계로 개정하였지만(개정 제195조 제1항), 사법경찰관의 긴급체포 등 중요 사안에 대하여는 검사의 승인을 받도록 하고(제200조의3 제2항) 사법경찰관의 수사과정에 위법, 인권침해 등이 의심되는 경우에는 기록 등본 송부, 시정조치 등을 요구할 수 있는 등(제197조의3) 여전히 검사에게 수사 감독권을 부여하고 있다. 이러한 체계를 유지하면서 강제수사인

---

102) 김종덕, 앞의 논문, 153면; 이재석, 앞의 논문, 222면 등.
103) 김상호, 앞의 "체포제도의 문제점과 개선방안", 125면; 양문상/박광섭, 앞의 논문, 172면.

체포에 대해 사법경찰관이 검사를 거치지 않고 독자적 권한 행사를 허용하는 것은 적절하지 않다. 체포영장에 관하여 청구권은 사법경찰관에게 허용하면서 검사의 승인 또는 감독권을 인정하는 방법도 생각해 볼 수 있지만, 이는 실질적으로 영장청구권을 검사에게만 인정하는 것과 별 차이가 없을 것이다. 또한 체포영장에 대하여 법원의 실질적 통제가 거의 이루어지지 않고 있는 현실을 고려한다면 검사를 통한 통제가 절실할 수 밖에 없다. 이에 더하여 영장체포 청구는 체포 전에 이루어지므로 사법경찰관에게 청구권을 부여한다고 하더라도 체포시한과는 관계가 없다[104]. 이런 점들을 종합하면 적어도 지금의 형사소송법 체계 하에서는 사법경찰관에게 체포영장 청구권을 부여하기가 어려울 것으로 생각된다.

차라리 영장청구 전담검사를 법원에 상주시키자는 견해도 있다[105]. 아마도 사법경찰관에게 영장청구권이 인정되지 아니한 현실에서 사법경찰관이 검사에게 영장청구를 신청하고 검사가 영장을 청구하는 과정에 많은 시간과 수고가 소요되므로, 차라리 전담검사를 법원에 상주시키고 사법경찰관이 전담검사에게 영장청구를 신청하면 거의 곧바로 영장이 청구될 수 있어 사법경찰관이 직접 영장을 청구하는 것과 비슷한 효과가 있으리라는 기대에서 나온 견해로 보인다. 그러나 법원에 검사를 상주시킨다는 것 자체가 검찰에게나 법원에게나 간단한 일이 아니다. 또한 전국의 각 검찰청과 법원은 한 울타리 안에 설치되어 있어 거리적으로는 검사가 법원에 상주하는 것과 크게 다를 것이 없다. 차라리 검찰 내에 영장청구 전담검사를 지정해 두는 것이 훨씬 더 간단한데, 실제로 검찰청의 규모에 따라 약간의 차이는 있지만 검찰 내에는 순번제로 영장 당번검사가 지정되어 영장 등 업무를 수행하고 있다. 물론 인력 사정에 의해 당번검사가 일반 수사업무도 병행하는 관계로 영장 업무만을 전담하지는 못하지만, 향후 영장 업무에 좀 더 시간을 할애할 수 있도록 조정한다면 영장청구 전담검사를 법원에 상주시키는 것과 거의 같은 효과를 거둘 수 있을 것으로 생각된다.

(2) 체포시한

영장체포의 시한도 다른 체포와 마찬가지로 48시간이다. 사법경찰관이나 검사는 체포한

---

104) 구속영장 청구권까지 포함하여 생각하더라도 사전영장의 경우라면 체포영장의 경우와 마찬가지이고, 사후영장이라 하더라도 구속영장이 발부되는 경우에는 체포시한의 단축을 가져오지 않는다. 다만 구속영장이 기각되는 경우 좀 더 빨리 기각될 수 있었다는 정도의 차이 뿐인데, 이 역시 검사가 사법경찰관의 구속영장 신청을 기각하여 좀 더 조기에 체포상태를 종결할 가능성도 있다는 점을 고려하면 과연 체포시한을 단축하는 효과가 발생할지 의문이다.
105) 손동권, 형사소송법(개정신판), 세창출판사, 2010, 249면; 김준성, 앞의 논문, 221면.

피의자를 구속하고자 할 때에는 체포한 때로부터 48시간 이내에 구속영장을 청구하여야 하고 구속영장을 청구하지 아니하는 때에는 즉시 석방하여야 한다(제200조의2 제5항). 이에 대하여 "구인기능으로서는 48시간이 너무 길고, 법원의 구인과 비교할 때 더욱 그러하다"는 견해가 있다[106]. 그러나 법원의 구인은 재판(영장심사 포함) 참석만 강제하면 되므로 체포와 비교하는 것이 적절하지 않다. 체포한 때에는 기존의 수사기록(기소중지 상태일 가능성이 높다)을 다시 찾아내서 검토 후 피의자를 신문하여야 하고, 필요하다면 피해자나 참고인과의 대질 기타 보강 수사를 한 다음 구속 여부를 판단하고[107], 구속영장 신청서를 작성하여 검찰로 보내고, 검사의 검토를 거쳐 법원에 구속영장 청구서를 접수시켜야 하는데 48시간은 결코 충분한 시간이 아니다. 대부분의 경우 위 절차를 위해 48시간은 매우 부족하고, 충분하지 못한 수사의 결과 중요하고도 위험한 피의자를 입증 부족으로 석방하게 된다면 이로 인한 사회적 불이익 즉 위험은 모두 국민이 부담하게 된다. 반대로 수사기관이 이러한 위험을 피하기 위하여 조급하게 구속으로 방향을 잡게 된다면 결과적으로 구속수사를 조장하게 되고 인권침해의 우려는 증대된다는 부작용이 발생한다. 이런 점들을 종합할 때 지금의 48시간 제한은 결코 충분한 시간이 아니다. 오히려 범죄의 종류에 따라서는 체포를 통한 조사와 구속 여부의 판단에 48시간이 턱없이 부족한 경우가 많다는 지적도 있지만[108], 수사기관이 국민의 신뢰를 받지 못하고 있는 현실에서는 체포시한의 연장은 채택되기 어려울 것으로 생각된다.

2. 긴급체포의 주체와 절차

(1) 사법경찰리도 긴급체포의 주체가 될 수 있는지

현행 형사소송법상 수사권의 주체는 검사와 사법경찰관이고(제195조 제1항). 사법경찰리는 수사를 보조할 뿐(제197조 제2항) 수사의 주체는 되지 못한다. 현실과는 대단히 맞지 않지만 규정상으로는 사법경찰관의 구체적 지시가 있더라도 '수사'를 할 수는 없는 것이다. 강제수사의 일종인 긴급체포의 경우에도 마찬가지여서, 사법경찰리는 사법경찰관의 지휘에 따라 사실행위로서의 체포만 실행할 수 있을 뿐 긴급체포 자체를 할 수는 없다. 영장체포의 경우

---

106) 정승환, 앞의 논문, 62면.
107) 구속영장 신청서 작성부터 구속영장 청구서의 법원 접수까지의 소유시간을 고려하면 실무상 구속 여부의 판단까지 24시간(검찰과 긴밀히 협조한다고 하더라도 36시간) 이내에 이루어져야 한다.
108) 긴급체포의 시한과 관련한 박희태, "구속제도의 개선 모색", 검찰 제91호(1986. 1.), 대검찰청, 49면 등도 같은 취지이다. 저자의 개인적 경험이지만 대부분의 경찰관과 검사들은 이러한 견해를 가지고 있다.

에는 체포영장이 발부되면 사법경찰관의 명시적 또는 묵시적 지시에 따라 동인이 진행하는 체포절차를 보조하였다고 해석할 수 있고, 현행범체포의 경우에는 사인도 체포할 수 있으므로 사법경찰리에게도 체포권한이 있음이 분명하여 달리 문제될 것이 없다. 그러나 긴급체포의 경우에는 범인 또는 범죄 발견의 우연성[109] 때문에 사법경찰관의 지휘에 따라 동인이 진행하는 체포절차를 보조하였다고 해석하기가 어려운 경우가 많다. 그러나 현실적으로는 사법경찰리가 긴급체포하는 경우가 적지 않은데 이러한 경우 사법경찰리에게 독자적인 긴급체포권이 있다고 인정할 것인지가 문제되는 것이다.

사법경찰리의 긴급체포권을 긍정하는 견해[110]와 부정하는 견해[111]가 대립하고 있는 가운데 대법원은 "긴급구속 당시에 헌법 및 형사소송법에 규정된 바와 같이 피의자에 대하여 범죄사실의 요지, 체포 또는 구속의 이유와 변호인을 선임할 수 있음을 말하고 변명할 기회를 준 후가 아니면 긴급구속 할 수 없다고 할 것인데, 기록에 의하면 소외 1 경장이 위 망인을 양재파출소 또는 서초경찰서로 연행할 당시에 이러한 절차를 준수하였다고 볼 아무런 자료도 없고, 또 위 망인이 양재파출소에서 서초경찰서로 연행될 것을 명백히 거부한 이상 소외 1 경장 등이 위 망인을 위 파출소에서 서초경찰서까지 강제로 연행한 것은 임의동행에 해당된다고 볼 수도 없어 부당한 신체의 구속이라고 할 것이다"라거나[112], "이 사건과 같이 사법경찰리가 피고인을 현행범인으로 체포하는 경우에 반드시 피고인에게 범죄사실의 요지, 구속의 이유와 변호인을 선임할 수 있음을 말하고 변명할 기회를 주어야 할 것임은 명백하다. 이러한 법리는 비단 현행범인을 체포하는 경우뿐만 아니라 긴급체포의 경우에도 마찬가지로 적용되는 것"이라고 판시하여[113] 사법경찰리에게 긴급체포 권한이 있음을 당연한 전제로 하고 있는 듯 보인다.

현실적으로 사법경찰리의 긴급체포가 적지 않게 발생하는데 부정설은 이를 사법경찰관의 체포절차 진행에 대한 '보조'라고 설명할 수 밖에 없다. 그러나 사법경찰관이 긴급체포와

---

109) 앞에서도 언급한 바와 같이 우연성이 긴급체포의 필수적 요건은 아니지만, 현실적으로는 우연성에 의해 긴급성이 인정되는 경우가 많을 것이다.
110) 노정환, 앞의 논문, 209면; 이창현, 앞의 논문, 325면.
111) 신동운, 앞의 책, 315면; 정웅석/최창호/김한균, 앞의 책, 187면.
112) 대법원 1995. 5. 26. 선고 94다37226 판결. 1995년 형사소송법 개정 전의 긴급구속에 관한 판례이지만 긴급체포 사안에 적용하여도 동일할 것으로 생각된다.
113) 대법원 2000. 7. 4. 선고 99도4341 판결.

관련하여 아무런 역할을 수행하지 않았기 때문에 사법경찰리가 이를 '보조'하였다고 부르기 어려울 뿐만 아니라, 긴급체포의 대부분이 우연성을 전제로 하기 때문에 사법경찰관이 구체적으로 '지시'하였다고 보기도 어렵다. 이런 상황을 놓고 사법경찰관의 체포절차 진행에 대한 사법경찰리의 '보조'라고 평가한다면 형사소송법 규정 해석이 지나치게 추상화되어 여기저기에서 심각한 부작용이 발생할 것이다. 따라서 적어도 긴급체포에 있어서는 사법경찰리에게도 체포권한을 부여하되 지체 없이 사법경찰관에게 인계하고 승인을 받도록 명시적으로 규정하는 것이 바람직할 것으로 생각된다.

(2) 검사의 승인제도에 대하여

앞에서도 언급한 바와 같이 2020년 개정 형사소송법은 검사와 사법경찰관을 협력관계로 개정하였지만, 여전히 검사에게 수사 감독권을 부여하고 있다. 이 때문에 개정 전과 마찬가지로 개정 형사소송법도 사법경찰관은 긴급체포 즉시 검사의 승인을 받도록 규정하고 있다(제200조의3 제2항). 위 규정에 대하여는 수사기관의 강제처분에 대해 법원의 통제를 받아야 한다는 영장주의에 위반되므로 이를 삭제하고 긴급체포 후 지체 없이 피의자를 법관에게 인치하든지 또는 체포영장을 청구하도록 하는 제도가 바람직하다는 주장이 있다[114]. 아마도 검사의 사후 승인제도 자체가 영장주의에 위반하는 것이 아니라 법관을 통한 사후승인을 받지 않는 것이 영장주의 위반이라는, 다시 말해 검사의 승인으로는 법원의 승인을 갈음할 수 없다는 의미로 보인다.

법원의 승인 또는 사후 체포영장 제도의 필요성 여부에 대하여는 뒤에서 살펴보겠지만, 그와는 별개로 사법경찰관의 긴급체포에 대한 검사의 승인제도 자체를 삭제하자는 주장은 쉽게 수긍하기 어렵다. 이는 검사에게 수사 감독권이 있다는 점과 검사의 승인이 사법경찰관의 긴급체포 오남용 통제에 대단히 중요하고도 실질적인 역할을 하고 있다는 점을 간과한 주장으로서, 설혹 법원의 승인 또는 사후 체포영장 제도를 마련하더라도 검사의 승인제도는 반드시 존치되어야 할 것으로 생각된다.

---

114) 양문상/박광섭, 앞의 논문, 174면; 김준성, 앞의 논문, 221면.

(3) 사후 체포영장이 필요한지에 대하여

가. 총설

긴급체포 후에 구속영장 청구와는 별도로 사후 체포영장을 청구하여 발부받아야 하는지 여부는 체포의 절차와 관련한 가장 뜨거운 논쟁거리이다. 미국은 체포 외에 별도의 구속 개념이 없기 때문에 체포 후 조사절차만 마치면 곧바로 치안판사에게 인치하여 체포의 적법성 여부를 심사받을 뿐 별도의 사후 체포영장 제도가 존재하지 않는다[115]. 독일은 원래 체포가 구속을 위한 임시처분이기 때문에 사후 구속영장이 필요할 뿐 체포영장이라는 제도 자체가 없다. 따라서 체포된 피의자는 곧바로, 늦어도 다음날까지 판사에게 인치되어 구속영장이 발부되거나 석방될 뿐이다(독일 형사소송법 제128조 제2항)[116]. 그러나 일본은 체포와 구속을 이원적으로 운용하기 때문에 구속영장과는 구별되는 체포영장 제도가 존재한다. 다만 피의자를 긴급체포한 경우에는 즉시 재판관에게 체포장을 청구하는 절차를 밟아야 하지만(일본 형사소송법 제210조 제1항), 현행범체포한 경우에는 영장체포된 경우에 관한 규정을 준용하기 때문에(제216조) 별도의 사후 체포영장을 발부받을 필요가 없도록 규정하고 있다.

그런데 우리 헌법 제12조 제3항 단서는 긴급체포와 현행범체포의 경우 "사후에 영장을 청구할 수 있다"라고 규정하고 있으나, 형사소송법 제200조의4 제1항, 제2항은 긴급체포 후 구속의 필요가 있으면 48시간 내에 구속영장을 청구하지만 구속의 필요가 없으면 즉시 석방하도록 할 뿐 사후 체포영장을 청구하도록 규정하고 있지는 않다. 이에 대해 학설은 대체로 위 헌법 규정을 '긴급체포 후에 반드시 사후 체포영장을 청구하여야 한다'는 취지로 해석하고 있는데(그렇게 해석한다면 위 형사소송법 규정은 위헌적이다), 헌법 제12조 제3항의 해석상 사후 체포영장이 필요하고, 사후 체포영장을 요구하지 않으면 구속영장을 청구하지 않고 석방하는 경우에 대한 통제가 곤란하여 '아니면 말고' 식으로 긴급체포를 남용할 우려가 크며[117], 체포와 구속은 목적이 다르고 요건도 다르기 때문에 긴급체포 후 구속영장과 별도로 사후 체포영장을 발부받아야 하는 것은 당연하다는 점 등을 그 논거로 하고 있다[118]. 반면에 사후 체포영장 불

---

115) Ronald V del Carmen, 앞의 책, 203면; 김종덕, 앞의 논문, 120면.
116) 신양균, 앞의 논문, 29면.
117) 구속영장을 청구하지 않고 석방하는 경우 30일 이내에 법원에 통지하는 제도가 있기는 하지만(제200조의4 제4항) 이 제도만으로는 긴급체포에 대한 통제장치로서 부족하다는 취지이다.
118) 김상호, 앞의 논문, 129면; 하태인, 앞의"수사기관의 무영장체포와 영장주의의 실질적 의미", 133면; 조상제,

요설도 있는데 헌법이 말하는 영장이 반드시 체포영장이어야만 하는 것은 아니고, 구속영장 심사과정에 체포의 적법성도 함께 심사를 받게 됨에도 구속영장 외에 체포영장까지 발부받도록 하는 것은 무용한 절차의 중복으로서 오히려 체포기간이 장기화될 우려도 있다는 점 등을 그 논거로 하고 있다[119].

이 문제 역시 앞에서 언급한 순수체포설, 구속준비설과 직접적으로 연결된다. 1995년 개정 전 형사소송법은 '긴급구속'으로 설정하여 구속의 준비로 보았기 때문에 긴급구속 이후 구속영장의 청구에만 들어가면 긴급구속 자체의 승인을 위한 사후 체포영장은 필요하지 않았다. 그러나 개정 형사소송법이 이를 '긴급체포'로 개정하였기 때문에 이제는 사후 구속영장만으로 긴급체포의 승인에 갈음할 수 있는지의 문제가 발생한 것이다. "긴급체포의 본질은 긴급구속에 해당하므로 긴급체포 즉시 사후 체포영장을 받도록 하여야 한다"는 주장도 있지만[120], 이는 논리적으로 모순이다. 본질이 긴급구속이라면 사후 구속영장만 발부받으면 되고 체포영장을 받아야 할 이유는 없다. 오히려 긴급체포 즉시 사후 체포영장을 받아야 한다는 주장의 논거는 긴급체포의 본질을 체포로 보는데서 찾아야 한다.

나. '영장을 청구할 수 있다'는 의미

헌법 제12조 제3항 단서는 '영장을 청구할 수 있다'고 규정하고 있을 뿐 '영장을 청구하여야 한다'고 규정하고 있는 것은 아닌데, 이는 입법자에게 사후 체포영장 제도의 채택 여부를 위임하고 있는 것이므로 사후 체포영장 제도를 채택하지 않더라도 위헌은 아니라는 견해도 있다[121]. 그러나 사후에 영장을 '청구할 수 있다'는 것은 사전영장이냐 사후영장이냐에 선택권이 있다는 의미이지, 사후에 영장을 청구하느냐 청구하지 않느냐에 선택권이 있다는 의미는 아니라고 해석된다. 따라서 위 영장이 체포영장이라고 해석한다면 형사소송법은 사후에라도 반드시 체포영장을 청구하도록 규정하여야 하므로 이에 반하는 현재의 형사소송법 규정은 위헌적이라고 하지 않을 수 없다.

앞의 논문, 21면; 이재석, 앞의 논문, 235면; 김대성, 앞의 논문, 276면; 김준성, 앞의 논문, 208면; 이창현, 앞의 논문, 327면.
119) 안성수, 앞의 논문, 171면 등.
120) 김준성, 앞의 논문, 220면.
121) 김종덕, 앞의 논문, 144면. 다만 위 견해를 취하는 분도 인권보호를 위해 사후 체포영장 청구를 요하는 것으로 개정함이 상당하다는 의견이다.

다만 위 헌법 규정이 말하는 '사후의 영장'이 반드시 체포영장이어야 하는지, 아니면 영장이기만 하면 되므로 구속영장으로도 갈음할 수 있는지는 별개의 문제이다. "체포·구속·압수 또는 수색을 할 때에는 적법한 절차에 따라 검사의 신청에 의하여 법관이 발부한 영장을 제시하여야 한다. 다만, 현행범인인 경우와 장기 3년 이상의 형에 해당하는 죄를 범하고 도피 또는 증거인멸의 염려가 있을 때에는 사후에 영장을 청구할 수 있다"는 헌법 제12조 제3항의 표현은 '강제수사가 필요하면 사전영장을 발부받아 강제처분 집행시에 이를 제시하는 것이 원칙이지만, 긴급한 사유가 있는 경우에는 일응 사전영장 없이 강제처분을 집행한 후에 사후영장을 청구할 수도 있다'는 의미이다. 전체 문장의 취지상 사후에 청구하는 영장은 원칙적으로 사전에 제시하였어야 할 영장, 즉 체포영장으로 해석된다. 따라서 적어도 문리적으로는 사후영장이 체포영장이어야 하고 구속영장으로 갈음할 수 없다고 생각된다.

물론 체포영장 발부율이 98%인 우리나라의 현실에 비추어볼 때 사후 체포영장이 기각될 가능성은 거의 없다고 생각된다. 긴급체포에서의 필요성과 긴급성 요건에 대한 판단은 매우 실무적인 판단이어서 고소장이나 피해자 진술조서 등 서류와 체포상황에 대한 수사기관 보고서만을 근거로 사후 심사를 하는 것이 매우 어렵기 때문이다. 사후 체포영장을 서면심사로만 하는 경우 무영장체포에 대한 통제장치로서의 실효성도 의문이다[122]. 체포영장의 발부율이 이렇게 높은 상황에서 수사기관이 체포영장을 발부받을 수 있음에도 일부러 긴급체포로 우회할 이유가 별로 없는 것도 사실이다. 그렇다고 하더라도 이런 점들이 사후 체포영장 청구가 필요 없다는 주장의 근거가 되지는 못한다. 이는 체포영장의 발부율이 98%이지만 영장 없이 체포할 수 있도록 하자는 주장의 근거가 되지 못하는 것과 마찬가지이다. 아무리 기각율이 낮더라도 영장제도가 있는 것과 없는 것은 법원의 통제 하에 두느냐 수사기관의 자의에 맡기느냐의 문제이기 때문에 양보할 수 없는 것이다.

"필요적 체포적부심 청구제도를 도입하여 무영장체포 즉시 법관에게 인치하여 체포 적부심사와 구속심사를 동시에 진행하자"는 견해도 있다[123]. 그러나 위 주장은 모든 긴급체포가 구속으로 연결된다는 전제 하에서만 성립한다. 위 견해를 주장하는 분도 인정하듯이 체포와

---

122) 하태인, 앞의 논문, 137면.
123) 하태인, 앞의 논문, 139면.

구속은 목적과 요건이 다르기 때문에 긴급체포로만 끝나고 석방될 사안도 적지 않다. 더욱이 뒤에서 살펴볼 바와 같이 구속영장을 청구하는 경우라면 구속 심사과정에 체포의 적부도 충분히 검토될 뿐만 아니라(체포 적부심사와 구속 심사를 한꺼번에 진행한다면 지금의 구속 심사와 다를 것이 없고, 병행 진행한다면 불필요한 이중의 절차가 될 것이다) 피의자 석방을 위해서도 구속영장을 기각하면 족할 뿐 체포 적부심사를 해야 할 필요가 없다.

다. 차라리 긴급구속으로 환원할 것인지

"차라리 형사소송법 개정 전과 같이 긴급체포에서 긴급구속으로 환원하면 사후 체포영장과 관련한 위헌성 문제가 저절로 해소된다"는 견해도 있다[124]. 구속준비설의 가장 극단적인 형태라 할 수 있다. 그러나 앞에서도 살펴본 바와 같이 긴급체포는 구속의 준비가 아니라 체포의 일종이다. 긴급체포 하였지만 구속사유에는 해당하지 않아 구속하지 않는 경우도 적지 않다. 그런데 이를 긴급구속으로 환원한다면 긴급구속 당시 이미 구속절차가 시작된 것이므로 그 시점에 구속 여부에 대한 잠정적 판단이 존재하여야 하고, 혐의의 정도 역시 구속에 걸맞아야 할 뿐만 아니라, 이후에는 특별한 예외상황이 아니라면 불구속 석방은 허용되지 않는다고 보아야 한다. 따라서 체포·구속 병렬주의를 채택하고 있는 현행법상 긴급체포를 긴급구속으로 되돌리는 것은 적절하지 않다. 더욱이 사후 체포영장과 관련한 위헌 문제를 실질적 조치가 아닌 명칭 변경만으로 해결할 수 있다고는 생각되지 않는다.

라. 구속영장을 청구하는 경우에도 별도로 체포영장을 청구하여야 하는지

사후 체포영장 필요설을 취한다고 하더라도 다시 구속영장을 청구하는 경우에도 별도로 체포영장을 청구하여야 하는지의 문제가 남아있다. 필요설을 극단적으로 주장하면 구속과 체포는 별개이므로 구속영장을 청구하는 경우에도 별도로 체포영장을 청구하여야 한다고 주장하게 된다. 그러나 사후 체포영장을 청구하였다면 이후 발부 여부의 결정이 있을 때까지 일응 체포상태를 유지하여야 하는데, 이것은 결국 48시간을 초과하는 체포라는 결과를 가져올 수 밖에 없다. 더욱이 구속영장을 청구하는 경우라면 구속영장의 심리에서 긴급체포의 적법성 여부가 충분히 심사될 것이므로 사후 체포영장 청구를 병행할 실익은 거의 없고 절차만 복잡해지면서 수사기관과 법원 등의 업무가 가중될 뿐이다.

사전영장은 강제처분을 허가 또는 명령하는 증서이므로 장래적 효력을 가진다. 사후영

---

124) 김상호, 앞의 "긴급체포의 명칭과 요건상의 대상범죄에 대한 검토", 242면; 김준성, 앞의 논문, 221면.

장 역시 기존의 강제처분을 승인함과 동시에 위 강제처분의 계속 집행을 허가하는 증서이기 때문에 상당부분 장래적 효력을 가지는 것이 원칙이다. 압수 등의 사후영장을 살펴보아도 체포·구속장소에서의 압수·수색(제216조 제1항 제2호)과 긴급체포에 부수하는 압수·수색(제217조 제1항)에서 압수상태를 계속할 필요가 있는 경우에만 사후영장이 필요하다(제217조 제2항). 다만 범죄장소에서의 압수·수색의 경우에는 압수한 것이 없다고 하더라도 언제나 사후영장을 발부받도록 하고 있는데(제216조 제3항), 아마도 체포·구속장소에서의 압수 수색과 긴급체포 부수 압수 수색은 체포·구속과정에 법원으로부터 절차적 정당성을 검증받기 때문에 계속 압수의 필요성이 있는 경우에 이 부분에 대하여만 법원의 검증을 받으면 되지만, 범죄장소 압수 수색은 체포·구속과 연계되지 아니하여 달리 법원으로부터 절차적 정당성을 검증받을 기회가 없기 때문에 계속 압수와 무관하게 압수 수색 자체에 대한 승인의 의미로서 사후영장을 받도록 한 것으로 생각된다.

이러한 취지를 긴급체포의 경우에 적용해 보면, 긴급체포 하였다가 이후 구속영장을 청구하는 경우에는 그 과정에 법원으로부터 체포의 절차적 정당성도 검증받지만, 구속영장을 청구하지 않는 경우에는 달리 법원으로부터 체포의 절차적 정당성을 검증받을 기회가 없다. 더욱이 구속영장을 청구하여 영장이 발부된다면 구속영장만 집행하면 되고 이전의 체포는 계속 집행할 필요가 없다. 이런 점만 보더라도 구속영장을 청구하는 경우에는 따로 사후 체포영장을 청구할 필요가 없지만, 구속영장을 청구하지 않는 경우에는 체포의 계속 집행 여부와 무관하게 언제나 사후영장을 청구하도록 강제하는 것이 다른 강제처분과도 균형을 이룬다[125]. 다만 이런 경우의 영장은 장래적 효력이 없는데, 이런 경우에도 '영장'이라는 명칭을 유지하는 것이 적절한지는 검토해 볼 필요가 있을 것이다.

이러한 해석이 헌법 제12조 제3항 규정에 반하지 않는지 다시 한 번 살펴보자. 헌법은 현행범체포와 긴급체포의 경우에 사후 체포영장을 청구하여야 한다는 취지로 규정하고 있지만, 사후 체포영장을 청구하는 것과 동일한 시간적 제한 내에 구속영장 청구를 통해 체포의 승인 여부를 승인받는다면 위 구속영장 청구 안에는 사후 체포영장 청구가 포함되어 있다고 해석할 수 있다. 따라서 구속영장을 청구하는 경우에 따로 사후 체포영장을 청구하지 않

---

[125] 같은 취지, 황정근, "구속영장 실질심사제도의 개선방안", 형사정책연구 제8권 4호(1997. 12.), 한국형사정책연구원, 50면.

는다고 하더라도 위 헌법 규정에 반하는 것은 아니라고 생각된다.

(4) 긴급체포 상태에서 추가수사가 허용되는지

긴급체포된 상태에서 피의자 신문이나 참고인 조사 등의 추가수사를 진행할 수 있는지에 대하여도 견해가 대립된다. 수사실무는 피의자에 대한 기본적인 조사 외에도 피의자가 새로운 변명을 하여 그 진위를 확인할 필요가 있는 경우 등에는 당연히 추가조사도 실행하고 있다. 그러나 학설 중에는 "긴급체포에 허용된 48시간은 긴급체포서를 작성하는데 소유되는 최소한의 시한일 뿐 그 이상 지체하여 구속영장을 청구하는 것은 구속영장 기각 사유에 해당한다"는 견해도 있다[126]. 한편, 추가조사 불허설을 취하면서도 "긴급체포서를 작성하거나 피의자의 새로운 변명에 대한 신속한 조사는 굳이 추가조사에 포함시켜 금지시킬 필요가 없다"는 견해[127]도 있는데, 이는 실질적으로는 추가조사 제한적 허용설 즉 위 수사실무의 태도와 다르지 않아 보인다.

생각건대 체포시한은 가급적 최소화 하여야 하고 형사소송법 역시 지체 없이 구속영장을 청구하여야 한다고 규정하고 있을 뿐만 아니라(제200조의4 제1항), 사전에 조사할 수 있는 내용을 미리 조사해 두지 않고 있다가 체포 후에 조사함으로써 체포시한을 늘이는 것은 인권침해의 소지가 큰 것도 사실이다. 그러나 추가수사를 전면적으로 부정하는 것은 긴급체포도 체포이고 체포의 본질이 피의자 조사에 있고 그 조사 안에는 참고인과의 대질 등 피의자 조사로부터 파생된 관련 추가조사도 포함되어 있음을 간과한 결과이다. 추가조사의 필요성이 제기된 경우에도 이에 대한 조사를 허용하지 않는 것은 형사소송법이 말하는 '지체 없이'를 지나치게 형식적으로 해석하는 것이다. 따라서 위 '지체 없이'는 '불필요한 지체 없이'라고 해석하되, 체포된 피의자를 신문하는 것 뿐만 아니라 피의자가 제기한 나름 그럴듯한 변소에 대한 확인이나 참고인 추가조사 등 영장 청구에 앞서 반드시 필요한 조사는 위 '불필요한 지체'에 해당되지 않는다고 해석하는 것이 옳다고 생각된다[128].

---

[126] 신동운, 앞의 책, 319면.
[127] 김준성, 앞의 논문, 225면.
[128] 김준성, 앞의 논문, 218면도 같은 취지.

(5) 체포시한이 너무 길지 않은지

영장체포의 경우와 마찬가지로 긴급체포에서도 체포시한이 48시간인데(제200조의4 제1항), 위 48시간이 너무 길다는 비판이 적지 않다. 우선 체포한 때로부터 6시간 이내에 영장을 청구하여야 한다는 견해도 있고[129], 12시간 내에 영장을 청구하여야 한다는 견해도 있고[130], 24시간 내에 청구하여야 한다는 견해도 있다[131]. 그러나 체포된 피의자를 조사하는 데에만 최소 6시간, 경우에 따라서는 12시간 이상 소요되는 사건이 많으며, 그 과정에 피의자의 변명이나 새로운 주장 등에 의하여 피해자 기타 참고인을 추가조사 해 보아야 구속 여부를 판단할 수 있는 상황이 발생하면 피해자 기타 참고인을 소환 조사하는 데에 또다시 적지 않은 시간이 소요된다. 여기에 구속 여부에 대한 판단과 구속영장 신청서 등 서면 작성에 소요되는 시간, 이를 검찰에 보내어 검사가 판단하고 실제로 구속영장을 청구하는데 소요되는 시간 등을 고려하면 24시간 내에 청구하여야 한다는 것은 수사현실상 무리한 요구이다.

구속영장을 청구한 이후에도 법원이 실질심사를 진행하는 시간만 아니면 유치되어 있는 피의자를 조사할 수 있기 때문에 체포시한을 단축해야 한다는 견해도 있다[132]. 그러나 사법경찰관이 구속영장을 신청하면서 수사기록이 검사에게 송부되고, 검사가 구속영장을 청구하면서 수사기록이 다시 법원에 송부된다. 사법경찰관으로서는 구속영장 신청 후에는 수사기록이 없어 추가적인 수사가 곤란하다. 물론 구속영장을 신청하면서 기록 전체를 복사하여 이 복사본으로 수사를 진행할 수도 있겠지만, 기록 전체를 복사한다는 것 역시 시간적으로나 경제적으로나 그리 간단한 일이 아니다.

조금 더 후하게 보아 36시간 내에 영장을 청구하여야 한다는 견해도 있는데[133] 피의자를 집중적으로 조사하는데 24시간 정도 소요된다고 보고 영장을 청구하는 등의 절차에 12시간 정도 소유될 것이라는 점을 논거로 하고 있다. 나름 의미 있는 주장이다. 그러나 사건에 따라서는 24시간으로는 피의자나 참고인 조사에 모자랄 경우가 적지 않고, 체포시한을 지금

---

129) 하태훈, "한국형사법학회 형사소송법 개정안에 대한 논평", 형사법연구 제23권 1호(2011. 3.), 한국형사법학회, 287면; 천진호, "개정 형사소송법상 형사피의자 · 피고인의 방어권 보장", 저스티스 통권 제103호(2008. 4.), 한국법학원, 123면.
130) 이창현, 앞의 논문, 327면.
131) 조상제, 앞의 논문, 22면.
132) 이창현, 앞의 논문, 327면.
133) 김준성, 앞의 논문, 221면.

의 48시간에서 12시간 줄여서 얻는 인권보장 등의 이익과 수사상 체포시한 확보의 필요성을 비교하면 굳이 12시간을 줄이는 것에 그렇게 큰 의미가 있는지 의문이다.

48시간 내에 영장을 '발부'받아야 한다는 견해도 있다[134]. 그러나 구속영장 청구로부터 영장실질심사와 발부까지 통상 24시간 이상이 소요되는 점에 비추어 보면 48시간 내 발부설은 결국 24시간 내 영장 청구설과 유사하여 수사 현실상 무리이다. 더 나아가 수사기관이 조절할 수 있는 시한은 청구시까지 뿐이고 이후 영장심사와 발부시까지의 시한은 법관의 전권적 영역이어서 수사기관으로서는 전혀 조절할 수가 없음에도 체포시한을 청구가 아닌 발부를 기준으로 제한하는 것은 명백하게 불합리하다.

현행 형사소송법이 체포시한으로 48시간을 허용하되 구속의 사유가 구비되면 '지체 없이' 구속영장을 청구하도록 하고 구속영장을 청구하지 아니하는 경우에는 즉시 석방하도록 규정함으로써 위 48시간을 '무조건 허용하는 시한'이 아니라 '허용하는 한계 시한'으로 설정하고 있는 것은 대단히 적절한 입법이다. 따라서 위 48시간 제한의 단축을 위해 노력하는 것보다는 영장청구나 석방이 구속 여부가 판단된 후 지체 없이 이루어진 것이 맞는지에 대한 심사 강화를 위해 노력하는 것이 더 효과적이고도 현실적인 인권보장 방안이라고 생각된다.

3. 현행범체포의 주체와 절차

(1) 사인에게 수사기관과 동일한 조건의 체포 권한을 부여할 것인지

현행범체포는 현행범(고유한 의미의 현행범인과 준현행범인 포함) 상황에서만 허용되므로 요건이나 절차에 있어 오남용의 우려가 다른 체포에 비해 적다. 다만 체포라는 매우 강력한 강제처분적 행위가 사인에게도 허용된다는 특징 때문에 모든 현행범 상황에 수사기관과 동일한 조건으로 사인에게 체포권한이 허용될 것인지가 특히 문제된다. 현행범체포의 명백성 요건을 강조하여 체포자가 범죄 실행상황을 직접 목격하지 못한 경우에는 사인 아닌 수사기관에게만 체포권한을 주자는 견해도 있지만 범죄혐의가 명백하기만 하다면 그 인식 경위가 반드시 체포자 자신의 직접 체험에만 한정된다고 볼 이유는 없다는 점, 준현행범인 규정을 삭제하고 개별

---

[134] 이은모, "수사상의 인신구속에 관한 한일 형사소송법의 비교연구", 법학논총 제23집 2호(2006. 12.), 한양대학교 출판부, 156면.

적, 구체적 사정에 따라 긴급체포로 취급하는 것이 적절하고, 가사 준현행범인을 여전히 현행범체포의 대상으로 한다고 하더라도 이에 대한 체포권한은 사인 아닌 수사기관에게만 부여하는 것이 적절하다는 점은 앞에서 언급한 바와 같다.

(2) 사후 체포영장이 필요한지

현행범체포도 영장 없는 체포이기 때문에 긴급체포의 경우와 마찬가지로 구속영장 청구와는 별도의 사후 체포영장이 필요한지의 문제가 발생한다. 앞에서도 살펴보았듯이 미국과 독일은 체포와 구속의 체계상 사후 체포영장 제도가 존재하기 어렵다. 그러나 일본은 긴급체포의 경우에는 사후 체포장을 요구하면서 현행범체포의 경우에는 사후 체포장을 요구하지 않으며, 이에 대하여는 영장 없는 체포의 경우 반드시 사후 체포장을 청구하도록 되어 있는 헌법 제33조 위반이라는 견해도 있지만, 다수설은 합헌이라 보고 있고[135] 판례도 같은 취지이다[136]. 아마도 현행범체포가 긴급체포에 비하여 남용 우려와 통제 필요성이 적기 때문일 것으로 생각된다.

앞에서 저자는 긴급체포의 경우 형사소송법이 사후 체포영장 청구를 규정하지 않은 것은 위헌적이지만 구속영장을 청구하는 경우에는 단기간 내에 체포의 적법성 여부를 심사받으므로, 구속영장을 청구하지 아니하는 경우에만 사후 체포영장을 청구하도록 개정하는 것이 바람직하다고 주장하였다. 위와 같은 취지는 현행범체포의 경우에도 동일하게 적용되리라 생각된다. 물론 현행범체포의 경우 긴급체포에 비해 남용 우려와 통제 필요성이 적으므로 일본의 경우와 같이 사후 체포영장을 요구하지 않아도 되지 않겠느냐고 생각할 여지도 있지만, 현행범체포라고 하여 남용 우려와 통제 필요성이 없는 것은 아니고 우리 헌법이 영장 없는 체포라는 점에서 긴급체포와 현행범체포를 동일하게 취급하고 있음에도 굳이 사후 체포영장의 요부에서 현행범체포를 달리 취급할 필요성도 그리 크지 않아 보인다.

(3) 체포시한이 너무 길지 않은지

다른 체포의 경우와 마찬가지로 현행범체포에 대하여도 체포시한 48시간이 너무 긴 것이 아닌지에 대한 논란이 가능하나, 앞에서 살펴본 영장체포나 긴급체포의 경우와 마찬가지로

---

135) 福井厚, 刑事訴訟法 講義(제4판), 법률문화사, 2009, 105면.
136) 일본 최고재판소 1955. 12. 14. 刑集 第9卷 第13號, 2760頁.

생각하면 될 것이다. 긴급체포의 경우 체포시한은 48시간이지만 '지체 없이' 구속영장을 청구하도록 함으로써 수사기관의 독자적 판단에 의한 인신구속을 최소화하고 있지만, 현행범체포에서는 48시간 시한만 있을 뿐 '지체 없이'라는 제한이 없기 때문에(제212조 참조) 현행범체포에서도 '지체 없이' 제한을 설정하여야 한다는 견해가 있다[137]. 위 48시간은 최대한에 대한 기준이지 보장된다는 기준은 아니기 때문에 '지체 없이' 제한이 명문화되어 있지 아니한 현행범체포의 경우에서도 '비례의 원칙(필요최소한의 원칙)'이라는 형사법 일반원리에 의하여 당연히 인정된다고 생각된다. 다만 불필요한 오해를 불식시키기 위해 이를 명문화하여 수사기관으로 하여금 현행범체포에서도 체포시간을 가급적 짧게 하기 위한 노력을 이끌어 내는 것도 좋을 것이다.

특히 현행범체포에서는 사인이 체포하여 수사기관에 인계하는 과정에 소요되는 시간이 있는데, 이를 48시간 시한에 포함시킬 것인지 제외할 것인지가 문제된다. 이와 관련하여 대법원은 "체포된 현행범인에 대하여 일정시간 내에 구속영장 청구 여부를 결정하도록 하고 그 기간 내에 구속영장을 청구하지 아니하는 때에는 즉시 석방하도록 한 것은 영장에 의하지 아니한 체포 상태가 부당하게 장기화되어서는 안된다는 인권보호의 요청과 함께 수사기관에서 구속영장 청구 여부를 결정하기 위한 합리적이고 충분한 시간을 보장해 주려는 데에도 그 입법취지가 있다고 할 것이다. 따라서 수사기관 아닌 사람에 의하여 현행범인이 체포된 후 불필요한 지체 없이 수사기관에게 인도된 경우 위 48시간의 기산점은 체포시가 아니라 수사기관이 현행범인을 인도받은 때"라고 판시함으로써[138] 제외설을 취하고 있다. 체포시한은 결국 수사기간인데 사인에 체포하고 있는 시간을 수사기간에 포함시키는 것이 적절하지 않을 뿐만 아니라, 판례 사안과 같이 수사기관 아닌 사람이 부득이 하게 장시간 체포하고 있는 경우도 있을 수 있다는 점을 고려할 때 판례와 같은 결론에 이르지 않을 수 없을 것이다. 다만 이러한 해석이 "체포한 때로부터 48시간 이내에"라는 213조의2, 제200조의2 제5항 규정의 '문언의 가능한 의미 내'에 있는지는 의문이다. 입법적으로 해결하는 것이 좋을 것이라고 생각된다.

---

137) 양문상/박광섭, 앞의 논문, 176면; 손동권, 앞의 논문, 565면.
138) 대법원 2011. 12. 22. 선고 2011도12927 판결. 대한민국 군인들이 소말리아에서 해적들을 현행범인으로 체포한 다음 국내로 이송하여 사법경찰관에게 인계하는데 9일이 소요된 사안이다.

V. 나가며

체포의 목적과 본질은 각 체포의 요건 및 절차와 밀접한 관련이 있음에도 그간 각 체포의 요건과 절차에 대하여 개별적으로만 검토되어 왔을 뿐 체포의 목적 또는 본질과 연관한 체계적인 검토는 그리 많지 않았던 것으로 보인다. 이 때문에 각 체포의 요건과 절차에서 인권침해 방지나 수사 효율성 등 특정 이념만 강조될 뿐 전체적인 체계나 조화가 부족하지 않았나 생각된다. 체포의 본질을 구속의 준비라는 목적과 연계하여 찾는다면 체포전치주의를 취하게 되겠지만, 체포의 본질을 구속에서 독립된 독자적 목적, 즉 소환 조사에서 찾는다면 체포전치주의를 취할 이유가 없어진다. 또한 체포의 목적을 구속의 준비라고 본다면 영장 없는 체포 후에도 구속영장 외에 사후 체포영장을 청구하여야 할 필요성이 적지만, 체포의 목적을 소환 조사에서 찾는다면 영장 없는 체포 후에는 구속영장과 별도로 사후 체포영장을 청구하여야 할 필요성이 크다. 이러한 점은 특히 긴급체포의 경우에 두드러진다.

이 글을 통해 저자는 체포와 구속의 관계 및 각 체포의 요건과 절차에 관하여 살펴보았다. 각 체포의 요건과 절차를 탐구함에 있어서도 체포의 근본적인 목적은 소환 조사에 있으며, 체포로 인한 인권침해 위험과 체포를 통한 실체적 진실발견(좀 더 현실적인 말로 표현하면 '진범 검거')이라는 공익이 서로 조화되는 범위 내에서 체포와 구속의 관계 및 각 체포의 요건과 절차가 합리적으로 규정되어야 한다는 점을 강조하고 싶다.

CCTV 녹화자료의 압수·수색에 관한 소고

Ⅰ. 들어가며

CCTV(Closed Circuit Television, '폐쇄회로 텔레비전'이라고 번역할 수 있을 것이다)[1]란 설치자가 의도한 일정 공간 내에서 동영상을 촬영하고 그것을 설치자가 의도한 모니터에서만 상영하는 장치를 말한다. 최근 과학기술의 발달과 보편화 추세에 힘입어 CCTV는 폭발적으로 증대되고 있다. 시청, 경찰서 등 공공기관은 물론이고 개인이나 학교, 병원, 일반 기업 등 민간부문에서도 보안, 영업 등의 목적으로 비교적 자유롭게 CCTV를 설치할 수 있으며, 최근에는 특히 움직이는 CCTV라 할 수 있는 차량용 블랙박스의 보편화로 너무나 쉽게 CCTV가 설치 운용되고 있다. 이 때문에 현재 우리나라에 CCTV가 몇 대나 설치되어 있는지에 대한 정확한 통계는 어디에도 없지만 차량용 블랙박스를 제외하더라도 1천만대 이상으로 추정하고 있을 뿐이다. 최근에는 CCTV의 소형화와 함께 줌, 회전, 적외선 감지, 투망식 추적, 음성녹음, 동작 및 얼굴인식 등 부가기능이 추가되어 타인의 이동경로, 행위 등에 대한 지속적 감시도 가능하다. 이와 더불어 인터넷망을 통한 CCTV 영상정보의 수집과 원격제어가 가능한 네트워크 카메라의 설치도 크게 확산되고 있다.

CCTV가 범죄의 예방에 어느 정도 효과적인가에 대한 논쟁은 아직도 계속되고 있지만, 분명한 것은 범죄예방의 관점에 기초한 여론의 강력한 지지를 얻으면서 일반인들이 쉽게 접근할 수 있는 다양한 장소에 CCTV가 급속하게 보급되고 있다는 사실이다. 또한 수사실무에서도 컴퓨터나 휴대전화 저장자료와 함께 CCTV 영상녹화자료는 필수불가결한 존재가 되고 있으며, 피고인측에 유리한 증거로 활용되는 경우도 적지 않다. 이처럼 CCTV가 없는 수사 또는 재판을 더 이상 생각할 수 없는 상황이 되었다.

한편, 현대사회에서 피해갈 수 없을 정도로 많이 설치·운용되고 있는 CCTV에 의한 개

---

[1] 개인정보보호법이 말하는 '영상정보 처리기기(image information processing equipment)'란 일정한 공간에 지속적으로 설치되어 사람 또는 사물의 영상 등을 촬영하거나 이를 유·무선망을 통하여 전송하는 장치로서 '폐쇄회로 텔레비전'과 '네트워크 카메라'로 구별하고 있다(제2조 제7호, 개인정보보호법 시행령 제3조). 그러나 이 글에서는 'CCTV'라고 통칭하기로 한다.

인생활의 노출은 이미 일상화 되어 있고 개인의 초상권과 사생활 등 권리 침해 측면을 이유로 하는 CCTV에 대한 부정적인 의견도 부각되고 있다. 현대인들은 대문을 나서는 순간부터 각종 CCTV에 의한 감시를 받게 된다. 최근 국가인권위원회 조사에 따르면, 한사람의 하루 평균 CCTV 노출 횟수는 83회이고, 특히 이동 중에는 초단위로 노출된다고 한다. 더욱이 차량에 설치된 블랙박스와 누군가에 의해 수시로 올려지는 SNS 상의 영상까지 더해진다면 헤아릴 수 없이 많은 영상에 자신도 모르게 노출되고 있는 셈이다. 장점과 단점이 병존하는 '양날의 검'처럼, CCTV에 의해 초상권과 사생활이 침해되는 것 또한 사실이다. 이에 더하여 누군가에 의해 나의 일상이 촬영되면서 개인정보가 유출되고 범죄에 활용될 수 있는 가능성 또한 배재할 수 없다. 따라서 이에 대한 보완책 또한 반드시 강구되어야 할 것이다.

그러나 CCTV에 대한 법적 논의나 연구는 매우 불충분하다. 더욱이 그간 이루어진 연구 역시 CCTV 설치의 효과나 설치 제한과 같은 형사정책적 연구가 주를 이룰 뿐 CCTV로부터 압수·수색 등 증거자료를 수집하는 방법과 그 한계에 관한 연구는 거의 없었던 것으로 보인다. CCTV도 정보저장매체의 일종이기는 하지만 정보저장매체에서의 압수·수색 중에서도 주로 녹음기, 컴퓨터나 휴대용 전화기에 저장된 문자나 사진 등 정보를 압수·수색하는 문제 위주로 연구되어, CCTV에 대해 압수·수색하는 문제는 거의 백지상태라 할 수 있다. 법규 역시 미비하여 정보저장매체에 관한 압수 규정인 형사소송법 제106조 제3항과 영상자료에 대한 증거조사방법 규정인 형사소송규칙 제134조의8 정도가 있을 뿐이어서, CCTV 녹화자료에 대하여는 그 특성을 고려하여 위 규정들을 적절히 적용(또는 유추적용)하는 수 밖에 없다. 다만 최근 컴퓨터에 관한 것이기는 하지만 정보저장매체에 저장된 정보의 압수·수색 방법과 관련한 중요한 판례가 몇 개 나왔고, 이에 대한 찬반 논의도 심도 있게 진행되고 있다. 위 판례와 논의가 CCTV의 경우에도 그대로 적용될 수 있겠는지를 살펴보는 것은 CCTV 녹화자료에 대한 압수·수색을 논의하는 첫 단계로서 매우 의미 있을 것으로 생각된다.

이러한 바탕 위에서 정보저장매체, 특히 컴퓨터에 저장된 정보에 대한 압수·수색 관련 일반 이론들을 먼저 살펴본 후 그와 같은 일반 이론들이 컴퓨터와 조금 다른 특성을 가진 CCTV 녹화자료에 어떻게 적용될 수 있겠는지를 검토하는 방법으로 연구를 진행하였다. 이 글에서는 먼저 CCTV 녹화자료에 대한 압수·수색 일반론을 살펴보고(Ⅱ), 최근 대법원 판례 취지의 CCTV 녹화자료에의 적용 문제로서 영장에 저장매체 자체의 압수 허용 여부가 기재되어 있어야 저장매체를 압수할 수 있는지(Ⅲ), 탐색과정의 참여권이 피의자에게도 보장되어야 하는지(Ⅳ), 별건정보 발견시 어떻게 대처하여야 하는지를 순차 검토한 다음(Ⅴ), 저자 나름의 결론에(Ⅴ) 이르고자 한다.

Ⅱ. CCTV 녹화자료에 대한 압수·수색 일반론

1. 총설

　다른 정보저장매체의 경우와 마찬가지로 CCTV 녹화자료와 관련한 압수·수색 문제도 CCTV 녹화자료 자체를 획득하기 위한 압수·수색과 CCTV 녹화자료 내에서 필요한 영상을 획득하기 위한 압수·수색 문제를 모두 포함한다. 일정한 장소에서 CCTV 녹화자료가 어디에 있는지를 발견하기 위한 수색은 일반 물건에 대한 수색의 일종이지만, 많은 분량의 CCTV 녹화자료 속에서 수사기관이 필요로 하는 특정 영상을 발견하기 위한 행위도 수색이라 할 것이지가 문제되는 것이다[2].

　과거 하나의 카메라와 하나의 모니터로 구성된 단순한 CCTV 기계에 의하여 CCTV 시스템이 운용되던 시절에는[3] 비디오테이프나 디스켓을 집어넣고 CCTV 영상을 녹화하였기 때문에 CCTV 녹화자료의 압수·수색은 주로 해당 시점의 녹화테이프를 찾아내어 이를 압수하는 형태로 이루어졌고, 수사기관에서의 위 녹화테이프 조사에 대하여는 CCTV 관리자나 피의자측에서 별다른 이의를 하지 않았던 것이 사실이다. 그러나 지금 특히 관공서나 학교, 대형병원 등에서 운용하는 대규모 CCTV 시스템은 그 자체가 하나의 커다란 컴퓨터로서 CCTV 영상이 컴퓨터 기억장치에 자동 저장되었다가 일정기간(예컨대 1개월 등)이 지나면 저장되어 있는 과거의 영상 위에 새로운 영상이 덧씌워져 새로 자동 저장되면서 과거의 영상은 저절로 소거되는 방식으로 운용된다. 따라서 CCTV 녹화자료와 관련한 압수·수색이란 이제는 CCTV 시스템에 자동 저장된 CCTV 녹화자료 중 필요한 영상을 찾아서 그 부분만 복제를 받는 방법이 오히려 보편화 되었다. 그러나 예컨대 대학교 구내에서 벌어진 사건이기는 하

---

[2] 컴퓨터는 물리적 측면에서는 컨테이너와, 가상적 측면에서는 주거와, 정보적 측면에서는 거대한 창고와 유사하다(Orin S. Kerr, "디지털 세계에서의 압수 수색"(조기영 번역), 법학연구 통권 제49집(2016. 8.), 전북대학교 법학연구소, 226면). 이 때문에 시정된 보관함 유추론, 파일 캐비넷 유추론, 다층적 보관함 이론 등이 나오는 것으로 보인다. CCTV 시스템 자체가 하나의 컴퓨터이기도 하다.
[3] 지금도 소규모 CCTV의 경우 그러하다.

나 정확한 일시 장소가 불명한 경우와 같이 탐색하여야 할 CCTV 녹화자료가 너무 방대하여 CCTV 녹화자료에서 필요한 영상을 찾는데 장기간을 요한다면 대학교 내 CCTV 시스템 운용 장소에서 장기간 그와 같은 탐색작업을 수행하기 어렵다. 이런 경우라면 기간과 장소의 개략적인 범위만 정하여 그 범위 내의 CCTV 녹화자료 전체를 수사기관이 준비한 USB 등 장치에 복제하여 이를 압수한 다음 수사기관으로 가져와 압수된 녹화자료에서 필요한 영상을 탐색한 후 탐색된 영상을 분석하여[4] 수사의 자료와 증거로 활용하게 된다. 따라서 CCTV 녹화자료가 복제된 경우 복제에 이용한 저장매체가 아니라 그 안에 복제한 녹화자료, 즉 정보에 대한 압수 개념도 함께 검토되어야 할 것이다.

2. 무영장 압수·수색 규정의 적용가능성

CCTV 녹화자료 자체의 압수·수색은 일반 물건에 대한 압수·수색과 마찬가지이기 때문에 원칙적으로 영장에 의해야 함이 당연하다. 다만 일반 물건에 대한 압수·수색의 경우에도 형사소송법 제216조와 제217조 소정의 영장주의의 예외가 허용되는데, CCTV 녹화자료의 경우에도 위 규정이 적용될 수 있겠는지를 검토해 보기로 한다. 우선 제216조 제1항 제2호가 말하는 체포·구속현장에서의 압수·수색과 관련하여 체포현장에서 피의자가 소지하고 있는 CCTV 녹화자료라면 혐의 범죄사실과의 관련성만 인정되면 당연히 무영장 압수·수색이 가능하겠지만, 체포현장 인근의 CCTV 녹화자료에 대하여 체포현장 무영장 압수·수색이 가능할지 의문이다. 위 조항은 피체포자가 소지 또는 관리하는 물건·장소에 대한 압수·수색을 의미하지만, 체포장소 인근에 설치된 CCTV는 일반적으로 피체포자가 소지·관리하는 물건이 아니다. 따라서 CCTV가 체포현장 바로 인근에 있고[5] 피의자가 관리하고 있는 상태여서 즉시 폐기가 가능한 상황이라면 무영장 압수·수색이 가능하겠지만, 그 밖에 체포현장 인근에 설치된 CCTV 녹화자료를 위 조항에 근거하여 무영장 압수·수색할 수는 없다고 할 것이다.

또한 제216조 제2항이 말하는 범행 중 또는 직후의 범행장소에서의 압수·수색도 영장을 발급받아 압수·수색하기 어려운 긴급성이 인정되는 경우에만 허용되는데, 범죄장면을 녹

---

[4] 통상적으로는 해당 장면이 특정되면 이를 따로 복제(2차 복제)하여 이를 향후 분석에서 활용할 것이다.
[5] '인근'의 범위에 대하여도 즉각 지배가능설, 사실상 관리범위설 등의 대립이 있으나, 이 글에서는 더 깊은 논의를 피하기로 한다.

화한 CCTV가 범죄자 또는 그 관련자의 관리 하에 있는 경우라면 긴급성이 인정될 수 있겠지만, 일반적인 제3자 관리 하에 있는 경우라면 긴급성이 인정되기 어려울 것이다. 제217조 제1항이 말하는 긴급체포 부수 압수·수색을 검토해 보아도 긴급체포된 자가 소유·소지[6]·보관하는 CCTV 녹화자료는 혐의범죄와의 관련성이 있으면 당연히 무영장 압수·수색이 가능하겠지만, 제3자가 관리하는 CCTV 녹화자료라면 범죄 관련 장면을 담고 있다고 하더라도 무영장 압수하기는 어렵고 오히려 CCTV 녹화자료를 제3자인 소유자나 관리자가 임의제출 할 수 있는지가 중요한 문제가 될 것이다.

3. 관련성 문제[7]

종래의 형사소송법 제106조, 제109조는 증거물 또는 몰수할 것으로 사료되는 물건을 압수할 수 있고, 필요한 때에는 수색할 수 있다고만 규정하고 있었다. 그러나 광범위한 압수·수색에 대한 문제점 때문에 압수·수색의 범위를 제한하여야 한다는 의도에서 2011년 형사소송법 제106조 제1항, 제107조 제1항을 개정하여 "피고사건과 관계가 있다고 인정할 수 있는 것에 한하여" 압수와 수색을 허용하면서, 특히 정보저장매체의 경우에는 기억된 정보의 범위[8]를 정하여 제한적으로 출력 복제하는 것이 불가능 또는 곤란한 경우가 아니면 정보저장매체 자체를 압수할 것이 아니라 기억된 정보의 범위를 정하여 출력 또는 복제하는 방법으로 압수하도록 그 범위를 제한하였다.

수사에서 필요성이란 명문의 규정이 없더라도 해석상 당연히 인정되는 조건이고, 임의수사가 아닌 강제수사에서는 더더욱 그러하다. 개정 전 형사소송법도 '증거물 또는 몰수할 것으로 사료되는 물건', '필요한 때에는' 등의 표현을 통해 직·간접적으로 필요성 요건을 규정하였다. 필요성은 비례성과 관련성을 당연히 포함하고 있다고 해석하는 견해가 일반적이다[9]. 수사상 압수·수색이 필요한 범위란 당연히 피의사건과 관련성 있는 범위라는 관련성

---

6) 관리라는 의미로 보아도 좋을 것이다.
7) 관련성은 통상적으로는 수색보다 압수에 더 밀접한 법리이다. 수색은 무엇이 발견될지 모르는 장소나 물건 등을 대상으로 하고 피의사건과 관련성 있는 자료를 찾기 위해서는 관련성 없는 자료를 포함하여 대상 전체를 살펴보아야 하는 것이 당연하기 때문에 관련성 법리를 엄격하게 요구하기가 어렵다. 따라서 처음부터 또는 일정 단계의 수색에서 관련성 없음이 명확해진 대상물에 대하여 수색을 계속 진행하는 것은 관련성 법리에 반한다는 정도의 의미만 있을 뿐이다. 그러나 압수의 경우에는 피의사건과 관계없는 자료를 취득하지 못하게 함에 있어 관련성 법리가 매우 중요한 역할을 한다.
8) '피고사건과 관계가 있다고 인정할 수 있는 범위'와 같은 의미일 것이다.
9) 이완규, "디지털증거 압수 수색과 관련성 개념의 해석", 법조 통권 제686호(2013. 11.), 법조협회, 94면.

원칙과, 필요하다고 하더라도 무제한적으로 허용할 것은 아니고 피침해 법익과의 균형을 고려하여 꼭 필요한 범위 내에서만 압수·수색하라는 비례성 원칙이 당연히 추출될 수 있다는 것이다. 비록 관련사건(예컨대 동일 피의자의 다른 범죄사건)의 수사나 입증에 필요한 자료라 하더라도 당해 피의사건과 무관하다면 관련성, 더 나아가 필요성이 인정될 수 없다. 여기에서 당해 피의사건의 수사나 입증에 필요한 자료가 아니라면 압수·수색할 수 없다는 관련성 법리가 나오는 것이다. 따라서 위 형사소송법 개정에 대하여는 "종래 필요성만 규정되어 있었지만 필요성의 내용에 비례성과 관련성이 포함되어 있는 것으로 해석되므로 위 개정은 관련성 요건을 강조한 것에 불과하다"고 평가하기도 한다[10]. 이와 달리 "개정 전 제106조 제1항에서는 증거물이나 몰수 대상물이기만 하면 강제로 압수할 수 있었고 그 근거는 단지 필요성에 그쳤다. 필요하기만 하면 압수할 수 있다는 것이다. 피고사건과 관계가 있는 물건이어야 하는지에 대해서도 아무런 말이 없다. 관계가 없어도 압수할 수 있다고 해석할 여지를 열어두었던 것이다. 그러나 위 개정으로 관련성은 필요성으로부터 독립하여 별개의 요건이 되었다"고 주장하며 개정 형사소송법의 의미를 높게 평가하는 견해도 있다[11].

생각건대 피의사건과 관계가 없는데 수사나 재판을 위하여 필요하다고 말할 수는 없다. 필요성이란 필요최소한이란 의미이며, 그 속에는 비례성 뿐만 아니라 피의사건과의 관련성도 당연히 포함되어 있다고 보아야 한다. 위 개정 전에도 이미 학설과 판례가 관련성 요건을 요구하고 있었던 점만 보아도 명백하다. 따라서 위 개정은 필요성 판단에 관련성도 반드시 고려하라는 점을 강조하고 있을 뿐이라고 생각된다. 개정된 제106조 제1항에서 "피고사건과 관계가 있다고 인정할 수 있는 것에 한정하여"라는 표현 중 핵심은 '관련성' 자체가 아니라 '한정', 즉 가분적 한정에 있다. 예컨대 여러 개의 이메일이 있다면 그 중 관련성 있는 메일만 압수하면 되지만, 하나의 이메일 안에 일반적인 안부 내용과 범죄공모 내용이 함께 들어있다면 공모부분만 분리하여 압수하기는 어려울 것이다.

일반적인 압수·수색에서 관련성 요건이 강조되는 만큼 압수·수색영장에서도 관련성 있는 대상과 범위를 특정하는 것은 매우 중요하다. 그러나 정보저장매체에 대한 압수·수

---

10) 이완규, 앞의 논문, 93면, 97면.
11) 오기두, "전자정보의 수색 검증 압수에 관한 개정 형사소송법의 함의", 형사소송 이론과 실무 제4권 제1호, 한국형사소송법학회, 2012, 128면, 129면.

색의 경우 그 존재형식이 다양하고 저장매체의 어느 부분에 필요한 정보가 들어있는지도 파악하기가 어렵기 때문에 그 대상과 범위를 특정하는 것이 쉽지 않다. 특히 자료가 암호화되어 있다면 대상과 범위의 특정은 더욱 더 어려워진다. 이러한 이유로 정보저장매체에 대한 압수·수색영장은 그 대상과 범위의 특정에 있어 일반영장화 하는 경향을 피하기 어렵다[12]. 더 나아가 영장을 제시하는 순간 피의자는 간단한 키보드 조작만으로도 증거자료 인멸이 가능하기 때문에[13] 영장제시 자체를 원칙대로 요구할 수 없는 경우도 있다. 이런 이유로 미국에서는 수사관이 치안판사에게 불고지영장 발부를 요청할 수도 있고, 수사관이 수색장소에 들어가는 시점을 기준으로 사전고지 없는 압수·수색의 적법성 여부를 판단하기도 한다[14]. 이러한 문제점은 CCTV 시스템의 경우에도 관리자가 피의사건에 연루되어 있는 경우에는 동일하게 나타날 수 있다.

CCTV 녹화자료도 정보저장매체의 일종이기 때문에 당연히 관련성 법리의 적용을 받는다. 오히려 컴퓨터보다 더 엄격하게 적용되어야 한다. 왜냐하면 컴퓨터의 경우에는 정보를 분리하여 압수하는 것이 곤란하면 컴퓨터 주기억장치(속칭 하드) 자체를 압수하거나 전체를 복제하는 것이 가능하지만, CCTV의 경우에는 녹화자료를 탐색하여 필요한 영상만 압수하기 어려울 때라도 CCTV 시스템의 기억장치 자체를 압수하는 것은 거의 불가능하므로[15] 녹화자료 중 상당부분을 복제하여 압수할 수 밖에 없는데, 그 '상당부분' 지정 자체에 관련성 제한이 작동하지 않을 수 없기 때문이다. 예컨대 어느 날 밤 10시에 폭행사건이 발생하였다고 한다면 폭행장면 뿐만 아니라 전후 경위를 수사하여야 하는 것은 맞지만, 범죄현장 주변의 CCTV에서 당일 밤 8시부터 밤 12시까지의 모든 녹화자료를 압수하여 탐색하고 사진 등을 출력하거나 다른 저장매체에 복제할 수 있는지, 그 과정에 CCTV 관리자나 폭행사건 관련자 등을 참여시켜야 하는지, 녹화자료에서 위 폭행사건 외에 다른 범죄혐의 자료(예컨대 폭행 피의자 또는 제3자의 마약거래 장면)가 탐색된 경우 이를 수사의 단서나 증거로 활용할 수 있는지, 있다면 어떤 과정을 거쳐야 하는지 등이 문제되는 것이다.

---

12) 서주연, "정보저장매체에 저장된 디지털증거의 압수·수색에 대한 고찰", 경찰학연구 제15권 제3호, 경찰대학 경찰학연구편집위원회, 2015, 126면.
13) 물론 인멸된 증거 중 상당부분을 복구할 수 있다는 점이 디지털증거의 특징이기도 하지만, 인멸의 방법에 따라서는 복구가 어려울 수도 얼마든지 있다.
14) 서주연, 앞의 논문, 134면.
15) 차량용 블랙박스와 같이 CCTV 시스템의 기억장치 자체를 압수하는 것이 물리적으로는 가능한 경우라고 하더라도 피압수자의 기본권 침해를 최소화하기 위해서는 복제 압수의 방법을 취하지 않을 수 없을 것이다.

4. 정보저장매체 압수 · 수색과 관련한 최근 대법원 판례의 태도

정보저장매체의 압수 · 수색과 관련하여 최근 다수의 중요한 판례가 형성되었는데 그 중에서도 대법원 2011. 5. 26. 자 2009모1190 결정과 대법원 2015. 7. 16. 자 2011모1839 전원합의체 결정이 눈에 띈다. 위 2 판례에서 이 글과 관련하여 주목하는 대법원의 태도는 다음 3개의 법리로 정리될 수 있다.

① 저장매체 자체를 압수하거나 저장매체 전체를 복제(저장매체 전체는 아니지만 파일 하나하나의 관련성 여부를 판단하지 않고 저장매체 중 상당부분을 복제하는 경우도 마찬가지)하는 방법으로 압수(이하에서는 위 2가지 압수를 '저장매체 자체 압수'로 통칭하기로 한다)하기 위해서는 혐의 범죄사실과 관련성 있는 부분만을 복사하거나 출력하는 방법으로 압수하는 것이 불가능하거나 현저히 곤란할 뿐만 아니라, '저장매체 자체를 압수할 수 있다'는 취지가 영장에 미리 기재되어 있어야 한다.
② 저장매체 또는 그 복제물을 수사기관으로 가져간 경우 수사기관에서의 탐색, 출력, 복제도 압수 · 수색 집행의 일환이므로 계속적으로 피압수자 등의 참여권이 보장되어야 한다.
③ 탐색과정에 별건정보가 나타나면 탐색을 중단하고 새로운 영장을 발부받은 후 후속절차(잔여 탐색, 출력, 복제 등)를 진행하여야 한다.

위 법리들은 일반 정보저장매체, 주로 컴퓨터의 경우를 상정하여 만들어졌다고 할 수 있다. 아래에서는 위 각 취지가 적절한지에 대하여 검토한 다음 그와 같은 법리가 CCTV 녹화자료의 경우에도 적용될 수 있겠는지 살펴보기로 한다.

Ⅲ. 영장에 저장매체 자체 압수 허용 문구가 기재되어 있어야 하는지

1. 일반 정보저장매체에서의 검토

다른 문제들과 달리 이 문제에 대하여는 비교적 다툼이 적은 것으로 보인다. '예외적으로 저장매체 자체를 직접 반출하거나 전자파일 전부를 하드카피나 이미징 등 형태로 수사기관 사무실 등 외부로 반출하는 방식이 허용될 수 있지만 이러한 예외적 집행방식은 사전에 발부받은 영장에 이를 허용한다는 기재가 있어야 가능하므로, 영장에 명시적 근거가 없다면 현장 사정상 원칙적인 압수·수색 방식에 의한 집행이 불가능하거나 현저히 곤란하다고 하더라도 예외적 방식의 영장집행은 위법하다'는 설명[16]이 일반적이다. 왜 영장에 미리 규정되어 있어야만 허용될까? 예외적 방식이라는 점이 영장에 미리 기재되어야 할 충분한 이유가 될까? 형사소송법 제106조 제3항은 저장매체 자체를 압수할 수 있는 상황만 규정하고 있을 뿐 '그와 같은 상황이면 저장매체 자체를 압수할 수 있다는 점이 영장에 기재되어 있어야 한다'고 규정하고 있지는 않다. 이 점은 압수·수색의 야간집행은 원칙적으로 영장에 기재되어 있어야 할 수 있음이 형사소송법 제125조에 명기되어 있다는 점과 쉽게 비교된다. 또한 형사소송법 제123조 제2항, 제3항이 '타인의 주거 등에서 압수·수색영장을 집행함에는 주거주 등을 참여시켜야 하지만 사정이 있어 그러한 자를 참여하게 하지 못할 때에는 예외적으로 인거인 등을 참여하게 하여야 한다'고 규정하고 있지만, 이와 관련하여 '압수·수색영장에 인거인 등을 참여시킬 수 있다는 기재가 있어야 인거인 등의 참여 하에 압수·수색영장을 집행할 수 있다'고 해석하는 분은 없다.

"저장매체 자체의 압수 허용 여부를 수사기관이 판단하게 하면 예외적 압수방법이 오히려 원칙적 압수방법으로 변질될 우려를 떨치기 어렵다"는 비판도 없지 않으나[17], 저장매체 자체의 압수 허용 문구를 영장에 미리 기재하게 하여도 특별한 실효성을 기대하기 어렵다. 야간집행이라면 대부분의 경우 야간집행의 필요성 여부를 사전에 예상할 수 있으므로 수사기관도 야간집행 문구 기재 청구 여부를 판단할 것이고, 야간집행 문구 기재를 청구받은 법원도 그 허부를 판단할 것이다. 그러나 저장매체 자체의 압수 필요성 여부는 누구도 예측하기 어렵다. 필요한 정보만 추출하여 압수할 수 있는 상황인지 아니면 정보저장매체 자체를 압수해야 하는 상황인지는 대부분의 경우 압수 현장에서 수사기관이 저장매체를 열어보아야 판단할 수 있다. 저장매체 속에 어떤 정보가 어느 정도의 양으로 저장되어 있는지를 어떻게 미리 알겠는가? 따라서 특정 정보의 압수가 꼭 필요한 수사기관으로서는 영장 청구시 언제나 예비적으로 저장매체 자체 압수 문구 기재를 청구할 수 밖에 없다. 수사기관도 예측불가한데 법원이 저장매체 자체 압수의 필요 여부를 예측할 수 있을 리가 없다. 결국 법원 역시 대부분의 경우 저장매체 자체 압수를 허용할 수 밖에 없을 것이다. 이래서는 영장에 저장

---

[16] 최윤정, "전자정보 압수 수색에 적용되는 영장주의 원칙과 그 예외에 관한 법적 검토", 저스티스 통권 제153호 (2016. 4.), 한국법학원, 118면.
[17] 이숙연, "전자정보에 대한 압수 수색과 기본권, 그리고 영장주의에 대하여", 헌법학연구 제18권 제1호(2012. 3.), 한국헌법학회, 21면.

매체 자체의 압수 허용 여부를 기재하게 하여도 수사기관의 권한남용 통제에 실효성을 기대하기 어렵다. 오히려 수사기관으로 하여금 미리 저장매체 자체의 압수를 허용 받은 것을 기화로 최소 압수의 노력도 없이 함부로 저장매체 자체를 압수할 빌미(더 나아가 이것이 적법하였다고 판단 받을 빌미)만 제공하는 부작용이 우려된다.

긴급체포나 현행범체포와 마찬가지로 영장주의의 예외가 되는 압수·수색(제216조, 제217조 참조)을 어떻게 허용하고 어떻게 통제하겠는가? 결국 수사기관에 자율적 판단권을 주되 사후적 방법, 즉 사후영장 기각, 증거능력 부정, 형사책임 부여 등으로 통제할 수 있을 뿐이다. 만일 수사기관이 압수 권한을 남용하였다면 이는 추후 직권남용죄 등을 통한 형법적 통제와 위법수집 증거로서 증거능력 부정 등 형사소송법적 통제가 가능하다. 위 비판론을 주장한 분 자신도 인정하듯이 가장 강력한 통제방안은 영장주의에 위반하여 수집한 증거의 증거능력을 본안에서 부정하는 것이다[18]. 결국 저장매체 자체를 압수할 수 있는 상황은 위 조문에 미리 규정되어 있으므로 현장상황이 그와 같으면 저장매체 자체를 압수할 수 있는 것이지 그 허용 문구가 또다시 영장에 기재되어야 한다고 해석되지는 않으며 그렇게 해석할 실익도 없다.

2. CCTV 녹화자료 압수에서의 검토

CCTV의 경우 필요한 영상을 확보하기 위하여 CCTV 시스템 자체, 적어도 녹화자료 전체를 압수하는 일은 거의 없을 것이다. 그러나 꼭 필요한 영상만이 아니라 상당분량 이상의 녹화자료를 압수하는 경우는 빈번할 것인데, 이런 경우라면 저장매체 자체를 압수한 경우의 법리가 거의 그대로 적용될 수 있을 것이다. 녹화자료에서 어떤 영상을 발견하고 압수하게 될지 실제로 녹화자료를 재생해보기 전에는 예상하기 어렵다. 더욱이 컴퓨터의 파일이 각 정보 별로 구분되어 일응의 제목이 부여되어 있는 것과 달리 녹화자료는 대체로 전체 영상이 하나로 연결되어 있어[19] 필요한 영상부분을 현장에서 추출할 수 있을지 여부가 예측불가하다. 꼭 필요한 영상도 녹화된 자료를 빠른 속도로 재생하면서 탐색하면 놓칠 수 있다. 이런 점 때문에라도 적지 않은 경우 상당분량 이상의 녹화자료를 압수하지 않을 수 없는데,

---

[18] 이숙연, 앞의 논문, 35면.
[19] 예컨대 날짜 단위로 녹화자료가 구획되어 있다고 하더라도 그 날짜의 녹화자료는 전체가 연결된 하나의 영상일 수 밖에 없다.

이런 경우를 미리 예상하고 영장에 허용 문구를 기재 받으라는 요구는 일반적인 정보저장매체의 경우와 마찬가지로 무의미하다.

Ⅳ. 탐색과정에 피압수자 등의 참여권이 보장되어야 하는지

정보저장매체 자체를 압수한 경우라면 수사기관 사무실 등에서 저장매체에 저장된 파일들을 하나하나 열어보아야, 즉 탐색하여야 할 것인데 그 과정에 피압수자 등의 참여권이 보장되어야 하는지가 문제된다. 이는 위 탐색의 법적 성격을 어떻게 보는지의 문제와 수사단계의 증거수집에 피의자에게도 참여권이 보장되어야 하는지의 문제를 포함하고 있다.

1. 탐색의 법적 성격

(1) 학설 대립

가. 분석작업설

탐색의 법적 성격에 대하여는 수사기관 내부의 증거 분석작업으로 보는 견해와 수색의 연장으로 보는 견해, 검증으로 보는 견해 등이 대립하고 있다. 먼저 탐색을 분석작업으로 보는 견해는 종래의 일반적인 물체에 대한 압수·수색이론을 정보저장매체의 압수·수색에 그대로 적용하여, 저장매체를 압수하면 이로써 압수·수색절차가 종료하고, 그 후 저장매체에서 정보를 검색하는 과정은 압수물에서 정보를 확인하는 절차 즉 수사기관 내부의 분석작업에 불과하다고 본다[20]. 마치 혈액 압수 후 혈액형 검사를 하거나 DNA 분석을 하는 것, 장부 압수 후 장부 내용을 확인하는 것이 분석작업이지 수색 등 강제처분이 아닌 것과 마찬가지라는 논리이다[21].

그러나 혈액형 또는 DNA, 장부 기재내용은 각각 혈액 또는 장부와 분리될 수 없는 속성 또는 본질적 내용의 일부이지만, 저장된 파일 또는 정보는 저장매체와 독립한 별개의 존재

---

[20] 이완규, 앞의 논문, 149면; 박혁수, "디지털 정보 압수·수색의 실무상 쟁점", 형사법의 신동향 제44호, 대검찰청, 2014. 92면.
[21] 이완규, 앞의 논문, 149면, 150면.

이기 때문에 정보 검색은 혈액형 검사 등과는 본질을 달리한다. 만일 혈액 샘플 박스 안에 필요한 혈액 샘플이 1개 있는데 어느 샘플인지 알 수가 없어 일응 혈액 샘플 박스 자체를 압수하였다면 그 안에서 필요한 샘플을 골라내는 작업을 분석작업이라 할 수는 없을 것이고, 회사 운영과 관련된 인사, 노무, 홍보, 세무 등을 모두 기록해 놓은 두꺼운 장부를 압수하여 그 속에서 세무 관련 정보만 골라내는 작업을 하였다면 이는 장부의 분석작업이라기 보다는 필요한 부분을 추출하는 수색이라 보는 것이 더 적절할 것이다[22].

나. 수색설

탐색을 강제처분으로서의 수색으로 보는 견해는 저장매체 자체를 수사기관으로 옮기는 것은 정보를 추출하기 위한 과정의 일환에 불과하므로 엄밀히 말하면 압수가 아니라 반출일 뿐이고[23], 저장매체에서 정보를 검색하는 과정이 진짜 수색이라고 본다. 미국 연방대법원이 수정헌법 제4조 소정의 프라이버시 권리의 실질적 보장을 위해서 Katz판결에서 처음 보여준 새로운 압수·수색의 원칙이기도 하다[24]. "집행현장에서 저장매체 또는 이미징 복제본을 가져오는 것은 1단계 압수이고, 수사기관 사무실에서 저장매체 등으로부터 유관정보를 탐색 추출해 내는 과정을 거친 후 그 유관정보를 보관, 출력하는 것은 2단계 압수"[25]라는 표현도 위 저장매체 탐색을 수색으로 본다는 취지이다.

수색설이 수사기관에서의 저장매체 탐색 또는 검토과정 중 어느 단계까지를 수색으로 볼 것인지를 고민하게 되는 것은 오히려 당연하다. 저장매체에 대한 탐색 검토 전 과정을 수색이라 할 수는 없기 때문이다. 수사기관으로 옮긴 저장매체를 탐색하면서 관련성 유무에 따라 분류하여 무관정보는 반환하고[26] 유관정보만 실질적 최종적으로 압수한 다음 이를 검토 분석하여 증거로 활용하는 것이 자연스러운 실무과정인데[27], 최종적으로 압수한 유관정보

---

[22] 인사, 노무, 홍보, 세무 등 항목별로 별개의 장부를 만들어 1개의 박스에 보관하던 중 세무 장부를 찾아내는 것과 위 장부들을 모두 묶어 하나의 장부로 보관하던 중 세무 부분을 찾아내는 것을 달리 볼 수 없을 것이다.
[23] 이숙연, 앞의 논문, 33면.
[24] Katz v. United states, 389 U.S. 347, 361(1967).
[25] 노수환, "디지털 증거의 압수·수색절차상 당사자의 참여권 및 별건 관련성 없는 증거의 압수 요건", 법조 통권 제718권(2016. 8.), 법조협회, 655면.
[26] 정보저장매체 자체를 압수하지 않고 저장매체 전체를 복제하여 복제물을 가져온 경우라면 무관정보를 반환할 필요가 없고 피압수자 등의 확인 하에 폐기하면 족하다. 다만 이 글에서는 저장매체 자체를 압수한 경우를 상정하여 일응 '반환'이라고 표현하기로 한다.
[27] 이완규, 앞의 논문, 117면; 이완규, "디지털증거 압수절차상 피압수자 참여방법과 관련성 범위 밖의 별건증거

에 대한 검토 분석은 수사기관의 분석작업 임이 명백하기 때문에 결국 무관정보와 유관정보를 분류하는 탐색까지가 수색에 해당한다고 보아야 한다. 이를 앞에서 설명한 수색설과 구별하여 '2단계 수색설' 또는 '절충설'이라고 부르기도 하지만[28], 수색설을 취하는 분 중 위 2단계 수색설이 아닌 '수사기관에서 일어나는 탐색 검토 전 과정을 수색'이라고 주장하는 분은 없는 것으로 안다. 수색설 입장에서의 "유관정보와 무관정보가 혼재되어 있는 저장매체에서 유관정보만을 탐색 추출해 내는 절차와 최종 압수된 유관정보를 수사기관이 분석하는 절차는 전혀 성질이 다른 절차"라는 설명[29] 역시 같은 취지이다. 따라서 이제는 수색설이 곧 위 2단계 수색설이라고 보는 것이 적절하다고 생각된다.

대법원은 "저장매체를 탐색하여 혐의사실과 관련된 전자정보를 문서로 출력하거나 파일로 복제하는 일련의 과정"까지만 참여권의 대상이 되는 압수·수색의 일환으로 보고 있는데[30], 이 중 문서로 출력하거나 파일로 복제하는 것은 압수의 일환이라 할 것이므로, 혐의사실과 관련된 전자정보를 찾아내는 과정, 즉 유관정보와 무관정보를 분리하는 과정까지가 수색에 해당한다고 보고 있는 것이다. 대법원 역시 수색설(굳이 말하면 위 2단계 수색설)을 취하고 있는 것으로 판단된다[31].

수색설에 대하여는 "저장매체 자체를 확보하는 행위가 압수가 아니라면 수사기관에서 탐색을 위해 저장매체 자체를 보관하는 것을 설명하기 어렵고 압수목록의 교부는 물론이고 가환부나 환부 청구도 할 수 없다"는 비판이 제기된다[32]. 그러나 위와 같은 비판은 수색설이 저장매체 자체에 대한 압수를 1차 압수로, 필요정보에 대한 압수를 2차 압수로 단계별로 파악한다는 점을 간과하고 있다. 1차 압수의 효력으로 저장매체를 수사기관에 보관할 수 있으며, 1차 압수 직후에도 저장매체에 대한 압수목록을 교부하지만 2차 압수 직후에도 유관정보에 대한 압수목록을 다시 교부한다. 마치 많은 양의 사진 등이 들어있는 사진첩의 경우 현장에서 사진첩 전체를 압수하지만(사진첩 자체에 대한 압수목록 교부), 수사기관에 와서 그 안에 들어있는

압수방법", 형사법의 신동향 통권 제48호(2015. 9.), 대검찰청, 100면, 101면.
28) 이완규, 앞의 "디지털증거 압수 수색과 관련성 개념의 해석", 116면.
29) 노수환, 앞의 논문, 654면.
30) 대법원 2015. 7. 16. 자 2011모1839 결정 이유 참고.
31) 이완규, 앞의 "디지털증거 압수절차상 피압수자 참여방법과 관련성 범위 밖의 별건증거 압수방법", 120면도 같은 취지.
32) 박혁수, 앞의 논문, 101면.

사진을 하나하나 탐색하여 유관사진인지 무관사진인지 구별하여 유관사진만 남기고 무관사진은 반납한 후(유관사진에 대하여 다시 압수목록 교부), 정밀 분석작업을 거쳐 증거로 사용하는 것과 같은 이치이다. "탐색을 수색으로 보면 아직 압수가 되지 않은 것이므로 (저장매체의 압수에 대하여) 준항고로 불복할 수 없어 피압수자 보호에 문제가 생긴다"는 비판도 있지만[33], 이 역시 1차 압수, 2차 압수 논리에 의하면 해결 가능하다.

　　탐색을 수색으로 본다고 하더라도 저장매체 자체의 압수는 탐색을 당연한 전제로 하고 있기 때문에 탐색에 별도의 영장이 필요하지는 않을 것이다. 만일 영장에 기재된 때에만 저장매체 자체 압수가 허용된다고 본다면 영장이 저장매체 자체의 압수를 허용한 때에 그 탐색도 함께 허용하였다고 보아야 할 것이고, 영장에 그러한 허용 문구가 없더라도 수사기관의 판단으로 저장매체 자체의 압수가 허용된다고 본다면 애초의 영장에 이미 수사기관의 상황 판단에 따라 저장매체 자체를 압수할 수도 있고 그런 경우에는 탐색도 허용된다는 의미가 포함되어 있다고 해석하여야 할 것이다[34].

다. 검증설

　　탐색을 검증으로 보는 견해도 없지 않은데[35], 아마도 저장매체라는 유체물에 대한 검증이라는 취지의 이론 구성으로 보인다. 그러나 검증은 사물의 형상이나 성질을 인간의 감각으로 파악하는 증거수집 또는 증거조사 절차로서 위 형상이나 성질이 증거자료가 되는데 반해, 탐색은 저장매체의 형상이나 성질 자체를 파악하는 것이 아니라 그에 저장된 정보의 내용이 피의사건과 관련 있는지 여부를 파악하는 활동이라는 점에서 전혀 성질을 달리한다. 더욱이 검증으로 본다면 저장매체에 대한 압수·수색영장 외에 별도의 검증영장이 필요하다고 하여야 하는데, 특정 정보를 취득하기 위하여 압수·수색영장을 발부받았음에도 저장매체에서 위 정보를 찾기 위하여 별도의 검증영장이 필요하다고 볼 실익은 없지 않은가 생각된다.

---

33) 이완규, 앞의 "디지털증거 압수 수색과 관련성 개념의 해석", 50면.
34) 전승수, "디지털정보에 대한 압수수색영장의 집행", 법조 통권 제670호(2012. 7.), 법조협회, 257면도 같은 취지.
35) 조국, "컴퓨터 전자기록에 대한 대물적 강제처분의 해석론적 쟁점", 형사정책 제23권 제1호(2010. 7.), 한국형사정책학회, 105면, 106면.

(2) 정보가 압수 대상이 될 수 있는지

위 문제는 근본적으로는 압수·수색의 대상을 저장매체라고 볼 것인지 그 속에 저장된 정보라고 볼 것인지에 귀착된다. 압수·수색의 대상을 저장매체라고 보면 저장매체의 반출로서 압수가 종결되고 이 후의 탐색 등은 증거 분석작업이 되는 반면, 저장된 정보라고 보면 필요한 정보를 찾아낼 때까지는 수색이 계속되는 것이다. 정보설은 정보 자체가 압수의 대상이라고 하여야 저장매체 안에 저장된 다량의 무관정보들을 압수 대상에서 배제시켜 줄 수 있고, 그 과정을 사법적으로 통제할 수도 있으며, 원칙적으로 관련성 있는 정보만을 압수하라는 입법취지에도 부합한다고 주장한다. 또 형사소송법 제106조 제4항 소정의 '정보를 제공받은 경우 정보 주체에게 통지하라'는 취지 역시 법률이 간접적이나마 정보 자체를 압수 대상으로 보는 취지라고 설명하기도 한다[36]. 대법원 2011. 5. 26. 자 2009모1190 결정은 "전자정보에 대한 압수·수색영장을 집행할 때"라고 표현하여 전자정보 자체가 압수·수색의 대상임을 명백히 하였고, 대법원 2015. 7. 16. 자 2011모1839 결정은 "별도의 범죄혐의에 대한 압수·수색영장을 발부받은 경우에 한하여 그러한 정보에 대하여도 적법하게 압수·수색을 알 수 있다"고 판시하여 정보 자체가 압수의 대상이라는 태도를 보이고 있다[37].

정보설에 대하여는 압수영장을 통해 획득하고자 하는 증거자료와 증거수집의 수단으로서의 압수 대상을 혼동하고 있다는 비판이 제기된다[38]. 그러나 정보설이 말하는 정보는 전자화된 문서나 사진 즉 파일 자체로서 압수 대상(그것이 바로 증거방법일 것이다)이라는 것이고, 문서나 사진에서 증거가 되는 내용이 증거자료이므로, 증거자료와 압수 대상을 혼동하는 것은 아니라고 생각된다. 이메일이 아닌 손편지의 경우에도 편지는 압수 대상으로서 증거방법이 되지만 편지에 기재된 사실관계들이 증거자료가 되는 것과 같은 이치이다. "수색설이 달성하고자 하는 무관정보 보호라는 목적은 수사기관이 비례성 원칙에 따라 범죄수사의 목적과 개인의 법익침해를 비교형량 하여 비례성이 유지될 수 있도록 탐색함으로써 달성될 수 있으며, 영장의 형식적 효력에 따라 저장매체 자체를 압수하는 것을 허용하기는 하지만 영장의 실질적 효력범위는 관련성 있는 증거들에 한정되기 때문에 저장매체 자체가 압수되었더라도 수사기관이 사용할 수 있는 증거의 범위는 영장 범위 내의 관련성 있는 증거들에 한정

---

[36] 이숙연, 앞의 논문, 22면; 전승수, 앞의 논문, 247면 이하.
[37] 이숙연, 앞의 논문, 19면; 최윤정, 앞의 논문,115면.
[38] 권양섭, "디지털 포렌식 법률체계 구축방안", 법학연구 제35집(2009. 8.), 한국법학회, 368면; 전승수, 앞의 논문, 252면.

된다고 해석하면 족하다"는 주장도 있다[39]. 그러나 수사기관이 위 법리를 철저히 지켜 무관정보임이 확인되면 그 탐색과 내용 지득을 중단한다면 아무런 문제가 없겠지만, 그와 같은 보장이 없기 때문에 수색설 법리가 나온 것이다. 무관정보를 탐색한 경우에도 환부와 삭제, 폐기로 사후 구제할 수 있다고 하지만[40] 이미 침해된 비밀과 프라이버시가 회복되기는 어려울 것이다.

"압수한 저장매체에 담긴 유관정보를 선별해 내는 과정은 현행법 구조 하에서는 압수된 흉기의 지문을 채취하는 것이나 DNA를 분석하는 것과 다를 바 없다는 주장에 결과적으로 동의해야 한다"고 주장하면서[41], "형사소송법 제109조는 물건 또는 장소를 수색하여 물건을 압수하는 경우에 대하여만 규정하고 있을 뿐이고 현행 형사소송법은 압수한 매체의 내용을 탐색하는 것에 대하여 어떠한 규정도 두고 있지 않기 때문에, 탐색에 피압수자 등이 참여할 수 있기 위해서는 관련 조항을 적절히 개정하는 방법을 사용하여야 하며 입법을 앞서가는 해석을 하여서는 아니된다"는 비판도 없지 않다[42]. 경청할만한 주장이다. 형사소송법은 저장매체 자체의 압수까지는 규정하면서 그 탐색과정이나 절차에 대하여는 전혀 규정하고 있지 않기 때문에 해석상 논란이 발생한 것은 맞다. 그러나 압수된 흉기에서 지문을 채취하거나 DNA를 분석하는 것과 정보저장매체에서 정보를 추출하는 것은 근본적으로 다르다. 압수한 흉기에 담길 수 있는 정보는 대체로 제한적이고 예측가능한 것이어서 흉기를 무제한적으로 조사하더라도 피압수자 등의 인권이 침해될 소지가 크지 않지만, 정보저장매체에 담길 수 있는 정보는 무제한적이고 예측불가한 것이어서 저장매체를 무제한적으로 조사하는 경우 피압수자 등의 심각한 인권침해가 예상된다. 앞에서도 든 예와 같이 만일 세무장부 1권, 사진 1장이 아니라 종합장부 1권, 사진첩 1권을 압수한 경우라면 비록 정보저장매체가 아닌 일반 물증이라 하더라도 그 내용을 무제한적으로 조사할 수 있다고 보기는 어려울 것이다. 압수한 저장매체의 탐색과정이나 절차에 대한 입법이 없는 상황에 과연 압수물에 대하여는 무제한적인 조사가 가능하다는 기존의 일반 물건에 대한 압수 법리를 그대로 적용하지 않고 먼저 관련성 있는 정보를 찾고 이에 대하여만 조사하라는 법해석론이 허용될 수 있을 것인지는 좀 더 깊이 고민해 보아야 할 것으로 생각된다.

---

39) 이완규, 앞의 논문, 151면, 152면.
40) 이완규, 앞의 논문, 152면.
41) 김성룡, "전자정보에 대한 이른바 '별건 압수·수색", 형사법의 신동향 통권 제49호(2015. 12.), 대검찰청, 151면.
42) 김성룡, 앞의 논문, 150면.

(3) 소결

"정보에 대한 압수가 입법적으로 채택되었다는 전제 하에 유추적용금지 원칙도 형사소송법에서는 피의자·피고인의 가벌성 확대와 관계없는 절차적 요건에 관하여 기본권 보장에 충실한 유추적용까지 막는 것은 아니기 때문에, 전자정보의 압수에 대하여 규정한 제106조 제3항 제4항이 신설된 이상 다른 법 조항에서 압수의 대상으로 명기된 물건에 정보까지 포함되는 것으로 유추적용 함이 타당하다"는 주장도 있다[43]. 형법과 달리 형사소송법에서는 원래 유추적용이 금지된 것이 아니기는 하지만, 개정된 제106조 제3항은 "법원은 압수의 목적물이 --- 정보저장매체인 경우에는 기억된 정보의 범위를 정하여 출력하거나 복제하여 제출하여야 한다"고 규정하고 있고 신설된 제4항은 "--- 정보를 제공받은 경우 --- 정보주체에게 ---"고 규정하고 있어 복제 등을 위해 정보의 범위를 정하라거나 법원에 정보가 제공되었다는 의미 뿐이기 때문에(오히려 정보저장매체가 압수의 목적물임을 분명히 하고 있다) 입법적으로 정보가 직접 압수대상으로 채택되었다고 보기는 어렵다고 생각된다[44].

유체물만을 압수대상으로 삼던 종래의 형사소송법 체계에서 정보 자체를 압수대상으로 삼지 않을 수 없는 현대의 형사소송법 체계로 옮겨가는 과도기를 살면서[45] 그와 같은 현실을 반영한 법해석론을 완전히 외면할 수는 없을 것이다. 그러나 아직 입법이 완비되지도 않았고 여전히 대부분의 증거방법과 압수대상이 유체물인 상황에서 정보가 유체물과 동등하게 압수대상이 되었다는 법리를 일반화 하는 것은 혼란을 초래하는, 다소 성급한 판단이라 생각된다. 따라서 원칙적으로는 유체물만이 압수대상이지만, 정보저장매체 자체가 압수되어 수사기관에서 탐색절차를 거치는 경우에는 예외적으로 정보도 2차 압수의 대상이라고 보는 것이 적절하고, 이러한 법리는 전자증거가 저장된 정보저장매체의 경우 뿐만 아니라 방대한 내용의 정보가 수록된 장부 또는 사진첩 등 비전자적 증거의 경우에도 유추적용 된

---

43) 최윤정, 앞의 논문, 115면.
44) 오히려 반대로 "위 2009모1190 결정 등은 정보 자체만을 압수수색의 대상으로 보지만 2011. 7. 형사소송법 제106조의 개정으로 정보저장매체와 전자정보 양자를 모두 압수·수색의 대상으로 규정하고 있어 위 판례는 더 이상 유지될 수 없게 되었기 때문에 이제는 저장매체 자체를 검찰로 반출하는 행위가 압수이고 이로써 압수·수색은 종료되었다"는 주장도 있다(박혁수, 앞의 논문, 86면. 이완규, 앞의 논문, 149면도 같은 취지). 제106조가 정보를 압수대상으로 명기한 것은 아니거니와, 위 판례는 정보도 압수대상이라는 것이지 저장매체는 압수대상이 아니라는 취지는 전혀 아니기 때문에 위 주장에는 받아들이기 어려운 논리의 비약이 있다고 생각된다. 오히려 위 판례는 2011. 5. 26. 디지털 정보에 대한 압수 수색 영장 집행방법을 제한하는 일선 법원의 실무를 긍정함으로써 동일한 취지의 형사소송법 개정 조항이 한달여 뒤에 국회를 통과함에 있어 큰 영향을 미쳤다는 평가(전승수, 앞의 논문, 245면)가 적절해 보인다.
45) 이러한 현상은 형법에서도 마찬가지일 것이다.

다고 보는 것이 좋을 것으로 생각된다.

(4) CCTV 녹화자료 탐색에서의 검토

수사기관이 CCTV 전체 녹화자료 중 필요한 영상부분만 압수하였다면 수사기관에서 위 영상을 재현하고 검토하는 행위는 당연히 수색이 아닌 분석작업 임에 의문이 없다. 그러나 앞에서도 설명한 바와 같이 현장에서 필요한 영상부분만 분리하기가 어려워 전체 녹화자료 또는 그 중 상당부분을 복제 등의 방법으로 압수할 수 밖에 없는 경우가 많을텐데, 이러한 경우라면 수사기관에서 위 녹화자료를 탐색하여 피의사건과 관련성 있는 영상을 추출해 낸 후 나머지 부분은 반환 또는 폐기하고 추출된 영상에 대하여는 정밀 검토에 들어갈 것이다. 이러한 경우 녹화자료에서 유관영상과 무관영상을 분리하는 탐색과정은 일반 정보저장매체에서의 탐색과 마찬가지로 수색이라고 보고 2차 압수한 유관영상에 대한 정밀 검토는 분석작업이라 보아야 할 것이다.

컴퓨터에 저장된 정보는 각 정보 별로 구분되어 일응의·제목이 부여되어 있을 뿐만 아니라 현실적으로 증거가 되는 정보의 대부분은 문자로 되어 있어 일독만하면 그 내용을 빠짐없이 지득할 수 있지만, CCTV 녹화자료는 전체 영상이 하나로 연결되어 있을 뿐만 아니라 문자 정보와 달리 녹화자료의 어느 구석에 피의사건과 관련있는 영상이 존재하는지도 알기가 어려워, 유관영상을 추출해내기 위하여 영상을 재현하더라도 유관영상을 놓칠 가능성이 적지 않다. 따라서 일반 정보저장매체에서의 수색으로서의 탐색은 대부분 1회에 그치고 무관정보의 보호를 위해서라도 특별한 사정이 없으면 2회 3회 반복적 탐색을 허용하기 어렵지만, CCTV 녹화자료에서의 탐색은 위와 같은 특성 때문에 반복적 탐색을 허용하여야 할 가능성이 훨씬 더 크다. 다만 아래에서 설명할 바와 같이 위 탐색을 수색으로 보고 피압수자 등의 참여를 허용한다면 탐색을 통해 유관영상을 추출해내는 공익과 피압수자 또는 CCTV 피촬영자의 프라이버시 등 사익이 조화될 수 있도록 참여자와 사이에 적절한 협의가 필요할 것이고, 수사기관이 과도하게 반복적으로 탐색한다면 이의제기, 준항고 등의 방법으로 다툴 수 있을 것이다.

2. 참여권 보장 문제

(1) 피압수자의 참여권

수사기관으로 반출한 정보저장매체에서 유관정보를 탐색하고 추출하는 과정에 피압수자, 피의자 등의 참여권을 보장하여야 하는지도 문제된다. 탐색을 수사기관 내부의 분석작업으로 본다면 위 참여권이 처음부터 허용되지 않지만, 탐색을 수색이나 검증으로 본다면 위 참여권이 허용될 수 있다. 형사소송법은 압수·수색영장 원본을 처분을 받는 자에게 제시하게 하고(제118조) 공무소 등에서의 집행에는 책임자에게, 주거 등에서의 집행에는 주거주에게 참여권을 보장하고 있으며(제123조), 그와 별도로 피고인, 피의자 또는 변호인에게도 참여권을 인정하고 있다(제121조, 제219조).

저장매체의 피압수자의 경우 위 규정이 완전하지는 않지만 수색 대상물의 권리자로서 주거주에 준하여 참여권이 인정된다고 해석함이 상당할 것이다. 피압수자의 권리는 사생활의 비밀과 자유이기도 하고 경우에 따라서는 재산권이기도 하기 때문에 '정보적 자기결정권'이라 부를 수 있다[46]. 또한 정보저장매체에는 피압수자나 피의자와 관련된 정보도 있겠지만 제3자와 관련된 정보도 얼마든지 있을 수 있다. 이러한 경우 제3자의 정보에 대하여는 이를 저장 보관해온 피압수자가 최대한 보호하여야 할 책무까지 있다고 볼 수 있다. 따라서 피압수자는 자신 뿐만 아니라 제3자의 정보까지도 위법하게 수색·압수되지 않도록 감시하여야 하므로 피압수자의 참여권은 당연히 인정되어야 하는 것이다.

"선별적 탐색절차에 참여권을 보장하는 경우 선별절차를 가능한 한 단기간에 마치려 하게 되고 결국 관련성 확인이 더 대략적으로 훑어보는 절차로 될 수 밖에 없다. 피압수자의 참여도 이미징 절차에만 허용하고 최종적으로 압수 대상물로 정해진 파일의 목록을 교부받는 절차로 족하다고 해석하여야 한다"고 주장하면서 피압수자의 참여권을 축소하려는 분도 있다[47]. 그러나 피압수자는 자신의 파일이 열리는 것을 확인 또는 감시할 권리가 있다. 수사기관은 피압수자가 지켜본다고 하여 선별절차를 허술하게 할 필요도 없고 그렇게 하여서도 아니된다. 따라서 피압수자는 최종적으로 압수목록을 교부받는 것 말고도 수색과 압수과정

---

46) 대법원 2015. 7. 16. 자 2011모1839 결정 이유도 같은 취지.
47) 이완규, 앞의 "디지털증거 압수절차상 피압수자 참여방법과 관련성 범위 밖의 별건증거 압수방법", 129면.

을 지켜볼 권리와 더불어 관련성 판단에 대한 이의제기권, 준항고권 등을 가진다고 인정함이 당연하다.

(2) 피의자의 참여권

피고인에게도 압수·수색영장의 집행에 참여권이 인정되며(제121조), 방어권의 일환으로서, 실효성 있는 방어준비를 위하여 참여권이 인정되어야 할 것이라고 수긍이 된다. 재판은 공개주의가 원칙이기 때문이다. 문제는 형사소송법 제219조가 제121조를 준용함으로써 수사단계의 피의자에게도 수사기관의 압수·수색에 참여권을 인정하고 있다는 점이다. 이는 필연적으로 수사 밀행성의 원칙과 충돌하게 된다. 특정 대상에 대한 압수·수색이 시행된다는 사실 자체가 수사기밀이기 때문에 이를 통지받기만 하여도(제122조) 도주하거나 증거를 인멸·은닉할 우려가 매우 크며, 참여를 통해 수사 진행상황을 알게 되면 그러한 우려가 더욱 커진다. 이에 더하여 피의자의 참여를 통해 피압수·수색자의 비밀이나 프라이버시가 침해될 우려도 있다[48]. 이러한 우려는 모든 압수·수색에서 나타나지만, 정보저장매체 압수·수색의 경우 특히 크게 나타난다. 피의자가 아직 특정되지 않았거나 이미 도주해 버렸다면 통지 자체가 곤란하다는 문제점도 있다.

실제로 피의자의 참여권을 인정한다고 하더라도 압수한 저장매체에 대하여 관련성 여부를 확인하기 위하여 하나하나 열어보는 행위를 피의자가 이의 또는 저지하기는 어렵다. 열어보아야 관련성 여부를 판단할 수 있기 때문이다. 수색설에 의하더라도 여기까지를 수색이라 보므로 유관정보만 추출하여 검토 분석하는 행위는 어차피 피의자가 참여할 수 없는 범위이다. 결국 참여한 피의자가 할 수 있는 것은 만일 수사기관이 관련성 없음이 명백함에도 유관정보로 분류한다면 이에 대하여 이의하는 것(무관정보에 대하여도 계속 분석한다면 이는 수색 종료 이후이기 때문에 피의자가 참여할 수 있는 범위가 아니다)과 무엇이 유관정보로 2차 압수되는지를 봐 두었다가 향후 방어권 행사에 참고하는 정도이다[49].

일본 형사소송법 제113조는 법원의 압수·수색에 피고인의 참여권을 보장하고 있지만

---

[48] 정보저장매체 압수의 경우라면 피압수자의 무관정보까지 모두 피의자에게 공개될 우려가 크다.
[49] 만일 피의자에게 실효적 이의권(즉 저지권)을 부여한다면 강제처분의 집행에 있어 피의자의 동의를 얻어야 한다는 이상한 결론이 되고 만다. 이완규, 앞의 논문, 110면.

제222조 제1항은 수사기관 압수·수색에 법원의 압수·수색에 관한 상당 규정을 준용하면서도 위 제113조는 제외함으로써 피의자의 참여권은 인정하지 않고 있다. 다만 제222조 제6항은 "수사기관은 압수·수색을 함에 있어 필요한 때에는 피의자를 참여하도록 할 수 있다"고 규정함으로써 피의자의 참여 여부를 피의자의 권리가 아니라 수사기관의 재량에 맡기고 있을 뿐이다. 독일 형사소송법 제106조는 피수색자에게 참여권을 부여하면서 피의자에 대하여는 아무런 규정이 없다. 제110조는 문서 또는 정보저장매체의 검열을 규정하면서 종래 가능하다면 피의자가 참여하도록 규정하고 있었으나, 2004. 8. 형사소송법 개정을 통해 위 참여 규정이 삭제되었다. 이런 점만 보더라도 수사단계의 압수·수색에 피의자에게 참여권을 인정하는 것은 보편적인 입법 태도가 아니다.

대법원은 '혐의사실과 무관한 정보의 임의적인 복제 등을 막기 위한 적절한 조치'를 언급하면서 "형사소송법 제219조, 제121조에서 규정하는 피압수자와 그 변호인에게 참여의 기회를 보장하여야 한다"고 판시하고 있다[50]. 혐의사실과 무관한 정보가 임의적으로 복제되더라도 이로 인하여 프라이버시가 침해되는 피압수자와 위 정보로 인하여 범죄혐의가 밝혀질 자가 불이익을 입지 피의자가 불이익을 입을 가능성은 별로 없다. 피의자가 바로 새로운 정보로 인하여 범죄혐의가 밝혀질 자인 경우도 있겠지만, 피의자의 새로운 범죄혐의가 밝혀지지 않게 하기 위하여 피의자에게 참여권을 부여한다는 논리는 성립하기 어려울 것이다. 대법원은 '피압수자와 그 변호인'이라고 표현하고 있지만 형사소송법 제219조, 제121조라면 피압수자가 아닌 피의자에 대한 설명이다('피압수자에 대한 변호인'이란 것이 어디 있겠는가?). 아마도 위 사건의 피압수자와 피의자가 실질적으로 동일인이기 때문에 피압수자라고 표현한 듯한데, 피압수자로서는 참여권이 보장되어야 하겠지만 역설적이게도 위 판례에 의해서도 피의자에게 참여권을 보장하여야 할 이유는 전혀 보이지 않는다.

증인신문절차에는 피고인의 참여권이 보장되지만 참고인조사에는 피의자의 참여권이 인정되지 않는다. 수사기관의 판단에 따라 대질 등을 통해 피의자가 참여할 수 있을 뿐이다. 피의자 참여 없이 이루어진 참고인조사에서 참고인의 진술이 부당하게 이루어졌다면 이에 대하여는 피의자가 기소 후 증거부동의와 증인에 대한 반대신문 등을 통해 다투면 족한 것이다. 압수·수색의 경우에는 피압수·수색자의 참여권까지 보장되므로 따로 피의자의 참

---

50) 대법원 2015. 7. 16. 자 2011모1839 전원합의체 결정 이유 참고.

여권을 인정할 필요성은 매우 적다[51]. 피의자에게 유리하게 하는 것이 언제나 인권적이고 민주적인 것은 아니며 정의는 더더욱 아니다.

"제122조 단서는 급속을 요하는 때에는 참여권자(피압수자와 피의자 모두를 의미한다)에 대한 참여 통지를 하지 아니한 채 압수·수색을 집행할 수 있다고 규정하고 있고 제219조는 이를 수사기관 압수·수색에 준용하고 있는데, 수사실무상 이 규정을 폭넓게 적용하여 피의자의 참여 없이 압수·수색을 하는 것이 오히려 일반적"이라는 설명도 있다[52]. 그러나 예외적 제도를 보편적으로 활용하는 것은 결코 바람직하지 못하고 결과적으로 피압수자와 피의자에게 참여권을 인정하지 않는 것과 다를 바 없다. 피압수자의 참여권은 보장되어야 하므로 긴급성의 판단에 매우 신중하여야 한다. 그러나 피의자의 경우는 사정이 전혀 다르므로 피의자의 일반적인 참여권을 폐지하고[53] 참여가 꼭 필요한 경우에 수사기관의 판단이나 피의자의 신청에 대한 법원의 결정으로 참여의 기회를 부여하고, 객관성 확보가 반드시 필요한 경우에는 제3의 방법, 예컨대 법관이나 공익법무관 등 객관적 제3자의 참여로 대체할 수 있도록 제도화하는 것이 적절하다고 생각된다. 한편 긴급성을 이유로 한 피압수자의 참여 배제는 최소한으로 제한되어야 할 것이다. 조속한 입법론적 재고를 요한다.

(3) CCTV 녹화자료 탐색에서의 참여권

CCTV 녹화자료에서 필요한 장면을 탐색하고 압수하는 과정에도 피압수자의 참여권은 보장되어야 할 것이다. 정보저장매체의 피압수자는 위 저장매체에 대한 권리자인 경우가 대부분이겠지만, CCTV 녹화자료의 현실적인 피압수자는 CCTV 시스템의 관리자인 경우가 대부분일 것이다. 물론 CCTV 시스템의 설치 운용주인 건물주인 등을 법적인 피압수자라 할 수도 있겠지만, 실제로 압수·수색과정에 건물주인 등이 참여할 가능성은 매우 적다고 보면 역시 현실적인 피압수자는 관리자라 보아야 할 것이다. 따라서 영장의 제시, 참여

---

51) 이는 마치 제1회 공판기일 전 증인신문 절차에서 피의자에게 무조건 참여권을 보장하는 것으로 개정한 것(제221조의2 제5항)과도 비슷하다. 제1회 공판기일 전 증인신문은 그 본질이 수사작용이기 때문에 수사상 참고인 조사의 경우와 마찬가지로 피의자의 참여권을 인정하지 않는 것이 원칙이다. 그러나 "참여하게 할 수 있다"고 되어있던 규정을 "참여하게 하여야 한다"로 개악하는 실수를 범하였다. 이에 관한 상세한 내용은 졸고, "제1회 공판기일 전 증인신문제도에 대한 실무적 고찰", 법학논고 제47권, 경북대학교 법학연구원, 2014, 299면 이하 참조.
52) 이완규, 앞의 논문, 108면.
53) 피의자 참여의 폐해는 정보저장매체 압수·수색의 경우 더 큰 것이 사실이지만, 정보저장매체 압수·수색의 경우에만 피의자 참여권을 폐지하자고 주장하는 것은 왠지 편협된 인상을 초래하는 듯 하여 불편하다.

의 통지 등도 관리자에게 하면 족할 것으로 생각된다.

컴퓨터 등 정보저장매체에도 제3자의 정보가 저장되어 있을 수 있지만, CCTV 녹화자료의 경우 제3자의 영상이 저장되어 있을 가능성이 훨씬 많으며, 관리자도 알지 못하는 제3자일 가능성도 매우 높다. 녹화자료에 등장하는 제3자가 누구인지 알지 못하더라도 함부로 프라이버시가 침해되지 않도록 보호하여야 할 책무 역시 관리자의 몫이다. 관리자로서는 1차 압수·수색 뿐만 아니라 2차 압수·수색절차에도 참여하여 관련성 없는 영상이 2차 압수되지 않도록 더 많은 노력을 기울여야 하기 때문에 참여와 감시는 관리자의 권리이자 의무라고 할 수 있다. 따라서 수사기관의 요구가 있다고 하여 피의사건과의 관련성을 고려하지도 않고 방대한 양의 녹화자료를 함부로 임의제출 하는 것은 결코 바람직하지 못하다.

그러나 피의자의 경우에는 일반적인 정보저장매체의 경우와 마찬가지로 수사기밀이 누설되거나 제3자의 프라이버시가 침해되는 우려를 차단하기 위해서라도 녹화자료 탐색에 참여하지 못하게 함이 원칙이고, 이를 위해서는 앞에서 말한 입법적 조치가 있어야 할 것이다.

V. 별건정보 발견시 어떻게 대처하여야 하는지

1. 총설
정보저장매체 탐색 중 발견된 유관정보가 그 자체로 다른 범죄의 증거도 되는 때에는 위 정보는 적법하게 압수된 것이므로 추가 탐색이나 분석할 수 있음은 물론이고 압수된 상태를 그대로 두고 다른 범죄의 증거로 사용할 수 있으며, 이런 경우에도 새로운 영장이 필요하다고 해석할 필요는 없다[54]. 또 정보저장매체 탐색 중 어느 정보가 관련성 없음이 밝혀지는 순간 그 정보에 대한 탐색을 멈추고 다음 정보 탐색으로 넘어가면 족하므로 이 역시 특별한 문제가 되지 않는다. 그런데 탐색한 정보가 피의사건과 관련성은 없는데 다른 범죄의 증거가 되는 경우(이를 '별건정보'라 부르고, 애초의 피의사건에 대한 정보를 '본건정보'라 부르기로 한다)가 문제된다. 디지털증거의 경우 파일의 이름만으로는 내용을 추론하기 어렵기 때문에(일부러 추론하기 어려운 이름을 사용하기도 한다) 유관정보를 찾아

---
54) 이완규, 앞의 "디지털증거 압수 수색과 관련성 개념의 해석", 155면; 이완규, 앞의 "디지털증거 압수절차상 피압수자 참여방법과 관련성 범위 밖의 별건증거 압수방법", 132면, 144면. 다만 예외적으로 통신비밀보호법 제12조 제1호에 의해 통신제한조치로 취득한 증거자료는 통신제한조치가 가능할 수 있었던 범죄 또는 그와 관련된 범죄의 수사·소추 등으로 그 사용범위가 제한된다.

내기 위해서는 파일을 모두 열어볼 수 밖에 없고, 이 때문에 별건정보가 발견될 가능성이 매우 높다. 이 때문에 일반적으로 plain view 법리를 인정하는 미국에서도 일부 법원은 "plain view 법리는 디지털증거에서는 전혀 적절하지 않다"고 판시하고 있다고 한다[55]. 독일 형사소송법 제108조는 우연히 발견한 물건에 대한 가압수를 허용하고 있다. 우리나라에서는 입법 또는 판례에 의해 plain view 법리나 가압수가 허용되지 않고 있기 때문에 새로운 영장 등 다른 탐색 권원을 확보하지 않는 한 애초에 그 정보에 대한 추가탐색은 중단되어야 함이 명백하다. 이때 탐색을 중단하여야 범위가 어디까지일까?

2. 탐색 중단의 범위[56]

본건정보를 찾기 위한 정보저장매체의 탐색과정에 별건정보가 나오면[57] 그 정보에 대한 추가탐색만 중단하고 본건정보를 찾기 위한 잔여 탐색은 가능한지, 아니면 일체의 탐색행위를 모두 중단하여야 하는지가 문제된다. 본건정보를 찾기 위한 탐색을 포함하여 저장매체 전체에 대한 탐색을 중단하여야 한다는 견해가 있다[58]. "Walser 사건[59]에서 수사기관이 금지물품 소지와 관련된 영장에 의거하여 컴퓨터를 수색하던 중 피고인의 특정 폴더에서 아동 포르노가 포함된 파일을 발견하고 즉시 컴퓨터 전원을 끄고 아동 포르노 소지의 증거에 관한 수색영장을 발부받아 다시 수색을 실시하여 관련 증거를 압수한 사안에 대하여 미국 연방 제10항소법원은 '수사기관이 영장에 특정되지 않은 유형의 정보들을 수색하지 않기 위해 정당한 수색방법을 사용하였다'고 하면서 그 적법성을 인정하였다"는 주장도 같은 취지이다[60]. 이에 반하여 수사기관이 별건정보의 존재를 알게 될 때까지 부적법한 행위를 하지 않았기 때문에 본건정보를 찾기 위한 탐색은 애초의 영장에 기하여 당연히 허용되고 별

---

55) 김성룡, 앞의 논문, 124면.
56) 수사기관이 마약범죄에 관한 영장으로 피의자의 컴퓨터를 검색하다가 아동포르노 사진을 발견하자 다른 파일들을 계속 검색하여 아동포르노 사진을 추가로 발견하고 이를 기소한 Carey v. United States, 171 F, 3d 1368(10th Cir. 1999) 사건에서, 미국 연방 제10순회법원은 위 사진을 위법수집증거라고 판단하였다. 이로써 정보저장매체 탐색 도중 관련성 없는 증거를 발견한 경우 추가탐색을 중단하라는 법리가 형성되었다. 강수진, "별도 범죄혐의 관련 전자정보의 압수·수색에 관한 대법원 2015. 7. 16. 선고 2011모1839 결정의 검토", 안암법학 제50호, 안암법학회, 2016. 295면.
57) 판례는 '별도의 범죄혐의'와 관련된 자료라고 표현하고 있지만 본건 혐의와도 관련 있고 별도 범죄혐의와도 관련 있는 자료라면 이에 해당하지 않을 것이므로 결국 본건 범죄혐의와 무관하면서 다른 범죄혐의와만 관련된 자료를 의미한다고 보인다. 이완규, 앞의 논문, 152면.
58) 노수환, 앞의 논문, 663면.
59) United States v. Walser, 275 F.3d 981(10th Cir. 2001).
60) 강수진, 앞의 논문, 318면.

건정보에 대하여만 추가탐색을 중단하면 족하다는 견해도 있다[61].

생각건대 별건정보가 발견되어 법원에 새로운 압수·수색영장을 청구하는 경우 법원이 심사하는 것은 별건정보에 대한 탐색을 허용할 것인가 하는 것이고, 만일 허용하는 것이 부적법 또는 부적절하다고 판단되면 영장을 기각하여 별건정보에 대한 탐색과 증거사용을 금지하면 족한 것이다. 애초의 영장에 의하여 압수·수색이 허용된 본건정보를 찾기 위한 탐색을 별건정보의 발견 또는 이에 대한 영장 청구로써 금지할 이유는 전혀 없다. 새로 발부되는 압수·수색영장이 별건정보에 대한 탐색과 압수의 허용 외에 기존의 본건정보를 찾기 위한 계속 탐색도 허용한다는 의미는 아니기 때문이다. 본건정보를 찾기 위한 탐색은 애초의 압수·수색영장에서 이미 허용된 바이다. 만일 저장매체 도처에 별건정보들이 산재하여 다른 부분의 탐색을 개시하면 곧바로 또다른 별건정보를 접하게 될 우려가 대단히 높은 경우라면 그와 같은 별건정보 접촉을 피하기 위해서라도 저장매체 탐색 전체를 중단하는 것이 적절하겠지만, 별건정보의 빈도가 그리 높지 않다면 이 때문에 저장매체 탐색 전체를 중단하라고 요구할 법률적 근거도, 현실적 필요도 없다. 대법원도 "(별건정보를 우연히 발견한 경우) 더 이상의 추가탐색을 중단하고 법원으로부터 별도의 범죄혐의에 대한 압수·수색영장을 발부받은 경우에 한하여 그러한 정보에 대하여도 적법하게 압수수색을 할 수 있다. 별도의 압수·수색절차는 최초의 압수·수색절차와 구별되는 별개의 절차"라고 하여 별건정보의 발견과 이에 대한 영장 발부를 애초의 본건정보를 찾기 위한 압수·수색절차에서 분리하여 판단하고 있는 것으로 보인다.

3. CCTV 녹화자료에서 별건영상이 발견된 경우

상당 분량의 CCTV 녹화자료를 압수하여 필요한 영상을 찾기 위해 탐색하는 과정에 피의사건과는 관련이 없지만 다른 범죄와 관련된 영상(이를 '별건영상'이라 부르기로 한다)이 발견되는 경우는 드물지 않을 것이다. CCTV의 경우 전체 영상이 하나로 연결되어 있을 뿐만 아니라 문자 정보와 달리 유관영상을 놓치지 않기 위하여 녹화자료 전체를 세심하게 관찰하여야 하기 때문에 별건정보가 발견될 가능성은 매우 높다. 이러한 경우 일반 정보저장매체 탐색의 경우와

---

61) 이완규, 앞의 "디지털증거 압수 수색과 관련성 개념의 해석", 151면, 157면. 예컨대 정부 고위층과의 친분관계를 사칭한 사기사건 수사과정에 피의자의 컴퓨터에서 사진파일 검색 중 고위층과 함께 찍은 사진을 발견하고 추가 검색 중에 아동포르노 사진을 발견하였더라도 다음 사진에서는 사기사건 관련 사진이 나올 수도 있으므로 다른 사진들을 검색하는 것은 적법한 압수·수색과정이라고 설명한다.

마찬가지로 어느 범위까지 탐색을 중단하고 별건정보에 대한 압수영장 청구 등의 조치를 취하여야 하는지가 문제된다.

일반 정보저장매체의 경우에도 저자는 별건정보에 대한 추가탐색만 중단하면 족하다고 보았는데, 그런 견해를 취한다고 하더라도 CCTV 녹화자료의 경우에는 정보들이 파일 단위로 구분되어 있는 것이 아니라 전체가 하나의 영상으로 연결되어 있기 때문에 어느 범위까지 탐색을 중단하고 어느 범위에 대하여는 새로운 탐색이 가능한지가 애매하게 된다. 설령 녹화자료가 수개의 테이프나 디스켓 등으로 구분 가능하거나 하나의 디스켓 안에서도 날짜별 등으로 구획되어 있다 하더라도 그 테이프 또는 그 날짜 해당 영상 전체에 대하여 추가 탐색이 금지된다고 해석하는 것은 불합리하다. 결국은 합리적 판단에 맡길 수 밖에 없을 것이다. 예컨대 야간건조물침입절도의 범인을 찾기 위하여 야간 10시간의 CCTV 녹화자료를 탐색하던 중 아직 절도범인이 등장하기 전인데 별건 폭행영상이 발견되었다면 그 즉시 폭행 관련 영상에 대한 탐색을 중단하고 그 부분에 대한 새로운 압수·수색영장을 청구하는 한편, 그 다음 시점부터는 다시 절도범인을 찾기 위한 탐색을 계속하여야 한다. 다만 실제로는 폭행 관련 영상이 언제 끝날지 알 수 없다고 하여 무작정 1시간, 2시간 분량 영상을 탐색하지 않고 넘길 수도 없을 것이기 때문에 결국은 폭행 관련 영상을 skip의 방법으로나마 훑어보지 않을 수 없다. 이렇게 발생하는 사실상의 무관영상 지득은 피하기 어려우므로[62], 수사기관으로서는 비밀유지, 프라이버시 보호 등에 엄중한 책임감을 느껴야 할 것이다.

Ⅵ. 나가며

이 글에서 저자는 일반적인 정보저장매체 자체를 압수한 경우에 논의되는 몇 가지 문제점들을 검토한 다음 그와 같은 법리들이 CCTV 녹화자료를 압수한 경우에는 어떻게 적용될 수 있겠는지를 살펴보았다. 일반 정보저장매체 압수·수색에서보다 관련성 법리가 더 중요하게 평가되는 CCTV 녹화자료의 압수·수색에서 ① 녹화자료 전체 또는 상당분량의 압수는 예측불가 또는 불가피하여 하여 미리 영장에 허용 문구를 기재받도록 하더라도 별다른 통제효과도 없기 때문에 미리 영장에 허용 문구를 기재받으라고 요구하여서는 아니되며(해

---

[62] 이 때문에 전자정보의 분류와 편집 즉 1차 탐색 자체를 수사기관과 분리된 독립적인 전문가 집단에게 맡기고, 무관정보는 수사기관에 발설하지 않아야 한다는 주장도 있지만(강수진, 앞의 논문, 310면, 311면), 탐색의 효율성, 수사비용, 비밀 유지의 신뢰성 등 측면에서 실현가능성은 의문이다.

석론) ② 녹화자료 전체 또는 상당분량의 녹화자료를 압수하여 수사기관에서 탐색하여 피의사건과 관련성 있는 영상만을 추출해내는 과정은 분석작업이 아닌 수색의 일환이기 때문에 무관영상의 압수 등을 저지하기 위하여 피압수자의 참여권은 보장하되 수사밀행성의 원칙 등에 비추어 피의자에게는 참여권을 인정할 필요가 없고(입법론) ③ 녹화자료 탐색과정에 별건영상이 발견된 경우에는 탐색을 중단하고 별도의 압수·수색영장을 발부받아 탐색을 계속하여야 하는데, 이때 중단되는 탐색의 범위는 모든 탐색활동이 아니라 별건영상에 대한 추가탐색에 한정되므로 별건영상과 무관한 부분의 녹화자료에 대한 기왕의 탐색은 금지되지 않는다(해석론)는 것이 저자 주장의 요지이다.

CCTV는 향후 점점 더 많이 이용될 것이 분명하다. 따라서 CCTV 설치의 효과나 제한과 같은 형사정책적 연구 뿐만 아니라 CCTV로부터 압수·수색 등 증거자료를 수집하는 방법과 그 한계, 그 증거능력과 증명력 등과 같은 소송법적 연구도 좀더 많이 이루어졌으면 하는 바람이다.

임의제출물의 압수에 관한 실무적 고찰

Ⅰ. 들어가며

    수사기관이나 법원의 강제처분은 영장에 의함이 원칙이지만, 영장 없이 강제처분을 할 수 있는 경우도 있고[1], 사후영장으로 적법하게 되는 경우도 있다[2]. 사전 또는 사후영장이 필요한 경우에도 상대방의 동의나 승낙(이하 '동의'로 통칭한다)이 있으면 영장 없이도 처분이 가능한 경우도 있고, 그것이 가능하지 않은 경우도 있다. 전자를 상대적 강제처분, 후자를 절대적 강제처분이라 부르기도 한다. 체포나 구속이 후자의 대표적 예이다. 압수, 수색, 검증 등 대물적 강제처분은 동의 획득과정에 강제가 개입할 위험성이 있다는 문제점에도 불구하고 원칙적으로 권리자의 처분이 가능하다는 허용설이 일반적이다[3]. 그런데 우리 형사소송법 제108조와 제218조는 '법원과 수사기관은 소유자·소지자·보관자가 임의로 제출하는 물건에 대하여는 영장 없이도 압수할 수 있다'는 취지로 규정하고 있다. '임의제출'이 압수에 대한 동의 방식의 일종이므로 압수에 대하여는 입법으로 허용설을 일부 채택한 셈이다. 만일 동의에 의한 압수, 수색, 검증에 대하여 불허설을 취하면 제108조와 제218조는 예외규정이 되므로 매우 엄격하게 해석하여야 할 것이지만, 허용설을 취하면 예시규정이 되므로 해석의 엄격성이 다소 완화될 수 있고 유추적용이 가능할 여지도 생긴다.

    제108조와 제218조는 각 재판단계와 수사단계에서의 유류물과 임의제출물에 대한 영장 없는 압수를 함께 규정하고 있고, 그 내용도 거의 비슷하다. 다만 제108조는 표제가 '임의제출물 등에 대한 압수'이고 제218조는 표제가 '영장에 의하지 아니한 압수'인데. 임의제출물과 유류물에 대한 압수는 무영장 압수의 일례일 뿐 무영장 압수 자체 또는 이를 대표하는 것은

---

1) 예컨대 타인의 주거 등에서의 피의자 수색(형사소송법 제216조 제1항 제1호).
2) 예컨대 체포·구속현장에서의 압수·수색·검증(제216조 제1항 제2호).
3) 신동운, 신형사소송법(제5판), 법문사, 2014. 240면; 이창현, 형사소송법(제10판), 도서출판 정독, 2024, 285면; 차용석/최용성, 형사소송법(제4판), 21세기사, 2013, 207면; 안성수, "당사자의 동의에 의한 압수 수색", 비교형사법연구 제10권 제1호, 한국비교형사법학회, 2008, 327면; 조국, "압수·수색의 합법성 기준 재검토", 비교형사법연구 제5권 제2호, 한국비교형사법학회, 2003, 773면. 허용설은 다시 이를 임의수사로 보는 견해와 강제수사로 보는 견해로 나뉜다.

아니라는 점을 고려하면 '임의제출물 등에 대한 압수'로 통일함이 적절하다고 생각된다[4].

독일 형사소송법은 제94조 제1항 "증거방법으로서 심리에 중요할 수 있는 대상물은 유치 기타의 방법으로 보전하여야 한다", 제2항 "대상물을 개인이 보관하고 있는 경우 그가 임의로 제출하지 않는 때에는 압수하여야 한다"라고 규정하고 있다. 제출자를 '보관자' 하나로 지칭하고 있다는 점, 임의제출의 효과를 소극적 방식으로 규정하고 있다는 점, 유류물에 대하여는 규정하고 있지 않다는 점 등에서 우리 형사소송법과 차이가 있다. 일본 형사소송법 제101조와 제221조는 우리 형사소송법 제108조와 제218조와 거의 동일하게 규정하고 있어 우리 형사소송법에서와 동일한 문제를 안고 있다.

미국의 경우 동의에 의한 무영장 수색에 대하여는 법원과 학설이 매우 활발하게 논의하면서도, 동의에 의한 무영장 압수에 대하여는 별로 논의하지 않는다. 이에 대하여 수색만 허용되면 수색과정에 발견된 증거물에 대하여는 plain view 법리에 따라 압수가 허용되기 때문이라는 해석도 있다[5]. 그러나 plain view 법리도 관련성 있는 증거물에 대하여 압수 권한이 있는 경우 그 발견을 위하여 수색하다가 발견되는 관련성 없는 증거물에 대하여 압수 권한이 인정된다는 것이지, 수색 권한만 인정되면 압수 권한은 별도로 요하지 않는 것은 아니기 때문에 위 해석은 적절하지 못하다고 생각된다. 수색 권한만 인정되면 적법한 수색과정에 증거물을 발견하는 경우 압수 권한 없고 소지자가 임의제출 하지 않더라도 그러한 증거물을 발견하였다는 수사기관의 법정 증언만 있으면 충분히 증거로서의 가치를 가지는 것이 미국 형사절차의 실무 실정이라는 점을 고려하면[6] 소지자로서는 발견된 증거물을 임의제출 하지 않을 이유가 없기 때문일 것으로 추측된다. 미국의 법원이나 학계에서 논하여지는 '동의에 의한 수색 이론' 중에는 성질상 임의제출 또는 동의에 의한 무영장 압수에 적용되기 어려운 부분도 있지만, 대부분은 임의제출 또는 동의에 의한 무영장 압수에 적용될 수 있는 논리들이고 이 글에서 언급되는 미국의 논의는 대부분 이러한 것들이다. 동의에 의한

---

[4] 유류물과 관련하여서는 제108조에서는 유류의 주체를 명시하지 않은 반면 제218조에서는 '피의자 또는 기타인'이 유류의 주체라고 명시하고 있는 점, 제108조는 유류물을 앞에 규정하고 임의제출물을 뒤에 규정한 반면 제218조는 순서가 반대라는 점 등 약간의 차이가 있으나, 이 글의 논지와는 무관하다.
[5] 허준, "제3자 동의에 의한 디지털 증거 압수·수색의 한계", 비교형사법연구」제20권 제4호, 한국비교형사법학회, 2018, 57면.
[6] 우리나라에서는 수사기관의 증언에 대하여 상대적으로 낮은 증거가치(증명력)을 부여하는 것이 실무 실정이다.

무영장 수색에 대하여는 이를 긍정하는 견해가 대부분이며 법원도 이를 인정하고 있다[7]. 다만 임의제출물 압수에 대한 명문규정은 없다.

이 글에서는 먼저 임의제출자의 지위와 관련하여 소유자·소지자·보관자로 구별하여 규정할 필요가 있는지, 소지의 적법성이 요구되는지, 제출권한이 요구되는지를 살펴보고(Ⅱ), 제출의 임의성과 관련하여 임의성이란 무엇인지, 제출자에게 거절권의 인식이 필요한지, 수사기관에게 거절권 고지 의무가 있는지를 살펴본 후(Ⅲ), 그 밖의 문제로서 임의제출물 압수가 임의수사인지 강제수사인지, 임의제출물 압수의 대상이 어떠한지, 동의에 의한 압수도 허용되는지, 진정한 권리자를 보호하는 방법은 어떠한지를 검토한 다음(Ⅳ) 저자의 주장을 정리하면서 이 글을 맺기로 한다(Ⅴ). 현실적으로 임의제출이 주로 수사단계에 이루어지고 있으므로 이 글에서도 수사기관에 대한 임의제출을 기준으로 논의를 전개하면서 법원에 대한 임의제출은 필요한 부분에서만 언급하기로 한다.

Ⅱ. 제출자의 지위

1. 소유자·소지자·보관자로 구별하여 규정할 필요가 있는지

제108조와 제218조는 임의제출[8]의 주체를 '소유자·소지자 또는 보관자'라고 규정하고 있는데[9], 이처럼 구별하여 규정한 취지부터 살펴볼 필요가 있다. 일반적으로 '소지자'는 자기를 위하여 물건을 점유하는 자로서 권리자와의 위탁관계를 요하지 않고, '보관자'는 타인을 위하여 물건을 점유하는 자로서 권리자와의 위탁관계를 전제로 성립한다고 설명하고 있다[10]. 그런데 우리 형사소송법은 제108조 등에서 소지자와 보관자를 병렬적으로 규정하다

---

7) "임의성에 대한 법원의 심사기준이 모호하고 경찰의 동의 요구에 대하여 현실적으로 시민들이 거부하기 어렵기 때문에 동의에 의한 수색은 불허되어야 한다는 반대견해도 있으며, 경찰관의 'May I'로 시작하는 수색 동의 요구에 대하여 일반 시민들은 거절할 권리가 있다는 점을 모른 채 법의 힘으로 뒷받침되는 요구의 정중한 표현으로 생각할 가능성이 매우 높다"는 Marshall 대법관의 소수의견도 있다. 최창호, "미국법상 동의에 의한 수색에 관한 연구", 가천법학 제6권 제3호, 가천대학교 법학연구소, 2013, 289면에서 재인용.
8) 이때의 '제출'은 '확인 후 돌려달라'는 의미의 일시적 제출이 아니라 압수를 전제로 하는 제출이다. 만일 압수를 전제로 하지 아니한 제출이었다면 이는 중대한 착오에 기한 제출이므로 제출의 유효·무효 문제가 될 것이다.
9) 소유자·소지자 또는 보관자 아닌 자로부터 제출받아 영장 없이 압수하는 것은 당연히 위법이다. 대법원 2010. 1. 28. 선고 2009도10092 판결.
10) 주석 형사소송법(Ⅰ)(제6판), 한국사법행정학회, 2022, 853면; 신이철, "형사소송법 제218조의 유류물 또는 임의제출물의 압수에 대한 소고", 형사법의 신동향 통권 제67호, 대검찰청, 2020, 88면.

가, 오직 제133조 제2항에서 "--- 압수한 물건으로서 그 소유자 또는 소지자가 계속 사용하여야 할 물건은 --- 가환부하여야 한다"라고 규정하여 보관자는 언급하지 않고 있고, 위 규정은 제219조를 통해 수사기관의 압수에도 준용된다. '계속 사용'의 주체에 보관자가 언급되지 않은 점에 비추어보면 보관자가 타인을 위한 점유자인 것은 틀림없지만, 그렇다고 하여 소지자 개념에 '타인을 위한 점유자는 제외된다'고 볼 근거는 없다. 국어사전[11]에도 소지자는 '어떤 것을 가지고 있는 사람'이라고만 되어 있을 뿐 누구를 위한 소지인지를 구별하지는 않고 있으며, 민법에서도 소지는 '사실상 지배하고 있다'는 객관적 사실을 의미한다고 설명하고 있다[12]. 결국 소지자는 보관자를 포함하고 있으므로(소지자라고만 규정하여도 '계속 사용'의 주체에서 보관자는 의미상 제외될 것이다) 입법적으로는 '소지자 또는 보관자'를 '소지자'로 통일하는 것이 적절하다고 생각된다.

'소유자'를 따로 규정할 실익이 있는지도 의문이다. 소지, 즉 점유하고 있지 않다면 비록 소유자라 하더라도 제출할 수 없음이 물리적으로 명확하다. 소유자가 소지자에게 제출하라고 부탁 또는 명령한다고 하더라도 이는 결국 소지자의 제출이지 소유자의 제출이 아니다. 만일 판례의 태도와 같이 제출권한 유무를 묻지 않을 거라면 소지자이면 족하지 굳이 소유자와 구별하여 규정할 실익이 없고, 설혹 제출권한을 요구한다고 하더라도 이는 소지자의 조건으로 논하면 족하지 소유자를 따로 규정할 이유가 되지는 못한다. 결국 '소유자·소지자 또는 보관자'라는 표현은 '소지자'로 대체하면 족할 것으로 생각된다. 이하 이 글에서도 '소지'를 기준으로 서술하기로 한다.

2. 소지의 적법성이 요구되는지

임의제출자의 소지가 적법하여야 하는지의 문제는 소지자가 제출권한을 가져야 하는지의 문제와는 구별할 필요가 있다. 순서로 보면 제출권한 유무에 앞서서 적법한 소지자인지를 검토하여야 한다. 만일 적법한 소지자가 아니라면 원칙적으로 제출권한도 없을 것이기 때문이다. 결국 소지의 적법성은 제출의 적법성의 전제가 된다. 다만 절도범인이 장물을 임의제출 하는 경우 적법한 소지자가 아님에도 제출권한이 있다고 할 것인지 또는 제출이 정

---

11) 이희승 편저, 국어대사전, 민중서림, 1995, 2106면; 한국어대사전(ㅂ-ㅇ), 고려대학교 민족문화연구원, 2009, 3554면.
12) 점유에는 점유의사가 있어야 한다는 주관설과 점유의사를 요하지 않는다는 객관설이 대립하고 있고, 우리 민법은 입법적으로 객관설을 따르고 있다. 지원림, 민법강의(제21판), 홍문사, 2024, 326면; 이병태, 법률학사전(개정판), 법문 북스, 2008, 304면. 이에 따르면 결과적으로 소지는 점유와 같은 의미가 된다.

당화되는지의 문제가 남게 되는데 이에 대하여는 후술한다. 소지의 적법성이 인정되지 않으면 제출권한도 인정되지 않을 것이기 때문에 소지의 적법성 문제를 따로 논하지 않고 제출권한의 문제로만 다루어도 족하다고 생각할 여지도 있다. 그러나 제출의 적법성에 대한 엄정한 판단을 위해 적법하게 소지하였으나 제출권한이 없는 자의 제출과 적법한 소지인 아닌 자의 제출을 구별하여 검토할 필요가 있을 듯하다.

임의제출자의 소지는 적법한 소지일 것을 요하지 않는다는 견해(불요설)가 통설적이다[13]. 그 이유를 설시하지 않은 분이 많지만, 절도범인도 장물을 임의제출 할 수 있다는 점을 그 이유로 드는 분도 있다[14]. 이와 달리 사인 위법수집 증거의 문제로 해결하려는 분도 있는데[15], 부적법한 소지자가 임의제출 한 경우 제출자의 소지 경위가 위법하므로 결국 사인 위법수집 증거가 되는데, 사인 위법수집 증거의 증거능력에 대한 다수설에 따라 형사소송법 제308조의2를 적용하되 수사기관의 위법수집 증거보다는 완화된 기준으로 소지 경위의 위법의 크기(증거물에 대한 권리자의 이익)와 공익(형사사법정의 실현)을 비교형량 하여 증거능력 유무를 판단하는 것이 적절하다고 설명한다. 이 견해는 절충설로 분류할 수 있을 듯 하다.

우리 판례는 이 문제를 직접적으로 다루고 있지 않다. 그러나 뒤에서 살펴볼 소위 간호사 판례와 교도관 판례에서 소지인의 제출권한 유무도 문제 삼지 않은 점에서 알 수 있듯이 원칙적으로 현실적인 소지자인지 여부만 문제 삼을 뿐 적법한 소지 여부는 묻지 않는 것으로 해석된다. 다만 수사기관이 소지자 아닌 자로 하여금 위법하게 점유를 취득하도록 유도한 후 그로부터 임의제출 받은 경우 위법하다고 판시한 사례에서 보듯이[16] 수사기관이 제출자의 부적법한 소지를 야기한 경우에만 예외로 취급하고 있다[17].

불요설에 대하여는 "절도범인이 장물을 임의제출 하는 것은 오히려 피해자 환부절차를 통해 피해자의 재산권 보전에 협력하는 차원이라는 점에서 임의제출자에 의해 재산권이나

---

[13] 신동운, 앞의 책, 435면 등.
[14] 이창현, 앞의 책, 493면; 한상훈, "임의제출물의 영치와 위법수집증거 배제법칙", 법조 제65권 제8호, 법조협회, 2016, 609면.
[15] 허준, 앞의 논문, 48면.
[16] 대법원 2010. 1. 28. 선고 2009도10092 판결, 하급심 판결이지만 대전고등법원 2015. 7. 27. 선고 2015노101 판결도 같은 취지.
[17] 허준, 앞의 논문, 46면도 같은 취지.

프라이버시권(형사상 불이익을 피할 권리 포함) 등이 침해되는 경우와는 차원이 다른 문제"라는 비판이 제기된다[18]. 적절한 지적이라 생각된다. 절도범인의 장물 임의제출을 근거로 '부적법한 소지자의 임의제출도 허용된다'고 일반화할 수는 없다. 뒤에서 설명하겠지만 절도범인의 장물 임의제출은 '피해자를 위한 임의제출'이라는 특수성 때문에 형법상의 정당행위(제20조) 논리에 의하여 예외적으로 허용되는 것이다[19]. 그러한 특별한 사정이 없는 일반적인 경우에는 적법한 소지인이 아니면 임의제출 할 수 없고 수사기관도 그로부터 임의제출 받아서는 안된다고 보아야 할 것이다.

절충설은 기본적으로 필요설에 가깝다고 생각된다. 왜냐하면 사인 위법수집 증거에도 제308조의2가 적용되어 원칙적으로 증거능력이 부정되고, 공익과의 비교형량에 의해 예외적으로만 증거능력이 인정될 수 있을 뿐이기 때문이다. 그런데 대법원은 사인 위법수집 증거에 대하여 제308조의2를 적용한다고 하면서도 비교형량의 기준을 너무 완화하여 수사기관이 간접적으로 관여한 경우[20] 외에는 거의 대부분 사안에서 증거능력을 인정하였다. 대법원이 이러한 태도를 유지한다면 위 절충설은 사실상 불요설이 되어버릴 우려가 크다. 저자는 뒤에서 설명할 바와 같이 제108조와 제218조의 제출은 원칙적으로 제출권한 있는 소지인의 제출만을 의미한다고 보기 때문에 당연히 '적법한 소지인'이 전제되어야 한다고 생각된다. 적법하지 아니한 소지인은 예외적으로 정당행위 논리에 의해 제출이 정당화되지 않는 한 임의제출 할 수 없는 것이다[21][22].

수사기관이 적법한 소지자로 알고 그로부터 임의제출 받았는데 나중에 알고 보니 적법한

---

18) 허준, 앞의 논문, 47면.
19) 절도범인의 장물 임의제출이 장물죄 등 범죄의 구성요건에 해당하지는 않지만, 위 임의제출이 형사소송법적으로 적법한지를 검토하기 위하여 정당행위 법리를 활용하는 것이다.
20) 앞에서 언급한 대법원 2010. 1. 28. 선고 2009도10092 판결 참조.
21) 부적법한 소지인의 임의제출물은 모두 사인 위법수집 증거일까? 라는 문제와 만나게 된다. 절도범인이 임의제출한 장물은 '증거로 사용하기 위하여 수집한 물건'이 아니기 때문에 사인 위법수집 증거가 아니지만, 대부분의 부적법한 소지는 증거 사용을 염두에 두고 수집하였을 것이므로 사인 위법수집 증거가 될 것이다. 수사기관이 이를 제출받는 것도 적법하지 않으므로 수사기관 위법수집 증거도 될까? 그렇게 본다면 모든 사인 위법수집 증거가 수사기관 또는 법원의 위법수집 증거가 되어버린다. 이러한 경우라면 위법의 직접적 원인이 사인에게만 있으므로 수사기관 위법수집 증거로 볼 필요는 없을 것이다. 다만 앞에서 설명한 대전고등법원 2015노101 판결 사례는 수사기관이 위법을 야기하였으므로 이는 사인 위법수집 증거가 아니라 수사기관 위법수집 증거로 보아야 할 것이다.
22) 뒤에서 살펴볼 바와 같이 제출권한 없는 소지인은 원칙적으로 임의제출 할 수 없다고 보는 저자의 입장에서는 소지의 적법성이 당연한 필요하다.

소지자가 아니었던 경우는 어떻게 될까? 이는 뒤에서 살펴볼 제출권한과 관련하여서도 문제되는데, 저자처럼 제출권한 있는 자만이 임의제출 할 수 있다고 보는 입장에서는 위와 같은 경우에도 적법한 소지인 아닌 자의 임의제출의 논리가 동일하게 적용되어야 한다고 본다. "수사기관이 가능한 주의의무를 다하여 적법한 소지자인 것으로 인식하고 임의제출 받았다면, 수사기관에 지나친 주의의무를 부담시키기 어렵기 때문에 설령 적법한 소지자가 아니라고 밝혀졌다고 하더라도 임의제출이 소급하여 부적법하게 되지는 않는다"는 견해가 있다[23]. 위 견해가 '임의제출물을 압수한 수사기관의 행위가 부적법한 것은 아니니 직권남용 등의 문제가 발생하지는 않고 압수물만 권리자에게 반환하면 족하다'는 의미인지 아니면 '적법한 임의제출이니 그대로 압수상태를 유지해도 된다'는 의미인지는 불명하다. 다만 "前 동거자일 뿐임에도 現 동거자라고 거짓말하며 수색에 동의한 경우에도 동의가 유효하다"는 미국 판례[24]를 사례로 든 점에 비추어 보면 전자의 의미로 보인다. 그러나 수사기관이 과오 없이 사실을 잘못 알고 어떤 조치를 한 경우 수사기관에게 위 조치에 대한 법적 책임을 물을 수는 없지만, 위 조치 자체는 결과적으로 잘못된 것이니 시정되어야 함이 당연하다. 예컨대 정당한 증거 판단에 의해 범인 아닌 자를 범인으로 오해하고 구속한 경우 위 오해에 과오가 없었다 하더라도 오해가 풀린 뒤에도 구속을 계속 유지하면 이는 명백한 위법이다. 더욱이 위 미국 판례는 동의에 의한 수색 사례인데, 이미 수색이 완료되었으므로 이후에는 수색 전 상태로 되돌릴 것이 없지만, 압수의 경우에는 압수 전 상태로 되돌릴 것(즉 반환)이 있다. 또 '수사기관에 지나친 주의의무를 부담시키기 때문'이라는 설명도 그리 적절하지 않다. 수사기관의 부담이 아무리 크다고 하더라도 이를 피하기 위하여 국민의 기본권을 침해할 수는 없지 않은가? 따라서 수사기관은 상당정도의 주의를 기울여 적법한 소지자라고 판단하면 일응 임의제출 받을 수 있지만, 향후 적법한 소지자가 아닌 것이 밝혀지면 위 임의제출은 무효가 되고 압수물을 권리자에게 반환함이 당연하다고 생각된다.

관련된 판례를 검토해 보자. 사인이 속칭 몰카 현행범인을 체포하면서 스마트폰을 증거물로 압수하였다가 현행범인과 함께 수사기관에 인계하였고 기소 후 검사가 위 증거물을 제출한 사안에서, 제1심 법원은 '현행범인을 체포한 사인은 압수 권한이 없으므로 사인의 압수는 위법하고 경찰관이 그로부터 임의제출 받아 사후영장을 발부받지 않은 것도 위법하

---
[23] 허준, 앞의 논문, 56면.
[24] Illinois v. Rodriguez, 497 U.S. 177(1990).

므로 증거능력이 없다'고 판단하였으나[25], 제2심 법원은 '체포에 앞서 스마트폰을 압수 검색한 것은 체포를 위한 범증 확인에 필수불가결한 조치로서 설령 위 검색이 위법이라 하더라도 이익형량을 통한 위법수집 증거의 예외적 증거능력 인정 법리에 의해 증거능력이 인정된다'고 판단하였으며[26], 대법원은 '심리미진이나 자유심증주의의 한계를 벗어나 임의제출물 압수, 위법수집 증거, 2차 증거의 증거능력, 보강증거 등에 관한 법리 위반이 없다'고 판단하면서 상고를 기각하였다[27].

위 스마트폰이 범인의 현행범인 체포자(사인)에 대한 임의제출물에 해당하는지가 문제되는데, 만일 사인은 임의제출 받을 수 있는 지위가 아니라고 본다면 사인의 압수를 정당화하기 위해서는 사인의 현행범인에 대한 압수에 체포현장에서의(수사기관) 무영장 압수 규정 유추적용을 고려할 수 있을 것이다[28]. 그러나 사인에게 아무리 현행범인 체포권한을 주었다고 하더라도 이는 체포에 국한된 특칙일 뿐이고, 이러한 경우에도 사인은 수사기관이 아니므로 사인의 압수에 수사기관의 압수 법리를 유추적용 하는 것은 무리라고 생각된다. 결국 이러한 경우의 사인의 압수, 즉 소지는 임의제출이나 체포현장 압수가 아니라 정당행위 논리에 의해 정당화하고 공익 목적에 비추어 적법한 제출이라고 보는 것이 더 적절할 것이다.

여기에서 적법한 소지인이 아니지만 정당행위 논리로 임의제출이 적법하다는 이론 구성이 영장주의를 우회 또는 회피하는 것이 아닌지 검토할 필요가 있다. 이는 뒤에 설명할 제출권한의 문제에서도 동일하다. 영장주의 위반이 수사기관의 귀책으로, 또는 수사기관의 영역에서 발생한 경우에는 정당행위 논리로 우회하는 것이 허용되지 않는다. 영장 관련 입법시 정당행위 상황까지 모두 고려하여 요건 완화나 예외 등을 인정하였기 때문에 여기에 정당행위 논리를 추가하는 것은 영장주의를 형해화하고 영장주의 이념을 침해하는 것이다. 그러나 영장주의 위반이 사인 귀책으로, 또는 사인 영역에서 발생한 경우에는 정당행위 논리를 활용하는 것이 가능할 것으로 생각된다. 사인이 영장주의를 회피하기 위하여 정당행위 상황을 남용할 위험성은 크지 않기 때문이다. 앞에서 언급한 절도범인의 장물 임의제출 사안도 소지의 적법성과 제출권한이 인정되지 않지만 정당행위 논리로 임의제출이 허용되

---

25) 서울서부지방법원 2017. 8. 4. 선고 2016고단2563 판결.
26) 서울서부지방법원 2018. 5. 10. 선고 2017노1029 판결.
27) 대법원 2019. 7. 10. 선고 2018도8371 판결.
28) 이러한 경우 사후영장 규정도 유추적용 할 수 있을까? 라는 새로운 의문이 발생한다.

는 것이다. 그러한 논리에 따르면 위 사인의 임의제출은 적법하다. 다만 많은 부적법한 임의제출이 정당행위 논리로 도피할 위험이 상존하기 때문에 사회상규에 반하는지 여부에 대한 엄격한 판단이 필요한 것은 물론이다.

3. 제출권한이 요구되는지

제108조와 제218조는 소유자·소지자·보관자라고만 지칭할 뿐 수사기관이나 법원에의 제출권한에 관하여는 규정하고 있지 않다. 이 때문에 제출권한 요부에 관하여는 견해가 대립하고 있다. 불요설은 법 규정이 명시적으로 제출권한을 요구하고 있지 아니한 점[29], 현실적으로도 처분권 없는 자의 임의제출도 허용하여야 실체적 진실발견, 사회정의에 부합할 수 있는 점 등을 그 근거로 한다. "수사기관으로서는 소유자가 누구인지 즉시 파악하는 것이 곤란하기 때문에 현행법은 실체적 진실발견과 정의구현을 위해 점유자로부터(제출권한 유무를 묻지 않고) 증거 수집이 가능하도록 근거를 마련한 것으로 해석될 수 있다"고 보는 분도 있다[30]. "소유자와 소지자, 보관자가 서로 다른 경우 소지자 또는 보관자가 임의로 제출하였다면 소유자가 반대의 의사를 갖고 있어도 임의제출의 적법성에는 영향이 없다"는 주장[31]도 불요설을 기초로 한다. 이에 반하여 필요설은 '제출권한 있는 자의 제출'이라는 것은 임의제출 규정의 당연한 전제라고 본다[32].

원칙적으로 필요설에 동의한다. 동의에 의한 압수·수색이나 증거동의 등에서 동의할 권한 있는 자의 동의일 것을 당연한 전제로 하고 있는 것과 마찬가지 이치이다. 동의권자 아닌 자의 동의는 적법한 동의가 아니듯이 제출권한 없는 자의 제출은 원칙적으로 적법한 제출이 될 수 없다. 수사기관이 이를 알고도 받으면 수사기관도 위법이며, 제출된 물건은 위법수집 증거가 된다. "제출할 수 있는 권한이 있어야 하지만 반드시 적법한 권리자로서 권한에 기하여 소유·소지·보관하여야 하는 것은 아니다"고 설명하면서 '절도범인의 장물

---

[29] 주석 형사소송법(Ⅱ)(제6판), 한국사법행정학회, 2022. 480면 등은 불요설을 취하면서 그 이유를 설명하고 있지는 않지만, 이 점을 근거로 하는 것이 아닌가 추측된다.
[30] 제출자의 권리포기라는 측면보다는 수사기관의 증거 수집을 용이하게 도와주기 위한 규정으로 보면서도 소유자(디지털 증거의 정보 주체) 보호를 위해 어느 정도 제한할 필요가 있다는 점은 인정하고 있다. 허준, 앞의 논문, 50면.
[31] 한상훈, 앞의 논문, 609면.
[32] 조국, 앞의 논문, 773면; 김혁돈, "영장 없는 압수·수색과 관련한 대법원의 태도에 대한 고찰", 법학논고 제50집, 경북대학교 법학연구원, 2015, 146면.

임의제출도 적법하다는 점'과 '소유자 · 소지자 · 보관자가 서로 다른 사람일 수도 있는데 이 경우 소지자 또는 보관자가 물건을 임의로 제출했다면 소유자의 반대 의사에도 불구하고 임의제출 할 수 있다는 점'을 그 예로 드는 분도 있다[33]. 그러나 '권한이 있어야 한다'는 개념과 '적법한 권리자로서 권한에 기하여 소지하여야 하는 것은 아니다'는 개념이 양립할 수 있는지는 심히 의문이다. 권한이 있다면 적법한 권한이 있는 것이고 적법한 권한이 없다면 권한이 없는 것이며 그 외에는 어떤 상황도 있을 수 없다. 거듭 말하지만 절도범인의 장물 임의제출은 제출권한이 있어서 정당화되는 것이 아니라 사회상규에 반하지 않기 때문에 예외적으로 정당화되는 것인데, 이를 제출권한의 문제로 해결하려고 하니 불요설이나 필요설 모두 무리한 논리 전개가 되는 것이다. 또한 소유자가 반대하는데 소지자 또는 보관자가 수사기관에 제출할 수 있는 권한을 가진 경우는 상상하기 어렵다.

제출권한이 없는 경우라도 예외적으로 정당행위 논리에 의해 임의제출이 정당화될 수 있음은 앞에서 설명한 바와 같다. 그러나 수사기관이 권유(또는 요구)하여 임의제출 받는 경우, 더 나아가 수사기관이 사실상 취거해 놓고 형식적으로 임의제출 받는 경우에는 상대방이 제출권한 없다면 정당행위 논리로도 정당화할 수 없을 것이다. 형식은 임의제출이지만 사실상 수사기관의 영향력이 크게 작용한 상황이기 때문에 수사기관의 압수에 준하여 판단하여야 할 것인데, 앞에서도 설명하였듯이 수사기관 압수의 경우에는 정당행위 논리로 영장주의를 우회할 수 없기 때문이다.

제출권한도 없고 정당행위로도 정당화되지 않는 임의제출이라면 절대적으로 증거능력이 부정될까? 위법수집 증거라도 침해되는 기본권 영역, 침해 기본권과 형사절차상 필요성의 이익형량에 의해 예외적으로 증거능력을 인정할 수 있다는 법리[34]가 여기에도 적용될 수 있을 것이다. 정당화되지 않은 임의제출물의 증거능력을 인정할 구체적 기준을 마련할 필요가 있는데, 현실적으로는 사회상규에 반하는가 여부의 판단 기준과 상당부분 중첩되는 것을 피할 수 없을 것으로 생각된다. 진부하지만 속칭 간호사 판례와 교도관 판례를 다시 한 번 검토해 보자.

---

33) 신상현, "임의제출물 압수의 적법요건으로서의 임의성", 형사법의 신동향 통권 제67호, 대검찰청, 2020, 271면 등.
34) 대법원 2007. 11. 15. 선고 2007도3061 전원합의체 판결 참조.

① 대법원 1999. 9. 3. 선고 98도968 판결

형사소송법 제218조는 "검사 또는 사법경찰관은 피의자, 기타인의 유류한 물건이나 소유자, 소지자 또는 보관자가 임의로 제출한 물건을 영장 없이 압수할 수 있다"라고 규정하고 있고, 같은 법 제219조에 의하여 준용되는 제112조 본문은 "변호사, 변리사, 공증인, 공인회계사, 세무사, 대서업자, 의사, 한의사, 치과의사, 약사, 약종상, 조산사, 간호사, 종교의 직에 있는 자 또는 이러한 직에 있던 자가 그 업무상 위탁을 받아 소지 또는 보관하는 물건으로 타인의 비밀에 관한 것은 압수를 거부할 수 있다"라고 규정하고 있을 뿐이고, 달리 형사소송법 및 기타 법령상 의료인이 진료 목적으로 채혈한 혈액을 수사기관이 수사 목적으로 압수하는 절차에 관하여 특별한 절차적 제한을 두고 있지 않으므로, 의료인이 진료 목적으로 채혈한 환자의 혈액을 수사기관에 임의로 제출하였다면 그 혈액의 증거사용에 대하여도 환자의 사생활의 비밀 기타 인격적 법익이 침해되는 등의 특별한 사정이 없는 한 반드시 그 환자의 동의를 받아야 하는 것이 아니고, 따라서 경찰관이 간호사로부터 진료 목적으로 이미 채혈되어 있던 피고인의 혈액 중 일부를 주취운전 여부에 대한 감정을 목적으로 임의로 제출 받아 이를 압수한 경우, 당시 간호사가 위 혈액의 소지자 겸 보관자인 병원 또는 담당 의사를 대리하여 혈액을 경찰관에게 임의로 제출할 수 있는 권한이 없었다고 볼 특별한 사정이 없는 이상, 그 압수절차가 피고인 또는 피고인의 가족의 동의 및 영장 없이 행하여졌다고 하더라도 이에 적법절차를 위반한 위법이 있다고 할 수 없다.

② 대법원 2008. 5. 15. 선고 2008도1097 판결

형사소송법 및 기타 법령상 교도관이 그 직무상 위탁을 받아 소지 또는 보관하는 물건으로서 재소자가 작성한 비망록을 수사기관이 수사 목적으로 압수하는 절차에 관하여 특별한 절차적 제한을 두고 있지 않으므로, 교도관이 재소자가 맡긴 비망록을 수사기관에 임의로 제출하였다면 그 비망록의 증거사용에 대하여도 재소자의 사생활의 비밀 기타 인격적 법익이 침해되는 등의 특별한 사정이 없는 한 반드시 그 재소자의 동의를 받아야 하는 것은 아니다. 따라서 검사가 교도관으로부터 그가 보관하고 있던 피고인의 비망록을 뇌물수수 등의 증거자료로 임의로 제출받아 이를 압수한 경우, 그 압수절차가 피고인의 승낙 및 영장 없이 행하여졌다고 하더라도 이에 적법절차를 위반한 위법이 있다고 할 수 없다.

대법원은 진료 목적으로 채혈한 혈액의 소지자나 보관자는 간호사가 아닌 병원 또는 담

당의사라고 인정하면서도, 간호사는 병원 또는 담당의사를 대리하여 혈액을 제출할 수 있는 권한이 있었다는 논리를 취하고 있다. 민법상으로는 점유보조자에 불과하다고 하더라도 사실상의 지배력을 행사하는 경우에는 형법적으로는 점유자로 인정하는 것이 일반적인 견해이다[35]. 이에 따르면 간호사는 혈액에 대하여 점유자, 즉 적법한 소지자이다. 만일 채취된 혈액이 냉장고 등에 보관 중인 상태인데 수사기관의 요청에 의해 간호사가 혈액을 꺼내 제출하였다면 앞에서 설명한 소지자 아닌 자가 수사기관의 요청에 의하여 점유를 취득한 후 임의제출 한 사례와 유사하게 되었을 것이다. 그러나 본건은 마침 간호사가 혈액을 채취하는 것을 보고 수사기관이 간호사에게 부탁하여 채취된 혈액 중 일부를 제출받은 것이므로 굳이 소지자가 아니라고 할 필요가 있었을지는 의문이다. 적법한 소지가 인정된다면 이제는 제출권한의 문제만 남는다[36].

대법원의 논지대로 대리의 논리로 들어가 보자. 대리가 성립하기 위해서는 법정대리가 아니라면[37] 명시적 또는 묵시적 대리권 수여가 있어야 하는데, 이에 대한 판단이 전혀 없다. 추측컨대 사안과 같은 간호사의 혈액의 임의제출이 평소에 자주 있던 일이라 묵시적 동의가 인정된다고 보기도 어려운 상황이고[38], 만일 추정적 승낙 논리로 간다고 하더라도 이는 간호사의 형사책임을 면제시켜줄 뿐이지 제출의 적법성을 확보해 주는 것은 아니다. 더 나아가 병원 또는 담당의사에게 제출권한이 있었는지도 의문이다[39]. 병원이 혈액의 소유권을 취득하였다고 하더라도 수사기관에 제출하는 권한까지 취득하였다고 보기는 어렵다. 병원이나 담당의사에게 제출권한이 없었다면 그로부터 간호사가 제출할 수 있는 대리권이 부여되었다고 볼 여지가 없게 된다. 더 나아가 제출권한 없는 소지자의 제출이 정당한지에 대하여는 아무런 판단이 없다. 결국 '제출권한이 필요 없다'는 논지일 뿐이라고 해석된다.

위 교도관 판례에서는 소지자 지위 및 소지의 적법성은 인정되지만, 역시 제출권한이 문제되

---

35) 대법원 1982. 3. 9. 선고 81도3396 판결 등 참조.
36) 속칭 간호사 판례에서는 제출의 임의성도 문제된다. 이에 대하여는 아래 항에서 상술하기로 한다.
37) 법정대리는 법률의 규정, 지정권자의 지정, 법원의 선임 중 한가지로 성립한다. 대리란 본인을 대신하여 법률행위(의사표시)를 하거나 이를 수령하는 것을 말하는 민법상의 개념인데, 혈액의 임의제출은 형사법적 문제이고 법률행위도 아니어서 위 '대리' 법리가 그대로 적용되기는 어렵다고 생각된다.
38) 사실은 본건에서 간호사의 제출이 병원이나 의사의 의사에 합치하는지도 의문이다. 신이철, 앞의 논문, 21면도 같은 취지.
39) 김혁돈, 앞의 논문, 146면. 간호사를 적법한 소지인으로 보더라도 여기서부터 문제가 된다.

는데, 여기에서도 제출권한에 대한 판단은 전혀 없다. 위 두 판례에서 대법원은 공통적으로 '특별한 절차적 제한(소유자의 동의 등을 의미하는 것으로 보인다)이 없으므로 특별한 사정(사생활 비밀 기타 인격적 법익 침해 등을 의미하는 것으로 보인다)이 없는 한 임의제출이 적법하다'는 논리를 펴고 있다. 제출권한 유무로 임의제출을 제한하지 않는 대신 '함부로 제출할 수 없는 특별한 사정'을 해석상 추출해 냄으로써 결과의 부당성을 보완하려는 취지인 듯 하다. 그런데 대법원은 세관공무원이 통관검사를 위하여 직무상 보관하는 우편물을 수사기관에 임의로 제출한 사안에서는 위와 같은 특별한 사정이 없을 것을 요구하지 않았다[40]. 그 이유에 대해 통관 검사절차 자체가 관련자의 사생활 비밀 기타 인격적 법익에 대한 어느 정도의 제약을 전제로 하고 있다는 점과 금제품을 밀수입하려는 자에게는 프라이버시권에 대한 정당한 기대를 주장할 적격이 인정되지 않는다는 점 등을 고려한 것이라는 평가가 있다[41]. 아무리 중한 범죄를 저지른 자라 하더라도 프라이버시권에 대한 정당한 기대를 주장할 적격이 인정되어야 한다는 점에서 두 번째 이유에는 동의하기 어려우나, 첫 번째 이유는 적절하다고 생각된다.

위 두 판례의 논지대로라 하더라도 적법한 권리자의 동의 없이 수사기관에 제출해 버리는 것이 사생활 비밀 기타 인격적 법익 침해가 아니고 무엇이겠는가? 이 보다 더 직접적이고도 중대한 침해가 어디 있겠는가? 더 나아가 그와 같은 특별한 사정만 없다면 사인의 재산권을 함부로 침해해도 되는가? 이런 법익 침해를 피하거나 최소화하려고 만든 것이 영장주의이고, 그 예외에 대하여는 엄격한 요건을 규정하고 있다는 점을 고려하면 위 두 판례의 논지는 수긍하기 어렵다[42].

Ⅲ. 제출의 임의성

1. 임의성 일반론

임의제출이라고 인정되기 위해서는 외관만으로는 부족하고 실질적으로 '임의로운' 제출이어야 할 것이다. 임의성 여부는 제출자의 나이, 지능, 교육정도, 제출 당시의 상황(예컨대 체포된

---

40) 대법원 2013. 9. 26. 선고 2013도7718 판결.
41) 신이철, 앞의 논문, 92면.
42) 사실 간호사 판례 사안은 긴급성이 인정되므로 무영장 긴급 압수·수색 제도를 신설하여 해결하여야 할 사안이고, 교도관 판례 사안은 긴급성이 인정되지 않으므로 법원으로부터 압수영장을 발부받아 압수하면 족한 사안이다. 김혁돈, 앞의 논문, 147면 참조.

상태인지, 범죄혐의를 받고 있는 상태인지, 변호인 등의 조력을 받는 상태인지, 심사숙고할 시간적 장소적 여유가 있었는지) 등을 종합적으로 고려하여 판단하여야 할 것임이 너무나 당연하다[43]. 수사기관이 제출을 권고하여 임의제출 받는 경우에는 임의성이 인정될 수 없다는 견해도 있으나[44], 권고가 있었다고 하더라도 단정적으로 임의성을 부정할 것은 아니고 구체적 상황을 종합하여 임의성 유무를 더 엄격하게 판단하면 될 것으로 생각된다[45]. 이러한 경우 뒤에서 살펴볼 거절권의 인식 요부, 더 나아가 거절권 고지 요부가 문제된다. 체포·구속되어 있는 피의자(체포·구속되는 과정에 있는, 또는 될 가능성이 높은 피의자 포함)의 임의제출의 경우에는 임의성에 대한 더 면밀하고도 엄격한 검토가 필요할 것이고, 그러한 상태에서의 수사기관의 권고에 의한 임의제출이라면 더더욱 그러할 것이다.

체포·구속현장에서 수사기관이 형사소송법 제216조 제1항 제2호에 의한 무영장 압수를 하지 않고 임의제출 형식으로 압수하는 경우가 많은데, 이것이 허용되는지 또는 바람직한지가 문제된다. 학설은 대체로 그러한 경우에도 임의제출을 허용하되 임의성 여부를 좀 더 면밀히 살펴보고 엄격하게 심사하여야 한다는 입장이다[46]. 그런데 이와 관련하여 의미 있는 하급심 판례가 있다. 의정부법원은 2개의 항소심 판결에서[47] '이러한 경우 임의성을 인정하기 어려우므로 원칙적으로 체포현장 무영장 압수에 준하여 사후영장이 필요하고[48], 설혹 임의제출을 주장하려면 임의성을 검사가 매우 엄격하게 입증하여야 하는데, 사안의 경우 그에 대한 충분한 입증이 부족하다'는 취지로 각 임의제출물의 증거능력을 부정하였다. 위 2

---

43) 조국, 앞의 논문, 773면 참조.
44) 배종대/이상돈/정승환/이주원, 형사소송법(제2판), 홍문사, 2016, 199면. 그런데 배종대/홍영기, 형사소송법(제2판), 홍문사, 2020, 125면에는 수사기관이 '명령'하여 제출받는 경우에는 임의제출이 될 수 없다고 기술하고 있는 바, 수사기관이 '요구'한 경우에는 임의성을 인정할 수 있다는 취지인지 의문이다.
45) 신이철, 앞의 논문, 96면.
46) 앞의 주석 형사소송법(Ⅱ), 481면.
47) 의정부지방법원 2019. 8. 22. 선고 2018노2757 판결, 의정부지방법원 2019. 10. 31. 선고 2018노3609 판결. 모두 피고인이 휴대폰으로 불법 촬영하는 것을 목격한 경찰관이 현장에서 현행범인으로 체포하면서 휴대폰을 임의제출 받은 사안이다.
48) 위 각 사안에서 경찰관이 현행범인이라고 판단한 근거가 문제되는데, 경찰관이 피고인으로부터 휴대폰을 임의제출 받은 후 피고인을 추궁하여 무음촬영 앱의 비밀번호를 알아내고 이로써 앱을 열어 불법촬영 영상을 확인하고 현행범 체포절차를 밟았으므로 비밀번호를 알아내는 과정 자체가 진술거부권 고지 등을 위반한 불법이라 할 수 있다. 이에 대하여는 그 전에 이미 경찰관이 피고인의 불법촬영 행위를 목격하였기 때문에 이에 근거하여 현행범체포 한 것이라고 할 수 있으므로 결국 현행범체포 자체가 위법은 아니라고 보면서 현행범체포 이전에 휴대폰을 임의제출 받은 것은 체포현장 무영장 압수에 해당할 수가 없기 때문에 제216조 제1항 제2호는 처음부터 논외라고 평가하는 견해도 있다. 송관호, "불법촬영 현장에서의 휴대폰 임의제출의 법적 평가", 인권과 정의 제490호, 대한변호사협회, 2020. 61면. 다만 이 글의 논지와는 직접 관련이 없기 때문에 더 깊은 논의는 피하기로 한다.

개의 판결 모두 상고심에서는 '임의제출한 것으로 인정되므로 증거능력이 인정된다'는 취지로 파기되었다[49]. 위 2개의 항소심 판결에 대하여 제218조를 영장주의 원칙에 부합하게 해석하려고 노력한 점은 긍정적으로 평가하지만 법 조문의 문언의 한계를 넘는 위법한 해석이라는 평가가 있다[50]. 저자도 이에 동의한다. 체포현장 상황임을 고려하더라도 인권침해의 위험성과 소송경제를 비교형량할 때(인적 강제처분이 아니라 물적 강제처분이라는 점도 중요한 고려사항이 될 것이다) 위 항소심 판결의 취지가 이상적이기는 하지만, 임의제출도 가능한 상황으로서 영장주의를 너무 경직되게 고집할 필요는 없지 않을까 생각된다.

기망에 의한 임의제출, 예컨대 영장을 가져왔다고 속인 후 임의제출 받는다거나 압수 목적을 기망하여(예컨대 범죄현장 혈흔과의 대조 목적임에도 음주운전 확인용이라고 기망하는 경우) 임의제출 받았다면 임의성이 부정될 것이다[51]. 임의제출 하지 않으면 영장을 발부받아 압수하겠다는 경고에 의한 임의제출은 어떨까? 실제 영장을 받아올 계획이었고 영장 발부가 가능한 상황이었다면 임의성이 인정된다는 견해도 있다[52]. 그러나 영장 발부가 가능했다는 것은 수사기관의 사정이지 상대방의 임의성 여부와는 직접 관련이 없다. 상대방이 받는 심리적 압박은 영장 발부가 가능했든지 가능하지 않았든지 동일하기 때문에 임의성 여부의 판단에는 기준이 될 수 없다. 따라서 그러한 상황에서의 상대방의 제출은 '임의'가 아니라 '수사기관의 압박'에 의한 제출이라고 보아야 할 것이다. '영장을 받아올 때까지 기다리겠느냐 아니면 지금 임의제출 하겠느냐'는 식의 위협 또는 선택 강요도 임의성을 훼손함은 물론이다[53].

수사기관의 권고에 의한 임의제출의 경우에는 구체적 상황을 종합하여 임의성 유무를 더 면밀하게 판단하여야 한다는 점은 앞에서도 설명한 바와 같다. 특히 체포·구속 상태에서의 임의제출이나 수사기관이 불법 압수 후 반환하였다가 다시 임의제출 받는 경우라면 더더욱 그러할 것이다[54].

---

49) 대법원 2019. 11. 14. 선고 2019도13290 판결, 대법원 2020. 4. 9. 선고 2019도17142 판결.
50) 신상현, 앞의 논문, 274면.
51) 조국, 앞의 논문, 773면. 미국 연방대법원도 그와 같은 수색 동의를 무효로 보았다는 취지로는 최창호, 앞의 논문, 293면.
52) 최창호, 앞의 논문, 294면.
53) 최창호, 앞의 논문, 296면.
54) 그러한 경우 수사기관의 우월적 지위에 의하여 임의로 제출된 것이라고 볼 수 없는 경우도 있을 수 있다는 대법원 2018. 3. 10. 선고 2013도11233 판결 참조.

2. 제출자에게 거절권 존재의 인식이 필요한지

제출자가 거절권이 있는 줄 알면서 제출하여야 임의성이 인정될까? 이 역시 수사기관의 권고에 의한 임의제출의 경우에 문제될 것이다. 미국에서는 종래 거절권이 있다는 것을 알고 수색에 동의하여야 유효하다고 보았으나, 1973년 연방대법원이 태도를 바꾸어[55] 거절권의 존재를 모른 채 동의하여도 임의적이기만 하면 유효하다고 판시하였다[56]. 그러나 독일에서는 임의성이 인정되기 위해서는 제출할 의무가 없다는 사실, 즉 거절권이 있는 줄을 알고 있어야 한다는 것이 일반적인 견해라고 한다[57].

우리나라에서도 제출이 임의적이기만 하면 족하고 거절권의 존재를 몰라도 된다는 견해가 있다[58]. 거절권의 존재를 알아야 한다고 하려면 입증의 어려움 때문에 수사기관에 고지의무 있다고 하여야 하는데, 압수의 긴급성, 고지했다는 사실의 입증의 곤란 등이 문제된다는 점을 그 근거로 하고 있다. 그러나 거절권의 존재를 모르면서 한 동의를 '임의적'이라고 말할 수 있을까? 임의로운 의사결정이란 다른 선택이 가능하다는 것을 전제로 한 것이고, 다른 선택이 가능하다는 것은 가능한 다른 선택이 있다는 것을 아는 것을 전제로 한 것이다. 다른 선택이 가능하지 않다고 알면서 선택한 것을 임의로운 의사결정이라고 할 수는 없다. 따라서 거절권 존재의 인식은 수사기관의 권고에 의한 임의제출에서의 당연한 전제일 것이다. 다만 이때의 인식은 잠재적 인식이면 족하고 거절하였을 경우에 대한 구체적 인식이나 검토까지 요하는 것은 아니며, 의사결정이 위 구체적 인식이나 검토의 결과이어야 하는 것은 더욱 아니다.

이러한 시각에서 위 간호사 판례를 다시 살펴보면 간호사의 혈액 제출에 임의성이 인정되는지도 심히 의문이다. 우리나라의 현실에서 경찰관이 별다른 설명 없이 '수사에 필요하니 제출해 달라'고 요구하는데 제출을 거절, 아니 거절을 고려라도 해 볼 간호사가 얼마나 있을까? 만일 거절하면 어떤 형태로든지 불이익이 있으리라고 짐작하는 것이 오히려 일반적이지 않을까? 이런 상황에서 경찰관이 병원측을 통하지도 않고 곧바로 간호사에게 제출을 요구하여 제출받은 경우 다른 특별한 사정이 없는 한 임의성이 인정되기 어렵다고 생각

---

55) Schneckloth v. Bustamonte, 412 U.S. 218(1973).
56) 최창호, 앞의 논문, 290면; 신상현, 앞의 논문, 281면.
57) 신상현, 앞의 논문, 281면.
58) 안성수, 앞의 논문, 325면.

된다[59].

3. 수사기관에게 거절권 고지의무가 있는지

거절권 인식 필요설에 따른다면 더 나아가 수사기관이 거절권을 고지하여야 하는지의 문제로 발전한다. 고지의무를 긍정하는 견해[60]는 임의성 확보의 효율성을 근거로 하며, 일부 견해는 동행요구와 관련된 경찰관직무집행법 제3조 소정의 고지규정을 동의에 의한 수색 등에 준용(또는 유추적용)하여야 한다고 주장한다[61]. 고지의무를 부정하는 견해[62]는 고지 요구가 압수 등의 신속성을 저해한다는 점, 체포·구속 전의 미란다고지와 비교할 때 강압적 분위기가 그보다는 적다는 점, 진술증거와 비교할 때 물적 증거에서는 임의성 판단이 상대적으로 완화된다는 점 등을 근거로 든다[63]. 수사기관의 거절권 고지가 상대방에게는 '임의제출을 거부하면 어차피 다른 방법으로 수사할 것'이라는 경고로 들릴 소지도 있다는 점을 부정설의 논거로 들기도 하나[64], 이는 거절권 고지 방법의 문제이지 고지의무를 인정할 것인지의 문제는 아니라고 생각된다.

수사기관이 제출을 권고하는 경우 임의성 확보를 위해서라면 거절권도 함께 고지하게 하는 것이 이상적이라는 점에는 이견이 없을 것이다. 다만 법규에 명문규정이 없는 거절권을 해석으로 도출하였듯이 거절권 고지도 해석으로 도출할 수 있는지, 반드시 도출해야 할 만큼 거절권 고지가 꼭 필요한지는 의문이다. 진술거부권이 있는 경우에도 피의자·피고인에게는 명문규정(형사소송법 제244조의3, 제283조의2)에 따라 반드시 고지하여야 하지만, 참고인에게는 명문규정이 없고 고지의무도 인정되지 않는다는 점에 다툼이 없다. 이런 점에 비추어보면 권리가 있다고 하더라도 이를 국가기관이 상대방에게 고지하여야 하는지 여부는 어느 정도는

---

59) 김혁돈, 앞의 논문, 145면도 같은 취지.
60) 김혁돈, 앞의 논문, 146면; 최창호, 앞의 논문, 291면.
61) 신동운, 앞의 책, 134면; 조국, 앞의 논문, 776면.
62) 이순옥, "현행범인 체포 및 임의제출물 압수와 관련한 대법원의 태도에 대한 연구", 중앙법학 제18집 제4호, 중앙법학회, 2016, 353면; 최창호, 앞의 논문, 291면.
63) 미국 연방대법원이 구금상태에 있는 피의자가 거절권을 고지받지도 못한 채 수색에 동의하였다고 하더라도 유효하다고 추정된다고 판결한 점(U.S. v. Watson, 423 U.S. 411(1976))을 참고로 제시한 분도 있지만(최창호, 앞의 논문, 293면), 위 상태에서의 동의의 유효성(임의성을 의미하는 듯) 추정은 형사소송에도 민사소송에 준하는 입증책임 분배론을 적용한 영미법적 결론일 뿐이고, 민사소송과 달리 원칙적으로 소송법적 사실까지 모두 검사가 입증하여야 하는 대륙법에서는 임의성 여부도 궁극적으로는 검사가 입증하여야 한다.
64) 신상현, 앞의 논문, 288면.

입법에 의해 좌우된다고 할 것이다[65]. 명문규정이 없음에도 고지의무가 있다고 해석하는 것은 법조문의 문언의 한계를 넘는 위법한 해석이 될 수도 있다. 더 나아가 거절권을 고지하지 않았더라도 사정을 종합할 때 상대방이 거절권 있음을 알았다고 인정된다면 거절권 불고지가 별다른 문제를 야기하지도 않는다. 따라서 수사기관의 권고에 의한 임의제출의 경우 고지의무를 임의성 판단의 절대적 요건으로 볼 것은 아니고, 그 밖의 여러 사정들을 종합하여 거절할 수 있음을 알면서도 임의로운 의사결정에 따라 제출한 것인지 여부를 판단하였다면 이로써 족하다고 생각된다. 다만 거절권 고지 여부는 향후 검사가 입증하여야 할 임의성 판단에서 중요한 기준 중 하나가 될 것이므로, 수사기관으로서는 가급적 거절권을 고지하고 상대방으로부터 그러한 사실을 확인받아 두는 것이 바람직함은 물론이다.

Ⅳ. 그 밖의 문제들

1. 임의제출물 압수가 임의수사인지 강제수사인지

일반적인 압수가 강제력에 의한 점유의 취득, 즉 압류인 것과 달리[66] 임의제출물의 압수는 점유취득과정에 강제력이 동원되지 않기 때문에 임의수사인지 강제수사인지에 대해 견해 대립이 있다. 다수설은 점유취득과정에는 강제력이 동원되지 않지만, 일단 제출되고 나면 압수의 효과가 발생하여 제출자가 그 의사를 번복하더라도 반환되지 않는 강제력이 부여되기 때문에 강제수사라고 보고 있다[67][68]. 이에 반하여 임의수사 여부는 처분 당시 자유의사에 의한 동의 유무를 기준으로 판단하여야 하므로 임의제출물의 압수는 임의수사지만 압수에 관한 절차 규정을 적용하기 위하여 압수의 일종으로 처리하고 있을 뿐이고, 제출 이후 돌려받지 못한다는 점도 제출자의 자유의사에 의한 수인이므로 임의수사라는 점과 충돌하지 않는다는 주장도 있다[69].

---

[65] 진술거부권이 있어도 이를 고지받을 권리가 인정되기 위해서는 입법적 뒷받침이 필요하다는 대법원 2014. 1. 16. 선고 2013도5441 판결 참조.
[66] 법원에는 제출명령에 의한 점유 취득도 인정되지만(제106조 제2항) 여기에서는 논외로 한다.
[67] 앞의 주석 형사소송법(Ⅱ), 478면; 신동운, 앞의 책, 435면; 이창현, 앞의 책, 491면; 허준, 앞의 논문, 62면 등.
[68] 동의에 의한 수색의 경우에는 동의를 번복하면 그 즉시 수색을 중단하고 영장 등 다른 권원을 확보하지 못하면 수색할 수 없다는 점과 비교된다(최창호, 앞의 논문, 309면 참조). 이는 압수와 수색의 특성상 차이에서 비롯된 것이라 할 수 있다. 결국 동의에 의한 수색은 임의수사라 할 것이다. 신동운, 같은 책, 240면 참조.
[69] 신상현, 앞의 논문, 273면. 배종대/홍영기, 앞의 책, 125면도 같은 취지.

사실 임의수사인지 강제수사인지를 놓고 다투는 핵심적인 이유는 강제수사인 경우에만 법원의 강제처분에 관한 규정[70]을 수사기관의 강제처분에 준용하는 제209조를 임의제출물의 압수에도 적용할 것인가 여부에 있는데[71], 임의제출물 압수를 임의수사로 보면서도 압수에 관한 절차규정을 적용한다는 점을 수용한다면 임의수사인지 강제수사인지를 구별할 실익이 별로 없게 된다. 굳이 그 밖의 구별 실익을 찾는다면 압수물의 환부·가환부 규정(제218조의2)이 당연히 적용되는지, 준항고(제417조) 규정이 적용되는지, 제129조에 언급되지 아니한 압수조서의 작성(제49조)과 압수목록의 교부(제129조) 규정[72]도 유추적용 되는지 정도일 것이다. 물론 임의제출물 압수를 임의수사로 보면서도 압수에 관한 절차규정 전부를 적용한다고 설명한다면 위 규정들의 적용(또는 유추적용)에도 전혀 문제가 없게 되겠지만, 그렇게 본다면 반대로 굳이 임의수사로 분류하는 실익이 무엇인지 의문이다.

2. 임의제출물 압수의 대상

일반적인 압수의 대상은 증거물 또는 몰수할 물건이다(형사소송법 제106조 제1항, 제209조). 그런데 임의제출물 압수의 대상도 증거물 또는 몰수할 물건에 한정될까? 임의제출물 압수의 대상은 증거물 또는 몰수할 물건에 한정되지 않는다는 견해가 일반적이다[73]. 그 이유를 밝히는 분이 별로 없어 저자로서는 '어차피 소지자의 임의로운 의사에 의한 제출이므로 증거물 또는 몰수할 물건으로 한정할 필요가 없다고 해석하는 것 아닐까?'라고 짐작하고 있을 뿐이다. "처음에는 불명하더라도 나중에 증거물로 판명될 수 있으므로 제한 없이 압수할 수 있도록 하는 것이 제도의 취지"라고 설명하는 분도 계신다[74]. 우선 임의제출물 압수도 결국 강제처분임을 감안하면 소지자의 임의로운 제출로 시작되었다고 하더라도 필요최소한의 원칙이 당연히 지켜져야 할 것인데[75], 증거물 또는 몰수할 물건이 아니면 압수할 필요가 없으므로 비록

---

[70] 이에는 제106조, 제107조 등이 포함되나, 법원의 임의제출물 압수 규정인 제108조는 포함되지 않는다(제209조). 임의제출물 압수를 강제수사로 본다면 제108조가 빠져있는 이유는 동일 취지의 규정(제218조)이 수사기관의 임의제출물 압수에도 별도로 존재하기 때문일 뿐이다.

[71] 허준, 앞의 논문, 62면.

[72] 사실은 법원의 압수에는 압수조서 규정이 있지만, 수사기관의 압수에는 위와 같은 규정이 없고 준용 규정도 없다. 그래도 수사기관은 제49조와 제129조를 유추적용 하여 압수시 압수조서를 작성해 왔다. 2020년 검사와 사법경찰관의 상호협력과 일반적 수사준칙에 관한 규정(흔히 '수사준칙'이라고 부른다)을 제정하면서 제40조에 '수사기관이 압수했을 때에는 압수조서와 압수목록을 작성하여야 한다'는 취지를 규정하였다.

[73] 앞의 주석 형사소송법(Ⅱ), 483면; 신동운, 앞의 책, 435면; 이창현, 앞의 책, 491면 등.

[74] 신이철, 앞의 논문, 81면.

[75] 사실 이 점은 임의수사인 동의 수색의 경우에도 마찬가지이다. 임의수사에도 정도의 차이가 있을 뿐 필요최소한의 원칙은 당연히 지켜져야 하기 때문이다. 따라서 범인이나 증거물 또는 몰수할 물건 발견 등 수사상 필요

상대방이 임의로 제출하더라도 압수하여서는 아니될 것이다. 더욱이 임의제출물 압수도 강제처분이므로 제106조 제1항, 제 209조가 당연히 적용되어야 한다. '나중에 증거물로 판명될 수 있으므로'라는 것은 이유가 될 수 없다. 일반 압수에서 '나중에 증거물로 판명될 수도 있다'는 것을 압수의 필요성이라 할 것인가? 따라서 임의제출물 압수도 증거물 또는 몰수할 물건에 한정되고 더 나아가 피의사건과의 관련성도 당연히 요구된다고 할 것이다.

3. 임의 '제출' 외에 동의에 의한 압수도 허용되는지

형사소송법 제108조와 제218조는 소지자의 임의제출에 대하여만 규정하고 있는데, 소지자의 동의 하에 수사기관이나 법원이 압수하는 것도 허용될 것인지가 문제된다. 임의로운 제출과 동의에 의한 압수가 실질에서 차이가 없다는 취지에서 이를 긍정하는 견해도 적지 않다[76]. 그러나 위 둘 사이에 실질적인 차이가 없을까? 만일 동의에 의한 압수가 허용된다고 한다면 묵시적 동의도 포함된다고 해석하게 될 가능성이 대단히 높다. 그런데 임의제출의 경우에는 설사 수사기관의 요구에 의한 제출이라 하더라도 소지자의 제출행위가 있으므로 제출행위 전에 거절할지 여부에 대한 고려의 기회가 있지만, 묵시적 동의에 의한 압수의 경우에는 사실상 그와 같은 기회가 거의 없게 된다. 따라서 일단 묵시적 동의에 의한 무영장 압수는 허용되지 않는다고 보아야 할 것이다[77].

다음으로 명시적 동의에 의한 압수는 어떨까? 명시와 묵시의 한계가 대단히 애매하다는 근본적인 문제점 외에도 해석상 어려움이 없지 않다. 명시적 동의에 의한 압수를 허용하려면 ① 형사소송법 제108조와 제218조가 임의로운 제출에 의한 무영장 압수를 규정하고 있으므로 동의에 의한 압수도 이에 포함된다고 해석하거나, ② 동의에 의한 압수에도 제108조나 제218조를 유추적용하거나, ③ 제108조나 제218조와 무관하게 동의에 의한 수색처럼 동의에 의한 압수도 임의처분으로서 허용된다고 해석하여야 할 것이다. ①방법은 '임의제출'의 문언의 한계를 넘는 것으로서 허용되지 않는 것으로 보인다. ③방법은 동의 수색이 허용되는 것과는 달리 동의에 의한 압수는 기본권 침해 우려가 훨씬 크기 때문에 임의제출보다 더 엄격한 요건 하에 허용되어야 할 것인데, 임의제출도 법 규정에 의해 허용될 뿐임에도

성이 없는 대상에 대하여는 상대방이 동의하더라도 수색해서는 아니될 것이다.
76) 안성수, 앞의 논문, 327면; 허준, 앞의 논문, 44면.
77) 조국, 앞의 논문, 775면도 같은 취지.

동의 압수가 명문규정 없이 해석에 의해 허용된다는 것은 제108조와 제218조의 입법취지에 반하는 것으로 보인다. 문제는 ②방법인데[78], 임의제출과 동의 압수가 본질에서 매우 비슷한 것은 사실이고, 동의 압수가 임의제출보다 기본권 침해의 우려가 좀 더 크기는 하지만 유추적용이 허용되지 않을 정도도 큰 차이가 있는 것 같지는 않다. 따라서 제108조와 제218조의 유추적용에 의하여 명시적 동의에 의한 무영장 압수는 허용된다고 판단된다. 다만 동의 압수의 기본권 침해 우려를 고려할 때 법원은 피고인측이 다투지 않더라도[79] 수사기관으로 하여금 거절권 고지, 동의서 작성 등의 방법으로 소지자가 거절권 있음을 알면서도 압수에 임의로 동의하였음을 명백히 입증하는 경우에만 증거능력이 인정되고 몰수 선고의 대상도 될 수 있다고 생각된다[80].

4. 권리자 보호 문제

제출권한 있는 자 또는 정당행위로 인정되는 경우의 임의제출만 허용한다고 보더라도 권리자가 따로 있거나 권리자가 수인인 경우(예컨대 공동소유인 경우, 소유자와 관리자가 다른 경우) 또는 누가 진정한 권리자인지가 다투어지고 있는 경우 등에서는 권리자 보호 문제가 여전히 남는다. 여기에서 문제되는 권리는 재산적 이익도 있고 프라이버시권(수사과정에 수사기관 또는 제3자에게 공개되지 아니할 권리 포함)도 있다. 기본적으로는 임의제출물 압수도 강제처분이므로 법원의 압수라면 항고(제403조 제2항) 또는 준항고(제416조 제1항 제2호)로 다툴 수 있고, 수사기관의 압수라면 준항고(제417조)로 다툴 수 있다. 그런데 이들 항고와 준항고는 압수가 이루어진 다음에야 제기할 수 있다. 소지자의 임의제출과정에 권리자가 항고 또는 준항고 한다고 하더라도 집행정지효도 없고 압수절차를 중단하지도 않을 것이다. 권리자가 압수물에 대하여 환부 또는 가환부를 신청하는 방법도 있지만(제133조, 제218조의2 제1항), 이 역시 압수절차가 진행된 후의 권리보호 방법이고 재산권만 보호될 뿐 프라이버시권은 보호되지 않는다는 문제점도 있다. 일반적인 압수의 경

---

78) 형법과 달리 형사소송법에서는 유추적용이 원칙적으로 허용된다.
79) 구성요건 해당사실 이외의 사실(소송법적 사실 포함)도 검사에게 입증책임이 있는 것은 맞지만 언제나 현실적으로 입증활동을 하여야 한다면 검사에게 무용하면서 과도한 부담을 지우는 것이 되기 때문에 피고인측이 문제를 삼거나 법원이 의문을 가지는 때에만 현실적인 입증이 요구된다는 '쟁점형성 책임론'이 주장되기도 한다(졸고, "형사소송에서 입증책임과 쟁점형성책임에 관한 실무적 고찰", 형사소송 이론과 실무 제9권 제2호, 한국형사소송법학회, 2017, 127면 이하 참조). 그러나 이에 의하더라도 압수의 경우 법원으로서는 당연히 임의성에 의문을 가져야 하므로 피고인측이 문제 삼지 않더라도 언제나 검사의 현실적 임의성 입증을 요구하여야 한다고 해석하여야 할 것이다.
80) 사실은 그와 같은 입증의 어려움을 고려한다면 수사기관의 입장에서는 특별한 사정이 없다면 동의 압수보다는 권유에 의하여 임의제출 하게 하는 방법을 택할 것으로 생각된다.

우에는 영장심사과정에 압수의 필요성과 정당성, 권리자 보호문제 등이 검토될 수 있지만, 임의제출물 압수의 경우에는 그러한 기회가 전혀 없기도 하다. 따라서 위 방법들 외에 임의제출과정에 이의를 제기하여 즉각적으로 임의제출 자체를 저지할 수 있는 방법이 필요하다. 만일 그러한 방법이 마련된다면 권리자가 더욱 실효성 있게 보호되고 압수절차가 더욱 신중해 질 것으로 예상된다.

권리자가 법원이나 수사기관에 소지자의 임의제출에 대한 이의를 신청한 경우 임의제출 절차를 일응 중단하여 압수의 효과를 유보해 놓고 이의가 정당한지를 따져보아 만일 정당하지 않다면 임의제출 절차를 계속 진행하고, 정당하다면 임의제출 하지 못하게 하는 것이 좋을 것이다. 이의신청은 임의제출 받는 수사기관이나 법원 또는 법관에게 하면 될 것이고 이의에 대한 판단은 수사기관 또는 법원·법관이 하면 될 것이다. 이의신청이 기각된 경우 항고 또는 준항고로 다투거나 압수물에 대하여 환부 또는 가환부를 신청할 수 있음은 물론이고, 이의신청한 자료는 수사 또는 재판기록에 첨부되어 향후 압수물의 증거능력 판단, 또는 압수물의 종국적 처분에 중요한 자료가 될 수 있을 것이다.

V. 나가며

임의제출물에 대하여 너무 쉽게 압수영장의 예외를 허용한 것은 인권의식이 약하던 시대의 유물이고, 현재의 시각으로 보면 입법론적으로 문제가 있다고 생각된다. 그런데 이에 대한 해석론과 판례가 제출권한을 요하지 않는다거나 증거물이나 몰수 대상물에 한정하지 않는다는 등 더더욱 인권적이지 못한 방향으로 가고 있어 더 큰 문제이다. 위 규정을 인권적으로 개정하여야 하고, 해석론과 판례 역시 인권적으로 변모되어야 할 것이다.

이 글에서 저자가 주장한 바를 요약하는 것으로 글을 맺으려 한다.
① 제108조와 제218조는 임의제출의 주체를 '소유자·소지자 또는 보관자'라고 규정하고 있지만 보관자, 소유자 개념은 굳이 별도로 규정할 필요 없으므로 '소지자'로 통일하면 족하다.
② 제108조와 제218조 소정의 임의제출은 제출권한 있는 소지자의 제출을 당연한 전제로 하고 있으며, 사인의 위법수집 증거 임의제출 또는 절도범인의 장물 임의제출의 경우

는 제108조 또는 제218조가 아닌 정당행위 논리로 정당화될 수 있을 뿐이다. '제출권한 있는 소지자' 논리의 당연한 전제로 적법한 소지자일 것도 함께 요구된다.

③ 특히 수사기관의 권고에 의한 임의제출의 경우 제출자가 거절권의 존재를 인식하면서 제출하여야 임의성이 인정될 수 있다.

④ 수사기관에게 거절권 고지 의무가 있다고 해석하기는 어렵지만, 거절권을 고지하지 않은 경우 검사가 제출자의 임의성을 입증하기가 쉽지 않을 것이므로 현실적으로는 거절권 고지가 바람직하다.

⑤ 임의제출물 압수를 강제수사로 보고 법원 강제처분 준용규정(제209조) 뿐만 아니라 압수물의 환부·가환부 규정(제218조의2), 준항고 규정(제417조), 압수조서의 작성 규정과 압수목록의 교부 규정(제49조, 제129조) 등이 모두 적용(또는 유추적용) 된다.

⑥ 특히 강제처분에서 강조되는 필요최소한의 원칙에 따라 임의제출물 압수의 대상도 증거물 또는 몰수할 물건으로 한정된다.

⑦ 묵시적 동의에 의한 무영장 압수는 허용될 수 없지만, 명시적 동의에 의한 무영장 압수는 엄격한 요건 하에 허용될 수 있고 검사는 소지자가 거절권 있음을 알면서 임의로 압수에 동의하였음을 명백히 입증하여야 한다.

⑧ 권리자 보호를 위하여 기존의 항고·준항고, 환부·가환부 신청 제도 외에 임의제출에 대한 별도의 이의신청 제도가 필요하다.

유류물 압수와 유기물 취거에 관한 영장주의적 통제 방안

I. 들어가며

우리 형사소송법은 압수를 포함한 강제처분에 대하여 영장주의 원칙을 취하고 있기 때문에 수사기관은 물론 법원도 압수를 함에 있어 원칙적으로 영장이 필요하다(형사소송법 제113조, 제215조). 그런데 제108조는 "소유자, 소지자 또는 보관자가 임의로 제출한 물건 또는 유류한 물건은 영장 없이 압수할 수 있다"고 규정하고 있고, 제218조는 "검사, 사법경찰관은 피의자 기타인의 유류한 물건이나 소유자, 소지자 또는 보관자가 임의로 제출한 물건을 영장 없이 압수할 수 있다"고 규정하고 있다. 이에 따라 유류물은 소유자 등이 임의제출한 물건과 마찬가지로 법원, 수사기관 공히 사전영장 없이 압수할 수 있고 사후영장도 요하지 않는다. 영장주의의 완전한 예외를 허용하고 있는 것이다. 형사소송법이 유류물에 대하여 쉽게 영장 없는 압수를 허용하고 있는 것은 아마도 현실적인 압수과정에 유류자 등 유류물에 대한 권리자와의 충돌이 적다는 점과 유류물 압수 사례의 대부분이 피의자가 유류한 증거물의 압수로서 즉시 압수의 필요성은 크고 피압수자 권리보호 필요성은 작기 때문(즉 기본권 침해 가능성이 낮기 때문)일 것이다.

그러나 누가 어떤 상황에서 유류하였는지에 따라서 유류자 등의 권리보호 문제가 발생할 수 있다. 근본적으로는 유류하였다는 사실이 영장도 없이 압수할 수 있는 근거가 될 수 있는지 의문이다. 예컨대 피의자가 장물을 유류한 경우라면 일단 압수하여 증거로 사용한 후 피해자 환부 등을 통해 정당한 권리자와의 충돌 없이 해결 가능하므로 영장 없는 압수에 큰 문제가 없겠지만. 피의자 아닌 자가 자신의 소유물을 유류한 경우에도 그것이 증거물이라는 이유만으로 사전영장은 물론 사후영장도 없는 압수의 대상이 되어야 하는 것이 당연할까? 물론 압수 후 유류자 기타 권리자가 환부, 가환부 신청을 통해 구제받을 수도 있겠지만, 그러한 구제방법이 있다고 하여 영장 없는 압수를 허용해도 된다고 단정할 수는 없다. 더 나아가 유류자 외에 유류물에 대한 정당한 권리자가 있는 경우라면 압수과정에 정당한 권리자 보호를 고려해야 하지 않을까? 예컨대 제3자가 관리하는 공간에 유류한 물건이라면 유류된 공간 관리자의 점유가 인정될 터인데 공간 관리자의 동의 없이도 영장 없는 압수가 허용될까? 등의 의문이 발생한다. 유류자 이외의 정당한 권리자 또는 유류된 공간 관리자의 권리에 대한 고려도 함께 검토되어야 할 것이다.

한편 유류물 아닌 유기물의 취거[1]에 대하여는 형사소송법에 아무런 규정이 없다. 유기물은 권리자가 소유권을 포기한 물건으로서 민법적으로는 무주물이므로 누구나 선점하여 소유권을 취득할 수 있는 것이 원칙이기 때문에(민법 제252조)[2] 법원이나 수사기관의 취거에 영장 등의 특별한 요건이나 절차를 요하지 않는다고 볼 여지도 있다. 그러나 수사기관 등의 유기물 취거는 유기자의 프라이버시권을 침해할 소지가 크다. 특히 유기자가 특정 공간에서 배출하는 쓰레기를 수사기관 등이 계속 반복적으로 수집하는 경우라면 중대한 프라이버시권 침해가 될 수 있다. 따라서 무주물 선점이라는 민법적 법리와는 달리 형사사법절차를 통한 법원 또는 수사기관의 유기물 취거에는 영장주의적 통제 기타 일정한 제한을 고려할 필요가 있다.

이러한 점들과 관련하여 지금까지는 주로 교통사고 등 범죄현장 유류물, 지문 등 흔적증거 또는 수사 목적의 쓰레기 수거 등에 대하여 부분적으로만 연구하였을 뿐 유류물 압수나 유기물 취거 전체를 조망한 연구는 별로 없었던 것으로 보인다. 이 글에서는 유류물 압수와 유기물 취거 전체를 살펴보면서, 특히 유류물에 대한 위 제108조와 제218조 규정 내용이 적절한지를 비판적으로 검토해 보고자 한다. 먼저 유류물의 개념과 유류물 압수에 관한 형사소송법 규정과 외국의 입법례를 살펴보고(Ⅱ), 유류물 압수에 대한 영장주의적 통제, 특히 유류물 압수에 임의제출물 압수에 관한 법리와 동일한 법리를 적용할 수 있는지를 검토하고(Ⅲ), 형사소송법에 전혀 규정이 없는 유기물에 대한 영장주의적 통제, 특히 유기물의 압수에 유류물의 압수에 관한 법리를 적용할 수 있는지를 검토한 후(Ⅳ) 저자 나름의 입법론을 제시하는 것으로(Ⅴ) 글을 맺으려 한다. 다만 현실적인 유류물 압수와 유기물 취거가 주로 수사기관에 의해 이루어질 뿐만 아니라 법률문제 역시 주로 수사기관의 유류물 압수와 유기물 취거에서 발생하기 때문에 이 글에서는 일응 수사기관의 유류물 압수와 유기물 취

---

[1] 유기물에 대하여도 '압수'라는 표현을 사용하는 경우가 많으나, 뒤에서 살펴볼 바와 같이 수사기관이 유기물을 획득하는 것은 임의수사이므로 압수라는 표현은 적절하지 않다(홍영기, "압수의 허용과 제한", 고려법학 제72호, 고려대학교 법학연구원, 2014, 392면). 따라서 이 글에서는 유기물 '취거'라고 표현하기로 한다.
[2] 물론 무주물이 동산이라는 전제가 필요하다(민법 제252조 참조). 압수·취거의 대상인 유류물·유기물도 당연히 동산임을 전제로 한다고 해석된다.

거를 중심으로 서술하면서 법원의 유류물 압수와 유기물 취거에 대하여는 필요한 부분에서 간략히 언급하기로 한다.

Ⅱ. 유류물의 개념과 유류물 압수에 관한 형사소송법 규정

1. 유류물의 개념

(1) 유류물, 유실물, 유기물

형사소송법 제108조와 제218조가 말하는 유류물의 개념부터 정리할 필요가 있다. 유류(遺留)란 사전(事典)적으로는 '남겨두는 것'을 의미한다. 여기에 범행현장 기타 특정장소에 일부러 숨겨둔 물건과 같이 의도적으로 '남겨둔 물건' 즉 협의의 유류물은 당연히 포함되겠지만, 유류자의 의사에 반하여 '남겨진 물건', 즉 유실물도 포함되는지가 문제된다. 피의자가 잊어버리고 범행현장에 남긴 물건, 피의자가 범행현장에 떨어트린 것을 알았지만 어떤 사정으로 회수가 곤란하여 남긴 물건 등이 유실물에 해당할 것이다.

"유류물은 유실물보다 넓은 개념으로서 잃어버리거나 남겨놓은 물건, 예컨대 승용차로 방호벽을 들이받은 살인사건에서 방호벽의 벽면에서 발견된 승용차의 파편 등도 포함된다"는 견해가 있다[3]. 명확하지는 않으나 유실물과 협의의 유류물을 모두 포함한다는 의미로 보인다. 협의의 유류물과 유실물은 소유권은 보유하면서 점유를 상실하였다는 점이 공통되고, 수사기관 등의 압수 필요성, 그 과정에 발생하는 권리자 보호 문제 등의 측면에서도 매우 비슷한 상황에 있다. 따라서 지금의 제108조와 제218조 규정이 적절한지 여부는 별론으로 하되, 위 규정들이 말하는 유류물에 협의의 유류물과 유실물이 모두 포함된다고 해석하는 것은 일응 적절하다고 생각된다. "유류물은 유실물보다 넓은 개념으로서 범죄현장에서 범죄 관련자(피의자, 피해자 등)로부터 유리된 일체의 유체물"이라는 견해도 있다[4]. 이 견해는 마치 '범죄현장에서 유리된 유체물'만을 유류물로 파악하는 듯 보인다. 그러나 현실적으로 범죄현장 아닌 공간에서도 유류물은 얼마든지 발생할 수 있고, 제108조와 제218조도 범죄현장

---

[3] 이창현, 형사소송법(제10판), 도서출판 정독, 2024, 492면. 대법원 2011. 5. 26. 선고 2011도1902 판결 참조.
[4] 신이철, "형사소송법 제218조의 유류물 또는 임의제출물의 압수에 대한 소고", 형사법의 신동향 통권 제67호, 대검찰청, 2020, 82면.

으로 제한하고 있지 있다. '범죄현장에서 유리된 유체물'은 유류물의 예에 해당할 뿐이고, 유류 공간을 범죄현장에 한정할 필요는 없다고 생각된다.

"유류물은 유실물보다 넓은 개념으로서 자기 의사에 반하여 점유를 이탈한 물건도 포함한다"는 견해도 있다[5]. 유류물을 유실물보다 넓은 개념으로 보아 협의의 유류물도 포함한다고 보는 점에는 동의한다. 그러나 의사에 반하여 점유를 이탈한 물건이 유실물인데, 유류물에 "의사에 반하여 점유를 이탈한 물건을 포함한다"고 표현한 것은 적절하지 못하다고 생각된다. 차라리 '유류물에는 협의의 유류물 뿐만 아니라 자기 의사에 반하여 점유를 이탈한 물건도 포함된다'고 설명하는 것이 더 적절할 것이다. "유류물은 점유자가 잊어버리고 간 물건 또는 (의도적으로) 남기고 그냥 간 물건을 의미하는데, 사실상의 점유의사가 부정될 수 있어야 유류물"이라는 견해도 있다[6]. 여기에서 '사실상의 점유의사가 부정될 수 있어야 한다'는 표현이 무슨 의미인지는 명확하지 않다. 민법 제192조 제1항은 "물건을 사실상 지배하는 자는 점유권이 있다"고 규정하고 있고 이에 근거하여 민법상 점유에는 점유설정 의사 외에 점유의사는 요하지 않는다고 보는 것이 민법학계의 일반적 견해인데[7], 형사소송법에서의 유류물 개념과 관련하여 민법상 점유와 다른 의미의 점유를 인정하는 것인지는 의문이다. 아래에서 설명할 일부 흔적증거를 제외하면 대부분의 유류물은 유류자가 점유하지 못하고 있는 것이지 점유할 의사가 없는 것은 아니다. 유류물은 아직 유류물에 대한 유류자의 소유권 등 권리가 존속하는 상태라는 점에서 유기물(遺棄物), 즉 권리자가 소유 의사를 포기한 물건과는 구별된다. 유류물인지 유기물인지가 애매한 사례에 대하여는 아래에서 따로 살펴보기로 한다.

(2) 흔적증거

지문이나 족적과 같이 범죄에 관련된 사람의 신체 등이 범죄현장 등의 물건(구조물 포함)에 접촉하면서 가하여진 압력에 의하여 생성된 증거를 '압력증거'라 하고, 범죄현장 등에 남겨진 혈흔이나 체모 등과 같이 사람의 신체에서 유리된 증거를 '인체시료증거'라 한다. 압력증거와 인체시료증거를 합하여 '흔적증거'라고 부르기도 한다[8]. 학자에 따라서는 교통사고 현장

---

[5] 주석 형사소송법(Ⅰ)(제6판), 한국사법행정학회, 2022, 853면.
[6] 신상현, "임의제출물 압수의 적법요건으로서의 임의성", 형사법의 신동향 통권 제67호, 대검찰청, 2020, 271면.
[7] 지원림, 민법총칙(제21판), 홍문사, 2024, 326면 등.
[8] 이성기, "수사기관의 범죄현장 증거물 수집에 관한 소송법적 논의", 형사법연구 제26권 제1호, 한국형사법학회, 2014, 216면, 218면.

에 유리된 기름 흔적이나 비산된 파편과 같은 것을 흔적증거에 포함시키기도 하는데[9], 이들은 위에서 말한 압력증거나 인체시료증거와는 확연한 차이가 있으므로 제3의 흔적증거라 할 수 있을 것이다. 기름 흔적이나 비산된 파편은 그 수집과정 등에서 일반적인 유류물과는 다르고 오히려 압력증거나 인체시료증거와 비슷한 측면이 있으므로 이 글에서는 흔적증거를 위 3가지 형태를 모두 포함하는 의미로 사용하기로 한다.

흔적증거 자체를 유체물이라 할 수 있을까? 유체물로 본다면 유류물이 되어 일응 압수가 가능할 것이고(실제로 그렇게 보는 견해도 있다[10]), 특히 범죄현장에 남겨진 체모나 사고현장에 비산된 파편 같은 것은 다른 흔적증거에 비하여 물체적 성격이 강하므로 유체물로 보아도 큰 문제가 없는 것도 사실이다. 그러나 체모나 파편도 일반적으로는 증거로서의 가치만 있지 재산적 가치가 전혀 없기 때문에 압수 등과 관련하여 피압수자의 재산적 권리 또는 환부 등의 문제를 남기지 않는다는 점에서(피압수자의 프라이버시권만 문제되므로 증거 사용 후 폐기하면 족할 것이다) 일반적인 압수와는 큰 차이가 있다[11]. 지문이나 혈흔, 기름 등의 흔적은 엄밀히 보면 매개물에 묻어있는 미량의 특정 물질이므로 물리적으로는 이들을 매개물과는 별개인 유체물이라고 볼 여지도 있다. 그러나 이들은 유체물이 통상적으로 가지는 사회적 의미(독립된 소유나 점유 또는 관리의 대상이 되는지, 보호할 재산적 가치가 있는지 등)를 갖지 못하며 매개물과 분리하는 것도 쉽지 않고, 굳이 분리하려고 하면 그 과정에 형상과 성질의 변경을 초래할 가능성이 커서 증거 본래의 목적에도 반하기 때문에, 흔적 물질 자체를 검증·감정한다기 보다는 흔적이 남겨진 매개물을 검증·감정한다는 것이 사회통념에 더 적합하다[12]. 흔적증거 전체로 보면 시료증거의 상태에 따라 머리카락과 같이 시료만 검증·감정되는 경우도 있겠지만, 타액이나 혈액의 경우와 같이 시료가 남겨진 매개물과 함께 검증·감정되는 경우도 있을 것이다. 따라서 규범적으로는 유체물이라 보기 어려울 것으로 생각된다.

결국 대부분의 흔적증거는 그 자체를 유류물로 다루는 것이 불가능하거나 부적절하고, 매개물의 일부로서 매개물과 함께 검증·감정의 대상이 된다고 보는 것이 적절할 것이다. 물론 매개물 자체에 대한 압수는 별론이다. 만일 매개물이 도로라면 도로의 일부를 압수하기는 쉽지 않겠지만, 굳이 하려면 흔적이 남아있는 부분을 다른 부분에서 물리적으로 분리

---

9) 신이철, 앞의 논문, 82면.
10) 조균석/이완규, 형사법통합연습, 박영사, 2012, 241면; 조균석/강수진, 형사법 사례형 해설(제4판), 2019. 407면.
11) 이들을 유류물이라 볼지 유기물이라 볼지에 대하여는 후술한다.
12) 이성기, 앞의 논문, 221면; 신이철, 앞의 논문, 84면, 85면.

시켜 압수할 수도 있을 듯하다. 대법원은 "지문 채취가 먼저 이루어진 이상 이후 매개물을 적법한 절차에 의하지 아니한 채 압수하였다고 하더라도 채취된 지문은 위법수집증거라고 할 수 없다"고 판시함으로써[13], 지문 채취를 매개물 압수와는 구별되는 별도의 증거수집으로 보았다. 그러나 위 판례는 매개물의 소유자가 피해자여서 동인의 추정적 승낙에 기초하여 지문을 채취한 것으로 평가될 수 있는 사안에 대한 판결일 뿐이다. 만일 그런 특별한 상황이 아니라면 매개물에 대한 권리자의 동의도 없고 사전영장도 없고 사후영장도 없는 상태에서의 지문 채취는($\binom{지문 채취를 검증으로 보든}{감정으로 보든}$) 중대한 프라이버시권 침해로서 위법하다고 평가되었을 것으로 생각된다[14].

2. 유류물 압수에 관한 형사소송법 규정과 외국의 입법례

(1) 형사소송법 규정

형사소송법 제108조와 제218조는 임의제출물과 유류물에 대한 법원과 수사기관의 영장 없는 압수를 거의 동일한 내용으로 규정하고 있는데, 차이라고는 ① 표제가 제108조는 '임의제출물 등에 대한 압수'이고 제218조는 '영장에 의하지 아니한 압수'이며, ② 제108조에서는 유류의 주체를 명시하지 않은 반면 제218조에서는 '피의자 기타인'이 유류의 주체라고 명시하고 있는 점[15] 뿐이다[16]. ①의 점과 관련하여 표제는 '임의제출물 등에 대한 압수'로 통일하는 것이 바람직해 보인다. 왜냐하면 임의제출물과 유류물에 대한 압수는 영장 없는 압수의 일례일 뿐 영장 없는 압수 자체 또는 이를 대표하는 것은 아니기 때문이다. ②의 점과 관련하여 제108조의 경우에도 제218조에 비추어 '피고인 또는 기타인'을 유류의 주체로 설시하는 것이 바람직해 보인다.

(2) 외국의 입법례

독일 형사소송법은 제94조 제1항 "증거방법으로서 심리에 중요할 수 있는 대상물은 유치

---

13) 대법원 2008. 10. 23. 선고 2008도7471 판결.
14) 뒤에서 살펴볼 바와 같이 혹 지문을 유체물로 본다고 하더라도 아직 피해자, 즉 매개물 소유자의 관리 공간 내에 남아있는 상태이므로, 피해자의 동의 없이는 제218조에 의한 영장 없는 압수가 허용되지 않는다 할 것이다.
15) 제108조는 유류물을 앞에 규정하고 임의제출물을 뒤에 규정한 반면 제218조는 순서가 반대라는 점도 차이라 할 수 있겠지만, 특별한 의미가 있다고는 생각되지 않는다.
16) 법원은 법정에서는 영장 없이도 압수할 수 있으므로 위 규정은 법정 외에서의 압수에만 적용된다는 점도 차이점이라 할 수 있다.

기타의 방법으로 보전하여야 한다", 제2항 "대상물을 개인이 보관하고 있는 경우 그가 임의로 제출하지 않는 때에는 압수하여야 한다"라고 규정할 뿐 유류물에 관한 규정은 없다. 다만 제98조 제1항은 "압수명령은 법원에 의해서만 가능하다. 다만 긴급을 요하는 경우에는 검사와 그 수사요원에 의해서도 가능하다"고 규정하고 있는데, 위 단서는 긴급성을 요하는 유류물 압수에도 활용될 수 있을 것으로 생각된다.

일본 형사소송법 제221조는 "검찰관, 검찰사무관 또는 사법경찰직원은 피의자 기타의 자가 유류한 물건 또는 소유자, 소지자 또는 보관자가 임의로 제출한 물건은 이를 영치할 수 있다"고 규정하고 있고, 제101조는 거의 동일한 내용으로 법원의 영치를 규정하고 있어 우리 형사소송법의 경우와 거의 동일하다고 할 수 있다. 미국의 경우 주로 동의에 의한 영장 없는 수색에 관하여 논의될 뿐[17] 유류물 압수에 대하여는 특별한 규정이나 논의가 없는 것으로 보인다. 판례에 의해 수색에 관한 영장주의의 예외로 인정되어 온 '긴급한 상황' 중 '즉각적인 증거인멸을 예방하기 위한 경우'[18]는 유류물 압수에도 활용될 수 있을 것으로 생각된다.

Ⅲ. 유류물 압수에 대한 영장주의적 통제

1. 유류물 압수의 본질이 임의처분인지 강제처분인지

먼저 유류물 압수의 본질이 임의처분인지 강제처분인지가 문제된다. 만일 강제처분으로 본다면 관련성(제106조 제1항, 제215조 제1항) 등 요건적 제한 외에도 원칙적으로 압수에 관한 절차적 제한, 즉 영장주의를 비롯하여 압수조서 작성, 압수목록 교부(제49조[19], 제129조), 환부 · 가환부(제133조, 제134조, 제218조의2), 항고 · 준항고(제403조, 제416조, 제417조) 등 규정이 엄격하게 적용되는 반면, 임의처분으로 본다면 그

---

17) 이에 관한 상세한 내용은 이 책 제1편 임의제출물의 압수에 관한 실무적 고찰 부분 참고.
18) '긴급한 상황'은 경찰관이 영장을 신청하고 발부를 기다려 압수 · 수색을 하기 곤란한 경우를 의미하는데, 증거인멸 우려 외에도 경찰관이나 공중을 위험에 처하게 할 위협이 있는 경우, 경찰관이 도망하는 피의자를 긴급하게 추격하고 있는 경우, 영장을 발부받기 전 피의자가 도망할 우려가 있는 경우 등이 이에 해당한다. 김태명, "미국법상 압수 · 수색의 법리와 우리나라에 대한 시사점", 법학논총 제27권 제3호, 국민대학교 법학연구소, 2015, 268면 이하; 손주영/김주석, "압수 · 수색 절차의 개선방안에 관한 연구", 대법원 사법정책연구원, 2016, 89면 참조.
19) 이는 법원의 압수조서 규정이고, 수사기관의 압수에는 위와 같은 규정이 없고 준용 규정도 없다. 그래도 수사기관은 제49조를 유추적용 하여 압수시 압수조서를 작성해 왔다. 2020년 검사와 사법경찰관의 상호협력과 일반적 수사준칙에 관한 규정(약칭 수사준칙)을 제정하면서 제40조에 수사기관이 압수했을 때에는 압수조서와 압수목록을 작성하여야 한다는 점을 규정하였다.

와 같은 요건적, 절차적 제한에서 비교적 자유롭기 때문이다.

임의처분인지 강제처분인지에 대한 논의는 유류물 압수 보다는 임의제출물 압수에서 더 활발하다. "임의처분인지 여부는 처분 당시 자유의사에 의한 동의 유무가 기준이므로 임의제출물 압수는 임의처분이고, 이후 돌려받지 못한다는 점도 제출자의 자유의사에 의한 수인이므로 별도의 문제가 없지만 압수에 관한 절차 규정을 적용하기 위하여 압수의 일종으로 처리하고 있을 뿐"이라는 견해가 있다[20]. 그러나 압수의 방법이 압류가 아니라 영치인 점이 일반 압수와 다르고, 긴급처분이 아닐 뿐 일단 제출된 물건은 국가의 관리 하에 놓이게 되어 제출자도 법정 절차에 따르지 않고는 환부를 요구할 수 없게 되기 때문에, 임의제출물 압수는 강제처분으로서 영장 없는 압수에 해당한다는 견해가 더 일반적이다[21]. 임의처분인지 여부를 판단하는 기준에서도 권리자의 동의 여부 못지않게 기본권 침해의 정도 역시 중요한 요소가 된다고 생각된다[22].

임의제출에 관한 위 법리 중 상당부분은 유류물 압수의 경우에도 적용될 수 있을 것이다. 제218조의 제목도 "영장에 의하지 아니한 압수"라고 되어 있고, 유류물이 압수되면 재산적 권리가 크게 제한될 뿐만 아니라 프라이버시권이 침해될 가능성도 커서 기본권 침해의 정도가 매우 중하다. 더욱이 아래에서 살펴볼 바와 같이 임의제출에는 압수에 대한 제출자의 동의가 포함되어 있지만 유류에는 압수에 대한 유류자의 동의가 포함되어 있지 않으며, 임의제출물 압수는 긴급처분이 아니지만 유류물 압수는 긴급처분일 가능성이 많기 때문에 유류물 압수에는 임의제출물 압수보다 강제처분적 요소가 더 많을 수 밖에 없다. 이러한 점들을 종합하면 유류물 압수는 획득과정에 피압수자와의 현실적인 마찰이 없을 뿐 강제처분의 일종임에 의문이 없다.

압수의 대상은 피의사건(또는 피고사건)과 관련성 있는 증거물 또는 몰수 대상물[23]이다(제106조

---

[20] 신상현, 앞의 논문, 273면.
[21] 신동운, 신형사소송법(제5판) 법문사 2014. 435면; 이창현, 앞의 책, 491면; 허준, "제3자 동의에 의한 디지털 증거 압수·수색의 한계", 비교형사법연구 제20권 제4호, 한국비교형사법학회, 2019, 62면 참조.
[22] 같은 취지로는 신동운, 앞의 책, 224면; 이창현, 앞의 책, 276면, 277면; 신양균/조기영, 형사소송법, 박영사, 2020. 94면 등.
[23] 몰수 대상물의 거의 대부분은 직접적이든 간접적이든 증거물이다. 대부분의 몰수 대상물이 범죄행위에 제공하였거나 제공하려고 한 물건, 범죄행위로 인하여 생겼거나 취득한 물건, 또는 그 대가로 취득한 물건이기 때문

제1항, 제219조). 유류물 압수의 대상도 '피의사건과 관련성 있는 증거물 또는 몰수 대상물'로 한정될까? 비한정설이 적지 않은 것으로 보인다[24]. "처음에는 관련성 여부가 불명하더라도 나중에 관련성 있는 증거물로 판명될 수 있으므로 일응 제한 없이 압수할 수 있도록 하는 것이 제도의 취지"라는 견해도 있다[25]. 그러나 앞에서 살핀 바와 같이 유류물 압수를 강제처분으로 본다면 제106조 제1항과 제219조가 당연히 적용되어야 할 것이다. 특히 강제처분에서 비례성(균형성, 최소침해, 적합성 포함) 원칙은 매우 중요하기 때문에(제199조 제1항 참조) 증거물이나 몰수 대상물이 아니어도 압수를 허용한다는 논리에는 찬성하기 어렵다. 임의제출물 압수에서는 제출자의 동의를 전제로 하므로 위 관련성 요건을 크게 강조하지 않아도 남용의 우려가 적지만, 유류자의 동의를 전제로 하지 아니하는 유류물 압수에서는 남용의 우려가 크기 때문에 관련성 요건이 매우 중요한 제한 조건이 된다고 보아야 할 것이다[26]. 만일 압수 당시로서는 관련성이 있을 가능성이 높다고 판단하였고 그 판단이 당시로서는 합리적이었다면, 비록 사후에 관련성 없다는 사실이 밝혀졌더라도 위 압수 자체는 위법이 아니다. 다만 그 후에도 압수 상태를 계속하는 것은 위법이기 때문에 즉시 환부하면 족할 것이다(제133조 제1항 참조).

2. 유류물에 임의제출물의 압수에 관한 법리를 그대로 적용할 수 있는지

제108조와 제218조는 유류물 압수를 임의제출물 압수와 동일한 법리로 규율하여 사전영장은 물론이고 사후영장도 면제하고 있다. 영장주의의 통제로부터 완전히 해방시켜준 것이다. "임의제출물 압수와 유류물 압수에 모두 영장을 요하지 않는 것은 상대방 의사에 반하는 처분이 아니어서 굳이 긴급성 요건을 상정할 필요가 없기 때문"이라고 설명하는 분도 있다[27]. "점유취득의 방법이 강제적이지 않으므로 영장을 요하지 않는다"는 견해[28] 역시 유류물 압수와 임의제출물 압수의 법리가 동일하다는 점을 전제로 하고 있다. 그러나 상대방 의사에 반하지 않는다거나 긴급성 요건을 상정할 필요가 없다는 설명은 임의제출물 압수에는 적절하지만 유류물 압수에는 적절하지 않다. 임의제출은 권리자의 권리포기 또는 압수

이다(형법 제48조 참조). 다만 압수의 필요성에서는 차이가 있다. 즉 동일한 증거물이 다수 있으면 그 중 몇 개만 압수하면 되지만, 동일한 몰수 대상물이 다수 있으면 모두 압수하여야 한다.
24) 주석 형사소송법(Ⅱ)(제6판), 한국사법행정학회, 2022, 483면; 신동운, 앞의 책, 435면; 이창현, 앞의 책, 492면 등.
25) 신이철, 앞의 논문, 81면.
26) 관련성은 필요성에 포함된다. 사실은 임의수사라 하더라도 강제수사에서 보다는 약하지만 비례성 원칙이 적용되어야 하기 때문에(제199조 제1항) 관련성 없는 수사활동은 허용되지 않는다고 하여야 할 것이다.
27) 신동운, 앞의 책, 435면. 신이철, 앞의 논문, 80면도 같은 취지.
28) 앞의 주석 형사소송법(Ⅱ), 478면.

에 대한 동의라고 해석할 수 있지만, 유류는 점유를 이탈한 것일 뿐 권리포기 또는 압수에 대한 동의라고 해석할 근거가 전혀 없다. 설혹 협의의 유류물이라 하더라도 '의도적으로 남겨둔 것'일 뿐 수사기관 등의 압수에 동의한다는 의미는 아니다. 또한 임의제출물 압수에는 긴급성 문제가 발생할 가능성이 낮지만 유류물 압수는 사정이 전혀 다르다. 유류 공간이 경찰서 같은 공공기관이라면 긴급성 문제가 발생하지 않겠지만, 그 밖의 일반적인 장소, 특히 범행현장, 공도 등의 경우라면 긴급성 문제가 발생할 가능성이 매우 높다.

점유취득의 방법이 강제적이지 않다는 점은 유류물 압수나 임의제출물 압수에 공통된 것이 맞다. 그러나 점유취득의 방법이 강제적이지 않다는 점이 영장주의 통제로부터의 해방을 허용할 조건은 아니다. '강제적이지 않다'는 것과 '상대방의 의사에 부합한다'는 것은 전혀 다른 문제이기 때문이다. 영장주의의 통제로부터의 해방을 허용해 주는 조건(체포, 구속의 사례에서 보듯이 여러 조건들 중 하나일 뿐 충분조건이 아니다)은 '의사 합치' 즉 '동의[29]'이지 '비강제적 방법'이 아니다. 유류물은 현재로서는 압수에 저항할 수 없는 상황이지 압수에 동의하는 상황도 아니고 동의라고 추정할 근거도 없다. 유류물은 발생 경우가 매우 다양하여 그 중에는 유류자에게 수사기관 등의 압수에 저항할 수 있는 정당한 이익이 인정되는 경우가 적지 않다. 그러함에도 유류물 압수 전체를 임의제출물 압수와 동일한 법리로 규율하여 영장주의의 통제로부터 해방시켜 준 현재의 법규정에는 중대한 문제가 있다고 생각된다.

3. 유류물 압수에 적용되어야 할 영장주의적 통제

유류물 압수 상황은 ① 유류자에게 압수에 대한 동의 여부의 확인이 가능한 경우(예컨대 유류자가 누구인지 알고 연락도 되는 경우)와 ② 동의 여부의 확인이 불가능하거나(예컨대 유류자가 누구인지 모르거나 연락이 되지 않는 경우) ③ 그러한 확인 자체가 무의미한 경우(예컨대 범죄현장의 흔적증거)로 구분할 수 있다. ②와 ③의 경우에는 영장 없는 압수 논리가 비교적 용이하지만 ①의 경우에는 영장 없는 압수 논리가 쉽지 않다. ②와 ③의 경우에도 기본권 침해와 관련한 여러 문제가 발생하기 때문에 영장 없는 압수를 허용하기 위해서는 임의제출물 압수와는 다른 적절한 조건이나 절차적 제한 등이 추가로 마련되어야 한다.

---

[29] 물론 동의 권한이 있는 자 기타 동의가 정당화되는 자에 의한 동의, 동의 의사의 진정성 등이 부수적 조건이 될 것이다.

영장주의는 강제처분은 원칙적으로 사전영장에 의하라는 것이므로 영장주의의 예외에는 사전영장을 면제해주되 사후영장을 요구하는 경우와 사전영장과 사후영장을 모두 면제해 주는 경우가 있다. 설혹 영장주의의 예외를 허용하더라도 가급적 사후영장은 요구하여야 하고, 사후영장 면제는 강제처분이지만 영장주의의 보호 밖에 두어도 기본권 침해나 남용 등의 우려가 거의 없는 경우에 더욱더 한정적으로만 허용되어야 할 것이다. 강제처분 자체에 비례성 원칙이 적용되므로 영장주의의 예외에 위 원칙이 더욱더 강력하게 요구됨은 당연하다. 사전영장을 면제해 주는 것은 대체로 강제처분의 필요성이 매우 크지만 영장을 발부받아 올 시간적 여유가 없는 긴급 상황에서 허용되고(예컨대 제216조 제1항 제2호, 제3항, 제217조 제1항 등), 사후영장마저 면제해 주는 것은 이미 법익침해가 완성된 이후서 사후영장이 특별한 의미가 없거나 다른 절차를 통해 통제가 가능한 경우(예컨대 제216조 제1항 제1호, 제217조 제1항 중 수색만 하고 압수를 하지 못한 경우), 권리 주체의 동의에 의한 법익침해의 경우(예컨대 제108조와 제218조 중 임의제출물 압수) 등에서 허용된다. 이를 유류물 압수와 관련하여 살펴보자.

소지자 등이 유류하였다는 사실 자체가 영장주의의 통제에서 해방시켜주는 근거가 될 수 있을까? 유류물을 함부로 취거하면 점유이탈물횡령죄라는 범죄가 성립할 정도로[30] 유류물에 대하여 법률이 강력하게 보호하고 있다는 점을 고려하면 유류했다는 사실만으로 영장주의의 통제에서 해방시켜 줄 수는 없음이 명백하다. 유류물 압수는 상대방의 동의에 의한 법익침해가 아니며 대부분의 경우 상대방이 알지 못하는 사이에 이루어지는 압수라는 점을 고려할 때 남용의 우려가 매우 크다. 유류물 압수절차에서 사전영장은 물론이고 사후영장마저 면제하는 것은 유류자(또는 권리자)에게 유류물에 대한 권리행사가 곤란한 사정이 있음을 수사기관이 악용하는 것과 마찬가지이다. 따라서 유류물이라고 하여 제108조, 제218조 규정처럼 사전영장은 물론이고 사후영장도 면제하는 것은 매우 잘못된 입법이다.

대부분의 유류물은 긴급히 압수하지 아니하면 압수가 어려워질 우려가 큰 상태이다. 또 유류자가 누구인지 모르는 경우도 많고 혹 누구인지 알더라도 그가 압수에 대해 동의하는지 등을 확인하기 어려운 경우도 많을 것이다. 현실적인 유류물 압수과정에 유류자 기타 정당한 권리자와의 마찰 우려도 거의 없고, 압수 후에 발생할 수 있는 유류자 등의 반환요구

---

30) 유실물은 물론이고 협의의 유류물이라 하더라도 소유권을 포기한 것이 아니기 때문에 소지자의 관리 영역을 벗어난 상태라 하더라도 제3자가 함부로 취거하면 점유이탈물횡령죄가 성립할 것이다.

등 주장은 사후영장 발부과정 또는 환부·가환부 절차를 통해 구제받을 수 있다. 유류물 압수에 사전영장을 면제해 주더라도 단기간 내에 사후영장 제도를 통한 사법적 통제가 가능하다. 이러한 점들을 종합하면 유류물에 대하여는 일응 영장 없는 압수를 허용하되 (피의사실과 관련성 있는 증거물 또는 몰수 대상물이라고 인정되어야 하고 비례성 원칙도 적용되어야 한다는 점은 압수의 당연한 전제가 될 것이다), 압수를 계속할 필요가 있다고 판단되는 경우에는 사후영장을 발부받도록 하는 것이 적절할 것이다[31)32)]. 이렇게 하는 것이 범행 중 또는 직후 범죄장소에서의 사전영장 없는 압수(제216조 제3항)와 긴급체포된 피의자가 소유·소지 또는 보관하는 물건에 대한 사전영장 없는 압수(제217조 제1항)를 허용하면서 압수를 계속하기 위해서는 단기간 내에 사후영장을 발부받도록 하는 것(제217조 제2항)과도 균형이 맞다고 생각된다[33)].

변사자의 소지품, 더 나아가 소지품인 정보저장매체에 저장된 정보도 유류물로서 영장 없는 압수의 대상이 될까? 변사자의 소지품은 별도의 영장이 있어야 압수할 수 있다는 유족들의 준항고에 대하여 서울북부지방법원은 "변사사건 수사에서 휴대전화 자체의 현존만으로는 변사자의 사망 경위, 자살 교사·방조 등 변사사건과의 관련성을 확인하기 어렵고, 휴대전화에 저장된 정보의 탐색 등을 통하여 내부 정보를 지득하는 과정을 수반할 수 밖에 없는 점, 유류물 압수에 관한 형사소송법 제218조 규정의 취지 등을 종합하여 볼 때, 피준항고인이 위 규정에 따라 이 사건 휴대전화 뿐만 아니라 이 사건 휴대전화에 저장된 정보를 탐색·취득할 수 있다고 할 것이다. 다만, 피준항고인은 이 사건 휴대전화에 대한 포렌식 등 일련의 절차를 통하여 변사사건의 수사와 관련된 정보만을 취득할 수 있다고 할 것이다"라고 결정하였다[34)]. 변사자의 소지품도 유기물이 아닌 유류물이며 그에 저장된 정보에도 유류

---

31) 물론 사후영장 전에 권리자로부터 압수 동의(결과적으로 임의제출 승인과 비슷할 듯)를 받을 수 있다면 사후영장 의무가 면제될 수 있을 것이다.
32) 이러한 점은 긴급압수에 관한 일반규정이 입법화 되어있지 아니한 현실에서 긴급한 압수의 필요성이 인정될 때 사후영장에 의한 통제를 전제로 사전영장 없는 압수를 허용하는 하나의 모델이 될 것이다. 긴급압수에 관하여는 조상제, "독립적 긴급 압수수색제도의 입법론적 연구", 형사법의 신동향 통권 제32호, 대검찰청, 2011, 183면 이하; 최진안, "독립적 긴급 압수수색제도의 도입가능성과 한계", 아주법학 제7권 제1호, 아주대학교 법학연구소, 2013, 109면 이하 등 참조.
33) 피의자가 유류한 유류물의 압수상황의 일부는 형사소송법 제216조 제3항이 규정하는 '범죄장소 무영장 압수' 상황과 중첩될 것으로 보이지만, 제216조 제3항에 따른다면 언제나 사후영장을 발부받아야 하므로 지금의 제218조처럼 유류물 압수에 사후영장도 요하지 않는 제도 하에서는 굳이 범죄장소 무영장 압수제도를 사용하지 않을 것이다. 다만 이 글의 논지처럼 향후 형사소송법 개정을 통해 유류물 압수에 대하여 사후영장을 발부받도록 변경된다면 수사기관이 두 제도 중 어느 하나를 선택적으로 활용할 것이다.
34) 서울북부지방법원 2020. 12. 9. 자 2020보7 결정.

물에 관한 법리가 적용되어야 한다는 점, 유류물의 압수에도 필요성과 관련성 요건(제106조 1항, 제219조)이 적용된다는 점 등을 잘 드러내고 있지만, 유류자가 피의자가 아님에도 유류물(더욱이 본건에서는 소유자가 사망하였기 때문에 결과적으로 유류물이 되었을 뿐이다)이라는 이유만으로 유류자 또는 그 권리 승계자인 유족의 의사에 반하여 사후영장도 요하지 않는 압수대상이 된다는 것이(궁극적으로는 그러한 취지의 제218조 규정이) 적절한지를 문제 삼는 것으로 보이는 유족들의 주장에 상당한 설득력이 있다고 생각된다.

유류자가 피의자 아닌 제3자인 경우에는 사전영장을 요한다고 보아야 하지 않을까? 그렇게 생각할 여지도 충분히 있다. 그러나 유류자가 피의자라면 유류물이 피의사건에 대한 중요 증거 또는 몰수 대상물일 가능성이 좀 더 높고 유류물에 대한 유류자의 권리 보호 필요성이 좀 더 낮을 것으로 기대되는 것은 맞지만, 유류자가 피의자 아닌 제3자라 하더라도 중요 증거 또는 몰수 대상물일 가능성이 더 낮거나 권리 보호의 필요성이 더 높을 것이라고 단정할 수는 없다. 더 결정적으로는 일반적인 압수의 경우에는 사전영장을 요하는지 사후영장만 요하는지에 따라 피압수자에 대한 기본권 침해의 정도에 크게 차이가 나겠지만, 유류물 압수의 경우에는(어차피 유류자가 압수 사실 자체를 모르고 있을 가능성이 크므로) 그러한 차이가 거의 없다. 따라서 유류자가 피의자 아닌 제3자인 경우에도 사전영장은 면제하고 사후영장만 요구하는 것이 적절할 것으로 생각된다.

유류자 외에 유류물에 대한 정당한 권리자가 있는 경우 압수과정에 권리자 보호도 고려하여야 할까? 예컨대 피의자가 장물을 유류한 경우, 참고인이 제3자 소유의 증거물을 유류한 경우 등이 이에 해당한다. 임의제출물 압수의 경우 대법원은 제출권한 없는 자의 임의제출도 적법하다는 입장이지만[35], 학설 중에는 이에 반대하는 견해가 많다[36]. 그러나 임의제출의 경우에는 제출자의 제출권한 유무 판단이 비교적 용이하지만, 유류물의 경우에는 그 판단이 어려운 경우가 많다. 더욱이 유류물 압수의 경우에는 긴급성이 요구되기 때문에 수사기관이 정당한 권리자를 찾아 고려할 시간적 여유가 없다. 특히 유류물이 장물이라면 일단 빨리 압수해 두는 것이 정당한 권리자에게 더 유리하다. 따라서 정당한 권리자 보호는 사후영장 발부과정 또는 환부·가환부 절차를 통해 고려하고, 유류물 압수과정에는 유류자 외

---

35) 대법원 2008. 5. 15. 선고 2008도1097 판결. 대법원 1999. 9. 3. 선고 98도968 판결도 표현방법만 좀 다를 뿐 결과적으로는 위 판결의 취지와 동일하다고 생각된다.
36) 신상현, 앞의 논문, 271면; 김혁돈, "영장 없는 압수·수색과 관련한 대법원의 태도에 대한 고찰", 법학논고 제50집, 경북대학교 법학연구원, 2015, 146면 등.

의 정당한 권리자 보호는 고려하지 않는 것이 적절할 것으로 생각된다.

　수사기관 기타 공공기관에 유류된 유류물의 압수도 일반적인 유류물 압수와 같을까? 그런 유류물이라면 긴급성이 인정되지 않기 때문에 그 압수에 사전영장이 요구된다고 생각할 여지도 있다. 그러나 이런 유류물도 권리자가 나타나 반환을 요구한다면 수사기관은 수사에서의 필요성에도 불구하고 환부 요구에 불응할 근거가 없다는 문제가 발생할 수도 있고(그러한 상황도 긴급성의 일종이라 할 수 있을 것이다), 사전영장 발부 전까지의 유류물 관리가 난처하거나 애매한 상황이 발생할 수도 있을 것이다[37]. 더욱이 앞에서도 언급한 바와 같이 유류물 압수의 경우에는 사전영장을 요하는지 사후영장만 요하는지에 따라 유류자에 대한 기본권 침해의 정도에 별 차이가 없다. 따라서 이런 경우에도 일반적인 유류물의 경우와 마찬가지로 사전영장 없는 압수를 허용하고, 압수를 계속할 필요가 있다면 사후영장을 발부받도록 하는 것이 적절할 것으로 생각된다.

　물론 유류물 중에는 권리자 보호의 필요성이 매우 적기 때문에 사후영장도 면제할만한 경우도 있을 수 있다. 피의자가 범죄현장 또는 도주현장에 의도적으로 유류한 범인 소유의 물건 또는 장물이 그러할 것이다. 범인 소유 물건의 경우 실체적 진실발견, 나아가 형사사법정의 실현이라는 공익이 영장주의에 의한 피고인의 권리보호의 필요성보다 훨씬 더 크고 사후적으로도 피고인의 환부 요구를 크게 우려하지 않아도 될 것이다. 장물의 경우에도 조속히 압수해 두어야 수사를 위해서도 좋고 나중에 피해자에게 환부하기에도 좋으므로 일응 영장주의 보호 밖에 두었다가 압수의 목적을 달성한 후 환부·가환부 등의 조치를 취하면 족할 것이다(제218조의2 제2항, 제3항). 그런데 유류자 등 권리자 보호의 필요성이 크기 때문에 영장주의가 적용되어야 하는 경우와 보호의 필요성이 작기 때문에 영장주의의 예외가 인정되어도 좋은 경우를 입법에서 명확하게 구분할 수 있을까? 그렇게 구분할 수만 된다면 사전영장만 면제할 것인지 사후영장도 면제할 것인지를 구분하여 입법할 수 있을 것이고, 수사기관에게도 매우 편리할 것이다. 그러나 위 구분은 그리 명확하지 않으며 만일 구분하여 입법한다면 오히려 오·남용될 우려가 더 클 것이고, 수사기관이나 법원의 편리성 요구가 위 오·남용 우려보다 더 크다고 평가하기는 어려울 것이다. 그렇다면 일응 모든 유류물 압수

---

[37] 유류물에 대한 영장 없는 압수제도가 지금까지 시행되고 있지만, 기본권 침해라고 문제된 일이 거의 없었다는 점도 고려될 수 있을 것이다.

에 사후영장을 요하는 것으로 규범화할 수 밖에 없을 것으로 생각된다[38].

　법원의 유류물 압수에도 사후영장이 필요할까? 수사기관과 달리 법원이 재판과정에 유류물을 압수하는 일이 흔하지 않다. 더욱이 공판정에서의 압수에는 영장을 요하지 아니하므로(제131조) 유류물 압수상황이 공판정 외에서 발생하는 경우만 고려하면 족하다. 공소제기 후에는 수사기관의 압수 등 강제처분을 인정하지 않는다는 판례의 취지[39] 등을 고려할 때 법원에 의한 긴급한 압수가 필요할 수도 있으므로 법원의 유류물 압수에도 통제가 필요할 수 있다. 다만 법원의 강제처분에는 사후영장 제도가 무의미하므로 결국 법원의 유류물 압수에 대하여는 지금과 마찬가지로 영장을 요하지 않는 것으로 둘 수 밖에 없을 것으로 생각된다.

4. 유류된 공간과 관련한 검토

　관공서나 공도에 유류된 경우와 같이 이를 압수하더라도 유류된 공간에 대한 관리자(또는 권리자)와의 충돌 문제가 발생하지 않는 경우도 있지만, 사적 공간에 유류되어 공간 관리자와의 충돌 문제가 발생할 수 있는 경우도 있다. 이러한 경우 공간 관리자의 의사에 반하여 압수할 수 있을까? 특히 기차나 버스 또는 음식점이나 다방과 같이 외부인의 출입이 일반적으로 허용된 장소에 유류된 유류물의 경우 더욱더 문제가 될 수 있을 것이다. 유류물에 대하여 공간 관리자가 점유를 취득하였다면 유류물을 압수함에 있어 유류자 뿐만 아니라 공간 관리자의 권리도 함께 고려하여야 할 것으로 생각된다. 지하철이나 버스에 유실물이 있는 경우 승무원이나 운전사가 현실적으로 발견하기 전에는 이에 대한 점유를 개시하였다고 할 수 없다는 판례[40]에 의할 때 그런 상태에서는 수사기관의 사전영장 없는 유류물 압수가 가능할 것이다. 그러나 당구장과 같은 곳에서는 관리자가 현실적인 점유를 개시하지 않더라도 유실물은 일응 그 관리자의 점유에 속한다는 판례[41]에 의할 때 타인의 주거는 물론이고 당구장이나 음식점, 다방 등에서는 이미 공간 관리자의 점유가 설정되었으므로 동인의 동의가 없으면 수사기관이 사전영장 없이는 유류물을 압수할 수 없다고 보아야 할 것이다. 다만 공간 관리자의 동의와 관련한 부분은 향후 학설과 판례에 맡겨두면 족하므로 굳이 별

---

38) 이는 마치 검증 내에 공도에서의 현장검증과 같이 기본권 침해 우려가 거의 없는 경우(임의처분)부터 신체에 대한 검증과 같이 기본권 침해 우려가 매우 큰 경우(강제처분)까지 다양한 스펙트럼이 포함되어 있지만, 입법적으로 구분할 기준이 적절하지 않기 때문에 일응 검증 전체를 강제수사로 규정한 것과 마찬가지 이치이다.
39) 대법원 2011. 4. 28. 선고 2009도10412 판결.
40) 대법원 1999. 11. 26. 선고 99도3963 판결, 대법원 1993. 3. 16. 선고 92도3170 판결.
41) 대법원 1988. 4. 25. 선고 88도409 판결.

도의 입법적 조치는 취하지 않아도 되지 않을까 생각된다.

Ⅳ. 유기물에 대한 검토

1. 유기물의 개념

유기물은 버린 물건, 즉 소유권을 포기한 물건이다. 우리 형사소송법은 유류물에 대하여만 규정할 뿐 유기물에 대하여는 전혀 규정하고 있지 않다. 버리기만 하면 모두 유기물이 될까?[42] 자신의 집 마당에 버린 물건도 유기물 취거의 대상이 될까?[43] 유기물을 민법이 말하는 무주물과 동일한 개념으로 보고 마당에 버린 물건도 소유권 포기의 의사가 표현되었으므로 무주물이 되어 수사기관이 영장 없이 취거할 수 있다고 볼 여지도 있다(민법 제252조 제1항 참조). 이에 반해 민법적 시각에서 검토하는 무주물 선점과 형사소송법적 시각에서 검토하는 유기물 취거 사이에는 상당한 차이가 있기 때문에 소유권 포기의 의사가 표현되었더라도 객체가 공개된 영역으로 옮겨져야 비로소 '유기물'이 된다고 보는 견해도 있다[44].

유기물은 소유자의 관점에서 소유권을 포기한다는 점을 표현한 말이고, 무주물은 물건의 관점에서 이제는 소유자가 없다는 점을 표현한 말이다. 유기물은 결국 무주물이 되지만, 모든 무주물이 유기물은 아니다. 야생동물처럼 유기 이외의 방법으로 무주물이 된 경우도 있기 때문이다. 민법상의 무주물 선점과 형사소송법상의 유기물 취거 사이에도 상당한 차이가 있다. 민법적으로는 소유권 귀속의 문제이므로[45] 소유권 포기의사만 표시되면 그 즉시, 누구라도, 그리고 그 곳이 어디이든 선점할 수 있다. 공간 관리자의 권리를 고려할 필요도 없다. 그러나 형사소송법적으로는 증거수집과 사용의 문제이므로 프라이버시권 보호가 매우 중요하다. 따라서 일응 소유권 포기의사가 표현되었더라도 유기자의 관리 영역 내에 있는 동안에는 수사기관이 취거할 수 없고, 이후 유기자의 관리 영역을 벗어나는 순간, 예컨대 쓰레기봉투에 담기는 등의 과정을 거쳐 집 밖으로 배출되는 순간 취거의 대상이 된다고

---

42) 피의자가 범죄현장에 버리고 간 물건도 유류물에 포함된다는 견해도 있지만(신상현, 앞의 논문, 271면), 유류물과 유기물은 아래에서 살펴볼 바와 같이 적용 법리가 다르므로 엄히 구별하여야 할 것이다.
43) 수사기관이 적법하게 마당에 들어온 상황을 전제로 한다.
44) 신이철, 앞의 논문, 86면 참조.
45) 이 때문에 무주물 선점은 주로 경제적 가치 있는 물건에 대하여 발생하지만, 유기물 취거는 주로 휴지 등 경제적 가치 없는 물건에 대하여 발생한다.

생각된다[46].

아직 이와 관련한 우리나라의 판례는 없는 듯하다. 일본 최고재판소는 강도살인 범인인 피의자가 범행 당시 입은 의복을 쓰레기 봉투에 담아 주거지 앞에 배출하였고, 피의자를 의심하고 있던 경찰관이 그 쓰레기 봉투를 수거하여 위 의복을 영치한 사건에서 "배출된 쓰레기는 피의자가 점유를 포기한 것으로서, 통상 그대로 쓰레기로 수집되어 타인에게 그 내용이 알려지지 않을 것이라는 기대가 있기는 하지만, 수사의 필요가 있는 경우에는 형사소송법 제221조에 따라 이것을 유류물로서 영치할 수 있다"고 판단한 바 있다[47]. 미국 연방대법원도 마약범죄로 피의자를 의심하고 있던 경찰관이 쓰레기 담당자에게 '피고인 집 앞에 배출된 쓰레기 봉투를 다른 쓰레기와 분리하여 수거해 달라'고 요청하는 방법으로 마약 관련 물건이 혼입된 피고인의 쓰레기를 수거한 사건에서 "쓰레기에 대하여도 주관적인 사생활 보호를 기대하는 것은 인정되지만 위 기대는 사회가 인정하기에 객관적으로 합리적이야 하는데, 본 사건에서의 사생활 보호의 기대는 사회가 객관적이고 합리적으로 인정할만한 것이 아니므로 수정헌법 제4조의 보호대상이 아니다. 그 쓰레기는 이미 사회 일원 누구라도 접근 가능하도록 길거리에 방치되어 있어 충분히 공공영역에 노출된 것이고, 더욱이 제3자가 운송해 가도록 하는 명백한 목적 하에 거리에 내다놓은 것이므로 쓰레기 담당자는 이 쓰레기를 처분할 수 있다"고 판단한 바 있다[48]. 뒤에서 살펴볼 바와 같이 유기물 취거가 임의수사이기는 하지만 임의수사에도 비례성 원칙이 적용되어야 한다는 점을 고려하면, 위 두 판례는 공통적으로 증거사용이 필요하다는 점과 사생활 보호 기대를 함께 고려하고 있지만, 위 필요성과 보호 기대를 이익형량 하여야 할 의무가 있고 충분한 이익형량과정을 거쳐 내린 결론이라는 점이 잘 드러나지 않는 아쉬움이 있는 것도 사실이다.

타인의 집 마당에 버린 물건과 같이 유기물이 유기자 아닌 제3자의 관리 공간 내에 있는 경우에는 어떨까? 집주인이 의식하든 하지 않든 일응 집주인의 점유가 되므로 아직은 유기물 취거의 대상이 아니고 집 밖으로 배출되는 순간 비로소 유기물 취거의 대상이 된다고 보아야 할 것이다. 공공건물 또는 다중 이용 건물에 버린 물건은 어떨까? 동사무소나 음식점

---

[46] 다만 이렇게 보면 결국 버려진 물건도 공개된 영역으로 옮겨져야 유기물이 된다는 견해와 결과에 있어 큰 차이가 없다.
[47] 일본 최고재판소 2008. 4. 15. 刑集 第62卷 第5号 1398頁(이정민, "쓰레기 집하장의 쓰레기에 대한 영장 없는 압수의 적법성 여부", 형사법의 신동향 통권 제55호, 대검찰청, 2017, 57면 이하에서 재인용)
[48] California v. Greenwood. 486 U.S. 35(1988)(이정민, 앞의 논문, 59면에서 재인용)

과 같이 공개성이 적은 공간이라면 위 타인의 집 마당에 버린 물건과 같을 것이고, 운동장이나 공원과 같이 공개성이 큰 공간이라면 버리는 순간 유기물 취거의 대상이라고 보아야 하지 않을까 생각된다.

유류물인지 유기물인지가 애매한 사례들도 있다. 제108조와 제218조에 의하면 유류물도 영장 없이 압수할 수 있기 때문에 유류물로 보든 유기물로 보든 차이가 없지만, 이 글의 논지와 같이 향후 유류물 압수에 사후영장을 요하는 것으로 개정된다면 원칙적으로 영장을 요하지 않는 유기물 취거와 사후영장을 요하는 유류물 압수 사이에는 큰 차이가 발생한다. 인체에서 우연히 분리된 체모의 경우 별도의 소유권 포기 의사가 없었다는 점을 강조하여 유류물이라 볼 여지도 있지만, 처음부터 소유의 인식 자체가 거의 없었으며 혹 체모 분리 사실을 안다고 하더라도 취거의사가 없을 것으로 추측되는 점, 증거로 사용되는 줄을 알게 된다면 즉시 회수에 나서겠지만(휴지를 무심코 버렸다가도 증거로 사용되는 줄을 알게 된다면 즉시 회수에 나설 것이다) 그렇다고 유류물이라고 하지는 않는다는 점 등을 고려하면 (혹 체모를 독립된 유체물로 본다고 하더라도) 유기물이라 보는 것이 적절할 것이다. 방호벽 벽면에서 발견된 승용차의 파편처럼 점유이탈 당시에는 소유권 포기의사가 없었지만(점유 이탈된다는 사실을 인지하지도 못하였을 것이다) 지금으로서는 소유의사가 없는 물건의 경우도 마찬가지이다. 유류물인지 유기물인지가 애매한 경우 권리보호가 조금 더 두터운 유류물로 보는 것이 좋다고 볼 여지도 있지만, 위 사례에서 보듯이 체모나 파편의 압수와 관련하여 프라이버시권 보호 외에 소유권 보호 문제가 발생할 여지는 거의 없다는 점을 고려하면 굳이 유류물로 볼 실익이 없을 것이다.

2. 유기물 취거에 유류물 압수에 관한 법리를 적용할 수 있는지

유기물과 유류물은 현실적인 관리자가 없다는 점에서 비슷하기도 하지만, 분명한 차이점도 있다. 유류물에서는 재산권 보호와 프라이버시권 보호가 모두 문제되지만, 유기물에서는 프라이버시권 보호만 문제될 뿐 재산권 보호는 문제되지 않는다. 유기물은 대부분 공개된 공간에 배출되므로 긴급성 문제는 유류물보다 오히려 더 커진다. 따라서 유기물 취거에 대하여는 사전영장과 사후영장 모두를 면제해 주기가 더 용이하다. "유기물은 프라이버시권이 소멸한 것은 아니지만 약해진 경우이므로 수사의 필요성과 비교형량 하여 후자가 더 크다면 영장 없이 압수할 수 있다"는 설명[49]도 같은 취지이다.

---

49) 이정민, 앞의 논문, 64면.

유기물 취거도 강제수사일까? 수사기관도 유기 공간 관리자의 관리 영역을 벗어나기를 기다려야 한다는 제한은 있지만, 유기물은 민법적으로 무주물이니[50] 그 이후에는 사인과 마찬가지로 선점의 방법으로 취거할 수 있는 것이 원칙이다. 따라서 유기물 취거는 임의수사로 봄이 상당하다. 특히 지금의 제108조나 제218조 규정과 같이 점유자의 의사에 반하여 일시적으로 유류된 물건에 대하여도 영장 없이 압수할 수 있다고 본다면, 점유자의 의사에 의하여 영구적으로 유기된 물건에 대하여 임의수사로서의 취거가 당연히 허용된다고 볼 것이다. 예컨대 범인이 검거되기 직전에 증거물을 유류한 경우 영장 없이 압수할 수 있다면 이를 버린 경우 더욱 영장 없이 취거할 수 있다. 다만 앞에서도 언급한 바와 같이 임의수사에 대하여도 비례성 원칙이 적용되어야 함은 물론이다.

계속 반복적인 유기물 수집(이런 경우에는 '취거'보다 '수집'이라는 표현이 더 적절할 것으로 생각된다)의 경우에도 임의수사라고 보아야 할까? 계속 반복적 유기물 수집이 가져오는 기본권 침해의 우려를 비례성 원칙 등 임의수사의 내재적 한계라는 방법으로 통제하는 것이 적절할까? 일시적인 관찰·미행은 임의수사이지만 계속적인 관찰·미행은 기본권 침해의 정도를 고려할 때 강제수사로 보아 영장주의의 통제 범주에 넣어야 한다는 견해가 많은데[51], 이러한 법리는 유기물 취거에도 적용되어야 할 것으로 보인다. 따라서 계속 반복적인 유기물 수집은 프라이버시권 침해의 정도가 매우 크므로 강제수사로 보아 영장주의의 통제를 받아야할 것으로 생각된다. "쓰레기가 가진 정보량은 과학기술 발달에 따라 점점 증대하고 있으므로 그 소극적 가치, 즉 타인의 손에 들어가 악용되지 않을 이익이 보호되어야 한다"는 영장 필요설[52]도 같은 취지라고 판단된다. 대부분의 계속 반복적 유기물 수집에는 긴급성이 인정되기 어려울 것이므로 특별한 사정이 없다면 원칙적으로 사전영장을 요한다고 보아야 할 것이다. 계속 반복적 유기물 수집의 경우에는 영장주의가 적용된다는 점을 법규화 하는 것은 어떨까? 이러한 취지 또는 좀 더 구체적인 기준 등을 법규화 하는 것은 기술적으로도 쉽지 않고 반대해석의 부작용[53]도 우려되는 것이 사실이다. 따라서 이 문제는 지금과 같이 일응 학설과 판례의 전개에 맡기는 것이 더 적절하다고 생각된다. 물론 수사기관의 내부지침 등에서는 그 취지와 좀 더 구체

---

50) 유기물을 무주물보다 좁게 보는 견해에 의하더라도 유기물이 무주물임은 명백하다.
51) 단기간의 미행·잠복·탐문은 임의수사라는 신양균/조기영, 앞의 책, 제95면; 오상지, "비밀수사의 법제화에 관한 연구", 경찰학 연구 제21권 제2호, 경찰대학, 2021, 16면, 17면 참조.
52) 이정민, 앞의 논문, 60면.
53) 예컨대 설정된 기준에 조금 못미치게 조절하여 영장주의를 회피하는 사례가 발생할 우려가 크다.

적인 기준을 설정할 수 있겠지만, 반대해석의 부작용을 늘 염두에 두고 있어야 할 것이다.

증거물 또는 몰수 대상물이 아니어도 유기물 취거가 허용될까? 유기물에 대한 계속 반복적 수집은 강제수사이므로 형사소송법 제106조, 제219조 뿐만 아니라 비례성 원칙이 강하게 적용되기 때문에(제199조) 증거물 또는 몰수 대상물이 아니면 압수가 허용되지 아니함에 의문이 없다. 일반적인 유기물 취거를 임의수사라고 보더라도 비례성 원칙이 당연히 적용되어야 하므로 증거물 또는 몰수 대상물(그러한 물건으로 볼 합리적 이유가 있는 경우 포함)이 아니라면 유기물에 대한 수사기관 등의 취거는 허용되지 않는다고 보아야 할 것이다.

3. 관련 판례 검토

대법원 2010. 9. 9. 선고 2008도3990 판결

원심은 피고인들 사이의 이 사건 간통 범행을 고소한 피고인1의 남편인 공소외인이 피고인1의 주거에 침입하여 수집한 후 수사기관에 제출한 혈흔이 묻은 휴지들 및 침대시트를 목적물로 하여 이루어진 감정의뢰 회보에 대하여, 다음과 같은 이유로 위 감정의뢰회보의 증거능력을 인정하고, 공소사실을 유죄로 인정하였다. 즉, 공소외인이 피고인1의 주거에 침입한 시점은 피고인1이 그 주거에서의 실제상 거주를 종료한 이후이고, 위 감정의뢰 회보는 피고인들에 대한 형사소추를 위하여 반드시 필요한 증거라 할 것이므로 공익의 실현을 위해서 위 감정의뢰 회보를 증거로 제출하는 것이 허용되어야 한다. 이로 말미암아 피고인1의 주거의 자유나 사생활의 비밀이 일정 정도 침해되는 결과를 초래한다 하더라도 이는 피고인1이 수인하여야 할 기본권의 제한에 해당된다는 것이다. 앞서 본 (법원으로서는 효과적인 형사소추 및 형사소송에서의 진실발견이라는 공익과 개인의 인격적 이익 등의 보호이익을 비교형량하여 그 허용 여부를 결정하여야 한다는) 법리를 원심판결 이유에 비추어 보면 위와 같은 원심판단은 정당한 것으로 수긍이 가고, 거기에 상고이유에서 주장하는 바와 같은 법리오해의 위법이 없다.

여기에서 침대시트가 유류물이나 유기물이 아님은 명백하므로 휴지가 유류물인지 유기물인지를 살펴보기로 한다. 사용하고 방바닥에 버린 휴지는 일응 유기물이 되지만[54] 아직 피고인의 관리 범위 내에 존재할 뿐 공공의 영역에 나오지 않은 상태이기 때문에 수사기관의 영장 없는 취거는 허용되지 않는다. 물론 사인의 무주물 선점은 가능하지만, 본건에서 취거자인 공소외인은 사인이지만 소유권을 취득하기 위하여 선점한 것이 아니라 형사절차

---

54) 아직 피고인의 점유 범위 내에 있기 때문에 유류물로 보기는 어려울 것이다.

에서 증거로 사용하기 위하여 취거한 것이다. 따라서 그 위법 여부의 판단에 있어서는 무주물 선점이 아니라 수사기관의 유기물 취거의 법리를 적용하여야 할 것이다. 위 공소외인이 피고인의 법적인 남편이지만 본 건 당시 별거 상태였던 점, 위 주거는 피고인이 단독 관리하였던 점[55] 등을 고려하면 공소외인의 무단출입은 주거침입죄를 구성하고, 사용한 휴지가 경제적 이익은 없지만 그 공개로 인하여 피고인의 프라이버시권 등 인격적 이익이 심각하게 침해되는 점, 휴지가 유기되었지만 아직 공공의 영역에 나오지 않은 상태여서 수사기관도 취거할 수 없는 상황인 점 등을 고려하면 위 공소외인의 침대시트 취거 뿐만 아니라 본 건 휴지 취거도 중대한 위법이라 할 것이다. 결국 사인이 위법하게 수집한 증거로서 증거능력 문제가 된다.

대법원도 이러한 점을 인정하여 피고인의 침해된 프라이버시권 등 사익과 위 증거를 통해 이루려는 진실발견, 형사소추, 형사사법 정의 실현 등 공익의 비교형량을 강조한 것으로 보인다. 여기까지는 저자도 동의한다. 그러나 비교형량 결과 공익이 더 크다는 취지의 대법원의 결론에는 동의하기 어렵다. 사실상 이혼상태의 처의 주거에 시건장치를 해제하고 침입하여 개인의 은밀한 사생활을 침해하는 방법으로 휴지 등을 수집한 점에 비추어 위 공소외인의 위법의 정도와 침해된 피고인의 사익이 매우 큰 반면, 간통죄가 존치하던 시절의 가치 기준으로 본다고 하더라도 사실상 이혼하여 별거상태에 있는 배우자의 간통의 위법성과 이를 수사하여야 하는 공익의 크기는 그리 크지 않다. 따라서 본건과 같은 프라이버시권 침해는 피고인이 수인하여야 할 기본권 제한이라고 보기 어렵고, 위 취거물은 위법수집증거 배제 원칙에 따라 증거능력이 없다고 보아야 한다고 생각된다.

V. 나가며

앞에서 살펴본 바와 같이 형사소송법 제108조와 제218조가 법원과 수사기관의 유류물 압수에 대하여 임의제출물의 경우와 동일하게 사전영장은 물론 사후영장도 면제하고 있다. 그러나 유류물 압수는 피압수자의 동의를 전제로 하지 아니하는 점, 대체로 긴급성이 요구되는 점 등에서 임의제출물 압수와 큰 차이가 있다. 따라서 이러한 점을 전혀 고려하지 아

---

[55] 가족일지라도 공동생활에서 이탈한 후에 주거에 들어가면 침입이 된다는 견해가 일반적이다. 주석 형법각칙 (Ⅴ)(제5판), 한국사법행정학회, 2017, 144면 등.

니한 채 임의제출물 압수와 동일하게 취급하는 것은 입법론적으로 큰 문제이다. 이는 인권의식이 약하던 구시대의 유물일 뿐이다. 수사기관이 유류물을 압수하는 경우 영장주의의 예외에서 제외하여 영장주의의 통제를 받게 하되, 유류물의 특성을 고려하여 사전영장은 면제하고 일정 조건 하에 사후영장을 발부받도록 개정하는 것이 적절하다. 다만 법원에 대하여는 사후영장이라는 통제가 거의 무의미하므로 법원이 유류물을 압수하는 경우에는 지금과 같이 사후영장도 요하지 않는 것으로 두는 것이 적절하다.

한편 유기물에 대하여는 지금도 형사소송법에 아무런 규정이 없지만, 앞으로도 일응 명문규정을 두지 않고 학설과 판례, 수사기관의 내부 지침 등에 맡겨 유기자의 관리 영역 밖으로 나온 유기물에 대하여는 법원과 수사기관의 영장 없는 취거를 허용하는 것이 적절하다. 다만 계속 반복적인 유기물 수집은 기본권 침해의 정도가 중하여 강제처분에 해당한다고 평가되므로 이에 대하여는 영장주의의 통제를 받도록 하는 것이 적절하지만, 입법 기술적인 어려움이나 반대해석의 부작용 우려 등을 고려할 때 이를 법규화하는 것 보다는 학설과 판례의 전개에 맡기는 것이 좋을 것으로 생각된다. 이와 같은 논지에 기초하여 제108조, 제218조에 대한 개선안을 제시하는 것으로 이 글을 맺으려 한다.

제108조(임의제출물 등의 압수) ① 법원은 소지자가 임의로, 적법하게 제출한 물건을 영장 없이 압수할 수 있다.
② 피고인 또는 기타인이 유류한 물건은 영장 없이 압수할 수 있다.
제218조(임의제출물 등의 압수) ① 검사, 사법경찰관은 소지자가 임의로, 적법하게 제출한 물건을 영장 없이 압수할 수 있다.
② 피의자 또는 기타인이 유류한 물건은 영장 없이 압수할 수 있다. 다만 계속 압수할 필요가 있는 경우에는 지체 없이, 그리고 압수한 때로부터 48시간 이내에 압수영장을 청구하여야 하며, 압수영장을 발부받지 못한 때에는 압수한 물건을 즉시 반환하여야 한다.

2

제 2 편

기소와 불기소

피고인의 특정에 관한 실무적 고찰
형사절차상 공범 처벌의 공평성에 관한 소고
—고소 불가분의 원칙과 공소시효 정지효의 관점에서—
소멸시효 제도와 비교하여 검토해 본 공소시효 제도
이념 조화적 시각에서 재검토한 공소장일본주의의 공과와 개선방안
불기소처분의 주문 유형에 대한 실무적 고찰

피고인의 특정에 관한 실무적 고찰

Ⅰ. 들어가며

1. 피고인 특정의 의의와 중요성

　다른 재판의 경우도 그러하겠지만, 국가형벌권의 발동을 결정하는 형사재판에서는 특히 심판을 받는 물적 대상이 어떤 사건인지와 함께 인적 대상이 누구인지를 명백히 하여야 한다. 심판의 물적 대상은 물론이고 인적 대상도 불고불리의 원칙[1]에 따라 검사가 결정한다. 공소를 제기하면서 검사가 피고인이 누구인지를 명확하게 하는 것을 '피고인의 특정'이라 한다. 피고인[2]의 특정을 위하여 검사는 공소장에 죄명, 공소사실, 적용법조와 함께 "피고인의 성명 기타 피고인을 특정할 수 있는 사항"을 기재하여야 하며(형사소송법 제254조 제3항), 피고인의 주민등록번호, 직업, 주거 및 등록기준지(피고인이 법인인 경우에는 사무소 및 대표자의 성명과 주소도 함께)를 기재하여야 한다(형사소송규칙 제117조 제1항 제1호). 혹 피고인의 인적 사항이 명백하지 아니할 때에는[3] 공소장에 그와 같은 취지를 기재한 다음(규칙 제117조 제2항) 신체적 특징을 기재하거나 사진을 첨부하는 등의 방법으로라도 누가 피고인인지를 표시하여야 한다.

　검사가 공소장에서 피고인의 인적사항을 특정해 놓으면 이후에는 피고인이 누구인지의 문제가 발생하지 않을 확률이 99.9%이다. 예컨대 검사가 갑을 진범이라 생각하여 수사하고 기소하였다면 공소장의 피고인 란에 갑이라는 이름과 함께 갑의 주민등록번호, 주거 등이 기재되었을 것이고, 실제 법정에도 갑이 나오기 때문에 검사가 생각하는 기소 대상자(즉 당해 사건으로 형벌을 받아야 할 사람)와 공소장에 표시된 사람, 실제로 법정에 등장한 사람이 모두 일치한다.

---

1) 이는 민사소송에서의 처분권주의에 상응한다.
2) 피고인을 '형사소추를 당한 자 및 형사소추를 당한 자로 취급되는 자'라고 정의하는 분이 적지 않지만(신이철, "형사절차상 성명모용이 판명된 경우 검사와 법원의 조치", 외법논집 제33권 제2호, 한국외국어대학교 법학연구소, 2009, 475면; 지영환, "형사절차상 위장출석의 소송관계에 대한 소고", 형사정책연구 제21권 제2호, 한국형사정책연구원, 2010, 240면), '형사소추를 당한 자'를 피고인이라 정의하면서 '피고인으로 취급되는 자'도 피고인이라고 정의하는 것은 논리적으로 옳지 못하다. A=B, A'=B 라는 명제는 성립할 수 없기 때문이다. 차라리 "형사소추를 당한 것으로 취급되는 자가 피고인"이라고 정의하는 것이 논리적이다.
3) 피고인이 자신의 인적사항에 대하여 침묵하거나, 진술하더라도 외국인인 등의 사유로 확인이 곤란한 경우가 이에 해당할 것이다.

문제는 위 3인이 일치하지 않는 예외적인 상황이다. 검사는 갑을 기소한다고 하였는데 갑이 을의 이름을 사칭하는 바람에 검사가 갑의 이름을 을이라고 오인하고[4] 공소장에도 을이라고 기재한 경우와 검사가 갑을 갑이라고 기소한 것이 맞는데 법정에는 병이 출석하여 자신이 갑인 양 행세한 경우가 바로 그것이다(이 글에서는 갑을 진정한 피고인, 을을 피모용자, 병을 피고인으로 행세한 자라는 의미로 사용하기로 한다). 전자를 성명모용 소송이라 하고 후자를 위장출석 소송이라 한다.

이러한 경우에 위 갑, 을, 병 중 누구를 피고인으로 볼 것인지의 문제가 발생하는데 이를 피고인 특정의 문제와 구별하여 '피고인 인정'이라 부르는 분도 있고[5] '피고인의 기준'이라고 부르는 분도 있다[6]. 공소제기 단계에서 발생하는 피고인 특정 문제와 공판과정 또는 그 후에 발생하는 피고인 인정 문제를 구별하는 것이 전혀 의미가 없는 것은 아니다. 그러나 검사가 공소를 제기하면서 피고인을 특정하더라도 재판과정에 검사의 의사와 공소장 표시 또는 실제 재판에 등장한 사람이 서로 다르다면 다시 그 중 누구를 피고인으로 볼 것인지의 문제가 발생하기 때문에 피고인 인정 문제는 넓은 의미의 피고인 특정에 포함된다[7]. 따라서 두 개념을 굳이 구별하여 사용할 특별한 실익은 없다고 생각된다. 피고인 특정의 문제가 누가 진범인가와는 전혀 무관하다는 점에 대하여는 별도의 설명을 요하지 하지 않을 것이다.

2. 문제의 제기

검사가 공소장에 피고인을 어떻게 특정하여야 하는지도 문제될 수 있지만, 피고인 특정이 주로 문제되는 것은 성명모용 소송과 위장출석 소송의 경우이다. 구체적으로는 을의 성명모용 소송이나 병의 위장출석 소송에서 인정신문 단계, 증거조사 단계 등에 성명모용이나 위장출석 사실이 발각된 경우 을과 병을 어떻게 소송에서 배제시키고, 그간 잘못된 소송을 어떻게 바로잡을 것인지, 판결이 선고되고 나서 발각된 경우 판결은 갑과 을, 병 중 누구에게 유효하고 잘못된 판결은 어떻게 바로잡을 것인지, 판결이 확정되고 나서 발각된 경우 판결의 효력은 갑과 을, 병 중 누구에게 미치고 잘못된 확정판결은 어떻게 바로잡을 것인지

---

[4] 사실은 이름 뿐만 아니라 주민등록번호나 주소, 범죄전력 등 인적사항 전체를 을의 것으로 오인하였을 것이다.
[5] 황현호, "성명모용과 위장출석의 경우 피고인의 인정 기준", 사법논집 제25집. 법원행정처, 1994, 499면; 신이철, 앞의 논문, 478면; 이동형, "피고인 인정의 기준과 성명모용 및 위장출석", 영남법학 제11권 제2호, 영남대학교 법학연구소, 2005, 111면.
[6] 백형구, "위장출석·성명모용의 소송관계", 월간고시 제225호, 법지사, 1992, 89면.
[7] 피고인 인정 문제가 피고인 특정과 관련한 가장 중요한 문제라는 것은 명백하다.

등이 문제된다.

이러한 문제는 근본적으로 갑을 피고인이라 할 것인지 을 또는 병을 피고인이라 할 것인지 혹은 이들 모두를 피고인이라 할 것인지의 문제에서 출발한다. 갑만을 피고인이라 한다면 을이나 병은 처음부터 피고인이 아니므로 소송에서 이들을 배척하는 것은 사실행위일 뿐 별다른 법률행위적 조치가 필요 없으며, 이들에 대한 판결 역시 무효가 될 뿐이다. 그러나 을 또는 병도 피고인이라고 한다면 소송에서 이들을 배척하는데도 법원의 법률행위적 조치가 필요하고, 이들에 대한 판결 역시 일정한 효력이 있어 상소 등에 의하여 바로잡아야 할 대상이 될 것이다. 아래에서는 피고인 특정의 기준에 관한 학설의 추이와 판례의 태도를 살펴보고(Ⅱ), 성명모용 소송의 경우(Ⅲ), 위장출석 소송의 경우(Ⅳ), 성명모용과 위장출석이 중첩된 소송의 경우(Ⅴ)를 순차 검토한 후 저자 나름의 결론으로(Ⅵ) 글을 맺고자 한다.

Ⅱ. 피고인 특정의 기준

1. 총설

검사는 공소를 제기함에 있어 피고인이 누구인지를 명확히 하여야 한다. 성명, 주민등록번호 등의 기재가 일반적이지만, 그것이 불명할 때에는 인상 체격을 기재하거나 사진을 첨부하는 등의 방법도 가능하다[8]. "불구속 기소하는 경우에는 피고인에게 공소장 부본을 송달하고 제1회 공판기일을 통지하여야 하므로 최소한 피고인의 주소가 명확하여야 하지만, 구속 기소하는 경우에는 그와 같은 송달과 통지를 관할 교도소장 또는 구치소장에게 하면 족하고 주소가 명확하지 않아도 되므로 결국 피고인 특정을 위한 인적사항의 기재 정도는 구속 기소하느냐 불구속 기소하느냐에 따라 달라진다"는 견해도 있다[9]. 그러나 피고인의 특정은 피고인을 다른 사람과 구별하기 위한 개념이지 피고인에게 서류를 송달하기 위한 개념이 아니다. 불구속 기소된 피고인의 이름과 주민등록번호만 명확하다면 주소가 없어 송달이 불가능하더라도 공시송달의 문제가 될 뿐 이미 특정은 되었으므로 불특정의 문제는 더 이상 발생하지 않는다.

---

[8] 대법원 1982. 10. 12. 선고 82도2078 판결.
[9] 황현호, 앞의 논문, 499면.

그러나 성명모용 소송이나 위장출석 소송에서는 공소장 피고인 란의 기재가 명확하더라도 누가 피고인인지의 문제가 발생한다. 이러한 경우 검사가 의도한 갑과 공소장에 표시된 을, 법정에 출석하여 피고인 행세를 하는 병 중에서 누구를 피고인으로 다루어야 하는지가 문제된다. 이하 성명모용 소송과 위장출석 소송에서의 피고인의 특정에 대하여만 논하기로 한다.

2. 학설과 판례의 태도

(1) 학설의 추이

가. 표시설

표시설은 공소장의 피고인 란에 기재된 사람이 피고인이라는 견해이다. 뒤에 나오는 실질적 표시설과 구별하기 위하여 '형식적 표시설'이라 부르기도 한다. 공소제기의 형식적인 측면에 중점을 두어 피고인을 특정하는 견해이기 때문에 절차적 안정성의 면에서는 의사설보다 앞서지만, 실체적 진실발견과 소송경제의 관점에서 검사가 의욕하지도 않은 자를 피고인으로 인정하고 실체재판을 하여야 한다는 점에서 합리적이지 못하다[10]. 더욱이 성명모용의 경우에도 공소장에 표시된 을이 피고인이기 때문에 성명모용 사실이 밝혀지더라도 피고인의 표시정정은 허용되지 않고 검사는 공소를 취소하고 갑에 대하여 새로운 공소를 제기하여야 한다고 주장하여야 논리적이겠지만, 우리나라에 이 견해를 취하는 분은 없는 것으로 보인다.

나. 행위설

행위설은 법정에서 피고인으로 행위(또는 행세)한 사람이 피고인이라는 견해인데, 실제로는 '피고인으로 행위한 사람 또는 법원에 의해 피고인으로 취급된 사람이 피고인'이라고 주장된다[11]. 그러나 피고인인 것처럼 행세하였다고 하여 모두 피고인이 되는 것은 아닐 것이고, 성

---

10) 황현호, 앞의 논문, 505면. 다만 이 견해는 "형사소송에서는 진범을 기소하여 처벌하여야 한다는 이념이 있기 때문에 공소장의 표시만으로는 피고인을 인정할 수 없다"고 설명하지만, 진범 여부는 피고인의 특정이나 공소장 표시와 전혀 무관하므로 진범을 기소하여 처벌하여야 한다는 이념이 표시설에 대한 비판의 근거가 되기는 어렵다고 생각된다.
11) 황현호, 앞의 논문, 505면.

명모용 소송에서 을 명의의 판결이나 약식명령이 있더라도 을이 항소나 정식재판 청구를 하는 경우에만 을을 피고인으로 취급하여 공소기각 판결을 해 주어야 한다는 다수설에 의하더라도 차라리 '피고인으로 행위하여 법원에 의해 피고인으로 취급된 사람이 피고인'이라고 정의하는 것이 더 옳을 것으로 보인다. 이 견해를 취하면 갑을 실질적 피고인, 병(항소나 정식재판을 청구한 을 포함)을 형식적 피고인이라 부른다.

의사설과 마찬가지로 실질적인 측면에 중점을 둔 견해라고 이해할 수도 있다. 그러나 행위설은 형사소송 절차에서 어느 정도의 행위를 하였을 때 피고인으로 볼 것인가의 한계가 명확하지 않다는 문제점을 가지고 있다[12]. 근본적으로 피고인인지 여부가 피고인 아닌 자의 행위와 이에 기한 법원의 일시적 오해에 의해 결정된다는 것은 명백히 불합리하다. 그러한 행위나 오해가 검사의 의사나 공소장의 표시와 같은 정도의 중요성을 가진다고 수긍하기 어렵기 때문이다. "병은 유사 피고인으로서 배제의 대상일 뿐 '피고인'이라고 보기는 어렵다"는 견해나[13] "병을 '형식적 피고인'이 아니라 '부진정 피고인'이라고 부르는 것이 옳다"는 견해도[14] 같은 취지로 보인다. 이 때문에 행위설은 피고인 특정에 관한 독자적인 기준이 아니라 의사설이나 표시설의 약점을 보완하는 정도의 의미 밖에 없다고 평가되기도 한다[15].

다. 의사설

의사설은 검사가 구체적 사건에서 기소 대상자로 의욕한 사람이 피고인이라는 견해이다[16]. 공소제기의 실질적인 측면에 중점을 두어 피고인을 특정하는 견해로서, "공소는 검사가 피고인으로 지정한 사람 외의 다른 사람에게는 그 효력이 미치지 아니한다"라는 형사소송법 제248조 제1항의 해석상 검사에게 피고인을 특정할 수 있는 권한이 있음을 근거로 하고 있다[17]. 예컨대 검사가 갑을 진범이라고 판단하고 갑을 기소하였으면 갑이 피고인이다. "실체적 진실발견을 목적으로 하는 형사소송의 이념에 부합하지만 검사의 자의를 허용하면서 절

---

12) 황현호, 앞의 논문, 506면; 신이철, 앞의 논문, 481면; 이동형, 앞의 논문, 113면; 이기광, "성명모용의 경우 법원이 취하여야 할 형사소송절차 상의 조치", 재판과 판례 제6집, 대구판례연구회, 1997, 482면.
13) 김진태, "피고인 특정 문제", 검찰 제92호, 대검찰청, 1985, 172면.
14) 백형구, 앞의 논문, 88면; 배종대/이상돈/정승환/이주원, 형사소송법, 홍문사, 2015, 272면.
15) 이기광, 앞의 논문, 478면.
16) 이기광, 앞의 논문, 479면 이하; 지영환, 앞의 논문, 243면. '동기설'이라고 부르기도 하지만 의사설이 더 정확한 이름이라고 생각된다.
17) 이기광, 앞의 논문, 477면.

차의 형식적 안정성을 해친다"는 비판이 있지만[18], "피고인 지정에 관한 검사의 의사는 수사를 종결하고 공소제기하는 시점에 이미 객관화되었기 때문에 절차의 안정성을 해칠 우려가 없다"는 반론[19]도 충분히 설득력이 있다. 공소장 표시만 보아서는 검사의 의사를 알기 어렵지만 수사와 기소과정 전체를 살펴보면 검사의 의사가 객관적이고도 명백하게 드러나기 때문이다.

다만 위 반론에서도 드러나지만 의사설에서 말하는 검사의 의사는 검사의 '내심의 의사'가 아니다. 오늘날 의사설을 취하는 분들은 당연히 '내심의 의사'가 아니라 공소장의 피고인 표시와 범죄사실, 수사과정에 누가 수사의 대상이 되고 조사를 받았는지 등의 자료를 통하여 표현되고 추론되는 의사, 즉 '객관화된 의사'라고 본다[20]. "피고인을 인정하는 기준으로서의 검사의 의사는 내심의 의사가 아니라 공소장의 표시를 중심으로 하고 공판 관여검사의 신청, 주장, 입증 및 기소한 검사의 의사 등을 고려한 후 공소장을 합리적으로 해석하여 추단되는 객관화된 의사"라는 표현은 실질적 표시설에서 나온 표현이지만[21] 의사 개념은 의사설에서와 동일하다. 만일 위와 같은 자료를 통해서도 검사가 의도한 진짜 피고인을 추론할 수 없다면 이때는 공소장에 표시된 자를 피고인으로 볼 수 밖에 없고, 만일 검사가 공소장에 표시된 자는 피고인이 아니라고 주장한다면 이는 피고인이 불특정된 상황이라고 판단할 수 밖에 없다. 검사가 갑을 피의자로 수사하여 기소해 놓고 나중에 진범이 정이라는 사실이 밝혀지자 "나는 정을 기소한 것이다"고 주장한다고 하더라도 정을 피고인으로 볼 수 없고 정으로 피고인표시 정정을 할 수도 없는 것이다. 이러한 입장을 '실질적 의사설'이라고 부를 수도 있겠지만, 뒤에서 살펴볼 바와 같이 의사설에 행위설과 표시설을 보충하여 판단하는 견해를 '실질적 의사설'이라고 부르기 때문에 혼동의 우려가 있다. 따라서 그냥 '의사설'이라고만 하여도 위에서 설명한 객관화된 의사설로 이해함이 옳을 것이다.

---

18) 황현호, 앞의 논문, 505면; 신이철, 앞의 논문, 480면.
19) 이기광, 앞의 논문, 479면.
20) 이기광, 앞의 논문, 479면. 검사의 의사를 중심으로 공소장의 표시를 합리적으로 해석하여 결정하는 것이 타당하다는 김진태, 앞의 논문, 173면도 같은 취지.
21) 황현호, 앞의 논문, 522면.

라. 병용설

병용설[22]은 표시설과 행위설을 결합한 견해로서[23] 한때 다수설적 지위에 있었다. 그러나 검사의 의사가 고려되지 않으므로 성명모용 소송의 경우 모용자를 피고인으로 볼 수가 없고(피고인표시 정정이 인정될 수 없다) 공소장변경에 의한 피고인 변경도 불가능하다는 문제점이 지적된 후 다수설적 지위를 상실하게 되었다[24].

마. 실질적 표시설

실질적 표시설 또는 표시기준설은 표시설을 중심으로 하면서도 의사설과 행위설을 고려하여 피고인을 결정하여야 한다는 견해로서[25] 현재의 다수설적 입장이다. "형사소송법은 기본성격이 법적 안정성의 유지에 있고 공판절차에서는 법적 안정성이 더욱 더 강력하게 요구되기 때문에 절차의 확실성을 유지하기 위해서는 객관적 기준을 찾아야 하며 공소제기가 공소장이라는 서면에 의하여야 한다는 점에 비추어 표시설을 중심으로 검사의 의사와 피고인으로서의 행위 여부를 보충적으로 고려하여 합리적으로 해석하여야 한다. 따라서 일반적으로는 표시설이 적용되지만 성명모용의 경우에는 결국 의사설이 고려되어 모용자만이 피고인"이라는 설명[26]이 이를 잘 표현하고 있다.

그런데 서로 충돌하는 위 3개의 학설을 '함께 고려한다'는 것이 도대체 가능한가? 예컨대 표시와 의사가 다르거나 의사와 행위가 다를 때 이 둘을 함께 고려하면 누가 피고인이란 말인가? 결국 표시설과 의사설, 행위설을 단순 병용하여 그 중 어느 하나에만 해당하면 모두 피고인이라고 보거나, 아니면 위 학설들에 순위를 정하여 선순위 기준에 따라 누군가를 피고인이라고 보는 것이 가능할 뿐이다. 실질적 표시설 스스로도 성명모용의 경우에는 의사설을 따르고 일반적인 경우에는 표시설을 따른다지만, 일반적인 경우에는 의사와 표시가 일치하고 있으므로 결국 일관하여 의사설을 따르는 것과 전혀 다르지 않다. 실질적 표시설은 위장출석 소송에서는 표시설 또는 의사설과 행위설을 모두 취하여 갑과 병 모두를 피고

---

22) 이를 '결합설'이라 부르기도 하고 '절충설'이라 부르기도 하는데, 병용설과 실질적 표시설, 의사기준설을 합한 것을 절충설이라 부르는 견해도 있어(이동형, 앞의 논문, 114면) 혼란스럽다.
23) 정영석/이형국, 형사소송법(전정판), 법문사, 1997, 73면; 백형구, 형사소송법강의(제8정판), 박영사, 2001, 52면.
24) 신이철, 앞의 논문, 481면.
25) 이재상/조균석/이창온, 형사소송법(제13판), 박영사, 2021, 120면; 정웅석/최창호/김한균, 신형사소송법(제2판), 박영사, 2023, 333면; 차용석/최용성, 형사소송법(제4판), 21세기사, 2013, 109면.
26) 신이철, 앞의 논문, 481면.

인이라고 보는 것이지 3학설을 '함께 고려'할 수는 없다. 결국 표시라고 할 때의 '표시'가 형식적 표시만을 말하는지 표시에 함축된 의미도 포함하는지, 또는 의사라고 할 때의 '의사'가 내심의 의사만을 말하는지 외부의 여러 자료들을 통해 표현 또는 추단되는 의사를 말하는지의 문제로 귀결될 뿐이다. "실질적 표시설은 그 자체가 모든 학설의 종합설로서 '모든 것을 말해주는 명제는 아무 것도 말해주지 않는다'는 격언처럼 피고인 특정에 관한 일반원칙을 제시해 주지 못하고 있다. 실질적 표시설은 표시설을 위주로 하면서 의사설과 행위설을 가미한다고 하지만 여러 상황의 결론에서 가장 일치점이 적은 학설이 표시설"[27]이라는 비판은 실질적 표시설의 현주소를 잘 보여주고 있다. 성명모용 소송에서는 표시설과 의사설의 결합설을, 위장출석 소송에서는 표시설과 행위설의 결합설을 주장하는 견해도 있지만,[28] 실질적 표시설과 무엇이 다른지 의문이다.

바. 실질적 의사설

실질적 의사설 또는 의사기준설은 의사설을 중심으로 행위설과 표시설을 보충적으로 고려하여야 한다는 견해이다[29]. 그러나 표시설을 보충적으로 고려한다는 것은 (객관화된) 의사설과 동일하고, 행위설을 보충적으로 고려한다는 것은 사실은 둘 중 어느 하나만 취하는 것이든 두 가지를 병용하는 것이든 둘 중 하나일 뿐 어느 하나를 주로 하고 다른 하나를 보충적으로 고려하는 관계를 설정하는 것은 불가능하다. 결국 실질적 의사설이라는 것은 성명모용 소송에서는 의사설을, 위장출석 소송에서는 의사설과 행위설의 병용설을 취하자는 의미일 수 밖에 없다.

(2) 학설에 대한 검토

위와 같은 학설들의 목표는 결국 성명모용 소송과 위장출석 소송의 문제(위 2가지 문제가 중첩된 경우도 포함)를 한꺼번에 해결할 수 있는 기준의 제시이다. "사실상 피고인 문제는 성명모용의 경우와 위장출석의 경우에 있어서 그 성격이 현저하게 다르기 때문에 두 경우에 함께 적용되는 원칙의 수립을 시도하는 것은 무리이고, 결국은 두 경우를 나누어 각각의 해답을 구하는 것이

---

27) 오영근, "피고인의 특정", 고시연구 제254호, 고시연구사, 1995, 77면.
28) 황현호, 앞의 논문, 508면.
29) 배종대/이상돈/정승환/이주원, 앞의 책, 270면; 신동운, 신형사소송법(제5판), 법문사, 2014, 609면; 이동형, 앞의 논문, 115면.

합리적"이라고 보는 분도 있다[30]. 실제로 오늘날 다수설의 위치를 점하고 있는 실질적 표시설이나 실질적 의사설 등은 성명모용 소송과 위장출석 소송에서 각기 다른 기준을 가지고 있는 것이 사실이다. 그렇다면 성명모용의 경우와 위장출석의 경우에 적용되는 각 피고인의 기준은 다를 수 밖에 없는 것일까?

다른 문제도 그러하듯이 피고인의 특정과 관련하여서도 반드시 고려되어야 할 것이 바로 형사재판을 통한 정의실현과 인권보호의 조화이다. 마땅히 실체재판을 받아야 할 자가 누구인지가 전자의 문제라면, 법원이 누구에게 재판(형식재판 포함)을 해 주어야 하는지가 후자의 문제이다. 마땅히 실체재판을 받아야 할 자가 검사가 의도하고 있던 피고인, 즉 객관화된 의사에 의해 특정된 피고인임에는 의문이 없지만, 법원이 누구에게 재판을 해 주어야 하는지에 대하여는 다양한 견해가 제시되고 있고, 학설 대립 역시 이 문제에 집중되어 있다. 병이 스스로 피고인이라고 행세한 것만 가지고는 법원이 재판을 해 주지 않더라도 병에게 인권침해가 되지 않기 때문에 법원에게 병에 대하여 재판을 해 주어야 할 의무가 발생하지 않지만, 법원이 병을 일응 피고인으로 취급한 일이 있다면 어떤 형태로라도 병에 대하여 재판을 해주지 않으면 병의 인권이 침해될 우려가 있다는 생각 때문에 '행위설을 보충적으로 고려하여야 한다'는 견해가 다수설의 지위를 점하고 있는 것으로 보인다.

그러나 법원이 병을 일응 피고인으로 취급한 일이 있다고 하더라도 병에 대하여 어떤 재판을 해 주고 나면 정작 중요한 갑에 대한 재판이 논리적으로 이상한 입장에 놓이게 된다. 또한 반드시 병에 대한 재판을 통해서만 병의 불안정한 지위를 해결하여 인권침해 우려를 불식시킬 수 있는 것도 아니다. 공소장이나 판결서, 약식명령서의 피고인표시를 고쳐주는 것만으로도 병의 불안정한 지위가 해결될 수 있기 때문이다. 결국 을에 대하여는(객관화된) 의사설로써 절차적 안정성도 해하지 않으면서 검사의 의도대로 공소제기의 효과도 발생시키게 된다. 그리고 병을 피고인으로 고려할 필요가 있는지가 문제되는데, 병이 법정에서 소송행위를 하여 판결이 선고되고 확정되었다고 하더라도 위 판결은 병에게 효력이 미치지 않을 뿐만 아니라, 그 과정에 병이 어떤 일시적인 불이익을 입었다고 하더라도 이는 병 자신의 귀책이기 때문에 병을 피고인으로 고려하여 법적인 조치를 취하여야할 필요는 없다. 따라서 의사설에 따라 갑만 피고인이라고 보면 충분할 것으로 생각된다.

---

30) 신현주, 형사소송법(신정2판), 박영사, 2002, 116면.

(3) 판례의 태도

피고인의 특정과 관련하여 성명모용 소송에 대한 판례는 다수 있으나, 위장출석 소송에 대한 판례는 전혀 없어 연구자의 입장에서 많이 아쉬운 것이 사실이다. 현재로서는 성명모용 소송에 대한 판례의 취지를 위장출석 소송에 원용 내지 유추적용 할 수 밖에 없을 것이다. 성명모용 소송에 대한 중요 판례를 소개하면 아래와 같다.

① 대법원 1982. 10. 12. 선고 82도2078 판결

이 사건 공소장 기재에 의하면 피고인을 강ㅇ신으로 기재하고 있고 이 사건 공소사실은 그와 다른 사람인 강ㅇ호에 대한 것인데 동 강ㅇ호가 피고인(강ㅇ신)의 성명, 본적, 주소 등 인적사항을 모용하였기 때문에 검사가 피고인을 강ㅇ호로 오인하여 공소를 제기하였다는 것인즉 강ㅇ호에 대한 공소로서는 이 사건 공소장의 기재는 동 강ㅇ호를 특정할 수 없는 것이어서 이 사건 공소는 결국 공소제기의 방식이 형사소송법 제254조의 규정에 위반하여 무효라고 할 것이다.

② 대법원 1984. 9. 25. 선고 84도1610 판결

타인의 성명과 생년월일을 사칭하여 기소된 경우에 그 공소의 효력은 명의를 사칭한 자에 대해서만 미치고 그 명의를 모용당한 자에게는 미치지 아니한다.

③ 대법원 1985. 6. 11. 선고 85도756 판결

(갑)이 수사기관에서 조사를 받을 때 (을)의 성명, 주소, 본적 등 인적 사항을 모용하였기 때문에 검사가 이를 오인하여 (을)의 표시로 공소를 제기한 경우, 이 공소장의 기재는 (갑)에 대한 공소로서는 동인을 특정할 수 있다고 볼 수 없으므로 달리 검사가 공소제기 후 위 (갑)을 특정하여 피고인표시 정정을 함으로써 그 모용관계가 바로 잡혔다고 볼만한 사정이 없는 이상 이 공소는 형사소송법 제254조의 규정에 위반하여 무효라 할 것이다.

④ 대법원 1992. 4. 24. 선고 92도490 판결

가. 피고인이 타인의 성명과 생년월일 등을 사칭하여 기소된 경우에 그 공소의 효력은 명의를 사칭한 자에 대해서만 미치고 그 명의를 모용당한 자에 대하여는 미치지 않는 것이므로, 공판과정에서 검사가 이러한 사실을 발견하고 공소장 중 피고인의 표시를 모용자로 정

정하면 모용자에 대한 공소제기로서 적법하게 되는 것이므로 법원은 모용자에 대한 실체심리와 판단을 하면 되고, 피모용자에 대하여는 심판을 할 수 없다.

　나. 위 "가"항의 피모용자에 대하여 공소제기와 함께 약식명령이 청구되고 그에 따라 약식명령을 고지받은 피모용자가 정식재판을 청구하는 등 소송행위를 한 경우에는 검사가 피고인의 표시를 모용자로 정정하였다 하더라도 피모용자는 형식적으로 피고인의 지위에 서게 되므로 그에 대한 공소로서는 공소제기절차가 법률의 규정에 위반하여 무효인 경우에 해당하므로 피모용자에 대하여 별도로 공소기각의 판결을 하여야 한다.

⑤ 대법원 1993. 1. 19. 선고 92도2554 판결

　가. 피의자가 다른 사람의 성명을 모용한 탓으로 공소장에 피모용자가 피고인으로 표시되었다 하더라도 이는 당사자의 표시상의 착오일 뿐이고 검사는 모용자에 대하여 공소를 제기한 것이므로 모용자가 피고인이 되고 피모용자에게 공소의 효력이 미친다고 할 수 없고, 이와 같은 경우 검사는 공소장의 인적 사항의 기재를 정정하여 피고인의 표시를 바로잡아야 하는 것인바, 이는 피고인의 표시상의 착오를 정정하는 것이지 공소장을 변경하는 것이 아니므로 형사소송법 제298조에 따른 공소장변경의 절차를 밟을 필요가 없고 법원의 허가도 필요로 하지 아니한다.

　나. 위 "가"항에 있어 검사가 공소장의 피고인표시를 정정하여 모용관계를 바로잡지 아니한 경우에는 외형상 피모용자 명의로 공소가 제기된 것으로 되어 있어 공소제기의 방식이 형사소송법 제254조의 규정에 위반하여 무효라 할 것이므로 법원은 공소기각의 판결을 선고하여야 하고, 검사가 피고인표시를 바로잡은 경우에는 처음부터 모용자에 대한 공소의 제기가 있었고 피모용자에 대한 공소의 제기가 있었던 것이 아니므로 법원은 모용자에 대하여 심리하고 재판을 하면 되지 원칙적으로 피모용자에 대하여 심판할 것이 아니다.

　다. 피모용자가 약식명령에 대하여 정식재판을 청구하여 피모용자를 상대로 심리를 하는 과정에서 성명모용사실이 발각되어 검사가 공소장을 정정하는 등 사실상의 소송계속이 발생하고 형식상 또는 외관상 피고인의 지위를 갖게 된 경우에 법원으로서는 피모용자에게 적법한 공소의 제기가 없었음을 밝혀 주는 의미에서 형사소송법 제327조 제2호를 유추적용하여 공소기각의 판결을 함으로써 피모용자의 불안정한 지위를 명확히 해소해 주어야 하고, 피모용자가 정식재판을 청구하였다 하여도 모용자에게는 아직 약식명령의 송달이 없었다 할 것이어서 검사는 공소장에 기재된 피고인의 표시를 정정할 수 있으며, 법원은 이에

따라 약식명령의 피고인표시를 경정할 수 있고, 본래의 약식명령정본과 함께 이 경정결정을 모용자에게 송달하면 이때에 약식명령의 적법한 송달이 있다고 볼 것이며, 이에 대하여 소정의 기간 내에 정식재판의 청구가 없으면 약식명령은 확정된다.

(4) 판례에 대한 검토

①판결은 성명이 모용된 공소장으로서는 갑을 특정할 수 없으므로 갑에 대한 공소로서는 제254조 위반으로 무효라고 판단하고 있지만 ②판결은 성명이 모용된 공소가 을에게는 무효이지만 갑에게는 유효하다고 판단하여 서로 충돌하고 있다. 그러나 ③판결은 성명이 모용된 공소는 피고인표시가 정정되지 않은 경우에만 무효가 된다고 하여 위 두 판결의 충돌을 해결하고 있다. ①판결도 이러한 점을 전제로 하여 무효라고 판시한 것인지는 분명하지 않지만[31] 적어도 이러한 점을 처음으로 명시한 것은 ③판결의 공적이다.

여기에서 눈여겨 볼 점은 대법원이 공소장에 기재된 피고인표시도 의식하지만 검사가 누구를 기소하려 하였는지도 함께 의식하고 있다는 점이다. 따라서 순수한 표시설의 입장은 분명히 아니다. 이러한 입장을 실질적 표시설이나 실질적 의사설이라고 볼 수도 있겠지만, 앞에서 살펴본 바와 같이 실질적 표시설이나 실질적 의사설은 사실은 여러 개의 학설에 따라 피고인을 여러 명이라고 보는 견해일 뿐 피고인을 특정하는 기준이라고 보기가 어렵다. 대법원이 피고인표시가 정정되지 않은 경우라면 갑과 을 모두에 대하여 공소제기의 효력이 없다고 판단하는 것은 분명히 실질적 표시설이나 실질적 의사설의 입장이 아니다. 대법원이 검사의 의사와 표시를 함께 고려하여 궁극적으로는 검사가 의도한 갑을 피고인이라고 판단한 것은 결국 '객관화된 의사'를 기준으로 하는 의사설의 입장이라고 평가하는 것이 옳다고 생각된다.

④판결은 ③판결의 소극적 판단을 적극적 판단으로 바꾸어 피고인표시를 정정하면 을에 대한 공소제기로서 유효하다고 판단한 다음, 약식명령을 고지받은 을이 정식재판 청구 등 소송행위를 한 때에는 을 역시 피고인의 지위를 가지게 되어 그에게도 별도로 공소기각의

---

31) 대법원이 입장을 변경한 것이라고 평가하는 견해도 있지만(신현주, 앞의 책, 116면), 표시 정정 전과 후로 나누어 설명한 것에 불과하다고 평가하는 견해가 많다(배종대/이상돈/정승환/이주원, 앞의 책, 270면; 신양균, 신판 형사소송법, 화산미디어, 2009, 416면; 신이철, 앞의 논문, 487면).

판결을 해 주어야 한다는 점을 처음으로 밝혔다. 성명모용 소송에 행위설적 입장을 접목한 것이다. 그리고 ⑤판결은 위 ① 내지 ④판결을 집대성하여 성명이 모용된 공소는 을에게는 무효이지만 피고인표시가 정정되면(공소장변경이 아니다) 갑에게는 유효하며, 을이 약식명령에 대하여 정식재판을 청구하였다면 그에게도 공소기각 판결을 해 주어야 한다는 점을 밝히면서, 더 나아가 갑에게는 아직 약식명령이 송달되지 아니한 상태이므로 검사는 공소장의 피고인표시를 정정하고 법원은 약식명령의 피고인표시를 경정하면서 이를 갑에게 송달하여 이때로부터 소정기간 내에 정식재판 청구가 없으면 약식명령은 확정된다고 판단하였다. 이러한 태도는 이후 대법원 1997. 11. 28. 선고 97도2215 판결 등에서도 그대로 유지되고 있다.

④판결과 ⑤판결의 태도를 실질적 표시설로 해석하는 견해가 많다[32]. 그러나 의사설이 검사의 객관화된 의사를 기준으로 하는 점을 전제로 하면 피고인표시를 정정하면 갑만이 피고인인 것이 원칙이지만 을이 일정한 소송행위를 하면 형식적이나마 피고인의 지위를 가지게 된다고 판단한 점에 비추어 실질적 표시설이 아니라 의사설을 기본으로 하면서 행위설을 부분적으로 병용하고 있다고 판단된다. 이러한 행위설적 논리에 따르면 을도 피고인이 되고 갑도 피고인이 된다는 것인데, 실제로는 기소되지 않은 자가 일정한 소송행위를 하면 왜 피고인이 되는지에 대하여는 대법원도 명확히 밝히고 있지 않다. "피고인의 불안정한 지위를 명확히 해소해 주어야 한다"는 것은 공소기각 판결을 해 주는 이유는 되지만 피고인이 되는 이유는 아니다. 특히 공소기각 판결의 법적 근거를 제327조 제2호의 '유추적용'이라고 설명하고 있는 바, 을에 대한 공소제기가 아니기 때문에 '그에게는 공소제기가 무효'라고 설명하는 것이 논리적으로도 쉽지 않다는 사정을 엿볼 수 있다.

한편 대법원 1991. 9. 10. 선고 91도1689 판결은 갑이 수사단계에서 을의 성명, 생년월일 등 인적사항을 사칭하여 을 앞으로 약식명령이 고지되고 이에 대하여 을이 정식재판을 청구하여 심리 중 갑이 을을 사칭하였음이 밝혀지자 공소기각을 구하는 검사의 의견진술을 듣고 변론을 종결하였는데, 그 후 선고기일 전에 검사로부터 피고인표시를 갑으로 변경한다는 내용의 공소장변경 허가신청이 들어 왔으나 (변론종결시까지 검사의 피고인표시 정정신청이 없었을 뿐만 아니라[33]) 공소기각의 판결을 구하는 검사

---

[32] 신이철, 앞의 논문, 480면.
[33] 대법원도 "피고인표시 정정신청"이라고 표현하였으나, 피고인표시 정정은 공소장 상의 단순한 오류나 오기를 바로잡는 것에 불과하고 공소장변경과 달리 법원의 허가를 요하는 절차가 아니므로(전술한 대법원 1993. 1. 19. 선고 92도2554 판결 참조) 검사가 정정하면 족하고 법원에 정정을 신청할 필요도 없다. 검사가 정정하지 않는

의 의견진술이 있었던 이 사건에 있어서 변론종결 후에 비로소 검사의 공소장변경 허가신청이 들어왔으므로) 원심법원이 변론을 재개하여 위 신청을 받아들이는 등 아무런 조치를 취함이 없이 그대로 피고인에 대하여 형사소송법 제327조 제2호를 적용하여 공소기각의 판결을 선고한 조치는 적법하다고 판단하였다. 이 판결에서 검사는 성명모용 사실이 밝혀지자 피고인표시를 정정하는 대신 을에 대하여 공소기각을 구하면서 변론을 종결시키는 우를 범하였다가, 변론종결 후 판결 선고 전에 피고인을 갑으로 바꾸는 공소장변경 허가신청을 하는 우를 거듭 범하였다. 이러한 경우 법원으로서는 검사에게 위 공소장변경 허가신청이 피고인표시 정정신청의 의미가 아닌지 석명을 구하였더라면 좋았겠지만[34] 사안에서는 그렇게 하지 않고 그대로 공소기각 판결을 선고하여도 적법하다고 판단하였던 것이다. 검사의 의사를 표시보다 더 중요한 기준으로 보고 있는 것은 아니라고 보이는 것이다.

3. 민사소송에서의 당사자 확정과 비교

민사소송법에서는 원고가 상대방이 누구인지를 소장에서 명확히 기재하는 것을 '당사자 특정'이라 하고, 그와 같은 과정을 거쳐 계속된 소송에서 누구를 당사자로 볼 것인지를 명확히 하는 것을 '당사자 확정'이라고 부른다[35]. 여기에서 당사자 특정은 앞에서 말한 좁은 의미의 피고인 특정이고 당사자 확정은 피고인 인정 또는 넓은 의미의 피고인 특정에 상응하는 개념이다. 민사소송법에서도 과거 실질적당사자 개념설에 따라 소송에서 다투어지고 있는 권리의 주체가 당사자라는 견해(실체법설)도 있었으나, 오늘날은 형식적당사자 개념설에 따라 소송에서 다투는 주체가 당사자일 뿐이라는 견해(소송법설)가 이견 없는 통설의 지위에 있다. 형사소송법에서도 위 소송법설과 맥을 같이 하여 형사소송에서 검사가 진범 아닌 자를 진범으로 잘못 알고 기소하였더라도 기소된 자가 피고인일 뿐이다.

당사자 확정의 기준에 대하여 민사소송법에서도 의사설, 표시설, 행위설, 실질적 표시설 등이 대립하고 있다. 그런데 민사소송에서의 당사자 확정은 다음과 같은 몇 가지 점에서 형

경우 법원은 오히려 검사에게 정정을 촉구하여야 한다(이기광, 앞의 논문, 480면, 481면). 뒤에서 설명할 바와 같이 판결 상의 피고인표시가 모용된 경우에는 법원이 표시경정을 하면 족한 것과 마찬가지이다.
34) 포괄일죄 중 일부를 기소한 후 잔부를 추가기소한 경우 법원으로서는 공소장변경의 의미가 아닌지를 석명한 후 범죄사실 전체에 대하여 하나의 실체판단을 하여야 한다는 대법원 1996. 10. 11. 선고 96도1698 판결 참조.
35) 이시윤, 신민사소송법(제17판), 박영사, 2024, 141면; 정동윤/유병현/김경욱, 민사소송법(제9판), 법문사, 2022, 195면; 호문혁, 민사소송법(제14판), 법문사, 2020, 223면; 박찬주, "당사자의 확정에 관한 몇 가지 문제", 중앙법학 제11집 제4호, 중앙법학회, 2009, 225면, 226면.

사소송에서의 피고인 특정과 차이가 있다. 첫째 형사소송에서는 검사의 특정은 문제되지 않으므로 피고인만 특정하면 족하지만, 민사소송에서는 피고 뿐만 아니라 원고도 확정지어야 한다. 이 때문에 설령 의사설이나 표시설을 따르더라도 원고는 행위설 또는 실질적 표시설로 확정할 수 밖에 없다. 둘째 형사소송에서는 성명모용 소송과 위장출석 소송을 엄히 구별하여 각기 적용 법리를 달리하고 있지만, 민사소송에서는 이를 '성명모용(또는 도용·참칭) 소송'이라 통칭하면서 적용 법리를 구별하지 않고 있다[36]. 셋째 형사소송에서는 피고인 아닌 자에 대하여 진행된 재판절차가 피고인에게는 확정적으로 무효이므로 피고인이 추인하여 자신에 대한 재판으로 활용할 수 없지만, 민사소송에서는 당사자 아닌 자에 의하여 진행된 재판절차를 당사자가 '무권대리의 추인'이라는 방법으로 자신에 대한 재판으로 활용할 수 있다. 넷째 형사소송에서는 공소장이나 판결서의 피고인표시 상 오류를 정정 또는 경정할 수 있을 뿐 피고인을 변경할 수는 없지만, 민사소송에서는 정정 또는 경정 뿐만 아니라 당사자 변경도 일부 가능하다(제260조).

이러한 차이들은 형사소송의 목적이 주로 공익실현에 있지만 민사소송의 목적이 사익실현에 있다는 점에 기인한다. 이와 같은 이유 때문에 민사소송에서는 당사자 확정의 기준으로 원고의 의사보다는 소장의 표시가 좀 더 중시되고 있는 것도 사실이다. 판례 역시 성명모용 소송에서 당사자는 피모용자이고, 다만 소송수행이 적법한 대리인 아닌 자에 의하여 진행된 것으로 처리할 뿐이며, 피모용자 명의의 판결은 상소나 재심을 통해 고쳐지기 전까지는 일응 피모용자에게 효력이 있다고 보고 있다[37]. 따라서 형사소송법의 입장에서 민사소송에서의 당사자 확정에 관한 이론이나 판례의 태도를 참고할 때에는 위와 같은 차이점을 신중히 고려하여야 할 것이다.

Ⅲ. 성명모용 소송의 경우

1. 총설

성명모용 소송은 갑이 을의 성명만 모용하였을 뿐 갑 자신이 수사와 재판을 받고 기소된

---

[36] 이시윤, 앞의 책, 146면; 정동윤/유병현/김경욱, 앞의 책, 201면, 202면; 호문혁, 앞의 책, 226면, 227면.
[37] 대법원 1964. 3. 31. 선고 63다656판결, 대법원 1994. 1. 11. 선고 92다47632 판결 등. 이에 대한 좀 더 깊은 내용은 박찬주, 앞의 논문, 230면 이하 참조.

범죄사실도 그대로여서 인적사항 외의 점들은 왜곡된 것이 없다. 실제로도 갑에게 범죄전력이 있어 상습범이 되거나, 누범 또는 집행유예 결격에 해당하거나, 적어도 양형상 불이익이 예상되는 경우 또는 공무원이나 유명인과 같이 형벌 이외의 불이익이 예상되는 경우에 주로 사용된다.

실무상 17세 이상의 자에 대하여는 주민등록증을 발급하기에 앞서 읍 면 동사무소에서 주민원지에 십지지문을 채취하는데, 이 자료는 파출소, 경찰서, 지방경찰청을 거쳐 경찰청 전산소에 입력된다. 이후 어떤 범죄사건이 입건되고 피의자가 출석하거나 검거되면 수사자료표 작성과 함께 십지지문을 채취한 후 이를 경찰청으로 보내 신원을 조회하면 피의자가 밝힌 인적사항과 지문이 일치하는지, 지문의 주인이 누구인지가 확인되는 것이다[38]. 따라서 십지지문이 등록되어 있지 아니한 17세 미만자, 무적자 또는 외국인의 경우에는 성명모용 사실이 끝내 발각되지 않을 수 있고[39] 십지지문이 등록되어 있는 국민이라도 십지지문 조회 결과가 도착하기 전에 즉결심판이나 약식명령 고지 등으로 형사사건이 조기에 종결되면 성명모용의 효과를 볼 수 있겠지만, 그 밖의 대부분의 사건에서는 십지지문 조회결과의 도착과 동시에 성명모용 시도가 실패하게 된다.

성명모용 소송에서의 피고인 특정 문제는 구공판(정식재판)의 경우와 구약식(약식절차)의 경우를 나누어서 살펴보는 것이 편리하다. 구공판에서는 피고인이 출석하여야 하므로 갑이 출석하여 재판을 받았는지 을이 출석하여 재판을 받았는지에 따라 결과에 차이가 발생하지만, 약식절차에서는 피고인이 출석하지 않기 때문에 위와 같은 차이가 발생하지 않는다. 여기에서는 성명모용의 일반적인 경우, 즉 을이 재판에 관여하지 아니한 경우에 대하여만 살펴보고, 을이 법정에 출석하여 피모용 사실을 숨기고 진정한 피고인인 것처럼 재판을 받은 경우에 대하여는 위장출석 소송을 살펴본 다음 별도의 항에서 검토하기로 한다.

---

38) 오진선,"인적 도용 방지를 위한 지문제도의 효율적 활용방안", 인하대학교 행정대학원 석사학위논문, 1995, 51면, 52면.
39) 물론 십지지문 등록부터 타인 명의로 되어 있다면 발각되지 않을 수도 있을 것이다.

2. 구공판의 경우

(1) 판결 선고 전 발각된 경우

검사가 갑을 수사하고 그를 기소하였으므로 비록 성명 등 인적사항이 모용되었다고 하더라도 갑만이 피고인이라는 것이 실질적 표시설이나 의사설의 공통된 결론이다. 검사가 피고인표시만 정정하면 공소장의 피고인특정에도 아무런 문제가 없으므로 갑에 대하여 재판을 진행하면 족하고 을에 대하여는 아무런 조치가 필요하지 않다.

"검사의 피고인표시 정정신청이 들어오면 법원은 변론을 재개하여 표시를 바로잡아야 하므로 변론재개는 의무적"이라는 견해도 있고[40], "피고인표시 정정신청을 받아들이지 않고 공소기각 판결한 위 대법원 1991. 9. 10. 선고 91도1689 판결은 형식적 당사자주의에 안주한 판결"이라는 비판도 있다[41]. 모두 피고인표시 정정의 당위성을 설명하고 있으며 그러한 취지 자체에는 찬동한다. 그러나 대법원도 '피고인표시 정정신청'이라고 표현하였지만, 피고인표시 정정은 공소장 상의 단순한 오류나 오기를 바로잡는 것에 불과하고 법원의 허가를 요하지도 않으므로(전술한 92도2554 판결 참조) 검사가 직접 피고인표시를 정정하면 족하지 법원에 정정을 신청하여야 하는 것도 아니다. 오히려 검사가 정정하지 않는 경우 법원은 정정을 촉구하여야 한다[42]. 뒤에서 설명할 바와 같이 판결 상의 피고인표시가 모용된 경우 법원 스스로 피고인표시 경정결정을 하면 족한 것과 마찬가지이다.

검사가 부주의로 피고인표시 정정을 하지 않으면 어떻게 될까? "피고인표시가 정정되어야 공소가 갑에게 효력을 미치기 때문에 표시가 정정되지 않았다면 제327조 제2호에 의해 공소기각 판결을 선고하여야 한다"는 견해가 통설[43] 판례[44] 이다. "공소장에 기재된 인적사항을 기준으로 보면 피고인 특정도 되었고 모용자가 공판정에 출석하여 심리를 받고 있으므로 공소기각할 이유도 없고 소송경제에도 도움이 되지 않는다"는 견해도 있지만[45], 누구

---

40) 백형구, 앞의 논문, 95면.
41) 황현호, 앞의 논문, 523면; 김진태, 앞의 논문, 183면.
42) 이기광, 앞의 논문, 480면, 481면.
43) 신동운, 앞의 책, 610면; 배종대/이상돈/정승환/이주원, 앞의 책, 270면 등. 실무의 태도도 그러하다. 법원실무제요 형사(Ⅰ), 법원행정처, 2014, 85면.
44) 대법원 1993. 1. 19. 선고 92도2554 판결.
45) 백형구, 형사소송법연습(신정판), 박영사, 1997, 180면, 181면. 결국 무죄판결을 하여야 한다는 취지이다.

라도 기재되었다고 특정되는 것이 아니라 피고인의 인적사항이 다른 사람과 구별되도록 기재되어야 특정되는 것이기 때문에 다른 자료들을 종합하면 검사가 의도한 피고인이 누구인지 알 수 있는 상황이라고 하더라도 현실적인 당사자표시 정정 전에는 '특정할 수 있는 상태'일 뿐 '특정되었다'고 보기는 어려울 것이다[46]. 이는 검사가 의도적으로 당사자표시 정정을 하지 않는 경우와는 구별하여야 한다. 이러한 경우에는 현재 표시된 그대로를 검사의 의도로 추론함이 상당하므로 무죄판결함이 옳을 것으로 생각된다[47].

모용사실은 밝혀졌지만 갑이 도주해버려 갑의 인적사항이 끝내 밝혀지지 않는다면 어떻게 될까? "피고인이 특정되지 않았고 피고인표시를 정정할 수도 없으므로 을에 대하여 공소기각 판결을 하여야 한다"는 견해도 있다[48]. 그러나 갑의 성명 등 인적사항이 밝혀지지 않았더라도 사진이나 몽타쥬 등으로라도 특정되었다면 공소기각의 대상이 아니므로, 일응 피고인의 불출석을 이유로 공판절차를 정지해 놓고 검거를 위한 조치를 취하여야 하며, 끝내 검거되지 않는다면 의제 공소시효 완성으로 처리함이 옳을 것으로 생각된다. 피고인이 사진이나 몽타주 만으로 특정되었음에도 피고인 특정이 된 것으로 보고(궐석재판의 요건이 구비되었다면) 궐석재판을 할 수 있을지에 대하여는 의문이 있다.

"을이 공판정에 출석하였다면 을에게도 사실상의 소송계속이 발생하였으므로 그에게도 제327조 제2호를 유추적용하여 공소기각 판결을 해 주어야 한다"는 견해가 적지 아니하다[49]. 뒤에서 살펴볼 바와 같이 을 명의의 판결이 선고되고 을이 항소한 경우에는 을에 대하여 공소기각 판결을 선고하여야 한다는 견해를 취한다고 하더라도, 을이 단순히 공판정에 출석만 하였을 뿐 피고인으로 취급되기도 전에 형식적 피고인으로 취급하는 것은 행위설의 본질과도 맞지 않으며, 결국 당사자표시 정정으로 을이 소송에서 완전히 배제되므로 을의 소송상의 지위에 대하여 따로 논할 필요가 없을 것으로 생각된다.

한편 을이 공판정에 출석하여 모용된 사실을 모른 채 계속 재판을 받는 상황은 예상하기 어려우며, 모용된 사실을 숨긴 채 계속 재판을 받는 상황은 모용자와의 통모를 전제로 하여

---

46) 같은 취지로 신이철, 앞의 논문, 486면.
47) 같은 취지로 황현호, 앞의 논문, 522면; 이동형, 앞의 논문, 120면.
48) 황현호, 앞의 논문, 571면.
49) 백형구, 앞의 논문, 97면.

야 가능할 것이다.

(2) 판결 선고 후 발각된 경우

판결이 선고된 후에는 형식적 의미의 피고인인 을에게 판결의 효력이 미친다는 견해가 적지 않다[50]. 더욱이 뒤에서 살펴볼 바와 같이 약식명령 고지 후에도 피고인표시 정정으로 족하다고 하는 견해를 취하는 분[51]도 "판결이 선고된 후에는 을을 형식적 의미에서의 피고인이라 인정하여야 하므로 을은 항소에 의해 원심판결의 시정을 구할 수 있다"고 보면서, "일단 판결이 선고되면 누가 피고인인가의 문제는 논의될 여지가 없고 누가 판결의 효력을 받는 인적 범위 내에 있는 자인지의 문제만 남은데, 판결서에 을이 피고인으로 표시되어 있고 피고인처럼 행동하였기 때문에 피모용자가 판결의 효력을 받기 때문"이라고 설명하고 있다. 그러나 성명모용 소송의 확정판결은 갑에게만 효력이 있다는 데에 이견이 없는데 반해 확정 전 판결은 을에게 효력이 있다는 설명은 이해하기 어려우며, 약식명령이 내려진 경우와 판결이 내려진 경우 사이에 어떤 차이가 있기에 그렇게 달리 취급하는지도 여전히 의문이다. 약식명령도 판결과 마찬가지로 법원의 법률행위적 소송행위이고 그 안에 피고인이 표시되어 있으며, 정식재판을 청구하지 않으면 확정되는 것도 동일하다[52]. 또한 을은 항소한 것 외에는 피고인처럼 행동한 것도 없고 피고인 행세를 한 것은 더더욱 아니어서 행위설에 의하더라도 이를 피고인으로 행위하였다고 볼 수 있을지 의문이다. 더욱이 을에게 항소권을 인정하더라도 을에게 공소기각 판결을 선고하고 종결할 터인데[53], 을에 대한 기소가 아니었다는 점을 확인해 주는 의미 밖에 없는 위 공소기각 판결이 없더라도 판결서 명의 경정결정서만 을에게 보내준다면 동일한 효과를 거둘 수 있다. 더 나아가 공소는 1개 뿐인데 을에 대하여 공소기각 판결을 해 버리면 갑에 대한 판결이 불고불리의 원칙상 이상한 지위에 놓이게 되는데, 이는 형사소송 체계상의 심각한 문제이다[54]. 따라서 을에게는 판결의 효력도 미치지 않고 을은 항소를 할 수도 없다고 보아야 할 것이라 생각된다[55].

---

50) 이동형, 앞의 논문, 121면.
51) 황현호, 앞의 논문, 521면.
52) 약식명령의 법적 성격에 대하여 결정으로 보는 견해가 많지만, 저자는 종국재판이고 실체재판이므로 특수한 형태의 판결이라고 생각한다. 다만 이 글의 논지와는 직접 관련이 없으므로 더 깊은 논의는 피하기로 한다.
53) 판결서의 피고인 명의 경정결정을 하게 되겠지만, 이는 을에게 항소권을 인정하지 않더라도 직권으로 진행할 수 있는 절차이므로 항소권 인정의 실익이 되지 못한다.
54) 같은 취지로 김진태, 앞의 논문, 176면.
55) 같은 취지로 신이철, 앞의 논문, 485면. 을에게는 항소권이 없으므로 을의 항소에 대하여는 항소기간 결정을 하여야 할 것이다(제360조, 제362조).

모용사실이 밝혀진 것 자체로 갑이나 검사에게 항소이유가 될 수 있을까? 형사소송법 제361조의5 제14호 소정의 '사실의 오인이 있어 판결에 영향을 미친 때'에 해당하는지의 문제이다. "여기에서의 '사실의 오인'은 범죄의 구성요건에 대한 사실인정의 잘못이 있는 경우만을 의미하고 성명모용은 이에 해당하지 않으므로 검사나 갑 모두 항소할 수 없다"는 견해도 있다[56]. 그러나 여기에서의 사실의 오인은 판결에 영향을 미칠 수 있는 모든 사실의 오인을 의미하므로 양형에 영향을 미친 사실의 오인도 포함된다고 생각된다. 범죄전력 등을 숨기기 위한 성명모용은 당연히 양형에 영향을 미친 사실의 오인이므로 검사의 항소이유가 될 수 있다. 다만 사형과 같이 법정 최고형이 선고되어 범죄전력이 밝혀지더라도 더 이상 상향될 수 없는 형량이 선고되었다면 항소이유가 될 수 없겠지만, 그런 경우는 현실적으로 매우 드물 것이다.

갑도 항소할 수 있을까? 갑으로서는 재판과정에 자신에게 불리한 사실의 오인이 없었으므로 항소의 이익이 없어 항소가 허용되지 않는 것이 원칙이지만, 만일 을에게 갑이 모르는 범죄전력이 있어 모용하지 아니한 것 보다 더 중한 형이 선고되었다면 사실의 오인으로 판결에 영향을 미친 때에 해당한다고 할 수 있을 것이다. 이러한 경우 갑이 자초한 결과이므로 항소할 수 없다고 볼 여지도 있지만, 민사소송과 달리 공익적 고려도 함께 하여야 하는 형사소송의 특성상 '신의칙상 항소 금지'라는 논리는 허용되지 않을 것으로 생각된다.

(3) 판결 확정 후 발각된 경우

확정된 판결은 갑에게만 효력이 있다는 데에 이견이 없다. 실질적으로 갑이 기소되었고 또 갑이 재판을 받은 것이기 때문이다. 이에 대하여 "확정 전에는 실체적 진실발견을 위하여 검사의 의사가 중시되지만 확정 후에는 재판의 집행에 있어서 법원 판결의 권위가 중시되므로 표시를 중심으로 판결의 효력이 누구에게 미치는지 판단할 수 밖에 없다"는 견해도 있는데[57], 집행과정에까지 검사나 법원의 의사를 중시하여 모용자를 찾아내어 집행해 주기를 기대하기는 어렵다는 점을 그 논거로 한다. 이 때문에 이 견해를 취하는 분은 갑이 구속 기소된 경우에는 을 명의로 유죄가 확정되더라도 갑에 대한 형 집행에 문제가 없기 때문에 확정판결의 효력이 갑에게 미친다고 보고 있다. 그러나 집행의 난이에 따라 확정판결의 효

---

56) 황현호, 앞의 논문, 511면; 신이철, 앞의 논문, 485면; 이동형, 앞의 논문, 118면.
57) 김진태, 앞의 논문; 188면.

력이 미치는 대상이 바뀐다는 논리는 쉽게 수긍하기 어렵다. 위 견해를 반대해석하면 모용자를 찾기가 어렵다고, 또는 검사에게 모용자를 찾아서 집행해 달라고 요구하기가 어렵다고 피모용자에게 형을 집행할 수 있다는 것인데, 이것이 과연 정의일까? 을이 집행에 이의하거나 기타의 사유로 검사나 법원이 모용사실을 알게 되면 곧바로 판결서 경정절차를 밟아 갑에게 집행하면 족할 뿐 집행의 난이가 판결의 효력이 미치는 대상을 결정하는 근거가 되지는 못할 것이다.

피고인이 을로 표시된 확정판결을 갑에게 집행하기 위해서는 판결서 경정결정이 있어야 한다(형사소송규칙 제25조 제1항). 공소장에 피고인표시 정정을 하지 않으면 피고인이 모용자로 특정되었다고 볼 수 없듯이 판결서 역시 경정되지 않으면 피고인이 특정되었다고 볼 수 없기 때문이다. 성명모용을 통해 집행유예 결격인 범죄전력을 숨겨 다시 집행유예를 선고 받았다면 집행유예 선고를 취소하여야 하므로(형법 제64조 제1항) 검사는 집행유예 취소를 신청하여야 한다. 갑이나 검사가 성명모용을 이유로 비상상고나 재심을 청구할 수는 없다는데 이견이 없다.

확정된 판결은 을에 대하여는 효력이 없으므로 을에게 집행할 수 없음이 당연하다. 을에 대하여는 재심 또는 비상상고로 확정판결의 효력을 바로잡아야 한다는 견해도 있으나[58], 위 확정판결은 처음부터 을에 대하여는 효력이 없기 때문에 확정판결 명의 정정절차와 전과말소절차가 필요할 뿐이다[59]. "을에 대하여 유죄판결이 확정되면 그 판결까지 갑에 대한 판결이라 볼 수는 없고 을에 대한 판결이라 보는 것이 타당하다"는 견해도 있지만[60], 왜 확정 전에는 갑에게만 효력이 있다가 확정되면 갑에 대한 효력이 소멸되고 을에게 효력이 발생하는지 수긍하기 어렵다.

3. 구약식의 경우

(1) 약식명령 고지 후 발각된 경우

약식절차에서는 피고인이 출석하지 않기 때문에 약식명령이 고지되기 전에는 을이 소송

---

58) 재심설을 취하는 분은 지금은 없는 것 같고, 비상상고설을 취하는 분은 신동운, 앞의 책, 611면.
59) 같은 취지로 황현호, 앞의 논문, 532면; 김진태, 앞의 논문, 189면; 이동형, 앞의 논문, 119면; 백형구, 앞의 형사소송법강의, 55면 등.
60) 김진태, 앞의 논문, 184면.

절차에 나설 일이 없다. 약식명령이 고지되기 전에 성명모용 사실이 밝혀진다면 구공판에서 기소 직후 성명모용 사실이 밝혀진 경우와 마찬가지로 피고인표시만 정정되면 족하고 을에 대하여는 아무런 조치가 필요 없을 것이다. 문제는 약식명령이 을에게 고지된 후 을이 법정에 출석함으로써 성명모용 사실이 발각된 경우이다. 다수설[61] 판례[62]는 약식명령이 고지되고 을이 정식재판을 청구하여 을을 상대로 심리를 진행하는 과정에 성명모용 사실이 발각된 경우 을에게 사실상의 소송계속이 발생하여 형식상 피고인의 지위를 갖게 되므로 법원은 을에게 적법한 공소제기가 없었음을 밝혀 을의 불안정한 지위를 해소해 주기 위해 형사소송법 제327조 제2호를 적용(또는 유추적용)하여 공소기각 판결을 하여야 한다고 보고 있다. 이때의 공소기각은 을에 대한 사실상의 소송계속을 종결시키는 효력만 있고 갑에게는 아무런 효력이 없다[63].

을의 불안정한 지위는 불구속 구공판의 경우에도 발생하는데 약식명령이 고지된 경우를 불구속 구공판의 경우(판결 선고 전 발각의 경우를 의미하는 것으로 보인다)와 달리 처리하여야 할 이유가 없다는 전제 하에 "불구속 구공판의 피모용자가 법정에 출석하여 자신이 이 사건과 무관하다고 주장하는 것과, 약식명령 등본을 송달받고 정식재판을 청구하여 법정에서 자신이 이 사건과 무관하다고 주장하는 것 사이에 정식재판 청구기간의 차이 외에는 다른 점이 없고, 을의 불안정한 지위를 해소해 주기 위해서는 법원의 판결서(약식명령서) 경정결정으로 족하며, 을은 정식재판 청구권 없는 자이므로 을의 정식재판 청구는 제455조 제1항에 의해 기각함이 상당하다"는 견해도 있다[64]. "을은 일시 법원의 착오로 피고인으로 잘못 취급된 자에 불과하므로 그에 대하여는 종국판결을 할 것이 아니라 모용관계가 밝혀진 시점에 사실상 소송절차에서 배제하기만 하면 족하고, 갑에 대하여는 피고인표시를 정정한 후 소환하여 1심 재판을 진행하여야 한다"는 견해나[65], "다수설은 공소제기의 효력이 처음부터 을에게 미치지 않는다면서 을의 정식재판 청구에 대하여 공소제기 절차가 법률 규정에 위반하였다고 평가하는 것은 모순이고, 하나의 공소제기에 두 개의 판결을 하는 것 역시 형사소송의 근본 틀을 깨는

---

61) 신동운, 앞의 책, 611면; 배종대/이상돈/정승환/이주원, 앞의 책, 271면; 신이철, 앞의 논문, 490면 등. 실무의 태도도 그러하다. 앞의 법원실무제요 형사(1), 85면.
62) 대법원 1993. 1. 19. 선고 92도2554 판결.
63) 신이철, 앞의 논문, 490면.
64) 황현호, 앞의 논문, 519면, 521면.
65) 김진태, 앞의 논문, 177면.

것"이라는 비판[66] 역시 같은 취지이다[67].

생각건대 을은 피고인이 아니고 을의 정식재판 청구는 피고인 아닌 자의 정식재판 청구이므로 제455조 제1항에 따라 기각 대상이라고 보아야 하며(이는 구공판사건에서 을의 항소에 대하여 제360조 또는 제362조에 의해 항소를 기각하여야 하는 것과 같은 이치이다), 오히려 을 명의의 약식명령이 잘못되었다는 점에 대한 법원의 응답으로는 을에 대한 공소기각이 아닌 약식명령서 경정결정이 적절할 것으로 보인다.

갑에게는 아직 약식명령이 송달되지 않았으므로 약식명령 정본과 약식명령서 경정결정을 갑에게 다시 송달한 후 그때로부터 1주간 갑의 정식재판 청구 여부를 기다린다는 견해가 통설[68] 판례[69]의 입장이며, 옳다고 생각된다. 이에 대하여 "정식재판으로의 이행(移行)은 실체적 진실발견과 피고인 인권보호에 장애가 아닌 도움이 되는 제도이므로 이를 엄격히 제한할 이유가 없고, 갑과 을은 한 사건의 두 피고인으로서 그 중 1인을 피고인으로 확정하여야 한다는 특수한 관계에 있으며, 피고인을 확정하기 위해서는 갑과 을을 동시에 소환하여 확인할 필요가 있다는 등의 이유로 갑과 을 중 어느 한쪽의 정식재판 청구만 있으면 갑과 을 모두 정식재판 절차로 이행한다고 보아도 무리가 없다"는 견해도 있지만[70], 피고인 아닌 을의 정식재판 청구는 무효일 뿐만 아니라 비록 성명을 모용하였다고 하더라도 갑에게 자신이 원하지 않은 정식재판을 강요할 수는 없는 노릇이다.

(2) 약식명령 확정 후 발각된 경우

확정된 약식명령은 확정된 판결과 마찬가지로 갑에게만 효력이 있지만 실제로 갑에게 집행하기 위해서는 약식명령서 경정결정(형사소송규칙 제25조 제1항)이 있어야 하며, 을에 대하여는 재심이나 비상상고가 아닌 말소절차가 필요할 뿐이라는 점은 확정된 판결의 경우와 동일하다.

---

66) 이기광, 앞의 논문, 486면, 487면.
67) 위 비판에 대하여는 "을의 정식재판청구는 정당한 이유 있으므로 법원은 응답을 해 주어야 하고 피고인이 아니라는 이유로 정식재판청구를 기각하는 것은 약식명령이 잘못되었다는 것에 대한 법원의 응답으로는 부적절하므로 어떤 형태로든지 정식재판청구가 이유 있다는 점을 주문에서 표시해 주어야 하기 때문에 결국 공소기각 판결을 해 주는 것이 옳다"는 반론도 있다. 이동형, 앞의 논문, 123면.
68) 신동운, 앞의 책, 611면; 신이철, 앞의 논문, 492면.
69) 대법원 1993. 1. 10. 선고 92도2554 판결.
70) 김상희, "성명모용과 피고인의 특정", 형사판례연구 제2권, 박영사, 1996, 252면, 253면.

Ⅳ. 위장출석 소송의 경우

1. 총설

위장출석 소송은 현실에서 성명모용 소송보다 더 드물게 발생한다. 이 때문에 직접적으로 이 문제를 다룬 판례는 없다. 다수설[71]은 병이 일정 정도 이상으로 소송에 관여한 단계부터는 병에 대하여도 사실상의 소송계속이 발생한 것으로 보아 갑을 실질적 피고인, 병을 형식적 피고인이라고 부르면서 병도 피고인으로 취급하며, 이후로는 제327조 제2호를 유추적용 하여 병에게도 공소기각 판결을 통해 소송절차에서 배척하여야 한다고 보고 있다.

성명모용 소송에서는 비록 타인의 성명을 모용하였지만 검사가 의도한 피고인이 수사를 받고 기소되고 법정에 나와 재판도 받았으므로 범죄전력 등에서 약간의 차이가 있을 뿐 형사절차 진행에 큰 흠결이 없어 진행된 절차와 판결이 일응 유효하다. 그러나 위장출석 소송에서는 피고인은 법정에 출석하지 아니하고 피고인 아닌 자가 법정에 나와 피고인 행세를 하면서 재판을 받은 것이기 때문에 재판 자체에 심각한 흠결이 있다. 궐석재판의 요건이나 절차를 취하지 아니한 채 궐석재판을 진행한 것과 유사하다고 볼 수도 있지만, 법원도 피고인 아닌 자의 소송행위를 피고인의 소송행위로 오인하였으니 위 궐석재판보다 흠결이 더 큰 상황이다. 따라서 위장출석 시점 이후의 소송절차 진행과 판결 선고 등이 모두 무효라고 보아야 하고, 위장출석이 밝혀지면 위장출석이 시작된 시점으로 되돌아가 피고인을 소환하여 다시 적법한 재판을 진행하여야 한다는 것이 의사설의 당연한 결론이 된다[72].

2. 각 단계별 검토

(1) 판결 선고 전 발각된 경우

위장출석 직후, 예컨대 인정신문 단계에서 위장출석 사실이 발각된 경우에는 사실행위로서 병을 소송에서 배척시키면 족하고 달리 공소기각 등의 법률행위적 조치가 필요하지 않다. 이 단계에서는 비록 약간의 피고인 행세는 있었지만 법원이 병을 피고인으로 취급한 것

---

[71] 신동운, 앞의 책, 611면; 이재상/조균석/이창온, 앞의 책, 121면 등. 실무의 태도도 그러하다. 앞의 법원실무제요 형사(Ⅰ), 86면.
[72] 같은 취지로 김진태, 앞의 논문, 172면.

은 아니어서 실질적 표시설이나 행위설에 의하더라도 아직 병에 대하여 어떠한 소송계속이 발생하였다고 보지 않으므로 결론이 다르지 않다.

그러나 인정신문이 지나고 사실심리 또는 증거조사 단계에 발각된 경우에는 이미 병에게 사실상의 소송계속이 발생하였기 때문에 이제는 형식적 피고인인 병에 대하여도 제327조 제2호를 적용(또는 유추적용)하여 공소기각의 판결을 하여 병을 소송절차에서 배척한 후 갑을 소환하여 다시 재판을 진행하여야 한다고 보는 견해가 다수설이다[73]. 다수설은 절차적 안정성을 근거로 하지만, 이에 대하여는 정확하게 어느 단계부터 어느 정도로 관여하여야 사실상의 소송계속이 발생하는지 명확하지 아니한 점, 성명모용 소송의 경우와 마찬가지로 1개의 공소제기에 갑과 을에 대한 각각의 종국재판이 따로 존재하는 것이 불고불리의 원칙과 조화되기 어려운 점, 다수설에 따르더라도 병에 대한 공소를 기각하면서 피고인을 갑이라고 기재하는 것도 부적절하고, 피고인을 병이라고 기재하는 것도 부적절한 점[74] 등의 문제가 제기된다. 다수설에서는 병에 대하여 공소기각 판결을 하지만, 여기에서의 공소기각 판결은 진짜로 검사의 공소를 기각한다는 의미가 아니라 병에 대하여 진행된 소송절차가 무효이고 병을 형사절차에서 배제한다는 의미만 있는 것이라고 설명하지만[75], 법률 규정이 아닌 해석에 의하여 공소기각 판결에 그와 같은 특별한 의미를 부여할 수 있는지 의문이다[76].

이 때문에 "병을 형식적 의미의 피고인이라고 인정할 필요도 없고, 병에게 공소기각의 판결을 할 필요도 없으며, 위장출석이 밝혀진 시점에 사실상 배제하면 족하다"는 견해가 적지 않다[77]. 이 견해는 위장출석자에게 피고인의 지위를 인정한다면 검사의 의사나 공소장의 표시, 법원의 의사나 판결서의 표시보다 위장출석자의 행동에 우월한 가치를 두거나 법률적 행위보다 사실적 행위를 중시하는 결과가 되는데 위장출석자의 행동에 그와 같은 큰 의미를 부여할 필요가 없다는 점을 근거로 한다[78]. 생각건대 병은 검사의 의사나 공소장 표시 어

---

73) 직접 적용한다는 견해로는 신동운, 앞의 책, 611면; 이재상/조균석/이창온, 앞의 책, 121면; 정웅석/최창호/김한균, 앞의 책, 337면 등. 유추적용한다는 견해로는 백형구, 앞의 책, 53면; 신양균, 앞의 책, 417면; 배종대/이상돈/정승환/이주원, 앞의 책, 272면; 앞의 법원실무제요 형사(Ⅰ), 86면.
74) 황현호, 앞의 논문, 526면.
75) 정웅석/최창호/김한균, 앞의 책, 337면.
76) 판결의 종류와 효력은 법률이 정하는 것만 가능하지 법원이 창설할 수는 없다. 마치 물권의 종류와 효력은 법률로 정하는 것('물권법정주의'라 한다)과 마찬가지이다.
77) 황현호, 앞의 논문, 527면; 이동형, 앞의 논문, 127면; 지영환, 앞의 논문, 246면, 247면.
78) 황현호, 앞의 논문, 529면.

느 기준에 의하더라도 피고인이 아니며, 자칭 피고인으로 행세하였다거나 법원이 일시 오인하여 그를 피고인으로 취급하였다고 하여 피고인이 되는 것은 결코 아니다. 병은 처음부터 피고인이 아니어서 병의 피고인 행세와 법원의 피고인 취급은 모두 무효일 뿐이므로 병을 절차에서 사실상 배제하면 족한 것이다.

(2) 판결 선고 후 발각된 경우

위장출석 소송에서 선고된 판결의 효력이 갑에게 미치는지 병에게 미치는지가 문제되지만 이를 명확히 밝히는 분은 많지 않다. "병이 항소하면 병에 대하여는 공소기각 판결을 하는 한편, 갑에 대하여는 판결서 경정결정을 하여 제2심 재판을 한 다음 원심을 파기하고 자판하여야 한다"는 견해[79]는 피고인의 불출석은 재판에 있어 중대한 하자이므로 판결이 갑에게는 당연무효이지만 병은 피고인으로 행위하였기 때문에 판결의 효력이 미친다는 점을 전제로 하는 듯 보인다. 이와 반대로 "항소심에서 심리한 결과 갑에 대해 유죄가 인정되더라도 피고인의 출석권에 관한 제276조에 위반하여 원심판결에 영향을 미친 위법이 있기 때문에 일응 원심판결을 파기하고 자판하여 유죄를 선고하여야 하며(그 과정에 갑이 심급의 이익을 상실하지만 이는 자초한 결과일 뿐이다), 병은 항소권도 없고 항소의 대상인 판결도 없으므로 병의 항소는 원심법원의 항소기각 대상(제360조)"이라고 하는 견해[80]는 병은 판결문에 피고인으로 표시되어 있지도 않고 검사도 피고인으로 할 의사가 없으므로 판결의 효력이 병에게는 미치지 않고, 갑에게는 그 판결이 형식상 하자가 없어 당연무효가 아니기 때문에 판결의 효력이 갑에게 미친다는 점을 전제로 하는 듯 보인다.

생각건대 위 양설 모두 일부는 수긍할 수 있고 일부는 수긍하기 어렵다. 갑은 재판에 출석하지도 않았고 궐석재판의 요건과 절차를 따르지도 않았으므로 갑에게는 판결에 중대한 하자가 있어 당연무효이다. 또한 갑을 기소하였는데 병이 피고인 행세를 하였다고 하여 병이 피고인이 되고 판결의 효력이 병에게 미치고 더욱이 병에게 형벌을 집행한다는 것은 전혀 옳지 못하다. 결국 위 판결은 갑과 병 모두에게 효력이 없다[81]. 따라서 병이 위장출석한

---

79) 지영환, 앞의 논문, 248면(지영환 박사는 갑도 판결에 영향을 미친 위법이 있음을 이유로 항소할 수 있다고 본다). 실무의 태도도 그러하다. 앞의 법원실무제요 형사(Ⅰ), 86면.
80) 황현호, 앞의 논문, 530면.
81) 같은 취지로 지영환, 앞의 논문, 250면. 한편 이동형, 앞의 논문, 128면에는 '갑과 병에게 모두 효력이 없다'는 취지로 서술되어 있으나, 130면에는 '갑에게만 효력이 있다'는 취지로 서술되어 있어 혼란스럽다.

시점(제1심 초기였을 가능성이 높다) 이후의 소송절차와 판결은 모두 무효이고, 제1심법원은 갑을 소환하여 위장출석 시점부터 다시 재판을 진행하여야 한다.

만일 병이 항소하였다면 항소권자 아닌 자의 항소가 되는데, 항소 불성립인지 항소 무효인지 의문이다. 불성립이라면 법원은 아무런 조치를 취할 필요가 없지만, 무효라면 항소기각이라는 조치를 취해 주어야 한다. 제360조 제1항은 "항소의 제기가 법률상의 방식에 위반하거나 항소권 소멸 후인 것이 명백한 때에는 원심법원은 결정으로 항소를 기각하여야 한다"고 규정하고 있고, 제362조 제1항은 "제360조의 규정에 해당한 경우에 원심법원이 항소기각의 결정을 하지 아니한 때에는 항소법원은 결정으로 항소를 기각하여야 한다"고 규정하고 있다. 여기에서 '항소권 소멸 후'란 원래는 항소권이 있었지만 항소기간 도과나 항소취소 등으로 항소권이 없어진 경우만을 의미하므로, 처음부터 항소권자 아닌 자의 항소는 이에 해당하지 않는다고 해석할 여지도 있다. 그러나 항소권 없는 자의 항소도 항소 방식의 위법으로 보는 것이 일반적인 견해인데[82] 이에 따르면 병의 항소도 무효인 항소로서 항소기각의 대상이 된다.

한편 항소심에서 위장출석이 발각된 경우에 대하여는 파기자판 하여야 한다는 견해와 1심부터 다시 진행하여야 한다는 견해가 대립되고 있다. 전설은 파기환송의 근거규정인 제366조에 위장출석은 없어 파기환송 할 수 없기 때문에 항소심에서 위장출석이 발각되면 병을 배제하고 갑을 소환하여 심리한 후 원심판결을 파기하고 자판하여야 한다고 주장한다[83]. 그러나 후설은 심급의 이익을 고려할 때 원심에서도 병이 관여하였는지를 밝혀 만일 그렇다면 원심판결을 파기할 것이 아니라 병이 관여한 시점 이후의 모든 소송절차 진행이 무효화되고 제1심부터 새로 심리하여야 한다고 주장한다[84]. 생각건대 파기자판이나 파기환송은 원심재판이 유효함을 전제로 하는 판단이기 때문에 원심재판이 무효라면 파기의 대상도 아니고 다시 재판하는 것이 옳으며, 다만 이는 심급의 이익의 문제가 아니라 소송절차와 판결의 효력 유무의 문제일 뿐이라고 판단된다.

---

82) 주석 형사소송법(Ⅳ)(제6판), 한국사법행정학회, 2022, 164면.
83) 이동형, 앞의 논문, 129면.
84) 이재상/조균석/이창온, 앞의 책, 121면; 배종대/이상돈/정승환/이주원, 앞의 책, 272면.

(3) 확정 후 발각된 경우

판결이 확정되었다면 판결의 효력이 병에게만 미친다는 다수설에서는 병에 대한 구제수단을 논의할 것이고, 판결의 효력이 갑에게만 미친다는 소수설에서는 갑에 대한 구제수단을 논의할 것이다. 갑과 병 누구에게든지 비상상고설과 재심설[85]이 대립하고 있다. 그러나 저자는 판결(확정된 듯 보이지만 실제로는 무효이기 때문에 확정될 여지도 없다)이 갑과 병에게 모두 효력이 없다고 보기 때문에 비상상고나 재심이 필요하지 않고 다만 병에 대한 전과 말소와 갑에 대한 재판의 재개가 필요할 뿐이라고 생각한다. 병이 집행이의(제488조)를 할 수 있음은 물론이다[86].

V. 성명모용과 위장출석이 중첩된 소송의 경우

1. 총설

성명모용과 위장출석의 중첩이란 피모용자(앞에서 다룬 단순 피모용자와 구별하기 위하여 '정'이라고 부르기로 한다)가 법정에 출석하여 모용사실을 숨기고 진정한 피고인 행세를 한 경우 즉 정이 성명이 모용된 사실을 알면서도 이를 밝히지 아니하고 계속 재판에 응한 경우를 말한다. 정이 갑과의 통모 하에 그렇게 할 가능성이 있다. 단순한 피모용자는 피고인으로 행세하지 않고 일반적인 위장출석자는 공소장이나 판결서 피고인이 자신의 이름이 아니지만, 이 경우의 정은 공소장이나 판결서의 피고인도 자기 이름이고 법정에서 피고인으로 행세하기도 하였다는 점에서 재판에서의 지위나 판결의 효력 등에서 달리 보아야 할 점이 있는지 검토할 필요가 있다.

2. 단계별 검토

(1) 판결 선고 전 발각된 경우

공소장의 피고인표시 정정이 필요한 것은 당연하다. 정이 공판정에서 진정한 피고인처럼 행세하였고 법원도 정을 진정한 피고인으로 취급하였다면 비록 피모용자 아닌 일반적인 위장출석의 경우에도 병에 대하여 형식적 피고인의 지위를 부여하고 공소기각 판결을 해 주어야 한다는 다수설의 입장에서는 당연히 정에 대하여 공소기각 판결을 해 주어야 한다고 볼 것이다. 그러나 피고인표시가 정정되고 나면 정 명의로 기소되었다는 문제점은 해결되

---
85) 황현호, 앞의 논문, 537면.
86) 심희기, 쟁점강의 형사소송법(제3판), 삼영사, 2012, 85면; 이동형, 앞의 논문, 129면.

었고 결국 정이 갑으로 행세하였다는 점만 남게 되는데, 일반적인 위장출석에서의 병과 마찬가지로 여기에서의 정 역시 처음부터 피고인이 아니므로 정의 피고인 행세와 법원의 피고인 취급은 모두 무효일 뿐이고, 법원은 정을 사실상 재판에서 배제하고 갑을 소환하여 재판을 진행하면 족할 것으로 생각된다[87].

(2) 판결 선고 후 발각된 경우

"공소장의 피고인에도 정이 표시되어 있고, 정이 피고인으로 행세하였으며, 법원도 정을 피고인으로 취급하여 정 명의로 판결하였으므로 판결은 정에게만 효력이 미치고 갑에게는 효력이 없다"는 견해가 있다[88]. 이에 따르면 정은 사실오인을 이유로 상소를 제기하여 구제되어야 하며 항소심은 원심판결을 파기하고 제327조 제2호를 유추적용 하여 공소기각의 판결을 하여야 한다. 그러나 "갑과의 관계에서는 아직 제1심 재판 중이므로 제1심 법원으로 환송하여 모용된 부분을 정정한 후 갑에 대하여 계속 재판하면 족하고 정에 대하여는 공소기각의 판결을 할 필요가 없다"는 견해도 있다[89].

생각건대 검사는 갑을 수사한 다음 갑을 처벌할 의도로 기소하였는데 공소장에 정 명의가 모용된 것을 기화로 정이 법정에 나와 피고인 행세를 하였다고 하여 판결의 효력이 정에게 미친다는 것은 전혀 수긍할 수 없다. 위 재판은 본질적으로 갑에 대한 재판이지 정에 대한 재판이 아니다. 위장출석 소송의 판결이 갑에게 효력이 없는 것과 마찬가지로 위 판결은 갑에게 효력이 없다. 더 나아가 성명모용 소송이나 위장출석 소송의 판결이 을이나 병에게 효력이 없는 것과 마찬가지로 위 판결은 정에게도 효력이 없다. 따라서 정이 출석한 시점 이후의 소송절차와 판결은 모두 무효이고 제1심 법원은 공소장의 피고인표시를 갑으로 정정한 후 갑을 소환하여 다시 재판을 진행하여야 한다. 정은 피고인이 아니므로 항소권도 없고 항소의 대상인 판결도 없으므로 정의 항소는 무효이고 항소기각 대상일 뿐이다(제360조). "공소기각 판결이 종국재판인데 종국재판이 선고된 사건에서 당초의 공소제기를 기초로 피고인표시를 정정하여 다시 절차를 진행하는 것이 문제가 있기는 하지만 새로 공소제기 하게 하는 것은 소송경제와 실체진실 발견에서 부당하므로 갑을 소환하여 제1심부터 다시 소

---

87) 같은 취지로 황현호, 앞의 논문, 516면; 김진태, 앞의 논문, 171면.
88) 황현호, 앞의 논문, 517면; 이동형, 앞의 논문, 121면; 이기광, 앞의 논문, 488면.
89) 이기광, 앞의 논문, 488면.

송절차를 개시하여야 한다는 견해에 찬성한다"는 분도 있다[90]. 그러나 정이 소송 초기부터 관여하였다면 어차피 소송 전체를 다시 진행하여야 하므로, 결국 공소장를 다시 쓰는지 마는지의 차이 밖에 없어 소송경제와는 거의 무관하고[91], 진실발견과도 큰 관계가 없는 듯하다. 불고불리 원칙이 붕괴되는 것이 더 큰 문제라고 생각된다.

(3) 판결 확정 후 발각된 경우

정 명의의 판결이 확정되었다면 위 판결이 정에게 효력이 있다는 견해에서는 당연히 재심이나 비상상고에 의하여 바로잡아야 한다고 보겠지만[92], 위 판결이 정에게 효력이 없다는 견해에서는 재심이나 비상상고가 필요 없고 집행이의와 판결서 경정결정이 필요할 뿐이라고 볼 것이다[93]. 앞에서 살핀 바와 같이 성명모용 되거나 피고인으로 행세하였다는 이유만으로는 판결의 효력이 정에게 미칠 수 없으므로 재심이나 비상상고는 필요하지 않다고 생각된다.

Ⅵ. 나가며

재판의 시작과 끝 및 심판의 대상이 민사소송에서는 원고에게 맡겨져 있듯이 형사소송에서는 검사에게 맡겨져 있다. 이것이 바로 불고불리의 원칙이다. 심판의 대상 중 인적 대상인 피고인은 검사가 기소하여 처벌하고자 의도한 사람이라는 전제 하에 피고인 특정의 문제를 의사설을 통해 풀어 보았다. 이례적으로 피고인이 성명을 모용하거나 피고인 아닌 자가 피고인인 것처럼 행세하여 검사와 법원이 일시적으로 착오에 빠지게 되는 수가 있다. 이러한 경우 공소장과 판결서의 피고인 명의를 바로잡고 피고인 아닌 자를 사실행위로서 재판에서 배제하면 족할 뿐 달리 재판 등의 법적 조치를 취할 필요는 없으며(성명이 모용된 자는 피고인표시 정정 서류나 판결서 경정결정서 부본을 받음으로써 자신에 대한 오해가 해명된 것을 확인할 수 있다) 혹 그에게 약식명령이나 판결이 선고되었더라도 이는 피고인 아닌 자에 대하여는 당연무효이므로 정식재판 청구나 상소 등이 허용되지 않는다고 보아야 한다.

---

90) 이동형, 앞의 논문, 122면.
91) 이동형 교수 자신도 지적하듯이 다시 기소하게 한다면 그 사이에 공소시효가 완성되는 더 큰 문제가 발생할 수 있다.
92) 이동형, 앞의 논문, 123면; 황현호, 앞의 논문, 536면; 신이철, 앞의 논문, 498면.
93) 심희기, 앞의 책, 85면.

성명모용 소송에서는 재판 받아야 할 진정한 피고인 갑이 재판을 받은 것이 맞으므로 (약식절차에서는 피고인 갑이 출석할 필요가 없었으므로 더더욱 문제가 없다) 그 판결은 피고인 갑에게만 유효하다. 그러나 위장출석의 경우에는 그 재판이 갑에 대한 재판이지 병에 대한 재판이 아니므로 재판의 효력이 병에게 미치지 않을 뿐만 아니라 피고인 갑이 출석하지 않은 채(궐석재판의 요건과 절차도 준수되지 않았다) 법원이 병의 피고인 행세에 속아 재판을 진행한 것이어서 위 재판은 피고인 갑에 대하여도 무효이므로 위장출석 시점으로 되돌아가 다시 재판절차를 진행하여야 한다는 점에서 차이가 있을 뿐이다. 이러한 논리는 의사설을 따르되 의사를 검사의 내면의 의사가 아닌 객관화된 의사, 즉 수사과정에 누가 수사의 대상이 되고 누구를 기소할 의도였는지 등의 자료를 통하여 표현되고 추론되는 검사의 의사를 기준으로 해석한 결과이다. 피고인 특정의 기준이 불고불리의 원칙에 기초하여 설정되기를 희망해 본다.

형사절차상 공범 처벌의 공평성에 관한 소고
-고소 불가분의 원칙과 공소시효 정지효의 관점에서-

I. 들어가며

공범은 흔히 '하나의 범죄에 2인 이상이 가담하는 형태'라고 정의되지만, 매우 다의적인 개념이다. 가장 좁게는 교사범과 종범만을 의미하기도 하고, 공동정범을 포함하기도 하며, 더 넓게는 필요적 공범을 포함하기도 하고, 가장 넓게는 동시범과 사후종범을 포함하기도 한다. 공범 개념은 형법 뿐만 아니라 형사소송법에서도 자주 사용된다. 공범의 소송비용(제187조)이나 공범의 공소시효 기산점(제252조 제2항)과 같이 명문으로 등장하는 경우도 있지만, 공범의 수사기관이나 법정 진술의 증거능력과 같이 해석상 문제되는 경우도 있다[1]. 이 글에서는 형사소송법상 공범을 '처벌에 있어서의 공평성 문제'로 접근하고자 한다.

공범은 함께 처벌되는 것이 가장 이상적일 것이다. 공범 중 일부만 처벌되고 일부는 처벌되지 않는다면 공평성에 의문이 제기될 것이다. 그러나 공범 간에 조건이나 사정이 다르다면 그에 따라 처벌 여부가 달라질 수 밖에 없고, 그것이 오히려 정의일 것이다. 범인의 연령, 성행, 지능과 환경, 피해자와의 관계, 범행 후의 정황(형법 제51조), 범죄 가담 경위나 정도 등에 따라 각자 양형이 달라짐은 물론이고, 공범 중 일부가 형사미성년자라든가, 피해자와 특수관계에 있다면 처벌 여부도 달라질 수 있는 것이다. 이러한 경우 공범의 처벌에서의 공평성, 즉 과연 다르게 처벌될 합리적 이유가 있는지가 문제될 것이다.

이 글에서는 2가지 문제를 살펴보고자 한다. 하나는 피해자 등이 공범 중 일부에 대하여만 처벌 희망 또는 불원의 의사를 표시한 경우 그 효력이 다른 공범에게도 미치는지의 문제이다. 일반 범죄에서라면 피해자의 의사는 각 피고인들에 대한 양형에서 참작하면 족하겠지만, 친고죄나 반의사불벌죄 또는 즉시고발사건에서라면 상황이 다르다. 이들 범죄에서는 고소·고발이나 처벌 희망·불원 의사표시가 형사절차의 시작 또는 종결의 조건이 될 수

---

[1] 이에 관한 상세한 내용은 양동철, "형사소송절차에서의 '공범'", 경희법학 제51권 제1호, 경희법학연구소, 2016, 120면 이하 참조.

있기 때문이다. 형사소송법은 "친고죄에서 공범 중 일부에 대한 고소와 취소는 다른 공범에게도 효력이 있다"고 규정하고 있는데(제233조). 이를 '고소 불가분의 원칙[2]'이라 한다. 이 원칙이 친고죄를 넘어 즉시고발사건이나 반의사불벌죄에도 적용될 것인지, 위 규정이 말하는 공범의 의미와 범위가 어떠한지를 검토해 볼 필요가 있다.

다른 하나는 검사가 공범 중 일부에 대하여만 공소제기 한 경우 공소제기의 주된 효력, 즉 소송계속은 공소제기 된 자에게만 미치는 것이 당연하지만, 공소제기의 부수적 효력 중 하나인 공소시효 정지효가 공소제기 된 자 본인에게만 미치는지 다른 공범에게도 미치는지의 문제이다. 형사소송법은 다른 사유로 인한 공소시효 정지와는 달리 "공소제기로 인한 공소시효 정지효는 공범에게도 미친다"고 규정하고 있는데(제253조 제2항), 과연 위 규정이 합리적인지, 위 규정이 말하는 공범이 어떤 의미 또는 어떤 범위인지도 함께 검토해 보아야 할 것이다.

위 2개의 문제는 각각 고소, 공소제기의 효력 문제로서 서로 특별한 관련성이 없어 보일 수도 있고, 실제로도 그간 이들을 연관지어 검토한 연구도 없는 듯하다. 그러나 고소나 공소제기는 주체와 상대방(피해자가 수사기관에 대해, 검사가 법원에 대해)의 차이가 있지만 범죄자를 처벌해 달라는 가장 직접적인 의사표시(법률행위적 소송행위)라는 공통점이 있으며, 그 과정에 공범 중 일부를 처벌해 달라고 의사표시 하였을 때 그 효력(처벌이라는 직접적 효력 또는 처벌과 관련한 간접적 효력-예컨대 공소시효 정지효)이 나머지 공범에게 미치는지, 만일 미친다면 어떤 범위의 공범에까지 미치는지의 공통된 문제가 발생한다. 따라서 고소와 공소제기에서 공범과 관련하여 각 발생하는 위 2개의 문제는 서로 밀접한 연관이 있고 유사한 법리가 작동될 여지도 있다. 다만 검토 방법과 관련하여 불가분원칙의 적용범위 문제에서는 공범론 자체에 대한 검토가 크게 중요하지는 않지만[3], 공소시효 정지효의 적용범위 문제에서는 공범론 자체에 대한 검토가 매우 중요하다는 점 등에서 약간의 차이가 있음을 미리 밝혀둔다.

---

2) 고소 불가분의 원칙에는 주관적 불가분의 원칙과 객관적 불가분의 원칙이 포함되어 있지만, 이 글에서는 주관적 불가분의 원칙만 거론하기로 한다.
3) 불가분원칙에서의 공범에는 필요적 공범도 포함된다는데 이견이 없다. 양동철, 앞의 논문, 125면.

Ⅱ. 불가분원칙과 관련하여

1. 친고죄, 반의사불벌죄, 즉시고발사건

(1) 친고죄

형벌권 행사 여부는 국가가 결정하는 것이 원칙이지만, 이를 피해자 등의 의사에 맡기는[4] 예외적인 경우가 친고죄, 반의사불벌죄, 즉시고발사건이다. 친고죄란 피해자 등 고소권자의 고소가 있어야 처벌[5] 할 수 있는 범죄로서, 모욕죄, 사자명예훼손죄, 비밀침해죄 등이 이에 해당한다. 근래에 들어 우리나라에서는 친고죄가 축소되는 경향이 있다. 간통죄가 헌법재판소의 위헌결정[6]에 의해 폐지된 것은 물론이고, 형법상 강간죄 등 성범죄와 성폭력범죄처벌법 또는 청소년 성보호법 상의 성범죄도 비친고죄로 전환되었으며[7] (공중밀집장소 추행죄와 통신매체이용 음란죄는 반의사불벌죄로 전환되었다가 다시 비친고죄로 전환되었다), 저작권법상의 친고죄 일부도 비친고죄로 전환되었다[8]. 반대로 2012년 반의사불벌죄인 명예훼손죄를 친고죄로 개정하여야 한다는 개정안이 국회에 제출되었다. 검찰이 고소 없이도 공소제기할 수 있음을 정치적으로 악용하여 자의적으로 수사에 착수하는 등의 병폐를 종식시키자는 취지인데, 이에 찬성하는 견해도 있다[9]. 그러나 검찰이 자의적으로 수사에 착수하는 문제는 친고죄로 개정되더라도 마찬가지이고, 반의사불벌죄로 두더라도 피해자가 처벌불원 의사를 표시하여 자의적 수사를 종식시킬 수 있다. 근본적으로는 검찰이 수사를 하지 않는 것은 통제하기가 어렵지만 수사를 하는 것은 재판을 통해 통제할 수 있다. 더욱이 뒤에서 살펴볼 바와 같이 반의사불벌죄는 통상적으로 친고죄보다 피해법익이 덜 경미한 경우에 채택하는 방법인데, 명예훼손죄를 친고죄로 바꾸는 것은 '입법자는 명예훼손죄의 보호법익을 경미하게 보고 있다'는 잘못된 신호를 줄 우려가 있다. 따라서 반의사불벌죄로 되어 있는 명예훼손죄를 굳이 친고죄로 개정할 필요는 없다고

---

[4] 물론 그 밖의 가벌성의 요건이 모두 갖추어졌다는 점을 전제로 한다.
[5] 고소 없이는 기소와 재판을 할 수 없음에 의문이 없으나, 수사도 할 수 없는지에 대하여는 학설이 대립하고, 판례는 "장차 고소가 있을 가능성이 없는 상태에서 수사가 행하여졌다는 등의 특단의 사정이 없는 한 고소가 있기 전에 수사를 하였다는 이유만으로 그 수사가 위법하다고 볼 수는 없다"고 하여(대법원 1995. 2. 24. 선고 94도252 판결) 적극적 절충설의 입장이라 평가된다.
[6] 헌법재판소 2015. 2. 26. 선고 2009헌바17 등 결정.
[7] 2012년 형법 개정 등 참조.
[8] 이희경, "친고죄와 반의사불벌죄의 근거와 현행법제의 타당성 연구", 피해자학연구 제21권 제1호, 한국피해자학회, 2013, 265면, 282면.
[9] 이희경, 앞의 논문, 284면.

생각된다.

친고죄의 근거[10]에 관하여는 이를 일원적으로 파악하는 견해(그 중에는 화해설, 피해자 이익 우월설[11], 보충성설[12] 등이 있다)와 이원적으로 파악하는 견해(주로 피해자의 명예 또는 비밀 보호와 침해이익의 경미성을 들고 있다)[13] 및 삼원적으로 파악하는 견해[14][15]가 있다. 이는 뒤에서 설명할 반의사불벌죄와의 관계, 반의사불벌죄에도 불가분의 원칙이 적용되는지와 관련된다.

(2) 반의사불벌죄

반의사불벌죄란 피해자 등 의사표시권자가 처벌불원의 의사표시를 하면 처벌, 즉 기소나 재판을 할 수 없는 범죄로서 외국원수에 대한 폭행 등 죄, 폭행죄, 협박죄, 명예훼손죄, 과실치상죄 등이 이에 해당한다. 반의사불벌죄는 구형법에서는 친고죄로 되어 있던 폭행죄, 협박죄에 대하여 1953년 형법 제정시 심리적 압박감이나 후환의 두려움 때문에 고소를 주저하여 피해자 의사에 의한 처벌절차의 진행이 어려운 경우에 대비하여 입법되었다[16]. 결국 폭행죄나 협박죄는 법익침해가 비교적 경미하여 피해자의 의사에 반해가면서까지 처벌할 정도는 아니지만, 가급적 처벌하여야 할 필요성이 있을 정도라는 것이 반의사불벌죄로

---

10) 과거 Binding, Zipf 등이 '형벌이 개인의 사적 결정에 의해 좌우되어서는 아니되고 친고죄가 고소권자의 사악한 입장을 조장한다'는 등의 이유로 친고죄를 부정한 바 있으나, 오늘날은 친고죄 축소 분위기는 있어도 전면적 폐지설은 없는 것으로 보인다.
11) 김선복, "친고죄에 대한 고찰", 형사법연구 제10호, 한국형사법학회, 1998, 173면.
12) 화해나 피해자 이익보호 등을 모두 아우르는 근거가 보충성이기 때문에 보충성의 범주 내에서 피해법익의 경미성, 피해자의 명예보호, 피해자의 사적 영역 보호, 화해사상 등이 개별적으로 고려된다는 견해이다. 박달현, "보충성의 원칙과 친고죄의 본질", 비교형사법연구 제3권 제1호, 한국비교형사법학회, 2001, 256면. 그러나 과연 보충성이라는 것이 친고죄 특유의 법리인지는 의문이다. 보충성은 형법 전체에 적용되는 가장 기본되는 법리인데(예컨대 형법의 최후수단성, 긴급피난의 최후수단성 등도 보충성이라고 표현된다) 특수한 범죄 형태인 친고죄의 특질을 보충성만으로 설명하는 것은 너무 추상적이라 생각된다.
13) 박달현, "반의사불벌죄와 고소불가분의 원칙", 법조 통권 제572호(2004. 5.), 법조협회, 172면.
14) Mittermaier 이래 독일의 통설로서, 피해자의 사생활(명예·비밀) 보호와 경미한 가벌성(피해자의 의사를 무시하면서까지 처벌할 필요성이 미약하다) 및 화해 존중(범죄자와 피해자의 특별한 인적 관계가 있는 경우 가급적 국가가 간섭하지 않는다, 친족상도와 같은 관계범죄에만 적용된다)이 그 세가지 요소이다. 경미한 가벌성이라는 요소는 경미성 뿐만 아니라 사생활 보호와 화해라는 요소에도 직접적으로 연결된다고 생각된다. 사생활을 보호하거나 화해를 존중하기만 하려면 처벌규정을 폐지하면 될 터인데, 폐지 대신 친고죄로 한 이유는 피해자에게 처벌의사가 있는 경우에는 처벌하려는 취지일 것이다. 과거 간통죄에서는 배우자의 혼인 유지의사와 부부의 사생활 이익보호가 친고죄의 근거라 하였지만, 지금은 폐지되었다.
15) 박달현, 앞의 "보충성의 원칙과 친고죄의 본질", 238면; 이희경, 앞의 논문, 268면 내지 272면.
16) 윤동호, "피해자의 의사와 형사절차", 피해자학연구 제14권 제1호, 한국피해자학회, 2006, 23면; 이희경, 앞의 논문, 270면. 대법원 1994. 4. 26. 선고 93도1689 판결도 같은 취지.

규정된 이유가 되는 것이다. 그러나 모든 반의사불벌죄가 그런 이유로 인정되는 것은 아니다. 과실치상죄에서는 신속한 배상 촉진과 개인적 분쟁해결의 존중이, 외국원수 폭행 등 죄에서는 외교적 마찰 완화와 분쟁 비화 방지가 이유라 할 수 있다[17]. 명예훼손죄의 경우에는 개인의 사생활이나 비밀보호가 이유라고 볼 여지도 있지만, 그렇게 본다면 반의사불벌죄가 아닌 친고죄로 규정하였어야 옳다. 명예훼손죄에서는 폭행죄나 협박죄에서와 마찬가지로 법익 침해가 비교적 경미하다는 점이 반의사불벌죄인 이유라고 보아야 할 것이다[18].

흔히 친고죄는 정지조건부 범죄, 반의사불벌죄는 해제조건부 범죄라고 부른다[19]. 일면 맞는 말이다. 그러나 친고죄에서의 고소는 처벌의 정지조건이지만 고소취소는 해제조건이다. 따라서 친고죄를 정지조건부 범죄라 하여 반의사불벌죄에 대비시키는 것은 그리 적절하지 않다. 오히려 친고죄는 정지 및 해제조건부 범죄이고, 반의사불벌죄는 해제조건부 범죄라고 부르는 것이 더 적절하다. 위와 같은 표현을 통해 반의사불벌죄는 친고죄가 가지고 있는 피해자 의사 존중 기능 중 절반만 가지고 있음이 저절로 명확해진다. 반의사불벌죄는 친고죄의 '일종'이라는 표현도 있으나[20], 일종이라기 보다는 '변형'이라고 보는 것이 더 적절할 것이다. '반의사불벌죄는 準친고죄'라는 표현도 사용되고 있다[21]. '準'은 비슷하나 본질은 아니라는 의미를 가지고 있다. 뒤에서 살펴볼 바와 같이 반의사불벌죄의 본질이 친고죄인지 비친고죄인지에 대하여 견해가 대립하고 있는데, 반의사불벌죄는 앞에서 살펴본 바와 같이 친고죄 기능의 절반만 가지고 있고 본질도 다르지 않으므로 '準친고죄'라는 표현보다는 '半친고죄'라는 표현이 더 적절하지 않을까 생각된다. "입법자는 피해자의 의사표시가 적극적 기능을 하는 친고죄와 달리 소극적 기능을 하는 반의사불벌죄를 신설하여 국가형벌권의 행사 가능성을 넓히려는 데에 그 목적이 있다. 이를 통해 사익적 관점을 배제하지 않으면서도 (즉 비친고죄로 전환하지 않으면서도) 공익적 관점을 강화하려고 한 것"이라는 설명[22]이 그와 같은 점을 잘 표

---

17) 이희경, 앞의 논문, 273면.
18) 반의사불벌죄가 우리 형법 고유의 제도라고 소개하는 분도 있지만, 1940. 3. 일본의 개정형법 가안에서 시도한 입법형식일 뿐만 아니라(1961. 개정형법 준비초안에서 채택되지는 않았지만, 우리 형법의 입법에는 영향을 준 것으로 보인다. 윤동호, 앞의 논문, 24면 참조), 독일 형법 194조 제1항, 제2항이 "모욕죄와 사자명예훼손죄는 친고죄이다. 문서, 공공 게시. 집회, 방송을 통해 범하여진 경우에는 고소를 필요로 하지 않는다. 다만 피해자가 이의를 제기하면 형사소추 되지 아니한다"고 규정하여 반의사불벌죄임을 밝히고 있다.
19) 유기천, 형법학, 일조각, 1980, 83면; 윤동호, 앞의 논문, 14면; 이희경, 앞의 논문, 271면.
20) 박달현, 앞의 "반의사불벌죄와 고소불가분의 원칙", 175면.
21) 윤동호, 앞의 논문, 15면; 권문택, 형법학연구, 박영사, 1983, 377면, 384면.
22) 윤동호, 앞의 논문, 19면.

현하고 있다.

반의사불벌죄가 본질에 있어 친고죄와 다르다는 전제 하에 ① 친고죄의 목적은 피해자의 명예 보호인 반면 반의사불벌죄의 목적은 경미한 범죄에 대한 배상 촉진이라고 보면서 명예 보호는 수사 이전부터 필요하므로 시점을 앞당겨 수사 개시부터 고소에 종속되게 하고, 배상은 수사 기소 이후에도 필요하므로 형사절차의 종결을 피해자 의사에 종속시킨 것이고, ② 보호법익이 명예, 비밀, 개인정보인 범죄는 친고죄로, 재산권인 범죄는 반의사불벌죄로 전환하여야 하며, ③ 외국원수 폭행 등 죄도 반의사불벌죄에 적합하지 않으므로 딱 맞는 것은 아니지만 차라리 친고죄가 낫고 ④ 주된 보호법익이 명예, 비밀, 개인정보인 경우 친고죄도 있고 반의사불벌죄도 있는데 법정형이 중한 명예훼손죄를 반의사불벌죄로 하고 경한 모욕죄나 사자 명예훼손죄를 친고죄로 하는 것도 반의사불벌죄의 본질에 적합하지 않다고 보는 견해가 있다[23]. 그러나 경미한 범죄에 대한 배상 촉진이라는 목적은 친고죄에도 공통되기 때문에 이를 반의사불벌죄 특유의 목적으로 설명하는 것은 적절하지 않고, 명예나 비밀, 개인정보 보호를 법익으로 하는 범죄의 경우에도 법익 경미성의 정도에 따라 친고죄 또는 반의사불벌죄가 될 수 있으며, 외교적 마찰 완화라는 목적과 반의사불벌죄는 친고죄에 비하여 덜 경미한 범죄를 대상으로 한다는 일반적인 시각에서 보면 위 비판은 수긍하기 어렵다. 반의사불벌죄는 덜 경미한 범죄를 대상으로 하기 때문에 웬만하면 처벌하려는 의도에서 피해자의 의사표시 없이도 처벌 가능한 구조이면서, 피해자의 의사에 반해가면서까지 처벌할 정도는 아니기 때문에 반의사불벌죄로 구성한 것이다. 따라서 외국원수 폭행 등 죄나 명예훼손죄는 친고죄가 아닌 반의사불벌죄가 더 적합하다고 생각된다.

(3) 즉시고발사건

고발은 피해자측이 아닌 제3자가 수사기관에 범죄를 신고하여 처벌을 구하는 것을 말한다. 일반 형사사건에서 고발권자에는 제한이 없으며, 고발은 수사의 단서일 뿐 수사기관이나 법원을 구속하지 못한다. 그러나 특정한 고발권자가 고발하는 경우에만 처벌이 가능한 범죄를 '즉시고발사건'이라 하는데, 조세범처벌법 위반죄, 관세법 위반죄, 출입국관리법 위반죄, 의무경찰대 설치 및 운영에 관한 법률 위반죄, 국회에서의 증언 감정 등에 관한 법률

---

[23] 윤동호, "친고죄와 반의사불벌죄의 입법기준 연구", 법학논총 제37권 제1호, 단국대학교 법학연구소, 2013, 202-204면.

위반죄 등이 이에 해당한다. 처벌의 필요성 여부를 전문 행정기관에 맡기고 범죄의 성립, 처벌의 범위 등 판단에 행정기관의 전문적·기술적 지식을 활용하고자 하는 취지가 일반적인데, 국회에서의 증언 감정 등에 관한 법률 위반죄에서와 같이 당해 기관의 자율성 존중이 취지인 경우도 있다. 다만 그 명칭과 관련하여 즉고발사건, 기관고발사건, 전속고발사건, 요고발사건 등 여러 가지로 불리우고 있어 통일이 요망된다고 하겠다.

2. 고소 불가분의 원칙

(1) 총설

형사소송법은 "친고죄의 공범 중 그 1인 또는 수인에 대한 고소 또는 그 취소는 다른 공범자에 대하여도 효력이 있다"고 규정하고 있다(제233조). 이를 고소 불가분의 원칙이라고 부른다[24]. 독일은 프로이센 형법 이래 불가분원칙을 규정하다가 1943. 나치의 행정명령을 통해 위 규정이 삭제된 이래 지금까지 고소의 가분성을 인정하고 있다[25]. 우리 형사소송법은 불가분의 원칙을 친고죄에 대하여만 규정하고 있지만, 일본 형사소송법은 이를 친고죄뿐만 아니라 즉시고발사건에도 규정하고 있다(제238조 2항)[26].

불가분원칙의 근거로는 ① 고소의 본질이 범죄사실에 대한 소추권 발동 촉구이기 때문이라는 점[27]과 ② 고소권의 자의적 행사를 방지하여 국가형벌권의 적정성을 도모하기 위해서라는 점이 거론된다[28]. ①의 점과 관련하여서는 친고죄에서 고소라는 것이 특정 범죄사실과 관련하여 특정인을 처벌해 달라는 의사표시이지 특정 범죄사실 자체를 잘 수사해 달라는 취지로 보기는 어렵다는 점과 특히 고소가 범죄사실만을 대상으로 고소하는 것이라면 피해자가 범인을 아는지 여부와 무관하게 범죄사실만 알면 그때로부터 6개월이 기산되어야 함에도 형사소송법은 '범인을 알고 6개월 내'로 제한하고 있는 점 등에 비추어 볼 때 적어도 현행 형사소송법에 의하면 고소란 범죄사실과 범인 모두에 대한 소추권 발동 촉구가 아닌

---

[24] '친고죄의 일부에 대한 고소 또는 취소는 친고죄 전부에 대하여 그 효력이 미친다'는 의미의 객관적 불가분원칙은 법률규정이 아닌 해석상 인정된다.
[25] 김재봉, "고발의 주관적 불가분원칙 인정 여부", 법학논총 제23권 제4호, 한양대학교 법학연구소, 2006, 10면.
[26] 일본 형법에는 반의사불벌죄 제도가 없으므로 이에 대한 불가분원칙 규정이나 논의도 없다.
[27] 대법원 1994. 4. 26. 선고 93도1689 판결이 이를 강조하고 있다.
[28] 위 두 가지 점을 모두 거시하는 경우가 일반적이다. 신동운, 신형사소송법(제5판), 법문사, 2014. 207면 등.

가 하는 의문이 있다.

결국 불가분원칙의 근거는 ②의 점, 즉 고소권 남용의 통제라는 형사정책적 고려에서 찾아야 할 것이다. 국가소추주의의 예외로서 친고죄를 허용하지만 고소권자가 고소권을 지나치게 자의적으로 행사하여 '형벌권의 공평한 행사'라는 이념에서 벗어나는 것을 방지하기 위하여 몇 가지 장치를 두고 있는데 고소의 시간적 제한(제230조), 고소취소의 시간적 제한(제232조 제1항), 고소취소 후의 재고소 제한(제232조 제2항)과 불가분원칙 등이 바로 그것이다. 따라서 불가분원칙을 비롯한 위 제도들이 친고죄의 고소 외에 반의사불벌죄에서의 처벌불원 의사표시나 즉시고발사건에서의 고발에도 적용될 것인지 여부를 검토함에 있어서는 형벌권의 공평한 행사라는 측면이 가장 중요하게 고려되어야 할 것으로 생각된다[29].

(2) 반의사불벌죄에도 적용할 것인지

형사소송법은 불가분원칙을 친고죄에 대하여만 규정하고 반의사불벌죄에 대하여는 규정하고 있지 않다. 특히 친고죄에 대한 고소취소의 시간적 제한과 고소취소 후의 재고소 제한을 반의사불벌죄에도 준용하고 있어(제232조 제3항. 고소의 시간적 제한은 그 성질상 반의사불벌죄에 준용할 필요가 없음이 당연하다) 위 불가분원칙에 대하여는 일부러 준용 대상에서 제외한 것이 아닌지 의문이 발생하게 된다. 실제로도 유추적용 불허설이 다수설인데[30] 준용규정이 없을 뿐만 아니라 친고죄와 반의사불벌죄는 본질적 차이가 있다는 점을 주된 논거로 하고 있다.

판례 역시 불가분원칙이 반의사불벌죄에는 (유추)적용되지 않는다고 하면서 그 이유로서 ① 친고죄는 피해자의 명예보호와 피해법익의 경미성을 이유로 하고 있는데 그 중에서도 피해자의 명예보호가 주된 이유이고, ② 이 때문에 고소는 수사기관에 범죄사실을 신고하고 범인의 처벌을 희망하면 족할 뿐 범인의 특정이나 적시를 요하는 것은 아니며 이러한 특질에서 불가분원칙이 연유되지만, 반의사불벌죄는 피해법익의 경미성, 그 중에서도 친고죄에 비해 상대적으로 덜 경미한 단계의 범죄에 대하여 처벌의 필요성이 적지 않음에도 피해자가 압박감이나 후환 우려로 고소를 주저하여 처벌하지 못하게 되는 것을 피하되 피해

---

29) 같은 취지, 김재봉, 앞의 논문, 12면.
30) 이재상/조균석/이창온, 형사소송법(제13판), 박영사, 2021, 235면, 236면면; 배종대/이상돈/정승환/이주원, 형사소송법, 홍문사, 2015. 79면; 배종대/홍영기, 형사소송법(제2판), 홍문사, 2020, 107면; 정웅석/최창호/김한균, 신형사소송법(제2판), 박영사, 2023. 143면; 차용석/최용성, 형사소송법(제4판), 21세기사, 2013. 181면.

자가 처벌불원하면 굳이 처벌하지는 않겠다는 취지로 창설된 제도이므로, 친고죄와 반의사불벌죄는 피해자 의사가 소추조건이 된다는 점은 같지만 피해자 의사를 소추조건으로 하는 이유나 방법이 다르고 배상·화해의 촉진·존중 취지 유무에서도 다르다고 전제하면서, ③ 피해자의 명예보호라는 이유에서 불가분원칙의 논리가 나오는데 반의사불벌죄는 피해자의 명예보호를 이유로 하지 않으므로 불가분원칙을 따라야 한다고 할 수 없고, ④ 처벌불원 의사표시는 범죄사실에 대해서도 할 수 있고 범인에 대해서도 할 수 있으며, 경미한 범죄에 대하여 피해자의 의사에 따라 처벌 여부에 차등을 두는 것도 괜찮고 입법정책의 문제일 뿐이라고 보고 있다[31]. 그러나 이러한 판례의 논리는 여러 가지 문제점을 안고 있다. 우선 친고죄 중에는 피해자의 명예나 비밀 등을 보호하기 위한 경우도 있지만, 모욕죄에서 보는 바와 같이 피해법익의 경미성이 이유인 경우도 있고[32], 친족상도례에서와 같이 특별한 인적관계에 의하여 국가가 가급적 간섭하지 않으려는 경우도 있다. 그런데 판례의 논리대로라면 그러한 경우에는 불가분원칙이 적용되지 말아야 한다. 고소의 대상은 범죄사실일 뿐 범인은 아니라는 논리는 앞에서도 반박한 바 있다. 또 배상이나 개인적 분쟁해결의 촉진·존중은 반의사불벌죄 뿐만 아니라 친고죄의 고소취소에서도 동일하다. 경미한 범죄에 대하여는 입법정책에 따라 가분적 처벌을 할 수 있다고 하나, 경미성으로 말하면 논리적으로도 피해자 의사 존중의 정도가 약한 반의사불벌죄보다 존중의 정도가 강한 친고죄가 더 경미하여야 하며, 실제로 법정형을 비교해 보아도 그러하다[33].

피해자의 의사를 소추조건으로 하는 이유나 방법에서 약간의 차이가 있는 것은 맞지만 이 때문에 친고죄와 반의사불벌죄가 본질적으로 다른지는 의문이다. 폭행죄 등을 친고죄로 둘 때 소기의 목적을 달성하기 어렵다는 판단 하에 이를 대체하기 위해 반의사불벌죄로 입법한 연혁을 보더라도 반의사불벌죄는 친고죄와 동떨어진 별개의 제도가 아니다. 친고죄와 반의사불벌죄에서 가장 본질적 요소는 처벌 여부를 피해자의 의사에 맡긴다는 점이기 때문에 약간의 차이에도 불구하고 친고죄와 반의사불벌죄는 그 본질이 같다고 보는 것이 더 자

---

31) 대법원 1994. 4. 26. 선고 93도1689 판결. 오경식, "성범죄 피해자의 관점에서 친고죄와 반의사불벌죄의 형사정책적 의미에 관한 연구", 피해자학연구 제21권 제1호, 한국피해자학회, 2013, 201면도 같은 취지.
32) 명예훼손죄와 같은 반의사불벌죄에도 불가분원칙이 적용되어야 한다는 비판도 생각할 수 있으나, 명예훼손죄는 피해자의 명예보호 때문이 아니라 피해법익이 상대적으로 덜 경미하다는 점 때문에 반의사불벌죄가 된 것이므로 위 비판은 적절하지 않다고 생각된다. 오히려 모욕죄는 명예훼손죄보다 피해법익이 더 경미하다는 점 때문에 친고죄가 된 것이고 피해자의 명예훼손 우려 때문에 친고죄가 된 것은 아니라고 말할 수 있다.
33) 박달현, 앞의 논문, 182면, 183면 참조.

연스럽다. 친고죄와 반의사불벌죄가 본질적으로 다르다고 보는 견해에서도 "반의사불벌죄에서의 배상과 개인적 분쟁해결 존중은 친고죄로 하더라도 고소취소를 통해 가능하다"고 설명하고 있는데[34], 이는 결국 반의사불벌죄와 친고죄가 본질에서는 같다는 점을 인정하는 것으로 생각된다. "반의사불벌죄는 고소가 없더라도 기소할 수 있다는 점에서 고소 없으면 기소할 수 없는 친고죄와 다르다"고 주장하기도 하지만[35], 이러한 양적인 차이가 본질에서의 동일성을 뒤집을 수는 없을 것이다.

만일 반의사불벌죄와 친고죄가 정말로 본질적으로 다르다면 각 본질적 요소를 중첩 구비하면 두 제도는 중첩 적용될 수 있어야 할 것이다. 예컨대 자기보호 또는 법수호 사상을 본질로 하는 정당방위와 이익형량 또는 기대가능성 사상을 본질로 하는 긴급피난은 중첩되는 상황이 가능하다. 법익에 대한 위법한 침해에 대하여는 정당방위도 할 수 있고 긴급피난도 할 수 있다. 또 다른 예로 재판작용임을 본질로 하는 증거보전과 수사작용임을 본질로 하는 수사상 증인신문은 외국 관광객인 목격자가 참고인 진술을 거부하는 경우 귀국 가능성 때문에 증거보전을, 진술 거부 때문에 수사상 증인신문을 중첩적으로 사용할 수 있다. 그러나 두 제도가 본질은 동일하지만 요건이나 발현형태 등에서 약간의 차이만 있는 경우라면 두 제도가 중첩 적용되는 상황을 만들기 어렵다. 친고죄, 반의사불벌죄는 처벌 여부를 사인의 의사를 맡기면서도 보호법익이나 보호방법 등을 고려하여 그 중 하나에 해당하도록 규정해 놓았을 뿐 서로 중첩 적용되는 사례는 있을 수 없다. 이 점 역시 위 제도들이 본질에 있어서는 동일하다는 점을 간접적으로 보여준다고 하겠다.

어쩌면 친고죄와 반의사불벌죄의 본질론만으로 불가분원칙이 반의사불벌죄에도 적용되는지를 판단하려는 시도 자체가 부적절할지도 모른다. 본질이 같다거나 다르다는 것은 지극히 상대적인 개념이다. 친고죄와 반의사불벌죄는 공통점도 있고 차이점도 있는데, 본질이 같다거나 다르다고 단정하는 것 자체가 큰 의미가 없을 수도 있다. 더 나아가 본질이 조금 다르다고 하여 적용 법리가 반드시 달라야 하는 것도 아닐 것이다. 적용 법리가 같아야 하는지 여부는 두 제도의 공통점과 차이점, 법리의 목적과 기능 등을 구체적으로 검토하여

---

34) 이희경, 앞의 논문, 284면.
35) 이건호, 형법각칙, 일신사, 1957, 274면; 정영석, 형법각론, 법문사, 1983, 235면(윤동호, 앞의 "친고죄와 반의사불벌죄의 입법기준 연구". 200면에서 재인용).

판단하여야 할 것이다. 불가분원칙이 반의사불벌죄에도 적용되어야 하는지 여부도 애매한 본질론이 아니라 불가분원칙의 목적과 기능, 친고죄와 반의사불벌죄의 공통점과 차이점 등을 포함하는 구체적 검토를 통해 결론을 도출하여야 할 것이다. 이런 점에서 "친고죄와 반의사불벌죄의 본질의 이동을 논할 것이 아니라, 고소불가분원칙이 반의사불벌죄에도 적용되어야 할 이유가 있는가? 라는 형사사법의 본질적 물음으로 되돌아가야 한다"는 지적은 매우 의미있다[36].

이런 관점에서 보면 국가형벌권 독점주의에 대한 예외가 친고죄이고 이를 통해 사인의 의사가 남용되는 것을 방지하기 위한 제도 중 하나가 불가분원칙이라는 점을 기초로 하여 사인 의사의 남용 방지 필요성이 반의사불벌죄에도 적용되는지, 반의사불벌죄에서는 피해자가 자의로 처벌할 범인을 지정하여 처벌하더라도 그 폐해가 크지 않은지를 검토하는 것이 반드시 필요하다. 친고죄에 규정된 고소의 시간적 제한, 고소취소의 시간적 제한, 재고소 제한을 모두 반의사불벌죄에도 준용하고 있다는 것은 반의사불벌죄에서도 형벌권 행사가 피해자의 의사에 의해 자의적으로 좌우되는 것을 방지하여야 한다는 것이 입법취지라는 의미이다. 그런데 그러한 입법취지가 유독 불가분원칙에서는 반의사불벌죄에 적용되지 말아야 할 특별한 이유가 있는가? 앞에서 살핀 본질론에서 그러한 특별한 이유를 찾아보려 하였지만 저자로서는 아무런 특별한 이유를 발견하지 못하였다. 그렇다면 친고죄와 반의사불벌죄에 있어 불가분원칙의 적용을 달리하면 형평성이 깨어지는 것이다[37][38]. 더 쉽게 표현하면 최소한 처벌 여부에 대한 처분권을 피해자 등에게 부여한 점은 친고죄와 반의사불벌죄에서 공통적인데, 처벌의 발동과 소멸이라는 양 측면에 모두 처분권을 부여한(즉, 처분권을 더 많이 부여한)

---

[36] 박달현, 앞의 논문, 185면. 대법원 1994. 4. 26. 선고 93도1689 판결의 원심인 서울형사지방법원 1993. 5. 20. 선고 92노5251 판결도 친고죄와 반의사불벌죄를 법적 성립 및 소송법적 효과에서 공통점이 있다는 점을 언급한 후에 "고소권자가 지정한 범인만을 처벌할 경우 고소인의 자의에 의하여 국가형벌권이 행사되는 불공평한 결과가 발생할 우려가 있으므로 이를 방지하고 국가소추권 및 국가형벌권의 행사에 적정을 기하고자 하는 취지에서 불가분원칙을 규정하고 있는데, 반의사불벌죄에서 이 원칙이 배제된다면 국가형벌권의 적정한 행사라는 형사소송의 목적을 달성할 수 없고 결국 제233조의 입법취지에도 배치된다"고 판시하며 반의사불벌죄에도 불가분원칙이 적용되어야 한다고 주장하였다.

[37] 이은모/김정환, 형사소송법(제9판), 박영사, 2023, 192면; 이동임, "성폭력범죄에 대한 고소의 주관적 불가분의 원칙으로 인한 피해방지 방안", 피해자학연구 제20권 제1호, 한국피해자학회, 2012, 364면도 같은 취지.

[38] 대법원도 이런 점을 의식하여 근로자의 하수급인에 대한 처벌불원 의사표시가 있는 경우 오로지 하수급인에 대하여만 처벌불원 의사표시 한 것으로 쉽게 단정하지 말고 여러 사정을 참작하여 직상 수급인에 대한 처벌불원 의사표시도 함께 포함되어 있는지를 살펴보아야 한다는 취지로 판시한 바 있다. 대법원 2015. 11. 12. 선고 2013도8417 판결.

친고죄에도 공범 중 일부에 대한 선택적 처분권은 부여하지 않았는데, 처분권을 절반만 부여한 반의사불벌죄에는 선택적 처분권을 부여하였을 리가 없다[39]. 수인이 공모하여 피해자를 모욕한 경우에 피해자는 모욕 공범 중 일부만 고소하거나 고소취소할 수는 없는데, 수인이 공모하여 사실적시의 방법으로 모욕한 경우(그것이 바로 명예훼손이다)에는 피해자는 모욕 공범 중 일부만 고소하거나 고소취소할 수 있다고 볼 이유가 없는 것이다. 따라서 불가분원칙은 당연히 반의사불벌죄에도 유추적용 되어야 한다고 보는 것이 합리적이다.

(3) 즉시고발사건에도 적용할 것인지

형사소송법은 즉시고발사건에 대하여 아무런 규정이 없어 즉시고발사건에도 불가분원칙이 적용되는지 등은 학설과 판례에 맡겨져 있다. 적극설은 고발인의 자의에 의한 불공평한 결과발생을 방지하려는 불가분원칙의 근본취지가 친고죄의 고소와 동일하다는 점이 주된 논거이다[40]. 이에 반해 다수설인 소극설은 ① 죄형법정주의 원칙상 제233조를 유추적용할 수 없다거나[41], ② 사건 특성상 고발 여부를 개별적으로 판단해야 한다거나[42], ③ 고발권자가 사인이 아니고 전문적인 국가기관이기 때문에 자의성 개입의 여지가 적고[43] ④ 고발기관이 고발 여부를 개별적으로 결정하는 것이 오히려 형사처벌 여부에 대한 전문성과 자율성을 살리고 형사처벌의 적정성을 도모한다는 점[44]을 논거로 하고 있다. 대법원 역시 소극설을 따르면서 ⑤ 고소·고발은 범죄사실을 수사기관에 고하여 소추를 촉구하는 것으로서 범인을 지적할 필요가 없기 때문에 공범자 중 일인만 지적하여도 다른 공범자에게도 그 고소·고발의 효력이 미치지만, 조세범에서는 통고처분 불이행이라는 특별한 즉시고발 요건을 필요로 하는데 즉시고발 요건 구비 여부는 범인 개개인에 대하여 개별적으로 논하여야 한다는 점을 논거로 하고 있다[45]. 참고로 일본 형사소송법은 고발에도 불가분원칙을 준용하

---

[39] 유추적용 불허설은 범죄의 경중에 비추어 볼 때 친고죄에 비하여 더욱 엄중하게 국가형벌권이 행사되어야 할 반의사불벌죄에 대해 오히려 사인의 의사표시를 앞세우는 논리모순을 범하고 있다는 비판을 받는다(신동운, 앞의 책, 215면). 반의사불벌죄는 그 법익침해가 친고죄보다 중하여 특정 범인에 대하여만 처벌원하는 피해자의 의사를 존중할 필요가 있다는 논리를 펼치는 분도 있는데(배종대/이상돈/정승환/이주원, 앞의 책, 79면), 더 중한 범죄일수록 처벌 여부를 피해자 의사에 맡기기 어렵지 않을까 생각된다.
[40] 김상희/정성현, "조세범처벌관계법의 운용실태와 개선방안", 한국형사정책연구원, 1991, 138면.
[41] 이은모/김정환, 앞의 책, 198면.
[42] 신양균, 신판 형사소송법, 화산미디어, 2009. 112면.
[43] 김재봉, 앞의 논문, 13면, 14면.
[44] 김재봉, 앞의 논문, 13면, 20-22면. 정웅석/최창호/김한균, 앞의 책, 120면도 같은 취지.
[45] 대법원 1962. 1. 11. 선고 4293형상883 판결. 이 판결은 조세범 이외의 즉시고발사건에서는 불가분원칙을 적용할 수 있다는 의미인지가 다소 불명하나, 전체적으로 보아 그런 취지는 아닌 것으로 판단된다.

고 있으며(제238조 제2항), 고발에 통고처분 등 전제요건이 필요한 경우에도 불가분원칙이 적용되는지에 대하여는 학설이 대립하고 있고, 최고재판소는 불가분원칙이 적용된다고 보았다[46]. 위 문제는 우리나라에서도 동일하게 발생되고 있다.

　소극설의 위 각 논거들에 대하여 개별적으로 살펴보자. ① 죄형법정주의 원칙상 제233조를 유추적용 할 수 없다고 하나, 친고죄 등에서의 처벌의사 문제는 형법적 측면과 형사소송법적 측면을 함께 가지고 있어, 전자를 중히 여기면 죄형법정주의(유추적용 금지 포함)가 적용된다고 볼 것이고 후자를 중히 여기면 죄형법정주의가 적용되지 않는다고 볼 것이다. 어떤 범죄를 친고죄 등으로 할 것인지의 문제는 실체법적 성격이 강하지만, 친고죄 등에 불가분원칙을 적용할 것인지의 문제는 절차법적 성격이 더 강하다고 생각된다. 반의사불벌죄의 경우 불가분원칙이 규정되어 있지 않지만 해석에 의해 불가분원칙을 적용하더라도 국민의 법적 신뢰 또는 법적 안정성이 깨어지는 것으로 보이지 않는 점(유추적용 반대설에서도 죄형법정주의 위반의 문제가 발생한다고 보는 분은 없는 듯하다)을 고려할 때 즉시고발사건에 제233조를 유추적용하더라도 죄형법정주의 위반이라고 보기는 어렵다고 판단된다[47]. ② 사건 특성상 고발 여부를 개별적으로 판단해야 한다고 하나, 즉시고발사건의 공범이 친고죄나 반의사불벌죄의 공범과 어떤 점에서 차이가 있어 고발 여부를 개별적으로 판단해야 하는지 이해하기 어렵다. 예컨대 탈세가 기술적, 사무적 요소가 강한 범죄라고 할 수 있지만 그렇다고 하여 수인이 공모하여 탈세한 경우에 수인이 공모하여 모욕한 경우와 달리 고발 여부를 개별적으로 판단하여야 할 특성이 있다고 생각되지는 않는다.

　⑤ 대법원은 고소·고발은 범죄사실을 수사기관에 고하여 소추를 촉구하는 것이라고 설명하고 있으나, 고소가 범죄사실만을 대상으로 하는 것이 아니라는 점은 앞에서도 설명한 바 있다. 또한 조세범에서는 통고처분 불이행이라는 특별한 즉시고발 요건을 필요로 하는데 즉시고발 요건의 구비 여부는 범인 개개인에 대하여 개별적으로 논하여야 한다고 하나,

---

46) 김재봉, 앞의 논문, 16면.
47) 대법원 2010. 9. 30. 선고 2008도4762 판결은 "제233조가 공정거래위원회의 고발에도 유추적용 된다고 해석하면 형사처벌의 범위를 확장하는 것이어서 죄형법정주의에 반한다"고 판단하고 있으나, 합리적인지는 의문이다. 다만 "전속고발과 같이 처벌과 직결되는 소송조건에 대한 유추적용은 죄형법정주의 원칙상 신중을 기할 필요가 있고, 현실적으로 유추적용의 필요성이 인정된다고 하더라도 입법적으로 해결하는 것이 타당하다"는 서울중앙지방법원 2008. 2. 12. 선고 2007고단 7030 판결은 경청할 만하다.

적극설에서도 즉시고발 요건을 구비한 공범 내에서만 불가분의 원칙을 논하기 때문에[48] 통고처분을 이행한 공범에게 고발의 효력이 미쳐서는 아니된다는 논거 역시 의미가 없다[49].

③ 고발권자가 사인이 아니고 전문적인 국가기관이기 때문에 자의성 개입의 여지가 적다거나, ④ 고발기관이 고발 여부를 개별적으로 결정하는 것이 오히려 형사처벌 여부에 대한 전문성[50]을 살리고 형사처벌의 적정성을 도모한다는 점은 상당한 근거가 된다고 생각된다. 다만 행정담당자에게 통고처분 등 행정재제 여부의 판단 권한을 부여한 것은 적절하지만, 형사처벌 여부를 직접적으로 결정할 수 있는 권한을 부여한 것이 적절한지는 의문이 있다. 행정기관 내에 자의성 여부를 판단하는 실효적 장치가 마련되어 있는지, 그 장치가 충분히 국민적 신뢰받을 만한 것인지도 의문이다. 예컨대 의무경찰대 설치 및 운영에 관한 법률 위반죄에서 고발권이 의경부대의 지휘관에게 있는데, 이러한 경우에도 자의성 개입의 여지가 적다거나 형사처벌 여부에 대한 전문성과 자율성을 보장하는 것이 형사처벌의 적정성을 도모한다고 평가할 수 있을까? 만일 특별한 사유도 없이 가담정도 등의 애매한 차이만 가지고 공범 중 일부만 고발한 경우 고발된 자가 '고발자의 전문성'이라고 하여 이에 승복할까? 물론 조세범처벌법과 같은 경우에는 검찰총장 등에게 고발 요청권이 규정되어 있기도 하지만, 모든 즉시고발사건에 고발 요청권이 인정된 것도 아닐 뿐만 아니라, 수사기관이 충분한 자료를 수집하기 전에는 고발을 요청하기도 어렵고, 행정기관이 고발하지 아니한 공범에 대하여 수사기관이 독자적으로 충분한 자료를 수집하기도 어려운 것이 현실이다.

원래 고발에는 기소 여부에 대한 구속력이 없는 것이 당연하고, 즉시고발사건처럼 구속력을 준 것이 예외이며, 예외는 엄격하게 해석하여야 한다. 이런 관점에서 보더라도 고발권자에게 지나친 선택재량권을 부여하는 것은 곤란하다. 따라서 특정 사건에 대한 고발 여부는 즉시고발기관이 판단하되, 하나의 사건 내에서 공범은 고발요건을 갖추지 못한 등의 특별한 사정이 없는 한 일괄 고발하면서 다만 담당 전문가로서의 의견을 충분히 개진하여 검사의 판단을 돕는 것이 더 합리적일 것으로 생각된다. 만일 고발권자가 공범 중 일부에 대

---

[48] 김상희/정성현, 앞의 보고서, 138면.
[49] 김재봉, 앞의 논문, 19면, 20면; 김상희/정성현, 앞의 보고서, 137면 138면. 그와 같은 즉시고발 요건이 따로 없는 경우라면 더욱 더 문제가 없을 것이다.
[50] '자율성'도 함께 논거로 하고 있으나, 행정처분이 아닌 형사처벌에 있어 전문성은 논거가 될 수 있지만 자율성은 논거가 되기 어렵다고 생각된다.

한 고발을 누락하였다면 당연히 불가분원칙을 유추적용 하여 고발의 효력은 공범에게도 미친다고 보아야 할 것이다. 근본적으로는 검찰이 국민적 신뢰를 얻고 있는지의 문제로 귀착되나, 검사의 기소에 대하여는 법원의 재판이, 불기소처분에 대하여는 항고, 재정신청 등이 실효성 있는 통제장치가 될 수 있으므로 그러한 장치 없는 고발권자에게만 선택권을 맡기는 것보다는 나을 것으로 생각된다.

Ⅲ. 공소시효 정지효와 관련하여

1. 문제의 소재

공소시효는 범죄 종료 후 기소되지 않은 채 일정기간이 경과하면 국가가 소추권을 발동할 수 없게 되는 제도이다(형사소송법 제249조). 소멸시효의 경우와 마찬가지로 공소시효에도 중단과 정지 제도가 있고 독일과 프랑스는 입법 또는 해석을 통해 공소시효의 중단과 정지 제도를 각각 인정하고 있지만, 우리나라는 일본(형사소송법 제254조, 제255조)의 경우와 마찬가지로 공소시효의 중단 제도는 없고 정지 제도만 채택하고 있다(제253조)[51]. 공소시효 정지사유로는 공소제기를 비롯하여(제253조 제1항), 면책 목적의 국외도피(제253조 제3항), 재정신청(제262조의4 제1항), 소년보호사건 심리개시결정(소년법 제54조) 등이 명문으로 규정되어 있고, 대통령의 재직기간은 불소추특권(헌법 제84조)과 관련하여 공소시효 정지사유로 해석되고 있다[52]. 성폭력범죄 처벌법은 피해자가 미성년자인 경우에는 공소시효는 그가 성년에 달한 날부터 진행한다고 규정하여(제21조 제1항) 그날까지는 공소시효가 정지되는 것으로 해석된다.

우리 형사소송법은 "공범 중 1인에 대한 공소제기의 시효 정지는 다른 공범자에게 대하여 효력이 미친다"고 규정하여(제253조 제2항) 공소제기로 인한 공소시효 정지의 경우에는 그 효력을 공범에게 확장하고 있다. 이러한 점은 우선 공소제기의 효력이 검사가 피고인으로 지정한 사람 외의 다른 사람에게는 미치지 아니한다는 원칙(제248조 제1항)에도 반하고, 다른

---

51) 우리 형사소송법이 공소시효에 중단제도를 두지 않은 이유에 대하여는 피고인에게 너무 불리한 것이어서라고 설명하기도 하고(손동권/신이철, 새로운 형사소송법(제5판), 세창출판사, 2022. 438면), 피고인을 형사처벌로부터 최대한 보호하기 위해서라고 설명하기도 하지만(신동운, 앞의 책, 559면; 신양균, 앞의 책. 343면), 쉽게 수긍하기는 어렵다. 시효 중단의 본질적 이유가 '권리행사'라면 공소제기, 소년부송치 등은 형벌권 행사로서 범인의 국외도피, 재정신청, 피해자의 미성년 등과는 전혀 성질을 달리하므로 이를 정지가 아닌 중단 사유로 보는 것이 시효제도의 본질에 부합한다고 생각된다.
52) 헌법재판소 1995. 1. 20. 94헌마246 결정.

사유로 인한 공소시효 정지효는 다른 공범에게 미치지 아니하는 점과도 균형이 맞지 않는 것으로 보일 여지가 있다. 따라서 공소제기로 인한 공소시효 정지효가 다른 공범에게 미치게 하는 것이 적절한지, 이 법리에 적용되는 공범의 범위를 어떻게 보아야 하는지 등을 검토해 보기로 한다[53].

2. 공소시효의 정지효와 공범

(1) 공범에게 정지효가 미친다는 점에 대하여

우리 형사소송법에 따르면 공범 중 1인에 대하여 공소가 제기되면 그에 대한 공소시효가 정지될 뿐만 아니라 공소제기 되지 아니한 다른 공범자에 대한 공소시효도 함께 정지되었다가 그 재판이 확정되면 다시 잔여기간이 진행된다. 심지어 검사가 공범의 존재 자체를 알지 못하여 단독범으로 공소제기 하더라도 실제 존재하는 공범의 공소시효도 정지된다고 해석되고 있다[54]. 독일 형법은 공소시효 중단은 중단사유와 관련 있는 자에게만 효력이 있다고 규정한 반면(제78조의c 제4항) 프랑스 형사소송법은 수사개시와 공소제기로 인한 공소시효 중단은 그 대상 아닌 자에게도 효력이 있다고 규정하고 있어(제7조)[55] 좋은 대조를 보이고 있다. 전자를 대인주의, 후자를 대물주의라 부르기도 한다. 미국은 대인주의를 따르고 일본은 대물주의를 따르고 있다. 대인주의는 중단 또는 정지의 인적 범위가 명확하여 법정 안정성이 높은 반면 발각되지 아니한 공범만 시효의 이익을 얻어 공소제기 된 자와 공소제기 되지 않은 자 사이에 불균형이 발생한다는 점이 단점으로 지적되고 있다. 대물주의의 장단점은 그 반대이다.

우리 형사소송법이 공소시효 정지효가 다른 공범에게 미치게 하는 이유에 대하여는 '공범 사이에 처벌의 공평을 기하기 위하여'라고 해석하는 것이 일반적이다[56]. 대법원도 위 규

---

53) 한편 고소취소는 불가분원칙에 따라 다른 공범에게도 효력이 미치지만, 기소로 인한 공소시효 정지는 공소취소 되더라도 그로 인하여 공소기각 결정이 확정될 때까지 유지되고 기존의 정지효를 소멸시키지 않는다. 따라서 고소취소와 달리 공소취소는 공범의 공소시효 정지에 아무런 영향이 없다.
54) 주석 형사소송법(Ⅱ)(제6판), 한국사법행정학회, 2022, 777면 등.
55) 공범 중 1인에 대한 공소제기가 다른 공범에게 중단효가 미치는 것은 물론이고, 범인 아닌 자에 대한 공소제기도 진범에게 중단효가 미친다고 해석한다.
56) 이주원, "필요적 공범과 공소시효 정지의 효력", 고려법학 제74호, 고려대학교 법학연구원, 2014. 293면 등. 대법원 2015. 2. 12. 선고 2012도4842 판결도 같은 취지.

정이 헌법상의 평등원칙에 위배되는 조항이라고 할 수 없다고 판시하면서[57] 구체적 이유는 밝힌 바 없다. 이왕 공소시효 제도를 도입하였다면 시간의 흐름에 따라 공소시효가 진행되는 것이 원칙이고 정지되는 것은 예외이다. 예외는 특단의 사정이 있는 경우에만 제한적으로 설정되어야 하고, 설정된 예외는 엄격하게 해석되어야 한다. 검사가 처벌되지 않을 공범(예컨대 형사미성년자 또는 불가벌적 대향범 등)에 대하여 기소하여 처벌될 공범에 대한 공소시효 완성을 저지하는 방법으로 악용될 우려가 없지 않다. 또 공범이라 하더라도 책임조건, 처벌조건, 소송조건에 있어서는 얼마든지 사정이 다를 수 있고, 양형조건은 각 범인마다 다른 것이 오히려 일반적이기 때문에 범인마다 달리 판단하는 것이 오히려 공평하다. 공소시효의 본질과 관련하여 살펴보아도 소송법설에 따르면 공소시효 완성 여부는 소송조건이기 때문에 범인마다 따로 판단되어야 한다. 공소시효 제도 자체의 속성이 대인적인 것이다. 그렇다면 공소제기로 인한 공소시효 정지효 역시 각 범인별로 대인적으로 결정됨이 순리이므로 입법론적으로는 공소제기로 인한 공소시효 정지효가 공범에 미치도록 한 제253조 제2항을 폐지함이 상당하다고 생각된다[58].

(2) 정지효가 미치는 공범의 범위에 대하여

가. 공범의 범위에 대한 학설과 판례

그러나 현실적으로 제253조 제2항이 존재하고 있으므로 그에 대한 해석론으로 들어가지 않을 수 없다. 제253조 제2항은 '다른 공범자'에게 미친다고만 규정할 뿐 공범이 어떤 의미인지를 전혀 규정하지 않고 있기 때문에 위 규정이 말하는 '공범'의 개념 또는 범위를 해석하여야 한다. 공범 개념은 매우 다의적인데, 일반적으로 강학상 사용되는 공범 개념은 임의적 공범, 필요적 공범으로 구분된다. 임의적 공범은 법률이 1인의 범죄 실행을 예상하고 규정한 구성요건을 수인이 가담하여 실행한 경우로서 교사범, 종범, 공동정범이 포함된다. 필요적 공범은 법률이 처음부터 수인의 가담을 전제로 구성요건을 설립한 경우이다. 여기에서의 가담이란 단순한 관여가 아니라 '공범적 협력'을 의미한다고 해석하여야 한다. 그렇지 않으면 피해자의 재산적 처분행위를 요하는 사기죄 등 대부분의 범죄가 필요적 공범으로 분류

---

[57] 대법원 1995. 1. 20. 선고 94도2752 판결.
[58] 윤남근, "공소제기로 인한 공소시효의 정지와 필요적 공범", 법조 통권 제668호(2012. 5.), 법조협회, 296면, 297면도 "공범 중 일부에 대하여 소추권을 행사하지 않고 그를 불안한 지위에 두는 것은 국가권력의 남용이 될 수도 있다. 장기간 경과하면 증거 소실, 방어권 행사에 중대한 차질을 초래할 수도 있기 때문"이라고 설시하여 같은 취지.

되는 문제점이 발생하기 때문이다[59]. 필요적 공범은 다시 집단범[60]과 대향범으로 구분되는데, 집단범은 가담이 같은 방향으로 작용하는 경우를 말하고, 대향범은 가담이 서로 반대 방향으로 작용하는 경우를 말한다. 집단범에서의 가담자들은 대체로 공동정범적으로 가담하지만, 대향범에서의 가담자에는 정범적 가담자(수죄·중뢰 등)도 있지만 교사범적 가담자(음화판매·매수, 살인 촉탁·상대방 등), 방조범적 가담자(살인 승낙·상대방 등)도 있다.

예컨대 촉탁·승낙 살인죄와 미성년자 의제강간에서의 상대방이 공범적 협력자일까? 범죄 객체의 특정한 권리포기적 의사표시일 뿐 이를 공범적 협력이라고 보기는 어려울 것이다. 자살과 성관계라는 자신이 결정할 수 있는 권리에 대한 의사표시일 뿐이다. 이들을 교사·방조죄로 처벌하지 않는 이유는 불가벌적 대향범이기 때문이 아니라 원래 결정권을 가지고 있고 그 결정권의 절대효가 '남용' 또는 '제3자 범죄인화 죄책' 논리보다 강하기 때문이다. 범인도피죄 역시 범인으로부터 촉탁·승낙 받아 도피시키는 것일 터인데 이때 범인 자신은 불가벌적 대향범인지가 문제된다. 공범적 협력자라면 불가벌적 대향범으로서 도피교사죄로 처벌되지 말아야 하지만(다수설은 자기비호의 연장이라고 본다), 판례는 자기비호권의 남용이므로 처벌되어야 한다고 본다[61]. 즉 불가벌적 대향범 논리에 적용하지 않는 것이다. 도박의 경우 필요적 공범인 것은 분명하지만, 집단범인지 대향범인지는 애매하다. 집단범으로 분류하는 견해도 있고[62] 범죄구성요건이 동일한 대향범(복합적 대향관계)으로 분류하는 견해도 있다[63].

제253조 제2항이 위 공범 개념 중 어디까지를 포함하는지 역시 견해가 대립하는데[64], 그 근저에는 공범의 개념, 특히 필요적 공범을 어떻게 보는지의 문제가 깔려있다. 위와 같은 공범의 분류는 주로 형법 해석론에서 이루어졌는데, 사실은 형사소송법에서도 적지 않은 부분에서 공범 개념이 사용되며 제253조 제2항 역시 그 중 하나이다. 따라서 제253조 제2항이 말하는 공범의 개념을 정립하기 위해서는 공범론 자체에 대한 검토와 형사소송법에서의 공범론에 대한 검토 모두를 전제로 하지 않을 수가 없는 것이다.

---

59) 류화진, "필요적 공범의 개념과 대향범의 유형", 법학논고 제30집, 경북대학교 법학연구소, 2009, 189면.
60) 종래 '집합범'이라고 부르기도 하였지만 포괄일죄 중 상습범과 영업범을 통칭하는 '집합범'이라는 이름과 '혼동될 우려가 있어 근래에는 '집단범'이라고 부르는 분이 많다.
61) 대법원 2000. 3. 24. 선고 2000도20 판결.
62) 양동철, 앞의 논문, 122면.
63) 이주원, 앞의 논문, 318면.
64) 동시범, 사후종범을 포함하는 최광의의 공범까지 확장하여 논의하는 견해는 없다.

제253조 제2항이 말하는 공범에 대하여는 ① 임의적 공범만으로 보는 견해[65], ② 필요적 공범도 포함된다는 견해[66], ③ 필요적 공범 중 구성요건이 동일한 경우는 포함되지만, 구성요건이 상이한 경우는 제외된다는 견해[67], ④ 필요적 공범 중 집합범과 법정형이 동일한 대향범은 포함되지만, 법정형이 상이한 대향범은 제외된다는 견해[68] 등이 대립하고 있다. 이에 대하여 판례는 "폭력행위 처벌법 제4조 소정의 단체 등 조직죄는 ---- 형사소송법 제253조 제2항의 규정에 의하면 공범의 1인에 대한 시효의 정지는 다른 공범자에 대하여 효력이 미치고 ---"라고 하여[69] 필요적 공범 중 집단범에 대하여는 공소시효 정지효가 미친다고 보았지만[70], "(수뢰죄와/증뢰죄는) 강학상으로는 필요적 공범이라고 불리고 있으나, 서로 대향된 행위의 존재를 필요로 할 뿐 각자 자신의 구성요건을 실현하고 별도의 형벌규정에 따라 처벌되는 것이어서, 2인 이상이 가공하여 공동의 구성요건을 실현하는 공범관계에 있는 자와는 본질적으로 다르며, 대향범 관계에 있는 자 사이에서는 각자 상대방의 범행에 대하여 형법 총칙의 공범규정이 적용되지 아니한다. 이러한 점들에 비추어 보면, 형사소송법 제253조 제2항에서 말하는 공범에는 대향범 관계에 있는 자는 포함되지 않는다"고 판시하여[71] 대향범에 대하여는 공소시효 정지효가 미치지 않음을 분명히 하였다.

나. 학설과 판례에 대한 검토-공평한 처벌의 관점에서 조명

①설은 형사소송법에는 공범에 관한 개념 정의를 하지 않고 있고 형법에는 공범이 공동정범, 교사범, 종범을 의미하는 것으로 명시하고 있기 때문에 형사소송법에서도 공범이라 함은 임의적 공범을 의미한다고 보는 것이 당연하고, 필요적 공범은 복수의 자가 각자 자기

---

65) 윤남근, 앞의 논문, 296면. 임의적 공범을 '형법상' 공범이라고 표현하고 있으나, 내란죄, 소요죄, 다중불해산죄, 범죄단체조직죄, 합동범 등의 필요적 공범도 형법에 규정되어 있기 때문에 '형법총칙상' 공범이라고 부르는 것이 적절하다.
66) 백형구, 형사소송법강의(신정판), 박영사, 1994, 496면 등.
67) 이주원, 앞의 논문, 323면.
68) 최준혁, "필요적 공범과 공소시효의 정지", 비교형사법연구 제18권 제2호, 한국비교형사법학회, 2016, 223면.
69) 대법원 1995. 1. 20. 선고 94도2752 판결.
70) 폭력행위 처벌법 상 범죄단체 가입죄에서 함께 가입한 1인에 대한 공소제기가 다른 가입자에 대해 시효정지의 효력이 있는지도 문제되고, 하급심은 이를 부정한 바 있다(서울지방법원 1998. 11. 27. 선고 98고합587 판결). 이주원, 앞의 논문, 308면은 "가입은 수인이 함께 하더라도 공범이 아니기 때문"이라고 해석하고 있으나, 만일 그렇게 해석한다면 자신의 가입에 대한 정범과 타인의 가입에 대한 교사 내지 방조의 실체적 혹은 상상적 경합범이 성립한다는 문제가 발생할 것이다. 따라서 수인 동시 가입의 경우에는 임의적 공범(공동정범)으로 보는 것이 적절하고, 그렇다면 제253조 제2항이 적용되어 공소시효 정지효가 미친다고 보아야 할 것으로 생각된다.
71) 대법원 2015. 2. 12. 선고 2012도4842 판결. 그 원심인 서울고등법원 2012. 4. 13. 선고 2011노2616 판결도 같은 취지.

의 범행을 실행하는 관계로서 고의도 서로 다르고, 구성요건적 행위도 서로 다르기 때문에 공소사실의 동일성을 인정할 여지가 없으며, 필요적 공범에게도 미친다고 해석하면 유추해석이 되어 형사법 해석의 원칙에 반한다는 점을 논거로 하고 있다[72]. 그러나 형사소송법에서도 명시적으로 또는 해석상 공범 개념은 자주 사용되며 언제나 임의적 공범만을 의미한다고 해석하기는 어렵다[73]. 고의나 구성요건적 행위가 서로 다르다는 것이 공소시효 완성 여부와 어떤 관계인지도 불명하고, 집단범의 경우에는 고의나 구성요건적 행위가 서로 다르지 않음이 명백하며, 대향범의 경우에도 고의가 다르다고 평가할 수 있는지 의문이고[74], 임의적 공범도 구성요건적 행위는 서로 다를 수 있다. 또한 공소사실의 동일성은 1인의 범죄행위 사이에 판단하는 개념이지 아무리 공범이라도 수인의 범죄행위 사이에 판단하는 개념은 아니다. 따라서 위와 같은 논리로 형사소송법상의 공범이 언제나 임의적 공범이라는 주장은 수긍하기 어렵고, 각 경우마다 해석론에 의해 적절한 공범 개념을 도출하여야 할 것으로 생각된다[75].

②설을 취하면서 최근 공소시효의 적용을 축소하는 경향을 고려할 때 공소시효 정지효의 범위를 제한적으로 해석하여 공소시효의 적용을 넓히는 해석은 바람직한 방향이 아니라고 지적한 분이 있을 뿐[76], 그 밖에 특별히 논거를 제시한 분은 없는 듯 하다. 위 지적에 대하여는, 공소시효의 적용을 축소하는 경향이 과연 옳은지도 의문이거니와, 정지효가 미치는 공범의 범위와 같은 구체적이고도 예민한 문제에 대한 해답을 공소시효 적용 축소 경향과 같은 추상적이고도 개략적인 논리와 직접 연결하는 것은 다소 무리가 아닌가 생각된다.

③설은 구성요건이 상이하면 유·무죄가 별개로 판단될 수 밖에 없다는 점을 논거로 하여 구성요건의 동일성 여부를 제253조 제2항의 공범 판단의 기준으로 삼고 있다. 그런데 필요적 공범 중 구성요건이 동일한 경우는 집단범이고 상이한 경우는 대향범이라고 보므로

---

[72] 윤남근, 앞의 논문, 296-302면.
[73] 예컨대 '고소 불가분원칙'에서의 공범이나 '공범인 공동피고인간의 증인적격'이 말하는 공범에 필요적 공범이 포함됨에는 의문이 없다(양동철, 앞의 논문, 125면 이하 참조).
[74] "대향범도 수인의 관여자가 목표는 동일하지만 서로 다른 방향의 다른 행위만 할 뿐이므로 결국 대향적 협력이 필요하다"는 류화진, 앞의 논문, 191면, "집단범이 동일 목표 같은 방향이라면 대향범은 동일 목표 다른 방향"이라는 최준혁, 앞의 논문, 212면도 같은 취지라고 생각된다.
[75] 같은 취지, 양동철, 앞의 논문, 152면, 153면.
[76] 양동철, 앞의 논문, 150면, 151면.

결론에 있어 뒤에 설명할 판례의 경우와 거의 동일한데, 다만 도박죄는 구성요건이 동일한 대향범(복합적 대향범)이라고 보아 대향범이면서도 제253조 제2항의 공범에 포함시키는 정도의 차이를 나타내고 있다[77]. 그러나 구성요건이 상이하면, 즉 대향범이면 유·무죄가 별도로 성립하는지부터 의문이다. 증뢰가 성립해야 수뢰가 성립하지 증뢰 없는 수뢰가 성립할 수 없다. 증뢰하였으나 수뢰를 거부한 경우라면 증뢰 의사표시죄가 성립하는데 이는 대향범이 아니다. 설혹 유·무죄가 별도로 성립한다고 하더라도 그것 때문에 왜 제253조 제2항의 공범이 아닌지 역시 명확하지 않다. "판례의 태도는 증뢰죄와 수뢰자의 범죄성립 여부가 별개 독립적이라는 것인데다가 수뢰자가 증뢰자의 공범으로 또는 증뢰자가 수뢰자의 공범으로 처벌되는 것이 아니기 때문"이라고 설명하는데[78], 서로 공범이 되지 않는다는 논리는 제253조 제2항의 공범 범위와 직접 관련이 없으며, 위 논리는 대향범 뿐만 아니라 집단범에서도 동일하므로 대향범만 제253조 제2항의 공범에서 배제하는 근거가 될 수는 없다. 그 밖에 아래 판례에 대한 비판이 그대로 적용된다.

④설은 집단범과 대향범을 구별한 후 다시 대향범에 대하여는 법정형의 동일성 여부를 중요한 기준으로 삼아 제253조 제2항의 공범에 포함되는지 여부를 판단하는데, "형벌의 형평이란 입법자가 개별 구성요건에 정해놓은 법정형을 형사절차를 통해 실현함으로써 확보되기 때문에 입법자가 어떤 법정형을 정해놓았는지가 중요한 판단 근거가 되는데, 법정형이 다른 경우 불공평을 이미 법조문에 예정해 놓았다고 보아야 한다"고 설명한다. 제253조 제2항의 취지가 공범 처벌의 일관성과 공평성이라는 점을 이념으로 하고 있는 점을 좋으나, 법정형이 다르다고 하여 처벌 여부가 불공평해도 되는 것은 아니며, 불공평이 이미 예정된 것은 더욱 아니다. 또한 집단범 중에도 공범 간에 법정형이 다른 경우(예컨대 폭력행위 처벌법상의 범죄단체조직죄)에는 어떻게 설명할 것인지 의문이다. 그 밖에 아래 판례에 대한 비판 역시 그대로 적용된다.

판례의 입장과 관련하여 살펴보자. 제253조 제2항의 공범에 임의적 공범이 포함됨에는 의문의 여지가 없다. 필요적 공범 중 집단범은 그 성립에 2인 이상의 가담이 반드시 필요하다는 점에는 임의적 공범과 차이가 있지만, 이왕 공범으로 성립하였다면 '2인 이상이 가공하여 공동의 구성요건을 실현하는 공범관계'라는 점에서 아무런 차이가 없으므로 처벌의 공

---

77) 만일 도박죄를 집단범으로 분류한다면(양동철, 앞의 논문, 122면) 판례의 결과와 차이가 없게 될 것이다.
78) 이주원, 앞의 논문, 324면.

평성 측면에서도 달리 볼 이유가 없다. 문제는 대향범이 포함되는지 인데, 판례는 대향범은 '2인 이상이 가공하여 공동의 구성요건을 실현하는 공범관계'가 아니라는 점과 대향범 사이에는 형법총칙의 공범규정이 적용되지 아니한다는 점을 공소시효 정지효가 미치지 않는 논거로 삼고 있다. 그러나 공범관계에서의 '공동의 구성요건'이란 구성요건이 동일하여야 한다는 의미는 아닐 것이므로 '공동의 범죄' 즉 '공동의 불법'이라고 봄이 상당하고, 대향범 역시 2인 이상이 가담(다만 가담의 방법이 반대방향일 뿐 가담임에는 틀림없다)하여 공동의 불법(예컨대 뇌물 수수, 음화매매 등)을 실현하는 공범관계라고 보아야 한다. 또한 형법총칙의 공범규정이 적용되지 않는다는 점은 대향범 사이 뿐만 아니라 집단범 사이에도 마찬가지이다. 따라서 위 2가지 점만으로는 제253조 제2항의 공범에 임의적 공범과 집단범은 해당하지만 대향범은 해당하지 않는다는 결론을 도출하기가 어렵다.

제253조 제2항도 공소시효의 효력이 피고인에게만 미친다는 원칙의 예외이므로 엄격하게 해석하여야 한다. 따라서 공범의 범위를 좁게 보아야 한다는 판례의 논리 자체는 수긍이 되지만, 왜 다른 공범은 포함되고 대향범은 포함되지 않는지를 설명하지는 못하고 있다. 임의적 공범과 필요적 공범은 본질적으로 단독범이 가능한 범죄인지 여부에서 차이가 있다. 임의적 공범은 가담자들 사이에 형법총칙상 공범규정을 적용하여야 하는 반면, 필요적 공범은 가담자들 사이에는 형법총칙상 공범규정을 적용할 수 없다는 차이도 이에서 나온다. 그러나 이왕 공범으로 성립하였다면 공범 사이에 공평한 처벌이 이루어져야 한다는 점에서는 차이가 없다. 집단범과 대향범 사이에는 가담 방향이 동일한지 반대인지 외에는 본질적인 차이가 없다. 두목과 행동대원의 지위로 합심하여 범죄단체 조직이라는 불법을 저지른 공범관계와 뇌물을 주는 자와 받는 자의 지위로 합심하여 뇌물수사라는 불법을 저지른 공범관계에 처벌의 공평성 문제를 달리 볼 이유는 없는 것이다.

소위 편면적 대향범의 경우에는 어떨까? 예컨대 음화매수자를 음화판매 교사죄로 기소하면 음화판매자의 공소시효가 정지될까? 편면적 대향범도 필요적 공범이라는 것이 일반적인 견해이기는 하지만, 이를 따른다고 하더라도 공소시효 정지효와 관련하여서는 좀 다른 측면이 있다. 즉 제253조 제2항의 취지가 '공범 처벌의 공평성'에 있다는 말은 제253조 제2항은 공범 모두가 처벌될 수 있음을 전제로 한다는 의미가 된다. 그런데 일방만 처벌되는 편면적 대향범은 위 전제와 무관하다. 따라서 제253조 제2항이 말하는 공범에서 편면적 대향범은 제외하여야 한다. 이러한 해석은 뒤에서 설명할 바와 같이 '공범 중 책임이 조각되는 자가 있더라도 그에 대한 기소도 다른 공범에 대한 공소시효 정지효가 있다'고 인정하는 것과는 충돌하지 않는지의 의문을 유발할 수도 있다. 그러나 편면적 대향범에서 공범 중 일부를 기소할 수 없는 것은 그 범죄 자체의 속성에서 나오는 특성이지만 '공범 중 책임이 조각되는 자가 있는 경우'는 당해 사건의 속성에서 나오는 특성이므로 공범에 대한 공소시효 정지효와 관련하여서는 서로 평면을 달리하는 것이라고 생각된다.

(3) 처벌되지 아니한 자에 대한 공소제기의 정지효

우리 형사소송법은 범인 아닌 자에 대한 공소제기의 공소시효 정지효가 진범에게 미치는지에 대하여는 규정하지 않고 있다. 이에 대하여 학설은 대체로 진범에게는 위 정지효가 미치지 않는 것으로 해석하고 있는데[79], 결국 공범에게는 대물주의를, 진범에게는 대인주의를 취하는 셈이 된다. 이와는 좀 다른 문제로서 공범 중 일인으로 기소하였는데 범죄의 증명이 없어 무죄가 된 경우 그 공소시효 정지효가 다른 공범에게 미치는지도 문제된다. 대법원은 "공범 중 1인으로 기소된 자가 구성요건에 해당하는 위법행위를 공동으로 하였다고 인정되기는 하나 책임조각을 이유로 무죄로 되는 경우와는 달리 범죄의 증명이 없다는 이유로 무죄의 확정판결을 선고받은 경우에는 그를 공범이라 할 수 없어 ---" 라고 판시하였다[80]. 위 판례는 책임조각을 이유로 무죄로 되는 경우에는 그 기소로 인한 공소시효 정지효가 다른 공범에도 미친다는 취지도 함께 보여주고 있다고 해석된다.

소송조건 결여로 형식판결, 즉 면소나 공소기각을 선고받은 경우라면 공범인지 여부에 대하여 판단되지 아니한 상태이므로 뒤에 관련사건으로 재판을 받게 된 자가 공범인지 여부가 불명해지는 문제점이 있다. 전의 재판에서 공범 중 일인이 구성요건에 해당하고 위법하였는지를 판단하지 않았기 때문에(책임조각의 경우와는 다르다. 구성요건해당성과 위법성이 인정되는 경우에만 책임 유무를 판단하지만 소송조건 결여는 실체판단 전에 한다) 후의 재판에서 기소되지 아니한 자에 대한 구성요건해당성과 위법성을 판단하기는 어렵기 때문이다. 결국 공범 중 일부가 먼저 기소되어 형식판결을 받은 경우라면 뒤에 기소된 공범에 대하여 공소시효 정지효를 인정하기가 어렵다고 보아야 할 것이다.

---

79) 이재상/조균석/이창온, 앞의 책, 459면 등.
80) 대법원 1999. 3. 9. 선고 98도4621 판결.

Ⅳ. 나가며

이 글에서 저자는 형사소송법 제233조 및 제253조와 관련하여 공범의 처벌에 있어서의 공평성이라는 측면에서 불가분원칙의 적용범위와 공소제기로 인한 공소시효 정지효가 미치는 공범의 범위를 검토하였다. 그 결과 불가분원칙이 친고죄에만 규정되어 있지만 반의사불벌죄와 즉시고발사건에도 유추적용 된다고 해석하고, 공소시효 정지효 역시 임의적 공범 뿐만 아니라 대향범을 포함하는 필요적 공범에도 모두 적용되는 것으로 해석하는 것이 공범 간의 처벌에 있어서의 공평성을 위해 적절하다는 결론에 이르렀다.

'공평'이라는 이념은 공범 사건에서는 실체적 진실발견이나 적법절차 원리에 전혀 뒤지지 않는 중요한 덕목이다. 불가분원칙과 관련하여서는 배상 또는 화해의 촉진과 존중, 국가기관의 전문성 존중 보다는 공범 간의 처벌의 공평성이 더욱 중요한 덕목이기 때문에 반의사불벌죄와 즉시고발사건에서도 불가분원칙이 적용되어야 한다는 점을 살펴보았고, 공소시효 정지효와 관련하여서는 필요적 공범 간에는 공범에 관한 형법상의 법리가 적용되지 않는다거나, 법정형이 서로 다를 수 있다는 등 다른 공범과 약간의 차이가 있다는 문제가 공범 간의 처벌의 공평성을 뛰어넘을 불가피한 이유가 되지 못하기 때문에 공소시효 정지효가 모든 공범에 미쳐야 하되, 다만 처벌되지 아니하는 편면적 대향범은 공범 간의 처벌의 공평성이라는 전제에서 벗어나 있기 때문에 위 공범에 포함되지 않는다는 점을 주장하였다.

공범의 처벌에 있어서의 공평성 문제는 이 외에도 매우 다양한 형태로 발생한다. 검사의 공범 중 일부에 대한 공소제기가 허용되는지, 공범 중 일부만 자백하는 경우 제310조가 적용되는지, 공범 중 일부의 피의자신문조서에 대하여 제314조가 적용되는지 등이 모두 공범의 처벌에 있어서의 공평성 문제와 관련된다. 앞으로 더 많은, 그리고 더 깊은 연구가 있기를 기대한다.

소멸시효 제도와 비교하여 검토해 본 공소시효 제도

Ⅰ. 들어가며

1. 소멸시효와 공소시효

　세상에 영원한 것은 없으며 법률관계도 마찬가지이다. 법률관계에 영향을 주는 조건들이 대부분 가변적이거니와, 다른 조건이 전혀 변하지 않았다고 하더라도 시간의 경과 자체도 법률관계에 큰 영향을 미친다. 그 중 대표적인 것이 시효제도인데 민사법에서의 소멸시효와 취득시효[1], 형사법에서의 공소시효, 재판시효(의제 공소시효), 형의 시효 등이 이에 해당한다[2]. 그 중에서도 소멸시효는 민사법의 대표적인 시효제도이고 공소시효는 형사법의 대표적인 시효제도이다. 소멸시효는 권리자가 권리를 행사할 수 있음에도 일정기간 동안 행사하지 아니하면 그 권리를 소멸케 하는 제도로서 민법 제162조 내지 제184조에서 규정하고 있다. 반면 공소시효는 범죄종료 후 일정기간 동안 기소되지 않으면 국가가 형벌권 또는 소추권을 발동할 수 없게 되는, 즉 처벌할 수 없게 되는 제도로서 형사소송법 제249조 내지 제253조의2에서 규정하고 있다.

　아무런 법률적 의미가 없다고 볼 수도 있는 시간의 경과가 그 자체로 법률관계 변경의 사유가 된다는 것은 일반인의 법감정으로는 받아들이기 어려운 면이 있는 것이 사실이다. 그나마 사법상 권리의 경우에는 장기간 불행사하면 사적 자치 법리와 결합한 권리자의 권리포기의사 추론 또는 의무자의 법적 안정성 고려 등을 통해 권리가 소멸한다는 논리가 수용될 여지가 좀 더 있으나, 범인의 도피 등을 이유로 국가가 형벌권을 장기간 행사하지 못하였다고 하여 이제는 처벌할 수 없게 되었다는 논리는 수용하기가 훨씬 더 어려웠을 것임이

---
[1] 민사법에는 시효와 비슷한 '제척기간'이라는 제도도 있다. 이는 법률이 권리의 행사기간을 미리 정해둔 것을 말하는데, 중단이나 정지제도가 없는 점, 당사자의 주장이 없더라도 법원이 직권으로 판단하여야 하는 점 등에서 시효와 차이가 있다. 공소시효가 제소기간의 제한이라는 점에서는 소멸시효보다 제척기간과 더 비슷하다고 볼 여지도 있지만, 정지제도가 있는 점, 본질적으로 시효라는 점 등을 고려하여 소멸시효와 비교하기로 한다.
[2] 재판시효(일명 의제 공소시효. 형사소송법 제249조 제2항)는 기소 후 일정기간 내에 재판이 확정되지 아니하면 공소시효가 완성된 것과 마찬가지 효과를 부여하는 제도이고, 형의 시효(형법 제77조 내지 제80조)는 판결확정 후 일정기간 내에 형집행을 개시하지 아니하면 형집행이 면제되는 제도이다. 공소시효가 범죄종료시로부터 기소시까지의 기간 문제인 반면, 재판시효는 기소시로부터 판결확정시까지의 기간 문제이고, 형의 시효는 판결확정시로부터 집행개시시까지의 기간 문제라는 점에서 그 적용 국면을 달리한다.

쉽게 짐작된다. 이는 형벌의 본질론과도 관계가 있는데, 특히 절대적 형벌이론을 취하는 경우 국가의 형벌의무에 대한 시간적 한계를 인정하기 어려우며, 일반예방이론을 취하는 경우에도 공소시효 제도가 일반예방 효과를 약화시킨다고 비판하는 견해가 많다[3].

시효제도를 처음으로 법제화한 국가는 로마이다. 민사법상의 시효는 일찍이 12표법(기원전 450년경 공표된 것으로 알려지고 있다)에서 수용되었지만, 형사법상의 시효는 기원전 16년 경에야 채택되었으며, 그마저도 국가의 형벌권 자체가 소멸하는 것이 아니라 피해자의 고소권이 소멸한다는 논리로 전개되었다고 한다[4]. 게르만법 역시 사인의 소추기간이 제한되는 외에 국가의 형벌권 자체에 대한 시효라는 제도는 채택하지 않고 있다가, 근세에 들어 로마법을 계승한 이탈리아 법제의 영향으로 시효제도가 알려진 후 17, 18세기에 이르러서야 독일의 각 주에서 시효에 관한 입법이 진행되기 시작하였다[5]. 이후에도 자유주의적 법치국가 사상의 영향으로 시효제도가 폐지되거나 제한된 적도 있었지만, 나폴레옹 시대를 거치면서 시효제도가 정착되어 독일의 제국형법에는 공소시효 뿐만 아니라 형의 시효도 규정되기에 이르렀다[6].

소멸시효와 공소시효는 각각 민법과 형사소송법에 규정되어 있어 사법(私法)적 제도·공법적 제도(그 중에서도 권력작용적 요소가 가장 강하다), 실체법적 제도·절차법적 제도라는 전혀 이질적인 제도로 보일 수 있다. 소멸시효의 대상이 되는 권리는 일반적으로 작위를 내용으로 하여 이를 이행하지 아니하는 때에 본래의 작위 내용(손해배상으로 변환될 수도 있다)의 실현을 요구하는 권리임에 반하여, 공소시효의 대상인 형벌권은 일반적으로 부작위를 내용으로 하는 형법의 명령을 위반하여 작위하는 때에 본래의 부작위 내용의 실현이 아니라 그와는 전혀 이질적인 형벌을 실현하는 권한이다[7]. 소멸시효의 대상이 권리의 측면만 가지는데 반하여 형벌권은 국가의 권한인 동시에 의무라는 측면을 함께 가진다는 점에서도 큰 차이가 있다. 그러나 양 제도는 본질적으로 시간의 경과에서 비롯되는 법률효과라는 점에서 동일하게 출발하여 그 연혁과 이념적

---

3) 홍영기, "시효이론의 역사적 전개와 그 평가", 법사학연구 제37호, 한국법사학회, 2008, 249면, 252면.
4) 홍영기, 앞의 논문, 241면.
5) 홍영기, 앞의 논문, 242면.
6) 독일에서는 제2차 세계대전 중 공소시효 제도를 폐지하였다가 종전 후 다시 부활한 일도 있었다고 한다.
7) 물론 부작위 의무를 위반하면 작위 중단이나 배상 등을 청구하는 권리가 소멸시효의 대상이 되기도 하고, 형법의 작위 명령을 위반하여 부작위하면(진정부작위범) 형벌권이 발생하며 이 역시 공소시효의 대상이 되기도 하지만 이는 다소 예외적 현상이다.

근거가 매우 유사하며[8], 일정한 사유가 있으면 시효 진행이 중단 또는 정지되는 등 많은 공통점을 가지고 있을 뿐만 아니라[9], 그 본질과 기간, 중단 또는 정지의 구체적 사유와 효과 등의 측면에서 서로 대비될 수 있는 점도 적지 않다. 그와 같은 공통점 또는 대비점을 비교 분석하는 것은 소멸시효와 공소시효 중 어느 하나만을 볼 때에는 쉽게 발견할 수 없었던 시효제도의 속성과 구체적 의미를 새로이 깨닫게 해 줄 뿐만 아니라[10] 이를 통하여 서로에게 많은 시사점을 던져주는 것도 사실이다.

이 글에서는 논의의 중점을 공소시효에 두고 소멸시효와의 비교 검토를 통해 공소시효 제도를 새로이 조명해 보기로 한다. 먼저 공소시효 제도의 근거와 본질을 살펴보고(Ⅱ), 공소시효의 기간(기간의 기준, 기산점 포함)에 관한 몇 가지 문제를 검토해 보고(Ⅲ), 공소시효의 정지(중단과 정지, 정지의 사유, 대물적·대인적 효력 포함)에 관하여 검토한 후(Ⅳ), 저자 나름의 결론으로(Ⅴ) 글을 맺으려 한다.

Ⅱ. 공소시효 제도의 근거와 본질

1. 공소시효 제도의 근거

공소시효 제도의 근거로는 ㉠ 범죄행위로 파괴된 법질서가 오랜 시간의 경과로 상당부분 사실상 회복된 점, ㉡ 범죄자 역시 오랫동안 심적 고통을 받아 가벌성이 감소된 점, ㉢ 증거의 멸실로 진실규명이 어렵게 된 점[11], ㉣ 수사기관으로 하여금 조속한 검거와 기소를 독촉하는 효과 등을 들고 있다[12]. 그러나 이들이 과연 적절한 근거인지는 의문이다. 예컨대 범죄자의 심적 고통이라는 것은 범죄자에 따라서는 전혀 심적 고통을 받지 아니한 경우도 적지 않다는 점을 고려할 때 지나친 의제이고, 고통에 따라 가벌성이 감소된다면 공소시효가 완성되는 시점에 불벌의 효과를 한꺼번에 줄 것이 아니라 기간의 경과에 비례하여 형벌을 차차 감소시켜 나가는 것이 오히려 합리적이다. 증거의 멸실도 개개의 사건별로 너무나 사정

---

8) 같은 취지, 양천수, "공소시효에 대한 법철학적 시론", 영남법학 제35호(2012. 12.), 영남대학교 법학연구소, 25면.
9) 홍영기, 앞의 논문, 244면, 245면.
10) 양천수, 앞의 논문, 27면도 같은 취지.
11) 신동운, 신형사소송법(제5판), 법문사, 2014, 550면 등. 진실발견이 어려운 상태에서 범인을 소추하면 개인의 기본권이 침해될 우려가 있다는 점, 사회적인 관심 약화로 형벌 목적이 감소되었다는 점 등을 별도로 거시하기도 한다. 하태영, "공소시효제도의 문제점과 개정방향", 비교형사법연구 제4권 제1호, 한국비교형사법학회, 2002, 524면, 525면.
12) 임준호, "공소시효의 본질과 소급적 연장", 법조 제45권 제5호, 법조협회, 1996, 103면, 104면은 '형사사법 기능의 최적화, 처벌의 필요성과 법적 안정성의 조화'라고 정리하고 있다.

이 다르므로 시간이 흘렀어도 증거가 명백한 사건에 대하여도 동일한 효과를 부여하는 것은 부적절하며[13], 법정형에 의해 추단되는 범죄의 경중과 증거의 멸실 기간이 비례한다고 보기도 어렵다. 중요 범죄에 대한 공소시효가 최소한 5년 이상이기 때문에 수사기관에 대한 독촉효과는 미미하고, 최근 공소시효 기간을 연장 또는 배제하는 경향은 위 독촉의 의미에 정면으로 반하는 모순관계에 있다. 그러나 위와 같은 문제점에도 불구하고 현재와 같은 공소시효 제도의 근간을 바꾸거나 더 합리적인 근거를 제시하는 것은 어려운 것이 현실이다.

이에 반해 소멸시효 제도의 근거로는 ⓐ 일정한 사실상태가 오래 지속되면 사회는 그것이 권리관계와 부합하는 것으로 신뢰하고 이에 기초한 법률관계를 누적적으로 형성하였다는 점[14], ⓑ 오랜 시간의 경과로 입증이 곤란하게 되었다는 점, ⓒ 권리행사 태만에 대한 불이익을 부여할 수 있다는 점[15] 등을 거시하는 견해가 일반적이다[16]. 위 각 근거 중 ㉠은 ⓐ와, ㉢은 ⓑ와, ㉣은 ⓒ와 동일한 취지이고 결국 공소시효에 특유한 사유는 ㉡ 밖에 없는데, 이는 소멸시효에서는 오랜 동안 의무를 이행하지 않았다고 하여 그 고통으로 의무이행에 갈음한다고 보는 것은 부적절하다는 속성의 차이에 기인한다. 결국 공소시효 제도와 소멸시효 제도는 시효라는 공통점에서 출발하므로 근거 역시 거의 같을 수 밖에 없으며, 그러한 점은 이후 살펴볼 본질이나 기간, 중단·정지 등의 면에서도 유사점으로 발현되고 있다.

---

13) 과학적 증거가 있는 경우 공소시효를 연장하는 특례도 있지만, 위 비판을 불식시킬 수 있는 일반적인 대책은 아닌 듯하다.
14) 양천수, 앞의 논문, 27면도 이를 강조하여, "소멸시효나 공소시효 모두 법적 안정성 또는 형사절차상 필요를 위해 존재하지 채무자나 피의자의 이익을 위해 존재하는 것은 아니기 때문에 반사적 이익에 불과하다"고 설명하고 있다. 그러나 예컨대 반사적 이익이란 침해되어도 재판에 의한 구제를 청구할 수 없는 것인데, 공소시효가 완성되었음에도 유죄를 선고하였다면 상소를 통하여 구제받을 수 있으므로 시효의 이익을 모두 반사적 이익론으로 설명하는 것은 부적절하다고 생각된다.
15) 판례는 소멸시효에서는 특히 이러한 의미가 강하다고 보고 있다. 대법원 1992. 3. 31. 선고 91다32053 판결.
16) 지원림, 민법강의(제21판), 홍문사, 2024, 209면, 210면 등. 최근에는 "의무자가 이미 변제를 한 경우가 대부분일 것이므로 변제를 한 것으로 의제하는 것이 진실에 합치될 개연성이 높고 입증을 하지 못하는 의무자 보호를 소멸시효의 근거로 보면서 가급적 변제를 한 의무자만 보호하도록 소멸시효 제도를 제한적으로 운용하는 것이 바람직하다"는 새로운 견해가 제시되고 있다(김준호, 민법강의 제30판, 법문사, 2024, 344면, 345면). 그러나 권리자가 오히려 의무자의 의무이행이 없었음을 적극적으로 입증해 버렸다면(작위가 없었다는 점은 입증하기 쉽지 않다는 문제점은 있지만) 소멸시효 완성의 효과를 주지 않을 것인지, 차라리 의무이행 여부에 대한 입증책임을 권리자에게 전환하는 것이 더 적절하지 않은지 등의 의문이 있다. 그러한 관점은 공소시효에는 적용할 수 없는 논리이기도 하다.

2. 공소시효 제도의 본질

(1) 학설 대립

공소시효 제도의 본질에 관하여는 근본적으로 실체법적 제도로 보는 견해(실체법설)와 소송법적 제도로 보는 견해(소송법설), 양자의 입장을 절충한 결합설이 대립하고 있다.

가. 실체법설

실체법설은 다시 무죄설과 면소설로 구분할 수 있다. 먼저 무죄설은 피고인의 악성($_{필요성}^{형벌을 받아야 할}$) 또는 일반인의 응보 감정이 소멸하였으므로 형벌권이 소멸한다는 견해이다. 이에 따르면 공소시효가 완성되면 무죄를 선고하여야 하고, 완성 여부는 실체법상 1죄 단위로 판단하여야 하며, 죄형법정주의, 특히 소급효 금지와 유추적용 금지 법리가 적용되어야 한다[17]. 그러나 악성·감정은 서서히 줄어드는 것이지 어느 순간에 소멸하는 것이 아니다. 공소시효의 기간 역시 형사정책적 결단으로 법정형에 따라 정한 것이지 악성·감정 소멸 기간을 확인한 결과는 아니며, 근본적으로 시간이 지난다고 유죄가 무죄로 바뀌는 것은 아니라는 비판이 제기된다.

형면제설은 악성·감정 감소와 소송경제를 고려하여 국가가 형벌권 발동을 자제하는 것이 공소시효라는 견해이다. 이에 따르면 무죄 아닌 형면제를 선고하여야 한다는 점 외에는 무죄설과 동일하다. 그러나 형면제를 선고하기 위해서는 먼저 유죄라는 점을 확정하여야 하는데, 형면제 선고를 위해 굳이 유죄임을 입증할 필요가 있는지 의문이다. 더욱이 공소시효 사유를 증거부족에 둔다면 입증곤란 때문에 공소시효 완성이라 하면서 다시 이를 위해 입증하여야 한다는 모순이 발생한다.

나. 소송법설

입증의 어려움과 오판의 우려, 소송경제를 고려하여 소추권을 소멸시킨다는 견해이다. 이에 따르면 공소시효는 소극적 소송조건으로서 공소시효가 완성되면 소송판결을 하여야

---

17) "공소시효 완성이 임박한 경우에 피의자가 누리는 불가벌성에 대한 기대는 공소시효가 완성된 이후의 경우와 대동소이 하기 때문에, 실체법설에 충실하면 공소시효 완성 전의 소급, 즉 부진정소급도 불가하다고 보아야 한다"는 주장도 있다. 박찬걸, "공소시효의 정지·연장·배제에 관한 최근의 논의", 형사법의 신동향 통권 제34호 (2012. 3.), 대검찰청, 93면. 고민해 보아야 할 논리라고 생각된다.

하고, 완성 여부는 소송법상 1죄 단위로 판단하여야 하며, 죄형법정주의는 적용할 필요가 없게 된다[18].

다. 결합설(절충설)

어차피 공소시효가 형사정책적 결단의 결과라면 위 결단과정에는 입증의 어려움과 오판의 우려만 고려하는 것이 아니라 악성·감정의 감소도 함께 고려하였기 때문에 공소시효의 본질 역시 실체법적 성격과 소송법적 성격을 함께 가지고 있다는 견해로서 우리나라의 다수설이다. 형사소송법에서 규정하면서 그 기간이 실체법상의 법정형을 기준으로 결정된다는 점이 논거로 거시되기도 한다[19]. 그러나 모든 결합설이 그러하듯 하나의 결론에 이르러야 할 때에는 결합되어 있다는 둘 중 어느 하나를 따를 수 밖에 없게 되는 문제점이 발생한다. 예컨대 공소시효가 완성되었을 때에 실체판결을 선고할 것인지 소송판결을 선고할 것인지, 소급효를 인정할 것인지 인정하지 않을 것인지, 상상적 경합관계를 1죄로 볼 것인지 수죄로 볼 것인지 등에서 결국 하나를 선택하여야 한다면 결합설은 거의 의미가 없게 된다. 더욱이 공소시효 제도 자체가 형사소송법에 규정되어 있고 법정형이 형법에 규정되어 있다는 점은 실정법의 해석론일 뿐으로서, 제도의 본질을 규명하여 실정법에 반영하여야 한다는 학문적 태도에 역행한다.

2. 외국에서의 논의와 우리 헌법재판소의 태도

(1) 외국에서의 논의

독일은 공소시효 제도가 형법에 규정되어 있지만, 1950년대부터는 소송법설이 통설이고, 연방대법원 뿐만 아니라 연방헌법재판소의 태도이기도 하다[20]. 1946년 나치범죄 처벌에 관한 특별법은 1933. 1. 30.부터 1945. 6. 15.까지 공소시효 진행을 정지시켰고, 1964년 공소

---

[18] 소송법설의 논리는 소급효와 직접 충돌하지 않지만 법적 안정성 등을 고려하여 진정소급은 허용되지 않는다는 견해가 일반적이며(특히 김성돈, "공소시효제도와 소급금지원칙", 법학논고 제11집(1995. 12.), 경북대학교 법학연구소, 192면), 진정소급효를 인정하는 견해도 일정한 범죄(예컨대 반인권적 국가범죄)나 상황에서만 가능하다고 하여 소급효를 제한하고 있다. 양천수, 앞의 논문, 33면.
[19] 임상규, "공소시효제도의 문제점과 개선방안", 법학논총 제32권 제2호, 전남대학교 법률행정연구소, 2012, 298면.
[20] 박미숙, 공소시효제도에 관한 연구, 한국형사정책연구원, 2004, 28면, 29면. 1942. 나치치하에서 경미범죄를 소급적으로 처벌하기 위하여 이미 공소시효가 완성되었음에도 시효를 사후에 연장하는 것이 판례에 의해 허용되었고, 제2차 세계대전 종전 후에는 나치 전범자를 처벌하는데 결정적인 역할을 수행하였다고 한다.

시효 계산에 관한 특별법은 법정형 상한이 종신형에 해당하는 범죄에 대하여 1945. 5. 8.부터 1949. 12. 31.까지 공소시효 진행을 정지시켰으며, 1993년 동독의 불법행위에 있어서의 시효정지에 관한 법률은 대상 범죄에 대하여 1949. 10. 11.부터 1990. 10. 3.까지 공소시효의 진행을 정지시켰다. 이 중 1946년 입법과 1964년 입법은 부진정 소급효만 인정하였지만, 1993년 입법은 진정 소급효까지도 인정하였음에 유념할 필요가 있다[21]. 형법적 제도로 규정되어 있기 때문에 공소시효가 완성되면 형면제 선고를 한다(형법 78조 제1항).

프랑스는 독일과 달리 공소시효 규정은 형사소송법 제6조 내지 제9조에 공소권 소멸사유로 규정되어 있기 때문에 실체법설, 소송법설의 논란이 없다[22]. 공소시효가 완성되면 판결 주문에 acquittement(중죄의 경우), relax(경죄·위경죄의 경우)를 선고하는데, 이 주문은 우리 형사소송법에서의 무죄, 면소, 공소기각의 의미를 모두 지니고 있다고 한다[23].

미국은 연방형사소송법 제3281조 이하에서 공소시효에 대하여 규정하고 있지만, 공소시효 완성의 효과에 대하여는 법원이 직권으로 공소기각 하여야 한다는 견해, 피고인의 항변사항이라는 견해, 항변사항이지만 명시적 포기가 가능하다는 견해 등이 대립하고 있다고 한다[24]. 일본은 우리나라의 형사소송법 규정과 거의 동일하며(제250조 내지 제255조). 실체법설, 소송법설이 대립한다는 점이나, 공소시효가 완성되면 면소판결을 하는 점(제337조)도 동일하다.

(2) 우리 헌법재판소의 태도

헌법재판소는 재정신청에 대한 공소시효 정지효를 헌법소원에 유추적용 할 수 없다고 하면서 공소시효 제도의 본질이 국가형벌권의 소멸이라는 점에서 실체법적 성격을 가지고 있다고 판시하였다[25]. 이 결정과 관련하여 헌법재판소가 공소시효 제도의 본질을 실체법적으로 보고 있다는 견해도 있다[26]. 그러나 위 결정 다수의견에는 '국가가 형벌권을 포기함으로

---

21) 임준호, 앞의 논문, 89면, 90면; 박찬걸, 앞의 논문, 95면.
22) 손병현, "프랑스 형사소송법상 공소시효의 특색", 법과 정책 제18집 제2호(2012. 8.), 청주대학교 법과정책연구소, 278면.
23) 김현수, "프랑스의 공소시효제도", 국외훈련검사 연구논문집 제26집, 법무연수원, 2011, 124면.
24) 윤남근, "공소제기로 인한 공소시효의 정지와 필요적 공범", 법조 통권 제668호(2012. 5.), 법조협회, 289면, 290면.
25) 헌법재판소 1993. 9. 27. 92헌마284 결정.
26) 신동운, 앞의 책, 551면.

써'라는 표현도 있지만 '국가 형벌권의 소멸과 공소권의 소멸로 범죄인으로 하여금 소추와 처벌을 면하게 함으로써 형사피의자의 법적 지위의 안정을 법률로서 보장하는 형사소송조건에 관한 제도'라는 표현도 있는 점 등을 고려할 때 기본적으로는 절차법적 성격이지만 실체법적 성격도 함께 가지고 있는 것으로 보고 있다고 판단된다.

실제로 헌법재판소는 그 후 공소시효 정지규정을 과거에 이미 행한 범죄에 적용하도록 개정하더라도 반드시 형벌불소급에 원칙에 위배되는 것은 아니라고는 판시함으로써[27] 공소시효 제도를 절차법적 성격으로 보았다. 위 결정을 놓고 헌법재판소가 견해를 바꾸어 위 92헌마284 결정을 파기한 것으로 보는 견해도 있다[28].

3. 소멸시효 제도의 본질

소멸시효 제도의 본질에 대하여는 완성의 효과라는 측면에서 다루고 있다. 즉 본질을 어떻게 보느냐에 따라 기간, 중단·정지 등에는 영향이 없고, 다만 완성의 효과를 어떻게 보는지에만 영향을 주는 것으로 인식하고 있는 것이다. 민법은 "소멸시효가 완성한다"고만 규정할 뿐(제162조, 제164조) 완성의 효과는 규정하고 있지 않은데, 취득시효에서는 "소유권을 취득한다"고 직접적으로 규정한 것(제245조, 제246조)과 대비된다.

소멸시효 완성의 효과에 대하여는 절대적 소멸설과 상대적 소멸설이 대립하고 있다. 절대적 소멸설은 시효의 완성으로 대상 권리는 당연히 소멸하지만, 다만 변론주의 원칙에 의하여 재판에서는 시효이익을 받을 자가 이를 주장하여야 법원이 고려할 수 있다는 견해로서. 판례의 입장이다[29]. 이는 민법에서의 "채권이 시효의 완성 기타 사유로 인하여 소멸한 때"(민법 제369조) 또는 "시효로 인하여 소멸한다"(제766조 제1항, 제1024조 제2항)는 규정, 부칙에서의 "본법 시행 당시에 구법의 규정에 의한 시효기간을 경과한 권리는 본법의 규정에 의하여 취득 또는 소멸한 것으로 본다"(부칙 제8조 제1항)는 규정 등을 그 근거로 한다[30]. 그런데 "소멸시효의 이익은 미리 포기하지 못한다"는 제184조 제1항의 반대해석상 시효이익의 사

---

27) 헌법재판소 1996. 2. 16. 96헌가2, 96헌바7 결정.
28) 임준호, 앞의 논문, 408면; 정진연, "공소시효", 법학논총 제13권, 숭실대학교 법학연구소, 2003, 5면.
29) 대법원 1979. 2. 13. 선고 78다2157 판결 등.
30) 시효 완성 후에 의무자가 자의적으로 의무를 이행하면 비채변제가 되지만, 민법 제742조, 제744조에 해당하면 반환청구가 허용되지 않는다.

후적 포기가 가능하지만, 절대적 소멸설은 이를 설명하기가 어렵다는 문제점이 있다. 이에 반해 상대적 소멸설은 시효가 완성되어도 당사자의 원용이 있어야 권리가 소멸한다는 견해로서 다수설의 입장이다. 이는 민법 부칙 규정은 구민법에 의한 시효 소멸에만 적용될 뿐 현행 민법과는 무관하며, 시효이익의 포기를 설명할 수 있다는 점, 비채변제라는 논리도 사회통념에 반한다는 점 등을 그 논거로 한다[31].

절대적 소멸설이 권리·의무 자체가 소멸한다는 점에서 국가의 형벌권 자체가 소멸한다는 실체법설과 유사한 면이 있다. 그러나 상대적 소멸설은 의무자가 시효 이익을 원용하여야 권리·의무가 소멸한다는 점에서 공소시효 완성은 소송조건이기 때문에 검사에게 주장·입증 책임이 있다는 형사소송에서의 소송법설과는 전혀 다르다. 더욱이 절대적 소멸설이나 상대적 소멸설 모두 실정법의 해석을 근거로 하여 완성의 효력을 논할 뿐 시효제도 자체의 본질을 논하고 있지는 않으며, 소멸시효를 실체법적 제도, 즉 권리 소멸사유로 볼 뿐 소송법적 제도로 이해하는 견해는 없다는 점에서도 큰 차이가 있다[32].

소멸시효에서는 왜 소송법설이 없을까? 소송법설을 취하면 소멸시효 완성은 소송물에 관한 소극적 소송요건(권리보호 자격 또는 이익 관련)으로서 소각하 판결의 사유가 될 것이다. 다만 소송조건은 특별히 방소항변[33] 대상이 아니라면 원칙적으로 직권조사사항이 되는데, 시효 이익의 주장 없이도 시효 이익을 누릴 수 있다는 점에서는 변론주의를 전제로 하는 절대적 소멸설보다 더욱 더 유리하게 된다. 형사에서는 형벌권이 소멸된다는 이론에 대한 법감정적 거부감이 매우 크지만 민사에서는 권리가 소멸된다는 이론에 대한 법감정적 거부감이 적은 것이 사실이고, 이 때문에 공소시효에 대하여는 소송법설이 힘을 얻고 있지만 소멸시효에 대하여는 절대적 또는 상대적 소멸설이 받아들여지고 있는 것으로 이해된다.

4. 소결

실체법설과 소송법설의 학설 대립은 공소시효 제도와 관련된 문제 전반에 큰 영향을 주고 있다. 그러나 현실적으로는 공소시효 제도가 실체법적 성격과 소송법적 성격을 함께 가진

---

31) 시효 완성 후에도 자의적 이행은 정상적인 의무이행(또는 변제)이 된다.
32) 이 때문에 공소시효와 달리 소멸시효는 민사소송법이 아닌 민법에서 다루고 있다. 만일 소송법설이 있다면 '소멸시효가 완성해도 권리는 소멸하지 않고 다만 소송조건이 됨에 불과하다'라고 이론구성 하여야 할 것이다.
33) 임의관할 위반의 주장, 소 취하 계약 위반의 주장 등과 같은 형태가 된다.

제도로 보는 결합설이 우세하며, 학설이나 판례가 구체적 문제, 예컨대 상상적 경합관계에 있는 수죄에서의 공소시효의 정지나 완성, 소급적용 가부 등에서 반드시 실체법설이나 소송법설 중 하나의 논리만을 일관되게 유지하지는 않는 경향을 보이고 있는 것이 사실이다.

공소시효의 완성을 형벌권 발동 자제로 볼 것인지 소송조건 결여로 볼 것인지는 형사정책적 결단의 산물이지만, 형벌권 소멸로 보기 위해서는 필연적으로 도그마적 접근이 필요하다. 형벌권은 범죄가 성립하는 순간 발생하며 범죄의 성립은 구성요건해당성, 위법성, 책임의 3가지 조건의 충족을 필요로 한다. 그런데 한번 발생한 형벌권이 사후적으로 소멸하는지도 의문일 뿐만 아니라[34] 소멸할 수 있다고 하더라도 공소시효의 완성이 구성요건해당성, 위법성, 책임 중 어느 하나를 사후적으로 조각시킨다고 이론구성 하기가 쉽지 않아 보인다. 따라서 설령 실체법설을 취한다고 하더라도 형벌권 '소멸'이 아닌 '발동 자제'로 볼 수 밖에 없을 것이다. 결국 공소시효의 본질을 무엇으로 볼 것인가에 대하여는 형벌권 발동 자제로 볼 것인지 소송조건 결여로 볼 것인지 중에서 형사정책적인 선택이 필요할 뿐이다. 그런데 형면제로 보게 되면 유죄판결의 일종이므로 검사가 굳이 공소제기 하였다면 일응 유죄임을 입증한 다음 형면제를 선고하여야 한다는 이론적인 문제점이 발생한다. 공소시효 완성 사건에 대하여 굳이 유죄임을 입증하는 것이 소송경제적으로도 불필요한 행위일 뿐만 아니라, 공소시효 제도가 현재의 법적 안정성 즉 장기간 유지된 피고인의 현재 상황을 존중하고 입증의 곤란 또는 오판의 위험을 피해보자는 취지임을 몰각시키는 문제점이 발생한다. 따라서 형벌권 발동 억제 보다는 소추 억제로 발현시키는 것이 더욱 적절할 것으로 생각된다[35].

이러한 논리에 따르면 결국 소송법설에 이르게 되지만, 그 과정에 응보요구 약화, 피고인 본인이 겪은 실질적 고통, 일반·특별 예방적 효과 감소 등의 실체법적 사유와 증거 소멸로 인한 입증의 곤란, 오판의 위험, 장기간 불기소는 피고인 아닌 국가의 귀책 등 소송법적 사유를 모두 고려하여야 함은 물론이다[36]. 다수설이 취하는 결합설도 그러한 측면을 반영하고

---

34) 법인의 사망도 공소기각 결정 사유로서 소송조건을 조각시킬 뿐이며(형사소송법 제328조 제2호), 법률의 폐지도 면소 사유로서 소송조건을 조각시킬 뿐이다(제326조 제4호).
35) 소추 억제로 보더라도 다시 면소가 적절할지 공소기각이 적절할지가 문제된다. 공소시효 완성은 보완 불가능한 소송조건임을 고려하면 면소가 적절할 것으로 생각된다.
36) 다만 증거의 소멸 또는 오판의 위험이 반드시 범죄의 경중과 비례적 관계에 있다고 보기 어려우므로 소송법설은 법정형에 따라 공소시효 기간을 달리 정한 형사소송법의 태도를 설명하기 어렵다는 견해가 일반적이다. 박미숙, 앞의 논문, 26면.

있다. 그러나 공소시효 제도의 근거를 실체법적 사유와 소송법적 사유에서 종합적으로 찾는 것은 가능하지만, 공소시효 제도의 본질을 결합설로 보는 것은 불가능하거나 무의미하다고 생각된다. 실체법적으로 형벌권이나 그 발동권이 소멸하였다면 그 절차법적인 표현인 소추권 존부는 판단의 필요가 없으며, 결합설로 보더라도 구체적 사안에서의 효과는 실체법설이나 소송법설 중 어느 하나에 따라 도출하여야 하지 두 학설의 중간을 취할 수는 없기 때문이다. 그래서 공소시효 제도의 근거에 실체법적 사유가 포함되어 있다고 하더라도 결합설을 취할 것이 아니라, 주된 근거가 소송법적 사유에 있다면 소송법설을 취하는 것이 적절하다[37]. 공소시효 완성의 법적 효과에 대한 판단과 공소시효 제도의 근거에 대한 판단을 반드시 일치시키기는 어려운 것이 현실이다. 이런 관점에서 헌법재판소는 결합설을 취하다가 소송법설로 바꾼 것으로 해석하는 것이 적절해 보인다.

공소시효 제도의 본질론은 시효 이익을 포기할 수 있는지의 문제로 연결된다. 소멸시효의 이익은 완성 후에 의무자가 포기할 수 있다(상대적 소멸설의 입장에서 제184조 제1항 반대해석). 공소시효의 이익은 범죄자가 포기할 수 없다. 소송조건(실체적 소송조건)으로서 직권조사사항이기 때문에(형사소송법 제1조 유추적용[38]) 당사자가 주장하지 않더라도 법원은 직권으로 판단하여야 한다.

Ⅲ. 공소시효 기간과 기산점

1. 공소시효 기간

형사소송법은 공소시효 기간을 원칙적으로 법정형에 따라 25년부터 1년까지 7단계로 구분하고 있다. 왜 법정형을 기준으로 삼았을까? 이는 공소시효의 근거와도 관련이 있는데, 피해 회복의 기간, 범죄자가 심적 고통을 받는 기간과 정도, 증거수집 가능 기간, 범인 검거 독촉기간 등을 추단하기가 무척 어려우므로 범죄 경중 판단의 일응의 기준이라 할 수 있는 법정형을 공소시효 기간의 기준으로 하고 있는 것으로 해석된다.

---

[37] "법제도의 존재근거가 곧 그 본질을 말하며 이에 맞게 입법되어야 하고, 그 적용 결과(법적 효과) 또한 그 본질에 이어져야 하는 것으로 본다면 공소시효의 존재이유와 본질을 나누어 설명할 수 없다"고 주장하는 분이 있다(홍영기, "형사법상 시효의 정당화 근거", 형사법연구 제23호(2005. 여름), 한국형사법학회, 193면). 동의한다. 다만 존재근거는 복잡다기한데 본질에서 결합설을 취하지 않으려면 경중을 가려 주된 존재근거에 따라 본질을 파악하는 것이 적절하리라고 생각된다.
[38] 이창현, 형사소송법(제10판), 도서출판 정독, 2024, 195면, 196면.

공소시효 기간과 관련한 외국의 입법례를 살펴보면 독일은 일부 공소시효 적용이 배제되는 범죄[39] 외에는 법정형에 따라 20년부터 3년까지 4단계로 구분하고 있고(형법 제78조), 프랑스 역시 일부 공소시효 적용이 배제되는 범죄[40] 외에는 범죄를 법정형의 경중에 따라 중죄, 경죄, 위경죄로 구분한 다음 공소시효 기간 역시 중죄는 20년, 경죄는 6년, 위경죄는 1년으로 정하고 있다(형사소송법 7조 내지 9조[41]). 미국은 연방범죄는 공소시효 적용이 배제된 범죄[42]가 아니라면 공소시효 기간은 원칙적으로 5년이지만 개별범죄 또는 개별법마다 많은 예외가 있으며[43], 일본은 우리 형사소송법과 비슷하게 공소시효가 적용되지 않는 범죄[44] 외에는 법정형에 따라 30년부터 1년까지 7단계로 구분하고 있다(형사소송법 제250조).

한편 소멸시효 기간은 권리의 종류에 따라 정하여지는데, 일반 채권은 10년, 상사 채권은 5년, 기타 재산권은 20년이다(민법 제162조, 상법 제64조). 그 밖에 3년 또는 1년의 단기소멸시효에 해당하는 권리들이 따로 규정되어 있는데(제163조, 제164조), 이들 권리도 소를 제기하여 판결이 확정되면 소멸시효 기간은 10년으로 연장된다(제165조 제1항). 공소시효 기간이 대체로 죄의 경중, 즉 법정형에 의하여 결정되는 반면, 소멸시효 기간은 권리의 크기가 아닌 종류에 따라 결정된다는 점에 차이가 있다.

공소시효 제도의 여러 근거들을 고려할 때 공소시효 기간이 범죄의 경중에 비례하는 것이 대체로는 합리적이지만, 반드시 법정형에 따라 결정되어야 할 이유는 없다. 최근에는 우리나라도 공소시효 적용 배제사유를 법정형 아닌 범죄의 종류에 따라 정하고[45], 일정 범죄에 대하여 DNA 등 과학적 증거 있으면 공소시효가 10년 연장함으로써(동법 제21조 제2항) 그와 같은 경향을 반영하고 있으며[46], 더 나아가 우리나라에서도 법정형 뿐만 아니라 대상범

---

[39] 살인, 집단학살, 전쟁범죄, 반인륜범죄, 헌법질서 공격범죄 등이 이에 해당한다.
[40] 대량학살 등 인권범죄, 전쟁범죄, 테러 관련 중범죄 등이 이에 해당한다.
[41] 종래 10년, 3년, 1년이었는데, 2020년 형사소송법 개정으로 위와 같이 연장되었다. 일부 아동 대상 성범죄나 인신매매 범죄의 경우에는 피해자가 성년이 된 때로부터 30년이다.
[42] 주에 따라 약간의 차이가 있지만 살인죄, 대형 테러범죄, 전쟁범죄, 스파이 및 반역 범죄, 아동 대상 성범죄 등이 이에 해당한다.
[43] 윤남근, 앞의 논문, 289면, 290면; 구상진, "한미 공소시효제도 비교연구", 경희법학 제42권 제2호(2007. 9.), 경희법학연구소, 99면.
[44] 살인(강도살인, 폭발물 사용 살인 포함)죄, 내란죄 등 사형이 법정형에 포함된 범죄 등이 이에 해당한다.
[45] 2013년 성폭력범죄 처벌법 상 일부 범죄에 대하여 공소시효 적용을 배제하였다가, 살인 등 죄와의 불균형 문제로 비판을 받으면서 2015년 살인 등 죄에 대하여도 공소시효의 적용을 배제하였다.
[46] 공소시효에 적용되지 않는 범죄는 살인, 일부 성폭력범죄 등이고, 소멸시효에 적용되지 않는 권리는 비재산권,

죄의 성격에 따라 다양한 공소시효 기간 지정이 가능하고 정지도 가능하다는 견해도 제시되고 있다[47]. 의미 있는 주장이라고 생각된다.

2. 기간의 기산점

형사소송법은 "범죄행위를 종료한 때"로부터 공소시효가 진행된다고 규정하고 있으나(제252조 제1항), 통설[48], 판례[49]는 '범죄'가 종료한 때로부터 진행되는 것으로 해석하고 있다. 그런데 왜 '범죄가 종료한 때'로부터 공소시효가 기산되어야 하는지는 다시 생각해 볼 필요가 있다. 소멸시효의 기산점은 '권리를 행사할 수 있는 때'(민법 제166조 제1항), 즉 권리를 행사함에 법률상 장애가 없는 때이다[50]. 다만 판례는 극히 예외적으로 권리자가 권리의 발생 여부를 알기 어려운 객관적 사정이 있고 권리자가 과실 없이 권리행사 가능 사실을 알지 못하는 경우 이를 알 수 있게 된 때로부터 소멸시효를 기산한 바 있다. 예컨대 보험사고가 발생한 것인지 여부가 객관적으로 분명하지 않아 보험금 청구권자가 과실 없이 보험사고의 발생을 알 수 없었던 경우 보험사고의 발생을 알았거나 알 수 있었던 때로부터 소멸시효 진행된다거나[51], 법인 이사회결의의 부존재에 따라 발생하는 제3자의 부당이득 반환청구권처럼 법인이나 회사의 내부적인 법률관계가 개입되어 있어 청구권자가 권리의 발생 여부를 객관적으로 알기 어려운 상황에 있고 청구권자가 과실 없이 이를 알지 못한 경우에는 이사회결의의 부존재 확인판결의 확정과 같이 객관적으로 청구권의 발생을 알 수 있게 된 때로부터 소멸시효가 진행된다는 경우[52] 등이다.

여기에서 공소시효도 '국가가 형벌권을 행사할 수 있는 때', 즉 검사가 기소에 법률상 장애가 없는 때로부터 기산함이 옳지 않을까? 하는 의문이 발생한다. 국가도 공소권을 임의적

재산권 중 소유권, 소유권에 수반되는 권리(상린권, 공유물분할청구권 등) 등이다. 공소시효에서는 죄질, 국민의 법감정 등을 고려하여 형사정책적으로 결정하지만, 소멸시효에서는 권리의 성질에 따라 논리적으로 결정된다는 점도 차이라 할 수 있다.

47) 박찬걸, 앞의 논문, 94면.
48) 신동운, 앞의 책, 558면; 이재상/조균석/이창온, 형사소송법(제13판), 박영사, 2021, 457면 등.
49) 대법원 1994. 3. 22. 선고 94도35 판결.
50) 특히 채무불이행에 의한 손해배상청구권에 대하여는 본래채권의 변형물에 불과하기 때문에 본래채권을 행사할 수 있는 때라고 보는 견해, 이행지체의 경우에는 본래채권을 행사할 수 있는 때라고 보는 견해가 없지 않으나, 통설과 판례는 채무불이행시부터 기산한다고 본다(대법원 1995. 6. 30. 선고 94다54269 판결 등).
51) 대법원 2001. 4. 27. 선고 2000다31168 판결 등.
52) 대법원 2003. 2. 11. 선고 99다66427, 73371 판결.

또는 자의적으로 행사할 수는 없고, 공소시효 제도가 조속한 공소권 행사 촉구라는 의미도 있다고 보는 입장에서는 더더욱 그렇게 보아야 합리적일 것이다. 범죄사실 자체 또는 범인을 알지 못하여 기소하지 못하는 것은 형벌권 행사에 사실상 장애일 뿐이므로 공소시효가 진행할 것임에 의문이 없다. 혹 미수 단계에도 기소할 수 있으므로 실행의 착수시(만일 예비·음모죄가 처벌되는 범죄라면 예비·음모시)가 이미 '형벌권을 행사할 수 있는 때'가 아닌가 생각할 여지도 있지만, 기수범으로 처벌하여야 할 범죄라면 기수범으로 처벌하는 것이 온전한 형벌권 행사가 될 것이므로 기수시부터 공소시효가 진행된다고 보는 것이 합리적일 것이다.

계속범과 같이 기수시점과 종료시점이 다른 경우라면 기수시부터 형벌권 행사할 수 있으므로 그때로부터 공소시효를 기산함이 논리적이다. 그러나 언제부터 기수인지가 명확하지 않은 점 외에도 기수시로부터 공소시효가 기산된다면 기수상태를 오래 유지한 범인이 시효의 이익에서 더 유리한 등의 중대한 문제점이 있을 뿐만 아니라, 예컨대 감금죄의 경우 일정 시간만 지나면 일응 기수라고 하지만 사실은 종료가 되어야 범죄 전체가 드러나 온전한 형벌권의 행사가 가능하기 때문에 이런 경우에는 예외적으로 범죄 종료시부터 기산하도록 형사정책적 결정을 한 것으로 해석하는 것이 합리적일 것이다. 이러한 문제는 영업범이나 상습범에서도 유사하게 발생할 수 있다.

더 나아가 객관적 처벌조건(사전수뢰죄에서의 공무원 취임, 사기파산죄에서의 파산선고 확정) 미충족시에는 형면제 판결이 선고(수사단계에서는 검사는 공소권 없음 결정을 하여야 한다)될 뿐이므로 완전한 의미의 형벌권이 발생하였다고 보기 어렵다. 즉 객관적 처벌조건이 성취되기 전에는 형벌권 행사에 법률상 장애가 있다고 보아야 한다. 따라서 공소시효는 처벌조건 충족시부터 진행된다고 보는 것이 합리적이다. 이러한 점은 친고죄에서 고소 없는 기간의 경우에도 마찬가지이다. 반의사불벌죄와 달리 친고죄에서는 고소 없는 동안 검사가 수사는 할 수 있다고 보더라도 기소는 할 수 없으므로 역시 형벌권 행사에 법률상 장애가 있는 기간이 된다. 따라서 이 기간 역시 공소시효가 진행될 수 없다고 보아야 합리적이고, 공소시효 기산의 논리가 일관되기도 하다. 장기간 고소가 없다면, 극단적으로는 일부러 고소를 하지 않으면 공소시효 기간이 연장되는가? 친고죄 고소기간의 제한 때문에 범인을 알고 6개월이면 고소권이 소멸해 버리기 때문에 장기간 방치하거나 악용할 수는 없을 것이다. 다만 범인이 누구인지 몰라 고소하지 못하는 기간은 고소기간의 제한에 포함되지 않으므로 공소시효가 무한정 확장될 우려가 있는데, 이러한 문제는 고소 기한의 기산점을 '범인을 안 날'로 할 것이 아니라 '범죄 있음을 안 날'로 고쳐 해결함이 상당해 보인다. 범인이 누구인지 모르더라도 범죄 있음을 알기만 하면 수사기관에 처벌의사 유무를 밝히는 것이 옳고 범인이 누구인지 알 때까지 이를 보류할 수 있도록 해 줄 필요는 없을 것이기 때문이다.

소멸시효에서 예외를 허용하는 것과 같이 검사가 공소제기할 수 있음(범죄 기수 또는 종료된 사실)을 과실 없이 알지 못한 때에는 이를 알 수 있은 때로부터 시효기간을 기산한다는 논리가 공소시효에도 가능할까? 민사소송에서는 과실 없이 알지 못한 권리자를 보호하여야 할 필요가 인정될 여지가 있지만, 형사소송에서는 수사의 권한과 의무가 부여되어 있는 검사에게(형사소송법 제196조 참조) 과실 없이 범죄사실을 알지 못하였다거나 그렇기 때문에 공소시효 기간을 기산할 수 없다는 논리는 받아들이기 어렵다고 생각된다[53].

Ⅳ. 공소시효의 정지

1. 시효의 중단과 정지

(1) 총설

시효의 중단이란 특정 사유(주로 권리행사 또는 이에 준하는 사유를 의미한다)가 발생한 경우 기존의 시효 진행이 무효화되고 그 사유가 종결하면 다시 시효기간이 기산되는 제도이며, 시효의 정지란 시효 완성이 임박한데 권리 주체에게 그 완성을 저지하기 어려운 특정 사유가 발생한 경우 기존의 시효 진행이 일시 멈추었다가 그 사유가 종결하면 그때로부터 일정 기간 또는 잔여 시효기간 경과 후 시효가 완성되었다고 보는 제도이다[54]. 소멸시효의 경우 당연히 중단제도(민법

---

53) 프랑스의 파기원은 사기죄나 횡령죄와 같이 잠행성을 가지는 특정 즉시범은 범죄가 객관적으로 인식된 때부터 공소시효가 기산된다고 보고 있으나(손병현, 앞의 논문, 273면; 김현수, 앞의 논문, 88면), 지나친 국가 중심적 사고가 아닌가 생각된다.
54) 정지도 효과 발현 양태에 따라 ① 일정사유가 있으면 시효기간 기산 자체가 유예되는 개시정지, ② 권리 주장의 장애사유로 시효기간 만료가 일정기간 유예되는 완성유예(예컨대 미성년자에게 법정대리인이 없는 경우 또는 법정대리인이 채무자인 경우 등), ③ 시효기간은 이미 기산되었으나 일정 사유가 존재하면 그 기간 동안만 시효가 정지되는 계속정지(가장 전형적인 정지의 형태)로 구별될 수 있다(이에 관한 상세한 내용은 안경희, "시효(소멸시효, 취득시효)의 중단 · 정지", 민사법학. 제50호(2010. 9.), 한국민사법학회, 127면 참조). 이를 공소시효의 정지에 적용시켜 보면 '피해자가 성년에 이른 후부터 시효기간이 진행한다'는 성폭력범죄 처벌법 규정은 개시정지에 해당하고, 대통령 임기 중 정지나 외국 도주 중 정지는 계속정지에 해당한다. 만일 '공소시효 완성 직전에

제168조 이하)와 정지제도(제179조 이하)가 있는 반면, 우리 형사소송법에 공소시효에 대한 중단제도는 없고 정지제도만 있는데, 정지 사유가 종결한 때로부터 잔여 시효기간 경과 후 공소시효가 완성되는 방식으로 규정되어 있다. 공소시효 정지사유로는 공소제기(제253조 제1항), 국외도피(제253조 제3항), 재정신청(제262조의4 제1항), 소년보호사건의 심리개시 결정(소년법 제54조) 등이 규정되어 있고, 대통령의 재직 중 범죄도 해석상 공소시효 정지사유로 인정되고 있다[55]. 성폭력범죄 처벌법은 피해자가 미성년자인 경우에는 공소시효는 그가 성년에 달한 날부터 진행한다고 하여(제21조 제1항) 그날까지는 공소시효가 정지되는 것으로 해석된다.

우리 형사소송법이 공소시효에 중단제도를 두지 않은 이유에 대하여는 피고인에게 극히 불리(또는 가혹)하기 때문이라고 설명하기도 하고[56], 피고인을 형사처벌로부터 최대한 보호하기 위해서 라고 설명하기도 한다[57]. 그러나 구체적 근거도 없이 '피고인에게 유리하면 정의'라는 식의 논리는 전혀 수긍하기 어렵다. 한편 "형의 시효는 중단제도를 인정하면서 공소시효의 중단은 인정하지 않는 것은 형은 판결에 의하여 확정된 상태이므로 공소시효의 경우보다는 법적 안정성의 기대가 미약하기 때문"이라고 설명하기도 하지만[58], 각 죄의 법정형에 따라 공소시효 기간이 결정되고 범죄 종료시로부터 기산되어 공소시효 기간이 언제까지인지를 누구나 쉽게 알 수 있기 때문에(도피 중인 범죄자는 당연히 공소시효 종료일을 알고 있을 것이다) 법적 안정성의 기대라는 점에서는 형의 시효와 다를 것이 없다고 생각된다. 우리 형사소송법이 공소시효 중단을 도입하지 않고 정지로 일원화한 것이 적절한지에 대하여는 아래에서 좀 더 검토해 보기로 한다.

(2) 외국의 입법 및 소멸시효와의 비교

이와 관련한 외국의 입법례를 살펴보면, 독일은 공소시효의 중단과 정지를 나누어 규정하고 있다. 즉 공소제기는 물론이고 수사절차 개시 고지, 피의자에 대한 법관의 신문, 법원

법률적 사실적 문제가 발생하여 검사의 공소권 행사가 곤란하게 된 경우에는 그 사유가 종료한 때로부터 일정 기간 경과할 때까지 공소시효가 완성하지 않는다'고 규정되어 있다면 이것은 완성유예에 해당할 터인데, 이런 규정은 상상하기 어렵다.
55) 헌법재판소 1995. 1. 20. 94헌마246 결정.
56) 손동권/신이철, 새로운 형사소송법(제5판), 세창출판사, 2022, 438면.
57) 신동운, 앞의 책, 559면. 피고인 보호 차원이라는 신양균, 신판 형사소송법, 화산미디어, 2009, 343면도 같은 취지로 보인다.
58) 양동철, "형사소송절차에서의 공범", 경희법학 제51권 제1호, 경희법학연구소, 2016, 146면.

의 압수·수색 명령, 구속영장에 관한 법관의 결정 등도 중단사유가 되지만(형법 제78조의c 제1항), 중단은 중단사유와 관련 있는 자에게만 효력이 있다고 규정하고 있다(제78조c 제4항). 또한 아동에 대한 성범죄의 경우 피해자가 18세가 될 때까지, 연방하원의원 등 면책특권 있는 경우 수사기관이 행위자를 안 때부터 위 특권 소멸될 때까지 정지되는 것으로 규정하고 있다(제78조의b 제1항 제1호). 프랑스 역시 공소제기 뿐만 아니라 수사와 기소를 위한 검사의 다양한 절차청구, 수사지휘를 위해 발동하는 예심판사의 명령, 사법경찰관의 사전수사 등을 중단 사유로 규정하고 있다(형사소송법 제6조). 예심판사의 수사개시와 공소제기로 인한 중단은 그 대상 아닌 공범에게도 효력이 있다(제7조). 이에 더하여 피해자가 미성년자인 중죄 또는 일정 경죄의 공소시효는 피해자가 성인이 될 때까지 정지되며(제7조 제3항, 제8조 제2항), 명문규정은 없지만 '시효는 유효하게 소추될 수 없는 사람에 대하여는 진행되지 않는다'는 법언에 따라 파기원은 법률적, 사실적 장애에 의하여 소추가 불가능한 기간에는 시효 진행이 정지된다고 보았는데[59], 선결문제의 검토가 필요한 기간, 공소권 행사의 전제가 되는 허가절차를 밟는 기간, 친고죄 등에서 고소·고발이 없어 기소할 수 없었던 기간, 외국의 범죄인 인도가 거부되어 소추할 수 없었던 기간, 피의자의 심신상실 기간 등이 여기에 해당한다[60].

미국은 연방 형사소송법 제3284조 이하에서 공소시효의 정지와 연장을 규정하고 있는데, 예컨대 증거가 외국에 있는 경우에는 검사의 신청에 의하여 법원이 공소시효 정지결정을 내릴 수 있다(제3292조). 또한 판례는 공소제기 되면 공소시효가 정지되는 것으로 해석하면서[61], 공소제기로 인한 공소시효 정지효가 당연히 당해 피고인에게만 미치는 것을 전제로 공범에 관하여는 논의조차 되지 않고 있다고 한다[62]. 일본은 처음에는 프랑스 치죄법의 영향을 받아 공소시효 중단제도를 도입하였다가, 1948년 현행 형사소송법을 제정하면서 중단제도를 폐지하고 정지제도로 대체하였는데, 중단이 반복되면 사실상 공소시효의 적용이 배제되는 점과 중단이 범죄인에게 너무 가혹하다는 점을 고려하였다고 한다[63]. 공소제기로 인한 정지효가 공범에 대해 미치도록 한 점(제254조 제2항)과 범인이 외국에 머무는 경우도 정

---

59) 임준호, 앞의 논문, 92면.
60) 박찬걸, 앞의 논문, 97면. 그런데 독일과 프랑스의 예에서 보듯이 공소제기 외에 수사 개시, 고소, 고발 등을 중단 사유로 규정하기도 하지만, 이들은 형벌권 행사를 위한 준비일 뿐 형벌권 행사 자체라고 보기는 어렵고 그 시점의 확정도 곤란한 문제가 있으므로 우리 형사소송법에 도입할 필요는 없을 것으로 생각된다.
61) 윤남근, 앞의 논문, 289면, 290면.
62) 윤남근, 앞의 논문, 297면.
63) 최준혁, "필요적 공범과 공소시효의 정지", 비교형사법연구 제18권 제2호, 한국비교형사법학회, 2016, 220면.

지사유로 하고 있는 점(제255조 제1항 전단)도 우리 형사소송법과 동일한데, 다만 범인이 도주하여 은닉하고 있기 때문에 유효하게 공소장부본의 송달 또는 약식명령의 고지를 할 수 없는 경우에도 정지사유로 하고 있는 점(제255조 제1항 후단) 등에서 우리 형사소송법과 약간의 차이가 있다.

한편 소멸시효에는 당연히 중단과 정지가 따로 존재하는 바, 중단 사유로는 재판상 청구(제168조 제1호), 파산절차 참가(제171조), 지급명령(제172조), 화해를 위한 소환(제173조 전문), 임의출석(제173조 후문), 최고(제174조), 압류·가압류·가처분(제168조 제2호), 승인(제168조 제3호) 등이 있고, 정지 사유로는 제한능력자가 능력자가 되거나 법정대리인 등이 취임하고 6월(제179조, 제180조 제1항), 혼인관계가 종료하고 6월(제180조 제2항), 상속재산에 대하여 상속인 확정 등으로부터 6월(제181조), 천재사변이 종료한 때로부터 1월(제182조) 등이 있다[64]. 그런데 위 사유들 중 공소제기에 갈음하는 재판상 청구와 천재사변 외에는 모두 그 속성이 소멸시효 특유의 것이어서 공소시효의 중단이나 정지의 사유와 비교 검토할 만한 것은 없다[65].

(3) 소결

중단과 정지는 시효의 완성을 미룬다는 공통점이 있기는 하지만, 앞에서도 살펴본 바와 같이 그 사유나 효과가 전혀 다른 제도이다. 그러함에도 우리 형사소송법이 공소시효에 대하여는 정지제도만 두고 중단사유가 되어야 할 공소제기 등을 정지사유로 규정하고 있는 바, 적절한지는 의문이다. 민사에서의 청구와 형사에서의 공소제기를 비교하면 민사에서는 의무자에 대한 의무이행 요구이지만 형사에서는 국가기관인 법원에 대해 형벌권의 발동과 정도에 대한 판단 요구이고(형벌권 집행은 검사의 권한이다), 민사에서는 의무 자체(또는 그 변형인 손해배상)의 이행 요구가 목적이지만 형사에서는 의무 불이행에 상응하는 형벌부과가 목적이라는 차이가 있다. 그러나 본질적으로는 '권리 또는 형벌권 실현을 위한 권리 행사'라는 속성에서 동일하다. 공소시효에 대하여 중단을 인정하지 않을 합리적 이유가 있는지를 살펴보아도 너무 가혹하다

---

64) 정지와 관련하여 우리 민법은 정지사유가 종결하면 그때로부터 잔여 시효기간이 아닌 법정기간 경과 후 시효 완성되었다고 보는 형태를 취함으로써(완성유예 방식. 민법 제179조 내지 제182조) 이 점에서도 잔여기간이 진행된다는 공소시효 정지와는 차이를 보이고 있다.
65) 소멸시효에서는 종래 중단사유로 인정되어 왔던 '재판상 청구'를 지금은 정지사유로 전환시키면서 확정에 의한 '집행 완료'를 중단 즉 재개시 사유로 보는 견해가 대두되고 있다(안경희, 앞의 논문, 135면, 152면). 그러나 일부를 집행한 후에도 잔부를 청구할 수 있는 민사소송과 달리 기판력의 물적 범위를 동일성이 미치는 사건 전부로 보는 형사소송에서는 집행 완료를 재개시 사유로 볼 실익이 없다.

는 등의 추상적 주장 외에는 별다른 이유 개진이 없으며 위 주장은 이유로서 충분하지도, 적절하지도 못하다. 우리 형사소송법은 중단은 사유 종료 후 시효기간이 처음부터 다시 진행하지만 정지는 잔존기간만 진행한다는 효과의 차이에만 집착하여, 중단과 정지의 근본적인 법리는 고려하지도 않고 중단사유를 무리하게 정지사유에 통합한 것이라 평가하지 않을 수 없다. 그렇다면 시효제도의 본래의 모습대로 공소시효에서도 공소제기는 중단사유로 함이 상당하다고 생각된다[66].

그런데 공소제기를 중단사유로 하더라도 소송판결이 선고된 경우라면 기판력이 없어 다시 공소제기하여 처벌할 수 있지만, 실체재판이 선고된 경우에는 현실적으로 심판되지 않은 부분(공소사실의 동일성 인정 부분)까지 모두 기판력의 물적 범위에 포함되어 다시는 처벌할 수 없으므로[67] 공소제기로 공소시효가 중단된다는 의미가 많이 퇴색되는 것은 사실이다. 또한 민사소송에서는 재판상 청구가 소각하로 종결되는 경우 소제기에 의한 시효 중단효가 소급적으로 무효화되지만(제170조. 물론 6개월 내에 재판상 청구 등의 조치를 하면 시효는 최초의 재판상 청구시에 중단된 것으로 본다) 형사소송에서는 공소제기가 무효라 하더라도 공소시효 정지효는 유지된다고 보는 것이 통설인데[68], 검사가 이를 악용하여 공소기각 사유 있는 공소제기를 반복하여 사실상 공소시효 제도를 무력화할 우려도 없지 않다[69]. 따라서 공소제기를 중단사유로 하려면 이러한 문제점을 해결할 장치를 마련하여야 할 것이다.

더 나아가 원래 시효 정지제도가 시효 완성이 가까움에도 권리자가 시효를 중단시키기 어려운 사정이 있는 경우에 시효 완성을 일정 기간 유예시키기 위한 제도이므로, 이러한 취지는 소멸시효 뿐만 아니라 공소시효에서도 충분히 반영되어야 할 것이다. "검찰이 의도적으로 공소제기를 하지 않거나 지체하는 경우, 국가기관이 조직적으로 관여하여 사건을 은폐하거나 증거를 조작하는 등 공소제기를 방해한 경우에는 그러한 사실이 밝혀진 때로부터 상당 기간 동안 공소시효가 완성되지 않는 것으로 하여야 한다"는 주장이 제기되고 있는 바[70], 그

---

66) 소년보호사건 심리개시 결정(더 정확하게 말하면 소년부송치) 역시 그 실질이 징벌권의 행사이므로 공소시효 중단사유로 지정함이 적절할 것이다.
67) 이 점에서 현실적으로 심판된 부분에만 기판력이 미쳐 나머지 부분에 대한 보충소송이 가능한 민사소송과 큰 차이가 있다.
68) 신동운, 앞의 책, 560면 등.
69) 근본적으로는 소송조건을 결여한 공소제기에 공소시효 중단효를 부여할 필요가 있는지 의문이다.
70) 임상규, 앞의 논문, 308면, 309면; 하태영, 앞의 논문, 543면.

와 같은 사유들은 '권리자가 시효를 중단시키기 어려운 사정'에 해당한다고 해석할 수 있다. 따라서 앞에서 말한 시효 정지의 법리를 적용하여 그러한 사실이 밝혀진 때로부터 상당기간 공소시효 완성을 유예하는 형태로 공소시효 정지 사유로 규정하는 것은 충분히 긍정적으로 보인다. 다만 기술적으로 어떠한 경우를 검찰 기타 국가기관에 의한 기소 등 방해라고 볼지, 이를 누가 판단할지, 그러한 사실이 밝혀진 때를 언제로 볼지 등의 현실적인 문제가 적지 않을 것으로 예상되는 것도 사실이다.

2. 정지효의 대물적 범위

공소불가분의 원칙에 의하여 공소제기의 효력은 범죄사실 전부에 미치므로(제248조 제2항) 공소제기에 의한 공소시효의 정지효가 1죄 전체에 미침에 의문이 없으며, 이러한 법리는 다른 사유에 의해 공소시효가 정지되는 경우에도 동일하게 작용한다고 해석되어야 할 것이다. 이는 소멸시효의 경우에도 마찬가지여서 소멸시효 중단효가 1개의 법률관계 전체에 미친다고 보아야 함이 당연하다. 다만 형사소송과 달리 민사소송에서는 기판력이 판결 주문에서 판단한 사항에만 미치기 때문에(따라서 일부청구 후 잔부 청구도 허용될 수 있다) 일부청구의 경우 잔부에 시효 중단의 효력이 미치는지에 대하여 견해가 대립하여 있다. 판례는 명시적 일부청구의 경우에는 잔부에 중단효가 미치지 않지만, 묵시적 일부청구 중 채권 전부에 대한 판결을 구하는 취지로 해석되는 경우에는 그 잔부에도 중단효가 미친다는 입장이다[71].

공소시효의 정지효가 1죄 전체에 미친다고 할 때 실체법상 1죄인지 소송법상 1죄인지도 문제된다. 형사소송법에서 1죄라 하면 공소사실의 동일성이 인정되는 범위를 뜻하고, 공소사실의 동일성은 소송법상 1죄인 상상적 경합관계에 있는 때에도 인정되는 것으로 보기 때문에 공소시효 제도의 본질에 대하여 소송법설을 취한다면 당연히 공소시효 정지효도 상상적 경합관계에 있는 죄 전부에 미친다고 해석함이 논리적이다[72]. 그러나 상상적 경합관계에 있는 수죄는 각각의 법정형에 따라 공소시효가 완성된다고 보는 것이 다수설[73], 판례[74]의 입장이며, 그 취지를 유추한다면 공소시효 정지효 역시 상상적 경합관계에 있는 다른 죄에는 미치지 않는다는 결론에 이르러 결국 소송법설과 충돌하게 된다. 소송법설의 논리를 유

---

71) 대법원 2001. 9. 28. 선고 99다72521 판결.
72) 윤남근, 앞의 논문, 294면도 결론에 있어서 같은 취지.
73) 신동운, 앞의 책, 556면; 이재상/조균석/이창온, 앞의 책, 456면 등.
74) 대법원 2006. 12. 8. 선고 2006도6356 판결.

지하는 것이 옳은지 각 문제별로 적절한 결론을 도출하는 것이 옳은지 매우 고민스럽다. 공소시효 제도의 본질론이 공소시효와 관련된 모든 문제에 절대적인 영향력을 미친다고 보기는 어렵기 때문에 개별 문제에서 공소시효의 본질론과 충돌하더라도 특별한 사정이 있다면 공소시효 본질론과 다른 결론에 이르는 것도 얼마든지 수긍할 수 있다. 그러나 이 문제에서 상상적 경합관계에 있는 다른 죄에는 공소시효 정지효가 미치지 않는다고 보아야 할 특별한 이유가 제시된 바도 없고 저자도 찾지 못하였다. 남의 집에 돌을 던져 유리를 깨고 주인을 맞혀 상해를 입혔는데 손괴죄만 기소되었더라도 그 재판 기간 중에는 상해죄 부분도 함께 공소시효 진행이 정지되어 있다고 보는 것이 적절할 것으로 생각된다[75]. 이러한 점은 공소시효 완성의 경우에도 마찬가지여서 어차피 가장 중한 죄인 상해죄의 형으로만 처벌되는데 손괴죄가 먼저 공소시효 완성된다고 이론구성해도 실제 피고인의 처벌 여부는 물론이고 양형에도 큰 영향이 없을 것이다. 이 때문에 공소시효의 완성 역시 상상적 경합관계에 있는 죄 중 가장 무거운 죄 기준으로 한꺼번에 판단하여야 할 것으로 생각된다.

3. 정지효의 대인적 범위

(1) 대인주의, 대물주의와 관련한 입법론

형사소송법은 여러 공소시효 정지 사유 중 대부분은 그 정지효가 정지 사유 있는 자에게만 미치지만, 유독 공소제기로 인한 공소시효 정지효는 다른 공범에게도 미치도록 규정하고 있다(제253조 제2항). 즉 공범 중 1인에 대한 공소제기로 공소시효가 정지되면 기소되지 아니한 다른 공범자의 공소시효도 기소된 공범과 마찬가지로 정지되었다가 그 재판이 확정되면 다시 잔여기간이 진행하는 것이다. 심지어 검사가 공범의 존재 자체를 알지 못하여 단독범으로 기소하더라도 실제 존재하는 공범의 공소시효도 정지된다고 해석되고 있다[76]. 앞에서도 살펴본 바와 같이 독일 형법은 공소시효 중단은 그 사유 있는 자에게만 효력이 있다고 규정한 반면(제78조c 제4항), 프랑스 형사소송법은 공소시효 중단은 그 사유 없는 자에게도 효력이 있다고 규정하고 있어(제7조)[77] 좋은 대조를 보이고 있다. 전자를 대인주의, 후자를 대물주의라 부르기도 한다. 미국은 대인주의를 따르고 일본은 대물주의를 따르고 있다. 대인

---
75) 손괴죄로 유·무죄 또는 면소판결을 받는다면 그 기판력이 상해죄에도 미치므로, 공소기각이나 관할위반을 선고받는 경우에만 위 논쟁이 의미 있음은 물론이다.
76) 주석 형사소송법 Ⅱ(제6판), 한국사법행정학회, 2022. 777면 등.
77) 심지어 범인 아닌 자를 기소하더라도 진범에게 정지효가 미친다고 해석한다.

주의는 중단 또는 정지의 인적 범위가 명료하여 법정 안정성이 높은 반면 발각되지 아니한 공범만 시효의 이익을 얻어 기소된 자와 기소되지 않은 자 사이에 불균형이 발생한다는 점이 단점으로 지적되고 있고, 대물주의는 그 반대의 장단점이 거론되고 있다.

우리 형사소송법은(공범 중 일부에 대한) 공소제기로 인한 공소시효 정지효는 다른 공범에게도 미친다고 규정하면서 범인 아닌 자에 대한 기소가 진범에게 미치는지에 대하여는 규정하지 아니하고 있다. 학설과 판례는 진범에게는 미치지 않는 것으로 해석하고 있다[78]. 결국 공범에게는 대물주의를, 진범에게는 대인주의를 취하고 있는 셈인데, 이는 일본에서의 해석론과 동일하다. 공소시효 정지효가 다른 공범에게 미치는 이유에 대하여는 공범 사이의 처벌의 공평을 기하기 위한 조처라고 해석하는 것이 일반적이다[79]. 대법원은 위 규정이 헌법상의 평등원칙에 위배되는 조항이라고 할 수 없다고 판시하면서도[80] 구체적 이유는 밝힌 바 없다.

한편 민법상의 소멸시효 중단효는 원칙적으로 당사자 및 그 승계인 사이에서만 효력이 있다(169조). 여기서 당사자란 시효 중단행위에 관여한 당사자를 말하고 시효 대상인 권리의 당사자를 의미하는 것이 아니다[81]. 예컨대 손해배상청구권의 공동상속자 중 1인이 자기의 상속분을 행사하여 승소판결을 받더라도 다른 공동상속인의 상속분에는 시효 중단효가 없으며[82], 공유자 중 1인이 보존행위로서 한 재판상 청구는 나머지 공유자에 대하여 시효

---

78) 대법원은 "공범 중 1인으로 기소된 자가 구성요건에 해당하는 위법행위를 공동으로 하였다고 인정되기는 하나 책임조각을 이유로 무죄로 되는 경우와는 달리, 범죄의 증명이 없다는 이유로 무죄의 확정판결을 선고받은 경우에는 그를 공범이라 할 수 없어 ---"라고 판시하였다(대법원 1999. 3. 9. 선고 98도4621 판결). 위 판결은 책임조각을 이유로 무죄가 되는 경우에는 그 공소제기로 인한 공소시효 정지효가 다른 공범에게 미친다는 취지도 함께 보여주고 있다고 해석된다.
79) 이주원, "필요적 공범과 공소시효 정지의 효력", 고려법학 제74호(2014. 9.), 고려대학교 법학연구원, 293면 등. 대법원 2015. 2. 12. 선고 2012도4842 판결도 같은 취지. 공소시효 제도의 본지가 범인이 아니라 객관적인 범죄사실을 기초로 한 것이라는 점이 바탕이 된다는 견해도 있는데(강윤구, "범죄의 증명이 없다는 이유로 무죄확정된 공범의 1인에 대한 기소와 다른 공범에 대한 공소시효정지 여부", 재판과 판례 제9집(2000. 12.), 대구판례연구회, 421면), 공소시효 제도 전체에 대하여 대물주의를 취한다면 공소제기 이외의 사유로 인한 정지의 경우에는 동일한 법리가 적용되지 않는다는 점과 정지효가 진범에게는 미치지 않는다는 점을 설명하기 어렵게 되는 문제가 있다.
80) 대법원 1995. 1. 20. 선고 94도2752 판결.
81) 지원림, 앞의 책, 405면 등, 대법원 1997. 4. 25. 선고 96다46484 판결.
82) 대법원 1967. 1. 24. 선고 66다2279 판결.

중단효가 없다[83]. 예외적으로 압류 · 가압류 · 가처분 사실을 시효이익을 받은 자에게 통지하면 그때부터 시효가 중단되고(제176조. 물상보증인에 대한 압류 사실을 채무자에게 통지하면 채무자에 대하여도 시효가 중단된다는 의미), 요역지가 수인 공유인 경우 1인에 의한 지역권 소멸시효의 중단과 정지는 다른 공유자에게도 효력이 있으며(제296조), 연대채무자의 1인에 대한 청구는 다른 연대채무자에게도 소멸시효 중단의 효력이 있고(제416조, 421조. 그러나 부진정 연대채무의 경우에는 그렇지 않다[84]), 주채무자에 대한 시효 중단은 보증인에게도 미친다(제440조). 한편 정지효는 그 사유 있는 자에게만 미침에 의문이 없다.

시효는 시간의 흐름에 따라 진행하는 것이 원칙이고 중단 또는 정지되는 것은 예외이다. 예외는 특단의 사정이 있는 경우에만 제한적으로 설정되어야 하고, 설정된 규범 역시 엄격하게 해석되어야 한다. 소멸시효의 중단효도 당사자(형사소송에서는 승계인 개념을 고려할 필요가 없을 것이다)에게만 미치는 것이 원칙이고, 중단효가 제3자에게 미치는 예외 역시 지역권, 연대채무, 보증채무 자체의 불가분성 또는 부종성 때문이지[85] 중단효의 속성에 의한 인적 확장은 아니라고 할 수 있다. 더욱이 만일 공소시효 정지효가 진범에게도 미친다고 하면 전혀 무고한 자를 기소하여 진범에 대한 공소시효 완성을 저지하는 방법으로 악용될 우려도 있다. 마찬가지로 만일 공범에게도 미친다고 하면 처벌되지 않을 공범(예컨대 형사미성년자 또는 불가벌적 대향범 등)을 기소하여 처벌될 공범에 대한 공소시효 완성을 저지하는 방법으로 악용될 우려도 없지 않다.

좀 더 근본적으로는 공소제기로 인한 공소시효 정지효가 공범에게도 미치게 하는 것이 공평한지에 대하여도 생각해 볼 필요가 있다. 공범이라 하더라도 책임조건, 처벌조건, 소송조건에 있어서는 얼마든지 달리 처벌될 수 있고, 양형조건은 각 범인마다 다른 것이 오히려 일반적이다. 공소시효 정지효가 공소제기 이외의 모든 경우에 그 사유 있는 자에게만 미치게 하는 점, 공범의 공소시효 기간은 각 범인의 죄명에 따라 각자 결정되는 점[86] 등을 종합해 보면 공소시효 제도 자체의 속성이 대인적이라 할 수 있다. 공범의 공소시효 진행은 전체 범죄행위 종료시에 일시에 출발하지만(제252조 제2항), 이는 공소시효 기산이 '범죄 종료'

---

83) 대법원 1979. 6. 26. 선고 79다639 판결.
84) 대법원 1997. 9. 12. 선고 95다42027 판결. 다만 그 판결문에도 이유는 설시되어 있지 않다.
85) 김형배/김규완/김명숙, 민법학강의(제15판), 신조사, 2016. 393면, 394면은 중단효의 대세효가 보증채무의 부종성에 기인한 당연한 법리가 아니라, 채권자 보호 내지 채권담보의 확보를 위하여 마련한 특별규정, 즉 상충하는 채권자와 보증채무자의 이해관계를 조절하는 규정이라고 보고 있다.
86) 예컨대 공범인 갑과 을에게 각각 존속폭행죄와 폭행죄가 성립하였다면 갑에게는 존속폭행죄의 법정형에 따라, 을에게는 폭행죄의 법정형에 따라 각 공소시효 기간이 결정될 것이다.

라는 물적 요소가 기준이 되기 때문이지 공소시효 자체의 속성 때문은 아니다. 그렇다면 기소로 인한 공소시효 정지효 역시 각 범인별로 대인적으로 결정됨이 순리이므로 입법론적으로는 공소제기로 인한 공소시효 정지효가 공범에 미치도록 한 제253조 제2항을 폐지함이 상당하다고 생각된다[87]. 제253조 제2항이 말하는 공범의 개념 또는 범위에 대하여도 여러 견해와 판례가 있고 저자의 의견도 있으나[88], 이 글의 논지와는 직접 관련이 없으므로 더 깊은 논의를 피한다.

V. 나가며

형사절차는 국가 형벌권의 공정한 실행을 통한 국민과 사회, 국가의 보호와 법질서 유지를 그 목적으로 하며 그 과정에 실체적 진실발견, 인권 보호, 소송경제 등을 이념으로 하는 반면, 민사절차는 사법(私法)적 분쟁의 공정한 해결을 통한 개인의 정당한 권리보호를 그 목적으로 하며 그 과정에 적정하고 공평하고 신속하고 경제적인 분쟁해결을 이념으로 한다. 이러한 목적과 이념상의 차이 때문에 형사법과 민사법에는 많은 법리적 차이가 발생하기도 하지만, 권리보호, 법질서 유지, 진실발견, 소송경제 등 적지 아니한 공통의 이념들에서 발현되는 적지 아니한 공통점들이 발견되는 것도 사실이다. 이러한 차이점과 공통점들을 잘 검토 분석해 보면 형사법과 민사법의 해석이나 나아가야 할 방향 모색 등에 있어 많은 시사점을 발견할 수 있다.

시효의 경우도 마찬가지여서 민법에 규정되어 있는 소멸시효 제도의 근거와 본질, 완성의 효과, 기간이나 기산점, 중단과 정지의 사유와 효력 범위 등은 형사소송법에 규정되어 있는 공소시효의 해석과 입법론에 많은 시사점을 준다. 지금까지 우리 법학계나 실무계는 형사절차와 민사절차로 양분되어 연구나 입법 등에 있어서도 전혀 교류가 없었지만, 미국 등의 사례에서 보듯이 공통적으로 활용할 수 있는 법규나 해석, 연구 등이 결코 적지 않다. 저자는 이 글에서 시효라는 테마에 대하여만 다루었지만, 앞으로 이러한 방식의 연구가 여러 분야에서 시도되기를 바라본다.

---

87) "공범 중 일부에 대하여 소추권을 행사하지 않고 불안한 지위에 두는 것은 국가권력의 남용이 될 수도 있고, 장기간 경과하면 증거 소실, 방어권 행사에 중대한 차질을 초래할 수도 있기 때문"이라는 윤남근, 앞의 논문, 296면, 297면도 같은 취지.
88) 이에 관한 상세한 내용은 이 책 제2편 형사절차상 공범 처벌의 공평성에 관한 소고 중 해당부분 참조.

이념 조화적 시각에서 재검토한
공소장일본주의의 공과와 개선방안

Ⅰ. 들어가며

1. 공소장일본주의의 의의

형사재판은 검사가 공소장을 법원에 제출함으로써 시작되는데, 이때 공소장에는 아래와 같은 필수 기재사항과 필수 첨부사항이 있다.
 ① 필수 기재사항(제254조)
 - 피고인의 성명 기타 피고인을 특정할 수 있는 사항
 - 죄명
 - 범죄의 일시, 장소와 방법이 명시된 공소사실
 - 적용법조
 - 피고인의 주민등록번호 등, 직업, 주거 및 등록기준지(피고인이 법인인 때에는 사무소 및 대표자의 성명과 주소)
 - 피고인이 구속되어 있는지 여부.

 ② 필수 첨부사항(규칙 제118조 제1항)
 - 공소제기 전에 변호인이 선임되거나 보조인의 신고가 있는 경우 변호인 선임서 또는 보조인 신고서
 - 공소제기 전에 특별대리인의 선임이 있는 경우 특별대리인 선임결정 등본
 - 공소제기 당시 피고인이 구속되어 있거나 체포 또는 구속된 후 석방된 경우 체포영장, 긴급체포서, 구속영장 기타 구속에 관한 서류

 위 기재 사항과 첨부 서류 외에는 사건에 관하여 법원에 예단이 생기게 할 수 있는 서류 기타 물건을 공소장에 첨부하거나 그 내용을 공소장에 인용하여서는 아니된다(규칙 제118조 제2항). 이를 '공소장일본주의'라 한다. 공소장일본주의는 공평한(또는 공정한) 재판의 전제가 되는

공평한 법원의 구성을 위하여 법원의 판단을 수사기관의 심증으로부터 차단하는 기능을 수행한다. 따라서 공소장일본주의는 "단순한 공소제기 방식에 관한 원칙이 아니라 공평한 법원의 이념을 실현하기 위한 형사소송 구조상의 제도"라고 평가되기도 하고[1], "예단배제의 원칙, 공판중심주의, 직접심리주의, 증거재판주의, 당사자주의 등 형사절차의 기본원칙을 공소제기 단계에서부터 실현하는 것을 목적으로 하는 제도적 장치로서 우리나라 형사소송 구조의 한 축"이라고 평가되기도 한다[2]. 한마디로 공소장일본주의는 변호인의 피의자신문 참여권이나 증거개시제도와 같이 형사절차상의 여러 제도 중 하나로서 형사정책적으로 채택함이 상당하다는 정도의 의미가 아니라, 피고인에 대한 진술거부권 보장이나 강제처분에 대한 영장주의와 같이 형사절차의 기본이념과 불가분의 관계에 있기 때문에 형사정책적으로 채택하지 않을 수 없는 제도이고, 만일 이를 채택하지 않으면 공평한 재판 자체가 이루어질 수 없다고 보고 있는 것이다.

2. 문제의 제기

공소장일본주의의 이념적 근거를 예단배제를 통한 공평한 재판, 당사자주의, 공판중심주의, 당사자주의에 두고 있다고 설명하는 것이 일반적이다[3]. 공소장일본주의를 통해서만 위와 같은 이념들을 이룰 수 있으므로 공소장일본주의는 우리 형사소송법에서 반드시 필요한 제도, 채택하지 아니할 수 없는 제도라는 취지이다. 판례의 기본 입장도 이와 비슷하여 "형사소송 법령의 내용과 그 개정 경위, 공소장일본주의의 기본취지, 우리나라 형사소송법이 당사자주의와 공판중심주의 원칙 및 직접심리주의와 증거재판주의 원칙 등을 채택하고 있다는 점 등을 아울러 살펴보면, 공소장일본주의는 위와 같은 형사소송절차의 원칙을 공소제기의 단계에서부터 실현할 것을 목적으로 하는 제도적 장치로서 우리나라 형사소송 구조의 한 축을 이루고 있다고 보아야 한다"라는 대법원 2009. 10. 22. 선고 2009도7436 전원합의체 판결(이하 '참고판결'이라 한다)의 다수의견이나, "공소장일본주의는 재판제도의 생명이라 할 수 있는 재판의 공정성을 보장하기 위한 필수적인 원칙으로서, 그 원칙에 위배된 재판은 이미 생명을 잃어버린 것이나 다름없다"는 참고판결의 소수의견은 그 위반의 효과에 관한 중대한

---

[1] 이재상/조균석/이창온, 형사소송법(제13판), 박영사, 2024, 435면. 정웅석/최창호/김한균, 신형사소송법(제2판), 박영사, 2023, 402면도 같은 취지.
[2] 신동운, 신형사소송법(제5판), 법문사, 2014, 588면.
[3] 신동운, 앞의 책, 588면, 589면; 이재상/조균석/이창온, 앞의 책, 436면, 437면; 차용석/최용성, 형사소송법(제4판), 21세기사, 2013, 300면 이하 등. 그 밖에도 직접심리주의, 증거재판주의 등을 들기도 하나 이들은 결국 공판중심주의에 충분히 녹아있다고 보이므로 이 글에서는 더 이상 논하지 않기로 한다.

견해 차이에도 불구하고 공소장일본주의의 이념 내지 목적에 관하여는 통설과 같은 입장이라 생각된다.

그러나 과연 그와 같은 형사소송의 이념들이 공소장일본주의의 근거라 할 수 있는지, 그러한 이념들이 공소장일본주의를 통해서만 성취될 수 있는지는 의문이다. 독일과 같이 공소장일본주의를 취하지 아니하는 나라도 있고, 민사소송과 같이 주장과 소송자료를 소 제기시부터 수시로 제출하는 재판제도도 있다. 그러나 민사소송이나 독일의 형사소송이라고 하여 공평한 재판을 이념으로 하지 않을 리도 없고, 공소장일본주의를 채택하지 않았기 때문에 공평한 재판 또는 공판중심주의을 이룰 수 없는 것도 아닐 것이기 때문이다. 뒤에서 살펴볼 바와 같이 우리나라의 형사소송에서도 공소장일본주의를 채택한 것이 그리 오래되지 아니한 일일 뿐만 아니라, 공소제기시 수사서류를 일괄 제출하던 관행을 증거조사시 분리 제출하는 것으로 바꾼 것은 더더욱 근자의 일이다. 그렇다면 그 이전에는 우리나라의 형사소송에서 공평한 재판을 이념으로 하지 않았고 공평한 재판이 이루어지지도 않았으며 공평한 재판이 이루어질 수도 없었다는 말인가? 더 나아가 형사소송에서 추구하는 이념에는 앞에서 든 이념들 외에도 실체적 진실발견, 적법절차, 소송경제(신속하고도 효율적인 재판) 등이 있으며, 이러한 이념들이 앞에서 언급한 이념들보다 결코 덜 중요한 이념이라고 할 수 없다. 여기에서 공소장일본주의가 이러한 이념들과는 어떤 관계에 있고, 그러한 이념들은 서로 어떻게 조화되는지도 문제가 된다.

이러한 점들을 검토하기 위해서는 필연적으로 외국에서는 공소장에 어떤 내용을 기재하고, 주장과 증거는 언제 어떤 방식으로 제출하고 있는지(즉 공소장일본주의를 채택하고 있는지)를 살펴보아 우리나라의 경우와 비교해 보아야 할 것이다. 뿐만 아니라 민사소송의 경우와도 비교해 볼 필요가 있다. 민사소송은 소송이라는 본질을 형사소송과 공유하기 때문에 당연히 공평한 재판, 증거재판주의, 신속한 재판 등의 이념에서도 기본적으로는 형사소송과 동일하지만, 형사소송에서의 공소장일본주의와는 반대의 길을 가고 있다. 그렇지만 민사소송이 공평한 재판이나 증거재판주의 등 이념에 반한다는 견해는 본 적이 없다. 왜 이런 차이가 발생하였는지를 검토하는 것은 공소장일본주의를 양보될 수 없는 형사소송의 이념으로 이해하여야 할 것인지, 모든 형사소송에서 공소장일본주의를 일률적으로 적용하는 것이 과연 적절한지 등을 검토함에 있어 좋은 참고가 될 것이다.

공소장일본주의의 이념을 달리 본다면 공소장일본주의의 공과도 당연히 달리 보게 된다. 공소장일본주의의 공과를 재검토하고 개선할 바가 있다면 개선방안을 모색하는 것이 우리 형사소송의 근간에 영향을 줄 수 있는 매우 중요한 일이라고 생각된다. 이와 같은 문제의식 하에 이 글에서는 우리 형사소송법에서 공소장일본주의가 입법된 연혁과 외국의 입법례를 살펴보고(Ⅱ), 공소장일본주의의 이념적 근거에 대하여 재검토한 후(Ⅲ), 이를 토대로 공소장일본주의의 구체적 공과를 분석하여 그 개선방안을 모색하고(Ⅳ), 저자 나름의 결론으로 (Ⅴ) 글을 맺으려 한다.

Ⅱ. 공소장일본주의와 관련한 외국의 입법례와 우리 형사소송법의 연혁 등

1. 공소장일본주의와 관련한 외국의 입법례

(1) 미국

미국에서는 공소장일본주의라는 개념을 사용하지는 않는다. 다만 연방 형사소송규칙은 아래와 같이 규정하여 예단배제에 유념하고 있다.

제7조의c(성질과 내용) (1) 일반 : 정식기소(Indictment)나 약식기소(Information)는 기소된 범죄를 구성하는 필수적인 사실들을 평이 간결 명확하게 기술하여야 한다.

(2) 인용실수 : 피고인이 오도되거나(misled) 피해를 입은 경우가 아니라면 인용의 실수나 인용의 생략이 공소를 기각하거나 유죄평결을 뒤집는 근거가 되지 못한다.

제7조의d(과잉기재) 피고인이 신청하면 법원은 공소장에서 과잉기재를 삭제할 수 있다.

실무상 과잉기재를 이유로 공소를 기각하거나 원심을 파기하는 경우는 거의 없지만 삭제하는 경우는 있는데, 실례로 향정신성의약품 불법거래 음모죄로 기소된 사건에서 공모를 조직 감독 지휘하였다는 점이나 이로써 인간의 건강과 환경에 상당한 위험을 야기하였다는 점 등의 기재를 과잉기재로 보아 피고인의 신청을 인용하여 삭제한 일도 있다고 한다[4]. 더욱이 기소인부절차나 증거개시절차 등을 통해 법원이 사실상 증거조사에 앞서 증거에 노출된다고 하더라도 재판을 배심제로 진행하면 사실판단의 권한을 가진 배심원에게는 증거조

---

[4] 박순영, "공소장일본주의", 사법 제12호, 사법발전재단, 2010, 309면; 이상현, "공소장일본주의의 비교법적 분석", 법조 제60권 제2호, 법조협회, 2011, 171면, 175면 이하에서 인용.

사절차에 비로소 증거가 제공되므로 결과적으로 공소장일본주의의 취지가 실현될 수 있다[5].

(2) 독일

독일 형사소송법 제199조 제2항은 "- - 공소장은 (수사)기록과 함께 법원에 제출한다"고 규정하고 있고, 제200조 제1항은 "공소장에는 피고인, 그에게 책임을 묻게 될 행위, 행위의 시간과 장소, 범죄행위의 법적 특징 및 적용할 형법규정을 적시하여야 하며, 증거방법, 공판이 열리게 될 법원 및 변호인을 지정하여야 한다 - - ", 제2항은 "또한 공소장에서는 수사의 중요 결과를 밝힌다 - -"라고 규정하고 있다. 공소장에 피고인과 공소 범죄사실 외에도 증거방법과 수사의 중요 결과에 대하여도 기재하도록 의무화하고 있을 뿐만 아니라, 수사기록도 소장과 함께 법원에 제출하도록 함으로써 우리나라에서와 같은 공소장일본주의는 전혀 채택하고 있지 않다. 집중심리주의를 채택하여 대부분의 사건을 1회의 공판으로 종결한 후 즉일 선고까지 이루어질 뿐만 아니라 직권주의적 형사소송 구조를 취하기 때문에 재판장은 원활한 재판진행을 위해 미리 수사기록을 검토하는 것이 필수적이다[6]. 이러한 재판 환경에서는 공소장일본주의가 적용될 여지가 없는 것이다.

독일의 경우 공소장에 공소사실과 적용법조는 물론이고[7] 수사의 중요 결과와 신청하는 증거의 내용이 기재되고, 공소제기와 동시에 모든 수사기록이 법원에 제출된다. 담당 판사는 제1회 공판기일 전에 기록을 전부 읽어 심리계획을 구상하지만, 직업법관이 아닌 참심원들은 미리 기록을 읽을 수 없다. 이러한 점은 프랑스의 경우에도 유사한데, 재판장만 공판기일 전에 수사기록을 검토하여 배석판사와 배심원들에게 쟁점과 적용법조 등에 대하여만 간단하게 설명하고, 배석판사들과 배심원들은 오직 법정에서 현출되는 증거에 의하여 심증을 형성하여야 한다[8]. 이러한 방식으로 독일이나 프랑스는 재판진행의 효율성 즉 실체적 진실발견과 소송경제를 꾀하면서도 예단배제의 이념을 최대한 실현하는 것이다. 이것이 독일식 직권주의적 공판중심주의라고 할 수 있다[9].

---
5) 양동철, "개정 형사소송법상의 공소장일본주의", 경희법학 제45권 제1호, 경희대학교 법학연구소, 2010, 309면, 310면.
6) 양동철, 앞의 논문, 309면.
7) 그 밖에도 독일은 법원이 공판절차 불개시 결정을 할 수도 있기 때문에 공소장에 공판개시를 신청한다는 취지도 함께 기재된다. 이한주/김동오/김득환, "독일의 공판중심주의", 법조 제55권 제11호, 법조협회, 2006, 288면, 289면.
8) 박순영, 앞의 논문, 312면.
9) 이한주/김동오/김득환, 앞의 논문, 304면.

(3) 일본

일본의 구 형사소송법(속칭 대정 형사소송법) 제325조는 공소제기시에 공소장과 함께 수사기록과 증거물을 모두 법원에 제출하도록 하고 있었다. 그러나 제2차 세계대전 종전 후 미군정 중인 1948년에 현행 형사소송법을 제정하면서 제256조 제6항에 "공소장에는 법관에게 사건에 대하여 예단을 생기게 할 우려가 있는 서류 기타의 물건을 첨부하거나 그 내용을 인용하여서는 아니된다"고 규정함으로써 공소장일본주의를 도입하여 오늘에 이르고 있다.

일본은 예단배제 이념에 더욱 철저하여 체포장(영장) 등도 수소법원이 아닌 재판관(즉 개별 판사)에게 직접 제출하고, 재판관은 제1회 공판기일 후에야 이를 수소법원에 송부하고(형사소송규칙 제167조), 제1회 공판기일 전까지는 구속취소나 보석 등 구류에 관한 처분을 재판관이 담당할 뿐 수소법원은 이에 관여하지 못하며(형사소송규칙 제187조 제1항), 약식절차가 정식재판으로 이행되는 경우에는 수사서류와 증거물을 일단 검찰에 반환하도록 규정하고 있다(형사소송규칙 제293조). 다만 최근의 사법개혁 논의과정에 "공소장일본주의가 공판중심주의나 증거재판주의에 일조를 하는 것은 맞지만, 예단배제는 배심제에서나 필요한 원칙이므로 전문법관이 심리를 하는 경우에는 굳이 채택할 필요가 없으며, 증거개시제도를 도입하면 필연적으로 공소장일본주의와 충돌하게 된다"는 이유에서 공소장일본주의 폐지론이 제기되었다는 점은 경청할만한 가치가 있다고 생각된다[10].

2. 우리 형사소송법의 연혁과 실무의 태도

(1) 우리 형사소송법의 연혁

구 형사소송법 제325조는 공소제기시에 공소장과 함께 수사기록과 증거물을 모두 법원에 제출하도록 하고 있었고, 이에 따라 법원은 미리 위 수사기록과 증거물을 모두 검토하여 사건 내용을 파악한 뒤에 제1회 공판기일에 임하였다[11]. 일본은 1948년에 지금의 형사소송법을 제정하면서 공소장일본주의를 도입하였으나, 우리나라는 1953년 지금의 형사소송법

---

10) 양동철, 앞의 글, 311면.
11) 이러한 형태의 재판에 대하여는 "공판심리는 미리 심증을 형성해 놓고 수사기록을 보면서 피고인, 증인 등에 대한 규문적 신문을 통하여 위 심증에 잘못이 있는지 여부를 확인해 나가는 과정에 불과하다"는 비판도 있지만(차용석/최용성, 앞의 책, 299면), 과도한 비판일 수도 있다. 지금도 독일의 형사소송 실무는 그러하지만 그와 같이 비판할 수는 없기 때문이다.

을 제정하면서 제254조에서 공소장에 기재하여야 할 사항과 첨부하여야 할 서류만 규정하였을 뿐, 그 밖의 사항 기재나 서류 첨부의 허부에 대하여는 아무런 규정을 두지 않았다. 당시에도 공소장일본주의의 도입 여부에 대하여 논의가 있었으나, '법원의 충실한 피고인신문의 실현'을 위하여 도입하지 않았다[12]. 당시 실무가 구 형사소송법 시대와 마찬가지로 공소제기시 수사기록 일체를 법원에 제출하고 있었음은 물론이다. 다만 학설로는 공소장일본주의 도입론이 적지 않았다고 한다[13].

그러다가 1962년에 군법회의법이 제정되면서 제289조 제6항(1987년에 군사법원법으로 전문개정되면서 제296조 제6항으로 이전)에 공소장일본주의를 규정하였으며, 1983년에 형사소송규칙을 제정하면서 제118조 제2항에서 "공소장에는 제1항에 규정한 서류 외에 사건에 관하여 법원에 예단이 생기게 할 수 있는 서류 기타 물건을 첨부하여서는 아니된다"고 규정하여 일반 형사소송에서 처음으로 공소장일본주의를 도입하였고, 1996년에 형사소송규칙을 개정하면서 첨부 뿐만 아니라 내용인용까지도 금지하여 오늘에 이르고 있다.

(2) 실무의 태도

위와 같이 형사소송규칙을 통해 공소장일본주의를 도입한 후에도 실무에서는 공소제기시 수사기록 일괄제출의 관행이 그대로 유지되다가, 2006년 대법원 재판예규로 증거 분리제출이 전국적으로 시행되면서 비로소 공소장일본주의가 제도로서 안착되었다. 그러나 공소장일본주의와 관련한 법원의 태도는 매우 소극적이어서, 범죄성립요건과 무관한 범죄전력이나 무직이라는 상황의 기재를 피고인 특정에 필요한 사항으로 보아 공소제기 절차상의 법규 위반이 아니라고 보았고[14], 약식명령의 청구와 함께 증거서류와 증거물이 법원에 제출되었다가 약식명령에 대한 정식재판청구가 제기되었음에도 법원이 위 증거서류와 증거물을 검사에게 반환하지 않고 보관하였다고 하여 이미 적법하게 제기된 공소제기의 절차가 위법하게 되는 것이 아니라고 하였으며[15], 공소사실의 범의나 공모관계를 명확히 나타내기 위하여 공소 범죄사실에 이르게 된 경위를 적시한 것이라면 길고 다소 장황할 뿐만 아니라

---

12) 신동운, 입문 일본 형사수속법, 법문사, 2003, 145면, 146면; 홍영기, "공소장일본주의", 형사법연구 제22권 제3호, 한국형사법학회, 2010, 206면.
13) 강구진, "공소장일본주의 시론", 법률연구 제2호, 연세대학교법과대학 법률문제연구소, 1982, 122면.
14) 대법원 1990. 10. 16. 선고 90도1813 판결.
15) 대법원 2007. 7. 26. 선고 2007도3906 판결.

범죄사실의 인정(심증형성)에 영향을 미칠 수 있는 사실이라 하더라도 공소장일본주의 위배가 아니며[16], 공소사실 첫머리에 (공소사실 이외의 사실을) 기재하여도 피고인이 이 사건(간첩방조죄) 범행에 이르게 된 동기, 경위와 공소외 인(人)과의 관계를 명확하게 하기 위해서라면 공소장일본주의 위반이 아니라고 판시하였다[17].

더 나아가 정당의 후보자 추천 관련 금품수수 범행의 공소사실에 범죄사실 이전단계의 정황과 경위, 범행을 전후하여 관계자들이 주고받은 대화와 이메일 내용, 수첩의 메모내용, 세세한 주변사실 등을 장황하게 기재한 사안에서 공소장일본주의에 위배된 공소제기라고 보아 공소기각의 판결을 하는 것이 원칙이라고 인정하면서도, 피고인측으로부터 아무런 이의가 제기되지 아니하였고 (제1심)법원 역시 범죄사실의 실체를 파악하는데 지장이 없다고 판단하여 그대로 공판절차를 진행하여 증거조사절차가 마무리되고 법관의 심증형성이 이루어진 단계에서는 소송절차의 동적 안정성, 소송경제의 이념 등에 비추어 이제는 이미 진행된 소송절차의 효력을 다툴 수 없다고 판시함으로써[18] 공소장일본주의 위반에 해당하는 경우에도 절차법적 사유를 들어 공소장일본주의 위반의 효력 발생을 제한하고 있다. 이러한 점은 통설 뿐만 아니라 판례 역시 이념적으로는 공소장일본주의가 공평한 재판이나 공판중심주의 등을 실현하기 위한 우리 형사소송법에서의 필수 불가결한 제도라는 취지로 강조해 온 것과 묘한 대조를 보이고 있는 것이 사실이다.

3. 공소장일본주의의 적용 영역

(1) 학설의 전개

형사소송규칙 제118조 제2항은 법원에 예단이 생기게 할 수 있는 서류 기타 물건의 첨부와 그 내용 인용만을 금지하고 있다. 즉 공소장일본주의는 공소제기시에 공소장을 작성하

---

16) 대법원 1992. 9. 22. 선고 92도1751 판결.
17) 대법원 1994. 3. 11. 선고 93도3145 판결. 살인, 방화 등 죄의 경우 범죄와 직접적인 또는 밀접불가분의 관계에 있는 동기를 기재한 점이나, 문서위조죄에 이르게 된 경위를 기재한 점에 대하여도 동일하게 판단한 대법원 2007. 5. 11. 선고 2007도748 판결, 대법원 1999. 5. 14. 선고 99도202 판결도 같은 취지.
18) 참고판결 다수의견. "위 범죄의 성격상 검사로서는 범의나 공모관계, 범행의 동기나 경위 등을 명확히 하기 위하여 구체적인 사정을 적시할 필요도 있는 점, 이와 관련하여 제1심 공판절차에서 피고인측이 아무런 이의를 제기하지 않은 상태에서 공판절차가 진행되어 위 공소사실에 인용된 증거들을 포함하여 검사가 제출한 증거들에 대한 증거조사가 모두 마쳐진 점 등을 종합하였다"는 것이 위 판단의 이유이다.

고 제출하는 방법에 관한 법리로만 규정되어 있는 것이다. 그러나 학설과 판례는 공소장일본주의를 공소장에 기재, 인용 또는 첨부할 수 있는 것과 그렇게 해서는 안되는 것을 구별하기만하는 법리로 보지 않고, 그 적용 영역을 이보다 훨씬 더 넓게 보고 있다.

공소장 모두(冒頭)나 본문에 범죄전력이나 악성향, 범죄의 동기 등을 기재하는 경우가 있는데, 이를 '여사(餘事)' 또는 '기타 사실' 기재라고 한다. 여사란 '입증하고자 하는 공소사실과는 무관한 사실'이라고 정의될 수 있다. 결국 공소사실을 특정하기 위하여 기재한 사실 중 공판과정에 입증하고자 하는 요증사실 이외의 사실은 모두 여사인 것이다[19]. 법규가 금하는 것은 첨부와 인용 밖에 없으므로 여사 기재는 공소장일본주의 위반으로 볼 수 없다는 견해도 있지만[20], 여사 기재도 공소장일본주의 이념에 따라 금지되는 것으로 해석하는 견해가 통설이다[21]. 판례 역시 "공소장에는 법령이 요구한 사항만 기재할 것이고 공소사실의 첫머리에 공소사실과 관계없이 예단만 생기게 할 사유를 불필요하게 나열하는 것을 옳다고 할 수 없다"고 판시함으로써[22] 여사 기재도 기본적으로는 공소장일본주의 위반임을 명백히 하고 있다. 다만 범죄전력이나 무직이라는 상황의 기재를 피고인 특정에 필요한 사항으로 보아 공소장일본주의 위반이 아니라거나[23], "살인, 방화 등의 경우 범죄의 직접적인 동기 또는 공소 범죄사실과 밀접불가분의 관계에 있는 동기를 공소사실에 기재하는 것이 공소장일본주의 위반이 아님은 물론이고, 설사 범죄의 직접적인 동기가 아닌 경우에도 동기의 기재는 공소장의 효력에 영향을 미치지 아니한다"고 판시하여[24] 여사(또는 금지되는 여사)의 범위를 매우 좁게 보고 있다. 그러나 범죄전력이나 무직이라는 상황, 범죄의 동기는 공소사실 특정과 전혀 무관하므로 여사라고 보아야 할 것으로 생각된다.

법규에 첨부와 인용만 금지되고 있음에도 여사 기재까지 함께 금지되는 것으로 해석하는 것은 부당한 확장해석 또는 유추적용에 해당할 수 있으므로 신중한 판단을 요하는 것은 사실이다. 그러나 형사소송규칙 제118조에 여사기재 금지가 명시되지는 않았지만 예단배제

---

19) 백원기, "공소장일본주의에 대한 비판적 고찰", 형사판례연구 제18권, 한국형사판례연구회, 2010, 304면.
20) 백형구, "공소장일본주의", 고시계 제49권 제9호, 고시계사, 2004, 64면, 65면. 백형구 교수는 같은 이유로 공판기일 전 수사기록 제출도 공소장일본주의 위반으로 볼 수 없다고 설명하고 있다. 같은 논문, 66면, 67면.
21) 신동운, 앞의 신형사소송법, 525면 등.
22) 대법원 1992. 9. 22. 선고 92도1751 판결. 대법원 1994. 3. 11. 선고 93도3145 판결 등도 같은 취지.
23) 대법원 1990. 10. 16. 선고 90도1813 판결.
24) 대법원 2007. 5. 11. 선고 2007도748 판결.

를 그 취지로 하고 있고, 형사소송법 제254조가 공소장에 기재할 사실들을 나열하고 있으므로 그 밖의 기재는 예단배제 취지에 따라 재량적 기재사항이 아니라 첨부나 인용과 마찬가지로 금지된다고 볼 수 있다. 더욱이 여사가 어떤 자료의 내용이라면 이는 인용으로서 당연히 금지될 것이고, 그와 같은 자료가 없다면 이는 근거 없는 기재로서 더욱 금지될 것이기 때문에 인용의 금지와 같은 취지에서 그 기재를 금지할 수 있다고 생각된다.

그런데 다수 학설은 이에 그치지 않고 공소장일본주의의 취지에 비추어 공소제기 후에도 공판준비절차에서는 법원에 예단이나 편견을 발생하게 할 염려가 있는 증거의 제출이나 증거조사 준비는 제한되어야 하고[25], 공판기일 전 증거조사(제273조)나 당사자의 공판기일 전 증거제출(제274조)이 제1회 공판기일 이후의 기일에만 적용된다고 본다[26]. "당사자의 합의에 의해 소송진행상 부득이한 경우에만 공소장일본주의와 모순되지 않는 범위 내에서 활용되어야 한다"고 보는 견해도[27] 같은 맥락이다. 극단적으로는 공판절차 갱신 후의 절차나 상소심에서의 절차, 파기환송 후의 절차에서는 공소장과 증거서류 등을 분리하기가 어려우므로 공소장일본주의가 직접 적용될 수는 없지만 법관으로서는 공소장일본주의 정신에 따라 심리를 진행하여야 하며, 공범 중 일부가 먼저 재판을 받은 경우 나머지 공범에 대한 재판에서도 마찬가지라는 견해도 있다[28].

(2) 검토

이쯤 되면 공소장일본주의는 공소제기에 관한 법리가 아니라 법관에게 불공평한 예단을 줄 수 있는 당사자의 모든 행위를 제한하는 법리가 되어, 형사소송규칙 제118조 제2항이 전혀 예상하지 못한 범위에까지 확대 적용되는 결과가 된다. 그러나 제118조는 공소장일본주의를 규정하고 있지 예단배제를 규정하고 있는 것이 아니다. 따라서 예단배제라는 목적만으로 형사소송 절차의 모든 영역에 공소장일본주의를 적용하려고 하는 것은 옳지 못하다. 공소장일본주의는 공소제기 단계에 공소장을 작성하고 제출하는 방법에 관한 법리이지, 이

---

25) 이재상/조균석/이창온, 앞의 책, 501면.
26) 배종대/이상돈/정승환/이주원, 형사소송법, 홍문사, 2015, 256면, 439면; 이재상/조균석/이창온, 앞의 책, 442면; 이은모/김정환, 형사소송법(제9판), 2023, 413면 등. 공소장일본주의가 도입되면서 위 제273조와 제274조는 사문화되었다는 신동운, 앞의 책, 595면도 같은 맥락으로 보인다.
27) 차용석, "공소장단독(일본, 유일)주의(Ⅱ)", 고시계 제350권, 한국고시학회, 1986, 141면.
28) 강구진, 앞의 논문, 132면, 133면; 차용석, 앞의 논문, 144면.

를 넘어 형사소송 전반에 적용되어야 하는 형사소송의 기본이념은 아닌 것이다. 참고판결의 다수의견이 "공소장일본주의는(당사자주의, 공판중심주의, 직접심리주의, 증거재판주의와 같은) 형사소송절차의 원칙을 공소제기의 단계에서부터 실현할 것을 목적으로 하는 제도적 장치"라고 표현한 것이나, 동 판결의 소수의견이 "(공소장일본주의가 추구하는) 재판의 공정은 재판을 시작하는 첫 단계에서부터 마지막까지 시종일관 보장되어야 하는 중요한 원칙"이라고 하면서도 '공소장일본주의 자체가 재판의 시작부터 마지막까지 보장되어야 하는 원칙'이라고는 표현하지 아니한 것도 같은 취지라고 판단된다. 더 나아가 예단 없는 공평한 재판의 이념이 제1심에서와 마찬가지로 지켜져야 할 항소심에서는 공소장일본주의가 적용되지 않는다는 점 역시 마찬가지일 것이다.

물론 공소제기 직후에 공소장에 첨부하지 못한 서류 등을 제출하는 것은 실질적으로 공소장에 첨부하는 것과 다르지 않기 때문에[29] 형사소송규칙 제118조를 적용하여 제한될 수 있겠지만, 공소제기와 무관한 공판준비절차나 공판기일 전 증거조사절차 등에도 공소장일본주의 법리를 적용하려는 것은 적절하지 않다고 생각된다. 이 글에서는 공소장일본주의가 적용되는 범위를 공소제기시에 공소장에 첨부하거나 인용 등으로 기재하는 것과 그와 동일시할 수 있는 공소제기 직후의 자료제출에만 국한하여 논의하기로 한다.

Ⅲ. 공소장일본주의의 이념적 근거

1. 형사소송의 여러 이념들과 공소장일본주의

(1) 예단 없는 공평한 재판의 이념과 공소장일본주의

공소장일본주의의 이념적 근거가 무엇인가에 대하여 여러 가지 견해가 제시되지만, 가장 공통적으로 주장되는 것은 '예단 없는 공평한 재판'이라 할 수 있다. 판례 역시 재판의 공정성[30]과 예단 없는 재판[31]을 거시하고 있다. 재판에서 공평(또는 공정)이 매우 중요한 이념이며 법관이 예단 없이 재판에 임하여야 공평한 재판이 가능하리라는 점은 긴 설명이 필요 없을 것이다. 다만 예단이 정확하게 무엇인가 하는 것은 그리 간단한 문제가 아니다.

---
29) 그러한 방식의 탈법도 충분히 예상할 수 있다.
30) 참고판결 소수의견.
31) 대법원 1999. 9. 22. 선고 92도1751 판결, 대법원 1994. 3. 11. 선고 93도3145 판결, 대법원 1999. 5. 14. 선고 99도202 판결, 대법원 2007. 5. 11. 선고 2007도748 판결 등.

예단이란 '미리 판단한다'는 의미이므로 정상적인 절차에 따른 판단과 비교할 수 밖에 없다. 법관은 공소사실 기타 부수적인 요증사실에 대하여 정상적인 절차에 따라 판단하여야 한다. 법관은 공판이 개시되면 검사의 진술과 피고인, 변호인의 진술을 듣고 판단하여야 하고, 소송조건에 의문이 없는지도 판단하여야 한다. 증거조사가 개시되면 증거신청의 인용여부를 판단하여야 하고, 현출된 증거에 대하여는 증거능력과 증명력을 판단하고 이를 통해 요증사실을 판단하여야 한다. 그 뿐만 아니라 법정에서의 태도를 포함해 법관에게 비추어진 일체의 자료들은 형법 제51조가 말하는 양형의 조건에 해당하므로 유죄를 전제로 이 역시 판단하여야 할 것이다. 위와 같은 판단이 정상적인 절차에 의한 판단이므로, 그 전에 하는 판단은 모두 예단이 되는 것이다.

예단을 왜 경계하는가? 피고인의 악성향 기재와 같은 근거 없는 예단은 불합리할 가능성이 크기 때문이지만, 증거조사절차 이전에 증거자료를 제출하여 이를 통해 예단이 발생하였다면 이 예단은 (증거능력의 문제만 없다면) 불합리할 가능성 보다는 자료제출의 기회 부여에서 불공평하기 때문일 것이다. 통설 역시 첫 번째 이유로 불공평(또는 불공정)을 들고 있다. "공소장일본주의가 양 당사자 사이에서 객관성과 균형성을 유지하게 한다"는 표현[32]도 같은 의미일 것이다. 여기에서 예단은 모두 불공평한지를 검토해 보아야 한다. 입증하지 않을 사실(예컨대 공소사실과 무관한 악성향이나 악경력)의 거시는 근거 없는 예단을 가져올 수 있으므로 불합리할 뿐만 아니라 불공평한 것이 명백하다. 이는 공소제기 단계에서 뿐만 아니라 재판과정 전체에서 그러하다. 그러나 공소사실을 포함하여 주장하고 입증할 사실에 대하여는 어차피 주장과 증거를 제출하여야 하므로, 상대방에게도 동등한 기회를 부여하기만 한다면 누군가가 먼저 제출한다는 것이 반드시 불공평하다고 하기는 어렵다[33]. 물론 증거능력, 공소사실과의 관련성 등을 정상적으로 검토할 기회도 없었고 상대방에게도 이에 대한 충분한 의견개진의 기회를 주지도 못한 채 법관이 증거와 접촉함으로써 심증에 영향을 받았다면 이는 부당하므로[34], 공소제기 단계에나 증거조사절차 이전의 주장과 증거 제출에 그와 같은 문제가 없다면 적어도 예단 배제나 공평한 재판 이념은 공소장일본주의의 근거라고 보기 어려워지는 것이다.

---

32) 홍영기, 앞의 논문, 207면.
33) 홍영기, 앞의 논문, 208면, 양동철, 앞의 논문, 316면도 같은 취지.
34) 홍영기, 앞의 논문, 208면.

같은 이치로 입증되지 아니할 사실을 기재하여 불공평한 예단을 발생하게 한 하자는 증거 없이 심증을 형성한 결과를 초래하였고 그 뒤 절차가 정상적으로 진행되었다고 하더라도 치유될 수 없으므로 상대방이 언제든지 주장할 수 있지만, 증거조사절차 이전에 증거자료가 제출된 하자는 상대방에게도 공평하게 증거제출 기회가 부여되었다면 결국 불공평이나 증거재판주의 침해의 문제가 남지 않았기 때문에 하자가 치유되어 이후에는 상대방이 주장할 수 없다.

이는 앞에서 언급한 공소장일본주의의 적용영역의 문제와도 직결된다. 공소장일본주의가 예단배제의 법리가 적용되는 모든 영역에 적용된다고 본다면 예단배제는 공소제기시 뿐만 아니라 제1회 공판기일이 지난 후에도 증거조사절차, 더 나아가 상소심이나 파기환송심에서도 여전히 지켜져야 하기 때문에 모든 정상적인 절차에 앞서서 법관이 당해 사건의 심증형성에 영향을 줄 수 있는 사실을 알게 되는 것은 모두 예단이 된다. 그러나 공소장일본주의를 공소제기 단계에 지켜야 하는 법리라고 해석하는 저자의 견해에 따르면 공소제기 단계에 법관에게 알게 하여서는 아니되는 사실을 알게 하는 것은 공소장일본주에 의해 금지되는 예단이 되지만, 그 이후에는 적어도 공소장일본주의에 의해 금지되는 예단은 아닌 것이다. 결국 예단배제를 통한 공평한 재판이라는 이념도 상대적 이념이므로 공평한 재판에 장애만 없다면 예단배제라는 측면은 상당부분 양보될 수 있다고 생각된다.

(2) 당사자주의와 공소장일본주의

당사자주의가 공소장일본주의의 이론적 근거가 되는지에 대하여는 견해가 대립하지만, 이를 긍정하는 견해가 다수설이다[35]. "당사주주의 아래에서는 법원이 공평한 제3자적 입장에서 당사자의 공격 방어를 기초로 심증을 형성하여야 하고, 이를 위해 법원은 아무런 예단이나 편견 없이 심리를 시작해야 하기 때문에 공소장일본주의는 당사자주의 소송구조의 요청을 이론적으로 뒷받침하고 있다"는 설명[36]도 같은 취지이고, "공소장일본주의는 당사자주의 등을 공소제기 단계에서부터 실현하기 위한 제도적 장치이고, 형사소송법에는 직권주의적 규정들도 있으므로 이러한 규정들과도 조화를 이루도록 해석하여야 할 필요가 있다"는

---

35) 신동운, 앞의 책, 522면; 이재상/조균석/이창온, 앞의 책, 436면; 차용석/최용성, 앞의 책, 300면; 이은모/김정환, 앞의 책, 409면; 박순영, 앞의 논문, 302면 등.
36) 양동철, 앞의 논문, 308면.

참고판결의 다수의견이나, "직권주의적 요소가 가미되어 있다는 점이 공소장일본주의가 추구하는 재판의 공정과 상충되는 요인이 될 수 없다"는 참고판결의 소수의견 모두 같은 취지를 전제로 하고 있다. 이에 대하여 "직권주의라고 하여 공소장일본주의가 배제된다는 도식적 추론은 필연적인 것이 아니다"라는 비판이나[37], "직권주의를 취하는 독일에서 공소사실 이외의 정보가 직업법관에게만 제공되고 참심원에게는 제공되지 않는 것도 직권주의 하에서 공소장일본주의의 이념을 실현하고 있는 것"이라는 지적[38]도 있다.

생각건대 직권주의 하에서도 피고인의 악성향 등의 여사기재는 절대적으로 금지되고, 첨부된 수사기록 등을 참심원에게는 미리 공개하지 않는 등 가급적 예단을 배제하려고 애쓰는 것도 맞지만, 공소장일본주의가 당사자주의와 더 밀접한 것은 사실이다. 다만 직권주의와 당사자주의는 각기 나름의 장단점을 가지고 있다. 또한 형사소송의 이념인 실체적 진실발견과 적법절차, 방어권 보장, 소송경제(신속하고 효율적인 재판) 등을 종합적으로 고려할 때 직권주의적 진행이 더 적절한 사건이 있고 당사자주의적 진행이 더 적절한 사건이 있다. 이를 구별하여 당사자주의적 진행이 더 적절한 사건에 대하여만 공소장일본주의를 원칙대로 적용하고 직권주의적 진행이 더 적절한 사건에 대하여는 공소장일본주의의 적용을 일부 양보하는 방안도 충분히 고려할만 하다고 생각된다. 저자는 이를 '공소장일본주의의 선별적 적용'이라고 부른다. 이에 대하여는 뒤에서 상술하기로 한다.

(3) 공판중심주의와 공소장일본주의

공소장일본주의를 통해 모든 증거자료는 증거조사기일에만 제출되므로 공소장일본주의가 공판중심주의 이념을 실현하는 중요한 도구 중 하나인 것은 명백하다. 따라서 공소장일본주의의 후퇴(또는 양보)인 선별적 적용이 공판중심주의를 침해하는 것은 아닌지의 문제가 발생한다. 공소장에 공소사실 이외에 증거자료나 여사가 기재되어 있어 공소장을 읽으면서 심증이 형성되었다면 증거조사절차 외에서 심증을 형성하였으므로 필연적으로 공판중심주의와 충돌하게 된다. 그러나 직권주의적 소송구조에서는 공판중심주의가 실현되지 않는다거나 공판중심주의는 양보될 수 없는 이념이라고는 생각하지 않는다. 직권주의적 소송구조에서도 그 나름대로 합리적이고 효율적인 공판중심주의가 실현되고 있으며, 다른 이념들을

---

[37] 배종대/이상돈/정승환/이주원, 앞의 책, 253면.
[38] 홍영기, 앞의 논문, 209면.

위해서 공판중심주의는 일정 부분 양보 또는 조정될 수 있다고 생각한다. 실체적 진실주의 이념에 따라 피고인이 자백하는 사건이라도 증거에 의한 사실인정이 필요하고, 경우에 따라서는 무죄가 선고될 수도 있다. 다만 자백하는 사건에 대하여는 간이공판절차라는 증거조사 방법과 증거능력에 대한 큰 예외를 허용하고 있는데(형사소송법 제297조의2, 제318조의3 참조), 위 예외의 경우에도 증거조사 자체는 이루어져야 하므로 그러한 점에서는 공판중심주의가 유지된다고 할 수 있다. 그렇다면 그와 같은 사건에 대해 재판장이 원활하고도 효율적인 재판 진행을 준비하기 위해 미리 소송자료(특히 검찰측 증거)를 제출하게 하고 이를 검토하는 것은[39] 공판중심주의의 시각에서도 허용될 수 있다고 생각된다.

재판장이 증거 등 소송자료를 미리 검토하고 재판에 임하는 것은 소송경제 뿐만 아니라 실체적 진실발견을 위해서도 유리한 측면이 많다. 법정에서의 자백에 따라 간이공판절차를 통한 형식적인 증거조사를 거치는 경우라면 결심 이후 법관이 집무실에서 증거서류를 읽어 심증을 형성할 수 밖에 없는데, 이는 실질적 의미의 공판중심주의에도 부합하지 아니할 뿐만 아니라 실체적 진실발견을 위해서도 바람직하지 않다. 공소사실을 다투지 않을 사건에서라면 차라리 공판중심주의를 일부 양보하여 재판장에게 미리 양쪽이 제출하는 소송자료(증거 포함)를 확인하여 재판진행을 준비한 상태에서 제1회 공판기일에 임하게 하는 것이 더 좋을 것 같다[40]. 이러한 점은 직권주의 이념에 따라 공소장일본주의를 채택하지 않지만 실제 공판에서는 가급적 예단배제의 이념을 존중하고 있는 독일 모델과도 일맥상통한다.

공판중심주의는 당사자주의에 의해서 뿐만 아니라 직권주의에 의해서도 추구되어야 할 원리이다. 직권주의로 대표되는 독일 형사소송법이 직접주의와 구두주의를 통해 공판중심주의를 추구하고 있다면, 당사자주의로 대표되는 미국 형사소송법은 공소장일본주의와 전문법칙 그리고 구두주의를 통해 이 원칙을 뒷받침하고 있는 것이다. 공소장일본주의와 같은 특정한 소송구조에서 비롯된 제도를 공판중심주의 실현에 불가결한 존재로 이해할 필요는 없다[41]. 우리나라 재판 현실에 맞는 공판중심주의를 실현하기 위해 우리나라 재판 현실

---

[39] 인증은 정해진 기일에 신문할 수 밖에 없지만(법원이 기일 이전에 증인 등을 불러서 진술을 듣는다는 것은 상상하기 어렵다), 서증과 물증은 미리 제출받아 읽어보거나 살펴보면 된다.
[40] 다만 합의부라면 배석판사에게는 미리 기록을 검토할 수 없게 함으로써 가급적 공소장일본주의와 공판중심주의 이념에 충실하게 하고, 재판장도 재판진행 준비에 필요한 범위에서만 기록을 검토하되 가급적 실체에 대한 심증형성에 이르지 않도록 스스로 주의하여야 할 것이다.
[41] 신양균, "바람직한 형사재판의 방향", 저스티스 제37권 제2호, 한국법학원, 2004, 135면; 이완규, "공판중심주의를

에 맞는 제도를 마련하여야 한다. "공판준비절차, 증거개시절차 등의 도입으로 공판기일 이전에 이미 증거의 상당부분이 법원에 노출되어 버릴 뿐만 아니라 직업법관이 사실심리와 양형을 모두 결정하는 구조 하에서는 공소장일본주의의 중요성이 희석되기 때문에 공판중심주의적 집중심리와의 관계에서 굳이 공소장일본주의를 고집할 이유는 없다"는 지적[42]도 같은 맥락이다. 공판중심주의도 다른 이념들과 조화되어야 할 상대적 이념이지 무조건 보장되어야 할 절대적 이념은 아닌 것이다.

2. 민사재판과의 비교

민사재판에는 공판중심주의라는 개념이 없고 원칙적으로 증거능력의 문제도 없기 때문에[43] 당사자가 소송자료(주장과 입증)를 제출함에 있어 소장에 이를 표시 또는 첨부할 수 있음은 물론이고, 소송의 경과와 상대방의 주장과 입증을 고려하여 적절한 시기에 수시로 제출할 수 있다. 이를 수시제출주의라 하는데[44], 일괄제출주의 또는 법정제출주의와 대립하는 개념이다. 법원은 쌍방이 제출한 소송자료를 검토하여(필요하다면 변론준비기일의 집중적인 논점정리 등을 활용할 수도 있다) 쌍방의 주장이 어느 정도 정리되었다고 판단되면 비로소 변론기일을 지정한다. 제1회 변론기일에는 그간의 주장, 입증을 정리한 후 곧바로 증거조사를 실시한다. 결국 법원은 사건 내막에 대하여 이미 상당한 정보를 가진 상태에서 제1회 변론기일에 임하지만 이를 가지고 '예단'이라고 비난하지는 않는다. 오히려 그런 조치를 통해 쟁점과 증거를 충실하게 정리하여 변론에 상정함으로써 심리의 집중과 효율을 도모하고, 낭비적이고 준비 없이 헛도는 변론기일의 운영을 막으려는 것이라고 평가한다[45]. 즉 충분한 기일 전 검토를 통해 변론기일 진행을 실질화하라고 요청받는 것이다.

물론 민사소송과 형사소송은 목적이 다르기 때문에 여러 가지 면에서 본질적인 차이가 있다. 민사소송은 원고와 피고의 수평적 다툼이지만, 형사소송은 검사의 공권적 요청에 따

둘러싼 개념상의 혼돈과 해결방향", 법조 제54권 제6호, 법조협회, 2005, 46면.
42) 양동철, 앞의 논문, 313면.
43) 다만 문서의 진정성 등에 대하여는 상대방의 인정 등을 기다려야 한다는 점에서 증거능력의 문제와 크게 다르지 않은 등(특히 전문법칙에서의 진정성립 인정 문제와 비슷하다) 부분적으로는 증거능력의 법리를 고려할 필요가 있는 것도 사실이다.
44) 2002년에 전면 개정된 민사소송법 제146조는 적시제출주의로 변경하였지만, 이 역시 수시제출주의를 기본으로 하되 적절한 시기에 반드시 제출하도록 약간의 제한을 가한 것에 불과하다. 따라서 이 글에서는 일응 수시제출주의를 기준으로 설명하기로 한다.
45) 이시윤, 신민사소송법(제17판), 박영사, 2024, 389면. 호문혁, 민사소송법(제7판), 법문사, 2009, 515면도 같은 취지.

라 피고인에 대한 형벌 부여를 판단하는 과정이기 때문에 아무리 당사자주의를 취한다고 하더라도 검사와 피고인이 수평적일 수가 없다. 또한 민사소송에서는 원고와 피고의 무기가 적어도 이념적으로는 평등하기 때문에 주장 입증의 수시제출이 공평한 재판에 장애가 되지 않지만, 형사소송에서는 검사와 피고인(비록 변호인의 도움을 받는다고 하더라도)의 무기가 불평등하기 때문에 공판 개시 전의 주장·입증을 허용하면 피고인에게 일방적으로 불리하게 작용할 가능성이 대단히 크다. 민사소송에서의 변론주의나 처분권주의가 형사소송에서의 당사자주의와 비슷한 면이 많은 것은 사실이지만 본질적인 차이가 있다. 형사소송은 공익추구가 직접적인 목적이기 때문에 실체적 진실을 추구하여야 하고, 증거능력이 확인된 증거에 대하여만 증거조사를 실행하여 심증형성의 자료로 할 수 있다. 실제 증거방법에서도 차이가 있어 민사소송에서는 서증을 증거로 함에 별다른 제한이 없지만, 형사소송에서는 서증 중 상당수가 전문법칙에 의하여 증거로 함에 제한되고 진정성립과 특신상태 등이 요구된다. 이런 점 때문에 민사소송에서는 수시제출주의가 가능하지만 형사소송에서는 수시제출주의가 근본적으로 어려운 것이다.

따라서 형사소송에서는 형사소송 나름대로의 효율적인 주장과 증거 제출제도가 마련되어야 한다. 다만 증거조사기일에 사실상 일괄제출에 가까운 방식으로 증거를 제출하면서 이를 양보할 수 없는 공소장일본주의 이념이라고 해석하는 것은 바람직하지 않다고 생각된다. 재판이라는 것이 어차피 순차적인 공격-방어-공격-방어 방법으로 진행된다면 누군가 선공의 지위를 가질 수 밖에 없고, 그러한 지위는 특별한 사정이 없는 한 원고와 검사가 가지는 것이 당연하며(소송경제의 측면에서도 그러하다), 이후 상대방에 대하여 공평한 기회만 부여된다면 이를 두고 불공평하다고 비판할 수는 없는 것이다.

3. 소결

민사재판이든 형사재판이든 재판에서 공평이라는 이념이 매우 중요하며, 공평한 재판을 위하여 법관이 사건에 관하여 예단을 가지지 않고 백지의 심경으로 재판에 임하여야 할 것이기 때문에, 이런 점에서는 공소장일본주의가 의미가 있음이 명백하다. 그러나 백지의 심경이란 '예단을 가지지 않고 있다'는 의미도 되지만, 다른 한편으로는 '아무 것도 모르고 있다'는 의미도 된다. 백지의 심경으로 재판에 임한 판사가 법정에서 그 사건에 관한 모든 자료와 정보를 지득하고 판단을 하면 되지만, 그런 과정에 적지 않은 시간을 요한다는 소송경제적인 측면 뿐만 아니라 충분히 검토하지 못한 채 재판에 임하는 까닭에 재판의 초기(특히 제1회 공판기일)에 실효성 있는 심리를 진행하기가 어렵다[46]. 특히 간이공판절차 등을 통해 공판기일이 1회로 종결되고 곧바로 선고기일이 지정되는 경우 선고를 위해 증거기록을 포함하는 소송자료를 재검토하는 과정에 공판정에서 충분히 확인되지 못한 부분을 발견하게 되면 변론을 재개할 수도 있겠지만, 이렇게 하면 소송기간이 길어지게 됨은 당연하다. 더욱이 2007년 개정 형사소송법은 변론을 종결한 그날 판결 선고함을 원칙으로 규정하고 있는데(제318조의4), 이러한 경우 법원이 증거기록도 충분히 검토하지 못한 채 화급히 판결을 선고한다면 이는 졸속재판이 될 가능성이 매우 높다.

'예단 없는 공평한 재판'이라는 이념은 형사소송 뿐만 아니라 민사소송에서도 중요한 덕목일 터인데, 민사소송에서는 소장에 청구취지와 청구원인을 기재하며(민사소송법 제249조 제1항) 청구원인으로는 청구를 뒷받침하는 구체적 사실, 피고가 주장할 것이 명백한 방어방법에 대한 구체적인 진술 및 입증이 필요한 사실에 대한 증거방법을 기재하여야 한다(민사소송규칙 제62조). 이러한 민사소송법의 태도는 예단배제를 위하여 공소장에는 피고인과 공소사실의 특정을 위해 꼭 필요한 사항 외에는 원칙적으로 기재·인용하지 못하게 하는 형사소송법의 태도와 정반대이다. 이러한 차이는 물론 사권의 보호와 공공질서와 법익의 보호라는 양 소송의 목적의 차이에도 기인하지만, 혹 당사자주의의 의미에 대한 오인 혹은 예단배제의 기능과 역기능에 대한 인식의 차이에 더 크게 기인하는 것이 아닌가 생각된다.

실체적 진실주의와 소송경제도 형사소송에서 결코 경시될 수 있는 이념들이다. 법관이 백지의 심경으로 예단 없이 재판에 임한다는 것은 선입견 없는 공평한 판단에 도움이 될 수 있지만, 원활하고 효율적인 재판진행에는 매우 부정적이다. 이 때문에 독일의 경우에도 공판기일 전에 증거자료 등이 제출되고 직업법관에게는 이를 미리 지득하게 하고 있는 것이다. 공소장일본주의가 추구하는 공평한 재판의 이념은 우선적 가치를 가진 근본이념으로서 재판의 신속과 경제를 위해 희생시킬 수 없다는 견해도 있고[47], 소송경제는 원칙이라고 할 수도 없다는 견해도 있다[48]. 그러나 참고판결의 다수의견도 공소장일본주의를 당사자주의

---

46) 예컨대 법원으로서는 검사와 피고인에게 어떤 점에 대하여 물어보아야 할지를 알기 어렵고, 제출되는 증거의 내용도 정확히 알지 못하므로 입증이나 답변을 촉구하는 등의 효율적인 소송 진행이 어려워진다.
47) 참고판결 소수의견.
48) 홍영기, 앞의 논문, 222면.

의 표현으로 인정하면서도 직권주의와의 조화를 강조하여 형사재판의 운용 전반에 미치는 영향을 고려하여 그 적용의 한계를 인정하려는 의도를 내포하고 있다고 평가된다[49]. 소송경제, 더 나아가 효율적인 실체적 진실발견을 위해 공소장일본주의 이념을 일부 양보하는 것이 반드시 불가능하지는 않다고 생각되는 것이다.

Ⅳ 공소장일본주의의 공과

1. 공소장일본주의의 공적

공소장일본주의를 통해 공소제기시 공소장의 기재나 첨부가 제한되고 증거인 수사서류는 공소제기시가 아니라 증거조사기일에 맞추어 분리제출 되도록 유도되었다. 수사기록 자체가 증거가 아니라 검사가 조사하자고 신청하고 증거로 제출하는 것만이 증거라는 평범한 법리가 재판실무에서도 자리를 잡았고, 법관으로 하여금 증거조사절차를 통해 심증이 형성되도록 함으로써 공판중심주의의 실현에 일조하였음은 물론이다. 특히 공소장에 범죄사실 이외에 법관에게 예단을 줄 수 있는 사실을 기재하여서는 아니된다는 인식을 심어준 것은 공판과정에 피고인의 주장이 부당하게 배척되거나 신빙성이 저하되는 것을 막아주는 효과가 있었음은 분명하다.

다만 앞에서도 언급한 바와 같이 아직까지도 실무적으로는 공소장에 순수한 범죄사실 이외에 전과, 범죄의 동기 등이 기재되고 있고, 판례 역시 이런 점에 대하여 소극적으로 대처하고 있을 뿐만 아니라, 공소장일본주의 위반 사례에 대하여 과감하게 공소기각 판결을 내리지 못하는 등 공소장일본주의의 취지가 충분히 실현되지 못하고 있는 것도 사실이다. 이런 점들은 하루 속히 시정되어야 할 것으로 생각된다. 특히 전과사실, 범죄 계획이나 모의과정, 동기, 범죄전개과정 등이 공소사실 특정을 위하여 필요하다는 견해나 판례도 있지만, 그와 같은 사실들은 주로 양형자료로서 의미를 가질 뿐이다[50]. 양형자료는 범죄성립요건 사실에 관한 자료와는 분리하여 유무죄의 판단이 일단락된 뒤에 제출하는 것이 공소장일본주의의 취지에 맞다.

---

49) 백원기, 앞의 논문, 301면.
50) 상습범, 누범 등은 가중적 범죄구성요건 요소이기도 하지만 구성요건으로서의 특성보다는 양형자료로서의 특성이 더 강한 것이 사실이므로 입증 순서로서는 양형자료로 다루는 것이 적절할 것으로 생각된다.

2. 공소장일본주의의 문제점

(1) 피하기 어려운 예단의 가능성

가. 공소장을 통한 예단

공소장일본주의의 가장 큰 문제점은 아무리 공소장일본주의를 따른다고 하더라도 법관의 예단을 원천적으로 막을 수는 없다는 것이다. 그 원인은 여러 가지가 있지만, 사실은 공소장 자체가 예단의 가장 큰 원인이다. 공소장에 아무리 공소사실만 기재한다고 하더라도 이를 읽은 법관은 그 자체로 상당한 정도의 예단(공소사실이 진실일 가능성이 높으리라는 짐작)을 가질 수 밖에 없는 것이 현실이다. 기소된 사건 중에 유죄의 비율이 압도적으로 높기 때문이다. 그러나 이러한 점에 주의를 기울이는 사람은 별로 없다. 아마도 소송 본질상 어쩔 수 없는 것이라고만 생각하는 듯하다. "공소장이 검사의 주장에 그치지 않고 증거가 될 수도 있는 일정한 사실이나 공소사실과 무관하지만 심증을 형성할 수 있는 내용들을 포함하게 된다면 그것으로부터 이미 양 당사자 간의 균형은 깨어지고 만다. 따라서 공소장에 기재되어 있는 공소사실은 오로지 공판과정에서 심리될 사실만을 표시하고 그 범죄를 특정하는 기능만을 담당해야 한다"는 주장도[51] 그 자체는 옳은 말이지만, 그렇다고 하여 공소장을 읽는 법관의 예단을 완전히 막을 수는 없다. 직권주의적 소송구조에서 재판장이 효율적으로 공판을 진행하기 위해서라면 공소장을 미리 읽어보지 않을 수 없겠지만, 당사자주의적 소송구조에서 법관이 정말로 백지의 심경으로 법정에 들어가기 위해서는 공소장도 미리 읽지 말아야 한다. 법정에서 검사가 모두진술 할 때 공소사실을 알면 충분하기 때문이다.

나. 피고인의 의견서를 통한 예단

공소장이 피고인에게 불리한 예단의 원인이 된다면 피고인의 의견서는 검사에게 불리한 예단의 원인이 된다. 피고인 또는 변호인은 공소장을 송달받은 직후 법원에 제출하는 의견서(제266조의2)를 통해 사건 실체에 관한 진술과 자료를 미리 법원에 전달하는데, 법원은 이를 검토하는 과정에(절차적 구상을 위한 검토일 뿐 실체에 관한 심증형성 목적의 검토는 아니지만) 예단을 가지게 될 가능성이 매우 높다. 검사는 공소사실을 밝힐 수 있을 뿐 그 밖의 주장과 자료 제출의 기회는 가지지 못하지만,

---

51) 홍영기, 앞의 논문, 207면.

피고인측의 의견서는 그러한 제한도 없으므로 공판중심주의 또는 공평한 재판 이념과도 배치되고 공소장일본주의 이념과도 충돌할 우려가 크다. 공소장일본주의의 이념을 예단배제를 통한 공평한 재판과 공판중심주의로 본다면 그러한 취지는 검사의 행위에 대한 통제 뿐만 아니라 피고인의 행위에 대한 통제를 통해서도 구현되어야 할 것이다.

다. 그 밖의 원인에 의한 예단

그 밖에도 영장심사, 적부심사, 보석심사, 공판준비절차, 증거개시제도 등을 통해 예단이 형성될 가능성이 적지 않다. 법원의 실무 사정상 위 절차를 담당한 법관이 피고사건을 다시 담당할 가능성이 적지 않기 때문이다[52]. "영장 등의 판단과정에 혐의사실 자체에 대한 심증을 형성하는 것은 아니기 때문에 예단의 우려가 있다고 하더라도 공소장일본주의에 반하지 않는다"는 견해도 있다[53]. 영장 등의 판단이 실체에 대한 판단과 분리되어야 한다는 말은 원론적으로는 맞으나, 과연 법관의 머릿속이 그렇게 메모리 섹터처럼 구분되어 작용할지, 그렇게 구분되어 작동한다고 믿는 사람이 있을지는 의문이다.

2007년에 형사소송법이 개정되면서 공판준비절차가 광범위하게 도입되었는데, 민사소송에서의 변론준비절차에 시사된 바가 적지 않다고 보인다. 공판준비절차의 강화는 필연적으로 공소장일본주의와 충돌할 가능성이 크다. "공판준비절차에서는 심리 순서만 결정될 뿐 (직접 증거조사를 하지 않기 때문에) 심증형성이 이루어지지 않으며, 검사와 피고인·변호인이 대등한 지위에서 공판준비절차에 참가하여 예단의 여지를 적절히 차단할 수 있기 때문에 공소장일본주의에 반하지 않는다"는 견해도 있다[54]. 그러나 직접 증거조사를 하지 않더라도 증거가 있다는 사실만 제시되어도 예단을 가질 수 있으며, 어쩌면 이러한 예단이 더 무서운 것인지도 모른다. 위와 같은 문제들은 이론적으로는 공판절차를 진행할 수소법원과 공판 전(前) 절차를 진행할 법원을 엄격하게 분리하는 방법으로 해결할 수 있지만, 여기에는 법원의 인력, 국가의 예산운용 등 어려운 현실 문제가 복합적으로 관련되어 있다.

---

[52] 구속영장을 발부한 법관이 피고사건을 심판하더라도 제척사유에 해당하지 않는다는 대법원 1979. 2. 27. 선고 78도3204 판결 등 참조.
[53] 홍영기, 앞의 논문, 221면.
[54] 신동운, 앞의 책, 530면.

(2) 재판진행의 비효율성 문제

공소장일본주의에 의하면 법관은 사건 내막에 대하여 아무 것도 모른 채 제1회 공판기일에 임하여 검사와 피고인의 모두진술을 통해 사건의 개략을 겨우 알게 된다. 따라서 이 단계에서는 검사나 피고인이 사건 내막에 대한 소상한 주장과 논리를 펴더라도 법관은 이를 제대로 이해하기 어려울 수 밖에 없다. 법관의 이러한 상황은 특히 공소장일본주의라는 법리를 알지 못하는 피고인에게는 매우 이상하게 느껴질 것이고, 잘못하면 중대한 오해의 원인이 될 수도 있다. 이후 제2회, 제3회 공판기일을 거치면서 증거조사를 통해 비로소 심증을 형성하는 것은 예단 없는 판단이라는 점에서는 좋겠지만, 실체적 진실발견과 소송경제의 측면에서는 대단히 비효율적이다. 법관이 사건 내막을 상당 정도 알고 제1회 공판기일에 임한다면 처음부터 재판진행이 신속, 효율적일 뿐만 아니라 검사나 피고인의 세세한 주장에 대하여도 적절하게 대처할 수 있을 것인데 공소장일본주의 하에서는 이러한 효과와 대처를 기대하기 어렵다.

당사자주의는 당사자의 충분한 소송능력과 법원의 적절한 운영 능력을 전제로만 그 장점을 드러낼 수 있는 구조이다. 그러나 우리나라 국민의 법감정에는 분쟁을 내부에서 해결하지 못하고 소송으로 비화하여 다투는 것 자체를 부정적으로 보는 경향이 있을 뿐만 아니라, 적절하고도 효과적인 토론 문화가 부족하고 논쟁에 미숙한 측면도 있다. 재판 현실 역시 어려워 피고인의 소송 수행능력이 현저하게 낮고, 이를 보완해 줄 변호인 제도도 취약하다[55]. 이런 점 때문에 법원이 소송에서 양 당사자의 소송상 행위를 적절하게 유도, 통제하여 정의로운 결과에 이르도록 운영하여야 할 터인데, 엄청난 업무량 등의 이유로 그와 같은 운영 자체가 곤란하다. 이러한 현실에서 직권주의보다 당사자주의의 장점이 더 잘 발현되기를 기대하는 것 자체가 무리이다. 그런데 공소장일본주의에 따라 법관이 사건 내막을 전혀 모른 채 법정에 나와 검사와 피고인 또는 변호인의 주도로 재판이 진행된다는 것이 실체적 진실발견과 피고인의 방어권 보호, 신속하고도 효율적인 재판 이념에 부합하겠는가? 자칫 속전속결을 위해 형식적으로 진행된 재판이 형식적 진실, 형식적 정의만 추구하는 것이 아닌지 걱정스러울 뿐이다.

---

[55] 수사단계에는 국선변호인의 조력을 받기가 어렵고, 구공판된 사건 중에서도 불구속 사건은 국선변호인이 선정될 가능성이 매우 낮은 점, 국선변호인의 보수가 비현실적인 점 등이 그 원인이라 할 수 있다.

(3) 즉일선고원칙과의 부조화

2007년 개정 형사소송법은 종래의 선고기일 제도 대신 심리를 종결한 당일에 선고하는 것을 오히려 원칙으로 채택하였다(제318조의4 제1항). 그러나 공소장일본주의 이념에 따라 제1회 공판기일에 처음 증거자료(대부분의 수사기록 포함)를 접하게 된 법원이 첫 기일에 사건의 실체를 제대로 파악하기는 어려움에도(검사나 피고인에게 적절하게 질문하기도 어려움은 물론이다) 첫 기일에 심리를 종결해 버린다면(실무상 자백사건의 대부분이 간이공판절차에 의하여 첫 기일에 심리 종결된다) 법원은 사건 실체를 제대로 알지도 못한 채 졸속하게 선고하여야 한다는 문제점이 발생한다. 물론 필요하다면 자백사건이라도 기일을 속행하여 사건 실체를 충분히 파악한 후 심리 종결할 수 있겠지만, 엄청난 업무량에 시달리는 우리나라 법원에 그런 신중함을 기대하기 어려울 뿐만 아니라, 그렇게 한다고 하더라도 신속한 재판의 이념과 충돌하거나 피고인의 구속기간이 장기화되는 등의 부수적인 문제점이 발생하게 된다.

(4) 기록 열람 등사의 지연

공소장일본주의로 인하여 검사가 수사기록 중 증거자료를 증거조사기일이 되어서야 법원에 제출하게 되고, 피고인과 변호인은 이 무렵이 되어서야 법원을 통해 증거자료를 열람 등사 하는 것이 가능하다. 이로 인하여 증거의 열람, 등사가 지연되는데 이는 결국 피고인의 방어준비에 적지 않은 장애가 된다. 물론 피고인측은 기록 열람 등사제도(제35조) 또는 증거개시제도(제266조의11)를 통하여 수사기록이 검찰에 있는 동안에도 검찰측 증거를 열람 등사할 수 있지만, 검사로서는 수사기록에 편철되어 있을 뿐 실제로 증거로 제출할지 여부도 불명확한 상태에서 전면적인 열람 등사 청구에 응할 수는 없어 중요한 갈등의 요인이 되고 있다.

V. 공소장일본주의의 개선 방안

1. 절대적 예단자료와 상대적 예단자료의 구분

공소장일본주의가 금하는 첨부, 인용, 여사기재는 절대적 예단자료와 상대적 예단자료로 구분될 수 있다. 주장이나 자료 그 자체로 불공평한 재판, 증거재판주의 위반을 초래하기 때문에 법원이 심증형성의 자료로 삼을 수 없어 어느 시점에라도 법원에 현출하여서는 아니되는 것이 절대적 예단자료이고, 증거조사기일 이전이라도 적정한 시점에 법원에 현출되고 상대방인 피고인에게도 동등한 반대자료의 제출 기회를 부여한다면 공소장일본주의 위반이 되지 않는 것이 상대적 예단자료이다. 공소사실과 무관한 피고인의 악전력이나 악성격 기재, 공판에서 입증할 증거가 전혀 없거나 입증을 시도하지도 아니할 사실 기재, 증거능력 없음이 명백한 증거 제출 또는 그 암시 등이 절대적 예단자료의 예이며, 정상적으로 증거조사 신청 예정인 증거자료 등이 상대적 예단자료의 예이다.

절대적 예단자료는 작게는 증거재판주의의 이념, 크게는 공평한 재판의 이념에 따라 법원 현출이 절대적으로 금지되며, 이에 위반하면 공소기각 판결의 사유가 되고(제327조 제2호), 이를 간과하면 항소(제361조의5 제1호) 또는 상고(제383조 제1호)의 사유가 된다. 그러나 상대적 예단자료는 상대방이 동의하거나 상대방에게도 동일한 기회를 부여하였다면 공평한 재판에도 문제가 없고, 증거능력 문제만 해결된다면 증거재판주의 이념에도 별 문제가 없으며, 다만 공판중심주의 이념에 문제가 발생할 수 있을 뿐이다. 또한 위반이 있더라도 그 위반의 정도, 소송의 진행 경과, 소송에 미친 영향 등에 따라 공소기각이나 상소의 사유가 되지 않을 수도 있다.

2. 상대적 예단자료 선(先)접촉의 선별적 허용

공평한 재판을 위해 법관이 예단 없이 공판정에 임하는 것이 매우 중요한 원칙임에는 틀림이 없으나, 재판의 효율성과 소송경제 역시 현실적으로 경시할 수 없는 이념이다. 더욱이 법관의 예단 자체가 문제될 사건과 예단 자체는 문제되지 않을 사건은 어느 정도 사전 선별이 가능하다. 그렇다면 공소장일본조의의 선별적 적용을 고려해 볼 수 있다. 즉, 공소장일본주의를 취한다고 하더라도 모든 사건에 대하여 절대적 예단자료와 상대적 예단자료의 현출을 일률적으로 금지하는 것 보다는, 예단이 문제될 사건에는 공소장일본주의를 엄격히 적용하되 예단이 문제되지 않을 사건에는 공소장일본주의 중 상대적 예단자료의 현출을 허용하는 것이 공소장일본주의의 장점도 살리면서 그 부작용도 최소화하는 합리적 방안이 될 수 있을 것이다. 이것은 당사자주의의 연장으로서, 미국식 기소인부에까지 이르지는 아니하면서 당사자의 의사와 소송경제, 실체 진실주의가 조화를 이루는 방법이 아닐까 생각된다.

구공판된 형사사건 중 피고인이 범죄사실 전부를 인정하고 법정에서는 거의 양형 문제만

이 검토되는 사건은[56] 제1회 공판기일로 변론이 종결하고 즉일 혹은 다음 기일에 곧바로 판결이 선고될 것이다. 이런 사건에서는 법관의 소송자료 선접촉이 큰 문제가 되지 않고, 오히려 제1회 공판기일에 법관에게 정상관계 등 판결에 필요한 최대한의 소송자료를 수집할 수 있는 실질적인 기회를 제공하는 것이 공평하고도 효율적인 재판에 도움이 될 것이다. 따라서 이런 사건에서는 법관이 제1회 공판에 임하기 전에 증거로 제출될 수사기록과 피고인측이 제출할 변론의 취지 기타 소송자료들을 미리 접수, 검토하여 쌍방의 주장 내용과 근거 자료에 대하여 충분히 숙지한 다음 제1회 공판기일에서는 위와 같은 점들에 대하여 효율적으로 정리하는 기회를 가지는 것이 실질적으로 공평하고 적정한 재판이 도움이 될 것이다. 충분히 심리 되었다면 즉일선고도 가능할 것임은 물론이다. 반면 공판정에서 사실상 혹은 법률상의 이유로 유무죄에 관하여 다툴 사건에 대하여는 법관이 선입견을 가지지 아니한 채 예단 없이 제1회 공판에 임하는 것이 재판의 효율성이나 소송경제 보다 훨씬 더 중요할 것이다[57]. 이런 사건에 대하여는 즉일선고가 원천적으로 불가능함은 물론이다.

범죄사실을 다툴 사건에 대하여는 법관의 소송자료 선접촉을 엄격히 금지하되, 다투지 않을 사건에 대하여는 제1회 공판기일 전에 검사나 피고인측 모두 미리 소송자료를 충분히 제출하고 법관도 이들을 충분히 검토할 뿐만 아니라 검사나 피고인은 상대방이 미리 법원에 제출한 소송자료를 열람, 등사하여 공판기일의 변론에 준비하게 하는 등 제1회 공판기일이 효율적으로 진행될 수 있도록 준비하는 것이 좋을 것이다. 결국 사건의 성질과 피고인의 태도에 따라 당사자주의적으로 진행하여야 할 사건과 직권주의적으로 진행하여야 할 사건을 구별하는 결과가 되는 것이다. 공소장일본주의와 같은 중요한 법리를 어떻게 일부 사건에만 적용하고 일부 사건에는 적용하지 않을 수 있느냐고 반문할 수도 있겠지만, 마치 국민참여재판으로 진행함이 좋을 사건이 있고 통상의 공판절차로 진행함이 좋을 사건이 있으며, 간이공판절차로 진행함이 좋을 사건이 있고 통상의 공판절차로 진행함이 좋을 사건이 있듯이, 공소장일본주의가 아무리 중요하고 좋은 법리라고 하더라도 소송자료의 선접촉을 엄격히 금지하여야 좋을 사건이 있고 이를 허용하는 것이 좋을 사건이 있는 것이다.

이를 위해 법원은 공소장을 접수하면 곧바로 피고인에게 공소장 부본을 송달하면서 공소

---

56) 이런 사건은 대부분 간이공판절차로 진행될 것이다.
57) 참고판결이 바로 그 적례이다.

사실 인정 여부 기타 정상관계 등에 관한 의견서 제출을 요구함과 동시에 범죄사실을 모두 인정하는 경우에는 공판을 시작하기 전에 법원이 수사기관이 제출하는 증거를 미리 검토할 수 있다는 취지를 고지하여야 하며, 피고인이 범죄사실을 모두 인정하는 답변을 하는 경우에는 법원은 선접촉 허용 결정을 한 후 이 사실을 검사에게 통지하고 검사로부터 증거를 미리 제출받아 공소장과 함께 검토한 후 제1회 공판기일에 임하여 효율적인 공판을 진행하면 좋을 것이다. 이는 결과적으로 간이공판절차의 진행과 맥락이 비슷한데, 간이공판절차는 법정에서의 자백이 필요함에 반하여 공소장일본주의의 선별적 적용은 제1회 공판기일이 열리기 이전에 결정할 사항이라는 점에서 차이가 있다. 실제로 간이공판절차로 재판하는 사건의 대부분은 소송자료의 선접촉을 금지하는 것이 무의미함에도 일률적으로 공소장일본주의를 적용하기 때문에 제1회 공판기일에 심리를 종결하면 심리가 부실해지는 결과만 초래한다. 결국 간이공판절차로 재판할지 여부를 제1회 공판기일 이전에 미리 확인하여, 공평한 재판의 이념을 훼손하지 않으면서도 재판의 효율성을 꾀하는 것이라 할 수 있다. 피고인이 다투는 취지의 답변을 하는 경우에는 원칙으로 돌아와 공소장일본주의를 엄격히 적용하여 소송자료의 선접촉을 금지하면서 공판을 준비, 진행하여야 함은 물론이다. 이렇게 하는 것이 공정한 재판의 이념을 해치지도 않으면서 검사와 피고인에게도 신속하면서도 충실하게 심리된 재판의 이익을 부여하는 점에서 모두에게 유익한 방법이 될 것이다.

3. 선접촉 금지 · 허용의 선별 후 구체적 처리 방법

(1) 선접촉을 금지하는 사건

소송자료의 선접촉을 금지하는 일반 사건에 대하여는 예단배제의 법리가 지금보다 훨씬 더 엄격하게 적용되어야 한다. 공소장에 공소사실 특정에 필요한 최소한의 사실만 기재되어야 하며 공소 범죄사실과 무관한 범죄전력이나 악성향, 범죄의 동기 등 여사를 일체 기재하지 못한다는 점은 선접촉 허용 여부와 관계 없이 지켜져야 하는 규범이지만, 선접촉이 금지된 사건에서는 완전한 백지의 심경을 위해 제1회 공판기일 전에는 법관은 공소장도 읽어보지 못하도록 하는 것이 좋을 것이다. 피고인 역시 답변서에 재판 진행과 관련한 순수한 절차적 의견 외에 사건의 실체에 관하여 법관에게 예단을 줄 수 있는 일체의 내용을 기재할 수 없으며(만일 그러한 기재가 있는 경우 합의부라면 재판장이 삭제하고 합의부원에게 제공하는 것이 좋겠지만 단독판사의 경우에 이를 심사하는 다른 기관을 둘 수 있을지는 현실적으로 의문이다) 그러한 점이 사전에 계고되어야 할 것이다. 더 나아가 영장이나 적부심 등으로 사건을 접한 법관은 가급적 본안재판에서 제외되어야 할 것이고, 제1회 공판기일이나 증거조사기일 이전에는 보석 등의 판단도 앞에서 언급한 일본의 방식을 참고하여 다른 법관에게 맡겨 본안을 판단할 법관은 사건과 관련하여 최대한 백지의 심경을 유지할 수 있도록 하는 것이 좋을 것이다.

소송절차도 실질적으로 이분화하여 유무죄를 판단하는 절차와 양형절차를 분리하여 양형에만 필요한 자료는 유무죄 판단 절차에 유입되지 않도록 조절하고, 상습범이나 누범에서의 전과 등과 같이 범죄성립 요건되는 사실이라 하더라도 기본되는 범죄사실과 분리 가능한 사실에 대한 자료는 가급적 기본되는 범죄에 대한 입증이 끝난 후에 제출하도록 조절하여야 할 것이다.

(2) 선접촉을 허용하는 사건

소송자료의 선접촉을 허용하는 것으로 결정한 사건에서는 법원은 위 결정 직후 검사로부터 증거자료를 제출받아(피고인에게도 공개가 되어야 할 것이다) 미리 검토하여 재판의 효율적 진행을 준비하되, 피고인이 미리 증거능력을 다투는 증거 기타 증거능력에 의문이 있는 증거라면 검토 대상에서 제외하였다가 공판기일에 당사자의 증거능력 인부 등을 통해 증거능력을 확인한 후 검토하는 것이 옳을 것이다. 이러한 사건에 대하여도 예단배제의 이념은 최대한 존중되어야 하므로 선접촉, 즉 공소장이나 검찰측 증거, 피고인이 제출한 답변서나 증거자료 등의 사전 검토는 단독판사 또는 합의부의 재판장이 하면 족하고 합의부원은 미리 검토하지 않는 방안을 검토할 수도 있는데, 합의부원도 심증형성의 주체라는 점을 고려하면 합의부원에게도 선접촉을 허용하는 것이 더 좋을지는 앞으로 좀 더 고민해 보아야 할 것 같다.

이런 절차가 공판준비기일과는 무엇이 다른가? 공판준비기일에는 증거의 실체와는 접촉하지 못하지만 위 절차는 증거의 실체와 접촉하는 것이고, 공판준비기일은 복잡한 사건에서 적용되지만 위 절차는 자백하여 다툼이 없는 사건에 적용되는 점에서 차이가 있다. 어쩌면 간이공판절차 특칙을 확장하는 것이라고 할 수도 있는데, 위 절차를 취할지 말지를 제1회 공판기일 이전에 미리 정하는 점이 간이공판절차와는 다르다. 재판 진행 도중에 피고인의 자백 기타 선접촉 허부의 의사가 번복된 경우라면 마치 간이공판절차를 취소하듯이 선접촉 결정을 취소하고 공소장일본주의 법리로 돌아가 재판을 진행하여야 하겠지만, 이미 법관이 증거를 모두 인지한 상태이므로 공판절차 갱신 외에는 근본적인 해결방안이 없을 것으로 생각된다.

Ⅵ. 나가며

이 글을 통해 저자는 공소장일본주의가 법관에게 불공평한 예단을 줄 수 있는 당사자의 모든 행위를 제한하는 법리가 아니라 공소제기에 관한 법리로서 공소제기시 또는 그와 동일시할 수 있는 공소제기 직후의 자료제출에만 적용되는 법리이며, 공소장일본주의가 공평한 재판을 위해 중요한 법리이기는 하지만 소송경제 등 다른 재판이념과의 조화를 위해 상당부분 양보될 수 있다는 주장을 피력하면서 그 구체적인 방안으로 공소장일본주의의 선별적 적용 방안을 제시하였다.

공소장일본주의가 도입된지 40년이 지났다. 공소장일본주의가 공정한 재판의 이념 실현을 도운 공적도 적지 아니하지만, 우리 실무가 이를 온전히 실행하지 못하고 있는 문제점뿐만 아니라 우리 재판의 현실과 조화되지 못하는 문제점 또한 적지 않다. 우리 실무가 공소장일본주의를 온전히 실행하지 못하는 부분들은 실무 관행을 과감히 바꾸어 그 이념을 실행하여야 함이 당연이다. 더 나아가 공소장일본주의 이념이 우리 재판의 현실과 조화되지 못하는 부분에 대하여는 우리 재판 현실이 잘못되었다고만 탓할 것이 아니라 공소장일본주의의 이념이 훼손되지 않는 범위 내에서 우리 재판의 실무와 조화될 수 있도록 이를 수정하는 방안도 충분히 검토해 보아야 할 것이라 생각된다. 이러한 점에서 이 글이 작은 단초가 되었으면 하는 바람이다.

불기소처분의 주문 유형에 대한 실무적 고찰

Ⅰ. 들어가며

1. 불기소처분의 주문 유형과 분류

검사는 경찰에서 송치받은 사건이든 검찰에서 직접 입건한 사건이든 범죄의 혐의가 있다고 사료하는 때에는 수사를 하여야 하고(형사소송법 제196조), 수사를 마치면 이를 종결하는 처분을 하여야 하는데, 그 종결 처분에는 크게 보아 기소와 불기소[1]가 있다. 형사소송법 제246조는 "공소는 검사가 제기하여 수행한다"고 규정하여 검사의 기소 권한을 규정하는 한편, 제247조는 "검사는 형법 제51조의 사항을 참작하여 공소를 제기하지 아니할 수 있다"고 규정하여 기소할 수 있는 상황임에도 기소유예 할 수 있음을 밝히고 있을 뿐, 기소할 수 없는 상황이기 때문에 기소에 이르지 못하는 경우[2]와 기소는 아니지만 단순한 불기소라고 보기도 어려운 그 밖의 몇 가지 처분에 대하여는 아무런 규정을 하지 않고 있다.

검사의 불기소처분에 대한 상세한 내용은 검찰사건사무규칙에서 규정하고 있는데, 기소유예(제115조 제3항 제1호), 혐의없음(동항 제2호), 죄가안됨(동항 제3호), 공소권없음(동항 제4호), 각하(동항 제5호), 기소중지(제120조), 참고인중지(제121조), 공소보류(제125조), 타관송치(제128조 제1항 제1호), 소년보호사건·가정보호사건·성매매보호사건·아동보호사건 송치(동항 제2호) 등이 바로 그것이다. 위 규칙 제115조 이하에 규정하고 있는 기소유예, 혐의없음(범죄인정안됨, 증거불충분), 죄가안됨, 공소권없음, 각하를 협의의 불기소처분이라고 부르기도 한다. 그러나 이 중 기소유예 부분은 검사의 재량에 의한 불기소처분으로서 혐의없음이나 죄가안됨, 공소권없음 등과 성격을 달리 할 뿐만 아니라 오히려 아래에서 설명할 공소보류와 성격이 유사하므로 강학상으로는 이를 협의의 불기소처분에서 빼내어 별도의 불기소처분으로 분류하는 견해가 일반적이다[3]. 또한 위 규칙 제120조 이하에는 기소중지와 참고인중지를 규정하고 있고, 제125

---

[1] 가장 넓은 의미의 불기소처분으로서 아래에서 살펴볼 바와 같이 광의의 불기소처분에 기소중지, 이송(타관송치), 소년보호사건 송치 등을 모두 더한 개념이다.
[2] 이 경우가 훨씬 더 일반적인 형태의 불기소처분에 해당할 것이다.
[3] 이재상/조균석/이창온, 형사소송법(제13판), 2021. 박영사, 385면; 배종대/이상돈/정승환/이주원, 형사소송법, 홍문사, 2012. 홍문사, 221면; 신동운, 신형사소송법(제5판), 2014. 법문사, 481면; 정웅석/최창호/김한균, 신형사

조 이하에는 공소보류를 규정하고 있는데, 이들을 앞에서 언급한 기소유예와 보태어 광의의 불기소처분이라 부르기도 한다. 그 밖에 제128조 이하에서는 타관송치, 소년보호사건 송치, 가정보호사건 송치, 성매매보호사건 송치, 아동보호사건 송치를 규정하고 있는데, 이들은 기소가 아니면서도 타 수사기관의 수사로 전환하거나 행위에 대한 일정한 제재나 조치를 구하는 처분이라는 점에서 '공소제기를 하지 아니한다'는 의미의 불기소처분과는 확연히 다른 성질을 가지고 있으므로[4] 이들을 묶어 '그 밖의 처분'이라고 분류할 수 있다. 또한 이들을 앞에서 살펴본 광의의 불기소처분과 합하면 최광의의 불기소처분이라고 할 수도 있을 것이다.

종래 사법경찰관은 수사한 모든 사건을 검찰에 송치하여 검사가 기소 또는 불기소의 처분을 하였지만, 2020년 형사소송법 개정으로 사법경찰관에게도 불송치 권한을 부여하였다(제245조의5 제2호). 이에 따라 신설된 '검사와 사법경찰관의 상호협력과 일반적 수사준칙에 관한 규정(이하 '수사준칙'이라고 한다)' 제51조는 사법경찰관의 불송치(혐의없음, 죄가안됨, 공소권없음, 각하) 결정, 수사중지 결정, 이송 결정을, 제52조는 검사의 불기소(기소유예, 혐의없음, 죄가안됨, 공소권없음, 각하), 기소중지, 참고인중지, 공소보류, 이송, 소년보호사건 송치, 가정보호사건 송치, 성매매보호사건 송치, 아동보호사건 송치를 규정하고 있다. 사법경찰관의 불송치 등 결정은 특별한 불복이 없으면 그대로 유효하게 되므로 사실상 불기소처분과 다를 것이 없으며, 그 주문 형식도 기소유예 처분이 검사의 불기소에만 있는 점 외에는 불기소처분과 거의 동일하다. 따라서 이하에서는 검사의 불기소처분을 중심으로 설명하기로 한다.

2. 불기소처분 주문 유형의 문제점

(최광의의) 불기소처분의 주문 유형과 그 사유를 살펴보면 기소가 되지 아니한다는 점에서는 모두 불기소처분이라고 할 수 있지만, 그 속에는 행위가 처음부터 범죄에 해당하지 아니하는 경우, 피고인이 범인이 아닌 경우, 범인일 가능성이 적지 아니하나 입증이 부족한 경우, 위법성이나 책임 또는 처벌조건이 조각되는 경우, 소송조건을 갖추지 못한 경우, 수사를 일시 중지하는 경우 등이 모두 포함된다. 그리고 그와 같은 주문과 사유는 피의자나 피해자 등에 대한 법 감정상의 차이 뿐만 아니라 향후 다시 형사사건화 될 가능성, 민사적 책

소송법(제2판), 박영사, 2023, 296면; 신양균, 신판 형사소송법, 2009. 화산미디어, 285-289면 등.
4) 이런 의미에서 기소도 아니고 불기소도 아닌 제3의 처분이라 할 수 있다.

임의 성부에 미치는 영향 등에서 매우 중요한 차이를 가져온다[5]. 이처럼 불기소처분의 주문 유형은 형사사법 절차상 매우 중요한 의미가 있음에도 형사소송법에는 거의 규정하지 않고 심지어 구체적 위임규정도 없이 곧바로 수사준칙과 검찰사건사무규칙에서 규정하고 있는데 사실은 이 점부터 적절하지 못하다[6].

불기소처분의 주문 유형과 그 사유를 내용적으로 살펴보아도 수사와 재판의 관계가 완전히 무시된 주문 형식이라는 점 또한 큰 문제이다. 수사의 목적이 무엇인지, 즉 재판과 분리된 수사의 독자적 목적이 인정될 수 있는지에 대하여 견해가 대립하고 있지만[7], 통설적 견해인 수사절차종속성설에 따를 때[8] 수사는 기본적으로 공소제기 여부를 결정하고 기소되는 경우 유죄판결을 받기 위한 준비절차이다. 이러한 입장에서 본다면 수사 결과에 따른 처분은 '만일 기소한다면 유죄판결을 받을 수 있는가?'라는 기준에 따라 기소와 불기소로 구분되어야 하며[9], 유죄판결 가능성 유무와 동떨어져서는 생각할 수도 없고 생각되어서도 아니된다. 결국 불기소처분의 주문과 이유는 왜 유죄판결을 받을 수 없는지를 형사사법절차 전체의 입장에서 체계적으로 보여주는 모형이어야 한다. 그렇다면 불기소처분의 주문과 이유는 비(非)유죄판결인 무죄, 면소, 공소기각 재판의 주문 및 사유와 연결되도록 하여야 형사사법절차 전체를 포섭하는 일관성 있는 체계를 갖출 수 있는 것이다[10]. 그러나 검찰사건사무

---

[5] 그러함에도 헌법재판소는 "혐의없음 결정이 피의자가 피의사건과 무관하다는 사실을 확정하는 것도 아니고 죄가안됨 결정이 피의자에게 범죄혐의가 있음을 확정하는 것도 아니므로, 검사가 형사미성년자인 피의자에 대하여 범죄혐의 유무에 불구하고 죄가안됨 결정을 하였다고 하여 이를 피의자의 기본권을 침해하는 공권력행사라고 할 수 없다"고 판시한 바 있다(헌법재판소 1996. 11. 28. 93헌마229 결정). 이에 근거하여 '검사는 혐의없음 처분을 하지 아니하고 죄가안됨 처분을 하는 것도 허용된다'고 보는 견해도 있으나(조상제, "불기소처분 및 기소유예 제도에 관한 연구", 동아법학 제44호, 동아대학교 법학연구소, 2009, 594면), 위 헌법재판소 결정은 책임무능력을 이유로 혐의 유무를 판단하지 않고 곧바로 죄가안됨 결정하는 것이 기본권 침해에 해당하지 않는다는 의미일 뿐 혐의없음 사유가 있는 경우에 죄가안됨 결정을 하여도 된다는 의미는 아니라고 생각된다.

[6] 조상제, 앞의 논문, 603면, 604면도 같은 취지.

[7] 이에 관한 상세한 내용은 노정환, "수사절차독립성론(상)", 법조 제57권 제3호, 법조협회, 2008, 114면 이하 및 노정환, "수사절차독립성론(하)", 법조 제57권 제4호, 법조협회, 2008, 187면 이하 참조.

[8] 직접적으로 수사절차 종속성설의 입장임을 밝히는 분은 거의 없으나, 수사의 개념을 '공소를 제기 또는 유지하기 위한 수사기관의 활동' 또는 '공소의 제기 또는 유지 여부를 결정하고 이를 수행하기 위한 수사기관의 활동'이라는 취지로 정의하는 대부분의 문헌들은 수사절차 종속성설을 전제로 하고 있다고 해석된다. 이재상/조균석/이창온, 앞의 책, 197면, 198면; 정웅석/최창호/김한균, 앞의 책 71면; 신양균, 앞의 책, 65면 등. 한편 배종대/이상돈/정승환/이주원, 앞의 책, 39면, 40면은 수사의 목적을 공소제기와 유지를 위한 준비활동으로 좁게 보는 견해와 불기소 여부에 대한 결정을 포함하여 넓게 보는 견해로 대립시키고 있으나, 수사절차 독립성론의 입장에서는 위 2개의 견해가 모두 수사절차 종속성설의 입장이라 할 수 있다.

[9] 유죄판결을 받을 수 있음에도 형사정책적 고려에 의하여 기소유예 처분을 하는 경우가 유일한 예외일 것이다.

[10] 다만 관할위반은 비(非)유죄판결이기는 하나 기소로 인하여 비로소 발생하는 문제일 뿐 기소 여부를 결정하는

규칙의 규정에 따라 현재까지 사용되어 온 혐의없음, 죄가안됨, 공소권없음 등의 처분은 무죄, 면소, 공소기각이라는 비유죄판결의 유형이나 사유에 전혀 맞지 않으며, 애초에 이러한 점을 고려하지도 않은 채 불기소처분의 주문과 이유를 규정한 것으로 보일 정도이다.

더 나아가 불기소처분은 피의자나 고소·고발인, 피해자 등 직접적인 이해관계자는 물론이고 일반 국민들에게도 형사사법 정의의 기준을 보여주는 중요한 처분이므로 국민 누구나가 쉽고 정확하게 그 의미를 이해할 수 있을 뿐만 아니라 사법기관의 품위와도 어울리는 표현 양식을 갖추어야 할 것임에도, 각 불기소처분의 주문 형식이 법률적 표현방식으로서는 물론이고 우리말의 어법에도 맞지 않는 점이 많은데, 이 역시 작지 않은 문제이다. 뒤에서 살펴보겠지만 혐의없음, 죄가안됨, 공소권없음, 각하 등은 전자의 문제점을 안고 있고, 기소중지, 참고인중지 등은 후자의 문제점을 안고 있다.

이 글에서는 먼저 불기소처분의 주문 유형과 관련한 외국의 입법례를 간략하게 살펴본 다음(Ⅱ), 혐의없음과 죄가안됨 처분(Ⅲ), 공소권없음과 각하 처분(Ⅳ), 기소유예 처분(Ⅴ), 기소중지와 참고인중지 처분(Ⅵ), 그 밖의 처분에 대하여 순차적으로 검토한 후(Ⅶ) 저자의 소견을 정리하기로(Ⅷ) 한다.

Ⅱ. 외국의 불기소처분 실태

1. 독일

독일 형사소송법 제170조는 "공소제기와 절차 중단(Einstellung)"라는 표제 하에 제1항 "수사 결과 공소제기를 위한 충분한 근거가 밝혀진 경우 검사는 관할법원에 공소장을 제출함으로써 공소를 제기한다", 제2항 "그렇지 않은 경우 검사는 절차를 중단한다. 피의자에 대한 신문이 있었거나 피의자에게 구속영장이 발부된 경우에는 검사는 절차 중단 사실을 피의자에게 알려야 하고, 피의자가 결정 통지를 요청하였거나 고지에 따른 특별한 이익이 존재하는 경우에도 검사는 피의자에게 절차 중단 사실을 통지하여야 한다"고 규정하고 있다. 기소하지 아니하는 경우 불기소처분을 하고 일정한 경우에는 불기소처분 사실을 알려야 한다는 점만 명백히 하고 있을 뿐 불기소처분의 유형에 대하여는 전혀 언급하지 않고 있는 것

과정에 발생하는 문제가 아니기 때문에 여기에 해당하지 않는다.

이다. 다만 제153조에서는 경미사건에 대한 기소유예, 제153조a에서는 부담부 기소유예, 제153조b에서는 형면제 사유 있는 경우의 기소유예, 제153조c에서는 외국 관련 범죄에 대한 기소유예, 제153조d에서는 정치범죄에 대한 기소유예, 제153조e에서는 국가보호사건에 대한 기소유예, 제153조f에서는 국제형법전상 범죄행위에 대한 기소유예, 제154조와 제154조a에서는 비본질적, 부수적 범죄에 대한 기소유예, 제154조b에서는 범죄인 인도와 추방에 따른 기소유예, 제154조c는 강요죄 피해자에 대한 기소유예를 각각 규정함으로써 기소유예의 유형이나 조건에 대하여는 비교적 상세히 규정하고 있다.

독일에서 검사의 수사절차 중단이라는 것은 우리나라의 협의의 불기소처분, 즉 혐의없음, 죄가안됨, 공소권없음을 모두 합해놓은 처분이며, 다만 피의자 등에게 그 사유를 통지할 때에 이유에서 위와 같은 구분이 사실상 드러날 뿐 처분의 주문 형식적으로는 특별한 구분이 없는 것으로 판단된다[11].

2. 미국

미국의 검사 역시 경찰에서 송치된 사건을 검토하고 보완수사 지휘 등의 필요한 절차를 밟은 후 기소 대상, 추가수사 대상, 형벌대체수단 활용 대상, 불기소 대상 등으로 구분한다. 그러나 불기소하는 경우 우리나라에서처럼 많은 노력을 기울여 불기소결정서를 작성하지는 않고 송치 경찰서에 이러한 사실을 통보하고 내부적으로는 간단한 검토결과서를 작성하여 소속 국장에게 제출하는 것만으로 사건을 종결하는 것이 보통이다. 이 때문에 불기소 사유에 따른 처분 주문의 구분은 기대하기가 어렵다. 다만 기소 여부를 판단함에 있어 적시된 범죄사실이 법규에 위반하는지, 충분한 증거가 있는지, 위법 수집된 증거가 있는지 등이 명시된 기소지침서에 따르기 때문에 검토결과서에도 위 지침 중 어느 항목에 해당하는지 등이 충분히 설시되어야 하며, 이러한 표시가 불기소처분의 이유를 간접적으로 표시하는 기능을 수행하는 것으로 판단된다[12].

---

11) 이에 대한 상세한 내용은 고경희/이진국, "검사의 불기소처분 실태와 개선방안", 한국형사정책연구원, 2006, 102면 이하; Klaus Volk(김환수/문성도/박노섭 공역), 독일 형사소송법, 2009, 박영사, 150면 이하; Diethelm Klesczewski(김성돈 역), 독일 형사소송법, 2012, 성균관대학교 출판부, 174면 이하 참조.

12) 이에 대한 상세한 내용은 표성수, 미국의 검찰과 한국의 검찰, 2000, 육법사, 142-147면; 채성석, "미국연방검찰청 실무수습보고서", 해외파견검사 연구논문집(제9집), 법무부, 1993, 573-575면 참조.

3. 일본

일본 역시 형사소송법에는 기소유예 할 수 있음(제248조)과 피의자의 청구에 따라 불기소처분 결과를 통지하여야 한다는 취지를 밝히고 있을 뿐(제259조) 불기소처분의 구체적 유형과 사유에 대하여는 전혀 규정하고 있지 않지만, 실무상 범죄불성립, 증거불충분, 형면제사유 있음, 소송조건 결여, 기소유예 등 5가지로 운용되고 있다. 이를 개별적으로 살펴보면[13],

① 범죄불성립 : 피의사실이 구성요건에 해당하지 않는 경우와 위법성이나 책임이 조각되는 경우
② 증거불충분 : 피의자가 피의사실을 저지르지 않았음이 명백하거나 피의사실을 저질렀음을 입증할 증거가 부족한 경우
③ 형면제 사유 있음 : 법률상 형의 필요적 면제 사유가 있는 경우[14]
④ 소송조건 결여 : 면소, 공소기각의 사유가 있는 경우
⑤ 기소유예 : 범인의 성격, 연령 및 환경, 범죄의 경중 및 정상, 범죄 후의 정황에 의하여 소추를 필요로 하지 아니하는 경우

일본의 불기소처분의 주문과 사유를 우리나라의 경우와 비교해 보면 우리나라에서 혐의없음과 죄가안됨에 해당하는 경우를 범죄불성립과 증거불충분으로 정리하고 있고, 우리나라에서 공소권없음에 해당하는 경우를 소송조건 결여로 표현하고 있으며, 형면제 사유 있는 경우를 별도의 독립된 불기소이유로 구분하고 있는 점 등에서 적지 않은 차이가 있다. 다만 실체법적 사유와 소송법적 사유, 입증과 관련된 사실적 사유와 법률적 사유로 구분하고 있는 점에서는 우리나라와 유사하다고 할 수 있다.

Ⅲ. 혐의없음과 죄가안됨 처분에 대한 고찰

1. 혐의없음 처분에 대하여

종래 검찰사건사무규칙은 피의사실이 인정되지 아니하거나 피의사실을 인정할만한 충분한 증거가 없는 경우 또는 피의사실이 범죄를 구성하지 아니하는 경우를 모두 포괄하여 혐

---

[13] 이에 대한 상세한 내용은 고경희/이진국, 앞의 논문, 130면 이하; 三井誠/酒卷(신동운 역), 일본 형사수속법, 2003, 법문사, 118-121면; 平良木登規男(조균석 역), 일본 형사소송법, 2012. 박영사, 230면 이하 참조.
[14] 임의적 면제 사유에 해당하지만 기소의 필요성이 인정되지 않는 경우에는 기소유예로 처리하고 있다.

의없음 처분 사유로 규정하고 있었다[15]. 이에 대하여는 범죄가 인정되지 아니함이 명백한 경우와 상당한 혐의가 있으나 증거가 부족하여 기소하지 못하는 경우를 구분하지 아니하고 동일한 처분을 하는 것이 피의자의 법감정이나 인권보호의 측면에서 뿐만 아니라 고소인에 대한 무고죄 성립 가능성이나 향후 수사 재기 가능성 등의 측면에서 문제가 있다는 의견이 많았다. 이에 따라 2005년에 검찰사건사무규칙을 개정하여 혐의없음 처분을 '혐의없음(범죄인정안됨)'과 '혐의없음(증거불충분)'으로 세분하여, 피의사실이 범죄를 구성하지 아니하거나 피의사실이 인정되지 아니하는 경우를 전자의 사유로, 피의사실을 인정할만한 충분한 증거가 없는 경우를 후자의 사유로 규정하였다(제115조 제3항 제2호 가목, 나목). 위와 같은 구분 자체는 긍정적으로 평가된다. 다만 위와 같은 구분이 실무상 어떻게 운용되는지를 확인하고자 하여도 검찰연감 등의 통계에서도 위 2가지 유형을 구분하지 않아 정확한 운용실태는 확인하지 못하였다. 다만 일선 검찰에서는 둘 중에서 혐의없음(증거불충분) 처분이 주를 이루는 것으로 알려져 있다.

먼저 용어 문제를 살펴보자. '범죄혐의'라는 용어는 형사소송법 제195조, 제196조, 제222조, 형사소송규칙 제108조 등에서 사용되고 있는데[16], 죄를 범하였다고 의심할만한 합리적 이유가 있으므로 수사를 개시하고 경우에 따라서는 강제처분을 할 수도 있다는 의미이다. 그런데 공소제기를 위해 필요한 범죄혐의의 정도에 대하여도 견해 대립이 있을 수 있지만[17], 어느 견해에 따르더라도 죄를 범하였다고 의심할만한 합리적 이유가 있는 정도라면 부족한 것이 명백하다. 따라서 범죄혐의는 수사 개시나 강제처분의 요건으로 사용하기에 적절한 용어일 뿐 수사 결과 범죄가 입증되었는지 여부를 표현하기에는 적절한 용어가 아니다. 즉 공소제기의 요건 또는 유죄의 요건과는 처음부터 친하지 않다. 특히 혐의없음 중 증거가 불충분한 경우 비록 불기소하지만 범죄의 합리적 의심, 즉 범죄혐의는 여전히 존재한다. 결국 형사소송법 제321조와 제325조가 말하는 유죄의 조건(이는 반대로 보면 무죄판결의 사유가 된다)은 범죄 또는 범죄사실의 입증 여부이지 범죄의 혐의 유무가 아니다.

---

15) 2005. 개정 전 검찰사건사무규칙 제69조 제3항 제2호.
16) 형사소송법 제70조, 제200조의2, 제200조의3, 제201조 등이 말하는 "죄를 범하였다고 의심할만한 상당한 이유" 역시 범죄혐의와 같은 의미라고 생각된다.
17) 뒤에서 설명할 유죄판결 청구권설에 따르면 유죄선고에 필요한 혐의와 동일한 정도의 혐의, 즉 합리적 의심이 없을 정도의 확신에 이르러야 할 것이고, 개연성설에 따르면 유죄가 선고될 개연성이 높은 정도의 혐의면 족할 것이다.

더 나아가 범죄혐의라는 것은 피의사실이 범죄를 구성한다는 규범적 판단을 전제로 특정인이 위와 같은 범죄를 저질렀는지를 판단하는 사실관계 문제이므로, 피의사실이 범죄를 구성하는지에 대한 판단 자체를 범죄혐의라고 부르는 것은 적절하지 않다. 따라서 피의사실이 범죄를 구성하지 아니하는 경우는 그 자체로 독자적인 불기소의 사유이지 혐의없음이라는 주문에 포섭될 사유는 아니다. 이런 점들을 고려한다면 지금의 혐의없음을 일응 '범죄불구성'과 '증거불충분'으로 구분함이 상당해 보이지만, 아래에서 살펴볼 '죄가안됨'과도 불가분의 관계가 있기 때문에 결론은 아래 항에서 한꺼번에 내리기로 한다.

2. 죄가안됨 처분에 대하여

검찰사건사무규칙은 죄가안됨을 "피의사실이 범죄 구성요건에는 해당하지만 법률상 범죄의 성립을 조각하는 사유가 있어 범죄를 구성하지 아니하는 경우" 내리는 결정이라고 규정하고 있다(제115조 제3항 제3호). 여기에도 용어 또는 표현의 문제가 있다. 먼저 범죄는 구성요건해당성과 위법성, 책임 등 3개의 요소를 모두 갖출 때 성립되므로 구성요건에 해당하지만 범죄의 성립을 조각하는 사유란 다름 아닌 위법성 조각사유와 책임 조각사유를 말하게 된다. 다만 위법성 또는 책임이 조각되는 경우 범죄가 '성립'되지 않는 것이지 범죄를 '구성'하지 않는 것이 아니기 때문에 죄가안됨의 사유인 "범죄를 구성하지 아니하는 경우"란 표현은 적절하지 못하다.

또한 '죄가안됨'이라는 표현은 어의적으로 보면 '범죄가 성립되지 않는다'는 의미로 해석하는 것이 자연스럽다. 그런데 범죄가 성립되지 않는다는 것은 구성요건에 해당하지 아니하는 경우와 위법성 또는 책임이 조각되는 경우를 모두 포함하기 때문에, 죄가안됨을 위법성 또는 책임이 조각되는 경우만을 지칭하는 용어로 사용하는 것은 적절하지 못하다. 더 나아가 형사재판에서 피의사실이 구성요건에 해당하지 아니하는 경우 또는 위법성 또는 책임이 조각되는 경우 모두 무죄의 사유가 되므로, 구성요건에 해당하지 아니하는 경우를 위법성 또는 책임이 조각되는 경우와 구별하여 다른 유형의 불기소처분을 내리는 것 역시 형사사법 체계상 바람직하지 못하다.

이상과 같은 점들을 종합하면 앞에서 살펴본 혐의없음과 죄가안됨이 범죄가 성립되지 않거나 이를 증명하지 못하는 경우에 대한 불기소처분으로서 재판에서의 무죄사유와 정확하게 일치한다(형법 제325조 참조). 따라서 혐의없음과 죄가안됨을 합쳐 무죄사유있음(범죄불성립, 증거불충분)으로 정리하거나, 범죄불성립(구성요건 조각[18], 위법성 조각, 책임 조각)과 증거불충분으로 정리하는 것이 바람직할 것으로 생각된다[19].

Ⅳ. 공소권없음과 각하 처분에 대한 고찰

1. 공소권 개념에 대한 검토

(1) 학설 대립

공소권이란 검사가 가지는 공소제기의 권한으로서 그 구체적 내용과 범위에 대하여는 여러 견해가 대립한다. 이를 '공소권이론'이라고도 하는 바, 간략하게 살펴보면 아래와 같다.

① 추상적 공소권설(재판청구권설) : 공소권은 검사가 (구체적 사건과 관계없이) 형사사건 일반에 대하여 공소를 제기하여 재판을 청구할 수 있는 권한이라는 견해이나[20], 이는 기소독점주의를 검사의 입장에서 설명한 것일 뿐 공소권의 구체적 내용이나 공소권 이론의 가치를 전혀 드러내지 못한다는 비판을 받는다.

② 구체적 공소권설(유죄판결 청구권설) : 공소권은 검사가 구체적 사건에 대하여 기소하여 유죄의 판결을 받아낼 수 있는 권한이라는 견해로서[21], 공소권의 내용을 명확히 하였다는 장점이 있는 반면 무죄판결을 받은 경우 검사가 피고인에 대하여 권한 없는 기소를 하였다는 평가와 함께 배상의무가 발생할 수 있다는 비판이 있다[22].

③ 실체판결 청구권설 : 공소권은 검사가 구체적 사건에 대하여 기소하여 유죄 또는 무죄의 판결을 받아낼 수 있는 권한이라는 견해로서[23] 소송조건을 구비하면 법원에 대하

---

18) '구성요건해당성 조각(또는 배제)'이라는 용어가 더 적절할 수도 있지만, 처분의 이름으로서는 너무 긴 듯 하다.
19) 위법성이나 책임 조각 여부에 대한 증거가 불충분하여 위법성이나 책임이 조각되는 경우도 얼마든지 있을 수 있으며 이러한 경우에는 '위법성·책임 조각'도 될 수 있지만 '증거불충분'도 될 수 있다는 문제가 발생할 수 있다. 그러나 '증거불충분'은 구성요건 입증의 증거가 불충분한 경우로 한정하는 것이 적절할 것으로 생각된다.
20) 오늘날 추종하는 분이 없는 것으로 보인다.
21) 신동운, 앞의 책, 549면; 이영란, 한국형사소송법(개정판), 나남출판사, 2008, 422면; 이은모/김정환, 형사소송법(제9판), 박영사, 2023, 385면 등.
22) 유죄판결 청구권설을 취하는 경우 공소권이론과 실체적 형벌청구권설과도 구별하기 어렵다고 비판하는 분도 있지만(이재상, 앞의 책, 356면), 형벌청구권이라는 개념 자체가 실체법상 개념이 아닌 소송법상의 개념이라는 점을 감안하면 위 비판은 큰 의미가 없다고 생각된다.
23) 이재상/조균석/이창온, 앞의 책, 399면; 정웅석/최창호/김한균, 앞의 책, 368면, 369면; 이보영, "공소권의 본질과 공소권남용론에 관하여", 사회과학연구 제26집, 호서대학교 사회과학연구소, 2007, 169면.

여 기소할 수 있는 권한이 발생한다고 본다. 무죄판결을 받은 경우에도 검사가 권한 없는 기소를 하였다는 평가(배상의무가 있다는 비판 포함)를 피할 수 있으나, 유죄의 가능성이 없거나 적은 경우에도 공소권이 인정되어 공소권 남용으로 인한 인권침해가 우려된다는 비판을 피하기 어렵다[24)25)].

(2) 소결

앞에서 살펴보았듯이 유죄판결 청구권설이나 실체판결 청구권설 모두 중대한 문제점을 가지고 있다. 저자는 검사에게는 유죄판결의 개연성이 높은 사건에 대하여 기소하여 주위적으로 유죄의 판결을, 예비적으로 실체판결을 받아낼 수 있는 권한과 의무가 있다고 보고 있으며 이를 '개연성설'이라고 불러도 좋을 듯하다[26)]. 따라서 유죄판결의 개연성이 높다는 합리적 판단에 의해 기소하였으나 무죄가 선고되더라도 이는 공소권 범위 내의 기소이기 때문에 위법하지 않으며 형사보상의 문제는 발생할 수 있지만 국가배상의 문제는 발생하지 않는다고 생각된다. 이러한 점은 "검사는 피의자가 유죄판결을 받을 가능성이 있는 정도의 혐의를 가지게 된 데에 합리적인 이유가 있다고 판단될 때에는 피의자에 대하여 공소를 제기할 수 있으므로 그 후 형사재판과정에 범죄사실의 존재를 증명함에 충분한 증거가 없다는 이유로 무죄판결이 확정되었다고 하더라도 그러한 사정만으로 바로 검사의 구속 및 공소제기가 위법하다고 할 수는 없고 구속 및 공소제기에 관한 검사의 판단이 그 당시의 자료에 비추어 경험칙이나 논리칙상 도저히 합리성을 긍정할 수 없는 정도에 이른 경우에만 그 위법성을 인정할 수 있다"는 대법원의 입장[27)]과도 궤를 같이 한다고 생각된다.

---

24) 민사소송에서는 원고가 패소할 가능성이 높은 줄 알면서 (소송비용 부담 등의 불이익을 각오하고) 소를 제기하였다고 하더라도 이를 위법하다고 평가하기는 어렵겠지만, 형사소송에서는 피고인의 인권문제와 직결되기 때문에 무죄의 가능성이 높은 사건에 대하여 검사가 공소를 제기하였다면 위법하다고 평가될 것이라는 점에서 차이가 있다.

25) 그 밖에 공소권이론 무용론(공소권이란 소송조건을 검사의 입장에서 바라본 것에 지나지 않고 유효한 공소제기의 조건은 소송조건의 문제로 다루면 족하므로 공소권이론을 따로 논할 필요가 없다는 견해)도 없지 않다. 위 공소권이론들의 약점을 비판하였다는 점은 수긍이 되지만, 공소권이론을 통하여 검사의 공소권을 통제하고, 더 나아가 공소권남용론을 도출할 수 있는 이론적 근거가 된다는 점에서 공소권이론이 무용하다고 보기는 어렵다고 생각된다. 이재상/조균석/이창온, 앞의 책, 400면, 이보영, 앞의 글, 175면도 같은 취지.

26) 유죄판결 청구권설을 취하면서도 검사는 유죄판결의 확신이 아닌 개연성만으로 기소하여 유죄판결을 청구할 수 있다고 해석할 여지도 있지만, 유죄판결의 확신에 이르지 못한 상태에서 절대적으로 유죄판결만을 청구한다는 것은 논리적으로 적합하지 못하다는 문제점을 안고 있다고 생각되므로, 이 글에서는 일응 유죄판결 청구권설과 개연성설을 구별하기로 한다.

27) 대법원 2002. 2. 22. 선고 2001다23447 판결. 이를 유죄판결 청구권설의 입장으로 이해하는 견해도 없지 않지만 (심의기/양동철, 쟁점강의 형사소송법(제2판), 삼영사, 2010, 315면), '유죄판결의 확신이 있는 경우에만 공소를 제기할 수 있는 것이 아니라 유죄판결의 합리적 가능성만 있어도 공소를 제기할 수 있다'는 표현에 비추어볼 때

2. 공소권없음 결정의 사유들

(1) 혐의없음 결정 사유와의 구별 문제

검찰사건사무규칙 제115조 제3항 제4호에 규정된 여러 공소권없음 사유들을 살펴보면 면소판결의 사유 있는 경우와 공소기각 판결·결정의 사유 있는 경우로 정리될 수 있다. 그런데 앞에서 살펴보았듯이 공소권 개념을 실체재판 청구권설에 따라 파악한다면 면소판결과 공소기각의 재판은 형식재판으로서 실체판결의 조건을 갖추지 못한 경우이므로 그러한 사유 있는 경우 공소권없음 결정을 하는 것에 별다른 문제가 없으나, 유죄판결 청구권설에 따라 파악한다면 면소와 공소기각 사유 있는 경우 외에 무죄판결의 사유 있는 경우에도 '유죄판결의 조건을 갖추지 못한 때'에 해당하여 공소권이 없으므로 공소권없음 처분을 하여야 한다는 이상한 결론에 이른다[28)29)]. 결국 공소권 개념을 어떻게 파악하느냐에 따라 공소권없음에 해당하는 사유의 범위가 달라지는 것이다. 이러한 문제점은 저자가 주장한 유죄판결 개연성설에 따른다고 하더라도 그대로 나타난다. 유죄판결의 개연성도 없는 사건에 대하여 검사가 기소를 하였다면 공소권 남용이론을 적용하여 공소기각 판결을 할 수 있겠지만, 수사 결과 유죄판결의 개연성이 없다고 하여 혐의없음이 아닌 공소권없음 결정을 할 수는 없는 노릇이기 때문이다. 따라서 공소권없음이라는 불명확한 표현을 쓸 것이 아니라 소송조건 결여(면소 사유 있음), 소송조건 결여(공소기각 사유 있음)이라고 하는 것이 더 적절할 것으로 생각된다.

이는 개연성설과 비슷한 입장이라고 생각된다. 다만 개연성설을 취하고 있는 저자의 입장에서는 판례에서 '가능성'이라고 표현한 부분은 아쉬운 것이 사실이다. 가능성 만으로는 기소하기 어렵고 '상당한 가능성' 즉 '개연성'이 있는 경우에만 기소할 수 있다고 보기 때문이다. 다만 판례에서의 '합리적인 이유가 있다고 판단될 때'라는 문구가 그와 같은 의미를 에둘러 표현한 것이 아닌가 생각된다.

28) '범죄혐의도 없고 공소권도 없는 경우에는 혐의없음 결정을 우선적으로 내려야한다'고 이론구성 하면 위 문제가 해결될 수도 있겠지만, 실체판단보다는 형식판단을 우선적으로 내려야한다는 사법절차 보편의 원칙과 배치된다는 또 다른 문제점이 노출된다.

29) 지금은 면소판결을 실체판결로 보는 견해가 없지만, 과거 실체판결로 보는 견해에 따른다면 공소권 개념에 대한 실체판결 청구권설에 의하더라도 면소판결의 사유 있는 경우에도 공소권없음 결정을 하면 아니된다는 결론에 이르게 된다.

(2) 처벌조건을 결한 경우

가. 처벌조건의 법적 성격

검찰사건사무규칙 제115조 제3항 제4호 사목에는 "법률에 따라[30] 형이 면제된 경우"도 공소권없음의 사유로 규정하고 있다. 형면제는 재판 결과 처벌조건(특히 객관적 처벌조건)이 결여된 경우에 내려지는 주문으로서 유죄판결의 일종이다(형사소송법 제321조 제1항 참조). 처벌조건이 결여된 경우에 공소권없음 주문이 적절한지에 대하여 검토하기 위하여는 먼저 처벌조건의 법적 성격부터 살펴볼 필요가 있다. 이에 대하여는 과거 구성요건요소로 보는 견해, 책임요소로 보는 견해 등이 없지 않았으나, 오늘날은 범죄성립요건과는 별도의 가벌성의 조건으로 보는 것이 통설적 견해이다[31]. 통설에 따를 때 범죄성립요건이 형벌권 발생의 조건이라면 처벌조건은 발생된 형벌권의 발동 조건이 된다. 처벌조건을 결한 경우에도 일응 범죄는 성립하기 때문에 범죄가 성립한다는 점이 증명되기만 한다면 일응 유죄를 선고하여야 하나, 형벌권을 발동하지는 말아야 하기 때문에 유죄의 판결 중 실제로는 형벌권을 발동하지 못하는 판결, 즉 형면제 판결[32]을 선고하지 않을 수 없는 것이다[33].

나. 처벌조건을 결한 경우의 불기소처분

검찰사건사무규칙 제115조 제3항 제4호 사목이 말하는 '형이 면제된 경우'란 객관적 처벌조건과 인적처벌조건을 결한 경우[34][35] 모두를 의미한다고 볼 수 있다[36][37]. 그러나 앞에서도

---

30) 개정 전 검찰사건사무규칙 해당 조항은 "법률의 규정에 의하여"라고 규정하여 객관적 처벌조건과 같이 명문규정이 아닌 해석에 의한 형면제의 경우에는 적용되지 않는다고 해석할 여지도 없지 않았다. 이후 "법률에 따라"로 개정하여 해석에 의한 형면제의 경우도 모두 포섭한 것으로 보인다.
31) 이재상/장영민/강동범, 형법총론(제11판), 박영사, 2022, 80면; 배종대, 형법총론(제17판), 홍문사, 2023, 100면 등.
32) 이 때문에 형사소송법 제321조 제1항은 "피고사건에 대하여 범죄의 증명이 있는 때에는 형의 면제 또는 선고유예의 경우 외에는 판결로써 형을 선고하여야 한다"고 규정하고 있는 것이다.
33) 이와 관련한 상세한 설명은 이 책 제4편 객관적 처벌조건에 관한 실무적 고찰 중 해당부분 참조.
34) 인적처벌조각사유를 처벌조건이라 할 것인지에 대하여도 견해가 나뉘지만, 여기에서는 더 깊은 논의를 피하기로 한다.
35) 중지미수(제26조), 불능미수(제27조) 등과 같이 형면제가 임의적이거나 형감경과 선택적인 경우에는 반드시 면제하여야 하는 것이 아니기 때문에 공소권없음 결정의 사유가 되지 못한다는데 이견이 없다.
36) 객관적 처벌조건의 예로 거시되는 사전수뢰죄 또는 사기파산죄에 있어 처벌조건을 결한 경우 검사가 어떤 처분을 하여야 하는지에 대하여 명시적으로 밝히고 있는 자료는 거의 없는 것으로 보인다.
37) 부정수표단속법 제2조 제2항 위반(부도수표발행)죄의 경우 범죄는 예금부족 등의 부도사유 있는 상태에서 수표를 발행하는 시점에 성립되고(대법원 1996. 3. 8. 선고 95도2114 판결), 공소시효 역시 수표 부도시가 아닌 발행일로부터 진행하므로(대법원 2003. 9. 26. 선고 2003도3394 판결), 저자는 부도수표의 발행만이 구성요건 요소이고

밝힌 바와 같이 처벌조건을 결한 경우 형면제 판결을 선고하여야 하는데, 형면제 판결은 유죄판결의 일종이기 때문에 검사의 공소권을 가장 좁게 파악하는 구체적 공소권설에 의하더라도 형면제 판결이 선고되는 사안에서는 검사에게 공소권이 있음이 명백하다. 따라서 처벌조건을 결한 경우 '공소권없음' 결정을 하는 것은 법리적으로 전혀 옳지 못하다.

다만 실제로 공소를 제기한다고 하더라도 피고인이 유죄라는 점을 확인함에 그치고 그 이상 국가형벌권이 실제로 발동되지 않기 때문에(피고인에게 '너는 유죄'라고 확인하고 경고하는 의미만 있다) 국가로서는 많은 비용을 들여 공소를 제기하고 재판을 수행할 실익이 거의 없는 것이다. 이 때문에 특별히 유죄 확인 또는 경고의 이익이 큰 사건이 아니라면 검사로서도 기소할 실익이 적다. 따라서 객관적 처벌조건을 결한 경우 검사는 기소할 수 없는 것이 아니라 형법 제51조 등의 사유를 참작하여 재량적으로 기소유예 처분을 하는 것이라고 보는 것이 논리적으로 옳다[38]. 독일 형사소송법 제153조b는 "형면제 사유 존재시 소추유예"라는 표제 하에 제1항에서 "법원이 형을 면제할 수 있는 요건이 존재하는 경우 검사는 공판을 관할하게 될 법원의 동의를 얻어 공소를 제기하지 않을 수 있다"고 규정하고 있는 바, 처벌조건을 결한 경우의 불기소처분에 대하여 좋은 참고가 된다고 생각된다. 따라서 위 검찰사건사무규칙 제115조 제3항 제4호 사목은 조속히 삭제함이 상당하다.

3. 각하 처분

한편 1996년에 검찰사건사무규칙의 개정을 통하여 고소·고발사건에 대한 '각하'라는 불기소처분이 도입되었다(제115조 제3항 제5호). 그 전에는 고소·고발이 있는 경우 다른 수사의 단서와 달리 별도의 인지절차 없이 곧바로 입건하여 수사에 착수하는 것이 실무 관행이었다. 그러나 고소·고발사건의 수가 워낙 많아 피고소·고발인의 인권침해 우려가 크고 수사인력 낭비의 원인이 되고 있으며, 그 중 상당수는 수사에 착수할 실익도 없는 것이 사실이었다. 이에 검찰은 '고소·고발사건 처리절차에 관한 예규'를 통해 수사할 필요성이 있는 경우에만 입건하여 수사하도록 하는 한편, 고소·고발 자체로 불기소 사유 있음이 명백하거나 고소·고발인 조사가 어려운 등 피고소·피고발인의 책임이 경미하고 수사와 소추할

이후 지급제시기간 내에 지급제시 하였으나 지급거절 되었다는 사정은 범죄 결과가 아닌 객관적 처벌조건이라고 생각한다. 저자의 논지에 따르면 지급제기기간 내에 지급제시 되지 아니한 경우 기소유예 함이 상당하다.
[38] 이로써 객관적 처벌조건이나 인적 처벌조건이 결여된 경우 공소권없음 처분을 함이 상당하다고 했던 저자의 종전 견해(졸고, "객관적 처벌조건에 관한 실무적 고찰", 인권과 정의, 대한변호사협회, 2007. 130-131면)를 변경한다.

공익이 없거나 극히 적어 수사의 필요성이 인정되지 아니하는 경우에는 곧바로 사건을 종결처리할 수 있도록 조치하였다가 이를 검찰사건사무규칙 개정에 반영한 것이다.

'각하'라는 새로운 처분을 창설한 취지는 충분히 수긍이 되나, 몇 가지 의문이 있다. 먼저 각하는 수사에 착수하지도 아니한 채 고소·고발 자체를 배척하는 처분, 즉 '불입건' 또는 '불수사'에 해당하는 처분이지 사건에 대한 수사를 종결한 후 기소 여부를 판단한 결과인 '불기소' 처분이 아니다. 따라서 체계상으로는 각하를 불기소처분의 일종으로 다룰 것이 아니라 '제2편 제1장 사건의 수리'와 관련하여 별도의 항목으로 다루는 것이 더 적절하다고 생각된다.

'각하'라는 명칭이 적절한지도 의문이다. 각하는 통상 효과요구적 법률행위가 형식적 요건을 갖추지 못하여 부적법한 경우 주장의 적정성 여부에 대한 판단에 이르지 않고 곧바로 요구를 배척하는 판단이라는 의미이다. 민사소송과 행정소송에서는 각하와 기각(주장의 적정성 불인정이라는 의미)을 구별하여 사용하는 반면, 형사소송에서는 원칙적으로 각하라는 용어를 사용하지 않고 오히려 기각이라는 용어로 사용하는 경향이 있다. 기피신청의 기각(형사소송법 제20조), 공소기각(제327조, 제328조)이 그 대표적인 예이다[39]. 형사재판에서도 잘 사용하지 아니하는 각하라는 용어를 굳이 수사단계에 고소·고발에 대하여만 사용할 필요성이 있는지는 의문이다.

더 나아가 각하의 사유 역시 각하의 법률적 의미와 조화되지 아니하는 면이 있다. 고소·고발 역시 수사기관에 대하여 수사를 요구하는 효과요구적 법률행위이므로 고소·고발 자체가 부적법하다면 이를 각하할 수 있겠지만, 지금 규정되어 있는 각하의 사유는 부적법에 한정되지 아니한다. 검찰사건사무규칙이 규정하고 있는 사유들을 살펴보면 그 중 고소·고발 자체가 부적법한 경우로는 형사소송법 제224조, 제232조 제2항, 제234조 위반 정도에 불과하고[40] 그 나머지 사유들, 즉 고소인의 진술 등에 의하더라도 불기소처분의 사유에 해당함

---

39) 다만 증거신청에 대한 각하(제294조 제2항), 형 소멸 재판신청에 대한 각하(제337조 제3항)와 같이 형사절차에서도 '각하'라는 용어가 부분적으로 사용되기도 하는데, 왜 그 경우에는 '기각'이라 하지 않고 '각하'라고 하였는지는 저자도 모르겠다. 궁극적으로는 형사소송에서도 형식적 부적법의 결과인 각하와 내용적 부적정의 결과인 기각을 구별하여 사용하는 것이 바람직하다고 생각되지만, 현재와 같이 대체로 기각으로 정리된 상황에서는 일응 기각이라고 통일적으로 사용하는 것이 차선책일 듯 싶다.
40) 고소권자 아닌 자의 고소도 규정되어 있으나, 그러한 고소도 고발로서는 유효하므로 곧바로 각하 처분하는 것은 적절하지 못하다고 생각된다.

이 명백한 경우[41], 검사의 불기소처분이 있음에도 동일사건에 대하여 고소·고발한 경우[42], 고소·고발장 제출 후 고소·고발인 조사가 어려운 경우 등은 고소·고발이 원시적이든 사후적이든 이유 없는 사유들이지 처음부터 고소·고발을 부적법하게 만드는 사유는 아니다[43]. 따라서 고소·고발이 부적법하지 아니한 후자의 사유들에 대한 각하 처분은 법리적으로도 적절하지 못하다. 이와 같은 점들을 종합하면 수사에 착수할 필요성이 인정되지 아니하는 경우 수리단계에서 불입건 또는 불수사 처분을 내리는 것이 적절하므로 지금의 각하 사유를 제2편 제1장 사건의 수리 중 가장 마지막 부분에 제13조의2를 신설하여 '불입건' 등의 제목으로 추가 규정함이 상당하다고 생각된다.

V. 기소유예와 공소보류, 기소중지와 참고인중지, 타관송치 처분

1. 기소유예와 공소보류

(1) 기소유예와 공소보류의 비교

기소유예는 피의사실이 인정되지만 형법 제51조 각호의 사항을 참작하여 소추 할 필요가 없는 경우 검사가 내리는 불기소처분이고(형사소송법 제247조, 검찰사건사무규칙 제115조 제3항 제1호), 공소보류는 국가보안법 위반 범죄에 대하여 검사가 형법 제51조의 사항을 참작하여 공소제기를 보류하는 불기소처분이다(국가보안법 제20조 제1항, 검찰사건사무규칙 제125조). 기소유예와 공소보류는 피의사실이 범죄를 구성하고 증명도 되어 기소하면 유죄선고가 예상되지만 형법 제51조가 규정하는 여러 형사정책적 사항들을 고려하여 기소하지 않기로 결정하는 처분이라는 점에서는 동일하다. 다만 기소유예가 모든 범죄를 대상으로 하는 반면, 공소보류가 국가보안법 위반 범죄만을 대상으로 한다는 점에서 구별된다. 결국 공소보류는 기소유예의 특별한 경우라고 볼 수 있다.

---

41) 고소·고발 자체로 불기소의 이유가 명백하다면 그 이유를 들어 직접 불기소처분을 하는 방법도 생각해 볼 수 있지만, 불기소처분이 수사한 결과 기소·불기소에 대한 판단이라는 점에서 수사에 착수하지도 않은 채 사건을 종결하려는 취지와 조화되지 않는다고 생각된다.
42) 검사의 불기소처분에는 기판력이 없기 때문에 아무리 불기소처분이 있었던 사건에 대한 재고소라고 하더라도 피의자나 수사기관을 괴롭힐 의사로만 고소하였다는 등의 특별한 사정이 없는 한 이를 '부적법하다'고 보기는 어렵지 않을까 생각된다.
43) 불기소처분 있은 사건에 대한 고소·고발이라든지 고소·고발장 제출 후 고소·고발인 조사가 어려운 경우라고 하더라도 상황에 따라서는 더욱 엄히 수사하여야 할 필요성이 있을 수도 있기 때문에(불기소처분이 부당하여 다시 고소한 경우 또는 고소인이 고소 직후 피살 또는 납치되었을 가능성을 고려해 보라) 이러한 사유 역시 아무런 제한 없이 각하 사유로 하는 것은 문제가 있다.

또한 기소유예의 경우에는 이후 사정변경 등에 따라 불기소처분을 취소하고 공소제기 함에 법적으로 아무런 제한이 없으나, 공소보류의 경우에는 처분 후 2년이 경과하면 이후에는 기소할 수 없다는 법적인 제한이 있고(국가보안법 제20조 제2항), 공소보류를 받은 자가 법무부장관이 정한 감시 등 규칙에 위반하면 공소보류를 취소할 수 있고 재구속할 수도 있다는 등의 특칙이 있는 점(동법 제20조 제3항, 제4항)[44], 공소보류자는 따로 명부를 만들어 해당사항을 기록하고(검찰사건사무규칙 제126조), 검사가 관할 경찰서장에게 사찰조회 협력을 요청할 수 있는 점(동 규칙 제127조) 등에서도 약간의 차이가 있다.

(2) 공소보류 유형의 존치 필요성

앞에서도 살펴본 바와 같이 공소보류는 그 대상범죄의 측면에서 기소유예 처분의 특수형태이고 그 취소 또는 취소 제한에 대한 약간의 특칙이 있다는 점 외에는 기소유예와 사이에 별다른 차이가 없다. 또한 공소보류 제도의 활용도 자체가 대단히 낮아 최근에는 1년에 1건도 없는 경우가 많다. 공소보류에 특유한 취소 또는 취소 제한에 대한 특칙이 적절한지에 대한 논의는 여기에서 다루지 않지만, 그와 같은 약간의 특칙을 그대로 인정한다고 하더라도 공소보류를 기소유예와 구별되는 별도의 불기소처분 유형으로 인정하여 불기소처분을 복잡하게 만들 필요가 없는 것으로 보인다. 향후 공소보류를 기소유예에 흡수시켜 통합하는 것이 적절하다고 생각된다.

2. 기소중지와 참고인중지 처분

(1) 기소중지 처분

기소중지는 검사가 피의자의 소재불명 기타 사유(다만 아래 참고인중지 사유는 제외)[45]로 수사를 종결할 수 없는 경우 그 사유가 해소될 때까지 잠정적으로 내리는 처분으로서(검찰사건사무규칙 제120조), 종국적인 불기소처분은 아니지만 일응 기소하지 않는 처분이라는 점에서 광의의 불기소처

---

44) 다만 이 점은 기소유예의 경우에도 명문규정이 없을 뿐 불기소처분 후의 사정변경(예컨대 선도조건부 기소유예에서 선도조건 불이행 등)에 따라 사건을 재기하여 기소할 수도 있고 경우에 따라서는 구속할 수도 있다는 점에서 실질적인 차이는 아니라고 할 수 있다.
45) 예컨대 감정 결과가 없으면 수사를 진행하거나 종료하기가 어려운 사건에서 수사상 감정을 의뢰하였으나 그 결과 회보에 장기간이 소요되는 경우가 이에 해당할 것이다. 중지 사유가 일시적 현상일 뿐일 때에는 실무상 '시한부 기소중지'를 결정한다.

분이라 할 수 있다. 실무상 기소중지 사유의 거의 대부분이 피의자의 소재불명이고, 이러한 경우 검사는 사법경찰관이 지명수배 조치를 해 두지 않았다면 지명수배를 지휘하는 한편, 기소중지자 명부에 의하여 매 분기 1회 이상 피의자에 대한 소재수사를 행하고 필요에 따라서는 미리 체포영장을 발부받아 두거나 지명수배 또는 지명통보를 의뢰함으로써 향후 피의자가 검거되어 수사가 재개될 수 있도록 하고 있다(검찰사건사무규칙 제122조 이하 참조).

수사를 개시하였으면 종결하는 것이 당연한 원칙이지만, 사정에 의하여 종결할 수 없는 경우 사건을 계속 미결상태로 두기 어려우므로 그 사정이 없어질 때까지 임시적인 종결상태로 두는 처분이 필요한 것은 사실이다. 그러나 기소중지라는 처분의 명칭은 참으로 적절하지 못하다. 수사를 종결할 수 없는 경우 일응 중지하는 대상은 '수사'라는 행위이지 '기소'라는 처분이 아니다. 따라서 이 처분의 명칭을 '기소중지'가 아닌 '수사중지'로 바꾸어야 옳다. 사법경찰관에게 불송치권한이 주어지면서 사법경찰관의 수사에 피의자 소재불명 등 사유가 있으면 수사를 중지하는데 이때에는 처분 명칭이 '피의자중지'로 되어 있어(수사준칙 제51조 제1항 제4호) 여전히 부적절하다.

(2) 참고인중지 처분

1996년에 검찰사건사무규칙의 개정에 따라 '참고인중지' 처분이 신설되었다. 참고인중지는 검사가 참고인($^{고소 \cdot 고발인}_{포함}$) 또는 공동피의자의 소재불명으로 수사를 종결할 수 없는 경우 그 사유가 해소될 때까지 잠정적으로 내리는 처분으로서(제121조) 역시 광의의 불기소처분에 해당한다. 위 규칙 개정 전에는 기소중지 사유에 포함되어 있었는데 실무상 기소중지 비율이 너무 높게 나타난다는 지적과 참고인 소재수사 지휘를 좀 더 명확히 하자는 의견 등을 반영하여 기소중지에서 분리하였다.

그러나 기소중지의 경우와 마찬가지로 참고인중지라는 명칭 역시 전혀 적절하지 못하다(동일한 사유로 인한 사법경찰관의 불송치처분 명칭 역시 '참고인중지'이다). 참고인 등의 소재불명으로 수사를 종결하지 못하여 잠정적으로 불기소처분을 한다는 취지 역시 '수사중지'에 포섭될 뿐 '참고인중지'라는 용어로는 전혀 표현될 수 없다. 더 나아가 이 유형의 불기소처분을 기소중지와 구별하여 복잡하게 나열할 필요가 전혀 없다. 따라서 수사중지($^{피의자}_{소재불명}$), 수사중지($^{참고인}_{소재불명}$), 수사중지($^{공동피의자}_{소재불명}$), 수사중지($^{기타}_{사유}$) 등으로 표시하고 참고인 소재수사 지휘 등은 종전의 경우와 마찬가지로 수행하면 족할 것으로 생각된다.

3. 타관송치 등 처분

(1) '송치'라는 용어

검찰사건사무규칙 제128조는 타관송치[46], 소년보호사건 송치, 가정보호사건 송치, 성매매보호사건 송치, 아동보호송치를 규정하고 있다. 그 내용에 대하여는 큰 의문이 없지만 '송치'라는 이름이 적절한지는 검토해 볼 필요가 있다고 생각된다. '송치'와 '이송'을 비교하여 보면 송치는 다른 종류의 기관 상호간에 사건을 보내는 경우에 사용되고, 이송은 같은 종류의 기관 상호간에 사건을 보내는 경우에 사용되는 용어이다[47]. 보내는 기관과 받는 기관이 종류와 등급, 기능을 같이 하는 경우에는 이송이 되고 달리 하는 경우에는 송치가 되는 것이다. 이 구분에 의하면 피고인이 관할구역 내에 현재하지 아니하는 경우 피고인 현재지 관할 동급 법원으로 사건을 '이송'함이 상당하고(형사소송법 제8조), 공소가 제기된 사건에 대하여 군사법원에 재판권이 있는 때에는 재판권이 있는 같은 심급의 군사법원에 사건을 '이송'하는 것이 옳으며(제16조의2)[48], 보호사건을 송치받은 소년부는 사건을 다른 관할 소년부에 '이송'할 수 있고(소년법 제6조 제1항), 사법경찰관이 사건을 입건하여 수사를 종결하였을 때에는 이를 관할 지방검찰청 검사장 또는 지청장에게 '송치'하여야 한다(수사준칙 제58조)[49].

따라서 소년보호사건 등에 대하여 수사기관인 검사가 재판기관인 가정법원으로 보내는 것을 소년보호사건 '송치'라고 표현한 것은 옳다. 그러나 소속 검찰청에 대응한 법원의 관할과 맞지 아니하거나 군사법원의 재판권에 속하는 사건이어서 다른 검찰청 검사 또는 군사법원 검찰관에게 보내는 것을 타관'송치'라고 표현한 것은 옳지 못하다. 각 검찰청 상호간

---

46) 정확하게 말하면 형사소송법 제256조와 제256조의2는 검사가 다른 검찰청 검사에게 사건을 보내는 것을 '타관송치'라고 하는 반면, 군사법원 검찰관에게 보내는 것은 '군검찰관에의 사건송치'라고 할 뿐 '타관송치'라고 하지는 않는데, 검찰사건사무규칙은 위 두 가지 경우를 모두 '타관송치'라고 부르고 있다. 또한 위 검찰사건사무규칙 제98조 제1항 제7호는 '이송'이라고 해 놓고 제128조는 '송치'라고 하는 등 용어 사용이 혼란스럽다. 이 역시 정리되어야 할 부분이지만, 일응 모두 타관송치라고 부르기로 한다.
47) 법률용어사전, 2013, 법전출판사, 1750면.
48) 일반 형사법원과 군사법원은 피의자의 신분 또는 죄명에서 차이가 있을 뿐 형사재판 기능과 등급이 동일하므로 송치가 아닌 이송이 옳다고 생각된다.
49) 사법경찰관과 검사(또는 검찰청)는 수사기관이라는 점에서는 공통되나, 수사에 대한 지휘·감독권의 존부, 기소권이나 종국적인 불기소처분 권한의 존부 등에서 차이가 있으므로 송치가 옳다고 생각된다.

또는 검찰청과 군사법원 검찰관은 기관의 종류와 등급 및 기능이 같거나 유사한 기관이므로 그들 상호간의 이전은 송치가 아닌 이송이 옳다. 따라서 '타관송치'라는 용어는 '이송'으로 고쳐야 할 것으로 생각된다.

(2) '○○사건 송치'라는 용어

여러 종류의 송치를 구체적으로 구분하여 부를 때 송치되는 사건의 종류별로 나누어 '○○사건 송치'라고 부를 수도 있지만 송치받는 기관의 종류별로 나누어 '○○기관 송치'라고 부를 수도 있다. 검찰사건사무규칙 제128조는 전자의 방식을 따라 규정하고 있지만, 소년보호사건 송치를 실무상으로는 '소년부송치'라고 불러 후자의 방식이 좀 더 현실적이라고 할 수 있다. 위와 같은 명명 방식은 각기 나름의 장단점을 가지고 있다. 송치받은 기관은 하나이지만 송치되는 사건별 사유가 각기 다를 수 있다는 점에서는 사건 이름으로 명명하는 것이 장점이 있으나[50], 같은 소년사건이라도 경찰에서 검찰로 송치하고 검사가 소년부로 송치하는 경우를 상정해 보면 소년보호사건 송치라는 이름보다는 검찰송치, 소년부송치로 구분하는 것이 더욱 편리할 수도 있다. 다만 사건의 성격을 더욱 쉽게 드러낸다는 점과 '○○사건의 송치'라는 표현이 ○○사건의 ○○법원 송치라는 의미를 포함하고 있다고 해석할 수 있는 점 등을 종합하면 지금의 검찰사건사무규칙 방식도 큰 문제는 없다고 생각된다.

Ⅵ. 나가며

기소와 불기소는 검사가 가진 가장 중요한 권한인 동시에 의무이며, 어떤 형식과 내용으로 기소하고 불기소하는지는 피의자나 피해자, 고소인, 고발인 등 직접적인 이해관계자 뿐만 아니라 이를 지켜보고 있는 모든 국민에게 매우 중요한 의미가 있다. 불기소처분의 형식과 내용에 이처럼 큰 의미가 있다면 그것이 적절하게 행사되어야 할 것임은 너무나 당연하거니와, 불기소처분이 내용적으로 적절하여야 하는 것은 물론이고 그 주문과 사유 등이 형식적으로도 적절하여야 할 것이다. 처분을 하는 검사도 올바른 결정을 함에 도움이 되고, 처분을 받는 이해관계자는 물론이고 이를 바라보는 온 국민들도 검사가 어떤 이유로 어떤 불기소처분을 하였는지를 쉽고도 똑바로 이해할 수 있을 것이기 때문이다.

---

50) 예컨대 가정법원에 송치되는 사건은 가정보호사건일 수도 있고 성매매보호사건일 수도 있으며, 소년보호사건도 결국은 가정법원에 송치된다는 점에서는 동일하다.

이런 점들을 생각하면 불기소처분 주문의 유형과 체계는 결코 가벼운 문제가 아니다. 앞에서도 살펴본 바와 같이 지금의 불기소처분 주문의 유형과 체계는 법리적, 체계적으로는 물론이고 문언적으로도 적절하지 못한 문제점을 많이 가지고 있다. 다른 법제도도 마찬가지이겠지만 불기소처분의 경우에도 그 주문과 사유가 문언적 의미에 부합하고 법리적으로도 오류가 없을 뿐만 아니라 체계적으로도 형사사법절차 전체와 조화될 수 있도록 고쳐나가는 노력이 반드시 필요하리라 생각된다. 이러한 점은 실무가 뿐만 아니라 학자들에게도 주어진 숙제일 것이다.

불기소처분의 주문 유형이 이미 오랜 기간 형사사법절차의 관행으로 굳어져버린 감이 없지 않으나, 지금이라도 부적절한 것은 고쳐나가는 것이 장기적 안목에서 바람직하다. 이 글에서 제기한 여러 문제들에 대하여 저자는 오래전부터 다양한 방법으로 의견을 피력해 왔으나 지금까지도 전혀 반응이 없다. 이 글을 계기로 학자들과 관계기관 실무가들의 더 많은 논의와 실질적 검토를 기대한다.

3

제 3 편

주장과 입증

형사소송에서 책문권의 인정과 한계에 대한 실무적 고찰
— 민사소송의 경우와 비교하여—
구성요건 요소인 '정당한 사유' 유무의 입증에 관한 소고
피의자신문조서와 형사소송법 제314조의 관계에 대한 소고
녹음테이프와 녹취록, 녹취진술의 증거능력에 대한 실무적 고찰
컴퓨터가 자동 생성한 문서에 대한 형사증거법적 고찰
— 증거능력 요건과 증거조사방법을 중심으로 —

형사소송에서 책문권의 인정과 한계에 대한 실무적 고찰
-민사소송의 경우와 비교하여-

○대상판결 : 대법원 2010.1.14. 선고 2009도9344 판결

형사소송법 제297조의 규정에 따라 재판장은 증인이 피고인의 면전에서 충분한 진술을 할 수 없다고 인정한 때에는 피고인을 퇴정하게 하고 증인신문을 진행함으로써 피고인의 직접적인 증인 대면을 제한할 수 있지만, 이러한 경우에도 피고인의 반대신문권을 배제하는 것은 허용될 수 없다.

기록에 의하면, ① 제1심법원의 재판장은 이 사건 공소사실 중 폭행, 강제추행의 점에 대한 피해자 강○○를 증인으로 신문함에 있어서 위 증인이 피고인의 면전에서 충분한 진술을 할 수 없다고 인정하여 피고인의 퇴정을 명하고 증인신문을 진행한 사실, ② 당시 피고인에게는 변호인이 선임되어 있지 아니하여 변호인 또는 피고인이 증인신문과정에 전혀 참여할 수 없었던 사실, ③ 제1심법원의 재판장은 증인신문에서 피고인의 퇴정을 명하기 전에 미리 피고인으로부터 신문사항을 제출받아 퇴정한 피고인을 대신하여 증인신문을 행하기는 하였으나, 증인신문이 모두 종료한 후에 피고인을 입정하게 하고 법원사무관 등이 진술의 요지를 고지하여 준 다음 바로 신문절차를 종결하였을 뿐, 피고인에게 실질적인 반대신문의 기회를 부여하지 아니한 사실 등을 알 수 있다.

위와 같은 증인신문의 진행과정을 앞서 본 법리에 비추어 살펴보면, 변호인이 없는 피고인을 일시 퇴정하게 하고 증인신문을 한 다음 피고인에게 실질적인 반대신문권의 기회를 부여하지 아니한 채 이루어진 증인 강○○의 법정진술은 위법한 증거로서 증거능력이 없다고 볼 여지가 있다.

그러나 또한 기록에 의하면, 제1심법원은 제3회 공판기일에 위와 같이 증인 강○○에 대한 증인신문을 실시하고 공판조서(증인신문조서)를 작성한 다음, 제4회 공판기일에서 재판장이 증인신문 결과 등을 위 공판조서에 의하여 고지하였는데 피고인은 '변경할 점과 이의할 점이 없다'고 진술한 사실을 알 수 있는바, 이와 같이 피고인이 책문권 포기 의사를 명시함으로써 실질적인 반대신문의 기회를 부여받지 못한 하자가 치유되었다고 할 수 있으므로 (대법원 1974. 1. 15. 선고 73도2967 판결 등 참조), 증인 강○○의 법정진술이 위법한 증거

라고 볼 수 없고, 결국 상고이유의 주장은 이유 없다.

○참고판결1 : 대법원 1980. 5. 20. 선고 80도306 판결

법정 외에서 증인신문을 실시함에 있어서 피고인에 대하여 통지하지 아니하여 참여 기회를 주지 않은 잘못이 있다고 하더라도 그 후 속개된 공판기일에서 피고인과 변호인이 그 증인신문조사에 대하여 별 의견이 없다고 진술하였다면 그 잘못은 책문권의 포기로 치유된다 할 것이다.

○참고판결2 : 대법원 1974. 1. 15. 선고 73도2967 판결

법원이 피고인에게 법정 외에서의 증인신문의 시일과 장소를 미리 통지함이 없이 증인들의 신문을 시행하였음은 위법이나 그 후 동 증인 등 신문결과를 동 증인등 신문조서에 의하여 소송관계인에게 고지하였던 바, 피고인이나 변호인이 이의를 하지 않았다면 위의 하자는 책문권의 포기로 치유된다.

○비교판결1 : 대법원 1969. 7. 25. 선고 68도1481 판결

기록에 의하면 제1심은 1967.7.25 14:00 제1차 공판기일에서 검사와 피고인들의 변호인 신청의 증인들을 모두 채용 검사 신청 증인은 같은 해 8. 9. 10:00 변호인들 신청 증인은 같은 달 10. 10:00양일간에 광주지방법원 순천지원 법정에서 증인신문 하겠다고 고지한 바, 피고인 4, 5는 같은해 8. 2. 변호인 김완규 명의로 피고인 1, 2, 3은 같은 날 변호인 문행두 명의로 같은 달 3에는 각 피고인 명의로 순천지원 법정에서 시행될 각 증인신문에 참여케 하여 달라는 신청서를 제1심 법원에 제출하였으며, 제1심 법원은 같은 달 2.과 4.자로 피고인 등의 참여신청을 허가하지 아니한다는 결정을 하여 변호인과 피고인 본인들에게 결정등본을 송달 고지하고, 같은 달 9. 10:00와 같은 달 10. 10:00 2차에 걸쳐 순천지원에서 피고인들의 변호인만 출석한 공판정에서 증인들을 신문하였음을 알 수 있다. 형사소송법제163조의 규정에 의하면 검사 피고인 또는 변호인은 증인신문에 참여할 수 있으며, 증인신문의 시일과 장소는 검사, 피고인 또는 변호인에게 미리 통지하여야 하되, 참여하지 아니한다는 의사를 명시한 때에는 예외로 한다고 되어 있어서 피고인 또는 변호인에게 증인신문의 시일과 장소를 미리 공판정에서 고지한 이 사건에 있어서 보통 같으면 구속 중에 있는 피고인들

에게 참여의 여부를 확인할 필요도 없고, 또는 변호인이 참여하여 반대신문 등의 기회를 가졌다면 굳이 피고인 본인의 참여가 없었다고 하여도 위법이라고는 할 수 없으나, 이 사건에 있어서와 같이 피고인 본인들 또는 그 변호인들이 미리 증인신문에 참여케 하여 달라고 신청한 경우에 있어서는 변호인이 참여하였다고 하여도 피고인들이 참여없이 실시한 증인신문을 위법이라고 해석함이 상당하다고 할 것이므로, 원심이 제1심에서 위법하게 실시한 증인 공소외 2, 3, 5, 6, 7, 8, 9, 10, 11, 12, 15, 16, 17, 14의 진술조서의 일부 기재와 따라서 형사소송법 제313조본문의 규정에 의하여 증거로 할 수 없는 검사의 참고인 공소외 2, 5, 6, 7, 8, 14, 11, 12, 18, 15, 19, 16, 17, 14의 진술조서의 일부기재를 채택한 원심조처는 판결에 영향을 미친 채증법칙 위배의 위법이 있다 할 것이다.

○비교판결2 : 대법원 1967. 7. 4. 선고 67도613 판결

소송관계인의 참여없이 법정외에서 시행한 증인신문조서에 대하여 공판기일에서 증거조사 그 자체를 시행하지 아니 하였다면 그 증인신문 조서는 증거능력이 있을 수 없다.

○비교판결3 : 대법원 1955. 7. 15. 선고 4288형상128 판결

- 판결요지

증거조사의 절차에 위법이 있으면 그 증거는 사실인정의 자료로 할 수 없는 것이다.

- 이유

일건 기록에 의하면 제1심은 1952년 11월 28일 변론을 종결하고 동년 12월 2일 판결선고기일을 지정하였던 바 동 선고기일에 이르러 법정외에서 서면으로서 변론을 재개하는 동시에 의사 공소외 2를 증인으로 소환 신문할 것을 결정하였으나 동 결정을 소송 관계인에게 고지한 형적이 전무할 뿐 아니라 동월 9일 대구지방법원 공판외에서 증인을 신문함에 당하여도 일절 소송 관계인에 대한 통지는 물론 그의 입회없이 동 신문을 수행하였으며 또 원심은 공판정 증거조사시에도 우 증인 공소외 2의 신문조서에 대한 증거조사를 결하였음이 명백하다. 원래 공판계속중의 증인신문 등은 공판정에서 이를 시행함이 원칙이라 할 것이요 특수사정에 의하여 공판외에서 이를 시행할 경우에는 소송 관계인에게 이를 통지하여 그의 공격방어의 기회를 부여하여야 할 것이요 이 소송상의 권익을 박탈하지 못할 것임은 당사자 소송주의제도의 원칙이라 할 것인바 이에 위배하여 시행된 동 증인 신문조서는 이를 증

거자료에 공할 수 없다고 해석함이 타당하다 할 것이며 설사 그렇지 않다 할지라도 제1심이 공판외에서 조사한 동 증인 신문조서를 증거에 공하려면 원심은 모름지기 이를 공판정에 현출시켜 증거조사의 절차를 이천하여야 할 것임에도 불구하고 이 절차를 밟지 않고 원판시 증거에 공용한 원심의 조치는 위법이라 할 것이다. 결국 논지는 이유있고 원판결은 이 점에 있어서도 도저히 파기를 면치 못할 것이다.

Ⅰ. 들어가며

1. 책문권의 의의

책문권이란 법원이나 상대방 당사자의 소송행위에 절차법 위반이 있는 경우 당사자가 이의하여 절차의 효력을 다툴 수 있는 소송상의 권능을 말한다. 종래 이를 '책문권'이라 불러오다가 2002년 개정 민사소송법 제151조는 '절차 이의권'이라고 개칭하였으나 그 내용에는 변동이 없다. 지금도 책문권이라는 용어가 강학상 및 실무상 보편적으로 사용되므로 이 글에서도 책문권이라고 부르기로 한다. 책문권은 원래 민사소송에서 사용되는 용어이고 형사소송에서는 그와 유사한 취지의 개별규정은 없지 않으나 책문권을 명시적으로 밝힌 규정은 없다.

책문권은 이를 행사한 경우의 적극적 기능보다도 행사하지 아니한 경우의 소극적 기능에 더 큰 의미가 있다[1]. 민사소송법도 당사자가 책문권을 행사하지 아니하였을 때를 주목하여 "당사자는 소송절차에 관한 규정에 어긋난 것임을 알거나 알 수 있었을 경우에 바로 이의를 제기하지 아니하면 그 권리를 잃는다"고 규정하고 있다. 따라서 책문권을 상실한 이후에는 문제된 행위가 절차법 위반이 없었던 것으로, 즉 유효한 것으로 취급된다는 것이다. 다만 책문권의 상실이 인정되는 것은 소송절차에 관한 규정 중에서도 당사자가 처분 가능한 임의규정 위반에 한정되고, 본인이라도 처분할 수 없는 강행규정 위반의 경우에는 당사자가 책문권을 행사하지 않더라도 법원이 직권으로 절차위반을 문제 삼아야 한다.

책문권과 이의신청은 엄히 구별하여야 한다. 책문권이 법원 또는 상대방 당사자의 소송행

---

[1] 이시윤, 신민사소송법(제17판), 박영사, 2024, 380면; 정동윤/유병현/김경욱, 민사소송법(제9판), 법문사, 2022, 410면; 주석 민사소송법(Ⅱ)(제9판), 한국사법행정학회, 2023, 232면 등.

위를 대상으로 함에 반하여 이의신청은 법원의 명령 또는 결정만을 대상으로 하며(형사소송법 제304조, 제296조 등), 책문권이 절차에 관한 임의법규 위반만을 사유로 함에 반하여 이의신청은 그 내용의 당부도 문제 삼을 수 있으며(제296조 등), 책문권이 민사소송법 제151조를 일반적인 근거규정으로 함에 반하여 이의신청은 구체적인 명문규정, 예컨대 변론 지휘나 석명을 위한 명령에 대한 이의(제138조), 수명법관이나 수탁판사의 재판에 대한 이의(제441조 제1항), 집행법원의 재판에 대한 이의(민사집행법 제16조) 등의 경우에만 허용되며[2], 절차위반의 경우 원칙적으로 효력이 문제되지만 책문권이 상실되는 경우 예외적으로 효력을 유지함에 반하여 법원의 명령이나 결정은 원칙적으로 유효하나 이의신청이 받아들여지는 경우 예외적으로 효력을 잃게 된다는 점 등에서 큰 차이가 있다.

2. 문제의 제기

책문권 제도는 법원이 절차위배 사실을 간과하고 절차를 진행시킨 경우 당사자에게 절차법 위배를 감시하는 권능을 부여한 것이다[3]. 앞에서도 언급한 바와 같이 민사소송법에는 그와 같은 점들을 고려하여 책문권에 관한 명문규정을 마련해 놓고 있으나, 형사소송법에는 그와 같은 규정이 없다. 한편으로 보면 법적 안정성과 소송경제보다는 실체적 진실발견과 적법절차의 원리가 더욱 강조되는 형사소송법에서는 원칙적으로 강행법규성이 지배하고 있으며, 당사자, 특히 피고인이 법원이나 검사의 법규위반을 알거나 알 수 있었던 지위에 있으면서도 적극적으로 이의를 제기하지 아니하였다고 하여 법규위반이 없었던 것으로 취급하여서는 아니되므로 책문권 이론이 적용되기 어렵다고 볼 여지도 있다. 그러나 다른 한편으로 보면 형사소송절차도 본질은 소송절차이기 때문에 민사소송법 원리가 공통적으로 적용될 여지가 없지 않고, 형사소송법이라 하여 모두 강행규정만 있는 것은 아니며, 소송절차상의 위법이나 하자를 언제까지나 문제 삼을 수 있다고 한다면 법적 안정성을 크게 해칠 우려가 있고 소송경제에도 좋지 못하다. 따라서 형사소송법 중에서도 공익관련성이 비교적 약한 규정은 위반의 효과를 당사자의 처분에 맡길 수도 있을 것으로 보이므로 책문권 이론이 제한적이나마 적용될 여지도 충분히 있다.

---

[2] 뒤에서 살펴보겠지만 형사소송법에는 책문권에 관한 일반적인 근거규정은 없으나 증거채부 결정 등 증거조사에 대한 이의(제296조), 재판장의 처분에 대한 이의(제304조) 등 이의신청에 관한 개별규정은 다수 존재한다.
[3] 정동윤/유병현/김경욱, 앞의 책, 410면; 김홍규/강태원, 민사소송법(제5판), 삼영사, 2020, 356면; 표호건, "책문권", 고시계 제481호, 국가고시학회, 1997, 117면 등.

이런 상황에서 대법원은 대상판결 등에서 보는 바와 같이 피고인에게 검찰측 증인에 대한 반대신문의 기회를 부여하지 아니하거나 피고인에게 공판정 외 증인신문기일을 통고하지 아니하여 증인신문에 참여할 기회를 부여하지 아니하였음에도 피고인과 변호인이 즉시 이의하지 아니한 경우 '책문권을 포기하거나 행사하지 아니하였기 때문에 하자가 치유되어 그 증언에 증거능력이 인정된다'고 판단하면서도 책문권 인정의 근거나 요건, 책문권 상실의 효력범위 등에 대하여는 아무런 언급이 없었다[4]. 대법원이 형사소송에서도 책문권 이론이 적용될 수 있다는 결론에 이른 점 자체는 수긍할 수 있다. 그러나 그 결과로서 피고인이 대단히 큰 불이익을 입을 것임이 명백함에도 책문권 이론을 적용한 근거와 요건 등에 대하여 아무런 설명이 없는 점은 많이 아쉬우며, 더 나아가 책문권의 포기로써 증거능력 인정이라는 거의 실체법적인 효력이 인정된다는 점은 쉽게 수긍하기 어렵다.

이 글에서 저자는 민사소송법과 달리 명문의 근거규정이 없는 형사소송법에서 책문권 이론을 적용할 수 있을 것인지, 만일 적용할 수 있다면 어떤 법적 근거에서인지 등에 대하여 개괄적으로 살펴보고(Ⅱ), 형사소송에서 책문권이 상실되는 구체적 요건은 어떠한지(Ⅲ), 책문권이 상실되는 경우 그 효과로서 절차적 하자가 치유되는 외에 그로 인하여 취득한 증거의 증거능력에는 어떤 영향을 미치는지, 증거동의 제도와는 어떻게 조화될 수 있는지에 대하여 검토한 다음(Ⅳ), 대상판결들에 대하여 종합적으로 평가하는 것으로(Ⅴ) 이 글을 마무리하고자 한다.

Ⅱ. 형사소송에서 책문권 이론의 인정 여부

1. 근거 규정의 존부

(1) 개별규정 개관

민사소송법은 제151조에서 책문권에 관한 근거규정을 두고 있는 반면, 형사소송법에는 책문권에 관한 명문규정이 없고 이의 또는 이의권 상실과 관련한 개별규정이 다수 있을 뿐이다. 그와 같은 개별규정들이 직접 또는 간접으로 책문권의 근거규정이 될 수 있는지를 살펴보면,

---

[4] 대법원 2010. 1. 14. 선고 2009도9344 판결, 대법원 1980. 5. 20. 선고 80도306 판결, 대법원 1974. 1. 15. 선고 73도2967 판결.

① 제48조 제5항 조서의 정확성에 대한 이의
② 제54조 제3항 공판조서 기재에 대한 이의
③ 제243조의2 제3항 피의자신문 참여 변호인의 부당한 신문방법에 대한 이의
④ 제244조 제2항 피의자 신문조서 작성에 대한 이의
⑤ 제244조의2 제3항 피의자 진술 영상녹화에 대한 이의
⑥ 제245조의3 제3항 전문수사자문위원 지정에 대한 이의
⑦ 제266조의10 제1항 공판준비기일 종료 과정의 이의
⑧ 제269조 제1항 제1회 공판기일 유예기간의 이의
⑨ 제301조의2 간이공판절차 취소시 공판절차 갱신의 이의
⑩ 제304조 재판장 처분에 대한 이의
⑪ 제318조의3 간이공판절차에서의 증거동의 이의
⑫ 제320조 토지관할 위반 하자의 이의
⑬ 제489조 재판 집행 부당의 이의
⑭ 규칙 제45조 피고인 소환 기일의 이의
⑮ 규칙 제82조 제2항 증거물의 증인 제시에 대한 이의
⑯ 규칙 제144조 제1항 제5호 공판절차 갱신에 관한 이의

위 이의들의 성격 또는 기능을 분석하여 보면,
- 순 절차적 이의 : ① - ⑦.
- 처음부터 이의가 없을 것을 전제로 특정 행위가 허용되는 경우 : ⑪, ⑮, ⑯. 사전에 이의 유무 즉 동의 여부를 확인하고 동의 있는 경우에 행위를 하라는 취지. 사전 확인하지 않고 행위 하였으면 그 자체로 위법이 되기 때문에 그 성격이 처음부터 책문권과는 전혀 다르다. 이의가 있을 것을 전제로 강제되는 행위를 규정한 ⑨도 마찬가지이다. 다만 사후에 이의가 없으면 하자가 치유되는지 여부는 따로 검토되어야 할 것으로 보인다.
- 명령·결정에 대한 이의 : ⑩. 검사의 처분에 대하여 법원에 이의하는 ⑬도 마찬가지이다. 이러한 경우 이의가 있으면 법원은 결정 절차를 통해 이의의 당부를 판단한다.
- 절차적 위법이 있는 줄 모르고 있다가 나중에 알게 되었더라도 이의하지 않으면 위법의 하자가 치유되는 경우 : ⑧, ⑫, ⑭. 이러한 경우가 책문권과 가장 유사하므로 이에 대하여 집중적으로 살펴보기로 한다.

(2) 공판기일 통지 유예기간 등에 대한 검토

형사소송법 제269조 제2항은 제1회 공판기일 통지 유예기간(5일)에 대하여 "피고인이 이의 없는 때에는 전항의 유예기간을 두지 아니할 수 있다"고 규정하고 있다. 이 규정은 '5일의 유예기간을 두지 아니하고 제1회 공판기일을 통지하였더라도 이후 피고인이 이의하지 아니하는 경우 그 하자가 치유된다'는 의미로 해석된다[5]. 또한 위 이의는 제320조 제2항을 유추적용하여 그 시한이 제1회 공판기일에서 피고인이 피고사건에 대하여 진술하기 전까지라고 해석함이 상당할 것이다. 이러한 점은 제2회 이후의 공판기일에 대하여 "피고인에 대한 소환장은 법 제269조의 경우를 제외하고는 늦어도 출석할 일시 12시간 이전에 송달하여야 한다. 다만, 피고인이 이의를 하지 아니하는 때에는 그러하지 아니하다"는 형사소송규칙 제45조의 경우에도 동일하게 해석, 적용되어야 할 것으로 보인다. 형사소송법 제320조는 토지관할 위반에 대하여는 당사자의 신청이 있어야 법원이 판단할 수 있음을 규정하면서 위 신청의 시한을 피고인이 피고사건에 대하여 진술하기 전까지라고 규정하고 있다. 위 규정에서 '이의'라는 표현은 사용하지 않았지만 피고인의 법원에 대한 '신청'은 실질적으로 토지관할 위반에 대한 이의이므로 그 성격이 위 공판기일 유예기간의 이의와 동일하다고 생각된다.

위와 같은 경우의 이의는 절차적 하자에 대한 당사자의 이의이고, 이의만 하면 곧바로 이의의 효력이 발생하지만(이의가 적법하기만 하면 법원이 결정으로 이의를 기각하지 못한다), 이의가 없으면 하자가 치유된다는 점에서 책문권과 매우 유사하다. 그러나 개별적 근거규정에 기인한 절차권이라는 점, 책문권이라면 공판기일 시작할 때 '바로' 이의하지 않으면 이의권이 상실되나 위 경우의 이의는 '피고사건에 관하여 진술하기 전'까지 계속 허용된다는 점 등에서 차이가 있다. 그 밖에 증인신문 절차상의 위법을 포함한 증거조사방식의 하자에 대하여는 물론이고 공소장부본 송달의 하자, 제2회 이후의 공판기일 지정·통지의 하자 등과 관련하여서는 명문규정이 없다.

(3) 민사소송법상의 이의 관련 개별규정 검토

형사소송에서 절차적 이의와 관련한 개별규정의 성격과 효력을 검토하기 위해서는 민사소송에서 그와 유사한 개별적 이의규정의 유형과 효력을 살펴본 후 이와 비교 검토할 필요

---

5) 위 규정이 '피고인이 이의하지 아니한 것을 확인한 후 5일의 유예기간을 두지 아니하고 제1회 공판기일 통지할 수 있다'는 의미가 아님은 경험칙상 명백하다.

가 있다. 민사소송법에도 제151조의 책문권 규정 외에 형사소송법의 경우와 마찬가지로 이의와 관련한 개별규정들이 적지 않다. 이를 살펴보면,

 ① 제73조 제1항, 제74조 보조참가에 대한 당사자의 이의
 ② 제138조 재판장의 변론 지휘 등에 관한 이의
 ③ 제155조 조서 기재 생략에 대한 당사자의 이의
 ④ 제159조 녹음테이프나 속기록의 폐기에 대한 당사자의 이의
 ⑤ 제164조 조서 기재 사항에 대한 관계인의 이의
 ⑥ 제223조 법원사무관 등의 처분에 대한 이의
 ⑦ 제226조 화해권고결정에 대한 이의
 ⑧ 제260조 피고 경정에 대한 피고의 이의
 ⑨ 제266조 소 취하에 대한 피고의 이의
 ⑩ 제310조 증언에 갈음하는 서면 제출에 대한 이의
 ⑪ 제313조 수명법관·수탁판사에 의한 증인신문에 대한 당사자의 이의
 ⑫ 제412조 반소 제기에 대한 상대방의 이의
 ⑬ 제469조, 제472조 지급명령에 대한 이의
 ⑭ 그 밖에도 민사소송법 제30조는 "피고가 제1심 법원에서 관할위반이라고 항변하지 아니하고 본안에 대하여 변론하거나 변론준비기일에서 진술하면 그 법원은 관할권을 가진다"고 규정하고 있는 바, 이 때의 '항변'은 형사소송법 제320조에서 토지관할 위반에 대한 '피고인의 신청'과 마찬가지로 이의로서의 성격을 가진다.

 위 개별규정들의 성격이나 기능도 형사소송의 경우와 마찬가지로
 - 순 절차적 이의(상대방의 소송행위에 대한 이의도 포함하여)[6] : ⑤, ⑧, ⑨, ⑫.
 - 처음부터 이의가 없을 것을 전제로 특정 행위가 허용되는 경우(사전에 이의 유무 즉 동의 여부를 확인하고 동의 있는 경우에 행위를 하라는 취지) : ③, ④.
 - 명령·결정(경우에 따라서는 판결 또는 이에 준하는 효력 있는 법원의 처분)에 대한 이의 : ①, ②, ⑥, ⑦, ⑩, ⑪, ⑬.
 - 절차적 위법이 있는 줄 모르고 있다가 나중에 알게 되었더라도 이의하지 않으면 위법의 하자가 치유되는 경우 : ⑭.

---

6) 이러한 경우가 책문권과 가장 유사하지만 민사소송법 학계에서도 이를 책문권 문제로 다루지는 않는다.

(4) 소결

형사소송법 학계에서는 '하자가 있더라도 그 후 상당한 정도의 절차가 진행되면 하자의 중대성과 소송경제 등을 종합적으로 고려하여 더 이상 위 하자를 문제 삼지 못하기 때문에 결과적으로 하자가 치유된다'고 하면서 이를 '공격·방어방법의 소멸에 의한 치유'로 설명하는 견해가 일반적이다[7]. 또한 앞에서 살펴본 개별규정에 의한 이의권 상실의 사례, 즉 제1회 공판기일 유예기간의 하자, 피고인 소환의 하자 및 토지관할 위반의 하자를 모두 위 치유의 예로 설명하는 분도 있고[8], 그 중 토지관할 위반의 하자를 제외한 나머지 하자를 책문권의 상실로 설명하는 분도 있다[9]. 그러나 모든 절차적 하자가 책문권 상실의 대상인지(법적 근거 유무 또는 하자의 중대성 유무의 문제), 상당한 정도의 절차진행이 무슨 뜻인지 등은 불명확하다. 근본적으로는 그 법적 근거가 무엇인지, 구체적으로 이의 등의 절차가 규정된 경우와는 어떤 관계에 있는지, 민사소송법상의 책문권과는 어떤 관계인지 등에 대하여는 전혀 언급이 없다. 결국 소송행위의 절차상 하자에 대하여 깊은 논의는 없는 것으로 보인다.

판례 역시 법정 외 증인신문기일을 통지하지 아니한 위법이나 피고인의 증인에 대한 반대신문권을 보장하지 아니한 위법[10], 공소장부본 송달의 하자[11], 공판기일 불통지의 하자[12] 등에 대하여 피고인이 이의하지 아니한 경우 책문권을 포기한 것이라고 해석하는 등 민사소송법상의 책문권 논리를 아무런 설명 없이 형사소송에 그대로 원용하고 있다. 더욱이 피고인의 이의에 대하여 명문의 근거(제269조 제2항)가 마련되어 있는 제1회 공판기일 유예의 하자에 대하여도 판례는 위 법규정이 아닌 책문권 이론으로 그 이의권 상실을 설명하고 있다[13].

"형사소송에서 적법절차 원리나 피고인 보호를 위하여 실체해명과 관련된 절차에 대하여는 원칙적으로 책문권 상실이 부정되어야 한다"고 설명하는 분도 있다[14]. 민사소송이 아닌

---

[7] 이재상/조균석/이창온, 형사소송법(제13판), 박영사, 2021, 188면, 189면; 신동운, 신형사소송법(제5판), 법문사, 2014, 712면, 713면; 권오걸, 형사소송법, 형설출판사, 2010, 175면 등.
[8] 신양균, 신판 형사소송법, 화산미디어, 2009, 479면.
[9] 이재상/조균석/이창온, 앞의 책, 188면.
[10] 대법원 1980. 5. 20. 선고 80도306 판결.
[11] 대법원 1962. 11. 22. 선고 62도155 판결.
[12] 대법원 1967. 3. 21. 선고 66도1751 판결.
[13] 대법원 1969. 9. 29. 선고 69도1218 판결.
[14] 신양균, 앞의 책, 480면.

형사소송에서는 특히 적법절차 보장의 요청과 실질적 당사자대등주의가 강조되어야 함에는 의문이 없다[15]. 그러나 명문규정이 없다하여 책문권 논리를 전면 부인한다면 형사소송절차에서 한번 위법이나 하자가 발생하는 경우 그로 인한 효과를 언제까지고 인정하여야 하며 결국 작은 적법성 보장을 위해 큰 법적 안정성을 해하는 결과를 초래하는 문제가 발생할 수 있다. 그러나 반대로 민사소송에서의 책문권 논리를 형사소송에서 그대로 원용하는 것은 형사소송법의 특성, 특히 적법절차 원리와 피고인의 인권보장, 강행규정성 등과 조화되지 아니하는 문제점이 있다.

이상의 여러 사정들을 종합할 때 비록 형사소송법에 명문규정은 없지만 책문권 이론의 적용을 전면적으로 부인하기는 어려워 보인다. 다만 형사소송에서 책문권을 인정하더라도 개별규정에 의한 이의권의 행사, 더 나아가 절차유지원칙에 의한 하자의 치유 문제와는 명백하게 구별할 필요가 있다. 또한 책문권을 인정하는 법적 근거와 요건, 인정범위, 효과 등은 민사소송의 경우와 상당히 다르므로 이를 구체적으로 검토하여야 할 것으로 생각된다.

2. 책문권 이론의 인정 근거

형사소송에서 책문권 이론을 인정한다고 할 때 명문규정이 없는 상황에서 그 근거를 어디에서 찾을 것인지가 문제된다. 우선 민사소송법 제151조를 형사소송에 유추적용 할 수 있다고 생각할 여지도 있지만, 아무리 소송법이라는 공통점이 있다 하더라도 적용영역을 달리하는 민사소송법 규정을 형사소송에 유추적용 하기는 어려울 것으로 생각된다. 또한 앞에서 살펴본 형사소송법 중 이의권과 관련한 개별규정들을 일반적인 책문권 이론으로 유추 또는 확대 적용할 수 있다고 볼 여지도 있지만, 개별규정들이 그 적용범위를 명백히 하고 있을 뿐만 아니라 개별규정들 간에도 요건과 효력 등에 차이가 적지 아니하여 이들을 책문권에 대한 일반적인 근거로 보기에는 어려움이 있고 오히려 혼란을 초래할 우려가 크다. 그렇다면 결국 이론과 판례에 의하여 형사소송에서의 책문권을 인정할 수 밖에 없는데, 이는 결코 바람직한 현상은 아니다. 따라서 조속한 입법적 보완을 통해 이를 해결하는 것이 좋을 것이라고 생각된다.

---

15) 차용석/최용성, 형사소송법(제4판), 21세기사, 2013, 451면.

3. 민사소송에서의 책문권과의 차이

형사소송에서 책문권을 인정한다고 하더라도 그 적용범위나 요건, 효력 등에서 민사소송의 경우와 동일하다고 보아야 하는 것은 아니다. 사인간의 사법적 분쟁을 합리적이고도 공평하게 조절하는 것을 이념으로 하는 민사소송에서는 절차에 대한 법규 중에서 임의규정이 차지하는 비중이 상대적으로 높을 수 밖에 없으며, 절차법규 위반이 있는 경우에도 당사자 본인이 다투지 아니한다면 법적 안정성과 소송경제의 이념 하에 이를 문제 삼지 않을 여지가 크다. 그러나 개인의 권리보호 뿐만 아니라 국가와 사회의 질서유지와 피고인의 인권보호를 위하여 실체적 진실발견과 적법절차 원리를 그 이념으로 하는 형사소송에서는 절차에 대한 법규 중에서 임의규정이 차지하는 비중이 상대적으로 낮을 수 밖에 없으며, 절차법규 위반이 있는 경우 당사자, 특히 피고인이 이를 다투지 않더라도 법원이 직권으로 문제 삼아야 하는 것이 오히려 원칙일 것이다. 따라서 형사소송에서는 원칙적으로 책문권의 상실이 인정되기 어렵고, 인정된다고 하더라도 그 요건이 훨씬 더 엄격할 수 밖에 없으며, 특히 적극적 포기가 아닌 단순 불행사에 의한 책문권 상실, 더 나아가 법규 위반이 있음을 알지 못한 경우의 책문권 상실은 더욱 더 제한될 수 밖에 없을 것이다. 궁극적으로는 책문권에 대하여 입법적으로 보완할 때 그 요건이나 효력에 대하여도 명문으로 규정하는 것이 좋을 것이다.

Ⅲ. 책문권 상실의 요건

1. 절차규정의 임의성 여부

민사소송법에서 책문권 대상은 절차에 관한 효력규정 중 임의규정임에 의문이 없다[16]. 왜냐하면 훈시규정에 대하여는 이를 위반하더라도 특별한 소송법적 효과가 없기 때문에 이를 이의하여도 별다른 효력이 없다[17]. 즉 책문권이 처음부터 문제되지 않는다. 이러한 점은 형사소송에서도 마찬가지이다. 예컨대 형사소송규칙 제55조를 위반하여 보석허가 청구에 대한 판단을 보석을 청구받은 날로부터 7일 도과 후에 하거나, 형사소송법 제318조의4를 위반하여 판결 선고를 심리종결로부터 2주가 지난 다음에 하여도 그 효력에 아무런 문제가 없으므로 책문권의 문제는 발생할 여지가 없다.

---

16) 이시윤, 앞의 책, 380면; 앞의 주석 민사소송법(Ⅱ), 232면, 233면 등.
17) 이시윤, 앞의 책, 380면, 381면; 앞의 주석 민사소송법(Ⅱ), 233면 등.

또한 공익이 아닌 사익에만 관련된 것이어야 당사자의 적극적 또는 소극적 의사에 따라 법적 효과를 부여할 수 있으므로[18] 결국 임의규정만이 책문권 포기·상실의 대상이 된다. 그러나 형사소송법에서는 공익성이라는 측면이 훨씬 더 강하여 대부분의 규정들이 강행규정이다. 따라서 책문권 이론이 적용될 여지가 민사소송에 비하여 처음부터 현저하게 적다. 다만 형사소송법의 강행규정성도 상대적이어서, 강행규정성이 좀 더 강한 것과 비교적 약한 것으로 나눌 수 있고, 후자에 대하여는 책문권을 인정할 수 있을 것으로 생각된다. 이런 점에서는 이의권에 대한 명문의 개별규정이 있는 제269조와 제320조 등은 책문권과 매우 유사한 성격 또는 기능을 갖는다고 볼 수 있다.

그 밖에 민사소송에서 학설 또는 판례가 책문권 포기·상실의 대상이 된다고 보고 있는 사안들 중 형사소송과도 관련이 있는 것들을 골라보면,
① 기초의 변경이 있는 청구의 변경[19]
② 소장의 불송달[20]
③ 서면에 의하지 아니한 청구취지의 예비적 변경[21]
④ 감정인이나 당사자 본인을 증인으로 신문한 경우[22]
⑤ 증인신문장소의 변경으로 인한 하자[23]
⑥ 변론기일 불통지의 하자[24] 등이 이에 해당한다.

이 중 ① 기초의 변경이 있는 청구 변경의 위법은 "법원은 공소사실의 동일성을 해하지 아니하는 한도에서 허가하여야 한다"는 제298조 제1항 규정 취지에 비추어, ② 소장 불송달의 위법은 "공소의 제기가 있는 때에는 지체없이 공소장의 부본을 피고인 또는 변호인에게 송달하여야 한다"는 제266조 규정 취지에 비추어[25] 형사소송에서는 책문권 포기·상실의

---

18) 이시윤, 앞의 책, 319면; 앞의 주석 민사소송법(Ⅱ), 451면 등.
19) 대법원 1966. 12. 20. 선고 66다1339 판결 등.
20) 대법원 1947. 2. 25. 선고 4280민상8 판결 등.
21) 대법원 1964. 6. 2. 선고 63다879 판결 등.
22) 대법원 1960. 12. 20. 선고 4293민상163 판결; 1992. 10. 27. 선고 92다32463 판결 등.
23) 대법원 1963. 6. 20. 선고 63다286 판결.
24) 대법원 1984. 4. 24. 선고 92므14 판결.
25) 앞에서도 살펴본 바와 같이 '공판기일 5일 전'이라는 송달 시한을 다소 위반한 점은 이의권 상실의 대상이 될 수 있으나, 아예 송달하지 아니한 위법은 책문권 상실의 대상이 될 수 없다고 생각된다.

대상이 될 수 없다고 보이는 등, 민사소송에서는 책문권 포기·상실의 대상이 된다고 보지만 형사소송에서는 달리 보아야 할 경우가 적지 않다고 생각된다. 따라서 형사소송에서 책문권 포기·상실의 대상이 되는지 여부는 유사한 민사소송에서의 이론과 판례 입장을 그대로 따를 것이 아니라 형사소송에서의 성격과 기능 등을 충분히 고려하여 독자적으로 판단하여야 할 것이다.

2. 시간적 제한

민사소송법 제151조는 "규정에 어긋난 것임을 알거나, 알 수 있었을 경우에 '바로' 이의를 제기하지 아니하면"이라고 하여 책문권 행사를 시간적으로 제한하고 있다. 여기에서 '바로'의 의미에 대하여 민사소송법 학계에서는 "이의를 제기할 수 있는 최초의 기회에 즉시 이의를 제기하여야 한다는 의미"라고 해석하는 견해도 있다[26]. 그러나 책문권 있음을 알거나 알 수 있는 첫 시점에 즉각적인 결정을 내리지 못하였다고 하여 책문권 불행사로 보아 그 불이익을 당사자에게 전가하는 것은 법적 안정성이나 소송경제에는 부합할지 모르지만 적법절차의 이념이나 당사자의 절차적 기본권과 조화되지 않는다고 생각된다. 따라서 적어도 형사소송법에서는 법규 위반이 있고 당사자가 이를 알았거나 알 수 있었던 시점으로부터 일반인이 통상적으로 이의 여부를 판단·결정함에 필요한 상당시간을 경과한 직후의 시점이라고 해석하는 것이 법적 안정성과 적법절차 이념 등을 두루 고려한 합리적 해석이라고 생각된다.

다만 책문권을 악용 또는 남용하여 이를 자신만을 위한 부당한 이익으로 돌리면서 소송절차의 법적 안정성을 해하는 병폐는 막아야 한다. 따라서 책문권이 주어진 후에는 당사자도 그 상황만을 전제로 책문권 행사 여부를 결정하여야 하며, 그 다음 시점의 다른 정황을 살펴보거나 이해관계 있는 다른 소송행위를 행한 후 이를 책문권 행사 여부에 결부시키려는 태도를 취하는 경우에는 이미 책문권이 상실되었다고 보아야 할 것이다. 예컨대 변론기일을 통지하지 아니하였음에도 당사자가 기일에 출석하여 불통지의 하자를 다투지 아니한 채 상당시간 재판부의 사건에 대한 태도를 관망하거나 그 밖의 다른 적극적인 소송행위를 하였다면 그 단계에서는 이미 책문권이 상실되었다고 보아야 하는 것이다. 참고판결2의 경우 "신문결과를 신문조서에 의하여 소송관계인에게 고지하였던 바, 피고인이나 변호인이

---

[26] 표호건, 앞의 논문, 129면.

이의를 하지 않았다면"이라고 하여 신문결과를 고지하여 피고인 또는 변호인이 위법이 있었음을 알 수 있은 상태가 된 직후 곧바로 이의를 하지 아니하였다면 책문권이 상실된다는 취지로 설시하고 있지만, 앞에서 언급한 점들을 고려하면 이러한 경우 신문조서 낭독 직후 이에 대한 이의 여부를 판단할 시간적 여유도 부여하지 않고 곧바로 책문권 상실로 판단한 것은 피고인이 가지는 절차적 기본권을 침해한 것이 아닌가 생각된다.

당사자에게 허용되는 시간적 여유에 대하여는 사안에 따라 달리 생각할 필요가 있다. 이의권자가 검사인지 피고인인지 변호인인지에 따라 다를 수 있고, 이의의 내용에 따라 다를 수 있으며, 위법을 안 경우와 알 수 있었던 경우에도 다를 수 있다. 대법원도 검사에게 공판기일의 통지를 하지 않은 사안에서 검사가 그 기일에 출석하였다면 검사에게 공판참여의 권리를 박탈한 것이라고 보기 어렵다고 하면서도[27](출석하는 순간에 책문권을 상실한다는 의미인 듯), 피고인에게 공소장부본을 송달하지 않은 사안에서는 피고인들이 법정에서 기소사실에 관하여 '충분히 변론한 이상' 판결결과에는 영향이 없다고 보아[28](충분히 변론하여야 책문권을 상실하므로 약간의 변론이 있은 후에도 불송달의 위법을 주장하면 적법한 이의가 된다는 의미인 듯) 사안에 따라 다른 태도를 보이고 있다. 요컨대 당사자, 특히 피고인의 절차와 관련한 권리가 실질적으로, 또 충분히 보장될 수 있어야 한다는 것이 판단의 기준이 되며 이러한 점은 민사소송의 경우와 크게 다른 점이라고 생각된다[29].

3. 과실에 의한 책문권 상실을 인정할 것인지

민사소송법 제151조는 규정에 어긋난 줄을 알았던 경우 뿐만 아니라 '알 수 있었던' 경우에도 바로 이의를 제기하지 아니하면 책문권을 상실한다고 규정하고 있다. 민사소송에서도 '알 수 있었던 경우'를 너무 넓게 해석하면 당사자의 절차적 권리를 침해하는 문제가 생기기 때문에, 알 수 있었으나 당사자의 과실 또는 책임 있는 사유로 알지 못한 경우만으로 한정하여 해석하고 있다[30]. 형사소송에서도 과연 과실로 위법 있음을 알지 못한 경우 책문권이 상실된다고 볼 것인지는 의문이다. 아무리 절차에 관한 임의규정이라고 하더라도 위법이

---

27) 대법원 1967. 3. 21. 선고 66도1751 판결.
28) 대법원 1962. 11. 22. 선고 62도155 판결.
29) 그 기준시점까지 법원은 절차의 무효를 선언할 것이 아니라 후속절차를 진행하면서 당사자의 태도를 관망하여야 하고, 필요하다면 피고인에게 책문권 있음을 적극적으로 설명한 후 책문권 행사 여부에 대한 석명을 구하는 것(형사소송규칙 제141조)이 적절할 것이다.
30) 표호건, 앞의 논문, 129면.

있는 경우 법원이 적극적으로 나서서 이를 시정함이 상당하고, 상대방 당사자는 이를 다툴 수 있는 절차적 권리가 있다고 할 것이며, 당사자, 특히 법률 문외한인 피고인에게 위법 여부를 알아야 할 의무가 주어진 것도 아닌데, 위법이 있는 줄을 알지 못한 데에 과실이 있다고 하여 당사자에게 그 불이익을 부담시키는 것은 크게 부당하다고 생각된다[31]. 따라서 적어도 형사소송에서 피고인에게는 과실에 의한 책문권 상실을 인정하지 않는 것이 옳다고 생각된다.

더 나아가 민사소송에서는 대리인에게만 과실이 있어도 책문권이 상실되는 것으로 보고 있으나[32], 형사소송에서는 대리인이 아닌 변호인 개념인 점, 특히 국선변호인의 경우 변호인의 과실 또는 불성실로 인한 불이익을 피고인에게 전가하는 것이 부적절한 점 등을 고려할 때, 법원이나 변호인으로부터 위법 있음에 대하여 설명을 듣는 등의 기회를 부여받지 못한 피고인에게는 변호인의 과실로 피고인 본인의 책문권이 상실되지 않는다고 해석함이 상당하다고 생각된다.

4. 포기 또는 불행사

포기는 법원에 대하여[33] 향후 책문권을 행사하지 아니하겠다는 취지의 명시 또는 묵시의 의사표시를 하는 것이고, 불행사는 책문권이 발생한 후 이를 행사하지 아니하는 것이다. 포기나 불행사 모두 책문권이 상실된다는 점에서는 같지만, 포기는 착오나 사기 강박 등을 이유로 한 취소의 가능성이 문제될 수 있다는 점, 그런 문제가 아니라면 한번 포기하면 이를 취소·철회할 수 없지만, 불행사의 경우에는 일정 시점 내에서라면 행사하여 책문권 상실을 저지할 수 있다는 점에서 차이가 있다. 불행사와 묵시적 의사표시에 의한 포기는 외형상 비슷하게 보일 수도 있지만, 위 차이 때문에 엄히 구별하여야 한다.

대법원은 "변경할 점과 이의할 점이 없다"고 진술하여 책문권을 명시적으로 포기한 경우뿐만 아니라 "별 의견이 없다"고 진술하여 책문권의 포기인지 여부가 다소 불분명한 경우는

---

[31] 저자는 민사소송에서도 위법 있음을 과실로 알지 못한 경우 법원의 경고 절차도 없이 곧바로 책문권이 상실되었다고 보는 것은 절차적 기본권에 대한 과도한 침해가 아닌가 생각한다.
[32] 표호건, 앞의 논문, 같은 면.
[33] 따라서 당사자가 소송 외에서 상대방에 대하여 이의권을 포기한다는 의사표시를 하여도 포기의 효력이 생기지 않는다. 이시윤, 앞의 책, 381면; 앞의 주석 민사소송법(Ⅱ), 236면 등.

물론이고 "신문결과를 고지하였음에도 피고인 또는 변호인이 이의를 하지 아니한 경우"까지도 모두 책문권의 (묵시적 표시에 의한) 포기로 보았다(참고판결2 참조). 그러나 묵시적 표시라는 것은 비록 명시적으로 진술하지는 아니하였으나 거동 등에 의하여 내심의 의사를 표시하는 것을 말하는 것이므로, 반대의 진술을 하지 아니하였다 하여 쉽게 묵시적 의사표시로 해석하여서는 아니된다. 따라서 피고인 또는 변호인이 이의를 하지 아니한 것은 책문권의 불행사로 볼 수 있을 뿐 포기로 보아서는 아니된다. 더 나아가 당사자 사이의 사적 분쟁 해결을 목적으로 하는 민사소송과 달리 개인의 권리를 보호함과 동시에 국가와 사회의 안전과 질서를 유지함을 목적으로 형사소송에서는 피고인의 절차적 기본권 보호가 무엇보다도 중요한 이념이므로, 피고인에게는 절차상 위법이 있음과 이에 대하여 이의를 하는 경우와 하지 아니하는 경우에 대한 충분한 설명을 한 후 이의권 행사 여부에 대하여 석명을 구하는 등(형사소송규칙 제141조)의 절차를 취한 다음에 책문권의 포기 또는 불행사 여부를 판단하여야 한다. 따라서 위 판례와 같이 단순히 '신문결과를 고지하였음에도 피고인과 변호인이 이의하지 않더라'는 식의 법원의 방관자적 소송절차 지휘는 그로 인한 효과의 중대성에 비추어 볼 때 매우 부적절하다.

　더 나아가 포기나 불행사 없이도 위법 하자의 치유를 인정한 판례도 있다. 대법원은 "검사의 항소이유서(양형 부당이라는 취지) 부본을 피고인에게 송달하지 않았으나 피고인도 사실오인과 양형과중을 이유로 항소하였고, 항소심은 변론 없이 기록에 의하여 양형조건이 되는 제반 사정을 참작한 결과 제1심의 양형이 적절하다고 판단하여 쌍방 항소를 기각하고 있으니, 검사의 항소에 대한 피고인의 방어권은 충분히 참작되었다고 보여지고 피고인에게 양형에 있어 불이익하게 변경된 바 없으므로 위 하자는 치유되었다"고 판시하였던 것이다[34]. 그러나 이 경우는 애초에 책문권 행사의 기회도 주어지지 아니한 상태이므로 책문권 포기나 불행사 자체가 없어 책문권이 상실될 이유가 없음에도 '하자가 치유되었다'고 판단해 버렸다. 그리고 양형인자는 매우 다양하므로 검사가 항소한 양형인자에 대한 주장(A라고 하자) 뿐만 아니라 피고인이 항소한 양형인자에 대한 주장(B라고 하자)에 대하여도 함께 고려한 결과 원심의 양형이 적절하다는 판단에 이르렀다고 하더라도 이는 A도 인정하고 B도 인정한 결과일 수 있으며, 만일 피고인이 A에 대하여 적절하게 반박한 결과 B만 인정되어 결국 형량이 하향 조정될 수 있었을지도 모르는데 항소심은 피고인에게 인정된 그 기회를 위법한 절차에 의하여 박

---

[34] 대법원 1981. 9. 8. 선고 81도2040 판결.

탈하였다. 어느 모로 보나 부당한 판결이다.

Ⅳ. 책문권 상실의 효과와 증거능력 문제

1. 절차상 하자 치유 문제와 증거능력 문제의 차이

책문권은 그 대상인 행위가 소송절차에 관한 법규 위반이 있으므로 소송절차를 그대로 진행하여서는 아니되며, 이미 진행한 소송행위도 무효임을 주장하는 것이다. 이를 뒤집어 말하면 책문권의 상실은 절차적 하자를 일정 기간 또는 일정 단계에 다투지 아니하면 이후에는 소송절차의 진행을 저지하거나 이미 진행한 소송행위의 효력을 다투지 못하게 하는 것이다. 이는 절차적 효력의 문제일 뿐이다. 따라서 소송절차가 아닌 소송행위의 내용이나 소송상 주장의 당부 등은 책문권과 무관하다[35].

특히 증거능력과 관련하여 살펴볼 때, 민사소송에서는 원칙적으로 증거능력의 문제가 없기 때문에[36] 책문권을 포기하더라도 절차적 하자의 효력 유무만 문제되지 위법한 소송절차를 통해 수집한 증거의 증거능력에 어떤 영향을 주는지의 문제가 발생할 여지가 거의 없다. 그러나 증거능력의 문제를 증거법에서 가장 중요한 문제로 다루고 있는 형사소송에서는[37] 상황이 전혀 다르다. 법원이 위법하게 소송절차를 진행하고 그 과정에 증거를 수집하였다면 절차에 대한 책문권을 포기함으로써 위 증거에 증거능력을 부여할 수 있는지가 문제되는 것이다.

토지관할에 위반하거나 제1회 공판기일 유예기간을 두지 아니하고 열린 공판기일에서 수집된 증거의 경우에는 그 절차적 위법이 증거수집상의 위법으로 연결된다고 보기 어려우나[38], 반대당사자의 참여권이나 반대신문권이 보장되지 아니한 상태에서 증인신문이 이루

---

35) 이시윤, 앞의 책, 380면; 정동윤/유병현/김경욱, 앞의 책, 410면; 앞의 주석 민사소송법(Ⅱ), 232면 등.
36) 이시윤, 앞의 책, 476면 등. 다만 민사소송법에서도 위법(특히 기본권이나 인격권을 침해한 정도의 중대한 위법)하게 수집한 증거에 대하여는 증거능력을 부정하여야 한다는 견해와 판례가 없지 않으므로(상세한 내용은 이시윤, 앞의 책, 477면; 호문혁, 민사소송법(제14판), 법문사, 2020, 521-527면 참조), 이제는 증거능력의 문제가 형사소송의 전유물이라 하기는 어렵게 되었다. 다만 이 글에서는 이에 관한 더 깊은 논의를 피하기로 한다.
37) 이 때문에 형사소송법 제307조부터 제318조의2까지 증거에 관한 조문 중 2-3개 외에는 모두 증거능력에 관한 규정이다.
38) 형사소송법 제320조, 앞에서 언급한 대법원 1962. 11. 22. 선고 62도155 판결 참조.

어진 경우에는 그 절차적 위법이 증거수집상의 위법으로 직결된다고 보아야 할 것이다. 결론부터 말하자면, 전자의 경우에는 책문권 상실에 의하여 절차적 하자가 치유되면 그 과정에 수집된 증거의 증거능력에는 아무런 영향이 없으나, 후자의 경우에는 설혹 책문권이 상실되고 절차적 하자가 치유된다고 하더라도 그 과정에 수집된 증거의 증거능력은 회복될 수 없다고 보아야 할 것이다[39]. 왜 그런 차이가 발생할까?

2. 책문권 상실과 증거동의 제도의 조화

형사소송법 제318조는 증거능력 없는 증거에 대하여 당사자가 동의하고 법원이 진정한 것으로 인정하면 증거로 사용할 수 있다고 규정하고 있다. 민사소송에는 증거동의 제도가 없지만[40] 형사소송에는 증거동의 제도가 있기 때문에 당사자도 증거동의의 방법으로 증거능력을 부여할 수 있는 것이다. 그런데 증거동의 없이도 책문권 상실 법리을 통해 증거능력을 회복할 수 있다고 본다면 증거동의 제도를 따로 둔 형사소송법의 취지와 정면으로 충돌한다. 위 제318조가 증거동의라는 적극적 의사표시를 통해서만 증거능력 회복을 허용할 뿐 책문권 불행사와 같은 소극적 방치로 인한 증거능력의 회복을 허용하지 않는다는 의미라고 해석되기 때문이다.

특히 증거동의의 본질을 반대신문권 포기로 보는 다수설의 입장에서는 증거동의의 대상이 전문증거에 한정되므로[41] 위법수집 증거는 처음부터 증거동의의 대상이 되지 못한다. 따라서 절차에 관한 임의규정을 위반하여 증거를 수집하거나 조사한 경우 그 증거는 위법수집 증거로서 증거능력이 배제되고 증거동의의 대상도 되지 못한다고 보아야 한다. 결국 위법한 절차로 증거를 수집하거나 조사한 경우 비록 이 후의 사유로 책문권이 상실되었다고 하더라도 '절차적 하자의 치유'라는 효과가 발생할 뿐 그와 같이 수집된 증거의 증거능력까지 회복시켜 주는 효과는 전혀 인정할 수 없으며, 더 나아가 반대당사자가 증거동의 하더라도 마찬가지라는 것이 다수설의 당연한 논리적 귀결이라고 생각된다.

---

[39] 같은 취지로는 배종대/이상돈/정승환, 형사소송법, 홍문사, 2015, 386면, 493면.
[40] 민사소송에서 문서의 진정성립 인정은 형사소송에서의 증거동의와 비슷하지만, 민사소송에서는 증명력(또는 증거력)의 문제로 다룰 뿐 증거능력의 문제로 다루지 않는다는 점에서 형사소송과 차이가 있다. 이에 관한 상세한 내용은 졸고, "형사소송법의 시각에서 살펴본 민사소송법에서의 문서의 진정성립", 법학논집 제20권 제3호 (2016. 3.), 이화여자대학교 법학연구소 중 해당부분 참조.
[41] 이재상/조균석/이창온, 앞의 책, 697면 등.

증거동의의 본질을 반대당사자의 처분권의 행사로 보는 소수설의 입장에서는 위법수집증거도 일정 부분 증거동의의 대상이 될 수 있지만, 위배한 법규의 종류와 위법의 정도, 이로 인하여 침해되는 기본권의 종류와 크기 등의 비교 형량에 따라 동의의 허부가 결정된다[42]. 진술거부권, 영장주의, 변호인의 조력을 받을 권리 등 헌법적 기본권을 침해한 위법이나 강행법규 위반 또는 고의적 위법의 경우에는 증거동의로써 증거능력이 회복될 수 없지만, 그 밖의 임의법규에 대한 과실적 위법의 경우에는 증거동의로써 증거능력이 회복될 수 있다고 보는 것이다. 다만 이때의 증거동의는 법원에 대한 명시적 의사표시를 요하기 때문에 책문권의 불행사로 인한 상실과는 전혀 다른 의미라는 점에는 의문이 없다.

책문권 포기의 허부나 이로 인한 증거능력의 회복 여부는 수사과정과 재판과정의 절차적 위법에 대한 법원의 대처가 공평한지의 문제와도 직결된다. 대법원은 수사기관이 위법하게 수집한 증거에 대하여는 극히 예외적인 경우를 제외하고는 증거능력을 인정하지 않고[43] 원칙적으로 증거동의의 대상도 되지 않는다고 평가하면서[44], 법원 스스로 위법하게 절차를 진행하여 증거를 획득한 경우에는 책문권 이론을 폭넓게 적용하여 너무나 쉽게 증거능력의 회복을 허용하고 있다. 증인신문에서 반대당사자에게 참여권과 반대신문권을 부여하는 것이 얼마나 중요한 절차인지를 고려한다면 위와 같은 법원의 태도는 '남에게는 엄격하고 자신에게는 관대한 이중잣대'라는 비난을 면키 어려울 것으로 생각된다. 다만 처분권설에 의할 때 토지관할에 위반하거나 제1회 공판기일 유예기간을 두지 아니하고 열린 공판기일에서 수집된 증거의 경우에는 위법의 정도가 그리 중하지 아니하므로 형사사법정의와의 비교 형량을 통해[45] 또는 증거동의에 의해 증거능력이 회복될 수 있을 것이다. 이러한 해석은 증거능력 회복에 있어 위 참여권 배제 등과는 큰 차이가 있다.

3. 증거 재조사 결과에 의한 증거능력 부여

증거조사절차에서의 중대한 하자가 책문권 포기의 대상이 되지 아니한다고 하더라도 적

---

[42] 이에 대한 상세한 내용은 졸고, "형사소송에서의 증거동의", 인권과 정의 제349호(2005. 9.), 대한변호사협회 중 해당부분 참조.
[43] 대법원 2007. 11. 15. 선고 2007도3061 전원합의체 판결; 대법원 2009. 5. 14. 선고 2008도10914 판결; 대법원 2009. 12. 24. 선고 2009도11401 판결 등.
[44] 대법원 1983. 3. 8. 선고 82도2873 선고; 대법원 2010. 1. 28. 선고 2009도10092 등.
[45] 대법원 2007. 11. 15. 선고 2007도3061 전원합의체 판결 참조.

법절차에 따라 증거조사절차를 다시 진행한 경우 그 조사 결과에 대하여 증거능력이 부여될 수 있음에는 의문이 없다. 그와 같은 사례는 특히 상소심에서 증거조사절차의 하자를 이유로 원심을 파기하여 환송한 경우 자주 나타날 것으로 생각된다. 다만 이러한 경우 이전에 부적법하게 증거조사된 결과가 심증형성에 사실상 큰 영향을 줄 가능성을 배제할 수 없으며, 위와 같은 가능성을 합리적으로 차단하기 위해서는 가급적 재판부를 바꾸어 다른 법관으로 하여금 백지의 심경에서 심증을 형성하도록 하는 배려가 필요할 것으로 생각된다.

V. 나가며

대상판결과 참고판결1, 2에서 증거조사절차에 위법이 있더라도 피고인 또는 변호인이 '별 의견이 없다'는 등의 의사표시를 하거나 즉시 이의하지 아니한 경우, 대법원은 책문권을 포기한 것으로 보아 절차상 하자가 치유되었다고 볼 뿐만 아니라 그 과정에 수집한 증거의 증거능력도 인정하는 태도를 보여주고 있다. 다만 비교판결1, 2, 3에서는 증거조사절차상 위법이 중대하다고 판단하여 책문권 이론의 적용을 배제할 뿐만 아니라 그 과정에 수집한 증거의 증거능력도 배척하고 있다.

그러나 근거도 밝히지 아니한 채 너무 넓게 책문권 이론을 적용하는 것과 절차상 하자의 치유 뿐만 아니라 증거능력 회복도 책문권 포기·상실의 효과로 보는 대법원의 태도는 적법절차 원리나 피고인의 절차적 기본권 보호 등 형사소송의 특성을 전혀 고려하지 아니한 결과로서 책문권 이론 자체와도 맞지 않다. 피고인의 증거조사 참여권, 특히 대상판결과 참고판결들이 다루고 있는 증인신문절차에 참여하고 반대신문을 할 수 있는 피고인의 권리는 방어권의 핵심적인 내용으로서 이를 침해하였다면 중대한 위법이라 아니할 수 없고, 그 결과 수집된 증거는 증거능력이 부정되어야 할 뿐만 아니라, 책문권의 포기나 증거동의로서도 증거능력이 회복될 수도 없다고 보아야 할 것이다. 향후 형사소송법에 특유한 책문권 이론을 정립하고 발전시켜 나가는 한편 형사소송법 개정을 통하여 그 법적 근거를 마련하는 것이 필요하다고 생각된다.

구성요건 요소인 '정당한 사유' 유무의 입증에 관한 소고

○대상판결 : 대법원 2018. 11. 1. 선고 2016도10912 전원합의체 판결(다수의견)

병역법 제88조 제1항은 국방의 의무를 실현하기 위하여 현역 입영 또는 소집통지서를 받고도 정당한 사유 없이 이에 응하지 않은 사람을 처벌함으로써 입영기피를 억제하고 병력구성을 확보하기 위한 규정이다. 위 조항에 따르면 정당한 사유가 있는 경우에는 피고인을 벌할 수 없는데, 여기에서 정당한 사유는 구성요건해당성을 조각하는 사유이다. 이는 형법상 위법성조각사유인 정당행위나 책임조각사유인 기대불가능성과는 구별된다.

정당한 사유가 없다는 사실은 범죄구성요건이므로 검사가 증명하여야 한다. 다만 진정한 양심의 부존재를 증명한다는 것은 마치 특정되지 않은 기간과 공간에서 구체화되지 않은 사실의 부존재를 증명하는 것과 유사하다. 위와 같은 불명확한 사실의 부존재를 증명하는 것은 사회통념상 불가능한 반면 그 존재를 주장·증명하는 것이 좀 더 쉬우므로, 이러한 사정은 검사가 증명책임을 다하였는지를 판단할 때 고려하여야 한다. 따라서 양심적 병역거부를 주장하는 피고인은 자신의 병역거부가 그에 따라 행동하지 않고서는 인격적 존재가치가 파멸되고 말 것이라는 절박하고 구체적인 양심에 따른 것이며 그 양심이 깊고 확고하며 진실한 것이라는 사실의 존재를 수긍할 만한 소명자료를 제시하고, 검사는 제시된 자료의 신빙성을 탄핵하는 방법으로 진정한 양심의 부존재를 증명할 수 있다. 이때 병역거부자가 제시해야 할 소명자료는 적어도 검사가 그에 기초하여 정당한 사유가 없다는 것을 증명하는 것이 가능할 정도로 구체성을 갖추어야 한다.

Ⅰ. 들어가며

'정당한 사유 없이' 또는 '정당한 이유 없이'라는 표현은 입법 기술상 흔히 사용되는 방법으로서 형벌규정 중에 구성요건 형식으로 다수 존재한다. 형법에도 제103조 제1항(전시 군수계약 불이행죄), 제117조 제1항(전시 공수계약 불이행죄), 제121조(전시 폭발물 제조 등 죄), 제122조(직무유기죄), 제145조 제2항(집합명령 위반죄) 등이 있으며, 군형법 제18조, 제19조, 제24조, 제27조, 제28조, 제30조 제2항, 제35

조 제2호, 제3호, 제40조 등에도 있고(주로 직무나 지역 이탈, 직무유기 등 죄이다), 마약류 관리에 관한 법률 제63조 제1항 제12호, 제13호, 제14호, 제64조 제16호, 제17호, 제65조의2(주로 치료기관 이탈, 검사·치료보호 거부 등 죄이다[1])에도 있다. 이들은 대체로 부작위범이라는 특징이 있다. 병역법 제88조 제1항 역시 "현역입영 또는 소집 통지서(모집에 의한 입영 통지서를 포함한다)를 받은 사람이 정당한 사유 없이 입영일이나 소집일부터 다음 각 호의 기간이 지나도 입영하지 아니하거나 소집에 응하지 아니한 경우에는 3년 이하의 징역에 처한다(이하 생략)"이라고 규정하고 있다.

종래 대법원은 '양심의 자유가 국가 안전보장보다 우월한 가치가 아니므로 양심적 병역거부는 위 정당한 사유가 될 수 없다'는 취지로 판결하였고[2], 하급심에서도 양심의 자유에 기인한 병역거부 사안들에 대하여 유죄를 선고하는 경우가 많았다. 그러나 적지 않은 경우 양심의 자유는 위 정당한 사유에는 해당하지 않는다는 점을 전제로 하면서도 '양심의 자유에 기인하여 입영하지 아니하거나 소집에 불응한(이하 '소집불응'이라고 통칭하기로 한다) 자'에 대하여도 처벌하는 위 병역법 규정이 위헌이라는 논리로 무죄를 선고하였다. 이러한 접근방법은 결과적으로 위 병역법이 규정한 '정당한 사유 없이'라는 문언의 의미를 퇴색시키고 있다는 평가를 받아왔다. 더 나아가 "병역법 제88조 제1항을 합헌적으로 해석하면서도 '양심적 소집불응'은 위 병역법 소정의 '소집불응'이 아니라는 논리도 가능하기 때문에, 설령 위 병역법 규정이 '정당한 사유 없이'라는 문언을 사용하지 않았다고 하더라도 양심적 소집불응을 처벌하지 않는 결론이 얼마든지 가능하다"는 견해도 있다[3]. 그러나 위 병역법 규정은 소집불응을 처벌하고 있을 뿐 소집불응과 소집기피, 더 나아가 병역거부를 구분하여 규정하고 있지 않다. 따라서 위 병역법 규정을 위헌으로 보거나 위법성 또는 책임을 조각하는 방법이 아니라면 '정당한 사유 없이'라는 문언의 힘을 빌리지 않고는 양심적 소집불응자를 처벌하지 않는 논리를 도출하기가 어렵다고 생각된다.

그러던 중 대상판결이 선고되었고, 이후 몇몇 따름 판결도 선고되었다. 대상판결은 '양심적 병역거부'도 병역법 제88조 제1항 소정의 '정당한 사유'에 해당할 수 있다는 점 외에도 위 정당한 사유가 구성요건 요소이며, 피고인이 소명자료를 제시하고 검사가 이를 탄핵하는

---

1) 배상원, "양심적 병역거부와 병역법 제88조 제1항의 정당한 이유", 사법 제1권 제47호, 사법발전재단, 2019, 475면.
2) 대법원 2004. 7. 15. 선고 2004도2965 전원합의체 판결 등.
3) 배상원, 앞의 논문, 471면.

방법으로 입증할 수 있다는 취지를 판시하였다. 이 글에서는 병역법 제88조 제1항이 말하는 '정당한 사유'에 어떤 사유들이 포함되는지, 특히 종교적 신념에 기한 양심적 병역거부가 포함되는지 등에 대하여는 전혀 다루지 않는다. 그 대신 위 '정당한 사유'가 왜 위법성 요소가 아니라 구성요건 요소인지를 규명하고(Ⅱ), 그 입증 책임이 누구에게 부여되고 입증 방법은 어떠한지를 검토함으로써, 대상판결이 말하는 '피고인의 소명자료 제시 의무'와 '그에 대한 검사의 탄핵을 통한 입증'이 잘못된 입증방법이라는 점을 지적하면서 올바른 입증방법을 제시한 후(Ⅲ), 저자 나름의 결론으로(Ⅳ) 이 글을 맺으려고 한다.

Ⅱ. 정당한 사유의 범죄성립 체계상 지위

1. 정당한 사유가 구성요건 요소인지 위법성 요소인지

정당한 사유의 입증책임 분배와 입증방법을 검토하기 위해서는 먼저 정당한 사유가 병역법상 소집불응죄의 범죄성립요건 중 구성요건 요소인지 위법성 요소인지를 규명하여야 한다. 이는 어느 행위에 정당한 사유가 있는 경우 정상적 사회생활의 영역 내에 있다는 것인지, 일응 처벌의 대상되는 행위지만 예외적으로 부정적 평가를 면하는 것인지의 구별 문제이다. 구성요건이란 금지의 실질을 제시하는 것이기 때문에 구성요건해당성 배제사유로 취급되는 행위는 법으로 금지하는 실질이 없다는 의미, 즉 정상적 사회생활의 일부라고 볼 수 있는 경우가 되어 금지유형 자체에 해당하지 않는다. 반면 위법성 조각사유에 해당하는 행위는 법에서 내용적, 대상적으로 금지하는 실질에는 해당하지만, 그 실질의 금지성이 탈락하여 불법이 배제되는 것으로 평가되는 것이다[4].

'정당한 이유 없이'라는 규정에 특별한 의미가 없다고 보는 견해가 있다[5]. 모든 범죄에는 '정당한 사유 없이' 라는 조건이 붙어있는 것이고 그때의 '정당한 사유 없이'는 결국 위법성 조각사유라는 의미가 된다. 예컨대, 정당한 사유 없이 남을 때리지 마라, 정당한 사유 없이 남의 물건을 훔치지 마라, 정당한 사유 없이 남을 죽이지 마라 등이 되는 것이다. 이 견해에

---

4) 이때 '예외적으로 금지성이 탈락하는 것'이라고 표현하는 것은 부적절하다고 생각된다. 구성요건해당성 배제사유나 위법성조각사유나 모두 예외적이라는 점에서는 같기 때문이다.
5) 직무유기죄, 집합명령위반죄 및 전시 군수계약 불이행죄에서의 '정당한 이유 없이'는 원칙적으로 '위법하게'와 동일한 의미라고 보는 김일수/서보학, 새로쓴 형법각론(제8판), 박영사, 2015, 629면, 706면, 758면, 직무유기죄와 집합명령위반죄에서의 정당한 이유는 위법성 조각사유라는 임웅, 형법각론(제11정판), 법문사, 2020, 912면, 1004면 등이 이에 해당한다.

따르면 '정당한 이유 없이'라는 규정은 확인적, 주의적 규정에 불과하다.

그러나 대상판결을 포함한 다수 판결[6]들은 대체로 '정당한 사유'를 구성요건 요소로 보고 있고, 헌법재판소도 조세범처벌법 제10조 소정의 '정당한 사유' 해석과 관련하여 "입법자가 정당한 사유 있는 경우에는 처벌대상에서 제외하고 있다"고 판시함으로써[7] 같은 입장을 보여주고 있다. 이에 찬성하는 견해도 있다[8]. 대법원의 "쟁의행위로서의 파업이 언제나 업무방해죄에 해당하는 것으로 볼 것은 아니고, 전후 사정과 경위 등에 비추어 사용자가 예측할 수 없는 시기에 전격적으로 이루어져 사용자의 사업운영에 심대한 혼란 내지 막대한 손해를 초래하는 등으로 사용자의 사업계속에 관한 자유의사가 제압·혼란될 수 있다고 평가할 수 있는 경우에 비로소 그 집단적 노무제공의 거부가 위력에 해당하여 업무방해죄가 성립한다고 봄이 상당하다[9]. 이와 달리, 근로자들이 집단적으로 근로의 제공을 거부하여 사용자의 정상적인 업무운영을 저해하고 손해를 발생하게 한 행위가 당연히 위력에 해당함을 전제로 하여 노동관계 법령에 따른 정당한 쟁의행위로서 위법성이 조각되는 경우가 아닌 한 업무방해죄를 구성한다는 취지의 대법원 1991. 4. 23. 선고 90도2771 판결 등은 이 판결의 견해에 배치되는 범위 내에서 이를 변경한다"는 판결 표현[10]도 일정한 반대요건은 위법성 조각사유가 아니라 구성요건해당성 배제사유로 본다는 점에서 같은 맥락이라 할 수 있다.

한편, "대안적 수단이 없는 상황에서 양심의 결정에 따라 병역을 거부하는 것은 헌법이 보장하는 양심의 자유의 일환으로서 권리이기 때문에 양심적 소집불응은 병역기피죄의 구성요건해당성을 조각한다"는 견해도 있다[11]. 그러나 이는 적절하지 못한 논리라고 생각된다. 예컨대 생존권이 기본권이라 하더라도 타인의 살해 위협에 대응하여 가해하였다면 정

---

6) 대법원 2021. 8. 19. 선고 2020도16111 판결 등.
7) 헌법재판소 1999. 12. 23. 99헌가5 등 전원재판부 결정 등.
8) 배상원, 앞의 논문, 477면. 직무유기죄에서의 정당한 이유는 구성요건 표지라는 김성돈, 형법각론(제7판), 성균관대학교 출판부, 2021. 769면(다만 집합명령위반죄에서의 정당한 이유는 기대불가능성이라고 본다. 앞의 책, 843면), 직무유기죄에서 정당한 이유가 있으면 처음부터 범죄가 성립하지 않는다는 배종대, 형법각론(제12판), 홍문사, 2021. 677면도 같은 취지라고 생각된다.
9) 대법원 2014. 11. 13. 선고 2011도393 판결은 위 판결을 인용하면서 "(이러한 경우에만) 업무방해죄를 구성한다고 보는 것이 타당하다"고 설시함으로써 위 '업무방해죄 성립'이 '업무방해죄 구성'이라는 의미임을 명백히 한 바 있다.
10) 대법원 2011. 3. 17. 선고 2007도482 전원합의체 판결.
11) 이재승, "병역법 제88조 제1항의 '정당한 사유'의 의미", 경희법학 제53권 제3호, 경희법학연구소, 2018, 170면.

당방위로서 위법성을 조각할 뿐 구성요건해당성을 배제한다고 보지는 않는 것처럼, 기본권 수호라 하여 언제나 구성요건을 조각하는 것은 아니기 때문이다.

2. 구별의 의미와 효과

정당한 사유를 위법성 요소가 아닌 구성요건 요소로 보는 것은 어떤 의미가 있을까? 병역법 제88조 제1항과 같이 '정당한 사유 없이'라는 조건을 법률에 명시적으로 규정한 것은 당해 구성요건 자체의 특성상 이를 처벌할 수 없는 상황이 충분히 있을 수 있다는 것을 입법자들도 예상하고 있지만 이를 구체적으로 규정하기에는 어려움이 있는 경우의 입법 기술이라고 평가할 수 있다[12]. 이러한 상황은 단순히 '있을 수 있다'는 정도가 아니라 '실제로 상당수 있다'는 의미를 내포하고 있으며, 관련 정의의 최종적 실현을 입법이 아닌 사법에 위임한 것이라고 볼 수도 있다[13]. 대상판결 다수의견 중 "병역법에서 병역의무를 구체적으로 정하고 있고, 병역법 제88조 제1항에서 입영의무의 불이행을 처벌하면서도 한편으로는 '정당한 사유'라는 문언을 두어 입법자가 미처 구체적으로 열거하기 어려운 충돌상황을 해결할 수 있도록 하고 있다"는 표현도 같은 취지이며[14], 또 다른 판결[15]에서의 "정당한 사유는 구체적인 사안에서 법관이 개별적으로 판단해야 하는 불확정개념으로서, 실정법의 엄격한 적용으로 생길 수 있는 불합리한 결과를 막고 구체적 타당성을 실현하기 위한 것"이라는 표현도 마찬가지라고 생각된다.

여기에서 위법성 조각사유의 규정 방법과 비교해 볼 필요가 있다. 범죄 공통의 위법성 조각사유는 형법총칙에, 특정범죄 특유의 위법성 조각사유는 형법각칙 또는 형사특별법의 개별법규에 규정하고 있음은 주지의 사실이다. 형법총칙에 규정된 위법성 조각사유 중에는 정당방위, 긴급피난 등 구체적 사유도 있지만 정당행위와 같은 일반적 사유도 있다. 그런데 예컨대 명예훼손죄에서의 진실성과 공익성(형법 제310조), 낙태죄에서의 정당화 사유(모자보건법 제14조) 등에서 보는 바와 같이 형법각칙이나 형사특별법의 개별법규에 규정된 위법성 조각사유는 모두 구체적 사유이다. 그런데 특정범죄에 특유한 일반적 위법성 조각사유는 보기 어렵다. 물론 형법각칙이나 형사특별법의 개별 법규에서 일반적 위법성 조각사유로 규

---

12) 배상원, 앞의 논문, 479면 이하.
13) 배상원, 앞의 논문, 480면.
14) 배상원, 앞의 논문, 463면.
15) 대법원 2021. 8. 19. 선고 2020도16111 판결.

정할 수도 있겠지만, 특정범죄의 본질에서 비롯된 특유의 범죄성립 조각사유는 처음부터 위 특정범죄의 구성요건해당성을 배제하는 것으로 보는 것이 더욱 적절할 수 있다. 결국 위법성 조각사유가 다수 범죄에서 유형적으로 인정될 수 있는 일반적 예외상황이라고 한다면, 구성요건 배제사유인 정당한 사유란 특정범죄의 특성상 인정되는 특정범죄 특유의 포괄적 불법 조각사유인 것이다.

정당한 사유를 구성요건 요소로 보는 것과 위법성 요소로 보는 것은 그 해석에 있어 큰 차이를 가져온다. 정당한 사유를 구성요건 요소로 보면 예외단계의 판단이 아니라 원칙단계의 판단이기 때문에 이를 배제하는 사유가 그리 예외적인 것이 아니므로 좀 더 폭넓게 인정될 수 있다는 점을 전제로 하여, 가급적 피고인에게 유리한 방향으로 기능하도록 해석하여야 한다. 따라서 위법성이나 책임 조각단계에서 인정될 수 없는 사정이라 하더라도 정당한 사유로서 구성요건해당성을 배제할 수 있다[16]. 구성요건해당성 배제사유의 부존재 입증은 원칙적으로 금지되지 않은 것으로 추정되는 행위를 금지된다고 인정하는 단계의 것이므로 위법성 입증보다는 훨씬 더 강력할 것이 요구된다[17]. 이런 점에서 저자도 "정당한 사유는 병역의무의 이행능력과 관련된 객관적, 가치중립적인 사정으로 제한된다"고 보는 대상판결 소수의견에는 동의하지 않는다. 그런데 뒤에서 살펴볼 바와 같이 다수설이 위법성 조각사유의 입증과 관련하여 피고인에게 반증을 요구하는 반면 정당한 사유 유무에 대하여는 피고인에게 소명자료 제시를 요구하는 것이 위 논리와 조화되는지는 심히 의문이다.

정당한 사유를 구성요건 요소로 볼 때와 위법성 요소로 볼 때, 착오의 효과에 있어서 어떤 차이가 있는지도 검토할 필요가 있다. 만일 정당한 사유를 위법성 요소로 본다면 규범평가적 착오이므로 당연히 일반적인 위법성 착오가 되어 착오에 정당한 이유가 인정되는 경우에만 책임이 조각된다(형법 제16조). 한편 정당한 사유를 구성요건 요소로 본다 하더라도 사실적 요소가 아닌 규범적 요소가 된다는 점은 긴 논증을 거치지 않더라도 명백하다[18]. 따

---

[16] 배상원, 앞의 논문, 480면 이하.
[17] 배상원, 앞의 논문, 484면.
[18] Beling은 구성요건은 몰가치적이라고 보아 위법성과의 관계를 단절하였으나, M. E. Mayer를 거치면서 구성요건은 위법성의 인식근거가 되면서 거리가 가까워졌다. 심지어 Mezger는 구성요건은 위법성의 존재근거가 된다고까지 보았다. 그 과정에 M. E. Mayer는 구성요건 요소 안에도 규범적 요소가 있음을 주장하였고 이러한 견해는 지금도 일반적으로 받아들여지고 있다. 상세한 내용은 김상오, "적극적 위법성요소", 형사법연구 제34권 제3호, 한국형사법학회, 2022, 115면 이하 참조.

라서 이에 대한 착오(예컨대 싸움을 싫어하는 성격이면 언제나 소집에 불응해도 처벌되지 않을 것이라고 오판한 경우)는 구성요건 영역의 규범평가적 착오가 될 것이다[19]. 이런 경우라면 형법 제16조를 유추적용하여 위법성 착오와 거의 동일한 효과가 발생한다는 견해가 일반적이다[20]. 이에 따르면 결과에 있어서는 정당한 사유를 위법성 요소로 보는 것과 차이가 없게 된다.

"대법원은 대상판결에서 정당한 사유가 있으면 구성요건해당성이 배제된다고 보았지만, 정당한 사유가 인정된다고 해서 소집불응이 부정되는 것은 아니며, 만일 객관적 구성요건 요소라면 고의의 인식대상이 되어야 하기 때문에 착오 문제를 해결하기 어려워진다. 구성요건적 착오는 정당한 사유 유무를 불문하고 인정되기 때문이다"고 보는 견해도 있다[21]. 그러나 정당한 사유가 인정된다면 자연적으로는 소집불응으로 보인다 하더라도 규범적으로는 不입영 또는 소집불응이 아닌 것이다. 이것이 구성요건해당성 배제의 효과이다. 예컨대 공무원 아닌 자가 돈을 받았더라도 '뇌물을 받은 것'은 아닌 것과 마찬가지이다. 위 견해는 일단 소집불응은 맞지만 금지성이 탈락하는 위법성 조각과는 다르다는 점을 간과한 것으로 보인다. 또 앞에서도 살펴본 바와 같이 객관적 구성요건 요소 중 사실적 요소만이 고의 인식의 대상이기 때문에, 규범적 요소를 인식하지 못한 경우에는 일단 구성요건적 고의는 인정되고 제16조 유추적용으로 不인식(즉 착오)에 정당한 사유가 인정되면 책임이 조각될 뿐이다. 따라서 정당한 사유를 (객관적) 구성요건 요소로 본다고 하더라도 착오와 관련하여 큰 혼란이 발생하지는 않는다[22].

정당한 사유가 구성요건 요소인지 위법성 요소인지의 문제를 양해와 승낙의 구별 문제와 대비하기도 한다. 상대방의 동의라는 점에서 외형은 비슷하나 그 법적 효과는 구성요건해당성이 배제되는지 위법성이 조각되는지로 구별된다는 점에서 정당한 사유의 문제와 비슷

---

19) 물론 정당한 사유의 기초되는 사실 자체에 착오가 있다면 사실인식적 착오가 되겠지만, 정당한 사유에 대한 착오란 일반적으로는 기초되는 사실 자체는 제대로 인식하였으면서도 그 규범평가에 착오가 있는 경우를 말한다. 실제로 정당한 사유의 기초되는 사실의 착오는 예를 만들기도 쉽지 않아 보이므로 이 글에서는 논외로 한다.
20) 김성돈, 형법총론(제8판), 성균관대학교 출판부, 2022, 239면 등.
21) 김상오, 앞의 논문, 118면, 119면.
22) 김상오 변호사 자신도 규범적 구성요건의 기초가 되는 사실에 대한 착오는 구성요건적 착오로, 그러한 사실로부터 규범을 도출하는 과정의 착오는 금지착오로 해결하는 것이 일반적 견해라고 인정하지만, 그러한 이분적 해결방식이 인정되는 명백한 근거가 제시되지 못하는 점을 지적하면서 정당한 사유를 '적극적 위법성요소'로 파악하자는 주장을 전개하였다(김상오, 앞의 논문, 121면 이하). 그런데 위 주장이 규범적 구성요건 요소 이론(그 착오론 포함)보다 더 적절한지는 의문이다.

한 것은 사실이다. 다만 양해는 주거침입죄, 절도죄, 강간죄 등과 같이 법익주체의 자유로운 자기결정권이 구성요건 해석의 전제가 되는 경우에 성립한다는 견해가 일반적이다[23]. 그러나 병역법 제88조 제1항 소정의 정당한 사유는 자유로운 자기결정권 문제와는 무관하고, 오히려 구성요건해당성을 배제할 포괄적 사유가 있을 수 있다는 점 때문에 구성요건 요소로 규정한 것이다. 이런 점에서는 정당한 사유와 양해는 양상이 전혀 다르다.

Ⅲ. 정당한 사유 유무의 입증

1. 입증책임 분배

조세범처벌법 제10조 소정의 정당한 이유와 관련하여 대법원은 입증책임이 검사에게 있다고 판시하였는데[24], "이로써 대법원은 정당한 사유가 위법성이 아닌 구성요건 요소라는 점을 명확히 하였다"고 보는 견해도 있다[25]. 그러나 이에는 동의하기 어렵다. 구성요건 요소뿐만 아니라 위법성이나 책임도 입증책임은 검사에게 있기 때문이다. '위법성이 아닌 구성요건 요소라는 점을 명확히 한 것'이라는 표현이 '위법성과 같이 사실상 추정되지 않고 검사가 적극적으로 입증하여야 한다'는 의미인지는 모르겠으나, 그렇게 선해(善解)한다고 하더라도 뒤에서 살펴볼 바와 같이 저자는 '위법성은 사실상 추정된다'는 통설적 견해에 반대하고 있을 뿐만 아니라 정당한 이유에 대하여는 '피고인에게 선(先) 소명의무가 있다'는 대상판결의 취지와도 맞지 않다.

대상판결의 다수의견은 "정당한 사유가 없다는 사실은 구성요건 요소이므로 검사가 증명하여야 하지만, 그 부존재를 증명한다는 것은 현실적으로 거의 불가능한 반면 그 존재를 주장·증명하는 것이 좀 더 쉬우므로, 그 존재를 주장하는 피고인이 구체적 소명자료를 제시하고 검사는 그 신빙성을 탄핵하는 방법으로 그 부존재를 증명할 수 있다"고 판시하였다[26]. 피고인의 입증이 더 쉬우므로 피고인이 무죄를 입증하여야 하고 검사는 이를 탄핵만 하면

---

23) 상해죄 등 승낙의 대상이 되는 범죄는 피해자의 법익 뿐만 아니라 사회공동의 생활이익을 침해한다는 견해도 적지 않으나, 상해죄에서의 사회공동의 생활이익이 주거침입죄나 절도죄의 경우와 어떻게 다른지는 의문이다.
24) 대법원 2000. 10. 27. 선고 2000도2858 판결.
25) 김찬돈, "조세범처벌법 제10조 소정의 '정당한 사유'의 의미 및 그 입증책임의 소재", 법조 제51권 제2호, 법조협회, 2002, 192면.
26) 대법원은 양심상의 이유로 예비군훈련을 거부한 사안에 대하여도 위 법리를 동일하게 적용하였다. 대법원 2021. 1. 28. 선고 2018도4708 판결.

유죄가 된다는 논리인데, 결론의 당부를 떠나서 논리 자체가 대단히 부적절하다고 생각된다. 위 논리는 민사소송법에서의 위험영역설(또는 증거거리설)을 상기시킨다. 위험영역설이란 위험을 발생시킬 수 있는 사실상·법률상 수단이 가해자의 지배 하에 있는 경우 피해자는 손해의 원인이 가해자의 위험영역 안에서 발생하였다는 점만 입증하면 가해자가 손해발생 요건의 부존재를 입증하여야 한다는 견해로서, 피해자는 증명이 사실상 곤란한 상황에 있는 반면 가해자측이 사실관계를 용이하게 증명할 수 있는 경우라면 가해자에게 반대의 입증책임을 부여하는 것이 오히려 정의의 요청에 부합한다는 이념에 기초한다[27]. 그러나 형사소송에서는 그러한 논리가 적용될 수 없다. 민사소송에서와 달리 우리나라를 포함하는 대륙법계 형사소송에서는 구성요건 해당사실의 존재는 물론이고 위법성·책임 조각사유(민사소송으로 말하면 권리 장애 또는 소멸사실에 해당할 것이다)의 부존재에 대하여도 검사에게 엄히 입증책임이 부여되어 있는데, 만일 형사소송에서 위험영역설을 적용하려 한다면 그에 앞서 위법성과 책임 조각사유의 존재에 대하여 피고인에게 입증책임을 부여하여야 할 것이다. 결국 검사에게는 어렵고 피고인에게 쉽다고 하여 대륙법계 형사소송법의 입증책임 분배에 관한 대원칙을 깨고 피고인에게 1차적인 입증책임인 소명자료 제출의무를 부여하고 검사에게는 이에 대한 탄핵 책임만 부여한다는 것은 법리적 근거도 없고, 정의롭지도 않다.

그런데 대법원은 성충동 약물치료법 제35조 제2항 소정의 정당한 사유와 관련하여 "성충동 약물치료법 제10조 제1항 제1호는 '성충동 약물치료 명령을 받은 사람은 치료기간 동안 보호관찰관의 지시에 따라 성실히 약물치료에 응하여야 한다'고 규정하고, 제35조 제2항은 '이 법에 따른 약물치료를 받아야 하는 사람이 정당한 사유 없이 제10조 제1항 각호의 준수사항을 위반한 때에는 3년 이하의 징역 또는 1천만 원 이하의 벌금에 처한다'고 규정한다. 정당한 사유는 구체적인 사안에서 법관이 개별적으로 판단해야 하는 불확정개념으로서, 실정법의 엄격한 적용으로 생길 수 있는 불합리한 결과를 막고 구체적 타당성을 실현하기 위한 것이다. 정당한 사유는 구성요건해당성을 배제하는 사유로, 정당한 사유가 없다는 사실을 검사가 증명하여야 하고, 이는 형법상 위법성 조각사유인 정당행위나 책임 조각사유인 기대불가능성과는 구별된다(대법원 2018. 11. 1. 선고 2016도10912 전원합의체 판결 참조). 준수사항 위반행위에 정당한 사유가 있는지 여부를 판단할 때에는 성충동 약물치료법의 목적과 기능 및 준수사항 위반에 대한 같은 법 제35조 제2항의 입법 취지를 충분히 고려하면서, 피고인이 준수사항을 위반하게 된

---

27) 이시윤, 신형사소송법(제17판), 박영사, 2024. 570면; 김홍엽, 민사소송법(제11판), 박영사, 2023, 711면 등 참조.

구체적인 동기와 경위, 준수사항을 위반함으로써 발생한 결과 등을 종합적으로 고려하여 구체적인 사안에 따라 개별적으로 판단하여야 한다"고 판시하였는데[28], 대상판결을 인용하여 '정당한 사유 없다는 점에 대하여 검사에게 입증책임이 있다'는 점을 설시하면서도 대상판결과는 달리 피고인에 대한 반대사실 소명책임에 대하여는 전혀 언급하고 있지 않다. 왜 대상판결과 다른 태도를 보였는지는 의문이다. 사안의 구체적 내용을 알 수는 없으나, 혹 소명책임이라는 법리에 부담을 느낀 것일까?

한편 대상판결에서 소수 대법관은 "양심적 병역거부에 있어 보호대상이 되어야 할 '진정한 양심'은 병역의무의 이행이 강제되는 상황에 직면함으로써 외부로 표출되기 이전에 내심의 영역에서 형성·결정되어 있던 절대적 자유의 대상으로서의 양심이 되어야만 하는데, 이러한 의미의 '진정한 양심'은 논리적으로 그 주체의 주관적인 관점에서 판단될 수 밖에 없다. '진정한 양심'은 객관적으로 잘 드러나지 않을 뿐만 아니라 경험칙상 본인조차도 제3자로 하여금 그 존재 사실을 알게 하는 것이 결코 쉽지 않기 때문에 이는 내심의 영역에만 머물던 것으로서 그 존부에 대해 객관적인 재현이나 증명, 반증이나 탄핵 자체가 대단히 어려워 객관적인 증명의 대상으로는 적절치 않다"는 취지로 반대의견을 제시하였다. 그러한 추상적인 사유는 정당한 사유에 포함시키기 어렵고, 결국 증명이 어려우므로 무죄사유로 고려할 수 없다는 의미로 보인다. 그러나 증명이 어렵다고 무죄사유가 될 수 없다는 견해 역시 저자로서는 동의하기 어렵다. 형사소송에서 입증되어야 하는 것은 유죄 사실이지 무죄 사실의 부존재가 아니기 때문이다.

다만 위와 같은 입증의 어려움이 소송의 현실인 것만은 분명하다. 이런 문제는 비단 '정당한 사유' 유무의 입증에서만 발생하는 것이 아니라 위법성, 책임, 소송법적 사실 등의 입증에서도 거의 비슷하게 발생한다. 이 때문에 위법성과 책임의 입증에서는 사실상 추정과 반증 논리를, 소송법적 사실의 입증에서는 자유로운 증명 논리를 사용하여 그 해결을 시도하고 있는 것이 일반적 견해이다. 저자도 그와 같은 시도의 취지에는 충분히 공감하나, 위 해결방법은 적절하지 못하다고 생각한다[29].

---

28) 대법원 2021. 8. 19. 선고 2020도16111 판결.
29) 위법성과 책임에 대한 사실상 추정과 반증 논리에 대하여는 졸고, "형사소송에서 입증책임과 쟁점형성책임에 관한 실무적 고찰", 형사소송 이론과 실무 제9권 제2호, 한국형사소송법학회, 2017, 해당부분 참조. 소송법적 사실에 대한 자유로운 증명 논리에 대하여는 졸고, "증거재판주의의 의미와 엄격한 증명, 자유로운 증명", 법학

2. 쟁점형성 책임

위와 같은 문제를 해결하기 위해서는 '쟁점형성 책임'이라는 법리가 필요하다. 여기에서는 요점만 간략히 설명하기로 한다. 구성요건해당성이 입증되면 위법성과 책임은 사실상 추정되고 피고인은 반증으로 위 추정을 깨뜨릴 수 있다는 견해(이 글에서는 '사실상 추정설'이라고 부르기로 한다)가 통설적이다[30]. 그러나 위법성과 책임은 추정의 대상인 '사실'이 아닌 평가적 개념이며, 특히 책임(예컨대 책임능력을 생각해 보라)은 구성요건해당성이 입증된다고 하여도 사실상 추정된다고 볼 아무런 이유가 없으며, 반증이란 입증책임 없는 자가 본증에 의한 입증을 깨뜨리기 위해 제출하는 증거이므로 검사가 위법성과 책임에 대한 입증을 하기도 전에 피고인에게 '먼저 반증을 제출하라'는 것은 법리에도 맞지 않기 때문에 통설의 위 설명은 옳지 않다.

구성요건해당성은 피고인측의 반대 주장이 없어도 (설령 피고인이 자백한다고 하더라도) 검사가 입증하여야 한다. 그러나 위법성과 책임, 소송법적 사실은 (이 역시 검사에게 궁극적인 입증책임이 있는 것은 맞지만) 피고인이 전혀 다투지 않고 법원도 의문을 제기하지 않는데 검사에게 그 조각사유 없음 또는 해당 없음을 예상 가능한 모든 사유마다 일일이 입증하라고 요구하는 것은 실익도 없고(피고인의 입장에서도 마찬가지이다), 형사사법정의의 실현에 도움이 되지도 않는다. 따라서 이러한 점에 대하여는 피고인이 구체적 주장으로 다투거나 법원이 의문을 제기하는 경우에만 검사에게 현실적인 입증을 요한다고 이론구성 하는 견해가 있는데, 이를 '쟁점형성 책임론'이라 한다. 이 견해는 사실에 대하여 다툼이 있는 경우에만 당사자가 입증하고 법원이 판단하는 것이 모든 재판의 본질이라는 일반 법원리에서 그 근거를 찾는다[31].

쟁점형성 책임론은 1980년대 일본에서 '일정한 경우 입증책임과 소송추행책임을 분리해서 생각하여야 한다'는 발상에서 출발하였는데[32], 최근에는 그 논의 진행이 주춤한 상태라고 한다. 우리나라에서는 쟁점형성 책임론을 거론하는 분이 많지 않지만, 형사재판 실무에서는 사실상 쟁점형성 책임론이 실현되고 있다고 보는 것이 저자의 판단이다. 예컨대 검사

논총 제17권 제1호, 조선대학교 법학연구원, 2010, 해당부분 참조.
30) 신동운, 신형사소송법(제5판), 법문사, 2014, 1120면 등.
31) 다만 구성요건해당성은 피고인이 다투지 않더라도 검사의 입증을 요하는데, 이는 실체적 진실발견이라는 형사소송의 특수한 이념에 기인한다.
32) 일본에서도 통설인 사실상 추정설에 반대하여 주장된 법리라는 점에서 그와 상황이 거의 같은 우리나라에서도 좋은 참고가 될 것으로 생각된다.

가 법정에서 피고인의 구타사실만 입증하지 특별히 문제되기 전까지는 정당방위에 해당하지 않고, 긴급피란도 아니며, 심신상실상태도 아니었고, 강요된 행위도 아니며, 공소시효도 완성되지 않았고, 친고죄도 아니라는 등의 온갖 위법성·책임 조각사유나 소송조건 흠결 사유 없다는 점에 대하여 일일이 입증하지 않으며, 법원도 검사가 위 입증책임을 다하지 않았다고 하여 무죄나 면소, 공소기각을 선고하지도 않는다. 이것이 바로 쟁점형성 책임론이 실현된 상태이다. 위법성이나 책임 조각사유 있음에 대하여 피고인에게 반증 의무가 아닌 주장 의무만 있고, 설령 피고인이 주장하지 않더라도 법원이 의문만 제기해도 검사에게 현실적인 입증책임이 발생한다는 점에서 기존의 사실상 추정설과 차이가 있다.

그런데 구성요건 요소인 '정당한 사유 없음'이라는 요소는 소극적 사실로서 그 가능성의 영역과 방향이 너무나 방대하고 다양하여 검사가 처음부터 모든 가능성을 차단하는 입증을 하는 것은 사실상 불가능에 가깝고, 그렇게 입증을 요구할 실익(피고인의 입장에서도 마찬가지이다)도 없으며, 형사사법정의의 실현에 도움이 되지도 않는다. 따라서 정당한 사유 유무에 대하여도 위 쟁점형성책임론을 적용하여 피고인이 구체적으로 특정 사유에 기초하여 정당한 사유 있었음을 주장하는 경우에만 검사에게 그 특정 사유를 중심으로 정당한 사유 없음을 현실적으로 입증하도록 책임을 부여하는 것이 가장 합리적이고도 정의로운 입증책임 분배가 될 것이다.

더 나아가 정당한 사유 없음은 위법성 조각사유가 아닌 구성요건 배제사유로서, 당해 구성요건 자체의 특성상 처벌할 수 없는 상황이 충분히 있을 수 있는 점, 그러한 행위가 정상적 사회생활의 영역 내에 있는 점, 예외적 불벌이 아니라 법으로 금지하는 실질이 처음부터 없었다는 점 등을 고려하면(법에 무지한 피고인이 정당한 사유 있는 경우에는 소집불응이 아니라는 점 자체를 알지 못하여 이를 주장하지 아니하는 경우도 있을 수 있으므로) 법원은 피고인의 주장만 기다릴 것이 아니라 피고인에게 소집에 불응한 특별한 이유가 있는지 등을 적극적으로 물어 피고인이 정당한 사유를 주장할 수 있는 기회를 실질적으로 보장할 필요가 있다고 생각된다.

3. 소명에 대한 일반적 검토

대상판결은 "피고인이 병역거부가 절박하고 구체적인 양심에 따른 것이며 그 양심이 깊고 확고하며 진실한 것이라는 사실의 존재를 수긍할 만한 소명자료를 제시하고, 검사는 제시된 자료의 신빙성을 탄핵하는 방법으로 진정한 양심의 부존재를 증명할 수 있다"고 하면서 "피고인이 제시해야 할 소명자료는 적어도 검사가 그에 기초하여 정당한 사유가 없다는 것을 증명하는 것이 가능할 정도로 구체성을 갖추어야 한다"라고 판시하였다. 위 판결 내용이 정당한 사유의 존부가 '소명 대상'이라는 의미인지 아니면 '소명할 자료를 제출하라'는 의미일 뿐인지 불명한데, 아래에서 살펴볼 바와 같이 어느 쪽이든 적절하지 않다.

소명이란 법관이 증명보다 낮은 정도의 개연성을 얻은 상태 또는 그와 같은 상태에 이르도록 증거를 제출하는 당사자의 노력을 말하는데, 법률에 특별한 규정이 있는 경우에만 허용된다[33]. 먼저 소명의 대상은 절차상의 파생적·부수적 사항이면서 신속처리를 요하는 사항인데, 기피 사유[34], 증언거부 사유[35], 증거보전 사유[36], 제1회 공판기일 전 증인신문 사유[37], 공판준비기일(또는 변론준비기일) 종결 후의 증거신청 사유[38], 상소권회복 사유[39], 소송비용 확정[40], 가압류·가처분 허부[41] 등이 이에 해당한다. 이 중에는 당사자 중 한쪽만 관여하는 편면적 절차에서의 사실인정인 경우가 많다[42]. 헌법재판소는 정정보도청구의 소와 같은 통상의 본안소송에서 증명을 배제하고 가처분절차(언론중재법 제26조 제6항)에 따라 간이한 소명만으로 청구를 인용할 수 있게 한 것은 공정한 재판을 받을 권리 침해가 되어 위헌이라고 판시한 바 있다[43].

소명에서 필요한 심증은 '증명보다 낮은 정도의 개연성'이라는 데에 이견이 없고, 구체적으로는 '일단 확실할 것이라는 추측'이라고 표현하는 견해가 많다[44]. 그러나 일단 확실할 것

---

33) 이시윤, 앞의 책, 480면; 김홍엽, 앞의 책, 603면; 정동윤/유병현/김경욱, 민사소송법(제9판), 법문사, 2022. 538면, 539면.
34) 형사소송법 제19조 제2항, 민사소송법 제44조 제2항.
35) 형사소송법 제150조, 민사소송법 제316조.
36) 형사소송법 제184조 제3항, 민사소송법 제377조 제2항.
37) 형사소송법 제221조의2 제3항.
38) 형사소송법 제266조의13 제1항 제2호, 민사소송법 제285조 제1항 제2호.
39) 형사소송법 제346조 제2항.
40) 민사소송법 제110조 제2항.
41) 민사집행법 제279조 제2항, 제301조.
42) 김종호, "보전소송에 있어서 소명책임과 본안소송에서의 증명의 정도에 관한 고찰", 법조 제67권 제3호, 법조협회, 2018, 140면, 167면.
43) 헌법재판소 2006. 6. 29. 2005헌마165 등 결정.
44) 이시윤, 앞의 책, 480면; 김홍엽, 앞의 책, 603면; 정동윤/유병현/김경욱, 앞의 책, 507면, 508면; 서승렬, "보전소송에 있어서의 소명", 재판실무연구(3), 한국사법행정학회, 2008. 139면; 정선주, "가처분절차에서 소명", 민사

이라는 추측은 '확신을 얻은 상태'를 의미하는 증명과 구별하기 어렵다. 따라서 '대개 그럴 것이라는 추측'이라는 표현[45]이 더 적절하다고 생각된다. 좀 더 구체적으로는 '부존재보다는 존재를 더 긍정하게 되는 상황', '주장사실을 반대하기 보다는 조금 더 긍정하게 되는 상황'이라는 표현을 사용하기도 한다[46]. 대법원 역시 "소명에 의하여 재판함은 법원의 심증정도를 경감하여 사건을 신속히 처리함에 목적이 있다"고 판시한 바 있다[47]. 다만 소명 대상 중 일부는 증명에 가까운 높은 정도의 심증[48]이 필요하다는 견해가 많고 실무의 태도도 그러한데[49], 이사 등의 직무집행정지 가처분 등 소위 '만족적 가처분'에서 그러하다[50].

소명에서 조사할 수 있는 증거는 '즉시 조사할 수 있는 증거'에 한정된다[51]. 예컨대 출석해 있는 증인, 당사자가 소지하고 있는 문서는 이에 해당하고, 변론이 열리지 아니하는 경우의 증인신문은 교호신문이 불가능하기 때문에 이에 해당되지 않는다. 서증도 양이 많아 당해 기일에 다 읽을 수 없는 것, 재정증인이라도 그 수가 너무 많아 당해 기일에 다 조사할 수 없을 정도라면 이에 해당되지 않는다는 견해가 많고[52], 다음 기일에 조사할 수 있는 증거방법도 이에 포함되지 않는다는 견해가 유력하다[53]. 즉시성이 주로 신청자의 이익을 위한 경우도 있지만(예컨대 보전소송에서의 소명) 공익적 측면이 강한 경우도 있는데(예컨대 기피 사유에 대한 소명), 전자의 경우라면 당사자간의 합의에 의하여 즉시성을 완화하는 것도 굳이 막을 필요는 없다는 견해가 유력하다[54]. 소명에서도 필요한 정도의 심증에 이르지 못한 때에는 입증책임의 분배가 문제된다[55]. 소명에서는 사용할 수 있는 증거방법이 제한되어 있을 뿐만 아니라 일방 당사자가 참가하지 못하는 경우가 많기 때문에 일반적인 증명에서의 입증책임 분배와는 다른

소송 제13권 제2호, 한국민사소송법학회, 2009, 243면.
45) 김종호, 앞의 논문, 153면 이하.
46) 정선주, 앞의 논문, 256면.
47) 대법원 1967. 5. 2. 선고 67다267 판결.
48) '고도의 소명' 또는 '준증명'이라고 부르기도 한다. 정선주, 앞의 논문, 267면, 268면.
49) 서승렬, 앞의 논문, 152면; 정선주, 앞의 논문, 256면.
50) 정선주, 앞의 논문, 265면.
51) 민사소송법 제299조 제1항. 다만 즉시 조사할 수 있는 증거가 없는 경우에는 보증금 공탁, 당사자 선서로써 갈음할 수 있다. 같은 조 2항.
52) 서승렬, 앞의 논문, 145면.
53) 정선주, 앞의 논문, 248면.
54) 정선주, 앞의 논문, 250면, 251면.
55) 소명에서 요구하는 증명도가 낮은 점을 고려하면 소명에서는 증명보다 진위불명 영역이 좁을 것이라는 견해가 일반적이지만(서승렬, 앞의 논문, 149면; 정선주, 앞의 논문, 257면), 즉시 조사 가능한 증거만 사용이 허용된다는 점을 고려하면 진위불명 영역이 오히려 넓을 수도 있으리라 생각된다.

원리가 적용되어야 한다는 견해도 있으나, 소명에서도 증명에서의 입증책임 분배와 동일하게 법률요건 분류설에 따라 분배함이 상당하다는 견해가 일반적이다[56].

소명의 증명도가 낮기 때문에 즉시 조사할 수 있는 증거로 제한하는 것이 아니라, 신속성이 요구되기 때문에 증명도를 낮추어서라도 입증 절차를 진행하는 것이다. 증명도를 소명으로 낮추고 증거방법을 즉시 조사할 수 있는 증거로 제한하는 것은 모두 소명의 본질인 신속성을 위한 것이다[57]. 그런데 신속성의 전제는 부수성이다. 만일 본안에서 입증하여야 할 사항이라면 아무리 신속성이 요구되더라도 증명도를 낮출 수도, 증거방법을 제한할 수도 없을 것이다. 더욱이 입증의 원칙은 '증명'이기 때문에 소명을 허용하는 경우에는 명문의 허용규정이 있어야 한다. 그런데 대상판결에서의 정당한 사유 유무의 입증에는 신속성이 요구되는 것이 아니라 오히려 신중함이 요구된다. 또한 '정당한 사유' 유무는 부수적 사항이 아니라 구성요건 해당 여부의 핵심적 내용이다. 더욱이 다른 소명 대상과 달리 명문의 법적 근거도 없다. 그런데 대상판결은 왜 피고인에게 소명자료 제시를 요구하였을까? 구성요건 요소인 정당한 사유 유무에 대하여 법적 근거도 없이 피고인에게 반증 책임이 아닌 소명의 책임을 부여하는 것이 적법한가? 혹은 합리적인가?

4. 대상판결이 말하는 소명자료 제시의 의미

통설은 범죄성립요건 사실, 즉 구성요건해당성, 위법성, 책임 요소인 사실은 증명 중에서도 엄격한 증명의 대상이지만, 구성요건해당성만 입증되면 위법성과 책임은 사실상 추정되므로 피고인에게 반증의 책임이 부여된다는 논리를 편다. 반증은 입증책임 없는 당사자가 제출하는 증거로서 이에 의하여 본증으로 형성된 법원의 확신이 흔들리기만 하면 불입증의 상태가 되고 다시 입증책임 있는 자에게 본증의 책임이 부여된다. 통설에 따르더라도 피고인이 위법성이나 책임에 대한 반증을 제출하고 이에 따라 법원의 확신이 흔들리면 검사는 그 부분을 본격적으로 증명하여야 한다.

앞에서도 살핀 바와 같이 병역법 제88조 제1항 소정의 정당한 사유를 구성요건 배제사유로 보는 이유는 특정 범죄에 대하여 그 범죄의 특성상 이를 처벌할 수 없는 상황이 충분히

---

[56] 서승렬, 앞의 논문, 150면; 정선주, 앞의 논문, 259면, 265면.
[57] 정선주, 앞의 논문, 263면.

있을 수 있다는 점을 입법자들도 예상하면서도 이를 구체적으로 규정하기 어려운 경우의 입법기술이기 때문이다. 정당한 사유를 구성요건 요소로 보는 경우 그 배제 사유의 부존재 입증은 원칙적으로 위법하지 않은 것으로 추정되는 행위를 위법하다고 인정하는 단계의 것이므로 위법성 입증보다는 훨씬 더 강력할 것이 요구된다. 그러함에도 위법성과 책임에 대하여는 피고인에게 반증을 요구하면서 구성요건에 대하여는 반증보다 훨씬 높은 증명도의 소명을 요구하는 것은 전혀 균형이 맞지 않다[58]. 대상판결은 정당한 사유를 구성요건 요소라고 판단하면서도, '구성요건해당성이 입증되면 위법성과 책임은 사실상 추정되므로 피고인이 반증을 제출하면 검사가 이를 뒤집는 본증을 한다'는 기존 통설의 논리의 틀을 그대로 정당한 사유 입증에 적용하고 있다. 어쩌면 구성요건 배제사유의 입증과 위법성 조각사유의 입증을 제대로 구별하지도 못하고 있는 것 아닌지 의문이다.

대상판결을 다시 한 번 세심하게 살펴보면, 피고인에게 정당한 사유 유무에 대한 '소명'을 요구한 것이 아니라 '소명자료 제시'를 요구하였다는 점과 피고인이 제시한 소명자료를 놓고 법원이 정당한 사유 있음이 소명되었는지를 판단하는 절차 없이 곧바로 검사로 하여금 위 자료의 신빙성을 탄핵하는 방법으로 정당한 사유 없음을 증명하게 하였다는 것을 알 수 있다. 어쩌면 '소명 요구'와 '소명자료 제시 요구'는 다른 의미일 수도 있다. 앞에서 살핀 바와 같이 정당한 사유 유무가 소명대상이 되어서는 아니된다면 대상판결이 말하는 소명자료 제시는 소명을 요구하는 것이 아니라 검사가 입증하여야 할 구체적 쟁점을 제시하되 말로만 주장하지 말고 '최소한의 구체적 자료와 함께 제시하라'는 취지라고 해석할 수도 있다. 결국 대상판결이 말하는 '소명'은 소송법적 의미의 소명이 아니라 국어적 의미의 일반적 소명(疏明), 즉 '까닭이나 이유를 밝혀 설명함'이라는 의미로 선해하는 것이 더 적절하다. 그렇다면 오해를 불러일으키기 쉬운 '소명'이라는 용어를 사용하지 말고 '정당한 사유 있음에 대한 구체적 자료를 제시하라'고 표현하는 것이 더 좋았을 것으로 생각된다.

그렇게 선해하거나 표현을 바꾸더라도 문제가 모두 해결된 것은 아니다. 피고인에게 주장이 아닌 구체적 자료를 제시하게 하는 것도 옳지 못하다. 피고인에게 '자료 제시'를 요구하는 것이 주장의 남용을 방지하는 효과는 있겠지만, 피고인에게 그렇게 요구할 법적 근거

---

[58] 만일 구성요건 배제사유에 대하여 피고인에게 소명을 요구하는 명문규정이 있다고 하더라도 이는 증거법 일반원칙에 반하여 피고인의 유죄를 추정하는 것이므로 위헌적이라 할 것이다.

는 없다. 피고인의 주장 남용은 양형으로 통제하여야 할 문제이지 입증책임 분배로 통제할 문제는 아니다.

더 나아가 검사로 하여금 피고인이 제시한 자료를 탄핵하는 방법으로 정당한 사유 없음을 증명하게 한다는 것도 옳지 못하다. 대상판결도 힘주어 말하듯이 정당한 이유 유무에 대하여 궁극적인 입증책임이 검사에게 있으므로 검사의 입증이 당연히 본증이다. 그런데 검사가 이를 적극적으로 입증하는 것이 아니라 피고인이 제시한 자료를 탄핵하는 방법으로 입증한다면 이를 본증이라 할 수 있을까? 탄핵이란 증거의 증명력을 다투는 것을 말하는데[59] 상대방이 제출한 증거를 탄핵하는 방법으로 반증이 이루어질 수는 있지만, 그와 같은 방법으로 본증이 이루어질 수는 없다. 예컨대 피고인이 반증으로 알리바이를 주장하는 경우 검사가 피고인이 주장한 알리바이만 탄핵하면 피고인이 현장에 있었다는 점이 입증된 것일까? 아니다. 피고인의 알리바이 주장이 허위라는 점은 피고인의 반증의 실패임과 동시에 피고인 주장은 믿기 어렵다는 '변론 전체의 취지'일 뿐 피고인이 현장에 존재하였다는 점에 대한 입증은 아니다. 민사소송과 달리 형사소송에서는 사실은 증거로 입증하여야지 변론 전체의 취지로는 입증할 수 없다[60]. 알리바이 탄핵과 별도로 검사는 피고인이 현장에 존재하였음을 적극적으로 입증하여야 한다. 따라서 피고인이 제시하는 자료를 탄핵하는 방법만으로 검사가 정당한 사유 없음을 입증할 수 있다는 것은 검사에게 부당하게 유리한 잘못된 입증방법이다. 검사는 피고인이 제시하는 자료를 탄핵하여 그것이 증명력 없다는 점을 입증하여야 함은 물론이고, 이에 더하여 피고인이 제시하는 자료와 관련하여 정당한 이유가 없음을 적극적으로 입증하여야 한다[61]. 입증대상이 소극적 사실인 경우 검사에게 주는 배려는 입증책

---

59) 신동운, 앞의 책, 1299면 등.
60) 민사소송법 제202조, 형사소송법 제307조 제1항 참조.
61) 대법원은 더 나아가 공직선거 및 선거부정방지법 제250조 제2항 소정의 허위사실 공표 사안에서 "어느 사실이 적극적으로 존재한다는 것의 증명은 물론 그 사실의 부존재의 증명이라도 특정기간과 특정장소에서의 특정행위의 부존재에 관한 것이라면 적극적 당사자인 검사가 이를 합리적 의심의 여지가 없이 증명하여야 할 것이지만, (중략) 어느 사실이 존재한다고 적극적으로 주장하는 사람은 그 존재를 수긍할 만한 소명자료를 제시할 부담을 진다고 할 것이며, 검사는 제시된 그 자료의 신빙성을 탄핵하는 방법으로 허위성을 입증할 수 있다고 할 것인데, 이때 제시하여야 할 소명자료는 단순히 소문을 제시하는 것만으로는 부족하고 적어도 허위성에 관한 검사의 입증활동이 현실적으로 가능할 정도의 구체성은 갖추어야 할 것이며, 이러한 소명자료의 제시가 없거나 제시된 소명자료의 신빙성이 탄핵된 때에는 허위사실 공표로서의 책임을 져야한다"고 판시하였는데(대법원 2018. 9. 28. 선고 2018도10447 판결), 구성요건 요소인 소극적 사실 전체에 대하여 대상판결과 같은 소명자료 제시 법리를 적용하였다고 볼 수 있다. 그러나 피고인이 제시한 소명자료만 탄핵하면 검사는 입증책임을 다한 것이라고 판단한 것은 매우 큰 잘못이라 생각된다.

임이 현실화되는 상황과 입증하여야 할 범위의 한정이지 입증 방법에서의 특혜나 입증 정도의 완화가 아니다.

Ⅳ. 나가며

이 글에서 저자는 병역법 제88조 제1항 소정의 정당한 사유는 구성요건 요소이기 때문에 그 배제사유 없음에 대하여는 위법성이나 책임보다 더 엄히 증명되어야 한다는 전제 하에, 피고인에게 정당한 사유에 대한 구체적 소명자료 제시를 요구하고 검사로 하여금 이를 탄핵하는 방법으로 정당한 사유 없음을 입증하도록 한 대상판결은 '구성요건해당성이 입증되면 위법성과 책임은 사실상 추정되므로 피고인이 반증을 제시한 경우에만 검사에게 본증책임이 발동한다'는 통설의 논리의 틀을 그대로 정당한 사유 입증에 적용한 것에 불과하다고 평가한 다음, 소극적 사실을 입증하는 것이 쉬운 일은 아니지만 통설과 같이 입증책임을 피고인에게 전가하는 논리를 법적 근거도 없이 해석론에 의해 도출할 수는 없으며, 더욱이 판례의 논리대로 가면 소명과 반증의 차이에서 알 수 있듯이 구성요건해당성 입증이 위법성 입증보다 더 쉬워지는 기이한 결과가 발생하기 때문에 매우 잘못되었다는 점을 나름의 방법으로 논증하였다.

저자는 위법성과 책임과 관련하여서도 피고인에게 이를 조각시키는 구체적 사유를 주장하여 쟁점을 형성할 책임만 부여할 뿐 반증을 제시할 책임을 부여하여서는 아니되므로, 구성요건 요소인 정당한 사유와 관련하여서는 더더욱 피고인에게 구체적 사유를 주장하여 쟁점을 형성할 책임만 부여할 뿐 소명자료를 제시할 책임을 부여하여서는 아니된다고 생각한다. 더 나아가 정당한 사유 없음이 위법성 조각사유가 아닌 구성요건 배제사유라는 점을 고려하면 법원이 피고인의 주장만 기다릴 것이 아니라 피고인에게 소집에 불응한 특별한 이유가 있는지 등을 적극적으로 물어 정당한 사유에 대한 주장 기회를 실질적으로 보장할 필요가 있다.

입증대상이 소극적 사실인 경우 검사에게 주는 배려는 입증책임이 현실화되는 상황과 입증하여야 할 범위의 한정이지 입증 방법에서의 특혜나 입증 정도의 완화가 아니라는 점을 다시 한 번 강조하면서 글을 맺는다.

피의자신문조서와
형사소송법 제314조의 관계에 대한 소고

○참고판결1: 대법원 2004. 7. 15. 선고 2003도7185 전원합의체 판결

형사소송법 제312조 제2항은 검사 이외의 수사기관이 작성한 당해 피고인에 대한 피의자신문조서를 유죄의 증거로 하는 경우 뿐만 아니라 검사 이외의 수사기관이 작성한 당해 피고인과 공범관계에 있는 다른 피고인이나 피의자에 대한 피의자신문조서를 당해 피고인에 대한 유죄의 증거로 채택할 경우에도 적용된다고 함이 당원의 확립된 판례이다(대법원 1979. 4. 10. 선고 79도287 판결 등 참조). 따라서 당해 피고인과 공범관계가 있는 다른 피의자에 대한 검사 이외의 수사기관 작성의 피의자신문조서는 그 피의자의 법정진술에 의하여 그 성립의 진정이 인정되더라도 당해 피고인이 공판기일에서 그 조서의 내용을 부인하면 증거능력이 부정되므로 그 당연한 결과로 그 피의자신문조서에 대하여는 사망 등 사유로 인하여 법정에서 진술할 수 없는 때에 예외적으로 증거능력을 인정하는 규정인 형사소송법 제314조가 적용되지 아니한다(대법원 2002. 2. 5. 선고 2001도4286 판결 참조). 이와 달리 피고인과 공범관계에 있는 다른 피의자에 대한 검사 이외의 수사기관 작성의 피의자신문조서에 대하여 형사소송법 제314조를 적용하여 그 증거능력을 인정한 대법원 1987. 9. 8. 선고 87도1446 판결은 이 판결의 견해에 배치되는 범위 내에서 이를 변경하기로 한다.

○참고판결2: 대법원 2002. 3. 26. 선고 2001도5666 판결

공소외 1은 차량공급업체 선정과 관련한 특정범죄가중처벌법 위반(알선수재) 혐의로 수사를 받던 중 미국으로 불법 도피하여 그 곳에 거주하고 있고, 이러한 공소외 1에 대하여 그 소재를 확인하여 소환장을 발송한다고 하더라도 공소외 1이 법정에 증인으로 출석할 것을 기대하기는 어렵다고 할 것이므로, 공소외 1이 미국에 거주하고 있는 사실이 확인된 후 검찰이 공소외 1의 미국 내 소재를 확인하여 증인소환장을 발송하는 등의 조치를 다하지 않았다고 하더라도 위 첫 번째 요건은 충족이 되었다고 할 것이고, 또 기록을 살펴보면 공소외 1의 검찰에서의 각 진술은 특히 신빙할 수 있는 상태 하에서 행하여진 것으로 인정되어 그 두 번째 요건도 충족이 되었다고 할 것이므로, 원심이 형사소송법 제314조에 의하여 검사가 작성한 공소외 1에 대한 피의자신문조서 및 진술조서의 각 증거능력을 인정하여 이들 조서

를 유죄의 증거로 채택하였음에 아무런 위법이 없다.

Ⅰ. 들어가며

　전문법칙은 전문증거에 대하여 원칙적으로 증거능력을 부여하지 않는다는 법칙이다. 전문증거에 대하여 증거능력을 부여하지 않는 첫 번째 이유는 전문증거는 반대신문권이 침해되기 때문이다. 그러나 전문증거가 모두 다 반대신문권 침해 때문에 증거능력이 제한되는 것은 아니다. 대표적인 예가 피고인 자신의 피의자신문조서이다[1]. 피의자신문조서는 피고인 자신이 수사단계에 진술한 내용을 기재한 것이므로 반대신문권과 무관하다. 그러함에도 우리 형사소송법이 피의자신문조서를 전문증거의 범주에 넣어 증거능력을 제한하는 이유는 무엇일까? 전문법칙의 고향이라 할 수 있는 영국이나 미국에는 피의자신문조서라는 제도가 없고, 피의자의 진술이 증거로 필요하다면 수사기관에서의 피의자의 진술을 녹음하거나 수사관이 피의자로부터 들은 말을 법정에서 증언하는 방법으로 증거화한다. 위 증언은 전문진술이 아니라고 보는데[2], 반대신문권과 무관하기 때문이다. 그러나 우리나라와 일본은 피의자신문조서를 전문증거의 일종으로 다루고 있다. 그 이유에 대하여는 대륙법적인 직접심리주의를 함께 취하고 있기 때문이라거나[3], 신용성이 결여되어 있기 때문이라는 보는 견해[4]가 많지만, 저자는 근본적으로는 수사기관에 대한 불신과 통제 때문이라고 생각한다[5].

　전문법칙에는 많은 예외가 허용되고 있다. 일반적인 전문서류(진술조서, 진술서, 진술기재서류)는 ① 원진술자(진술조서와 진술기재서류의 경우) 또는 작성자(진술서의 경우. 이하 통칭하여 '원진술자'라고 한다)의 진정성립 인정과 ② 상대방(거의 대부분 피고인일 것이다)에 대한 반대신문권 보장을 요건으로 하여 증거능력을 인정하고 있다. 그런

---

[1] 이 문제는 피의자신문조서 뿐만 아니라 피고인 작성의 진술서 또는 피고인의 진술을 내용으로 하는 진술기재서류(수사과정에 작성되었다면 제312조 제5항에 의하여 곧바로 피의자신문조서의 법리가 적용되므로, 여기에서는 수사과정 외에서 작성된 경우만을 지칭한다)의 경우에도 동일하게 나타난다. 다만 이 글에서는 피의자신문조서에 대하여만 논의하기로 한다.
[2] 미국 연방증거법 제801조 (d) (2)는 피고인의 공판정 외에서의 자백을 제3자가 증언하는 경우 전문증거가 아니라고 규정하고 있다. 이에 관한 상세한 내용은 정웅석, "공범의 수사상 진술의 증거능력을 인정하기 위한 대면권과 전문법칙과의 관계", 형사소송 이론과 실무 제4권 제1호(2012. 6.), 한국형사소송법학회, 12면, 13면 참조.
[3] 신동운, 신형사소송법(제5판), 법문사, 2014. 1142면 이하 및 1228면.
[4] 이재상/조균석/이창온, 형사소송법 제13판, 박영사, 2021, 647면.
[5] 제312조 제3항은 단순히 전문법칙의 예외라는 차원을 넘어서 위법수사를 방지하기 위한 규정이라고 보아야 한다는 견해(이은모, "공범자에 대한 피의자신문조서의 증거능력", 법학논총 제32집 제4호, 한양대학교 법학연구소, 2015. 226면)도 같은 취지라고 생각된다.

데 위 예외에 추가 예외를 만들어[6] ③ 만일 원진술자가 피치 못할 사정으로 법정진술 불가(不可)하고 ④ 그 전문서류가 특별한 신빙성 높은 상황에서 작성되었다면 위 진정성립 인정과 반대신문권 보장 없이도 증거능력을 부여하는 것이 바로 제314조이다. 위 ③, ④의 요건을 갖추면 ①, ②의 요건을 갖추지 않아도 증거능력을 인정할 만 하다고 보는 것이다.

피의자신문조서는 반대신문권과 무관하기 때문에 증거능력을 부여하는 조건 역시 일반적인 전문서류의 경우와 다르다. 1954년 제정된 때로부터 2020년 개정되기 전까지 형사소송법은 사법경찰관 작성 피의자신문조서는 원진술자인 피의자의 내용인정이 증거능력 요건이었고(제312조 제3항), 검사 작성 피의자신문조서는 원진술자인 피의자의 진정성립 인정이 증거능력 요건이었다(당시의 제1항). 2007년 형사소송법 개정으로 만일 피의자가 법정에서 검사 작성 피의자신문조서의 진정성립을 부인하는 경우 검사는 영상녹화물 기타 객관적인 자료로 위 진정성립을 입증하는 방법으로(당시의 제2항) 진정성립 인정에 갈음할 수 있도록 하였다. 앞에서도 말한 바와 같이 피의자신문조서를 전문증거로 보아 증거능력을 제한하는 이유는 수사기관에 대한 불신과 통제인데, 특히 내용인정을 증거능력의 요건으로 하는 사법경찰관 작성 피의자신문조서의 경우에는 피고인이 법정에서 진정성립을 인정해도 증거능력을 부여하지 않을 정도이니[7] 사법경찰관 작성의 피의자신문에 대하여는 신뢰가 거의 없다는 의미가 된다. 그런데 2020년 형사소송법 개정으로 검사 작성 피의자신문조서에 대하여도 증거능력 요건을 내용인정으로 바꾸었고(현재의 제1항), 이에 따라 객관적인 자료로 진정성립을 입증한다는 제2항은 의미가 없게 되어 삭제하였다. 이제는 검사 작성 피의자신문조서도 사법경찰관 작성 피의자신문조서와 똑같은 입장이 되었다.

만일 피의자신문조서에도 제314조를 적용하여 증거능력을 부여할 수 있다면, 법정진술 불가 상황과 특신상태를 갖추면 위와 같이 결여된 수사기관에 대한 신뢰를 보완할 수 있다고 보는 것이 된다. 법정진술 불가 상황과 특신상태만으로 수사기관에 대한 신뢰를 보완할

---

[6] 제314조는 전문법칙 예외의 전형적인 경우를 규정한 것이라는 견해도 있다. 신이철, "형사증거법상 제314조의 적용범위와 그 한계", 형사법의 신동향 제42권, 대검찰청, 2014. 16면. 필요성과 신용성의 정황적 보장을 이유로 증거능력을 인정하고 있다는 점에서 그렇게 보는 듯하다. 그러나 '전형적'이라는 표현을 '원칙적'이라는 의미로 해석하여서는 아니될 것이다. 제314조를 전문법칙 예외의 원칙적인 모습이라고 보아 제312조나 제313조에 앞서 제314조부터 적용하는 것은 제314조의 입법취지에도 반하기 때문이다. 원진술자의 진정성립 인정과 반대신문권 보장이 증거능력 부여(전문증거에 증거능력을 부여하는 것 자체가 예외이다)의 원칙인 점을 고려하면, 제314조는 위 원칙이 적용되기 어려운 경우에 인정되는 예외의 예외규정이라고 보아야 할 것이다.
[7] 이러한 입법태도가 바람직한지 여부에 대하여는 이 글에서 다루지 않기로 한다.

수 있을까? 피의자신문조서에 제314조가 적용되는지의 문제는 궐석재판에서의 증거동의 의제 문제와도 밀접한 관련이 있다. 형사소송법 제318조 제2항은 "피고인의 출정 없이 증거조사를 할 수 있는 경우에 피고인이 출정하지 아니한 때에는 전항의 (증거)동의가 있는 것으로 간주한다. 단 대리인 또는 변호인이 출정한 때에는 예외로 한다"고 규정하고 있다. 피고인이 궐석인 상태에서 재판을 진행하는 경우에는 검사가 제출한 증거에 대하여 피고인의 동의가 있었던 것으로 의제하는 것이다. 궐석재판에서 위 규정과 같이 증거동의를 의제한다면 피의자신문조서에 대하여도 증거동의가 의제되어 증거능력이 부여되므로 굳이 제314조에 의한 증거능력 부여가 필요 없을 것이다. 결국 제314조는 궐석 이외의 사유, 예컨대 기억상실이나 증언거부 등에 의한 법정진술 불가의 상황에 적용할 수 있는지의 문제만 남기게 된다. 실제로 국내의 다수 학설도 궐석재판의 경우에는 증거동의가 의제되기 때문에 피고인 자신의 피의자신문조서에 대하여는 제314조 적용 여부가 거의 문제되지 않는다고 보고 있다. 여기에 근본적인 의문이 있다. 과연 궐석재판에서는 증거동의를 의제하여도 좋을까? 백보 양보하여 현행 형사소송법에 의하더라도 모든 궐석재판에 제318조 제2항을 적용하여 증거동의를 의제할 수 있을까?

공범의 피의자신문조서에 대하여는 달리 생각하여야 할 측면이 있다. 대법원은 앞에서 언급한 2020년 형사소송법 개정 전, 즉 검사 작성 피의자신문조서의 증거능력 요건은 진정성립이고 사법경찰관 작성 피의자신문조서의 증거능력 요건은 내용인정이던 시절에는 공범 갑의 검사 작성 피의자신문조서에 대하여는 갑이 진정성립을 인정하면(실제로는 반대신문권도 보장되었을 것을 요한다) 피고인 을이 부동의 하더라도 을에게 증거능력 있다고 하면서도, 공범 갑의 사법경찰관 작성 피의자신문조서에 대하여는 갑이 내용인정 하더라도 피고인 을이 부동의하면 을에게 증거능력 없다고 판시하였다.[8] 공범의 검사 작성 피의자신문조서에 대하여 제314조를 적용한다고 하면 법정진술 불가 상황과 특신상태를 갖추면 검사의 피의자신문에 대한 신뢰를 보완할 수 있다고 보는 결과가 되었던 것이다. 참고판결1은 위 판례 법리를 원용하여 공범의 사법경찰관 작성 피의자신문조서에 대하여는 제314조를 적용할 수 없다고 판시하였다. 한편 참고판결2는 피의자로 조사받았지만 해외도피로 인하여 기소되지는 못한 공범 갑의 검사 작성 피의자신문조서와 진술조서에 대하여 제314조를 적용하여 피고인 을에 대한 증거로 사용할 수 있다고 판시하면서 검사 작성 피의자신문조서의 증거능력 요건이 사법경찰관

---

8) 대법원 1979. 4. 10. 선고 79도287 판결 등.

작성 피의자신문조서와 달리 진정성립이라는 점을 전혀 거론하지 아니하였다. 위 형사소송법 개정 전 상황이면 참고판결1의 법리를 반대해석 하거나, 참고판결2의 법리를 기소된 공범에도 확대 적용하면 공동피고인이 된 공범의 검사 작성 피의자신문조서에도 제314조가 적용된다고 해석할 수 있었을까?

2020년 형사소송법 개정에 따라 검사 작성 피의자신문조서의 증거능력도 사법경찰관 작성 피의자신문조서와 같이 내용인정으로 변경되었다. 여기에서 그 적절성 여부에 대한 논의는 하지 않겠다. 다만 이제는 참고판결1의 법리가 검사 작성 피의자신문조서에도 동일하게 적용되어야 함이 명백하므로[9] 더 이상 반대해석의 여지가 없어졌지만, 참고판결2의 법리는 검사 작성 또는 사법경찰관 작성 피의자신문조서에 그대로 적용될 수 있을지 검토할 필요가 여전히 있다. 아래에서는 먼저 궐석재판에서 제318조를 적용하여 증거동의를 의제할 수 있는지를 살펴보고(Ⅱ), 피고인 자신의 피의자신문조서에 제314조를 적용하여 증거로 사용할 수 있는지(Ⅲ), 공범의 피의자신문조서에 제314조를 적용하여 다른 공범인 피고인에게 증거로 사용할 수 있는지를 순차 살펴본 다음(Ⅳ) 저자 나름의 결론에(Ⅴ) 이르려고 한다.

Ⅱ. 궐석재판과 증거동의 의제

1. 제318조 제2항에 대한 학설과 대법원의 태도

피고인의 출정권은 방어권의 기초가 되는 중요한 권리이다. 피고인은 공판정에 출석하여 공판과정에 참여함으로써 공판이 적법하게 진행되는지 여부를 감시하고 그때그때 필요한 방어행위를 할 수 있다. 피고인에게 보장된 방어권 중 상당수는 피고인이 법정에 출석하여야 실제로 행사할 수 있다. 특히 검사가 신청한 증인에 대하여 반대신문권을 행사함으로써 (진술조서 등의 경우에는 피고인에게 반대신문권을 부여하는 것이 증거능력의 요건이기도 하다. 형사소송법 제312조 제4항 등) 증명력을 탄핵할 수도 있다. 한편 피고인의 법정 출석은 피고인의 의무이기도 하다. 궐석재판이 허용되는 일부 사건을 제외하면 피고인이 법정에 출석해야 공판을 개정하고 진행할 수 있다. 피고인의 진술 자체(물론 진술거부권이 보장되지만)가 중요한 증거가 되고, 가끔은 피고인의 신체 등이 물증이 되기도 한다. 형사소송법은 원칙적으로 피고인의 출석을 공판 개정의 요건으로 하면서도, 피고인이 불출석하더라도 피고인의 방어권 보장에 큰 문제가 없다고 생각되는 경우에는 궐석재판을 진행할 수 있도록 예

---
9) 대법원 2023. 6. 1. 선고 2023도3741 판결.

외를 규정하고 있다. 궐석재판이 허용되는 사유는 크게 보아 사건이 비교적 경미한 경우, 피고인에게 불리하지 아니한 경우, 피고인이 스스로 퇴정한 경우 등으로 분류할 수 있다. 현실적으로 가장 빈발하는 궐석재판은 소송촉진 등에 관한 특례법(이하 '소촉법'이라 한다) 제23조에 의한 공시송달 후 궐석재판이다.

제318조 제2항은 궐석재판의 경우 피고인이 증거동의한 것으로 의제한다. 대법원은 궐석재판 자체를 '일종의 제재'로 보면서 증거동의 의제의 입법취지가 "재판의 필요성 및 신속성 즉, 피고인의 불출정으로 인한 소송행위 지연 방지 내지 피고인 불출정의 경우 전문증거의 증거능력을 결정하지 못함에 따른 소송지연 방지"에 있다고 설명하고 있다[10]. 궐석재판에 증거동의를 의제하는 점에 대하여는 실무계 뿐만 아니라 학계에서도 아무런 이견이 제시되지 않고 있다. 모두들 당연하다고 받아들이고 있는 듯하다. 증거동의 의제의 영향력은 실로 막강하다. 궐석재판이 허용되기만 하면 검사가 제출하는 증거들, 즉 수사기관에서 작성한 피의자신문조서, 참고인진술조서, 실황조사서 등이 모두 증거능력을 부여받아 증거로 사용되고 피고인의 변소나 반증이 없으니 피고인에게 유죄가 선고될 확률은 거의 100%가 된다. 피고인이 수사단계에서 일관되게 혐의사실을 부인하였더라도 마찬가지이다. 사실상 피고인이 불출석하기만 하면 곧바로 유죄가 되는 것이다. 도대체 입증책임이 검사에게 있는 것인지 피고인에게 있는 것인지 헷갈린다. 그런데도 이에 대하여 아무런 이견이 없다는 것이 오히려 이상할 정도이다.

2. 제318조 제2항에 대한 입법론, 해석론

피고인이 불출석하는 경우 피고인이 출석할 때까지 재판을 마냥 연기할 것이 아니라 궐석인 채로 진행해 버리는 것을 피고인의 출석의무 위반에 대한 일종의 제재로 보는 것은 일응 수긍할 수 있다. 그러나 불출석에 대한 제재는 피고인 본인의 변론과 반증 기회 박탈, 양형상 고려에 그쳐야 하고, 증거동의 의제와 같은 사실인정상의 불이익으로 확대하여서는 아니된다. 그러한 확대는 명백하게 '수단-목적의 적합성 원칙'에 반하기 때문이다. 피고인에게는 진술하여야 할 의무도, 자백하여야 할 의무도, 검찰측 증거에 대하여 동의하여야 할 의무도 없다. 피고인은 출석하여도 진술을 거부할 수 있고 이로 인하여 아무런 불이익[11]을

---

10) 대법원 2010. 7. 15. 선고 2007도5776 판결 등.
11) 양형상의 불이익 부여는 가능하기 때문에(대법원 2001. 3. 9. 선고 2001도192 판결 등) '사실인정상 불이익을 입

입지 않는다는 것이 헌법 제12조 제2항, 형사소송법 제283조의2의 정신이건만, 불출석하였다고 하여 사실인정상의 불이익을 부여하는 것은 명백히 헌법정신에 반한다. '피고인의 불출석으로 전문증거의 증거능력을 결정하지 못해 소송이 지연된다'는 대법원의 태도는 마치 '피고인이 출석하여 증거동의만 해 주면 소송이 원활하게 진행될 수 있었을텐데'라는 푸념처럼 들린다. 전문서류를 증거로 제출한 검사가 그 서류의 증거능력을 입증하여야 하는 것은 입증책임 분배 원칙상 당연한 이치이고, 피고인이 증거동의로 협조하는 것을 기대 또는 요구하여서는 아니된다. 증거동의는 법리적으로는 예외적 상황이기 때문이다. 따라서 하루속히 형사소송법을 개정하여 위 규정을 폐지하여야 한다[12].

백보를 양보하여 제318조 제2항이 존재하는 현 상황에서라도 위 규정을 최대한 엄격하게 해석하여야 한다. 대법원은 소촉법에 따라 공시송달의 방법으로 개정된 재판에서도 (이런 경우에 피고인이 자신에 대한 재판이 개정되는지를 알 가능성은 거의 없다) 피고인이 불출석하기만 하면 제318조 제2항을 적용하여 증거동의를 의제하고 있다[13]. 그러나 제318조 제2항은 증거동의가 있는 것으로 의제하는 조건을 '피고인이 출정하지 아니한 때'라고 규정하고 있다. 이는 '출정 없는 때' 또는 '불출석한 때' 등과는 명백히 다른 표현이다. '출정하지 아니한 때'라는 것은 피고인이 출석할 수 있었음에도 '자의로' 불출석한 경우만을 의미한다고 해석하여야 한다. 따라서 피고인이 출석할 수 없었던 경우 또는 출석이 가능한지 여부가 불명한 경우에는 제318조 제2항을 적용할 수 없다. 피고인이 '자의로' 출석하지 아니하였다는 점은 증거능력의 전제사실이기 때문에 그 증거를 제출한 검사가 입증하여야 함이 당연하다[14]. 제318조 제2항을 이렇게만 해석하여도 증거동의 의제의 폐해는 많이 줄어들 것이다.

3. 제318조 2항과 제314조의 적용 요건의 비교

궐석재판 허용사유와 제314조 적용사유도 차이가 있으므로 세심하게 비교해 보아야 한

지는 않는다'고 해석하여야 한다.
12) 부득이하게 증거동의 의제제도를 존치하려면 피고인에게 불출석시 증거동의 의제 효력이 부여된다는 점을 충분히 경고하고(피고인이 위 경고의 진정한 의미를 이해할 수 있을지도 의문이지만), 피고인이 위 경고를 받고도 자의적으로 불출석하였다는 점이 입증된 경우에만 증거동의가 의제되어야 그 폐해가 최소화될 것이다. 그러나 이렇게 하더라도 불출석과 사실인정상 불이익의 연계는 수단-목적 적합성 없는 부당결부라는 생각을 지우기 어렵다.
13) 대법원 1991 .6. 28. 선고 91도865 판결, 대법원 2011 .3. 10. 선고 2010도15977 판결 등.
14) 이창현, 형사소송법 제10판, 도서출판 정독, 2024, 820면 등.

다. 궐석은 아니면서 제314조 적용사유에는 해당하는 경우에만 피의자신문조서가 제314조에 의해 피고인 자신에 대하여 증거능력 가지는지 판단이 필요하기 때문이다. 첫째 제318조 제2항은 피고인이 출석하지 아니한 경우에만 적용되지만, 제314조는 피고인이 불출석한 경우 뿐만 아니라 그 밖의 사유로 진술할 수 없는 경우에도 적용된다. 따라서 진술거부나 기억상실 등의 경우에는 제318조 제2항은 적용될 여지가 없고 오로지 제314조의 적용 여부만 문제될 수 있다. 둘째 제318조 제2항은 피고인이 불출석한 경우에만 적용되지만 그 효과는 모든 전문증거에 대하여 증거동의를 의제한다. 제314조는 피고인 뿐만 아니라 모든 전문서류의 원진술자가 불출석한 경우에 적용되지만 그 효과는 불출석한 원진술자의 진술이 담긴 서류만 증거능력을 가지게 된다. 따라서 피고인 아닌 자가 불출석한 경우에는 제314조만 문제되며 피고인이 불출석한 경우에 비로소 제314조의 문제와 제318조의 문제가 중첩하여 발생한다. 셋째 제318조 제2항은 피고인이 출석하지 아니한 모든 경우에 적용되므로 그것이 1회성 불출석인지 소재불명 등에 의한 장기 불출석인지를 묻지 않는다(다만 1회성 불출석은 궐석재판의 요건에 포함하지 아니하는 경우가 많으므로[15] 개정 요건에서 걸러질 가능성이 많이 있는 것은 사실이다). 그러나 제314조는 피고인의 모든 불출석이 아니라 사망・질병・외국거주・소재불명 그 밖에 이에 준하는 사유로 인한 불출석만을 말하므로, 궐석재판의 사유인 경미사건(제277조 제1호, 제3호), 피고인에게 유리한 사건(제277조 제2호), 무단퇴정 또는 퇴정명령(제330조)의 경우에는 궐석재판을 하더라도 제314조를 적용할 수 없음이 명백하다. 또 피고인 자신이 사망한 때에는 공소기각 결정의 대상이 되고(제328조 제2호) 질병으로 출석할 수 없는 때에는 공판절차를 정지하여야 하므로(제306조) 공범에 대한 증거능력 문제만 남는다. 이상의 조건들을 종합하면 제318조 제2항과 제314조가 한꺼번에 문제되는 경우가 그리 많지는 않다. 피고인이 장기간 소재불명일 때 소촉법에 따라 공시송달 후 궐석재판을 개정한 경우가 거의 유일한 예가 아닌가 생각된다.

Ⅲ. 피고인 자신의 피고인신문조서에 제314조를 적용하여 증거로 사용할 수 있는지

1. 학설 대립

제314조는 '증거능력에 대한 예외'라는 표제 하에 "제312조 또는 제313조의 경우에 공판준비 또는 공판기일에 진술을 요하는 자가 사망・질병・외국거주・소재불명 그 밖에 이에

---

15) 예컨대 항소심에서의 1회 불출석(제365조), 약식명령에 대한 정식재판에서의 1회 불출석(제458조 제2항) 등.

준하는 사유로 인하여 진술할 수 없는 때에는 그 조서 및 그 밖의 서류를 증거로 할 수 있다. 다만, 그 진술 또는 작성이 특히 신빙할 수 있는 상태 하에서 행하여졌음이 증명된 때에 한 한다"라고 규정하고 있다. 제312조 또는 제313조의 경우란 검사 작성 피의자신문조서, 사법경찰관 작성 피의자신문조서, 진술조서, 검증조서, 진술서, 진술기재서류, 감정서를 지칭한다. 제314조가 전문서류 중에서 공판조서 등 법원 전문서류만 제외하고 나머지에는 모두 적용된다는 형식이지만, 주로 진술조서나 진술서에 적용되는 것이 사실이다. 원진술자인 참고인이 기소 후 증인 자격으로 법정에 출석하여 진술조서나 진술서의 진정성립을 인정할 수 없는 경우 중 그 사유가 수긍할 만하고 서류가 작성된 경위가 신빙성을 인정할만한 상황이라고 인정될 때에는 원진술자의 법정에서의 진정성립 인정과 반대신문 기회 부여 없이도 증거능력을 부여하는 것이다.

피의자신문조서의 원진술자인 피고인이 불출석하면 재판을 진행할 수 없는 것이 원칙이므로 피의자신문조서의 증거능력을 논할 필요가 없는 경우가 일반적이다. 그러나 궐석재판의 예외가 있을 뿐만 아니라, 공범인 공동피고인에게 증거능력이 인정되는지도 문제되므로 이러한 상황에서는 피의자신문조서도 제314조에 의하여 증거능력이 인정될 수 있는지를 논할 필요가 있다. 앞에서도 살펴본 바와 같이 궐석재판이 허용되기만 하면 피고인 불출석 시 제318조 제2항을 전면적으로 적용하고 있는 통설, 판례의 입장에서는 제314조를 궐석재판에서 피고인 자신의 피의자신문조서에 적용할 수 있는지가 문제될 여지가 없다[16]. 그러나 전면적이든 부분적이든 제318조 제2항의 적용을 반대 또는 제한하는 입장이라면 궐석재판에서 제318조 제2항이 적용되지 아니하는 경우 피고인 자신의 피의자신문조서에 제314조가 적용되는지를 검토하여야 할 것이다. 또 통설, 판례에 의한다고 하더라도 궐석 이외의 사유, 즉 피고인이 진술거부[17], 기억상실 등으로 법정진술이 불가능한 경우에는 피고인 자신

---

16) 손동권, "피의자신문조서에 대한 제314조의 적용문제", 경찰학연구 제11권 제3호, 경찰대학교, 2011. 33면; 신이철, 앞의 논문, 18면, 20면; 이은모, 앞의 논문, 220면, 228면도 같은 취지.
17) 피고인이 출석하였지만 진술을 거부하는 경우 제314조가 적용되는지도 문제된다. 대법원은 종래 증인이 증언거부권을 행사한 경우에 제314조가 적용된다고 하다가(대법원 1992. 8. 14. 선고 92도1211 판결), 태도를 바꾸어 증언거부권을 행사한 경우에는 제314조가 적용되지 않는다고 하였다가(대법원 2012 .5. 17. 선고 2009도6788 전원합의체 판결), 다시 태도를 바꾸어 증언거부권 없이 증언을 거부한 경우에도 피고인이 증언거부 상황을 초래하였다는 등의 특별한 사정이 없는 한 제314조를 적용할 수 없다고 판시하였다(대법원2019. 11. 21. 선고 2018도13945 전원합의체 판결). 위 판례의 태도에 비추어 보면, (진술거부권이 인정되는) 피고인 자신이 진술을 거부한 경우에 제314조를 적용할 수 없을 뿐만 아니라, 공동피고인 중 일부에 대하여 먼저 유죄판결이 확정된 경우 그 피고인이 다른 공동피고인의 재판에서 증언거부한 경우에도 (이제는 형사처벌의 위험이 없기 때문에 다른 공범의 재판에서 증언거부권이 인정되지 않는다는 대법원 2011. 11. 24. 선고 2011도11994 판결에 의하더라

의 피의자신문조서에 제314조를 적용할 수 있는지도 검토하여야 한다.

　피고인 자신의 피의자신문조서에도 제314조를 적용할 수 있는지에 대하여 견해가 대립한다. 이를 긍정하는 견해는 제314조가 '제312조 또는 제313조의 경우'라고만 규정하여 제312조 제1항, 제3항 소정의 피의자신문조서를 포함하고 있다는 점, 피고인이 불출석 외에 기억력 상실 등으로 법정진술이 불가능인 경우에는 적용의 필요성이 인정된다는 점 등을 그 논거로 한다[18]. 그러나 다수설은 이를 부정하면서[19] 제314조가 제312조, 제313조를 우회하여 그 취지를 몰각시킬 우려를 내포하고 있기 때문에 정말로 예외적으로만 적용되어야 한다는 점, 제314조는 전문법칙에 의해 증거능력 없는 전문서류에 대하여 필요성과 특신상태를 요건으로 예외적으로 증거능력을 부여하는 규정인데 피고인의 진술을 원진술로 하는 서면은 (형식적으로 전문서류로 분류되고 있지만) 전문법칙이 아니라 직접심리주의에 의하여 증거능력이 제한되는 증거라는 점, 피고인 자신의 내용인정을 절대적인 증거능력 요건으로 하고 있는 제312조 제1항과 제3항의 입법취지에 반한다는 점 등을 그 논거로 하고 있다[20].

2. 판례의 태도

　이 점에 대하여 대법원은 명확한 입장을 제시한 바 없다. 참고판결1은 '공범이자 공동피고인인 갑의 사법경찰관 작성 피의자신문조서에 대하여 피고인 을이 내용부인(정확하게 말하면 내용부인 취지의 증거부동의)하면 을에게 증거능력이 부정되는 법리와 같은 논리로 갑이 법정에서 진술할 수 없을 때에도 갑의 사법경찰관 작성 피의자신문조서는(을이 내용인정하지 않는 한 을에 대한 증거능력과 관련하여서는) 제314조가 적용되지 않는다'는 취지로만 판시하고 있다. 갑의 사법경찰관 작성 피의자신문조서가 을에게는 증거능력 없다는 점은 분명히 하였지만, 그것이 갑 자신에게 증거능력 있는지에 대하여는 직접 밝히지 않은 상태이다. 을에게는 증거능력 없다는 설시가 '갑에게는 제314조에 의하여 증거능력 있지만'이라는 점을 전제로 하고 있다고 해석할 여지도 있다. 위 판례가 공범

　도) 제314조를 적용할 수 없을 것이다.
18) 노명선/이완규, 형사소송법(제5판), 성균관대학교 출판부, 2017. 519면.
19) 신동운, 앞의 책, 1228면; 이재상/조균석/이창온, 형사소송법(제13판), 박영사, 2021. 652면, 654면; 배종대/이상돈/정승환/이주원, 형사소송법, 홍문사, 2015. 651면; 이창현, 앞의 책, 2024, 896면, 901면; 손동권, 앞의 논문, 38면 등.
20) 궐석재판 하는 경우라면 제318조 제2항에 의해 증거동의가 의제되므로 굳이 제314조를 적용할 필요가 없다는 점을 논거의 하나로 들기도 한다. 그러나 앞에서도 살핀 바와 같이 궐석재판이 아니라도 제314조가 문제되는 경우가 있을 뿐만 아니라, 저자는 근본적으로 제318조 제2항이 폐지(최소한 제한해석)되어야 한다고 보고 있기 때문에, 그러한 점을 논거로 보기는 어렵다고 생각한다.

의 사법경찰관 작성 피의자신문조서를 피의자신문조서로 보면서도 '피의자신문조서에는 원래 제314조가 적용되지 않기 때문에 갑의 사법경찰관 작성 피의자신문조서는 을에게도 증거능력 없다'라고 하지 않고 '갑의 사법경찰관 작성 피의자신문조서에 대하여 을이 내용인정하지 않으면 을에게는 증거능력 없다'고 한 것에 비추어 볼 때 대법원은 기본적으로 '피의자신문조서에 제314조가 적용될 수 없다'는 취지는 아니라고 보인다. 따라서 참고판결1의 반대해석에 따라 '대법원은(만일 갑도 기소되었다면) 갑의 사법경찰관 작성 피의자신문조서에 제314조를 적용하여 갑 자신에게는 증거능력을 인정할 수 있다고 보고 있다'고 해석할 수 있을 듯하다.

2020년 형사소송법 개정 전이라면 검사 작성 피의자신문조서에 대하여는 그와 논리와 결론이 다르다고 주장할 여지가 있지만, 위 개정으로 검사 작성 피의자신문조서의 증거능력 요건도 사법경찰관 작성 피의자신문조서와 동일하게 되었기 때문에 이제는 위 논리는 검사 작성 피의자신문조서에도 동일하게 적용될 수 있을 것이다.

3. 검토

(1) 공범 피의자신문조서의 경우와의 연계 검토

먼저 이 문제를 뒤에서 다룰 공범의 피의자신문조서에 대한 제314조 적용 문제와 연계하여 검토해 보자. 피고인 자신의 피의자신문조서에는 제314조가 적용되지 않지만 공범의 피의자신문조서에는 제314조가 적용될 수 있다는 논리가 성립 가능할까? 공범의 피의자신문조서 역시 피의자신문조서라는 법리로 접근한다면 위와 같은 논리는 성립하기 어렵기 때문에 공범의 피의자신문조서를 진술조서와 동일시하는 경우에만 위 논리가 성립할 수 있을 것이다. 그러나 뒤에서 살필 바와 같이 다수설과 판례는 공범의 피의자신문조서에 제312조 제1항 또는 제3항이 적용된다고 보지 제312조 제4항이 적용된다고 보지는 않는다. 따라서 만일 공범의 피의자신문조서에 제314조가 적용된다고 본다면 피고인 자신의 피의자신문조서에도 당연히 제314조가 적용된다고 보는 것이 논리적이다. 그러나 공범의 피의자신문조서에 제314조가 적용되지 않는다고 보는 다수설과 판례에 따르면 피고인 자신의 피의자신문조서에 제314조가 적용되는지 여부는 독자적으로 판단되어야 한다.

(2) 제312조 제1항, 제3항 요건과 제314조 요건의 비교 검토

앞에서도 언급한 바와 같이 제314조를 둔 본래의 취지는 수사단계에 진술조서를 작성한 참고인이나 진술서의 작성자 등이 ① 법정에 나와 진정성립을 인정하고 ② 상대방의 반대신문에 응한다는 2가지 요건을 갖추지 못하면 진술조서, 진술서 등이 증거능력 가지지 못하는 것이 원칙이지만, ③ 사망 등 위 요건을 충족하지 못하는 점에 대한 수긍할만한 사유가 있고 ④ 원진술의 신뢰성이 정황적으로 강하게 보장되는 특별한 경우에는 예외적으로 전문법칙을 완화하여 ①, ②의 요건 충족 없이도 그 증거능력을 인정해 주자는 것이다. 제314조가 얼마나 합리적인지, 즉 위 ③, ④의 요건을 충족하면 과연 ①, ②의 요건 충족에 갈음하여 증거능력을 인정할만한지에 대한 검토는 여기에서 피하기로 하고, 일응 제314조가 합리적이라는 전제 하에 과연 피의자신문조서에 대하여도 제314조를 적용할 수 있는지에 대하여만 검토하기로 한다. 진술조서나 진술서에 제314조가 적용되는 경우와 피의자신문조서에 제314조가 적용되는 경우를 위 ③, ④의 요건 충족, ①, ②의 요건 불충족의 점을 기준으로 비교해 보자.

먼저 ③의 요건과 관련하여 살펴보면, 피고인에 대한 재판이 진행되고 있고 참고인 등이 법정에 출석하지 못하고 있는데 그 사유가 사망 등 피치 못할 사정이어서 진술조서 등의 증거능력을 인정해 주어야 할 필요성에 비하면 피고인 자신의 피의자신문조서에 대하여 내용인정이 필요함에도 피고인의 출석불가 등[21)]으로 피고인이 위 인정을 하지 못할 사정이어서 피의자신문조서의 증거능력을 인정해 주어야 할 필요성은 훨씬 낮다. 왜냐하면 참고인 등이 출석할 수 없다고 그가 출석할 때까지 또는 다른 증거를 확보할 때까지 피고인에 대한 재판을 연기하기가 어렵겠지만, 피고인에게 출석불가 등 사정이 있으면 피고인에 대한 재판 자체를 피고인이 출석할 때까지 연기하는 것이 어렵지 않을 것이기 때문이다. ④의 요건과 관련하여 특신상태 요구만으로 원진술의 신뢰성이 강하게 보장되는지 여부가 의문이기는 하지만, 이는 진술조서 등의 경우나 피의자신문조서의 경우나 별 차이가 없거나 비교가 불가능할 것으로 생각된다.

②의 요건 불충족이라는 점은 처음부터 피의자신문조서에서는 무의미하므로 이 점에서

---

21) 피고인 자신의 사망은 공소기각 결정의 사유가 되므로(제328조 제1항 제2호) 제314조가 말하는 법정진술 불가 사정에 해당하지 않음이 명백하다.

는 피의자신문조서에 대하여 제314조에 의하여 증거능력을 부여하기가 진술조서 등에 비해 좀 더 용이한 것이 사실이다. ①의 요건 불충족과 관련하여 진술조서, 진술서 등에서는 진정성립 인정 요건이 불충족 되는데 그치지만, 피의자신문조서에서는 내용인정 요건이 불충족된다. 진정성립 인정은 증거능력 부여 요건에 불과하지만 내용인정은 사실상 피고인의 유죄인정 처분이다[22]. 피고인의 피의자신문조서에 대한 내용인정은 진정성립 인정과는 전혀 성질을 달리한다. 따라서 필요성과 특신상태 요건으로 진정성립 인정 요건을 대신하는 것은 수긍할 수 있지만 내용인정 요건을 대신하는 것은 쉽게 수긍하기 어렵다.

이에 더하여 위 전문서류의 증거능력 인정을 막기 위하여 피고인 등이 참고인이나 작성자 등에게 위해를 가하는 상황을 방지하는 것도 제314조의 부수적인 효과라 할 수 있는데, 이러한 효과도 피의자신문조서의 경우에는 전혀 나타날 수 없다. 이 점은 피의자신문조서에 대하여 제314조를 적용할 필요성을 현저하게 축소시킨다. 이상의 여러 점들을 종합하면 피의자신문조서에도 제314조를 적용할 수 있는지에 대하여 반대신문권 보장과 무관하다는 점은 긍정적인 요소가 되지만, 증거 사용의 필요성이 적고 가해 방지의 효과도 없다는 점, 위 ③, ④의 요건으로 내용인정 요건을 대신하기 어렵다는 점[23]은 매우 부정적인 요소가 된다는 결론에 이른다.

(3) 소결

피고인 자신에 대한 피의자신문조서에 제314조를 적용할 수 있는지 여부는 공범에 대한 피의자신문조서에 제314조를 적용할 수 있는지 여부와 관계없이 독자적으로 결정되어야 하는데, 진술조서, 진술서 등에 제314조를 적용하여 증거능력을 인정하는 것에 비해 피의자신문조서에 제314조를 적용하여 증거능력을 인정하는 것은 여러 가지로 무리가 따른다는 점이 확인되었다.

먼저 피고인이 소재불명 등으로 불출석한 경우를 생각해보자. 피의자신문조서는 피고인이 내용인정하지 않으면 곧바로 증거능력 없도록 하고 있으며 검사의 어떠한 입증으로도

---

[22] 피고인이 자백 취지의 피의자신문조서에 대하여 내용인정 하여도 법원이 무죄를 선고할 수도 있지만, 현실적으로 그럴 가능성은 매우 희박하다.
[23] 2020년 형사소송법 개정 전이라면 검사 작성 피의자신문조서에는 이런 부정적 요소는 없었겠지만, 위 개정으로 검사 작성 피의자신문조서에도 이런 부정적 요소가 발생하였다.

피고인의 내용인정을 대체하지 못한다[24]. 피의자신문조서에 제314조를 적용하여 증거능력을 부여하는 것은 결국 피고인의 내용인정을 의제하는 것이 되는데 이것은 의제 대상이 되지 못하는 것을 의제하는 것으로서 검사 작성 피의자신문조서에 대한 진정성립 인정 의제의 경우보다 훨씬 더 불합리하다. 따라서 제318조 제2항의 증거동의 의제가 폐지되어야 하는 것과 똑같은 이유로 제314조를 불출석한 피고인의 피의자신문조서에 적용하는 것은 허용되지 않아야 한다고 생각된다. 2020년 형사소송법 개정 전 검사 작성 피의자신문조서의 경우에도 쉽게 제314조를 적용하여 증거능력을 부여하는 것은 결국 피고인의 진정성립 인정을 의제하는 것이 되고, 이것은 제318조 제2항의 경우와 똑같이 불합리하였는데, 증거능력 요건이 내용인정으로 바뀐 지금은 더욱 그러하다.

피고인이 출석했으나 기억상실 등으로 진술할 수 없는 경우에는 제314조를 적용할 수 있을까? 이런 경우라면 피고인에게 불출석에 대한 제재와 같은 불이익을 가할 명분도 없으므로 더욱 제314조를 적용할 수 없다. 피고인이 진술할 수 없는 경우 내용 인부라는 측면에서는 진술을 거부하는 경우와 다를 것이 없다. 따라서 타인 진술에 대하여는 부동의하고 자신의 진술에 대하여는 내용을 부인하는 것으로 보아야 할 것이다. 결국 피고인 자신의 피의자신문조서에는 제314조를 적용할 수 없다고 생각된다.

Ⅳ. 공범의 피의자신문조서에 제314조를 적용하여 피고인에게 증거로 사용할 수 있는지

1. 공범의 피의자신문조서에 대한 학설 대립과 제314조 적용과의 관련성

(1) 학설과 판례

공범이자 공동피고인인 갑이 불출석한 경우 갑의 피의자신문조서에 제314조를 적용하여 공범인 피고인 을에 대한 증거로 사용할 수 있는지를 살펴보기에 앞서[25] 공범의 검사 또는 사법경찰관 작성 피의자신문조서를 피고인에 대한 증거로 사용함에 제312조 제1항 · 제3항이

---
[24] 검사가 피의자신문조서에 기재된 피고인의 진술이 진실이라는 점을 입증하더라도 그 입증 자체가 증거가 될 뿐 피의자신문조서에 증거능력이 인정되지는 않는다.
[25] 만일 갑이 공범 아닌 공동피고인이라면 을에게는 참고인에 불과하므로 갑의 피의자신문조서에는 제312조 제4항이 적용되고 제314조를 적용할 수 있음에 아무런 의문이 없다.

적용되는지 제4항이 적용되는지를 살펴보아야 한다. 제312조 제1항·제3항이 각 적용된다는 견해도 있고, 제312조 제4항이 적용된다는 견해도 있다[26]. 위 각 견해는 증거능력 요건으로 내용인정이 필요한지 진정성립 인정과 반대신문권 보장이 필요한지 등에서 차이가 있기 때문에 결국 공범의 피의자신문조서에도 제314조가 적용되는지 여부와도 밀접한 관련이 있다.

제1·3항설은 공범도 피고인이고 공범의 피의자신문조서는 다른 공범에게도 진술조서가 아닌 피의자신문조서라고 보면서, 제4항설에 따르면 갑의 수사기관 진술은 피고인 아닌 자의 진술 즉 참고인 진술로 공판정에 나올 수밖에 없게 되어 공범인 공동피고인의 증인적격을 부정하는 우리 형사소송법 체계와 조화되기 어렵다는 점을 강조한다[27]. 제1·3항설을 취하는 경우 다시 을에 대한 증거능력을 인정하기 위해서는 갑의 내용인정으로 충분한지 을의 내용인정이 필요한지가 문제되는데[28], 을을 보호하기 위해서 을의 내용인정이 필요하다는 견해가 다수설[29], 판례의 입장이다[30]. 이에 대하여는 "갑 신문 상황에 대하여 전혀 상관이 없는 을로 하여금 갑의 사법경찰관 작성 피의자신문조서 진술에 대하여 증거능력을 선택할 수 있도록 하는 것은 제312조 제3항의 '그 피의자였던 피고인이 내용을 인정할 때'로 규정한 입법취지에 반할 뿐만 아니라 합리적 이유도 없고, 을은 반대신문을 통해 탄핵할 수 있으며, 공범의 피의자신문조서가 그 자신의 형사사건에서 유죄의 증거로 사용되는 것은 별개의 문제이고, 조사자 증언제도가 도입됨에 따라 조사경찰관이 법정에 나와 그 조서에 기재된 진술내용에 대해 증언을 하면 그 증언의 증거능력이 인정되어 결국 공범자의 진술을 유죄의

---

[26] 2020년 형사소송법 개정 전에는 검사 작성 피의자신문조서에 대하여는 제312조 제4항이, 사법경찰관 작성 피의자신문조서에 대하여는 제3항이 적용된다는 견해도 있었지만, 위 개정으로 검사 작성 피의자신문조서의 증거능력 요건도 사법경찰관 작성 피의자신문조서와 동일하게 내용인정으로 변경된 후에는 위 견해가 존립할 근거가 없어졌다.
[27] 정웅석, 앞의 논문, 27면. 이 견해를 취하는 분은 (2020년 개정 전) 형사소송법이 검사 작성 피의자신문조서와 사법경찰관 작성 피의자신문조서에 대하여 차별을 두고 있음에도 불구하고 제4항설은 공범자의 경우에는 이들을 동일하게 취급하는 문제점이 있다고 지적하였지만(정웅석, 앞의 논문, 32면), A상황에서 달리 취급된다고 하여 B상황에서도 달라야 하는 것은 아니기 때문에 위 지적은 설득력이 약하지 않은가 생각된다. 더욱이 뒤에서 설명할 바와 같이 저자는 제312조 제1항, 제3항은 기본적으로 피고인 자신에 대한 피의자신문조서에 대하여만 규정하고 있고 공범의 피의자신문조서는 해석론에 의해 유추적용 할 수 있는지의 문제라고 보기 때문에 공범의 피의자신문조서에 직접 제312조 제1항, 제3항의 법리를 적용하는 것은 부적절하다고 생각된다.
[28] 갑과 을의 각 내용인정이 필요하다는 의미인지 을의 내용인정이면 충분하다는 의미인지 다소 불명하나, 을이 내용인정한다는 말은 범죄사실을 인정한다는 의미이므로 사실상 유죄판결 선고에 어려움이 없을 것이다.
[29] 신동운, 앞의 책, 1189면; 이재상/조균석/이창온, 앞의 책, 653면; 이은모, 앞의 논문, 226면 등.
[30] 대법원 1986. 11. 1. 선고 96도1783 판결 등. 만일 그렇지 않다면 형사재판이 별도로 이루어진 경우 자기에 대한 사건에서는 내용을 부인하고 공범에 대한 사건에서는 내용을 인정하여 공범에게는 유죄가 되게 하는 등의 불합리한 결과가 발생하기 때문이라고 설명하고 있다.

증거로 사용할 수 있게 되었기 때문"에 갑의 내용인정이면 족하다는 반론도 있다[31].

제4항설은 본질적으로 공범자의 진술은 다른 공범자에게는 제3자의 증언에 불과하다고 본다. 제1・3항설을 취하면 그 문언 때문에 내용인정의 주체를 갑으로 볼 수밖에 없는데 이는 을에게 매우 불리하여 부당하고, 다수설에 따라 내용인정의 주체를 을이라고 본다 하더라도 갑에게는 증거능력이 인정되는 갑의 피의자신문조서가 공범인 을에게는 증거능력이 인정되지 않는 불합리한 결과를 초래하기 때문에 결국 갑의 피의자신문조서가 을에게 증거능력 있는지 여부도 제312조 제4항을 적용하여 판단하는 것이 가장 적절하다고 주장한다[32].

(2) 소결

공범에게는 그 자신이 피의자라는 속성과 다른 공범에게는 제3자라는 속성이 공존하고 있다. 그 중 어느 쪽을 강조하느냐에 따라 공범의 피의자신문조서를 피의자신문조서로 볼 수도 있고 진술조서로 볼 수도 있기 때문에 제4항설이 공범의 제3자 속성을 강조하는 것 자체는 충분히 수긍할 수 있다. 그러나 갑의 피의자신문조서가 갑의 진정성립 인정만으로 을에게도 증거능력이 인정되는 점은 자신의 피의자신문조서에 대하여도 내용인정 하지 않으면 증거능력을 인정하지 않은 우리 형사소송법 특유의 입법취지와 조화되기 어렵다. 더욱이 제1・3항설을 취하면 갑의 피의자신문조서가 을에게 불리할 때 을이 갑에 대한 반대신문을 통해 증명력을 배척할 필요도 없이 내용부인 취지의 증거부동의로 증거능력을 배척할 수 있으므로 피고인의 방어권 보호를 위해서라면 제1・항설로 충분하고 제4항설을 고려할 필요가 없다.

제1・3항설은 공범의 피의자신문조서도 피의자신문조서로 보아 제312조 제1항, 제3항을 직접 적용한다는 취지로 보인다. 그러나 사실은 위 조문의 문맥을 살펴보면[33] 근본적으로

---

31) 정웅석, 앞의 논문, 32면; 정웅석/최창호/김한균, 신형사소송법(제2판), 박영사, 2023. 646면, 647면; 이완규, "공범인 피의자에 대한 경찰 피의자신문조서의 증거능력", 형사법의 신동향 제18호(2009. 2), 대검찰청, 197면 등. 종래 '검사 작성 피의자신문조서에서 원진술자인 공동피고인이 진정성립을 인정하는 것과 조화된다'는 점도 갑의 내용인정설의 논거로 주장되었으나, 2020년 형사소송법 개정에 따라 검사 작성 피의자신문조서의 증거능력 요건도 사법경찰관 작성 피의자신문조서와 동일하게 내용인정으로 변경됨에 따라 위 논거는 무의미하게 되었다.
32) 이완규, 앞의 논문, 같은 면; 강동범, "사법경찰관이 작성한 공범에 대한 피의자신문조서의 증거능력", 법학연구 제41집(2014. 5), 전북대학교 법학연구소, 162면; 최병각, "공범과 공동피고인, 왜 문제인가?", 저스티스 제122호(2011. 2), 한국법학원, 176면.
33) 사법경찰관 작성 피의자신문조서에 대하여 제312조 제3항이 '그 피의자였던 피고인'으로 한정하고 있고, 사법경

피고인 자신의 피의자신문조서를 겨냥하여 만든 조문이지 공범의 피의자신문조서도 함께 고려하여 만든 조문이 아니며, 공범의 피의자신문조서에 적용하는 것이 그리 용이하지도 않다. 따라서 제1항, 제3항을 공범의 피의자신문조서에 '적용'하는 것이 아니라 '유추적용'하는 것으로 보는 것이 더 적절하다고 생각된다. 결국 전문법칙 예외규정에 유추적용이 허용되는지의 문제, 즉 제310조의2의 규범성의 강도 문제로 넘어가게 되는데, 결론적으로는 최소한의 유추해석은 허용된다고 볼 수밖에 없는 것이 현실이다[34].

2. 공범의 피의자신문조서에 대한 제314조의 적용

(1) 학설과 판례

앞에서 살펴보았듯이 공범의 피의자신문조서에도 제312조 제1항 또는 제3항이 적용되고 피고인 을의 내용인정설에 따라 갑이 내용인정 하여도 을이 내용인정 취지로 동의하지 않으면 을에게는 증거능력 인정되지 않는다는 것이 다수설, 판례의 입장이다. 이를 전제로 논리를 전개한 결과 갑이 불출석하여 제314조의 요건을 갖추었다고 하더라도 을이 동의하지 않으면 갑의 피의자신문조서는 을에게 증거능력이 없다는 견해 역시 다수설이다[35]. 내용인정은 영상녹화물과 같은 객관적 자료로도 증명할 수 없는 것이고, 원진술자가 인정하지 아니한(또는 못한) 것을 인정한 것으로 의제하여서도 아니되고, 다른 공범이 대신 인정해 줄 수 있는 것도 아니라는 견해 역시 같은 취지이다[36].

"현행법이 조사자 증언제도를 도입하여 피고인이 내용을 인정하지 않더라도 조사자 증언에 증거능력을 부여하고 있다는 점(제316조 제1항), 제314조의 입법취지가 제312조, 제313조의 원칙을 고집하여 죄를 범한 것이 확실한 자를 처벌할 수 없는 불합리한 결과의 발생을 막기 위하여 신빙성의 정황적 보장을 전제로 증거능력을 인정하는 점 등을 고려할 때 이제

찰관 작성 피의자신문조서 규정은 공동피고인에게 적용되지 않는 반면 검사 작성 피의자신문조서 규정은 공동피고인에게도 적용된다는 취지로 규정하였을 가능성은 희박하며(그렇게 해석하는 것이 자연스럽게나 바람직하지도 않다), 실제로 공범의 사법경찰관 작성 피의자신문조서에 대하여 제3항설을 취하면서 내용인정의 주체가 공범이 아닌 당해 피고인 자신이라는 다수설도 제312조 제3항의 문언상으로는 그러한 내용을 도출하기 어렵다.
34) 이에 관한 상세한 내용은 졸고, "형사소송법 제310조의2의 적용 기준과 범위에 관한 소고", 인권과 정의 제445호, 대한변호사협회, 2014. 445면 참조.
35) 이은모, 앞의 논문, 228면, 229면 등.
36) 손동권, 앞의 논문, 41면.

는 공범의 피의자신문조서에도 제314조의 필요성 요건은 충족된다고 보아야 할 것"이라는 견해도 있다[37]. 그러나 조사자 증언을 통해 피고인의 수사기관에서의 진술을 증거로 사용하는 것은 조사자의 증언 태도, 조사자에 대한 반대신문 등을 종합한 결과이므로 이를 피의자신문조서의 증거능력 요건과 직결시키는 것은 적절하지 않으며, 제314조의 주된 의도는 참고인의 수사기관 진술의 증거능력 회복이지 피고인 자신 또는 공범의 수사기관 진술의 증거능력 회복이 아니라는 점을 고려하면 공범의 피의자신문조서에 대하여 제314조를 적용할 수 있다고 쉽게 판단하기는 어렵다고 생각된다. 참고판결1 역시 다수설과 같이 공범의 사법경찰관 작성 피의자신문조서에 대하여 제314조를 적용할 수 없다는 취지로서, 제314조를 적용할 수 있다고 하던 종래의 대법원 1987. 9. 8. 선고 87도1446 판결, 대법원 2002. 2. 5. 선고 2001도4286 판결 등을 변경한 것이다.

(2) 소결

앞에서 살핀 바와 같이 공범인 갑이 출석하여 자신의 피의자신문조서에 대하여 내용인정하고 을에게 반대신문의 기회를 보장하였더라도 을이 내용부인하면 갑의 피의자신문조서는 을에게는 증거능력 없다고 할 것인데, 갑이 출석하지 아니하여 내용인정도 없고 을에게 반대신문의 기회도 없었음에도 필요성과 갑의 피의자신문조서가 특신상황에서 작성되었다는 이유만으로 을에게도 증거능력 있다고 보는 것은 전혀 균형에 맞지 않고, 수사기관 조사결과에 대해 특신성을 부인하기가 매우 어려운 현실을 고려하면 악용의 소지만 키운다고 할 것이다.

공범이 피고인의 지위와 참고인의 지위를 공유하고 있는 것은 맞지만, 참고인의 지위만 부각시켜 피고인에게 불합리한 불이익을 강요하는 것은 부적절하다. 피고인 갑이 불출석한 경우 갑의 피의자신문조서를 갑에 대한 증거로 사용하기 위해서도 제314조를 적용할 수 없다는 것이 저자의 주장인데, 갑 자신에게도 증거로 사용할 수 없는 것을 공범인 을에게는 증거로 사용할 수 있다고 본다면 결국 불출석한 갑은 무죄, 출석한 을은 유죄가 되는 이상한 결과에 이르고 만다. 설혹 갑의 피의자신문조서에 제314조를 적용하여 내용인정을 의제한다고 하더라도 갑에게 증거로 사용할 수 있을 뿐 을에게는 증거로 사용할 수 없다고 하여야 '갑이 내용인정한 경우에도 그 내용을 부인하는 을에게는 증거능력을 인정할 수 없다'는

---
[37] 정웅석, 앞의 논문, 47면.

법리와 균형을 맞출 수 있다. 결국 불출석한 피고인의 피의자신문조서에 제314조를 적용할 수 있다고 보든, 적용할 수 없다고 보든 불출석한 공범 갑의 피의자신문조서에 제314조를 적용하여 출석한 공범 을에게 증거로 사용할 수는 없다고 할 것이다.

(3) 여론 : 공범의 검사 작성 피의자신문조서에 대한 제314조의 적용 문제

2020년 형사소송법 개정 전에는 사법경찰관 작성 피의자신문조서의 경우와 달리 공범의 검사 작성 피의자신문조서에 제314조를 적용할 수 있는지에 대하여는 학설이 더더욱 첨예하게 대립하였다. 공범의 검사 작성 피의자신문조서에 대하여 제312조 제1항설을 취하는 분들은 대체로 피고인 보호를 위하여 반대신문권이 보장된 경우에만 공범의 수사기관 진술에 증거능력을 인정할 수 있기 때문에 공범의 검사 작성 피의자신문조서에는 제314조를 적용할 수 없다고 주장하였고[38], 제4항설을 취하는 분들은 공범의 검사 작성 피의자신문조서에 제314조를 적용할 수 있다고 주장하였다[39]. 이 문제를 직접 다룬 판례는 없고, 참고판결1과 참고판결2를 반대 또는 확장 해석하여 '공동피고인인 공범의 검사 작성 피의자신문조서에 제314조를 적용할 수 있다'는 의미를 추출할 수 있는지를 논한 분도 거의 없었다. 저자는 갑 자신에게는 증거로 사용할 수 없는 신문조서를 공범인 을에게 증거로 사용하는 것은 부적절하고, 반대신문도 불가능한 상황이며, 갑에게 외국거주나 소재불명 등의 사유가 있어 제314조에 의하여 갑의 검사 작성 피의자신문조서에 대하여 을에게 증거능력을 인정하였더라도 나중에 갑이 검거되어 재판을 받으면서 갑이 내용부인 함으로써 갑의 검사 작성 피의자신문조서가 갑에게는 증거능력이 없게 되는 이상한 상황이 발생할 가능성이 매우 높은 점 등을 고려하여 제314조를 적용할 수 없다는 견해를 취하였다. 그러다가 위 개정에 의하여 검사 작성 피의자신문조서의 증거능력 요건이 사법경찰관 작성 피의자신문조서의 경우와 동일하게 되었으니 이제는 더더욱 제314조를 적용할 수 없음이 명백하다.

V. 나가며

이 글을 통해 저자는 피고인 자신의 피의자신문조서에 제314조를 적용하여 증거능력을 부여할 수 있는지, 그리고 공범인 피고인의 피의자신문조서에 제314조를 적용하여 다른 공

---

38) 손동권, 앞의 논문, 44면; 서보학, "공범자의 수사상 진술과 형소법 제314조 및 제310조의 적용 여부", 고시연구 제31권 제3호(2004. 3), 고시연구사, 122면.
39) 노명선/이완규, 앞의 책, 519면; 배종대/이상돈/정승환/이주원, 앞의 책, 651면; 이은모, 앞의 논문, 222면 등.

범인 피고인에게 증거능력을 부여할 수 있는지를 살펴보았다. 이 문제에 관하여 학설은 나누어져 있고, 참고판결1과 2가 보여주듯이 대법원은 공범의 피의자신문조서에 제314조를 적용하여 다른 공범인 피고인에게 증거로 사용할 수는 없다는 점과 기소되지 아니한 공범의 피의자신문조서에 제314조를 적용하여 기소된 피고인에게 증거로 사용할 수 있다는 점을 밝히고 있을 뿐, 위 문제의 대부분에 관하여는 직접적으로 밝힌 바가 없다.

위 문제를 풀기 위해서 궐석재판에서의 증거동의 의제 문제와 공범의 피의자신문조서가 다른 공범인 피고인에게 증거능력을 가지기 위한 요건에 관한 제312조 제1·3항설, 제4항설 문제를 함께 살펴보았다. 만일 통설, 판례처럼 형사소송법 제318조 제2항에 따라 궐석재판의 경우에는 증거동의가 의제된다고 본다면 제314조 사유의 대부분이 피고인의 법정출석 불가, 즉 궐석이기 때문에 피고인 자신의 피의자신문조서에 대하여 제314조를 적용할 필요성 중 대부분이 소멸한다. 그러나 증거동의 의제는 피고인 불출석에 대한 제재로서 대단히 부적절하기 때문에 폐지(최소한 제한해석)되어야 한다. 아울러 공범의 피의자신문조서의 증거능력 요건에 관하여 제4항설을 취하면 피고인에게 대단히 불리한 불합리한 결과가 발생하기 때문에 현행 형사소송법에서는 취하기 어려우므로 결국 제1·제3항을 유추적용하되 피고인에게는 해석상 반대신문권이 인정된다고 보아야 한다.

이러한 논리를 피의자신문조서에 제314조를 적용할 수 있는지의 문제로 확장하여 풀어보면, 피고인 자신의 피의자신문조서에 제314조를 적용하면 궐석재판에서 제318조 제2항에 따라 증거동의를 의제하는 것과 동일한 폐해가 발생하기 때문에 피고인 자신의 피의자신문조서에 제314조를 적용하여 피고인에게 증거로 사용할 수는 없고, 공범의 피의자신문조서에 제314조를 적용하여 다른 공범인 피고인에게 증거로 사용할 수 없다는 점은 이미 다수설, 판례가 밝힌 바와 같다. 주의 깊게 살펴보면 궐석재판에서의 증거동의 의제의 폐해와 제314조를 피의자신문조서에 적용할 때의 폐해는 매우 유사하다. 피고인이 불출석하거나 진술하지 않아도 신속한 재판 또는 불출석에 대한 제재 등의 미명 하에 피고인에게 사실인정상의 불이익을 가하는 것은 옳지 않다는 것이 저자의 소신이다.

녹음테이프와 녹취록, 녹취진술의 증거능력에 대한 실무적 고찰

I. 들어가며

형사소송법 제312조 내지 316조는 진술증거를 전달하는 방법으로 전문진술과 전문서류만 있던 시절의 입법이다. 그간 전문진술과 전문서류를 중심으로 전문법칙을 논의해 왔고, 다중전문증거의 경우에도 재전문진술과 이중전문서류를 중심으로 논의해 왔다. 그러나 기술문명의 발달로 지금은 녹음 등 기술적 방법을 통한 진술전달이 얼마든지 가능하게 되었다. 이로 인하여 녹음테이프를 이용한 녹음, 그 녹음을 듣고 서면으로 옮긴 녹취록, 녹음을 듣고 법정에서 진술하는 경우 등 다양한 진술전달 상황이 발생할 수 있고, 전문서류의 경우에도 필사가 아닌 복사본, 이를 목격한 자의 진술 또는 진술서 등 다양한 형태가 발생 가능하다. 향후 계속적인 기술문명의 발달에 따라 지금은 예상도 하지 못하는 진술전달 증거도 얼마든지 출현할 수 있다.

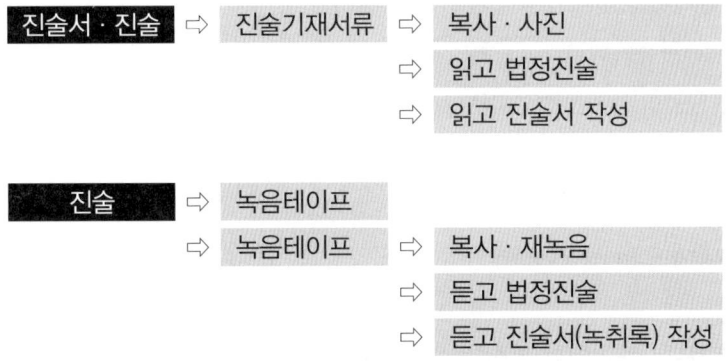

이러한 형태의 진술전달은 우리 형사소송법이 예상하지 못하고 있었고, 학계나 실무계에서도 거의 논의되지 못한 상태이다. 녹취록에 대하여는 다소간의 논의가 있으나, 다른 진술전달 증거와의 전체적, 체계적 검토는 전혀 이루어지지 못한 채 단편적 연구에 그친 것으로 생각된다. 이러한 형태의 진술전달을 '전문단계'로 볼 것인지 '사본단계'로 볼 것인지

(즉 녹음테이프를 전문서류에 준해서 볼 것인지 진술의 사본으로 볼 것인지), 녹취록은 진술기재서류 또는 재전문서류로 보아야 하는지 전문서류의 사본으로 보아야 하는지 등을 고민하여야 할 상황이다. 이런 고민에는 전문증거에 대해 적용되는 전문법칙과 사본증거에 대해 적용되는 최량증거법칙과 진정성(원본동일성, 비조작성) 문제의 비교가 필수적으로 수반된다.

이 글에서 사용할 약간의 용어를 미리 정리 또는 설정하기로 한다. 먼저 '전문법칙'이라는 개념에 대응하여 사본증거가 최량성과 원본동일성을 구비하여야 증거능력이 인정된다는 점을 일응 '사본법칙'이라 부르기로 한다. 또 녹음매체에는 녹음테이프, CD, USB 등 여러 가지가 있고 기술적으로 약간의 차이가 있겠지만, 증거법적 법리는 거의 동일하고 판례나 실무에 주로 녹음테이프가 등장하므로 이 글에서는 '녹음테이프'로 통칭하기로 한다. 또 형사소송규칙 제134조의8 등에는 '녹취서'라고 지칭하고 있지만, 판례는 대부분 '녹취록'이라고 지칭하고 있고 일반적으로도 '녹취록'이라고 부르므로 이 글에서도 '녹취록'이라고 지칭하기로 한다. 그리고 진술이 전달된데 대하여 전문법칙을 적용할지 사본법칙을 적용할지 모르는 상황에서 '전문증거'라고 전제하는 것은 적절하지 않기 때문에 진술(구두이든 서면이든)이 전달되는 형태의 증거를 '진술전달증거'라고 부르기로 한다.

이 글에서는 녹음테이프의 증거능력을 검토하면서 전문법칙과 사본법칙을 비교하여 그 중 어느 법칙을 적용하여야 하는지 기준을 설정하고(Ⅱ), 그 기준에 따라 녹취록의 증거능력과(Ⅲ) 녹취진술의 증거능력을 살펴보고(Ⅳ) 관련 판례의 태도를 검토한 후(Ⅴ) 저자 나름의 결론으로(Ⅵ) 글을 맺으려고 한다.

Ⅱ. 녹음테이프의 증거능력

1. 녹음테이프의 증거법적 본질과 증거능력 요건에 관한 견해 대립

녹음테이프에 진술[1]이 녹음된 경우 전문서류에 준해서 취급하는 것이 통설적 견해이

---

[1] 여기에서의 '진술'이란 증거법상의 진술, 즉 현재 또는 과거의 경험적 사실에 대한 보고로서 그 내용의 진실성이 증거가 되는 경우만을 말한다. 非진술(질문, 요구, 명령, 욕설 등)이 녹음된 경우는 현장녹음으로서 현장사진의 경우와 마찬가지로 진술증거설, 비진술증거설 등의 대립이 있고, 다수설과 확립된 실무태도는 비진술증거로 본다. 非진술이 녹음된 경우는 이 글에서 논외로 한다.

고, 판례 역시 진술서 또는 진술기재서류에 준하여 제313조를 유추적용 해 왔다[2]. 그러다가 2016년 형사소송법 제313조를 개정하여 명문으로 녹음테이프 등 정보저장매체를 서증에 포함시켰으므로 이제는 제313조를 직접 적용하면 되게 되었다. 녹음테이프를 전문증거로 취급하는 이유에 대하여는 조작가능성을 언급하는 분도 있지만[3] 적절하지 않다고 생각된다. 조작가능성을 기준으로 한다면 오히려 아래에서 설명할 사본증거로 취급하는 것이 더 적절하다. 왜냐하면 통상의 전문증거보다 사본증거가 조작가능성이 더 낮은 것이 일반적인데, 녹음은 수기보다 조작가능성이 현저하게 낮기 때문이다[4]. 진술서 또는 진술기재서류가 전문증거인 근본적인 이유 역시 조작가능성이 아니라 진술이 법정에 직접 현출되지 않아 반대신문권이 보장되지 않았기 때문이다[5]. 이러한 점은 설령 진술서나 진술기재서류가 진술자의 의사대로, 또는 원진술자의 진술대로 작성되었다는 점이 입증되었다고 하더라도 여전히 전문서류로서 제313조 제2항에 따라 사후적이나마[6] 반대신문의 기회를 부여하여야 증거능력이 인정된다는 점에서도 명백하다. 결국 녹음테이프를 전문서류에 준하여 취급하는 이유도 진술이 법정에 직접 현출되지 않아 반대신문권이 보장되지 않았기 때문이라고 보아야 한다[7].

그런데 위 통설 외에 "녹음테이프를 전문증거가 아닌 진술의 사본으로 보아 전문법칙 아닌 진정성 문제만으로 증거능력 부여하려는 소수설[8]이 있다"고 설명하는 분도 있다[9]. "녹음파일은 기계적으로 기록된 것이므로 그 녹음과정에는 전문증거의 문제가 발생하지 않고 진정성 입증만으로 족하며 전문법칙 적용 긍정설은 전문증거의 요건과 진정성 요건을 혼동한

---

[2] 대법원 1996. 10. 15. 선고 96도1669 판결, 대법원 1997. 3. 28. 선고 96도2417 판결, 대법원 2001. 10. 9. 선고 2001도3106 판결 등.
[3] 이은모/김정환, 형사소송법(제9판), 박영사, 2023, 708면.
[4] 이완규, "협박진술 녹음의 전문증거 문제와 진정성 문제의 구별", 저스티스 제139호, 한국법학원, 2013, 380면은 사진촬영과 같이 기계적으로 기록하였다고 하더라도 그 기계에 사람이 작용하는 경우에는 전문증거로 파악하는 견해를 비판하면서 "조작가능성은 진정성의 문제이기 때문에 전문법칙을 사용할 필요는 없다"고 설명하고 있다.
[5] 배종대/이상돈/정승환/이주원, 형사소송법(제2판), 홍문사 2016, 672면.
[6] 원진술 직후 반대신문을 할 수 있다면 가장 바람직하겠지만 전문증거가 문제되는 상황은 이미 원진술이 행하여진 후이기 때문에 그러한 의미의 정상적인 반대신문은 불가능하므로 원진술자를 상대로 사후적이나마 반대신문을 하도록 한다는 의미이다. 원진술자가 원진술을 부인하는 경우에는 사후적 반대신문도 거의 무의미할 것이다.
[7] 이재상/조균석/이창온, 형사소송법(제13판), 박영사, 2021, 687면도 같은 취지.
[8] 제313조 개정으로 이제는 이러한 학설은 해석론이 아니라 입법론이라 보아야 할 듯 하다.
[9] 차정인, "진술이 담긴 기계적 기록물과 전문법칙", 형사법연구 제29권 제3호, 한국형사법학회, 2017, 311면.

것이라고 지적하는 견해가 있다"는 설명으로 이완규 변호사의 견해[10]를 소개하고 있는 것이다. 녹음과정의 조작가능성은 서류 작성과정의 조작가능성에 비해 현저히 낮으므로 녹음테이프를 전문서류로 볼 필요는 없고 진술의 대용물로 보아 원본동일성만 입증되면 증거능력을 부여하여야 한다는 취지로 이해한 듯하다. 이완규 변호사의 견해를 그대로 옮기면 "녹음테이프는 녹음기라는 기계에 의해 기계적으로 기록될 뿐 사람의 진술이 개입되지 않기 때문에 녹음하는 과정에서는 전문증거의 문제가 발생하지 않는다. 녹음되는 내용이 전문진술이라면 녹음테이프도 전문증거"[11] 라는 것이다.

이완규 변호사의 견해가 녹음테이프는 사본이므로 진정성만이 문제된다는 의미인지, 準전문서류이기도 하고 진정성도 문제된다는 의미인지 애매한 것은 사실이다. 그런데 같은 글 392면에서는 "녹음테이프에 있는 진술이 경험사실의 진술이어서 전문진술인 경우 그 녹음테이프는 그 자체로 전문증거라 할 것인데, 그 녹음테이프의 내용을 듣고 다시 녹취록을 만든다면 이는 사람이 녹음내용(전문증거,·저자 주)을 경험하고 그 경험사실을 다시 서면으로 진술한 것이 되어 재전문증거가 된다. 예컨대 갑이 을에게 자신이 살해현장을 목격한 일을 진술하고 그 진술이 녹음된 경우 진술녹음물은 전문진술이 녹음된 것이기 때문에 전문증거이다"라고 설명하고, 395면에서는 "여기서 피고인의 대답인 '예' 부분은 피고인의 경험사실, 즉 과거에 돈을 받은 사실에 관한 진술이므로 이를 담은 녹음테이프는 전문증거가 되는 것이다"고 설명하고 있다. 이러한 태도에 비추어 보면 이완규 변호사의 진의는 '진술이 녹음된 녹음테이프는 전문증거'라는 점이 명백하므로, 앞에서의 '녹음테이프는 準전문서류가 아닌 사본'이라는 이해는 적절하지 않은 것이라 생각된다[12]. 이완규 변호사의 진의가 무엇이든 녹음테이프를 準서증으로 보는 견해와 진술의 사본으로 보는 견해가 성립 가능한 것은 사실이므로 위 2가지 견해를 함께 검토해 보기로 한다.

2. 전문증거와 사본의 증거법적 문제의 본질과 증거능력 요건의 차이

전문증거의 증거법적 문제의 본질은 법정진술이 아니어서 반대신문권이 보장되지 않는다는 점에 있다. 전문증거의 증거능력 요건은 증거의 예외적 필요성과 반대신문권 보장에

---

10) 이완규, 앞의 논문, 380면의 내용을 차정인 교수가 정리한 것이다.
11) 이완규, 앞의 논문 390면. '녹음되는 내용이 원본진술이라면 녹음테이프도 원본진술'이라는 취지로 보인다.
12) 앞에서 나온 "전문진술이 녹음된 것"이라는 표현은 진술이 녹음된 것이니 녹음테이프가 전문증거라는 의미로 이해된다.

갈음할 수 있는 신뢰성이 핵심이다. 신뢰성 확보를 위해 전문서류라면 진정성립 인정[13] 또는 입증과 사후적 반대신문의 기회 부여를(제312조 제4항, 제313조 제1항, 제2항), 전문진술이라면 사후적 반대신문의 기회 부여를 요구하고 있으며[14] (예외적 필요성 부분은 애매하다), 특히 非피고인의 전문진술의 경우에는 원진술자의 법정진술 불가도 함께 요구하고 있다(제316조 제1항, 제2항)[15]. 이에 반하여 사본의 증거법적 문제의 본질은 사본을 창출 또는 현출하는 과정에 조작가능성이 있고, 검증·감정 등을 통한 증거조사의 효과에 제약이 있으므로 원본에 비해 증거에 대한 신뢰성 기타 증거로서의 가치가 낮다는 점에 있다. 사본의 증거능력 요건은 최량성(원본 제출 곤란성)[16]과 원본동일성(비조작성)의 입증이다.

녹음테이프를 진술의 사본으로 본다면 최량성과 원본동일성을 입증하여야 한다. 그런데 진술이라는 것이 한번 발언되면 그 즉시 소멸하는 것이어서 그 녹음테이프에 최량성이 인정됨은 당연하므로, 결국 원본동일성만 입증되면 증거능력이 인정된다. 그러나 전문증거로 본다면 원진술자 또는 작성자의 진정성립 인정 또는 입증과 사후적 반대신문의 기회 부여가 필요하고, 최량성은 처음부터 문제되지 않는다[17]. 사실은 제313조 제2항의 입법으로 진정성립 입증과 원본동일성의 입증은 '객관적 방법'으로만 허용되는지 여부만 다를 뿐 거의 비슷하게 되었다. 근본적으로 녹음테이프라는 증거는 조작가능성 뿐만 아니라 반대신문 불가라는 더 큰 문제점을 가지고 있다. 본래 사본의 문제는 물증과 같이 반대신문이 문제되지 않는 경우의 진정성, 즉 비조작성의 문제이다. 반대신문이 문제되는 경우라면 가급적 전문법칙으로 접근하는 것이 악용(전문법칙 회피) 우려를 줄인다는 점에서도 적절하다. 만일 녹음테이프를 진술의 사본으로만 본다면 최량성은 당연히 인정되므로 원본동일성만 입증하면 증거

---

13) 이완규, 앞의 논문, 385면은 "진정성립 인정은 전문법칙의 예외 요건이라기 보다는 진정성 요건이라 할 수 있다. 이러한 요건상의 혼돈은 전문법칙의 이해 자체에 혼란을 유발한다"고 설명하고 있다. 우리 형사소송법이 전문서류를 전문법칙에 폭넓게 수용하는 과정에 사본법칙이 상당부분 전문법칙에 수용한 점을 잘 지적하고 있다고 생각된다. 다만 이 글에서는 이러한 점에 대한 더 이상의 논의를 피하기로 한다.
14) 이는 전문진술의 신뢰성 때문이 아니라 증거 사용의 필요성 때문이다. 전문서류의 경우에는 증거 사용의 필요성을 위한 요건은 따로 보이지 않는다.
15) 제314조가 요구하는 원진술자의 법정진술 불가 요건은 예외적 필요성이라는 측면도 있지만 진정성립 인정을 대체하는 요건이라는 점에 더 큰 의미가 있다고 보아야 할 것이다.
16) 이를 증거능력 요건으로 보는 견해와 증명력 문제로 보는 견해가 대립하나, 판례는 증거능력 요건으로 보고 있다 (대법원 2008. 11. 13. 선고 2006도2556 판결 등).
17) 사실은 전문증거의 경우에도 제316조 제2항과 같이 원진술자의 법정진술 불가를 요건으로 하는 경우 최량성을 요구한다는 점이 내재되어 있다. 원진술자의 법정진술은 원진술에 비해서는 최량이 아니지만 원진술이 소멸한 재판 당시로서는 최량이기 때문이다.

능력이 인정되는 반면, 진술서나 진술기재서류로 본다면 진정성립 인정 또는 입증 뿐만 아니라 사후적이나마 반대신문의 기회를 부여하여야 증거능력이 인정된다. 이는 전문증거의 문제점을 최대한 보완하는 조치라 할 수 있다. 만일 녹음테이프를 진술의 사본으로만 본다면 진술서나 진술기재서류로 제출하는 대신 녹음테이프로 제출함으로써 반대신문의 거북함을 회피할 우려가 매우 높다[18]. 이런 점을 고려하면 녹음테이프에 대하여 전문법칙을 적용하는 것은 반드시 필요하다. 물론 전문증거로 보게 되면 작성자·원진술자의 진정성립 인정 아니면 객관적 방법에 의한 진정성립 입증만 가능하고 제3자의 증언 등 방법으로는 입증 불가능하게 되지만, 녹음테이프가 증거로 제출된 상황이라면 음성분석 등의 기술적 방법도 가능할 것이므로 '객관적 방법에 의한 입증'에는 별 문제가 없을 것이다.

3. 진술전달증거에 대한 전문법칙 또는 사본법칙의 적용

'원진술자에 대한 반대신문 불가'라는 요소 유무로 전문증거로 볼 것인지 사본으로 볼 것인지를 구별할 수 있는 경우가 많은 것은 맞지만, 아쉽게도 늘 그렇지는 않은 듯하다. 재전문진술(A의 진술을 B가 듣고 이를 C에게 말해주어 C가 증언한 경우)이나 이중전문서류(A의 진술을 B가 듣고 진술서로 작성하여 증거로 제출한 경우)의 경우에는 원진술을 들은 전문자(위 사례에서 B)에 대한 반대신문권이 침해된다고 할 수도 있을 것이다. 그러나 진술서를 목격한 자의 법정진술[19] 또는 진술서, 녹음을 다시 녹음한 경우와 같이 전문(또는 사본)이 2단계 이상 중첩되고 1차 진술전달증거가 전문진술 아닌 전문서류(또는 그 대체물)라면 '전문자에 대한 반대신문' 자체가 성립하지 않기 때문에 2차 진술전달 단계부터는 반대신문권 침해의 문제라고 단언하기 어렵게 된다. 이러한 경우 전문증거로 볼 것인지 사본으로 볼 것인지의 구별 기준은 무엇일까? 본질적으로 전문법칙은 사본법칙의 변형 또는 특칙이라 할 수 있다. 더욱이 반대신문 불가라는 문제는 원진술이 법정에서 현출되지 않았다는 점에서 나오는 문제이므로(원진술이 법정에서 현출되었다면 그 진술자에게 반대신문 할 수 있었을 것이다) 최량성 문제의 변형일 뿐이다. 결국 조작가능성의 고저 문제만 남는 것이다.

---

[18] 이러한 문제는 원진술자가 피고인 아닌 경우에만 발생한다. 피의자신문조서, 피고인 작성 진술서, 피고인이 원진술자인 진술기재서류, 피고인 진술을 원진술로 하는 전문진술은 처음부터 반대신문과 무관하므로 전문증거로 다룰 것인지 여부부터 문제이거니와(미국에서는 이를 전문증거가 아닌 원본증거로 다룬다), 우리나라처럼 전문증거로 다룬다고 하더라도 결국 정확히 옮겼는지만 문제가 된다. 원본동일성은 원본을 정확히 옮겼는지만 문제되고 반대신문권 보장과는 무관하기 때문에 피고인의 진술을 원진술로 하는 전문증거는 전문법칙을 적용하든 사본법칙을 적용하든 큰 차이가 없다.

[19] 과연 이것이 이중전문증거인지에 대하여는 뒤에서 다루기로 한다.

다만 사본이란 원래 복사나 사진 등 원본을 그대로 재현해 내는 기술적 방법을 통해 만들어진 것이기 때문에, 사본법칙은 원본이 증거로 제출될 수 있고 사본의 내용이 원본과 동일하리라는 신뢰가 일반적으로 기대되는 상황에서 적용되는 법리라 할 수 있다. 따라서 위 2가지 일반적 기대가 전제되지 않는 상황에서는 사본법칙을 적용하기가 어렵다. 전문법칙의 근본취지인 반대신문권 보장도 사실은 진술증거에 대하여 최대한 최량성을 요구하는 것이다. 전문법칙이란 결국 진술증거에 대하여는 최량성이 확보되지 않으면 그 사본이라 할 수 있는 전문증거의 증거 사용을 허용하지 않는 것을 원칙으로 하고, 예외적으로 제311조 내지 제316조에 규정된 경우에만 증거능력을 인정하면서[20], 그러한 경우에도 가능만 하다면 사후적이나마 반대신문의 기회를 부여하고 있는 것이다[21]. 전문증거의 증거 사용이 허용되는 경우에는 대체로 진정성립을 증거능력의 요건으로 요구하는데[22] 진정성립 인정 또는 입증은 실제로 원본동일성과 거의 같다. 그러나 사본의 경우에는 원본의 증거 사용이 불가능하면 사본의 증거 사용을 제한 없이 허용하고 있으며(아마도 사본의 원본동일성에 대한 일반적 신뢰 때문일 것이다) 이러한 경우 사후적인 반대신문의 기회 부여도 요구하지 않는다(아마도 사본법칙이 대체로 물증에 관하여 적용된 법리이기 때문일 것이다).

그러나 사본법칙, 특히 최량증거법칙이 진술증거에는 적용될 수 없다고 단정할 수는 없다. 사실은 진술전달 형태의 증거에 대하여는 전문법칙을 적용할 수도 있지만 사본법칙을 적용할 수도 있기 때문에, 만일 둘 중 하나를 적용하여야 한다면 어느 것을 적용하는 것이 더 적절한지를 판단하여야 한다. 앞에서 살펴보았듯이 원본동일성에 대한 일반적 신뢰를 기대할 수 없거나 사후적 반대신문의 기회 부여로써 반대신문권 보장의 취지가 어느 정도 달성될 수 있는 경우라면 가급적 전문법칙을 적용하는 것이 적절할 것이고, 반대신문의 기회 부여가 별 의미가 없고 오히려 원본동일성에 대해 일반적 신뢰 기대가 높다면 사본법칙을 적용하는 것이 더 적절할 것이다. 원본동일성 문제를 굳이 원진술자 또는 작성자의 인정

---

20) 제314조와 제316조 제2항이 원진술자의 법정진술 불가를 요건으로 한다는 것은 원진술 자체는 다시는 법정에 현출될 수 없지만 원진술자를 법정에 불러 원진술에 가장 가까운 진술이라도 확보할 수 있다면 원진술자의 법정 진술을 요구하겠는데, 그것도 기대할 수 없는 경우에는 그보다 신뢰성이 떨어지는 전문서류 또는 제3자의 전문진술에 증거능력을 허용한다는 의미이므로, 최량성 요구와 비슷한 효과를 가져온다고 볼 수 있다.
21) 예컨대 제312조 제4항, 제313조 제2항, 제316조 제2항 규정 또는 공범인 공동피고인에 대한 검사 작성 피의자신문조서의 해석 등이 이에 해당한다.
22) 제312조 제3항 또는 최근 개정된 제312조 제1항과 같이 내용인정을 요건으로 하는 경우도 있지만, 이는 수사기관에 대한 통제를 위해 만든 제도일 뿐 전문법칙의 본질과는 전혀 무관하다. 수사기관 통제는 증거능력 제한이 아닌 다른 방법으로 하는 것이 적절하므로 결국 입법적 재고가 필요하다고 생각하지만 이 글에서는 더 이상의 논의를 피하기로 한다.

진술이나 객관적 방법에 의한 입증으로 제한할 필요가 없기 때문이다.

이러한 기준으로 진술전달이 한 단계인 경우를 검토해 보면, ① 진술을 녹음테이프에 녹음한 경우 녹음테이프의 내용은 원본과 동일한 것이 일반적이고 최량성은 당연히 인정된다. 물론 원진술자를 법정에 불러 원진술을 확인할 수 있겠지만 이는 원진술자의 기억을 묻는 것일 뿐 원진술 자체를 가져오는 것은 아니며, 더 나아가 원진술자의 법정진술 외에 녹음테이프의 내용도 별도의 증거가치를 가진다. 녹음된 진술이 진실이고 법정진술이 허위인 경우도 얼마든지 있을 수 있기 때문이다. 따라서 녹음테이프는 진술의 사본이라 보는 것 보다는 전문증거라고 보아 전문법칙을 적용하는 것이 적절한 것이다. ② 진술을 제3자가 들으면서 서면으로 작성하는 경우에도 이후에는 원진술을 증거로 제출할 수 없으므로 사본의 문제가 아닌 전문법칙의 문제로 보는 것이 적절할 것이다. 이것이 바로 진술기재서류이다.

진술전달이 두 단계이고 1차 진술전달증거가 전문서류인 경우를 검토해 보면, ① 녹음테이프를 다시 녹음하는 경우에는 원본인 녹음테이프를 증거로 제출할 수 있고 녹음이 원본과 동일한 것이 일반적으로 기대되므로 녹음테이프에 대한 전문증거(즉 원진술에 대한 이중전문증거)라고 보는 것보다는 녹음테이프의 사본이라고 보는 것이 적절하다.[23] ② 녹음테이프를 듣고 그 내용을 진술하는 경우라면 원본인 녹음테이프가 증거 제출 가능한 것이 일반적이기는 하지만, 이를 들은 사람의 진술이 녹음테이프 내용과 동일하리라는 일반적인 신뢰를 기대할 수는 없으므로 결국 전문증거로 다루는 것이 적절할 것이다. ③ 녹음테이프를 듣고 녹취록을 작성한 경우, 진술서를 읽은 자가 그 내용을 다시 진술서로 작성한 경우 및 진술서를 읽은 자가 그 내용을 증언한 경우에 대하여는 뒤에서 다루기로 한다.

4. 전문법칙 외에 최량성 요건의 중첩적 요구

만일 녹음 내용을 들은 자가 작성한 녹취록이나 진술서를 읽은 자에 의해 작성된 진술서 등을 원본인 녹음테이프 또는 진술서에 대한 전문증거로 본다면(결국 이중전문증거로 본다는 의미이다), 전문법칙적 요건(작성자·원진술자의 진정성립 인정·입증과 반대신문 기회 부여 등)만 구비하면 위 녹취록 또는 새로 작성된 진술서의 증거능력을 인정할 수 있을까? 이러한 문제는 원본증거가 전문서류인 경우에 주로 발생

---

[23] 녹취록 작성을 별개의 전문단계로 파악하는 노명선 교수도 녹음을 다시 녹음하는 것은 사람의 개입이 없기 때문에 전문단계가 아니라고 판단하고 있다. 노명선, 판례연구 형사소송법(전정개정판), 고시계사, 2013, 280면.

한다. 원본증거가 전문진술이면 원본이 제출될 가능성이 원래 없지만, 원본증거가 전문서류이면 원본이 제출될 가능성도 있기 때문이다. 사실은 원본증거가 전문진술인 경우에도 비슷한 문제가 발생할 수 있다. 제3자의 진술을 원본증거로 하는 전문진술의 경우 원진술자가 법정에서 다시 확인진술 해 줄 수 있다면 비록 그것이 원진술 자체는 아니지만 가급적 확인진술이라도 확보하는 것이 증거가치의 측면에서도 좋다[24]. 제316조 제2항은 원진술자의 법정진술 불가를 전문진술의 증거능력 요건으로 규정하고 있다. 제312조, 제313조 소정의 전문서류도 가급적 원진술자 본인이 법정에 출석하여 진정성립 여부를 확인하고 반대신문에 응함으로써 증거가치를 확인할 기회를 가질 필요가 있으므로 제314조는 원진술자의 법정진술이 불가능한 경우에는 엄격한 조건(진술불가 사유의 제한, 특신상태 요구 등) 하에서만 예외적으로 증거능력을 인정하고 있는데, 그 근저에는 이미 최량성 이념이 깔려있는 것이다. 이중전문서류의 경우 원진술자의 법정진술 불가를 요건으로 하고 있다고 해석하는 것도 마찬가지이다. 모든 전문증거가 사본이라는 특성도 가지고 있다는 점을 고려하면 모든 전문증거에는 전문법칙적 요건 뿐만 아니라 최량성도 함께 요구된다고 해석하는 것이 옳다[25]. 제316조 제2항 등에 규정된 원진술자의 법정진술 불가 요건을 원본증거의 제출 가능성이 있는 다른 전문증거에도 유추적용 하는 것이라 볼 수도 있다.

사람의 기억을 통해 옮기든 기계적·기술적 방법으로 옮기든 정도의 차이는 있지만 진술전달에는 오류와 조작의 가능성이 상존하므로 가급적 원본증거가 제출되는 것이 좋고, 설령 오류·조작 가능성이 없다고 하더라도 진술증거라는 특성상 가급적 원진술자에 대한 반대신문의 기회를 보장할 필요가 있다. 그래서 전문증거에도 가급적 최량성 요건(사후적 반대신문의 기회 보장 포함)을 요구된다고 해석하는 것이 옳다. 만일 녹취록을 녹음테이프에 대한 사본으로 본다면 사본법칙에 따라 당연히 최량성이 요구된다고 하겠지만, 설령 녹취록을 녹음테이프에 대한 전문서류로 본다고 하더라도 최량성이 추가적 증거능력 요건으로 요구된다고 해석해야 한다. 따라서 녹음테이프가 없는 경우에는 녹취록이 증거로 사용될 여지가 있지만, 녹음테이프가

---

[24] 물론 원진술을 들은 제3자는 법정에서 들은 그대로 진술하고 원진술자는 법정에서 "그런 말을 한 적 없다"고 거짓말하는 경우도 있을 수 있으므로(이런 경우라면 원진술자와 위 제3자를 모두 법정에 불러 각자 진술하게 하고 법관이 그 신빙성을 판단하여야 할 것이다), 원진술자의 법정진술 불가를 필수요건으로 하는 것은 부적절하다고 생각된다.

[25] 뒤에서 설명할 바와 같이 녹취록을 진술기재서류로 보는 견해에서도 전문법칙적 요건 외에 최량성을 추가 요건으로 보고 있다. 김혁돈, "녹취서와 녹음테이프의 증거능력 등에 관한 실무적 고찰", 법학논집 제19권 제2호, 이화여자대학교 법학연구소, 2014, 525면.

있는 경우에는 녹취록의 증거 사용이 처음부터 허용되지 않는다고 해석해야 하는 것이다.

전문증거에 대하여도 보충적으로 최량성이 요구된다고 해석하면 결국 진술전달증거를 전문증거로 보는 것과 진술의 사본으로 보는 것의 차이는 법규정 또는 해석상 전문증거의 증거사용이 허용되는 경우인지와 진정성립 인정·입증이 요구되는지 원본동일성 입증이 요구되는지의 문제로 귀착된다. 사실은 전문증거에 대하여 원진술자나 작성자의 진정성립 인정 진술이 있으면 진정성립이 인정된 것으로 보는 것이 적절한지(위 인정 진술이 허위일 수도 있는데 이를 증거능력 문제가 아닌 증명력 문제로 보는 것이 적절한지), 진정성립 인정 진술이 없으면 '객관적 방법'으로만 진정성립을 입증하여야 하도록 한 것이 적절한지 등 근본적인 의문이 있으나 이 글에서는 더 깊이 다루지 않기로 한다.

5. 몰래 녹음의 증거법적 성격

녹음과정의 일반적인 신뢰 문제(조작가능성의 고지 문제)는 갑의 진술을 을이 몰래 녹음한 경우 녹음테이프를 증거법적으로 어떻게 볼 것인지의 문제와도 깊은 관련이 있다. 만일 을이 갑 몰래 갑의 진술을 메모하였다면 이는 타인 진술을 기재한 진술서, 즉 이중전문서류가 되겠지만, 을이 갑 몰래 녹음한 경우도 이중전문서류가 될까? 진술 녹음을 전문증거가 아닌 사본의 문제로 다룬다면 갑의 지시에 의한 녹음이든 갑 몰래 녹음한 것이든 차이가 없지만, 전문증거로 다룬다면 차이가 발생한다. 즉 진술기재서류는 진술자인 갑의 의도에 따라 서면화된 것만을 의미하기 때문에 갑이 서면의 내용을 결정하고 확인도 가능한 경우이다. 을이 갑 몰래 메모하는 경우에는 갑의 진술대로 메모하였는지 여부를 갑이 전혀 확인할 수 없으므로 (을이 갑의 진술을 듣고 나중에 메모하는 것과도 다르지 않다) 진술기재서류가 아닌 이중전문서류로 다루어야 한다.

그러나 갑의 진술을 을이 갑 몰래 녹음하는 경우에는 메모처럼 을이 갑의 진술을 왜곡하여 녹음하기가 기술적으로 매우 어렵다는 점을 고려할 때(물론 일부 삭제 등 편집의 우려가 있지만 진술 내용 자체를 왜곡할 수는 없고, 편집 여부는 대부분의 경우 감정 등 기술적인 방법을 통해 밝혀낼 수 있을 것이다) 갑의 확인 하에 녹음하는 것과 크게 다르지 않으므로 진술기재서류로 보아도 큰 문제가 없다. 따라서 원진술이 편집 없이 녹음된 것만 확인된다면 증거능력을 부여하되 진술자 인식 하에 녹음되었는지 여부는 진술 내용의 신빙성, 즉 증명력 문제로 넘어가는 것이 적절하다[26]. 대법원도 이러한 경우를(그 이유를 밝힌 적은 없지만) 이중전문서류

---

[26] 더 깊은 내용은 졸고, "다중전문증거의 증거능력에 관한 소고", 법학논총 제21집 제3호, 조선대학교 법학연구소, 2014, 815면 참조.

가 아닌 진술기재서류로 취급하고 있다[27].

Ⅲ. 녹취록의 증거능력

1. 녹취록의 의의와 유형

녹취록은 녹음테이프 등에 녹음된 진술을 듣고 이를 서면으로 작성한 것이다. 녹취록이 증거로 사용될 수 있는지, 어떤 요건을 갖추어야 증거능력이 인정되는지는 아래의 어떤 경우로 녹취록이 작성되었는지에 따라 달라진다.

① 녹음테이프에 대하여 법원이 검증하여 녹취록을 작성한 경우

법원이 직접 검증한 경우라면 법원이 녹음테이프의 녹음을 듣고 심증을 형성하였을 것이므로 녹음테이프 자체의 전문성 외에 녹취록의 진술전달은 문제가 되지 않는다. 상소심에서도 필요하다면 녹음테이프를 다시 검증하면 되므로 원심의 경우와 다르지 않을 것이고, 원심법원이 작성한 검증조서 형태의 녹취록으로 증거조사를 한다고 하더라도 법원 검증조서에는 증거능력에 제한이 없으므로(제311조) 녹음테이프 자체의 전문성 외에는 전문법칙적 문제가 없다. 더욱이 녹음테이프와 녹취록의 동일성에도 의문이 제기되기 어렵다. 따라서 만일 법원의 녹음테이프 검증 후 어떤 사유로 녹음테이프가 망실되었다 하더라도 녹취록을 증거로 사용함에 특별한 어려움은 없을 것이다. 녹음테이프 자체의 증거능력은 진술서 또는 진술기재서류와 마찬가지로 작성자 또는 원진술자의 진정성립 인정 또는 객관적 자료에 의한 진정성립 입증과 반대신문의 기회 부여를 요건으로 하는데(제313조 제1항, 제2항)[28], 녹음테이프가 망실되었다면 녹취록을 놓고 진정성립 인정 또는 입증을 할 수 밖에 없다. 이러한 점은 서류의 사본이 증거로 제출된 경우와 마찬가지이다.

---

[27] "이 사건 녹음테이프는 위 학교의 교사인 공소외 7이 학생인 공소외 2, 공소외 4, 공소외 3, 공소외 12를 집으로 불러 사적인 대화를 나누면서 그 대화를 상대방인 학생들 모르게 녹음한 것 ····"이라는 내용의 대법원 1997. 3. 28. 선고 96도2417 판결. 한편 대법원 2011. 9. 8. 선고 2010도7497 판결은 몰래 녹음하였음을 명문으로 밝히고 있지는 않지만 전체 취지상 몰래 녹음한 것으로 보인다.

[28] "녹음테이프 검증조서의 기재 중 피고인이 진술내용을 증거로 사용하기 위해서는 제313조 제1항 단서에 따라 공판기일에 (녹음테이프) 작성자인 피해자의 진술에 의하여 녹음테이프에 녹음된 피고인의 진술내용이 피고인이 진술한대로 녹음된 것임이 증명되고 나아가 그 진술이 특신상태에서 행하여진 것임이 인정되어야 한다"는 대법원 2008. 3. 13. 선고 2007도10804 판결 참조.

② 녹음테이프에 대하여 수사기관이 검증하여 녹취록을 작성한 경우

수사기관이 검증한 경우라면 녹음테이프 자체의 전문성 외에 수사기관 작성 검증조서, 즉 녹취록의 진술전달도 문제된다. 수사관 작성 검증조서는 작성자가 검사이든 사법경찰관이든 작성자인 수사관의 진정성립 인정이 증거능력 요건인데(제312조 제6항), 작성자인 수사관이 법정에서 진정성립을 부인하는 경우는 아주 특수한 상황 아니면 발생하기 어렵기 때문에 수사기관의 검증조서도 거의 무조건 증거능력이 인정된다. 따라서 수사기관의 녹음테이프 검증조서의 경우에도 녹음테이프의 증거능력만 인정되면 전문법칙 문제는 거의 발생하지 않는다. 결국 녹음테이프 자체의 증거능력만 인정되면 녹취록도 증거능력이 인정되는 것이다. 만일 녹음테이프가 망실되었다면 녹음테이프의 진정성립은 앞에서 말한 바와 같이 녹취록을 가지고 인정 또는 입증할 수 밖에 없다. 녹음테이프가 망실되었다는 점과 녹취록의 원본동일성은 입증방법에 원칙적으로 제한이 없지만, 현실적으로는 담당 수사관의 증언으로 입증되는 경우가 많을 것이다. 다만 수사관의 증언만으로 그와 같은 점을 쉽게 믿을 수 있을지는 의문이다. 결국 증명력의 문제로 귀착될 것으로 예상된다.

녹취록이 검증조서가 아닌 실황조사서나 수사보고서 형식으로 작성되었다면 어떨까? 실황조사서와 수사보고서 자체의 증거능력을 인정하지 않는 견해[29]라면 당연히 거기에 기재된 녹취록의 증거능력을 인정할 수 없을 것이다. 그리고 당사자의 동의에 의한 무영장 검증의 결과가 기재된 실황조사서는 제312조 제6항에 의하여 증거능력을 인정할 수 있다는 견해[30]라면 위에서 설명한 검증조서에 기재된 녹취록과 동일할 것이다. 저자는 당해 검증의 기본권 침해성이 매우 낮고, 검증 상대방의 동의에 의해 무영장 검증이 이루어졌으며, 피고인이 증거동의 한 경우에만 실황조사서에 증거능력이 인정된다고 보고 있으므로, 이러한 경우에만 검증조서에 기재된 녹취록과 동일하게 취급하는 것이 옳다고 생각된다. 또한 저자는 수사보고서는 수사기관 내부문서일 뿐이어서 증거물인 서면이 아닌 증거서류로는 사용할 수 없다고 보고 있으므로[31], 수사보고서 형식의 녹취록이 있다고 하더라도 그 자체는 증거로 사용할

---

29) 신동운, 신형사소송법(제5판), 법문사, 2014, 1205면(수사기관 작성의 실황보고서에 대한 설명이지만 수사보고서에 대하여도 같은 취지일 것으로 보인다). 증거로 사용할 수 없으므로 증거신청을 기각하여야 한다는 김동원, "형사소송에서 증거로 활용되는 녹음파일 등에 관한 실무상 문제점에 대한 소고", 사법 제1권 제46호, 사법발전재단, 2018, 258면 이하도 같은 취지로 보인다.
30) 이재상/조균석/이창온, 앞의 책, 670면, 671면. 다만 수사보고서에 대하여는 설명이 없다.
31) 졸저, 실무형사소송법(2025년 개정판), 준커뮤니케이션즈, 672면, 673면. 다만 대법원 1999. 2. 26. 선고 98도2742 판결, 대법원 2011. 9. 8. 선고 2009도7419 판결 등은 진술청취형 수사보고서에 원진술자의 자필·서명날

수 없고, 만일 녹음테이프를 증거로 제출할 수 없는 상황이라 하더라도 당시 녹취에 관여한 수사관을 증인신문 하여 녹음테이프 내용을 증언하게 하는 것이 옳다고 생각된다.

③ 법원의 명에 의하여 제3자가 녹취록을 작성하여 제출한 경우
녹음·녹화매체 등에 대한 증거조사를 신청한 당사자는 법원이 명하거나 상대방이 요구할 때에는 녹음·녹화매체 등의 녹취록, 그 밖에 그 내용을 설명하는 서면을 제출하여야 한다(형사소송규칙 제134조의8 제2항). 이렇게 작성된 녹취록은 녹음테이프의 증거조사를 돕는 보조자료일 뿐 독립된 증거라 하기 어려울 것이다.

④ 녹음테이프에 대하여 전문 속기사가 듣고 녹취록 작성한 경우
녹취록의 가장 일반적인 경우이다. 전문(專門) 속기사의 경우 당해 사건 또는 그 관계자(원진술자나 녹취자 포함)과 이해관계가 거의 없고, 전문성(專門性)에 기하여 정확히 녹취하였으리라는 일반적인 신뢰가 기대되기 때문에 녹취록 자체의 전문성(傳聞性)과 원본동일성은 거의 문제되지 않는다. 그런데 진술 유도, 필요한 부분만 녹음하기, 녹음 후 편집 등을 통해 원진술의 취지가 왜곡 녹음되는 상황도 충분히 있을 수 있으며, 상대방이 이러한 점을 문제 삼는다면 녹취록을 전문증거로 보는지 여부와 관계없이 녹취록 작성자를 증인으로 불러 녹음상태 등에 대하여 확인할 수도 있을 것이다.

⑤ 녹음테이프에 대하여 일반인(특히 사건 관계인)이 듣고 녹취록 작성한 경우
이러한 경우 녹취록 작성자에게 사건과의 이해관계도 있고 녹취의 전문성(專門性)도 없어 (작성자의 고의 또는 실수가 개입하여) 녹취록의 원본동일성에 대한 일반적인 신뢰를 기대할 수 없다. 따라서 녹음테이프의 전문성(傳聞性) 외에 녹취록의 증거능력이 가장 크게 문제될 것이다.

2. 녹취록의 본질과 증거능력 요건

(1) 녹취록의 본질에 대한 견해 대립과 검토

녹취록이 증거로 제출된 각 경우 녹음테이프가 존재한다면 녹음테이프가 증거가 되고 녹

인이 없기 때문에 증거능력 없다고 판시하여, 만일 원진술자의 자필·서명날인이 있다면 수사보고서에 증거능력을 인정할 수도 있다는 듯한 뉘앙스를 남기고 있다.

취록은 녹음테이프에 대한 증거조사를 돕는 보조수단에 불과하기 때문에 필요하다면 언제든지 녹음테이프를 검증하여 심증을 형성하면 족하다. 따라서 녹취록을 증거로 사용하는 경우는 녹음테이프를 망실한 경우일 것이다. 특히 위 ①, ②, ③의 경우에는 녹취록은 녹음테이프의 증거조사를 돕는 보조자료에 불과하므로 독립된 증거로 사용되지 못함이 당연하므로 이 글에서 더 이상 다루지 않고, 위 ④, ⑤의 경우에 대하여만 설명하기로 한다. 녹취록을 전문서류로 볼 것인지 진술증거의 사본으로 볼 것인지에 대하여는 아래와 같이 견해가 대립한다.

가. 녹취록을 원진술에 대한 진술기재서류로 파악하는 견해

녹취록을 진술의 사본 아닌 전문증거로 보면서도 녹음단계와 녹취록 작성단계를 합쳐 하나의 전문단계로 파악하는 견해이다. "녹음의 경우 음성 감정으로 진정성립이 쉽게 확인될 수 있기 때문에 자기 녹음과 타인 녹음으로 구분할 필요 없이 모두 진술서에 준하여 판단하되, 목소리 감정으로 진술자의 진정성립 인정에 갈음할 수 있다고 해석한다면 이를 녹취한 서면은 그 자체로 진술기재서류에 해당한다"는 주장[32]이 이에 해당한다. 그런데 특이한 것은 녹취록을 진술기재서류로 본다면 제313조 제1항 본문[33] 또는 단서에 따라 원진술자 또는 작성자의 진정성립 인정을 증거능력 요건으로 한다고 보면 족할 듯 하나, "(위 진정성립 인정 외에도) 최량증거원칙에 따라 원본인 녹음테이프 등이 법정에 증거로 제출될 수 없다는 사정과 녹음테이프와 내용이 일치한다는 사실의 입증이 선제적인 증거능력 요건"이라고 설명한다는 점이다[34]. 결과적으로 전문법칙 중 진술기재서류 법리와 사본법칙의 중첩적 적용을 주장하고 있는 것이다.

나. 녹취록을 원진술에 대한 이중전문증거로 파악하는 견해

녹취록은 사람이 녹음내용을 경험하고 그 경험사실을 다시 서면으로 진술한 것이기 때문

---

32) 김혁돈, 앞의 논문, 525면. 최병각, "진술과 기록의 증거능력", 형사판례연구 제21권, 한국형사판례연구회, 2013, 478면, 479면의 "피고인의 진술이 제3자에 의하여 녹음테이프에 기록되고 그것이 다시 녹취록에 기재된 경우 이는 피고인의 진술을 기재한 서류에 해당한다"는 설명도 같은 취지(피고인의 진술을 녹취한 경우를 설명하고 있으나 피고인 아닌 자의 진술을 녹취한 경우도 마찬가지일 것이다).
33) 피고인 아닌 자가 원진술자인 경우에는 원진술자의 진정성립 인정이 필요하다는 대법원 1997. 3. 28. 선고 96도2417 판결 등 참조.
34) 김혁돈, 앞의 논문, 525면.

에[35] 그 작성과정에 부정확한 전달의 위험이 있다는 점에 주목하여[36] 녹취록 작성을 별도의 전문단계로 보는 견해이다. 이에 따르면 녹취록은 진술서의 일종이기 때문에 결국 녹음테이프(진술서·진술기재서류) + 진술서 형태의 이중전문서류라 보아야 하고, 상대방이 증거동의 하지 않으면 ① 녹취록의 전문법칙 요건으로서 녹취록 작성자가 진정성립을 인정하거나 입증하고 상대방에게 반대신문 기회를 부여하여야 하며 ② 녹음테이프 자체의 전문법칙 요건으로서 녹음자 또는 원진술자가 진정성립을 인정하거나 입증하고 상대방에게 반대신문 기회를 부여하여야 한다.

"녹음파일과 녹취록이 함께 증거로 신청된 경우 녹취록은 녹취록 작성자가 녹음파일을 청취하고 그와 같은 내용을 청취하였다는 취지의 진술서"라고 보면서[37], "녹취록만 증거로 신청되고 녹음파일이 증거로 신청될 수 없는 경우 ① 전문 속기사가 작성한 녹취록이라면 속기사를 증인신문하여 녹취록의 증거능력을 인정할 수 있을 것이지만, 녹음파일의 존재, 원진술자와 녹음자의 인적사항, 진정성립 등을 인정할 자료가 없어 결국 증거능력을 인정할 수 없게 될 것이고 ② 녹음자가 작성한 녹취록이라면 녹음자를 증인신문하여 전문한 내용을 증거로 사용하는 것이 합리적이므로 녹취록은 증거로서 필요치 않다"[38]는 견해 역시 이에 해당한다[39].

다. 녹취록을 녹음테이프의 사본으로 파악하는 견해

녹취록 작성은 별도의 전문단계가 아니고 사본 생성에 불과하다는 견해[40]이다. "녹취서는 녹음테이프에 녹음된 내용을 청취하고 이를 기재한 서류인데, 녹음테이프는 진술녹취서에 준하여 취급되기 때문에 녹취서도 전문서류를 보고 그 내용을 옮겨 적은 서류에 준한다. 녹취록 작성자는 원진술자의 진술을 직접 청취한 것이 아니라 녹음테이프에 녹음된 내용을

---

[35] 이완규, 앞의 논문, 392면. 여기에서도 볼 수 있듯이 녹음 자체를 전문단계가 아닌 사본으로 본다면 이를 녹취한 서면이 재전문증거가 된다는 논리는 성립하기 어려우므로 결국 이완규 변호사 역시 녹음을 전문단계로 보는 것이라 해석된다.

[36] 노명선, 앞의 책, 281면; 차정인, 앞의 논문, 317면.

[37] 김동원, 앞의 논문, 257면 이하.

[38] 김동원, 앞의 논문, 262면.

[39] 전문 속기사 아닌 일반인이 작성한 녹취록에 대하여는 설명하지 않고 있으나, 전문 속기사가 작성한 녹취록도 증거로 사용할 수 없다고 보는 입장에서는 일반인이 작성한 녹취록은 더욱 증거로 사용할 수 없다고 볼 것이다.

[40] 서태경, "녹음매체에 대한 녹취서의 증거법상 지위와 증거조사 방법에 대한 소고", 법학논총 제32권 제3호, 한양대학교 법학연구소, 2015, 38면, 39면.

청취했을 뿐이다. 녹음테이프의 진술내용이 녹취록의 기재와 일치하는지는 진정성의 문제로 볼 수 있다. --- 녹음테이프 녹취록은 전문증거인 녹음테이프와 녹취록 사이에 사람의 경험이 개입한다는 점에서 재전문증거라고 볼 여지도 있지만, 형사소송법상 전문증거나 재전문증거는 서류가 아닌 진술을 전제로 하는 개념으로 이해하고 녹음테이프의 진술내용과 녹취록의 기재가 일치하는지는 진정성의 문제로 이해하면 녹취록은 전문증거로 볼 수 있다"는 견해[41]도 다소 불분명하기는 하지만 결국 녹취록을 녹음테이프의 사본이라고 보고 있는 것으로 생각된다. 이 견해에 따르면 녹취록은 녹음테이프의 증거능력을 전제로 사본법칙에 따라 최량성과 원본동일성을 입증하면 증거능력이 인정된다.

(3) 검토

먼저 녹취록을 진술기재서류로 보는 견해는 녹취록 작성이 녹음테이프 관리자의 요구에 의한 것이고 녹취록의 내용이 요구자의 통제 하에 있다는 점을 그 근거로 하는 것으로 보인다. 그러나 실제로 녹취록 작성자가 요구자의 통제 하에 녹취록을 작성하는지, 녹취록의 내용이 요구자의 통제 하에 있는지는 사례에 따라 달라질 수 있을 것으로 생각된다. 진술을 서류로 옮기는 단계가 끼어있다고 하여 언제나 별도의 진술전달단계로 취급하여야 하는 것은 아니다. 타인의 진술을 듣고 서면으로 작성하는 진술기재서류를 이중전문증거가 아닌 단순 전문증거로 취급하는 것은 원진술자가 서류의 내용을 확인할 수 있는 상황이라는 점에서 진술자가 직접 작성한 것과 유사하다고 보기 때문이다. 그러나 녹취록의 경우에는 작성 요구자가 녹취록 작성의 정확성 여부를 제대로 확인하지 못하는 경우가 많고, 원본인 녹음테이프가 없다면 사진이나 재녹음처럼 기술적인 방법으로 동일성 여부(즉 조작 여부)를 살펴보는 것도 불가능하다는 차이가 있다. 녹취록을 진술기재서류로 보는 견해는 이러한 점을 고려하지 못한 것으로 생각된다. 더욱이 녹취록이 증거로 제출되는 사안이라면 진술자 아닌 자가 녹음한 경우가 대부분일 것이므로 녹음테이프 자체가 진술기재서류에 해당한다 할 것인데, 그 녹취록도 진술기재서류라고 본다면 녹취록 작성이라는 한 단계의 진술전달이 평가에서 누락된다.

또 제313조 제1항에서는 진술서인지 진술기재서류인지, 진술기재서류라면 원진술자가 피고인인지 제3자인지에 따라 누가 진정성립을 인정할 자인지에 차이가 있지만, 2016년 제

---

[41] 이창섭, "형사소송법 제313조 제1항에 관한 몇 가지 검토" 동아법학 제62호, 동아대학교 법학연구소, 2014, 235면, 236면.

313조 제2항을 입법함에 따라 음성 감정으로 진정성립 입증이 가능하게 되었으므로 그 차이가 작아지는 것은 사실이다. 그러나 녹취록이 증거로 사용되는 경우라면 녹음테이프가 없는 상황으로서 음성 감정이 불가능하므로 객관적 방법에 의한 진정성립 입증이 매우 어려울 것이다. 결국 진정성립 인정에 의존하지 않을 수 없다. 이런 상황이라면 누가 진정성립을 인정할 자인지가 중요하므로 자기가 녹음한 경우와 타인이 녹음한 경우를 구별하여야 한다. 녹음테이프가 남아있다면 앞에서 설명한대로 녹음테이프 조작 여부의 검증이 가능하므로 타인 녹음이라도 진술자 지시에 의한 녹음인지 무단녹음인지를 구별할 필요 없이 이중전문서류가 아닌 진술기재서류로 판단하면 족하다. 그러나 녹음테이프가 없어진 상황이라면 녹음테이프 조작 여부의 검증이 불가능하기 때문에 지시에 의한 녹음인지 무단 녹음인지에 따라 녹취록을 진술기재서류에 준하여 판단할 것인지 이중전문서류에 준하여 판단할 것인지 구별하여야 한다. 타인이 무단 녹음한 녹음테이프의 녹취록만 남아 증거로 제출되었다면 녹음테이프 자체가 이중전문서류(전문진술 + 진술서)가 되고 녹취록은 다시 그 진술전달증거가 되는 것이다. 재전문진술은 증거능력이 없지만 이중전문서류는 각 전문단계의 증거능력 요건을 중첩구비하면 증거능력을 인정할 수 있다는 판례[42]의 입장에 의할 때, 원진술자가 피고인이라면 제316조 제1항, 제313조 제1항 단서에 중첩 적용되어 녹음자의 진정성립 인정과 녹취록 자체의 증거능력 요건을 갖추어야 한다. 원진술자가 피고인 아닌 자라면 제316조 제2항, 제313조 제1항 본문에 중첩 적용되어 원진술자의 법정진술 불가, 원진술자의 진정성립 인정과 녹취록 자체의 증거능력 요건을 갖추어야 한다. 녹음테이프가 없는 상황이므로 객관적 방법으로 진정성립을 입증하기는 매우 어려울 것이다. 원진술자 몰래 녹음한 경우라면 원진술자는 자신의 진술을 증거로 하는데 부정적인 입장일 가능성, 즉 진정성립을 부정할 가능성이 매우 높다. 이러한 점에 대한 고려 없이 녹취록을 일괄하여 진술기재서류로 보는 것은 적절하지 못하다고 생각된다.

다만 녹취록을 진술기재서류로 보면서도 그 증거능력 요건으로 진정성립 인정 외에도 사본법칙, 그 중에서도 최량증거원칙에 따라 원본인 녹음테이프 등이 법정에 증거로 제출될 수 없다는 사정의 입증이 필요하다는 설명에 대하여는 전적으로 동의한다. 그 논거를 상세히 설시하지는 않았지만, 전문법칙이 사본법칙의 특수형태이고 원본인 녹음테이프가 증거로 제출될 수 있는 것이 일반적인 전문증거 형태라는 점을 고려한 결과라고 평가된다.

---
42) 대법원 2000. 3. 10. 선고 2000도159 판결, 대법원 2000. 9. 8. 선고 99도4814 판결 등.

다음으로 녹취록을 이중전문서류로 보는 견해는 녹취록 작성을 별도의 전문단계로 보고 있다. 그러나 전문증거가 다시 진술전달 된다고 하여 언제나 이중전문증거라고 보아야 하는 것은 아니다. 반대신문의 기회 부여가 별 의미가 없고 오히려 원본동일성에 대한 일반적 신뢰가 기대된다면 원본동일성 문제를 굳이 전문증거로 보아 원진술자 또는 작성자의 인정 진술이나 객관적 방법에 의한 입증으로 제한할 필요가 없기 때문이다. 앞에서 저자는 전문이 중첩되고 1차 전문이 전문서류인 경우에는 2차 전문부터는 반대신문권 보장의 의미가 희석되기 때문에 전문법칙을 적용할 수도 있고 사본법칙을 적용할 수도 있다고 설명하면서 그 구별기준을 제시한 바 있다. 그 기준에 따르면 녹취록의 본질을 전문 속기사가 작성한 경우와 일반인이 작성한 경우로 구별하여 살펴보아야 한다.

전문 속기사가 적성한 녹취록이라면 원본인 녹음테이프는 증거제출이 가능한 것이 일반적이고, 녹취록의 내용이 녹음테이프와 동일하리라는 일반적인 신뢰도 있다고 판단되므로[43] 비록 녹취록 작성이 복사, 사진과 같은 기계적 방법에 의한 원본 재현이 아니라 하더라도 이에 준하는 것으로 보아 사본으로 보는 것이 적절할 것이다. 결국 타인이 원진술자의 지시에 의하여 녹음한 테이프의 녹취록이라면 진술기재서류의 사본으로서 제313조 제1항에 따라 원진술자 또는 작성자의 진정성립 인정이 필요하고 녹음테이프와의 동일성 입증이 필요할 터인데, 이 역시 녹취록 작성자가 전문 속기사라 하더라도 신중하게 판단하여야 할 것이다. 녹음테이프가 없는 상황이므로 객관적 방법으로 진정성립을 입증하기는 어려울 것이다. 원진술자에게 반대신문을 하지 못하는 문제가 여전히 있지만, 이것은 진술전달이 2단계 이상 중첩되는 경우의 본질적 문제로서 녹음테이프에서부터 발생한 문제라 할 수도 있고 녹취록으로 1단계 더 중첩된 문제라 할 수도 있을 것이다.[44][45]

이에 반하여 일반인(특히 녹음자 기타 사건 관계인)이 작성한 녹취록이라면 내용 동일성에 대한 일반적인 신뢰를 기대하기 어려우므로 녹취록 작성단계를 별도의 전문단계로 보아 이중전문서류의

---

[43] 업무상 통상문서에 대하여 무조건 증거능력을 부여하는 것(형사소송법 제315조 제2호)과 비슷한 취지라 할 것이다. 만일 아무리 전문 속기사의 녹취록이라 하더라도 녹음테이프 내용과 동일하리라는 일반적인 신뢰가 없다고 본다면 전문증거로 보아 전문법칙을 적용하는 것이 적절할 것이다.

[44] 재전문진술의 경우에 제1 전문진술도 반대신문이 불가능하지만 제2 전문진술도 반대신문이 불가능하다. 그렇다고 하여 제2 전문을 전문단계가 아니라고 보기는 어려울 것이다.

[45] 그 밖에도 ① 녹취록 작성자가 고의 또는 과실로 녹음테이프의 내용을 잘못 기재하는 문제와 ② 녹음테이프에서는 인식할 수 있는 요소(음성 감정을 통한 원진술자 식별은 물론이고 목소리의 강약, 고저, 속도, 두려움이나 머뭇거림과 같은 느낌 등을 녹취록으로는 인식할 수 없다는 문제도 있다. 그러나 ①의 문제는 진술기재서류나 이중전문서류에서, ②의 문제는 모든 서증에서 발생하는 공통의 문제이지 녹취록만의 문제는 아니라고 생각된다.

증거능력 요건, 즉 녹음테이프의 증거능력 요건과 진술서인 녹취록의 증거능력 요건을 중첩 구비하되, 최량성, 즉 원본인 녹음테이프가 증거로 제출될 수 없다는 사정도 함께 입증되어야 증거능력이 인정된다고 보는 것이 적절할 것이다.

Ⅳ. 녹취진술의 증거능력

진술서('원본인 진술서'라 부르기로 한다)를 목격한 자의 진술서('사본인 진술서'라 부르기로 한다)를 이중전문증거로 볼 것인지 진술서의 사본으로 볼 것인지도 문제된다. 이미 진술전달이 2단계가 되면서 반대신문의 의미가 희석되었지만, 사본인 진술서가 전문적인 필경사에 의해 필경본으로 만들어진 특수한 경우라면 원본인 진술서의 증거제출이 일반적으로 가능하고 사본인 진술서의 내용이 원본과 동일하리라는 점에 대한 일반적인 신뢰가 기대되므로 진술서의 사본으로 볼 수 있을 것이다. 그러나 일반인(특히 사건관계인)이 진술서를 목격하고 기억에 의존하여 사본인 진술서를 작성한 경우가 대부분일 터인데 이런 경우라면 사본의 내용이 원본과 동일하리라는 일반적 신뢰는 기대되기 어렵기 때문에 저자가 앞에서 제시한 기준에 의하여 이를 진술서의 사본으로 보는 것보다는 또 하나의 전문단계로 보아 결국 이중전문증거로 보는 것이 적절할 것이다. 그렇다면 사본인 진술서에도 전문법칙이 적용될 뿐만 아니라 원본인 진술서의 증거제출 가능성이 있으므로 최량성도 함께 요구하여 원본인 진술서가 증거로 제출될 수 없다는 사정이 입증되지 않으면 사본인 진술서는 증거로 사용될 수 없다고 보아야 할 것이다.

진술서를 목격한 자의 증언은 어떨까? 진술서 자체가 법정에 제출되는 것이 아니라 목격자의 진술을 통해 법정에 현출되는 것이므로 진술전달에 해당함은 명백하다. 그러나 전문증거란 경험자가 직접 법정에서 진술하지 않고 서면이나 다른 사람의 진술을 통해 현출하는 것을 말하므로, 진술서 대신 목격자의 진술로 법정에 현출하더라도 위 전문증거의 개념에는 포함되지 않는다[46]. 이는 마치 타인의 진술을 직접 듣고 이를 법정에서 진술하는 것이 단순 전문증거이지 이중전문증거가 아닌 것과 마찬가지이다. 다만 앞에서도 살펴본 바와 같이 증명력 즉 신빙성에서는 차이가 있는데 진술서가 왜곡될 가능성보다는 전문진술이 왜

---

46) 만일 전문증거로 보거나 전문법칙 규정을 유추적용 한다면 진술서에 관한 제313조 제1항, 제2항과 전문진술에 관한 제316조 제1항, 제2항이 중첩 적용(또는 유추적용)되어야 한다고 보게 될 것이다.

곡될 가능성이 훨씬 더 큰 것이 사실이다[47]. 앞에서 저자가 제시한 기준에 따르면 위 증언의 경우 원본인 진술서의 제출가능성이 있고 증언 내용이 진술서와 동일하리라는 일반적 신뢰를 기대하기 어려우므로 사본법칙보다는 전문법칙을 적용하는 것이 더 적절한데, 전문법칙의 개념적 제한 때문에 이러한 경우에는 전문법칙을 적용할 수 없게 된다. 어차피 위 증언은 원본인 진술서의 사본이라 할 수 있으므로 사본법칙을 적용하여 최량성과 원본동일성이 입증된 후에만 증거로 사용될 수 있다고 보아야 할 것이다

녹음테이프에 녹음된 진술을 듣고 그 내용을 법정에서 증언하는 경우('녹취록'에 대응하여 '녹취진술'이라 부르기로 한다)는 어떨까? 진술서를 목격하는 과정에 발생 가능한 오독(誤讀)의 가능성보다는 녹음을 듣는 과정에 발생 가능한 오청(誤聽)의 가능성이 더 높다는 등의 현실적 차이는 있지만, 녹음테이프를 서증에 준하여 판단한다면 그 본질이나 증거능력 요건 등 증거법적인 측면은 앞에서 살핀 진술서를 목격한 자의 증언과 동일하다 할 것이다. 따라서 일응 단순 전문증거로 다루되 녹음테이프의 전문법칙적 증거능력 요건 외에 증언에 대하여는 사본법칙을 적용하여 녹음테이프가 증거로 제출된 수 없다는 점과 증언 내용이 녹음테이프와 동일하다는 점이 입증되어야 위 증언이 증거로 사용될 수 있다고 보아야 할 것이다.

V. 녹음테이프와 녹취록의 증거능력에 관한 판례 검토

1. 녹음테이프와 녹취록이 모두 증거로 제출된 경우

대법원이 진술을 녹음한 녹음테이프를 313조 소정의 진술서 또는 진술기재서류로 본다는 점은 모두에서 설명한 바와 같다. 또한 대법원은 녹음테이프와 녹취록이 함께 증거로 제출되고 녹음테이프를 검증한 사안에서 대법원은 녹음테이프 검증 결과가 녹음테이프 녹음 내용이 첨부된 녹취록과 동일하다는 점이 확인되었다 하더라도 증거자료가 되는 것은 녹음테이프에 녹음된 대화 내용 자체라는 점을 분명히 하였다[48]. 녹음테이프 검증조서 중 진술 부분의 증거능력 요건은 제312조 제6항이 아닌 제313조 제1항을 적용하면 될 것이다. 녹음

---

[47] 진술서가 증거로 제출되면 진술자 자신의 생각을 거의 그대로 확인할 수 있지만(작성자가 진정성립을 인정한다면 더욱 그러할 것이다), 진술서를 목격한 자가 증언하면 반대신문이 가능하지만 목격한 자가 목격한 내용을 사실대로 증언하는지 여부는 알 수가 없다. 이런 점에 비추어 보면 전문법칙 문제와 신빙성 문제는 상당한 차이가 있다.

[48] 대법원 1996. 10. 15. 선고 96도1669 판결, 대법원 1997. 3. 28. 선고 96도2417 판결, 대법원 2001. 10. 9. 선고 2001도3106 판결, 대법원 2008. 7. 10. 선고 2007도10755 판결.

테이프만 증거로 제출되어 이를 검증하고 녹음된 대화 내용을 녹취서로 작성하여 검증조서에 첨부한 경우에도 마찬가지이다[49]. 심지어 원심에서 녹취록만 증거로 제출한 후 그 진정성 확인을 위해 녹음테이프에 대해 검증을 실시한 사안에서도 원심은 녹취록을 증거로 사용하였지만, 대법원은 "증거자료가 되는 것은 녹음테이프에 녹음된 대화 내용 자체"라는 위 취지를 그대로 유지하였다[50]. 당연히 옳은 태도라고 생각한다.

그런데 결을 달리하는 판례도 없지 않다. 대법원은 "피고인과의 대화내용을 녹음한 보이스펜 청취 결과 변호인이 피고인의 음성임을 인정하고 증거동의 하였고 보이스펜에 녹음된 대화내용과 보이스펜에 대한 검증조서 중 녹취진술 기재가 일치하는 것으로 확인되었다면 위 녹취진술은 그 성립의 진정을 인정하는 작성자의 법정진술이 없었고 증거부동의 하였더라도 결국 녹취진술의 진정성립이 인정된다고 할 것이고 특신상태도 인정되므로 증거능력이 인정된다"라고 판시하였던 것이다[51]. 검증조서 중 진술부분의 증거능력 요건은 제313조를 적용하여 판단하면 될 터인데, 위 판결이 선고된 2008년 당시에는 제313조 제1항 단서에 따라 작성자의 진정성립 인정이 있어야 증거능력이 인정될 뿐 지금의 제313조 제2항과 같이 진정성립 입증으로 진정성립 인정을 대체할 방법이 없었다. 그러함에도 피고인의 음성 인정과 녹취진술의 원본동일성 인정만으로 진정성립 인정을 대체하여 증거능력을 인정한 것은 당시로서는 무리한 해석론이 아니었나 생각된다.

대법원은 "녹음파일 사본이 복사과정에 편집 등의 인위적 개작 없이 원본 그대로 복사된 것으로서 대화자들이 진술한대로 녹음된 것으로 인정되므로 녹음파일 사본과 녹취록의 증거능력이 인정된다"라고 판시하기도 하였다[52]. 그런데 녹음파일 사본의 증거능력이 인정되면 녹취록의 증거능력 인정은 처음부터 필요하지 않다. 더 나아가 판결 내용을 살펴보아도 녹취록의 내용이 녹음파일 사본과 동일하다는 자료도 없다. 그러함에도 녹취록의 증거능력

---

49) 대법원 2004. 5. 27. 선고 2004도1449 판결.
50) 대법원 2005. 12. 23. 선고 2005도2945 판결, 대법원 2008. 3. 13. 선고 2007도10804 판결. 한편 녹음된 내용이 협박 요구일 뿐 진술이 아니어서 녹음테이프도 진술서가 아닌 준비물인 서면이고 녹음테이프나 그 녹취록에 대하여 전문법칙이 적용될 여지가 없는 사안에서도 대법원은 녹음된 내용이 증거법상의 진술인 것으로 오해하여 녹음테이프에 대하여 전문법칙을 적용하는 실수를 범한 바 있다(대법원 2012. 9. 13. 선고 2012도7461 판결). 차정인, 앞의 논문, 322면도 같은 취지.
51) 대법원 2008. 3. 13. 선고 2007도10804 판결.
52) 대법원 2012. 9. 13. 선고 2012도7461 판결.

을 인정한 것은 매우 이상하다.

2. 녹취록만 증거로 제출된 경우

대법원은 "제1심에 제출된 피고인과 공소외 1 및 공소외 2의 대화에 관한 위 녹취록은 피고인의 진술에 관한 전문증거인데, 피고인이 위 녹취록에 대하여 부동의한 이 사건에서 공소외 1이 위 대화를 자신이 녹음하였고 위 녹취록의 내용이 다 맞다고 제1심 법정에서 진술하였을 뿐 그 이외에 위 녹취록에 그 작성자가 기재되어 있지 않을 뿐만 아니라 검사는 위 녹취록 작성의 토대가 된 위 대화내용을 녹음한 원본 녹음테이프 등을 증거로 제출하지도 아니하는 등 형사소송법 제313조 제1항에 따라 위 녹취록의 진정성립을 인정할 수 있는 요건이 전혀 갖추어지지 않았으므로 원심이 유죄의 자료로 설시한 위 녹취록의 기재는 증거능력이 없어 이를 증거로 사용할 수 없다"라고 판시한 바 있다[53]. 위 판결은 녹취록 자체를 제313조 소정의 진술서로 보아 작성자 기재와 작성자의 진정성립 인정을 증거능력 요건으로 요구하면서 녹음테이프 제출을 녹취록 진정성립 인정의 한 방법으로 설시하고 있다[54]. 위 녹취록의 작성자가 일반인인지 전문 속기사인지가 불명한데, 판결서에 특별한 설명이 없는 점에 비추어 일응 전문 속기사로 보인다. 저자의 주장대로라면 위 녹취록은 진술서가 아니라 녹음테이프의 사본에 불과하므로 작성자의 이름 또는 서명날인을 요구할 필요가 없다[55]. 더 나아가 녹취록을 녹음테이프의 사본으로 보면 최량성과 원본동일성을 입증하여야 한다. 최량성과 관련하여 상고심에 이르도록 녹음테이프가 증거로 제출되지 못한 점에 비추어 볼 때 아마도 녹음테이프 자체를 유실하였거나 녹음이 지워지는 등의 사정이 있었던 것으로 추측된다. 이러한 점을 검사가 관련자의 증언을 통하여 입증만 하였다면 위 녹취록은 사본으로서 증거능력을 가질 가능성이 충분히 있음에도 왜 검사가 위와 같은 입증 노력을 하지 않았는지는 의문이다.

녹취록의 원본동일성 입증에는 방법의 제한이 없으므로 녹음테이프가 없더라도(만일 녹음 테이프가

---

53) 대법원 2010. 3. 11. 선고 2009도14525 판결.
54) 대법원 2011. 9. 8. 선고 2010도7497 판결, 대법원 2012. 2. 9. 선고 2011도17658 판결도 같은 취지.
55) 이 판결에서도 그 녹음의 내용이 증거법상의 진술인지는 의문스럽다. 판결이유에서는 "위 녹취록은 피고인의 진술에 관한 전문증거"라고 설시하였지만, 판결의 내용이 피고인이 공소외 1과 공소외 2로부터 폭행, 협박을 당하고 현금카드 등을 강취당하였다는 내용이어서 녹음의 내용이 요구, 욕설 등 非진술이 아닌가 하는 의문이 있다. 그러나 판결서만으로는 더 이상 확인할 수 없었다.

있다면 녹취록을 증거로 쓸 필요도 없었을 것이다) 작성자를 확인하여(녹취록 제출자를 통해 쉽게 확인 가능할 것이다) 그의 증언을 듣거나 공소외 2의 증언 등을 통해서라도 원본동일성을 확인할 수 있다[56][57]. 만일 위 판례의 논지대로 녹취록 자체를 진술서로 보더라도 작성자를 확인하여 그의 증언을 통해 진정성립을 인정할 수도 있다[58]. 따라서 작성자가 기재되어 있지 않고 녹음테이프가 없다고 하여 녹취록이 확정적으로 증거능력 없다고 판단한 것은 적절하지 않다고 생각된다.

3. 그 밖의 경우

대법원 2004. 9. 13. 선고 2004도3161 판결은 대화 내용을 녹화한 비디오테이프가 증거로 제출된 사안에 대한 판결인데, 진정성과 진정성립 인정 요건은 녹음테이프와 같으나, 피촬영자의 동태가 그대로 녹화되었다는 특성상 원진술자가 피촬영자의 모습과 음성을 확인하고 자신과 동일인이라고 인정하였다면 진술한대로 녹음되었다는 점, 즉 진정성립을 인정한 것이라는 취지이다. 진정성립 인정방법에 유연성을 보인 판례로 평가된다. 대법원 2008. 10. 23. 선고 2008도2826 판결이 증언과정에 조서의 진정성립을 인정하는 취지의 진술을 하였다고 하더라도 종전의 진정성립 부인진술을 번복하는 취지임이 분명하게 확인되는 예외적인 경우가 아니라면 이로써 진정성립을 인정한 것이라고 볼 수 없다는 취지인 점과 좋은 비교가 된다.

대법원 2008. 12. 24. 선고 2008도9414 판결은 디지털녹음을 녹음테이프 녹음으로 전사하여 녹음테이프와 그 녹취록이 함께 증거로 제출된 경우 녹음테이프를 검증하여 위 녹취록 기재와 일치하고 음성이 진술자의 음성임을 확인하였더라도(디지털녹음과 녹음테이프의 원본동일성이 입증되지 않았으므로) 녹음테이프의 증거능력을 인정할 수 없다는 취지이다. 그런데 진술자의 음성 확인에 더하여 전문 속기사가 "원본 디지털녹음기의 재생기능과 일반 녹음기의 녹음기능을 연결해 그대로 더빙하였다"고 확인까지 하였음에도 그것만으로는 원본동일성 입증이 부족하다고 본

---

56) 진정성 입증은 진술증거 증거능력의 기본 전제이기 때문에 "원본 녹음테이프 불제출, 녹취자 불명이라면 진정성립을 인정할 수 없어 증거능력 없다"는 위 판결의 결론에는 찬성한다는 평가도 있으나(최병각, 앞의 논문, 480면), 원본 녹음테이프가 없고 녹취자 이름이 기재되어 있지 않다고 하여 진정성을 입증할 수 없는지는 의문이다.
57) 물론 위 원진술의 내용을 믿고 말고는 별개의 문제이다.
58) 원진술자가 피고인인 경우에도 원진술자인 피고인의 진정성립 인정을 요건으로 하여야 한다는 주장도 있으나(최병각, 앞의 논문, 479면), 녹취록 자체를 진술기재서류로 보든 녹음테이프의 사본으로 보든(녹음테이프가 진술기재서류가 된다) 입법론으로서는 몰라도 제313조 제1항 단서의 해석론으로서는 무리한 주장이 아닌가 생각된다.

점은 매우 특이하다[59].

Ⅵ. 나가며

이 글에서 저자는 녹음테이프와 녹취록, 녹취진술 등의 증거법적 본질과 증거능력 요건을 검토하면서 녹음, 녹취록 작성 등의 진술전달단계를 전문단계로 볼 수도 있고 사본단계로 볼 수도 있다는 점을 전제로 하면서, 그 중 어느 것으로 보는 것이 적절한지를 판단하는 기준으로서 원본동일성에 대한 일반적 신뢰를 기대할 수 있는지, 사후적 반대신문 기회 부여로써 반대신문권 보장의 취지가 어느 정도 달성될 수 있는지를 제시하고, 위 기준에 따라 녹음테이프, 녹취록, 녹취진술 등의 증거법적 본질과 증거능력 요건을 분석하였다. 그 과정에 설혹 전문단계로 보는 경우에도 가능만 하다면 최량성 요건을 충첩적으로 요구하여야 한다는 점도 함께 주장하였다.

녹음테이프나 녹취록 등은 향후 증거로서 더욱 빈번하게 제출될 것이고, 더 나아가 지금은 예상하지 못한 형태의 진술전달이 중첩되는 증거가 얼마든지 나타날 수 있다. 증거법 이론은 이러한 상황에 대처하여야 하고 그 준비를 하여야 한다. 그러기 위해서는 녹취록 등의 증거능력 요건에 대한 단편적인 연구가 아닌 진술전달증거에 대한 본질적이고도 체계적인 연구가 필요하다고 생각된다. 이 글이 그와 같은 연구의 작은 단초가 되었으면 하는 바람이다.

---

59) 아마도 피고인이 검증기일에 이 사건 녹음테이프의 내용에 녹음 당일 피고인이 말하지 않은 부분이 녹음되어 있어 의도적으로 편집된 의심이 있다고 주장한 사실이 크게 영향을 준 것으로 보인다.

컴퓨터가 자동 생성한 문서에 대한 형사증거법적 고찰
-증거능력 요건과 증거조사 방법을 중심으로-

Ⅰ. 들어가며

'서증'은 문서로 된 증거이고, '문서'란 문자 또는 부호에 의하여 사람의 생각이 표현된 계속성이 있는 물체를 말한다[1]. 문서에는 사람의 생각이 표현되어 있어야 한다. 그런데 컴퓨터나 휴대용 전화기 등 디지털 기기(이하 '컴퓨터'라고 통칭하기로 한다) 관련 기술이 발달하고 그 이용이 증대됨에 따라 컴퓨터를 통해 생성되는 문서가 많아졌다. 이들을 전자문서라고 부르기도 하지만 이 글에서는 '컴퓨터 문서'라 부르기로 한다. 컴퓨터 문서에는 컴퓨터를 이용하여 문서를 작성하는 경우는 물론이고, 컴퓨터 사용내역이나 전화 통화내역 등이 기재된 로그파일, 이메일의 헤더정보, GPS 자료, ATM 기계를 통한 현금서비스 취급내역서나 예금통장 자동정리, 신용카드 사용내역승인서, 웹발신 문자메세지 등 다양한 형태가 있다. 컴퓨터 문서는 외형상 문서 형태를 띠지만, 이들을 모두 사람의 생각이 표현된 본래적 의미의 '문서'라 할 수 있는 것은 아니다. 변수 입력이 사람에 의하지 않는 경우[2]는 물론이고, 컴퓨터 이용자가 컴퓨터에 변수를 입력하는 경우에도 생성되는 문서의 내용에 대하여, 심지어는 문서의 생성 여부에도 사람이 직접적인 영향을 주지 않고 컴퓨터 스스로 입력된 변수를 처리하여 문서를 자동 생성하는 경우도 적지 않다. 이러한 경우 위 문서는 컴퓨터 이용자의 생각이 표현된 '문서'라고 보기 어렵다. 이 글에서는 이를 '컴퓨터가 자동 생성한 문서(줄여서 '컴퓨터 자생 문서')'라고 부르기로 한다.

이러한 문제가 반드시 컴퓨터 문서의 경우에만 발생하는 것은 아니다. 예컨대 출입문 위에 번호기를 설치하고 문이 열릴 때마다 자동으로 번호기가 작동하여 사람들이 몇 번 출입하였는지를 숫자로 자동 기록하도록 장치를 하였다면 이후 누군가가 출입할 때 마다 번호기가 작동하였을 것이다. 이때 번호기에 표시된 숫자를 서증이라 할 수 있을까? 번호기 설

---
[1] '서증'이라는 개념이 민사소송법에서는 문서 증거의 증거조사를 의미하지만, 형사소송법에서는 증거가 되는 문서 자체를 의미한다.
[2] 야외에 설치된 컴퓨터가 프로그래밍 된 대로 기상상황을 스스로 관찰, 분석한 후 일기예보를 문서로 나타내게 한다면 이에 해당할 것이다.

치는 사람이 하였지만 이후 어떤 상황에 의하여 어떤 숫자가 표시될지는 설치자도 알지 못하는 상태이다. 표시된 숫자는 번호기의 정상적인 작동에 출입문의 개폐라는 변수 자료가 입력되어 생성된 것에 불과할 뿐 '설치자의 생각이 표현되었다'고 보기는 어렵다. 설치자가 위 숫자와 관련하여 증인으로 출석하더라도 번호기를 설치한 사실과 번호기의 작동 시스템을 증언할 수는 있겠지만, 번호기에 특정 숫자가 표시된 경위에 대하여는 증언할 것이 없다. 만일 번호기가 컴퓨터라면 표시된 숫자는 컴퓨터 자생 문서가 되는 것이다.

컴퓨터 문서는 ① 컴퓨터 프로그래밍 ② 변수 입력 ③ 프로그램의 작동에 따라 컴퓨터 내부적 문서 생성 ④ 출력과정을 거쳐 외부적으로 생성된다. 프로그래밍은 당연히 사람이 하지만 프로그래밍 단계에는 그 프로그래밍에 의해 향후 어떤 내용의 문서가 생성될지 알 수 없고 경우에 따라서는 문서 생성 여부도 불명하므로 프로그래밍 의사를 문서작성 의사라고 볼 수는 없다. 변수 입력이 사람의 의사나 행위와 거의 무관한 경우도 있지만(예컨대 자동 날씨 기록, 야생동물 움직임 기록), 많은 경우 사람에 의해 이루어진다(예컨대 위 출입문 번호기 기록). 이런 경우 변수 입력 당시 문서 생성을 의도한 경우도 있고 의도하지 않은 경우도 있다. 사람이 컴퓨터에 일정한 변수를 입력하여 의도한 문서를 생성할 수도 있는데 이것이 컴퓨터를 이용하여 만드는 일반 전자문서이다. 일반 전자문서와 컴퓨터 자생 문서의 차이는 문서의 생성이 변수 입력자의 의사에 의한 것이고 그 내용이 입력자의 생각을 표현한 것인지 아니면 컴퓨터가 입력된 변수를 프로그래밍된 대로 자동 처리하여 문서를 생성하였을 뿐인지에 있다. 이러한 차이는 절대적일까? 컴퓨터 자생 문서로 평가되는 사례 중에도 프로그래밍 외에는 문서의 생성과 내용에 사람의 의사가 개입할 여지가 거의 없는 경우도 있지만, 사람의 의사가 상당부분 작용하여 문서의 생성과 내용이 결정되는 경우도 있다. 어떤 기준에 따라 일반 전자문서와 컴퓨터 자생 문서를 구별하여야 할까? 컴퓨터 자생 문서는 증거방법적으로 서증과 물증 중 어디에 해당한다고 보아야 할까? 의문이 계속된다.

컴퓨터 자생 문서가 우리 생활에서 빈번하게, 그리고 다양한 형태로 사용되고 있으며 소송에서 증거로도 자주 활용되고 있다. 미국, 영국 등에서도 컴퓨터 자생 문서의 증거능력 문제를 다룬 판례가 몇 개 있지만, 이에 대한 연구는 그리 활발하지 않은 것으로 보인다. 우리나라에서는 지금까지 컴퓨터 문서의 압수·수색 문제 또는 디지털 포렌식과 관련한 공학적 검토에 집중하고 있었을 뿐 컴퓨터 자생 문서 자체에 대한 연구는 전혀 없었다. 뒤에서 살펴볼 바와 같이 우리나라의 판례는 컴퓨터에 저장된 로그파일의 일부 내용을 요약 정리한 문서의 증거법적 문제를 다룬 적은 있지만, 로그파일 자체의 증거법적 문제에 대하여는 언급하지 않았다. 또 신용카드 사용내역승인서에 대한 탄핵증거로서의 증거조사를 다루면서도 위 승인서가 컴퓨터에 의하여 자동 생성되었다는 점을 전혀 인식하지 못한 채 일반 서증으로 취급하는 오류를 범하고 말았다.

컴퓨터 자생 문서가 문서의 외형을 띠고 있는 것은 사실이지만, 증거법적으로 서증으로 볼 것인지 물증으로 볼 것인지는 깊이 고민해 보아야 한다. 이것이 컴퓨터 자생 문서에 대한 가장 근본적인 문제로서 그 결론에 따라 증거능력 요건, 증거조사 방법 등에 중대한 영향을 미친다. 증거능력 요건과 증거조사 방법은 증거방법적 특성을 서증으로 보는지 물증으로 보는지에 따라 결정적으로 달라지기 때문이다. 이와 함께 컴퓨터 자생 문서의 증명력도 살펴볼 필요가 있다. 증명력 중 신빙성은 인증과 서증에서만 문제되는 것이 원칙이기 때문에 컴퓨터 자생 문서를 서증으로 볼 것인지 물증으로 볼 것인지와 밀접한 관련을 가진다. 더 나아가 하나의 문서가 컴퓨터 자생 문서적 성격과 일반 전자문서적 성격을 함께 가지고 있는 경우에는 어떻게 할 것인지에 대하여도 생각해 보아야 한다. 이 글에서는 먼저 컴퓨터 문서를 분류하면서 컴퓨터 자생 문서의 특성과 형태를 살펴보고(Ⅱ), 컴퓨터 자생 문서의 증거방법적 본질 및 이와 관련한 증거법적 법리를 검토한 다음(Ⅲ), 컴퓨터 자생 문서적 성격과 일반 전자문서적 성격을 함께 가지고 있는 문서들에 대하여 살펴보고(Ⅳ), 컴퓨터 자생 문서와 관련한 우리 대법원의 태도를 검토한 후(Ⅴ), 저자 나름의 결론으로(Ⅵ) 글을 맺으려 한다.

Ⅱ. 컴퓨터 문서의 분류와 컴퓨터 자생 문서의 특성

1. 컴퓨터 문서의 분류

컴퓨터 자생 문서의 특성을 검토하기 위해서는 선제적으로 컴퓨터 문서의 분류가 필요한데, 이에 관하여는 몇 가지 견해가 제시된 바 있다. 먼저 '전자정보'를 컴퓨터에 저장된 정보(Computer stored Information)와 컴퓨터에 의하여 생성된 정보(Computer generated Information)로 분류하면서(이 견해는 '전자정보'라는 용어를 사용하고 있으나 이 글에서의 컴퓨터 문서와 크게 다르지 않다고 생각된다) 후자에는 로그인 기록, 전자 출입장치에 남겨진 출입자 정보, 교통카드 시스템에 남겨진 차량 승하차 정보 등이 이에 해당한다는 견해가 있다[3]. 이

---
3) 이숙연, "형사소송에서의 디지털증거의 취급과 증거능력", 고려대학교 정보경영공학전문대학원 박사학위논문,

분류의 근본적인 취지에는 공감한다. 그러나 컴퓨터를 이용하여 작성한 일반 전자문서를 단순히 컴퓨터에 '저장되었다'는 특성만으로 명명한 것은 적절하지 않다. 그리고 컴퓨터에 의하여 생성된 정보에도 사람의 의사가 어느 정도 또는 어떤 형태로 관여하였는지에 따라 컴퓨터 자생 문서로 볼 것인지 일반 전자문서로 볼 것인지가 구별될 수 있으므로, 그와 같은 이분법적 분류는 복잡 다양한 컴퓨터 문서의 현실을 감당하기에는 부족하지 않을까 생각된다.

'컴퓨터 기록'을 ① 사람의 주장이 담긴 기록 ② 컴퓨터 처리 결과 발생된 기록 ③ 앞의 두 유형이 혼재되어 있는 기록[4]으로 분류하는 견해도 있다(이 견해는 '컴퓨터 기록'이라는 용어를 사용하고 있으나 이 역시 컴퓨터 문서와 크게 다르지 않다)[5]. 이 견해는 컴퓨터 기록에 ① 일반 전자문서 형태와 ② 순수한 컴퓨터 자생 문서 형태 및 ③ 일반 전자문서적 요소와 컴퓨터 자생 문서적 요소가 혼재되어 있는 문서가 있다는 점을 갈파하고 있을 뿐만 아니라, 명시적으로 표현하지는 않았지만 ③ 형태의 문서 속에는 다시 ㉠ 하나의 문서 안에 일반 전자문서인 내용 부분과 순수한 컴퓨터 자생 문서인 헤더정보 부분이 양적으로 혼재하는 경우(이하에서는 '혼재문서'라 부르기로 한다)와 ㉡ 수치 입력은 사람이 의식적으로 하지만 이후 컴퓨터가 프로그래밍 된 대로 위 입력 수치를 자동적으로 계산 처리하여 결과물인 스프레드시크 문서를 만드는 경우(이하에서는 '혼성문서'라 부르기로 한다)로 분류하고 있는 점 등에서 장점을 가진다고 생각된다.

'전자증거'를 사람에 의한 처리과정을 거쳤는지 여부에 따라 컴퓨터가 작업을 개시하면 자료의 입력 등 사람의 손을 거치지 않고 컴퓨터가 일정한 프로그램을 정상적으로 작동하여 스스로 수행한 작업내용을 그대로 기록한 증거, 즉 비행기에 설치된 블랙박스에 자동으로 기록된 비행기록, 인터넷 서버에 접속하는 사람들의 로그파일 기록과 같은 컴퓨터에 의하여 생성된 증거(Computer generated Evidence)와 자료의 입력과 명령의 수행에 사람에 의한 조작이 가해짐으로써 컴퓨터의 전산처리로 자료가 형성되는 컴퓨터의 조력을 받은 증거(Computer aided Evidence)로 구분하면서(이 견해는 '전자증거'라는 용어를 사용하고 있으나 이 역시 이 글에서의 컴퓨터 문서와 다르지 않다고 생각된다), 컴퓨터 조력 증거를 다시 사람의 손을 거쳐서 컴퓨터에 저장된 데이터인 컴퓨터에 저장된 증거(Computer saved Evidence)와 가상

2011. 20면, 21면.
[4] 내용과 헤더정보가 함께 담긴 이메일, 사람에 의해 수치가 입력되고 컴퓨터 프로그램에 의해 자동적으로 계산되는 스프레드시트 등이 이 유형에 해당한다고 설명하고 있다.
[5] 강구민, "전자적 증거와 관련한 미국의 전문법칙", 형사법의 신동향 통권 제52호, 대검찰청, 2016, 121면.

적인 자료를 입력하여 컴퓨터 프로그램이 산출한 결과인 컴퓨터 시뮬레이션(Computer simulation)으로 구분한 후, 컴퓨터에 저장된 증거에는 컴퓨터로 작성하거나 컴퓨터에 보관하는 일반적인 전자문서와 일정한 자료를 입력하면 각종 회계 프로그램이나 통계 프로그램 등의 처리과정을 거쳐 나온 각종 자료처리 결과물이 포함된다는 견해도 있다.[6] 외형적으로는 이 견해가 컴퓨터 문서를 가장 정밀하게 분류하고 있는 것 같으나, 내용적으로 검토해 보면 위 두 번째 견해와는 혼성문서를 자료처리 결과물과 컴퓨터 시뮬레이션으로 세분한 것 외에는 별다른 차이가 없다. 컴퓨터 자생 문서인지 여부의 판단 또는 증거법적 특성 등의 점에서 과연 자료처리 결과물과 컴퓨터 시뮬레이션을 구별할 실익이 있는지 여부는 혼성문서에 대한 검토 부분에서 따로 살펴보기로 하되, 저자는 위 둘을 구별할 기준도, 실익도 없다고 생각하고 있다. 이상의 점들을 종합할 때 컴퓨터 문서는 일반 전자문서, 순수 컴퓨터 자생 문서, 혼성문서, 혼재문서 등 4가지로 구분하여 검토하는 것이 가장 적절하다고 생각된다. 이하에서는 순수 컴퓨터 자생 문서를 대상으로 컴퓨터 자생 문서의 특성, 증거방법적 본질과 증거능력, 증거조사방법 등을 검토한 다음 혼재문서와 혼성문서가 컴퓨터 자생 문서인지 일반 전자문서인지에 대하여 순차 검토하기로 한다.

2. 컴퓨터 자생 문서의 특성

(1) 컴퓨터 자생 문서 사례

가장 순수한 형태의 컴퓨터 자생 문서는 어떤 것일까? 앞에서도 언급한 바와 같이 만일 야외에 설치된 컴퓨터가 프로그래밍 된 대로 기상상황을 스스로 관찰, 분석한 후 일기예보라는 문서를 생성하였다면 그 일기예보에는 사람의 의지나 생각이 개입할 여지가 전혀 없기 때문에 가장 순수한 형태의 컴퓨터 자생 문서가 아닐까 생각된다. 그 밖에도 자주 사용되는 순수 컴퓨터 자생 문서의 사례로는 로그파일을 들 수 있다. 전화 통화 내역 또는 컴퓨터 사용 내역 등 로그파일의 경우 사람이 프로그래밍과 컴퓨터 관리만 하였을 뿐 이후 문서 생성과 관련한 변수 입력에는 전혀 개입하지 않고 전면적으로 컴퓨터에 의해 자동 생성된

---

[6] 탁희성, "전자증거에 관한 연구", 이화여자대학교 대학원 박사학위논문, 2004, 10면, 11면. 이 견해를 도식화하면 이렇게 된다.

```
컴퓨터 문서 ┬ 컴퓨터 생성 문서 ┬ 컴퓨터 저장 문서 ┬ 일반 전자문서
           │                 │                 └ 자료처리 결과물
           └ 컴퓨터 조력 문서  └ 컴퓨터 시뮬레이션
```

다. 물론 변수 자료 즉 전화통화 또는 컴퓨터 사용은 사람에 의해 만들어지지만, 전화통화자 또는 컴퓨터 사용자에게는 그 내역을 컴퓨터 자생 문서로 표현하고자 하는 의사가 전혀 없으므로 문서작성에 개입하였다고 볼 수 없다. 극단적으로 특정한 내용의 로그파일 내역을 만들기 위해 일부러 전화통화 또는 컴퓨터 사용을 하였다 하더라도 전화통화나 컴퓨터 사용을 문서작성 행위라고 볼 수는 없기 때문에 그 결과 생성되는 로그파일 역시 컴퓨터 자생 문서라 하여야 할 것이다.

ATM 기계의 자동 통장정리 역시 컴퓨터 자생 문서로 볼 수 있다. 기계에 통장을 집어넣는 사람에게 문서 생성 의사는 있지만, 생성되는 문서의 내용은 통장을 집어넣는 사람의 의사로 결정되는 것이 아니기 때문이다. 웹발신 문자메세지 중 광고성 문자는 그 내용을 관리자가 입력하고 관리자의 의사에 의해 발송되므로 일반 전자문서에 해당한다. 그러나 카드회사의 카드사용내역 문자, 은행의 이자 납입안내 문자는 일시불 승인내역, 카드번호 일부, 사용자 이름, 사용시각, 사용처 상호, 은행명, 이자금액, 납입일자 등을 포함하지만, 모두 컴퓨터가 자동 기재하고(어쩌면 발송도 컴퓨터가 알아서 한 것일지도 모른다) 관리자는 프로그래밍과 컴퓨터 운용 등 관리만 할 뿐 직접적인 입력은 없으므로 컴퓨터 자생 문서로 봄이 상당할 것이다. 일정 재난이 발생하면 재난경고 문자가 자동으로 발송되는 체계라면 위 재난경고 문자 역시 순수 컴퓨터 자생 문서일 것이다.

사람의 의사나 행동이 문서 생성 여부 또는 문서의 내용에 좀 더 직접적으로 영향을 주는 경우도 있다. 예컨대 현금서비스 취급내역서의 경우에는 ATM 기계 사용자가 현금자동지급기에 신용카드를 넣고 비밀번호와 인출할 금액을 입력하면 현금이 인출되면서 현금서비스 취급내역서가 자동적으로 생성된다. 이처럼 금액 등의 입력은 이용자의 의사에 기한 행위이지만 이는 특정 금액을 인출할 의사이지 그러한 숫자를 내역서에 기재할 의사는 아니기 때문에[7] 이를 가지고 사람의 의사에 기한 문서작성이라고 보기는 어렵다. 따라서 위 내역서 역시 컴퓨터를 이용하여 작성한 일반 전자문서가 아니라 컴퓨터 자생 문서로 보아야 할 것으로 생각된다.

---

7) 이러한 점에서 뒤에서 살펴볼 신용카드 사용내역승인서와 다르다. 승인서의 경우에는 컴퓨터 이용자가 승인서에 품목, 금액 등을 기재할 의사로 이를 입력하는 것이다.

(2) 컴퓨터 자생 문서와 증거서류 또는 증거물인 서면

강학상 서증을 증거서류와 증거물인 서면으로 분류한다. 증거서류는 문서의 내용만 증거가 되는 서증이고 증거물인 서면은 문서의 내용 뿐만 아니라 문서의 존재나 상태도 함께 증거가 되는 서증이라는 내용기준설이 통설[8]이고 실무 태도도 그러하다. 이에 따르면 증거서류는 과거 또는 현재의 경험적 사실에 대한 보고를 그 내용으로 하며 문서의 내용이 진실하다는 점을 입증하기 위해 그 문서를 증거로 사용하지만, 증거물인 서면은 문서의 내용이 증거가 되기는 하지만 그러한 내용의 문서가 있었다는 점을 입증하기 위해 증거로 사용할 뿐 그 내용이 진실하다는 점을 입증하기 위해 증거로 사용하는 것은 아니다. 각종 조서나 진술서 등이 증거서류의 예이고, 공갈죄를 입증하기 위한 협박편지, 위조사실을 입증하기 위한 위조된 문서, 부정수표단속법 위반사실을 입증하기 위한 부도수표[9] 등이 증거물인 서면의 예이다. 증거서류는 법정에서 증언 등으로 현출되어야 할 내용이 서면에 기재되어 제출되는 것이므로 전문법칙이 적용되어야 하지만, 증거물인 서면은 법정에서 증언 등으로 현출된 내용이 아니기 때문에 전문법칙이 적용될 여지가 없다[10].

만일 컴퓨터 자생 문서가 일반 전자문서라면 증거서류일까? 증거물인 서면일까? 뒤에서 살펴볼 바와 같이 컴퓨터 자생 문서와 일반 전자문서를 구별하는 가장 큰 실익은 전문법칙의 적용 여부이다. 만일 컴퓨터 자생 문서가 문서 내용의 진실성 입증을 위해 사용되는 것이 아니라 그러한 내용의 문서가 있었다는 점을 입증하기 위해 사용된다면 이를 일반 전자문서와 구별하지 않고 서증으로 본다고 하더라도 어차피 전문법칙을 적용하지 않게 된다. 결국 컴퓨터 자생 문서를 일반 전자문서와 구별할 실익이 현저하게 줄어드는 것이다. 앞에서 살펴본 여러 컴퓨터 자생 문서들은 모두 그 내용의 진실성만이 증거가 되고 그 내용이 어떤 매체에 어떻게 기재되어 있는지는 전혀 문제가 되지 않는다. 따라서 위 문서들이 만일 사람이 작성한 문서라면 증거물인 서면이 아닌 증거서류가 된다. 컴퓨터 자생 문서 중에 문

---

8) 신동운, 신형사소송법(제5판), 법문사, 2014, 985면; 배종대/이상돈/정승환/이주원, 형사소송법, 홍문사, 2015, 552면; 정웅석/최창호/김한균, 신형사소송법(제2판), 박영사, 2023, 577면 등.
9) 대법원 2015. 4. 23. 선고 2015도2275 판결. 부정수표단속법 위반의 공소사실을 증명하기 위하여 제출되는 수표는 그 서류의 존재 또는 상태 자체가 증거가 되는 것이어서 증거물인 서면에 해당할 뿐 어떠한 사실을 직접 경험한 사람의 진술에 갈음하는 대체물이 아니므로, 그 증거능력은 증거물의 예에 의하여 판단하여야 하고 전문법칙이 적용될 여지는 없다는 취지이다.
10) 대법원 2008. 11. 13. 선고 2006도2556 판결. 공포심을 유발하는 문자정보는 범행의 직접적인 수단이고 경험자의 진술에 갈음하는 대체물이 아니기 때문이라고 판시하고 있다.

서의 존재 자체도 함께 증거가 되는 경우가 있을 수 있을까? 컴퓨터가 스스로 협박편지나 위조문서 또는 부도수표 같은 범죄가 되는 문서를 만들어낸다는 것은 상상하기 어렵다. 만일 사람이 원하는 내용의 문서를 만들기 위하여 컴퓨터에 변수를 입력하였다면 생성된 문서는 사람이 컴퓨터를 이용하여 만든 문서이지 컴퓨터 자생 문서라 할 수 없을 것이다.

현금자동지급기 사용내역서가 피고인이 언제 어디에서 그와 같이 현금자동지급기를 사용하였다는 취지의 입증을 위해 증거로 제출된 경우에도 증거서류적일까? 만일 내역서 내에 발급 일시 장소가 기재되어 있다면 그 진위 확인만으로도 입증이 족하고 별도로 내역서의 물질적 특성 등에 대한 감정이 필요 없을 것이므로 증거서류적이라 할 것이다. 만일 발급 일시·장소의 기재가 없다면 내역서의 물질적 특성 감정 등을 통해 발급 일시·장소가 입증하여야 할 것이지만, 그렇다고 하더라도 적어도 내역서에 기재된 내용에 대하여는 그 내용만이 증거가 될 것이므로 여전히 증거서류적이라고 하여야 할 것이다.

3. 컴퓨터 자생 문서의 출력

컴퓨터 내부적으로 문서가 생성되지만 어떤 형태로든 외부로 출력되지 않는다면 이 글에서 논할 필요가 없을 것이다. 문제되는 것은 그와 같이 생성된 문서가 출력된 경우이다. 출력되는 형태는 종이문서 출력과 모니터 화면 출력이 일반적일 것이다. 웹발신 문사메세지는 컴퓨터로 작성하거나 생성되어 다른 전자장치(휴대용 전화기)로 보내어 화면으로 읽을 수 있게 한 것이고 문서로 출력하는 일은 거의 없을 것이다. 다만 문서를 생성한 컴퓨터 자체가 아니라 다른 컴퓨터로 송신하여 읽게 만든다는 점에서 일반 컴퓨터 내장용과는 차이가 있다. 그 밖에 문자나 부호 이외의 형태, 예컨대 일정한 신호음 등으로 출력할 수도 있겠지만 이런 경우라면 굳이 일반 문서와 비교하여 컴퓨터 자생 문서라는 이름으로 검토할 필요가 없을 것이므로 이 글에서는 논외로 한다.

컴퓨터 자생 문서가 종이문서 형태로 출력되었다면 일반 문서와 매우 유사하므로 일반 문서와 비교하여 증거능력 요건, 증거조사 방법 등을 검토하는 것이 좋을 것이다. 모니터 화면으로 출력된 경우라면 문자정보가 저장된 정보저장물로서 그 증거조사에 있어 형사소송법 제292조의3, 형사소송규칙 제137조의7 등이 함께 적용되어야 한다는 점 외에는 종이문서 형태로 출력된 경우와 다를 바 없을 것이다.

다른 전자문서와 마찬가지로 컴퓨터 자생 문서도 생성 즉시 서면으로 출력되는 경우도 있고, 원래는 컴퓨터에 내장되어 있다가 사람이 출력시키면 비로소 서면으로 작성되는 경우도 있다. 신용카드 사용내역승인서, 자동 통장정리 등은 생성 즉시 서면으로 출력되는 경우이고, 전화통화 내역 로그파일은 원래 자동 생성 후 컴퓨터에 내장되는 용도인데, 필요하다면 출력이 가능하다. 문서의 출력 여부를 사람이 결정하였다고 하더라도 문서의 생성 및 문서의 내용은 이미 컴퓨터 작동에 의해 자동 결정된 상태이고, 설혹 출력하지 않는다고 하더라도 생성과 내용은 그대로이다. 이런 점에서 출력 여부를 사람이 결정한다고 하더라도 컴퓨터 자생 문서가 일반 전자문서가 아니라는 본질에서는 차이가 없다.

Ⅲ. 컴퓨터 자생 문서의 증거방법적 본질과 증거능력 요건, 증거조사 방법

1. 컴퓨터 자생 문서의 증거방법적 본질과 증거능력 요건

(1) 컴퓨터 자생 문서의 증거방법적 본질

증거자료가 담겨있는 유체물을 증거방법이라 한다.[11] 증거방법에는 인증, 서증, 물증이 있다. 사실은 증거 중에서 인증과 서증이 아닌 나머지는 모두 물증이라고 분류하는 것이다[12]. 증거방법을 위와 같이 분류하는 것은 증거방법에 따라 증거능력의 요건과 증거조사방법이 다르기 때문이다. 증거능력 판단에서 물증은 적법성, 진정성을 요건으로 하고, 인증은 적법성, 임의성을 요건으로 하고, 서증은 적법성, 진정성, 임의성을 요건으로 하면서 인증과 서증이 전문증거인 경우에는 전문법칙의 충족을 요건으로 한다[13]. 증거조사 방법에서 인증은 신문을 원칙으로, 물증은 제시를 원칙으로, 서증은 낭독을 원칙으로 한다(제292조 내지 제292조의2).

컴퓨터 자생 문서가 증거방법 중 어디에 해당하는지에 대하여는 외국에서도 주로 증거능력 요건, 그 중에서도 전문법칙의 적용 여부와 관련하여 논의해 왔다. 미국에서는 과거 US

---

11) 최근에는 정보 자체가 증거방법이 될 수 있는지에 대하여 논란이 있다. 정보 자체도 증거방법이 된다고 본다면 '증거방법은 유체물'이라는 개념 정의는 바뀌어야 한다.
12) 그 밖에 정보저장매체도 있지만(제292조의3) 그 내용에 따라 본질은 준서증(이메일 등. 진술 장면 영상자료와 같이 인증과 유사한 형태도 있지만 반대신문을 할 수 없다는 점에서 인증이 아니라 서증에 준한다), 준물증(진술 아닌 일반 영상자료)으로 구분되기 때문에 인증, 서증, 물증 이외의 제4의 증거방법이라고 분류할 실익이 사실은 별로 없다.
13) 정보저장매체는 인증, 서증, 물증에 준해서 증거능력 요건을 판단하면 된다.

v. Blackburn 판결[14] 등에서 컴퓨터 자생 문서를 (사람의 진술을 담고 있지 않음에도 불구하고) 전문증거로 판단하면서 다만 연방증거법 제803조 제6항 소정의 업무상 기록으로 보아 전문법칙의 예외로서 증거능력 인정하여 왔다. 그러나 이후 US v. Hamilton 판결과 US v. Washington 판결에서 잇달아 '전문진술은 반드시 사람의 진술이어야 하는데, 컴퓨터 자생문서인 컴퓨터 토론방의 헤더정보와 컴퓨터의 혈액 테스트 결과는 사람의 진술이 아니므로 전문증거가 될 수 없다'고 판시하였다[15]. 미국은 이때부터 비로소 컴퓨터 자생 문서의 증거방법적 특성을 알아차렸다고 볼 수 있다.[16] 영국에서는 R. v. Wood 판결[17](1982)에서 컴퓨터가 사람의 심리적 정신적 활동의 개입 여지없이 오로지 기계적인 처리에 사용될 때 그 출력물은 전문증거가 아니라고 판단하였고, Sophocleous v. Ringer 판결(1987)에서 피고인의 혈중알콜농도 측정을 위해 컴퓨터를 사용한 분석결과(그래프, 도표)는 전문법칙과 무관하다고 판단하였다[18]. 영국에서는 미국보다 먼저 컴퓨터 자생 문서의 증거법적 특성을 간파하고 있었다고 평가된다.

컴퓨터 자생 문서는 외형상 문자로 의미가 전달되므로 서증으로 보이기 쉽다. 이 때문에 우리 대법원도 컴퓨터 자생 문서인 신용카드 사용내역승인서와 현금서비스 취급내역서를 서증으로 오인하여 "전문증거이지만 탄핵증거로는 사용이 가능하다"고 판단하였던 것이다. 그러나 서증은 사람의 생각을 표현하고 있어야 하는데, 컴퓨터 자생 문서는 컴퓨터가 주어진 프로그래밍에 따라 입력된 변수자료를 자동적으로 처리하여 그 결과를 표시하고 있을 뿐 사람의 생각을 표현하고 있지 않다. 따라서 컴퓨터 자생 문서는 서증이 아니다. 사람의 진술이 아니니 인증이 아님도 명확하다. 따라서 컴퓨터 자생 문서의 증거방법적 본질은 물증일 수밖에 없다.

컴퓨터 자생 문서를 서증으로 보는지 물증으로 보는지에 따라 발생하는 가장 중요한 차이는 전문법칙의 적용 여부이다. 물론 서증이라고 모두 다 전문법칙이 적용되는 것은 아니

---

14) U.S. v. Blackburn, 992 F.2d 666(7th Cir. 1993).
15) 강구민, 앞의 논문, 123면, 124면.
16) '미국의 법원에서는 컴퓨터 자생 문서에 대하여 전문증거로 판단하는 판례와 전문증거가 아니라고 판단하는 판례가 혼재한다'고 소개한 분도 있다. 이숙연, 앞의 논문, 20면, 21면. 그러나 위 판례들의 시점을 비교할 때 그와 같이 혼재하는 것이 아니라 과거에는 전문증거라고 보았으나 이후 전문증거가 아니라고 보는 것으로 변경된 것이 아닌가 생각된다.
17) 도난당한 물건과 피고인이 소지하고 있던 물건이 동일한 물건임을 증명하기 위하여 컴퓨터를 사용하여 화학적 성분 분석한 사안이다.
18) 탁희성, 앞의 논문, 200면.

다. 앞에서도 언급한 바와 같이 서증 중에서 증거물인 서면은 전문법칙이 적용될 여지가 없다. 서증 중에서 작성자 또는 진술자가 법정에서 그 내용을 진술하여야 할 내용을 서면에 기재하여 증거로 제출하는 경우, 즉 증거서류에만 전문법칙이 적용될 수 있는데, 컴퓨터 자생 문서는 만일 문서로 본다면 증거서류적인 것은 맞다. 그러나 컴퓨터 자생 문서는 물증이므로 전문서류가 될 수 없다. 컴퓨터 자생 문서의 변수 입력자를 문서 작성자로 볼 수도 없고, 실제 작성자인 컴퓨터가 법정에서 진정성립을 인정할 수도 없다. 결국 컴퓨터 자생 문서에는 진정성립 인정 또는 입증이 필요하지 않으며 오히려 물증으로서 진정성 요건, 즉 컴퓨터에 의하여 프로그래밍 된 대로 정상적으로 생성되었고 생성 이후에도 인위적 조작이 없었다는 점의 입증이 필요할 뿐이다. 이를 위해 컴퓨터 운용자 또는 이용자 등의 증언과 컴퓨터 전문가 등의 감정 등이 사용될 수 있다. "디지털 정보와 관련하여 사람이 문서를 작성하거나 인터넷에 접속해서 검색하는 등 일정한 행위를 할 때 기계적으로 생성되는 기록(IP주소, 로그파일 기록, 컴퓨터에 접속한 USB의 종류와 접속시간, 파일의 생성, 수정, 최종 저장시간 등)은 사람의 생각이나 판단을 저장한 것이 아니고 프로그래밍 된 대로 컴퓨터 내부에서 자동적으로 생성되는 것이므로 전문증거에 해당하지 아니한다"는 견해[19] 나, "컴퓨터에 의하여 생성된 증거는 그 기록 자체가 고도의 신빙성을 갖는 한편, 개변의 용이성으로 인한 왜곡가능성이 크기 때문에 진정성의 문제를 극복해야 하고 요증사실과의 관련성이 입증되어야 증거로 사용할 수 있으며, 컴퓨터의 조력을 받은 증거는 해당 데이터의 입력자 또는 데이터 공급자의 진술로 인정되어 전문증거로 분류되고 전문법칙이 적용된다"는 견해[20] 모두 같은 취지이다.

컴퓨터에 의하여 생성된 정보에는 전문법칙이 적용될 여지가 없다고 해 놓고 "이러한 디지털증거의 출력물이 증거로 제출되는 경우에도 형사소송법 제315조 제3호에 의하여 당연히 증거능력이 인정된다고 본다"는 견해도 있다[21]. 그러나 컴퓨터 자생 문서가 모니터 등으

---

19) 안성수, "디지털증거의 증거능력", 법조 통권 제721호, 법조협회, 2017, 30면, 31면.
20) 탁희성, 앞의 논문, 10면, 11면. 다만 요증사실과의 관련성도 증거능력 요건으로 보는 점은 부적절한 것으로 생각된다. 요증사실과의 관련성은 미국 증거법에서 증거 허용성(admissibility)에 포함되는 문제이기는 하지만, 증거 허용성에는 증거능력 문제와 증거조사 필요성의 문제가 모두 포함되어 있다. 미국에서는 증거능력 개념을 사용하지 않는다. 관련성이 없으면 증거조사 필요성이 없는 것은 맞지만, 대륙법적 개념인 증거능력이 없는 것은 아니다. 관련성은 대륙법적 개념으로는 증명력의 구성요소가 되고(증명력은 신빙성과 협의의 증명력 즉 요증사실과의 관련성으로 구성된다), 당사자가 관련성 없는 증거의 조사를 신청하면 법원은 증거조사를 불허할 뿐이다. 혐의 범죄사실과 관련성 없는 목적물을 압수·수색하는 것이 위법하고 그러한 압수·수색의 결과물이 증거능력 없는 것은 맞지만, 관련성 자체가 증거능력의 요건이 되는 것은 아니다.
21) 이숙연, 앞의 논문, 152면.

로 출력되면 비진술이고 서면으로 출력되면 진술이 되는 것은 아니다. 컴퓨터 자생 문서는 본질이 비진술이고 모니터로 출력되거나 서면으로 출력되거나 마찬가지이기 때문에 위 견해는 적절하지 않다고 생각된다. "컴퓨터 문서는 일반 전자문서가 아니라 하더라도 업무상 통상문서로서 제315조 제2호에 의해 증거능력을 취득하기 때문에 결국 컴퓨터 자생 문서로 보나 준서증으로 보나 전문법칙과의 관계에서 별 차이 없을 것"이라는 견해[22]도 있으나, '일반 전자문서가 아닌 컴퓨터 문서'라면 일응 컴퓨터 자생 문서가 되는데 컴퓨터 자생 문서는 처음부터 서증이 아니어서 제315조 제2호가 적용될 여지가 없기 때문에 위 견해 역시 적절하지 못하다고 생각된다.

(2) 컴퓨터 자생 문서의 증거능력 요건에 대한 구체적 검토

컴퓨터 자생 문서를 물증으로 보는지 서증으로 보는지에 따라 증거능력 요건에서 어떤 점이 달라지는지를 구체적으로 살펴보자. 컴퓨터 자생 문서를 물증으로 본다면 진정성 입증으로 증거능력을 확보할 수 있다. 컴퓨터 자생 문서를 서증으로 본다면 진술서에 해당하므로 문서작성자(컴퓨터에 변수를 입력한 사람)의 진정성립 인정이 필요하기 때문에(제313조 제1항) 문서 작성자가 진정성립을 인정하지 않으면 증거능력을 가질 수 없었다. 그러나 2016년 제313조 개정으로 문서 작성자가 진성성립을 인정하지 않으면 제2항에 의하여 객관적 방법으로 진정성립의 입증으로 대체할 수 있게 되었다. 위 개정으로 컴퓨터 자생 문서를 물증으로 보는 경우와 서증으로 보는 경우의 증거능력 요건 차이가 많이 줄어든 것이다.

그렇더라도 ① 서증으로 보면 객관적 방법에 의한 진정성립 입증만 가능하나 물증으로 보면 입증 방법에 제한이 없다는 점, ② 서증으로 보면 작성자에 대한 반대신문의 기회 부여가 필수 요건이 되지만(제313조 제2항 단서), 물증으로 보면 반대신문 기회 부여가 필수적이지 않고 혹 부여하더라도 이는 증명력 문제가 되는 점, ③ 서증으로 보면 작성자의 법정진술 불가의 경우 제314조에 의해 특신상태 입증으로 증거능력을 획득하지만, 물증으로 보면 작성자 출석이 가능하든 불가능하든 언제나 진정성 입증이 필요하며, ④ 특신상태 입증은 문서작성 당시의 상황 입증이지만, 진정성 입증은 문서 자체의 비조작성(염결성) 입증인 점 등에서 지금도 적지 않은 차이가 있다.

---

[22] 탁희성, 앞의 논문, 219면.

2. 컴퓨터 자생 문서의 증명력 판단

증명력 문제도 간략히 살펴보기로 하자. 컴퓨터 자생 문서는 증명력 판단에서도 일반 서증과는 차이가 있다. 증명력은 신빙성과 협의의 증명력(요증사실과의 관련성)으로 이루어진다. 이 중 협의의 증명력은 증거에 따라 case by case로 판단될 것이기 때문에 컴퓨터 자생 문서에서의 특징을 말하기는 어렵다. 그러나 신빙성은 진술증거, 즉 인증과 서증에서만 문제되는 것이 원칙이기 때문에 컴퓨터 자생 문서가 물증이라면 신빙성이 문제되지 않는다. 물론 컴퓨터가 생성한 그대로 맞느냐의 문제가 있지만, 이는 신빙성의 문제가 아닌 진정성(비조작성)의 문제로서 증거능력 요소가 된다. 적어도 지금까지는 컴퓨터가 사람의 조작이 아닌 스스로의 작동으로 허위 내용의 문서를 작성할 수는 없다고 보기 때문이다. 따라서 신빙성 판단은 필요하지 않고 곧바로 협의의 증명력만 판단하면 되는 것이다. 컴퓨터 자생 문서의 상태가 컴퓨터 이용자의 범죄 입증자료로 사용되는 경우라면 그 자체가 물증이 될 것이다[23].

3. 컴퓨터 자생 문서의 증거조사 방법

물증은 제시(사실은 제시에 뒤이은 검증, 감정 등)의 방법으로 증거조사 하는 것이 원칙이다(제292조의2, 제139조). 그런데 컴퓨터 자생 문서는 그 외형적 구조가 서증, 그 중에서도 증거서류와 유사하다. 따라서 사람의 진술을 기재한 것은 아니지만 컴퓨터가 사람의 문자와 부호로 작성한 것이므로 결국 사물의 형상과 성질 문제가 아니라 문자와 부호의 의미가 중요한 것이 사실이다. 만일 문자와 부호의 의미를 문제 삼지 않는다면 컴퓨터에 주어진 구체적 조건 자체를 밝혀내어야 하는데, 그것은 컴퓨터와 프로그램의 정확한 작동을 전제로 한다면 결국 문자와 부호의 의미 해석과 다르지 않을 것이다. 따라서 컴퓨터 자생 문서의 증거조사 방법으로서는 일반 물증에서와 같은 제시 등에 의한 내용 지득보다는 서증에서와 같은 낭독(또는 내용고지)에 의한 내용 지득이 효과적이고 합리적이다. 이는 재판에서의 실질적 공개주의 구현과도 맥을 같이 한다. 제시된 증거의 내용은 방청객이 인식하기 어려우나, 낭독된 증거의 내용은 방청객도 인식할 수 있기 때문이다. 따라서 증거조사에 있어서 컴퓨터 자생 문서의 생성과정, 조작 여부 등의 확인의 측면에서는 물증으로 취급해야 함이 당연하지만, 컴퓨터 자생 문서의 의미 파악의 측면에서는 서증과 같이 취급하는 것이 더 적절하다.

---

[23] 사실은 컴퓨터 자생 문서가 서증이 아니라 물증이라는 점을 의식하지 않더라도 로그파일 기록이나 현금서비스 취급내역서를 놓고 진정성이 아닌 신빙성(증명력)을 문제 삼을 사람은 별로 없을 것이다. 아래에서 살펴볼 판례들도 컴퓨터 자생 문서는 주로 증명력이 아닌 증거능력과 증거조사 방법에서 문제될 소지가 크다는 점을 잘 보여주고 있다.

제292조와 제292조의2는 서증은 낭독의 방법으로, 물증은 제시의 방법으로 증거조사 하도록 규정하고 있는데, 물증인 컴퓨터 자생 문서를 낭독의 방법으로 조사하는 것이 위법이 아닐까? 라는 의문이 들 수도 있다. 엄격한 증명의 논리에는 '증거능력 있는 증거' 요건 뿐만 아니라 '법이 정한 방법대로 증거조사'라는 요건도 포함되어 있기 때문이다. 더욱이 제292조 제4항은 서증이지만 열람이 더 적절한 경우에는 제시하여 열람하게 하는 방법으로 조사할 수 있다고 규정하고 있으면서도, 그 반대로 물증이지만 낭독 등이 더 적절한 경우에 대하여는 규정하고 있지 않다. 형사소송법의 개정을 통하여 이러한 경우에 대하여도 규정하는 것이 가장 좋겠지만, 그 전까지는 해석론에 의하여 이를 인정할 수 밖에 없을 것으로 생각된다.

컴퓨터 자생 문서의 증거능력은 물증에 준해서, 증거조사의 중요한 부분은 서증에 준해서 판단하는 것 때문에 발생하는 문제점은 없을까? 만일 증거조사가 증거능력 요건의 조사라면 물증의 증거능력 요건을 조사하기 위해 서증의 증거조사 방법을 사용하는 것은 문제가 될 수 있을 것이다. 그러나 증거조사는 증거방법에서 심증형성의 자료가 되는 내용, 즉 증거자료를 추출하는 과정일 뿐 증거능력 요건과는 직접 관련이 없다. 다만 증거조사 신청(통상 이를 '증거제출'이라고 말한다)된 증거에 대하여 증거조사를 할 것인지 여부를 결정하기 위해서는 증거조사의 필요성과 함께 증거능력이 있는지를 확인하여야 하고 이를 위한 조사도 필요한데(예컨대 전문증거가 제출된 경우 제312조 내지 제316조 중 어느 하나의 요건을 충족하는지 여부를 조사하여야 한다) 이러한 경우의 조사는 증거능력 요건에 따라 증거조사 방법이 결정되어야 할 것이므로 컴퓨터 자생 문서의 경우 물증으로서의 요건 구비 여부, 즉 진정성이 인정되는지, 적법하게 수집한 증거인지 등만 조사하면 족할 것이다.

Ⅳ. 혼성문서, 혼재문서에 대한 검토

1. 혼성문서

컴퓨터 문서라 하더라도 사람의 의사가 전혀 개입하지 않는 경우는 매우 드물다[24]. 대부분의 경우 사람의 의사가 어떤 형태로 개입하였고 그것이 생성되는 문서에 어느 정도 영향을 주었는지의 상대적 차이가 있을 뿐이다. 프로그래밍 단계에는 향후 어떤 내용의 문서가

---

24) 컴퓨터가 자동으로 일기예측 문서를 생성한다면 프로그래밍 이후에는 사람의 의사에 의한 변수 입력이 거의 없을 수도 있을 것이다.

생성될지를 전혀 예측할 수 없으므로 변수 입력과정에 개입되는 사람의 의사가 문제될 것이다. 변수 입력이 사람의 의사에 의한 것이라면 그것이 문서의 생성 또는 그 내용에 어느 정도로 구체적으로 개입하였는지에 따라 일반 전자문서일 수도 있고 컴퓨터 자생 문서일 수도 있는 것이다. 이처럼 일반 전자문서와 컴퓨터 자생 문서는 대단히 상대적이다.

일반 전자문서적 요소와 컴퓨터 자생 문서적 요소가 혼재된 컴퓨터 문서 중 회계 프로그램이나 통계 프로그램 등의 처리과정을 거쳐 나온 각종 자료처리 결과물과 컴퓨터 시뮬레이션 결과물 또는 분석 대상을 입력하여 컴퓨터가 생성한 분석 결과물 등은 혼성문서에 해당한다. 이들 문서는 변수 자료 입력자가 일정한 문서의 생성을 의도하면서 변수 자료를 입력하였다는 점, 입력자가 생성된 문서의 내용을 어느 정도 짐작할 수 있었다는 점 등에서 일반 전자문서적 성격을 가지고 있지만, 동시에 생성된 문서는 변수 자료 입력의 결과일 뿐 입력자가 특정 내용의 문서 생성을 의도하여 변수 자료를 입력하였다고 평가하기는 어렵다는 점, 입력자가 생성될 문서의 내용을 정확히 알지는 못하고 있었으며, 심지어 잘못 알고 있었던 경우도 얼마든지 있을 수 있는 점 등에서 컴퓨터 자생 문서적 성격도 함께 가지고 있는 것이다. 이러한 문서를 컴퓨터 자생 문서라 평가할 것인지 변수 입력자가 작성한 일반 전자문서라 평가할 것인지는 대단히 어려운 문제이다[25].

일반 전자문서와 컴퓨터 자생 문서를 구별하는 기준이 무엇일까? 컴퓨터 문서에서 일반 전자문서를 제외하면 나머지는 컴퓨터 자생 문서가 될 것이다. 일반 전자문서로 분류되기 위해서는 컴퓨터를 통해 생성된 문서가 변수 입력자의 생각을 표현하고 있다고 평가되어야 할 것인데, 그렇게 평가할 수 있는지 여부는 다음 3가지 기준에서 검토되어야 할 것으로 생각된다. ① 변수 입력에 의하여 컴퓨터 문서가 생성되기는 하였지만 입력 당시 입력자가 문서가 생성되는지 여부를 몰랐다거나 애초에 문서 생성에 관하여 전혀 의식하지 않았다면 처음부터 문서작성 의사가 없었던 것이므로 생성된 문서는 입력자가 작성한 문서가 아니라 컴퓨터 자생 문서라 평가될 수 밖에 없다. ② 설령 일정한 문서가 생성될 것을 알면서, 더 나아가 일정한 문서를 생성할 의도로 컴퓨터에 변수를 입력하였다고 하더라도 이에 따라 생성된 문서를 모두 일반 전자문서라고 할 수는 없다. 일반 전자문서라고 말하기 위해서는

---

[25] 혼성문서를 컴퓨터 자생 문서도 아니고 일반 전자문서도 아닌 제3의 증거로 분류하여 별도의 법리를 적용할 여지가 있을까? 그러나 인증 또는 서증이 아니면 나머지는 모두 다 물증으로 분류하는 현재의 증거법 체계에서 서증도 아니고 물증도 아닌 또 다른 증거방법을 창출하는 것은 적절하지 않다고 생각된다.

문서의 생성 여부가 사람의 의사에 의해 결정되어야 할 뿐만 아니라 문서의 내용도 사람의 생각의 표현이어야 한다. 특정 문서를 생성할 의도로 변수를 입력하였다고 하더라도 예컨대 특정 성분의 함량 등 대상 물질의 특성을 분석하기 위하여 샘플을 시료로 집어넣은 경우와 같이 변수를 문자나 부호 이외의 형태로 입력하였다면 이러한 형태의 변수 입력으로는 '문서'를 만든다는 의사는 인정될 수 있겠지만 '어떤 내용의 문서'를 만든다는 의사는 인정될 수 없다. 따라서 생성된 문서 역시 입력자가 작성한 문서가 아니고 컴퓨터 자생 문서라 평가될 수 밖에 없다[26]. ③ 만일 입력자가 문자나 부호 형태의 변수를 입력한 경우라면 입력한 문자나 부호의 의미와 생성된 문서의 내용을 비교할 수 있게 된다. 비교 결과 생성된 문서의 내용이 입력한 문자나 부호의 의미를 정리 또는 종합한 것이 불과하여 동일성 범위 내라고 인정된다면 생성된 문서는 입력자의 생각을 표현한 것이라고 평가할 수 있으므로 일반 전자문서로 분류하는 것이 맞지만, 입력 변수를 컴퓨터 프로그램의 기능에 따라 처리하는 과정에 만들어진 새로운 의미가 보태어져 생성된 문서의 내용이 입력한 문자나 부호의 의미와는 동일성이 인정되지 않는다면 생성된 문서는 입력자의 생각을 표현한 것이라 평가하기 어려우므로 컴퓨터 자생 문서로 분류하는 것이 맞다.

위 기준에 모두 부합하는 경우에만 일반 전자문서로 분류되고, 하나라도 갖추지 못한 경우에는 컴퓨터 자생 문서로 분류되어야 할 것이다. 동일성 개념도 대단히 추상적이기는 하지만, 일반인의 보편적 상식을 기준으로 판단할 때 구성과 편제가 다를 뿐 내용은 거의 같다거나, 입력자가 생성될 문서의 내용을 정확히 알고 있지는 못하였지만 대략적으로 알고 있었고 충분히 예상한 범위 내였다고 한다면 동일성이 인정된다고 평가할 수 있을 것이다. 혼성문서에서는 위 ②와 ③의 기준이 문제될 것이다. 먼저 컴퓨터 문서의 생성을 의도하고 문자나 부호 아닌 형태, 즉 영상자료나 물질 자체를 입력하는 경우에는 생성물이 문서 형태라 하더라도 이는 일반 전자문서가 아닌 컴퓨터 자생 문서로 보아야 할 것이다. 이러한 점에서 컴퓨터를 이용한 혈중알콜농도 분석결과서를 전문증거가 아니라고 판단한 영국과 미국 법원의 태도는 적절하다고 할 것이다.

엑셀 프로그램을 이용하여 도표 등을 정리하는 경우 컴퓨터 사용자가 입력하는 숫자에

---

[26] 뒤에서 설명할 바와 같이 입력 변수의 의미와 생성된 문서의 내용 사이에 동일성을 인정할 여지가 없다는 점도 위 생성된 문서를 일반 전자문서로 평가되기 어렵게 하는 이유가 될 것이다.

대하여 컴퓨터가 프로그램에 따라 산술적으로 계산하고 그 결과를 정리해서 새로운 문서를 생성하는 것인데, 입력 당시 생성될 문서의 내용 즉 수치 등을 대략은 알 수 있고 혹 법정에 증인으로 출석한다면 입력한 숫자와 출력된 숫자의 상관관계를 충분히 설명할 수 있을 것이다. 만일 컴퓨터를 이용하지 않았다면 시간이 더 걸리기는 하겠지만, 수기로도 동일한 결과가 창출되었을 것이다. 따라서 입력된 숫자와 생성된 문서 사이에 동일성이 인정되고 생성된 문서는 일반 전자문서로 평가될 수 있을 것이다. 프로그램 내용 등 컴퓨터의 시스템에 대하여는 전문가적 감정이 필요하겠지만, 입력 숫자와 출력 숫자의 관계에 대하여는 입력자가 진정성립 판단이 가능하기 때문이다.[27]

회계 프로그램이나 통계 프로그램 등을 활용하여 컴퓨터 문서를 생성한 경우에는 엑셀 프로그램을 이용하는 경우보다 입력한 자료와 생성된 문서의 동일성이 약해질 것인데, 어느 정도로 약해질 것인지, 결국 컴퓨터 자생 문서로 볼 것인지 일반 전자문서로 볼 것인지는 case by case로 판단할 수 밖에 없을 것이다. 예컨대 주식시장의 현재 상황을 분석하고 미래 상황을 예측하기 위하여 프로그래밍 되어 있는 컴퓨터에 숫자나 그래프들을 입력하여 숫자나 그래프 형태의 문서가 생성된 경우를 생각해 보자. 만일 분석 예측과정이 비교적 단순하여 사람의 힘으로도 충분히 자료를 처리하여 분석 예측할 수 있지만, 시간과 노력을 아끼기 위하여 컴퓨터를 사용한 것에 불과하고 자료 입력자도 생성될 결과를 충분히 예상할 수 있는 경우라면 이는 컴퓨터를 이용하여 작성한 문서로 평가될 수 있을 것이다. 그러나 분석 예측과정이 매우 복잡하여 사람의 힘으로는 도저히 자료를 처리하여 분석 예측할 수 없어서 컴퓨터를 사용한 것이고 자료 입력자로서는 생성될 결과를 예상하기 어려운 경우라면 이는 컴퓨터를 이용하여 작성한 문서가 아니라 컴퓨터 자생 문서라고 평가되어야 할 것이다.

일반 전자문서로 볼 것인지 컴퓨터 자생 문서로 볼 것인지가 정말로 애매한 경우라면 어떻게 하여야 할까? 증거방법 전체를 놓고 보면 인증, 서증이 특수형이고 그 나머지가 모두 물증인 점을 고려하면 일반 전자문서가 특수형이고 컴퓨터 자생 문서가 일반형이라 할 것이다. 물증에서 서증을 따로 설정한 이유는 증거조사 방법 등에서의 특수성도 있지만, 가장

---

[27] 사람이 컴퓨터를 이용하여 문서를 작성하면서 예컨대 맞춤법 자동 교정 또는 자동 번역기능의 작동에 의하여 미세한 부분이 사람이 아닌 컴퓨터에 의하여 자동으로 조정 또는 변경되었을 뿐이라면 그러한 경우에는 혼성 문서가 아닌 일반 전자문서라고 보아야 할 것이다.

중요한 증거능력의 문제에서 서증의 대부분에 전문법칙을 적용하여 증거능력을 통제하기 위함이다. 앞에서도 살펴본 바와 같이 컴퓨터 자생 문서로 보면 전문법칙을 적용할 필요가 없다. 진정성립 대신 진정성을 입증하는 과정에 진정성립 입증과의 차이가 많이 줄어든 것은 맞지만 완전히 없어진 것은 아니다. 따라서 가급적 증거능력을 엄히 판단하기 위해서라도 정말로 애매한 경우라면 일반 전자문서로 보는 것이 옳을 것으로 생각된다.

2. 혼재문서

헤더정보가 함께 인쇄된 이메일이나 신용카드 사용내역승인서와 같이 문서의 일부분은 컴퓨터 사용자가 직접 입력한 것이고 나머지 부분은 컴퓨터가 자동 생성한 것일 때 이를 혼재문서라 부르기로 하였다. 혼재문서의 경우 문서 전체를 컴퓨터 자생 문서로 볼 것인지 아니면 컴퓨터 사용자가 입력한 부분은 일반 전자문서로 보고 나머지 부분만 컴퓨터 자생 문서로 볼 것인지가 문제된다. 우선 헤더정보가 함께 인쇄된 이메일의 경우라면 통상적으로 이메일을 작성함에 있어 이메일 내용만 의식할 뿐 헤더정보 기재에 대하여는 전혀 의식하지 아니한다. 따라서 이러한 경우라면 일반 전자문서인 이메일 부분과 컴퓨터 자생 문서인 헤더정보 부분이 혼재한다고 보아야 할 것이다.[28] 마치 대법원이 사진 자체는 비전문증거로 보지만 사진 중 촬영일자 부분은 문자로 표시되고 일응 카메라가 자동적으로 설정하는 것이기는 하지만 카메라 관리자에 의하여 쉽게 조작될 수 있기 때문에 전문증거성을 가진다고 보아 "피고인이 사진의 촬영일자 부분에 대하여 조작된 것이라고 다툰다고 하더라도 이 부분은 전문증거에 해당되어 별도로 증거능력이 있는지를 살펴보면 족하다"고 판단한 것과 같은 이치이다.[29]

신용카드 사용내역승인서의 경우에도 품목과 금액 부분은 컴퓨터 사용자가 문서작성 의사로 입력하였지만[30] 그 밖의 기재, 즉 업소명, 전화번호, 거래일자와 시각, 카드의 종류와 번호, 승인번호 등은 모두 컴퓨터가 자동적으로 기재한다. 그런데 이메일 헤더정보의 경우

---

28) 강구민, 앞의 논문, 121면도 같은 취지.
29) 대법원 1997. 9. 30. 선고 97도1230 판결. 만일 촬영일자 부분이 카메라 관리자 등에 의해서 조작될 수 없도록 카메라가 만들어져 있다면 위 촬영일자 부분은 컴퓨터 자생 문서로 보아야 할 것이다.
30) 품목, 금액 등의 입력 의사가 단순한 판매와 관련한 사무처리 의사인지 부수적이나마 문서작성 의사도 수반하는지도 문제될 수 있다. 관리자가 입력만 하였지 문서에 제대로 기재되었는지 확인도 하지 아니하는 경우라면 더욱 그러할 것이다. 그러나 품목, 금액 등을 입력하면 그러한 내용이 기재된 사용내역승인서가 출력된다는 점은 잠재적이나마 인식, 의욕하고 있으므로 문서작성 의사가 있다고 봄이 상당하리라 생각된다.

와는 달리 사용내역승인서에 품목과 금액 부분을 입력하는 컴퓨터 사용자는 품목과 금액 외에도 업소명 등이 컴퓨터에 의해 자동 기재된다는 점을 잠재적이나마 의식하고 있고 (헤더정보 기재 없이도 이메일은 작성자가 의도한 문서가 될 수 있지만, 업소명 등 기재 없이 품목과 금액 기재만으로는 작성자가 의도한 문서가 될 수 없기 때문이다), 실제로 승인서가 발급되면 업소명 등도 함께 기재되어 있는 것을 쉽게 확인할 수 있기도 하다. 그렇다면 승인서의 경우에는 일반 전자문서 부분과 컴퓨터 자생 문서 부분이 혼재한다고 보는 것 보다는 위 업소명 등 부분도 컴퓨터 사용자의 잠재적 문서작성 의사에 의해 함께 작성된 일반 전자문서라고 보는 것이 더 적절할까? 그렇게 된다면 컴퓨터 사용자는 품목과 금액 뿐만 아니라 업소명 등에 대하여도 진정성립을 인부하여야 하는데, 실제로 거래일자와 시각, 카드번호, 승인번호 등을 기억하고 있다가 그 진정성립 여부를 인부하기란 불가능할 것이다. 따라서 이메일의 경우와 마찬가지로 컴퓨터 사용자가 직접 입력한 품목과 금액 부분만 일반 전자문서로 보아 진정성립 인부하도록 하고, 나머지 부분은 컴퓨터 자생 문서로 보아 진정성 입증의 대상으로 하는 것이 더 현실적일 것으로 생각된다.

V. 컴퓨터 자생 문서에 대한 대법원의 태도

1. 증거능력 판단

(1) 대법원 2013. 6. 13. 선고 2012도16001 판결

디지털 저장매체에 저장된 로그파일의 원본이 아니라 그 복사본의 일부 내용을 요약·정리하는 방식으로 새로운 문서파일이 작성된 경우 그 문서파일 또는 거기에서 출력한 문서를 로그파일 원본의 내용을 증명하는 증거로 사용하기 위하여는 피고인이 이를 증거로 하는 데 동의하지 아니하는 이상 그 문서파일의 기초가 된 로그파일 복사본과 로그파일 원본의 동일성도 인정되어야 한다. 나아가 이때 새로운 문서파일 또는 거기에서 출력한 문서를 진술증거로 사용하는 경우 그 기재 내용의 진실성에 관하여는 전문법칙이 적용되므로 형사소송법 제313조 제1항에 따라 공판준비기일이나 공판기일에서 그 작성자 또는 진술자의 진술에 의하여 성립의 진정함이 증명된 때에 한하여 이를 증거로 사용할 수 있다.

우리 대법원이 로그파일 자체의 증거능력 요건이나 증거법적 성격 등을 직접 논한 판례는 아직 없는 것으로 보인다. 본건이 만일 로그파일 자체의 증거능력에 관한 판결이었다면

앞에서 살핀 바와 같이 로그파일은 컴퓨터 자생 문서임이 명백하고 서증이 아니므로 전문법칙이 적용될 여지가 없고, 다만 증거동의의 대상이 되는지에 대하여는 견해 대립이 있으나, 처분권설 또는 신권리포기설에 따른다면 물증에 대한 진정성도 증거동의의 대상이 된다고 논하면 적절하였을 것이다.

그러나 위 판결은 로그파일의 일부 내용을 특정인이 요약 정리하여 새로이 작성한 문서파일의 증거능력을 다루고 있다.[31] 여기에서 문서를 요약·정리, 즉 편집한 경우 본래의 문서와 동일성을 유지하는지 아니면 새로운 문서가 창출된 것인지가 문제되는데, 이는 편집의 정도에 따라 달리 평가될 것이다. 만일 문서 중 필요한 부분들만 모아서 증거로 제출된 것이라면 '문서의 일부'로서 일응 동일성을 유지하는 것으로 보되, 다만 그 부분만 증거로 제출한 의도, 다른 부분의 내용, 제출된 부분과 다른 부분의 관계 등은 증명력 단계에서 판단하면 될 것이다. 그러나 문서 중 필요한 부분만을 인위적으로 떼어낸 후 내용적으로도 이를 요약 정리하는 방법으로 편집한 것이라면 이제는 단순한 '문서의 일부'가 아니라 편집자에 의해 창출된 새로운 문서라고 보아야 할 것이다. 대법원은 사안을 후자의 경우로 보고 편집자를 진술자로 하는 진술서에 해당한다고 판단하여 제313조를 적용하였다.[32]

본건에서 대법원은 로그파일의 원본이 아니라 복사본의 일부 내용을 요약 정리하였다는 점을 강조하고 있는데, 사실 원본을 요약 정리하였는지 복사본을 요약 정리하였는지는 전문법칙 적용 대상인지의 판단에, 즉 일반 전자문서인지 컴퓨터 자생 문서인지의 판단에 아무런 차이가 없다. 또한 위와 같이 생성한 문서 파일 자체인지 그 출력물인지도 증거능력 판단에서는 아무런 의미가 없다. 중요한 것은 요약 정리한 문서파일이 원래의 로그파일과 동일성을 유지하는지 여부일 뿐이다. 따라서 어느 정도로 편집하였기에 새로운 문서로 보느냐라는 것은 매우 중요한 문제인데, 판례에서는 이에 대한 구체적 설시가 없는 점이 매우 아쉽다.

---

31) 위 판례의 표현을 '로그파일 자체가 아니라 이를 요약 정리한 문서를 증거로 사용하므로 전문증거에 해당한다'는 의미로 받아들일 여지도 있는지 모르겠는데, 만일 그런 의미로 받아들인다면 반대해석에 의하여 '로그파일 자체는 전문증거가 아니지만'이라는 의미를 추출할 수도 있을 것이다.
32) 위 판결 당시에는 제313조 제1항에 의한 작성자의 진정성립 인정만이 진술서의 증거능력 요건이었으나, 2016년 형사소송법 개정으로 작성자가 진정성립을 인정하지 아니하면 제2항에 의하여 객관적 방법으로 진정성립을 입증할 수도 있게 되었다.

(2) 대법원 2006. 5. 26. 선고 2005도6271 판결

원심이 공소사실에 부합하는 증거인 피해자의 진술을 탄핵하는 증거로 삼은 변호인 제출의 신용카드 사용내역승인서 사본 및 현금서비스 취급내역서 사본에 관하여 살펴보면, 변호인은 항소이유서에 현금서비스 취급내역서 사본을 첨부하여 제출하면서 2004. 4. 2.자 공소사실을 탄핵하였고, 원심 제1회 공판기일에는 피고인 반대신문을 하면서 신용카드 사용내역승인서 사본과 함께 다시 이를 제시하여 2004. 3. 15.자 공소사실까지 아울러 탄핵하였는바, 비록 증거목록에 기재되지 않았고 증거결정이 있지 아니하였다 하더라도 공판과정에서 그 입증취지가 구체적으로 명시되고 제시까지 된 이상 위 각 서증들에 대하여 탄핵증거로서의 증거조사는 이루어졌다고 보아야 할 것이다(대법원 1998. 2. 27. 선고 97도1770 판결, 대법원 2005. 8. 19. 선고 2005도2617 판결 등 참조). 따라서 위 각 서증은 탄핵증거로 사용할 수 있다.

위 판결에서 대법원은 피고인측이 제출한 신용카드 사용내역승인서와 현금서비스 취급내역서의 각 사본을 '서증'이자 '탄핵증거'로 보면서, 이에 대하여 증거조사가 되었는지 여부를 판단하고 있다. 그 증거능력 자체는 문제 삼고 있지 않은데, 탄핵증거로서의 증거능력은 당연히 인정된다고 전제한 것으로 보인다. 탄핵증거란 어의적으로만 보면 다른 증거의 증명력을 낮추기 위해 사용되는 모든 증거라고 정의할 수도 있겠지만, 형사소송법은 증거능력과 관련하여 탄핵증거에 특칙을 두고 있으므로(제318조의2 제1항) 이와 관련하여 정의하면, 진술증거가 전문법칙에 따라 증거능력이 인정되지 않지만 다른 진술증거의 증명력을 낮추기 위한 용도로 사용하는 것은 허용되는(즉 탄핵증거로서의 증거능력은 인정되는) 경우를 말한다. 위 판결에서도 위 승인서 등이 탄핵증거로서의 증거능력을 갖추고 있기 때문에 증거조사의 대상이 된다고 판단하고, 이를 전제로 과연 적법하게 증거조사가 된 것인지를 판단하고 있다. 만일 증거능력이 없다면 애초부터 증거조사의 대상이 되지 못하고 법정에 현출되어서도 아니되기 때문이다.

위 판결은 어떤 근거로 위 승인서 등이 탄핵증거로서는 증거능력이 인정된다고 보았을까? 이 문제는 탄핵증거의 허용범위를 어떻게 보느냐와 직결되어 있다. 탄핵증거의 허용범위에 대하여는 제한설, 무제한설, 절충설, 이분설 등이 대립하고 있다. 위 판결은 '공소사실을 탄핵하였다'고 표현하고 있지만, 탄핵증거는 공소사실을 탄핵하는 것이 아니라 다른 진술증거의 증명력을 탄핵하는 것이므로 정확하게 표현하면 공소사실을 입증하는 특정 증거,

즉 피해자의 진술증거를 탄핵하였다는 뜻으로 보아야 할 것이다. 그런데 위 승인서 등을 진술증거로 본다고 하더라도 피해자 자신의 모순된 진술도 아니고, 피해자의 평판이나 능력에 관한 진술도 아니므로 이를 탄핵증거로 인정한다는 것은 일단 제한설과 절충설은 아니라는 취지가 된다. 결국 위 판결은 무제한설 또는 이분설 중 어느 하나를 따르고 있다고 보아야 하는데, 어느 견해를 취하든 피고인측은 자신에게 불리한 진술증거의 증명력(신빙성과 협의의 증명력 포함)을 낮출 수만 있으면 증거능력 없는 전문증거도 탄핵증거라는 이름으로 사용할 수 있다는 의미가 된다.

그러나 위 판결에서 대법원은 중요한 사실 하나를 간과하고 있다. 위 승인서나 내역서는 사람이 작성한 문서가 아니라 컴퓨터 자생 문서라는 사실이다.[33] 위 승인서나 내역서는 컴퓨터에 프로그래밍 되어 있는 대로 사용자가 신용카드를 사용한 내역과 현금서비스를 받은 내역을 컴퓨터가 문서로 자동 생성하였다가 출력한 것이다. 따라서 진술증거가 아니고 전문증거도 아니고 물증일 뿐이다. 사안에서는 사본으로 제출되었기 때문에 원본동일성, 즉 진정성이 입증되고 위법수집 증거만 아니면 증거능력을 가진다. 사안에서는 상대방도 진정성이나 적법성에 대해 이견을 제시한 바 없는 것으로 보이는 만큼 실제로 문제가 없었을 것이다. 그렇다면 위 증인서와 내역서는 증거능력 있는 증거이므로 유죄를 입증하는 증거로 사용하든 유죄 입증 증거를 탄핵하는 증거로 사용하든 아무런 제한이 없었다. 따라서 '전문법칙에 의해 증거능력 없지만 탄핵증거 특칙에 따라 탄핵증거로서의 증거능력을 부여한다'는 논리가 애초에 필요하지 않았다. 이 점에서 대법원은 큰 오류를 범한 것이다.

2. 증거조사 방법

컴퓨터 자생 문서의 증거조사 방법과 관련하여서도 언급하고 있는 판례는 매우 드물다. 앞에서 살펴본 2005도6271 판결에서 "비록 증거목록에 기재되지 않았고 증거결정이 있지 아니하였다 하더라도 공판과정에서 그 입증취지가 구체적으로 명시되고 제시까지 된 이상 위 각 서증들에 대하여 탄핵증거로서의 증거조사는 이루어졌다고 보아야 할 것"이라는 판단이 거의 전부이다. 위 판단도 사실은 위 승인서 등이 탄핵증거라는 전제 하에서 그 조사 방법을 언급한 것이지 이것이 탄핵증거가 아닌 일반증거라는 판단 또는 컴퓨터 자생 문서

---

[33] 내역서의 경우 품목, 금액 부분은 일반 전자문서라고 볼 수도 있지만, 거래일자와 시각, 상호 등 위 사건에서 중요한 부분들이 컴퓨터 자생 문서임에는 의문이 없다.

라는 판단을 전제로 한 조사방법을 언급한 것이 아니어서 판시 내용을 컴퓨터 자생 문서에 대한 증거조사 방법으로 그대로 받아들이기는 어렵다.

위 판결에서 대법원은 위 승인서 등을 "위 각 서증들"이라고 칭하여 이를 서증으로 보고 있으면서도 조사방법으로 낭독 또는 예외적 내용고지 등을 언급하지 아니한 채 "제시까지 된 이상"이라고 하고 있다. 결국 승인서 등은 서증이기는 하지만 형태상 열람이 다른 방법보다 적절하고 인정하여 제시 열람케 하는 방법으로 조사한 것으로 판단하고 있다고 해석할 수 있다(제292조 제5항 참조). 실제로 승인서 등은 나열식이 아닌 도표식으로 작성되어 있어 낭독보다 제시 열람이 증거조사 방법으로서 더 적절하다고 할 수 있다. 다만 판결에서 왜 서증임에도 제시가 더 적절하였는지를 설명하였다면 더 좋았을 것이라는 아쉬움은 있지만 결론은 일단 옳다고 생각된다.

판례는 '탄핵증거로서의 증거조사'는 이루어졌다고 평가하고 있다. '일반증거로서의 증거조사는 이루어지지 않았지만'이라는 전제를 수용하면서 일반증거로서의 증거조사에 비해 탄핵증거로서의 증거조사는 덜 엄격하다는 점을 전제로 하고 있다는 표현이다. 일반증거의 조사와 탄핵증거의 조사를 달리 보는 것은 통설이 말하는 엄격한 증명, 자유로운 증명론에 기인한다[34]. 위 판결에서는 탄핵증거로 사용할 경우에는 자유로운 증명으로 족하고 증거조사도 법이 정한 절차에 의하지 않더라도 된다는 논리를 바탕으로 하되, 최소한 탄핵증거로서의 증거조사는 필요하다는 취지이다. 앞에서 살펴보았듯이 위 승인서 등을 서증으로 보더라도 제시 열람에 의하여 증거조사 한 것도 제292조에 따른 증거조사일 수 있으므로 그 이유를 굳이 자유로운 증명이기 때문이라고 볼 필요는 없다. 더 나아가 컴퓨터 자생 문서는 증거방법상 본질은 물증이지만 외형이 서증의 형태이므로 증거조사에 있어서는 서증으로 다루는 것이 더 적절하다. 그러나 본건 승인서 등은 컴퓨터 자생 문서면서도 그 형태의 특이성에 기인하여 낭독보다 제시 열람이 더 적절한 증거조사 방법이라고 할 수 있으므로 어느 모로 보나 본건 제시에 의한 승인서 등의 조사는 적법하였다고 생각된다.

위 승인서 등이 증거목록에 기재되지 않았고 증거결정도 없었다는 점 역시 문제된다. 아

---

[34] 신동운, 앞의 책, 1106면 이하; 이재상/조균석/이창온, 형사소송법(제13판), 박영사, 2021, 574면 이하; 이창현, 형사소송법(제10판), 도서출판 정독, 2024, 810면 이하 등.

마 이 점 때문에 대법원은 자유로운 증명으로서의 증거조사는 이루어졌다고 평가한 듯하다. 그러나 증거를 증거목록에 기재하지 않았다는 것은 경미한 절차상 하자에 불과하고 상급심에서라도 보완하면 족하므로 증거조사의 적법성을 부정할 정도의 위법으로 보기는 어려울 것으로 생각된다. 또 증거결정은 법원이 증거를 조사하겠다는 의사를 표시하는 것인데 피고인측에 대하여 승인서 등을 제시케 한 행위(또는 제시를 저지하지 아니한 행위) 자체가 이미 증거채택 결정에 해당하므로 증거결정이 없었다고 볼 필요도 없다. 결국 위 사안의 경우 굳이 자유로운 증명론을 원용하지 않았더라도, 즉 '탄핵증거로서의 증거조사'라는 개념을 사용하지 않았더라도 위 증거조사는 적법한 증거조사로 평가받을 수 있었다고 생각된다. 하급심 판단을 위법이 아니라고 감싸주려는 마음은 알겠지만, 이를 실행하는 과정에 대법원이 너무 성급하게 판단한 점은 아쉬운 대목이다.

VI. 나가며

세상은 급변하고 기술의 발달은 눈부시다. 이제 컴퓨터와 IT를 이용한 행위들이 행위의 대세가 되었다. 증거법의 영역에서도 이미 상당기간 전부터 컴퓨터 등을 이용하여 만든 디지털증거의 증거법적 문제를 연구해 왔으며, 컴퓨터가 스스로 생성한 문서의 증거법적 문제도 연구하기 시작한 단계에 있다. 저자는 이 글에서 컴퓨터 자생 문서가 서증이 아니라 물증인 점을 논증하면서, 컴퓨터 자생 문서는 서증이 아니기 때문에 전문법칙의 적용대상이 아니라는 점, 신빙성 문제가 없다는 점, 다만 증거조사 방법으로는 일반 물증과 달리 서증의 조사방법, 즉 낭독이 원칙적으로 적절하다는 점을 살펴보았고, 일반 전자문서적 특성과 컴퓨터 자생 문서적 특성을 함께 가지고 있는 문서에 대하여도 검토하였다.

앞으로도 컴퓨터 자생 문서는 점점 더 많이 등장할 것이고, 증거로 사용되는 경우도 더 빈번해질 것이 명백하다. 이에 더하여 인공지능의 발달로 컴퓨터 자생 문서에 대하여도 전문법칙을 적용하여 진정성립 인정이 필요하게 되거나 신빙성을 논하여야 할 날이 올 수도 있다. 발전하는 문명 기술에 보조를 맞추어 법률문화도 변신을 거듭하여야 그 규범성과 실효성을 유지할 수 있을 것으로 생각된다. 이 글이 그러한 변신의 작은 단초가 되었으면 하는 바람이다.

4

제 4 편

판결과 그 효력

객관적 처벌조건에 관한 실무적 고찰
– 이를 흠결한 경우 검사의 처분과 법원의 판결을 중심으로 –

기판력의 발현 형태와 효력 범위에 관한 소고
– 민사소송과 형사소송을 비교하여 –

포괄일죄의 일부에 대한 확정판결의 기판력과 죄수 문제

행위 중에 법률이 변경된 경우 적용 법규와 1죄성에 관한 소고

객관적 처벌조건에 관한 실무적 고찰
-이를 흠결한 경우 검사의 처분과 법원의 판결을 중심으로-

I. 들어가며

이미 성립한 범죄에 있어 형벌권을 발동시키기 위한 별도의 요건이 필요한 경우가 있는데 그와 같은 요건을 '처벌조건(혹은 가벌성의 조건)'이라 부른다. 처벌조건은 다시 객관적 처벌조건과 인적 처벌조건(혹은 인적 처벌조각사유)으로 구분하는 것이 일반적인 견해이다[1)2)]. 처벌조건을 범죄성립요건과 구별하는 현실적인 결과로는 ① 범죄성립요건을 갖추지 못한 경우에는 무죄를 선고하는 반면 처벌조건을 갖추지 못한 경우에는 범죄는 이미 성립하였으므로 무죄를 선고할 수 없고 ② 범죄성립요건, 특히 구성요건요소에 대하여는 인식 혹은 인식가능성이 있어야 고의·과실이 성립하지만 처벌조건에 대하여는 이를 인식하지 못하거나 착오하더라도 고의·과실 더 나아가 범죄성립에 아무런 영향이 없으며 ③ 처벌조건을 갖추지 못한 행위도 범죄임에는 틀림없으므로 이에 대한 정당방위가 가능하고 ④ 처벌조건을 갖추지 못한 경우에도 공범의 성립이 가능하다는 점 등이 거론된다[3)]. 그러나 처벌조건을 범죄성립요건에서 구별하여 달리 취급하는 것이 책임주의 혹은 인권보호의 관점에서 문제가 될 수 있으며[4)], 처벌조건과 범죄성립요건을 구별한 결과로 거론된 몇 가지 사항들이 과연 정말로 처벌조건을 범죄성립요건으로부터 분리해 낸 징표라 할 수 있는지에 대하여는 계속적으로 의문

---

1) 이재상/장영민/강동범, 형법총론(제11판), 박영사, 2022, 80면; 이형국/김혜경, 형법총론(제7판), 법문사, 2023, 82면 이하; 배종대, 형법총론(제17판), 홍문사, 2023, 100면 등.
2) 인적 처벌조건을 국회의원의 면책특권(헌법 제45조)과 같은 인적 처벌 '조각' 사유(특수한 신분관계)와 중지미수(제26조)에서의 '자의 중지'나 내란 예비죄에서의 '자수'와 같은 인적 처벌 '소멸' 사유(특수한 행태)로 구분하는 분도 있다.
3) 이재상/장영민/강동범, 앞의 책, 80면; 김용희, "객관적 처벌조건에 관한 연구", 법학연구 제18집(2005. 6.), 한국법학회, 300면.
4) 범죄성립요건과 구별되는 처벌조건이라는 개념을 창출함으로써 처벌되지 아니하는 범죄행위 개념이 만들어지고 결과적으로는 처벌되지도 않을 행위를 범죄로 규정함으로써 범죄행위만 양산한다는 비판이나, 범죄성립요건과는 다른 기준의 거증책임분배 혹은 입증의 정도 등을 통해 인권이 침해될 우려가 있다는 비판 등이 이를 대변한다. 다만 이러한 비판에 대하여는 모든 범죄행위를 처벌할 수는 없으며 친고죄의 고소, 소송조건의 구비 등도 마찬가지 문제가 있지만 위와 같은 비판을 하지는 않는다는 반박과, 처벌조건도 형벌권 발동의 직접적인 요건이 됨에 있어서는 범죄성립요건과 마찬가지이므로 범죄성립요건과 같은 기준으로 거증책임을 분배하고 입증을 요한다고 해석하면 특별한 인권침해의 문제는 발생하지 아니한다는 반박이 가능하다고 생각된다.

이 제기되고 있는 것도 사실이다.

이에 더하여 실무적인 측면에서 살펴보면 조건을 구비하지 못한 경우 '형을 면제한다'라는 명문의 규정이 있는 인적 처벌조건의 경우와는 달리[5] 통설에 의하여 객관적 처벌조건의 적례라고 평가되는 사전수뢰죄와 사기파산죄에서 '이후 공무원 등에 취임(이하 공무원 취임 이라고 약칭한다)'하거나 '파산선고가 확정(이하 파산 확정 이라고 약칭한다)'되어야 처벌한다는 취지만 규정되어 있을 뿐, 위 조건들을 구비하지 못한 경우 어떤 처분을 하여야 하는지에 대하여는 아무런 규정이 없기 때문에 실무적으로 검찰과 법원에서 각각 어떤 처분을 하여야 하는지 혼선이 있는 듯하다[6]. 이 글에서는 객관적 처벌조건에 대하여 그와 같은 실무적 문제를 중심으로 고찰하고자 한다.

Ⅱ. 객관적 처벌조건의 본질

1. 외국에서의 논의

(1) 논의의 출발

객관적 처벌조건을 범죄성립요건과 구별하여 개념 정립할 필요가 있는지의 문제는 처벌조건의 본질을 어떻게 보는지의 문제와 직결되어 있다. 이와 관련하여 종래 독일에서 주로 논의되는 범죄는 형법 제104조a 외국에 대한 죄[7], 제283조 파산[8], 제186조 악의적 비방[9], 제

---

[5] 인적 처벌조건의 경우 조건을 구비하지 못하면 형을 면제한다는 명문의 규정이 있어 법원은 형면제 판결을 선고하면 되고, 검사는 검찰사건사무규칙 제115조 제3항 제4호 사목에 의거하여 공소권없음 결정을 하면 되며, 그 밖에는 특별한 해석론적 문제를 남기지 않는다.
[6] 법률 규정형식으로 볼 때 사전수뢰를 하였으나 이후 공무원 등에 취임하지 아니한 경우 형법 제129조 제2항에 규정된 형벌 부과의 요건을 구비하지 못하였으므로 일견 법원은 무죄를 선고하여야 하고 수사단계에서라면 검사는 혐의없음을 선고하여야 하는 것으로 보일 여지가 매우 크다.
[7] "이 장에서 규정하고 있는 범죄(외국에 대한 죄)는 독일연방공화국이 그 외국과 외교관계를 유지하여 상호주의가 보장되고 있으며 행위 당시에도 상호주의가 보장되었고 외국정부의 처벌요구 및 연방정부의 형사소추를 위한 권한위임이 있는 경우에 한하여 형사소추 된다".
[8] 제6항. "제1항 내지 제5항의 행위는 그 지급을 중지한 경우 또는 그 재산에 대하여 파산절차가 개시되었거나 파산개시신청이 파산재단의 흠결을 이유로 기각된 경우에 한하여 처벌한다".
[9] "타인을 비방하거나 세평을 저하시키기에 충분한 사실을 주장하거나 전파한 자는 이러한 사실이 진실임을 증명할 수 없는 때에는 1년 이하의 자유형 또는 벌금형에 처하고, 그 행위가 공연히 또는 문서의 반포를 통하여 이루어진 때에는 2년 이하의 자유형 또는 벌금형에 처한다".

226조 상해치사, 제227조 격투참가[10], 제330조 重환경범죄[11], 제323조a 명정(酩酊)[12] 등이다. 그런데 이 중 형법 제104조a 외국에 대한 죄는 우리 형법 제110조에서 반의사불벌죄로 규정하여 대처하고 있고, 제227조의 격투참가는 우리 형법에 유사한 규정이 없어 그에 관한 논의를 받아들일 여지가 없으며, 제186조의 사실적시에 의한 명예훼손에 있어 우리나라에서는 사실의 증명을 위법성 조각사유로 해석하는 것이 통설적 견해이므로[13] 더 이상 처벌조건에서 논할 실익이 없고, 제226조의 상해치사는 결과적가중범으로서 논하면 족하고, 제227조a의 명정은 원인에 있어 자유로운 행위 이론으로 해결 가능하다. 결국 우리 형법과 유사한 구조를 가지는 것은 제283조의 파산 뿐이므로 객관적 처벌조건의 본질과 관련한 독일에서의 여러 이론도 파산범죄에 한정하여 살펴보는 것이 적절하다고 생각된다.

(2) 학설의 대립[14]

객관적 처벌조건과 관련하여 독일에서는 불법요소로 보는 견해와 가벌성의 요소로 보는 견해가 대립하고 있고, 일본에서는 책임요소로 보는 견해도 존재한다. 먼저 객관적 처벌조건을 불법요소의 일종으로 보는 견해는 형법체계와 관련한 이론을 간명하게 정리할 수 있는 반면 조건의 성취를 인식하지 못한 경우 고의가 조각되는지 등의 의문을 해결하여야 하는 문제를 안고 있다. 이 때문에 구성요건을 광의의 구성요건과 협의의 구성요건으로 구분하여 광의의 구성요건요소 중 일부를 고의의 인식대상에서 제외하면서 처벌조건 역시 광의의 구성요건에 해당한다고 해석하거나[15], 처벌조건을 불법의 조건이 되는 경우와 구성요건해당성의 조건이 되는 경우로 구분한 다음[16] 처벌조건은 행위에 대하여 소급적으로 불법성 또는 구성요건해당성을 부여한다고 설명하기도 한다[17]. 그러나 구성요건을 광의와 협의

---

10) "격투 또는 수인이 행한 공격에 의하여 사람에 대하여 사망 또는 중상해를 야기한 때에는 격투 또는 공격에 참가한 자는 그 가담행위를 이유로 3년 이하의 자유형 또는 벌금형에 처한다".
11) "제324조 내지 제329조의 고의행위는 특히 중한 경우 6월 이상 10년 이하의 자유형에 처한다. 특히 중한 경우란 특별한 사정이 없는 한 행위자가 다음 각호의 1에 해당하는 경우를 말한다. 1. 중과실로 사람의 사망 또는 중한 건강 훼손을 야기한 경우(이하 생략)".
12) 제1항. "고의 또는 과실로 알콜 음료나 기타 각성제를 복용하고 명정상태에 있는 자가 그 상태에서 위법행위를 범하고 명정상태로 인하여 책임능력이 없거나 또는 책임능력을 배제할 수 없다는 이유로 이를 처벌할 수 없는 경우에는 5년 이하의 자유형 또는 벌금형에 처한다".
13) 이재상/장영민/강동범, 형법각론(제13판), 박영사, 2023, 197면; 배종대, 형법각론(제14판), 홍문사, 2023, 207면 등.
14) 이에 관한 상세한 내용은 김용희, 앞의 논문, 301면 이하를 참고하였음을 밝혀둔다.
15) Wilhelm Sauer의 견해가 그러하다.
16) 독일형법상의 명정죄는 전자에, 파산죄는 후자에 속한다. 김용희, 앞의 논문, 303면.
17) Günter Jacobs의 견해가 그러하다.

로 구분한다면 광의의 구성요건이라는 것은 이미 구성요건으로서의 본질적인 특질 중 상당 부분을 잃어버린 것으로서 이를 구성요건과 다른 것이라 설명하는 입장과 근본적으로 어떤 차이가 있는지 의문이며, 행위 당시에는 불법성 혹은 구성요건해당성이 없다가 사후에 조건 성취에 의하여 소급적으로 불법성이나 구성요건해당성이 발생한다는 이론도 자연스럽지 못해 보인다.

객관적 처벌조건을 불법요소로 보는 견해가 조건의 성취를 고의의 대상에서 제외하는 문제로 힘들어 한다는 점에 착안하여, 처벌조건을 책임요소로 보면서 조건의 성취를 정지조건으로 하여 책임비난을 부가하는 것이 가능하다고 보는 견해도 있다[18]. 이는 형사정책적 고려가 반영된 책임 개념에 기초하여 행위의 가벌성이 책임에 흡수될 수 있다는 전제에서 출발한다. 그러나 책임 판단의 기준은 행위시라고 보아야 할 것이고 이후의 사정으로 인하여 책임이 감소 혹은 소멸될 수 있는지는 크게 의문이다[19].

그와 같은 점들 때문에 객관적 처벌조건을 범죄성립요건과는 별도의 가벌성의 조건 혹은 처벌제한사유[20]로 보는 견해가 여전히 유력하다. 다만 처벌조건을 범죄성립요건이라는 틀 안에 흡수하지 못하고 별개의 가벌성의 조건으로 설정하는 것이기 때문에 양자의 관계를 설명하는 것이 필수적이다. 이에 대하여 모든 범죄에 관련되는 절대적 형벌 위하조건과 특정 범죄에만 관련되는 상대적 형벌 위하조건으로 구분으로 보기도 하고[21], 처벌조건을 구성요건의 실현을 초월한 부가적 요건으로서 형벌의 개별적인 포기로 보기도 하며[22], 본질은 불법요소임에도 입법자가 고의·과실의 요건으로부터 자유롭게 하기 위하여 객관적 처벌조건으로 규정해 놓은 경우[23]라고 설명하는 견해도 있다[24].

---

18) 堀內의 견해가 그러하다.
19) 만일 행위 이후의 사정으로도 책임이 감소 또는 소멸될 수 있다면 범죄행위 이후 배상이나 합의, 반성 등의 사정이 있으면 책임이 소멸하였다 하여 무죄를 선고할 수도 있다는 이상한 결론에 이른다. 행위 이후의 사정은 범죄성립 요소로서의 책임에 영향을 미칠 수 없고 양형자료에 불과하며(이를 '양형책임'이라고 부르기도 한다) 친고죄 등의 경우에도 소추요건이 될 수 있을 뿐이다.
20) 김용희 교수는 '가벌성의 조건'과 '처벌제한사유'를 구분하여 설명하고 있으나(김용희, 앞의 논문, 308-310면), 처벌제한사유는 조건을 구비하지 못하는 경우 형벌을 부과할 수 없다는 소극적인 측면을 표현한 것이고 그 적극적인 측면을 표현하면 가벌성의 조건이라 할 수 있으므로 결국 동일한 의미라고 생각된다.
21) Ernst Beling의 견해가 그러하다.
22) Günter Stratenwerth의 견해가 그러하다.
23) 이를 '부진정 객관적 처벌조건'이라고 부르기도 한다.
24) Hans-Heinrich Jescheck의 견해가 그러하다.

2. 우리나라에서의 논의

우리나라에서 객관적 처벌조건과 관련하여 논의되는 대상은 형법 제129조 제2항 사전수뢰죄에서의 '공무원 취임'과 채무자 회생 및 파산에 관한 법률 제650조 사기파산죄에서의 '파산 확정' 정도이며[25] 그 중에서도 사전수뢰죄와 관련하여 주로 논의되는 것이 사실이므로 여기에서도 일응 사전수뢰죄를 기준으로 논의하기로 한다. 먼저 사전수뢰죄에서의 공무원 취임을 불법요소로 보는 견해가 있다[26]. 이 견해를 취하는 분은 공무원 취임을 행위 개념에 포섭시키기 위하여 행위를 사람의 태도와 사회적 외계와의 교섭으로 파악한다면 "행위의 사회적 영향 내지 작용을 결정짓는 요인은 사람의 '신체적 측면'만이 아니라 '사회적 외계측면'에도 존재하는 것"이라고 설명하면서, "형법 제169조의 진화방해죄에서의 '화재에 있어서'라는 행위상황이 행위자의 신체적 태도에서 기인하는 것은 아니지만 행위의 사회적인 영향을 결정짓는 요인으로서 행위의 일환을 이루는 것"이라고 해석한다[27]. 그러나 진화방해죄에서의 '화재에 있어서'라는 행위상황은 행위자가 진화를 방해하는 행위를 함에 직접적인 영향을 주는 사회적 외계측면이지만[28], 사전수뢰죄에서 공무원 취임은 수뢰행위 이후에 나타난 상황으로서 행위자가 수뢰행위를 함에 아무런 영향을 주지 못하는 사회적 외계측면이라는 점에서[29] 전혀 다르다.

처벌조건이 범죄성립요건이라면 고의의 인식 대상이 되는지와 관련하여서도 공무원 취임이나 파산 확정도 예견이 전제되어 있으므로 고의 인식의 대상이 된다는 견해도 있다. 그

---

[25] 형법 제323조 권리행사방해죄에서 '권리행사가 방해된 결과의 발생'과 제327조 강제집행면탈죄에서 '채권자를 해하는 결과의 발생'을 객관적 처벌조건이라고 해석하는 견해가 있다(김일수/서보학, 형법각론(새로쓴 제9판), 박영사, 2018. 426면, 433면). 그러나 위 각 죄를 위험범으로 해석하면서 다시 결과의 발생을 요건으로 해석할 필요가 있는지, 그와 같은 결과의 발생에 대하여는 행위자의 미필적인 인식조차도 요하지 않는 것인지 의문이다. 위 각 범죄를 위험범으로 해석하는 다수설에 의하면 그와 같은 결과 발생은 처음부터 범죄성립이나 처벌의 조건이 되지 못한다.
[26] 유기천, 형법학(각론강의 하), 일조각, 1982. 312면; 김용희, "객관적 처벌조건의 형법체계상 지위에 관한 연구", 청주대학교 대학원 박사학위논문, 1999. 82면. "객관적 처벌조건은 구성요건해당성, 위법성, 책임 이외에 범죄 성립을 위하여 적극적으로 갖추어야 할 객관적인 조건"이라고 보는 신동운, 형법총론(제13판), 법문사, 2021, 88면도 결과적으로는 같은 취지라고 생각된다.
[27] 김용희, 앞의 박사학위논문, 69면. 김성규, "객관적 처벌조건과 범죄의 성립요건", 법조 통권 제611호(2007. 8.), 법조협회, 85면, 86면도 같은 취지.
[28] 따라서 진화방해죄에 있어서는 행위자가 화재 상황이라는 점과 자신의 행위로서 진화를 방해한다는 사실을 모두 인식하여야 고의가 인정되는 것이다.
[29] 수뢰 당시 행위자가 인식하는 것은 자신이 공무원이 될 개연성이 높다는 사실일 뿐이다. 이후 실제로 공무원이 될지 여부는 아무도 모르는 일이고, 인식의 대상이 될 수도 없다.

러나 사전수뢰죄에서는 수뢰 당시 자신의 공무원 취임이 내정되어 있다는 사실을 인식하는 것이 고의이지 향후에 정말로 취임할 것인지를 인식하는 것이 고의가 아니며, 사기파산죄에서도 재산 은닉 등 행위시 파산절차가 진행되고 있다는 사실을 인식하는 것이 고의이지 향후에 정말로 파산 선고가 확정될 것인지를 인식하는 것이 고의가 아니다. 따라서 공무원 취임이나 파산 확정을 불법요소 또는 범죄성립요건에 흡수하는 것은 무리한 이론구성이 아닌가 생각된다.

사전수뢰죄에서의 공무원 취임과 사기파산죄에서의 파산 확정을 범죄성립요건과는 별개의 객관적 처벌조건이라고 해석하는 견해가 일반적이다[30]. 다만 객관적 처벌조건 자체의 이론적 문제에 대하여는 형법총론 교과서에서 깊이 있게 다루지 않고 있으며, 객관적 처벌조건을 결한 경우 검사와 법원이 어떤 처분을 하여야 하는지의 형사소송법적 문제에 대하여도 거의 논의되지 않고 있다. 객관적 처벌조건을 다룬 논문도 많지 않은 듯 하며, 판례도 거의 발견되지 않는다. 그러나 범죄성립요건과는 별도의 객관적 처벌조건을 인정할 것인지 여부는 형법 체계론적으로도 대우 중요한 문제이며, 실무상으로 이를 결한 경우 수사와 재판에 있어 어떤 처분을 하여야 하는지도 문제가 된다. 따라서 형법적으로나 형사소송법적으로 깊이 있는 논의가 필요하다고 생각된다.

Ⅲ. 사전수뢰죄에 대한 검토

사전수뢰죄에서의 공무원 취임과 사기파산죄에서의 파산 확정이 객관적 처벌조건의 대표적 사례로 거론되지만, 위 두 사실이 사전수뢰죄와 사기파산죄의 성부 혹은 처벌과 관련하여 똑같은 작용을 하는지에 대하여는 의문이 있다. 이하 항을 나누어 설명하기로 한다.

1. '공무원 취임'이라는 조건의 의미

사전수뢰죄는 '공무원 또는 중재인이 될 자가 그 담당할 직무에 관하여 청탁을 받고 뇌물을 수수, 요구 또는 약속하는' 경우 성립하는 범죄이다. 특정 공무원 취임 '내정자'가 공식적으로 취임하기 이전에 뇌물을 받는 것이 그 전형적 사례이다. 형법 제129조 제2항에는 "이후 공무원 또는 중재인이 된 때에 3년 이하의 징역 또는 7년 이하의 자격정지에 처한다"고

---
30) 이재상/장영민/강동범, 앞의 형법각론. 742면 ; 배종대, 앞의 형법각론, 707면 ; 김일수/서보학, 앞의 책, 664면 등.

규정하고 있어 공무원 취임이라는 조건이 마치 구성요건의 일부인 것처럼 보일 수도 있다. 그러나 이를 범죄성립조건이 아닌 객관적 처벌조건으로 해석하고 있는 통설에 의하면 사전수뢰죄는 뇌물을 수수, 요구 또는 약속하는 때에 이미 성립하여 기수가 되며, 다만 이후의 공무원 취임은 형벌권을 발동하기 위한 조건에 불과하다.

처벌조건의 본질과 관련하여 앞에서 살펴본 바와 같이 공무원 취임에 내정된 자가 이러한 지위를 이용하여 뇌물을 받았다면 비록 현실적 공무원의 신분은 아니지만 취임 가능성이 매우 높은 잠재적 공무원의 신분을 이용하여 뇌물을 받은 것이므로, 이로써 곧바로 범죄가 성립된다고 보더라도 뇌물죄의 신분범성에 큰 손상을 가하는 것은 아니다. 오히려 어떤 의미에서는 공무원에 취임하리라고 하는 가능성만 가지고도 이를 악용하여 금품 등을 수수함으로써 공무원의 신분에 있는 자가 그러한 행위를 하는 경우보다 국가기능의 공정한 수행이라는 국민의 신뢰를 더 크게 침해할 수 있다는 점에서 볼 때, 공무원이라는 신분을 요하는 신분범으로서의 뇌물죄에 대한 약간의 예외적 상황으로서 사전수뢰죄를 범죄로 구성하는 것이 지극히 당연하다고 평가된다. 다만 공무원 취임이라는 조건을 형법 제129조 제2항과 같은 형태로 규정해 놓으면 구성요건의 일부처럼 오인될 여지가 많다. 따라서 통설의 입장을 따를 때에는 "공무원 또는 중재인이 될 자가 그 담당할 직무에 관하여 청탁을 받고 뇌물을 수수, 요구 또는 약속하는 때에는 3년 이하의 징역 또는 7년 이하의 자격정지에 처한다. 다만 이후 공무원 또는 중재인이 되지 않은 경우에는 형을 면제한다"로 개정하는 것이 적절하다고 생각된다.

2. 실무상 처분

(1) 법원의 판결

공무원 취임 내정자가 뇌물을 받았으나 이후 공무원에 취임하지 아니한 경우 수사단계에서 검사는 어떤 처분을 하여야 하고 재판단계에서 법원은 어떤 판결을 하여야 하는지가 문제된다. 판단의 편의를 위해 재판단계에서 법원이 어떤 판결을 하여야 하는지에 대하여 먼저 살펴보자. 우리 형법이나 형사소송법에는 처벌조건을 갖추지 못한 경우 어떤 판결을 선고하여야 하는지에 대하여 명시적으로 밝히지 않고 있어 여러 가지 오해를 초래하고 있다. 통설이 객관적 처벌조건은 범죄가 성립하였음을 전제로 형벌권의 발동만 저지하는 조건이라는 점을 인정하면서도, 이를 갖추지 못한 경우 어떤 판결을 선고하여야 하는지에 대하여는 거의 다루지 않고 있다[31]. 오히려 "형을 면제할 수 있는 경우에 관하여는 각 형벌법규에 규정되어 있다"라고 서술하면서 객관적 처벌조건 결여의 경우에 대하여는 전혀 언급하지 않아[32] 사전수뢰죄의 경우와 같이 형법에서 명문으로 형면제 대상임을 밝히지 아니한 경우에는 형면제 판결을 선고할 수 없다는 듯 한 태도를 보이면서도 왜 명문규정이 있는 경우에만 형면제 판결을 선고할 수 있는지에 대하여는 아무런 설명이 없다. 이러한 견해를 좇아가면 수뢰 이후 공무원에 취임하지 아니한 경우 무죄를 선고할 수 밖에 없을 듯하나, 이는 수뢰 이후의 공무원 취임을 구성요건요소가 아닌 객관적 처벌조건으로 보는 통설의 입장에 정면으로 배치된다. 법원이 어떤 주문을 내는 것이 위 통설의 입장과 조화로울까?

공소제기된 형사사건에서 객관적 처벌조건을 갖추지 못하였더라도 법원이 어떤 결론이든 내어야 하는 것은 분명하다. 공무원 취임이 처벌조건이고 이는 이미 성립된 범죄에 대한 형벌권의 발동요건에 불과하다는 통설에 따르면 비록 이후 공무원에 취임하지 아니하였더라도 범죄는 수뢰시에 이미 성립하였다. 따라서 이 후에는 위법성이나 책임이 조각되지 않는 한 무죄를 선고할 수 없고, 공무원 취임이 위법성이나 책임 조각사유가 아님은 명백하다. 무죄 이외의 종국재판으로는 유죄(형사소송법 제321조 제1항), 면소(제326조), 공소기각 판결(제327조), 공소기각 결정(제328조), 관할위반 판결(제319조)이 있는데 그 중 면소 판결과 공소기각의 판결[33]·결정의 각 사유는 형사소송법에 열거적으로 기재되어 있고 그 중 형벌권이 발동되지 아니한 경우에 선고할 재판은 포함되어 있지 아니하므로 위 3가지 판결이나 결정 역시 선고할 수 없다. 관할위반의 판결도 고려의 대상이 아님이 명백하다. 그렇다면 남은 것은 유죄판결 밖에 없다. 사실은 면소나 공소기각 등을 고려할 필요도 없이, 객관적 처벌조건을 갖추지 못한 경우 이미 범죄는 성립하였으므로 유죄판결을 선고함이 마땅하다. 유

---

31) 이재상/장영민/강동범, 앞의 형법총론, 80면이 처벌조건을 갖추지 못한 때에는 형면제 판결을 선고한다고 밝히고 있을 뿐 다른 교과서에서는 거의 설명하지 않고 있다.
32) 법원실무제요 형사(Ⅱ), 법원행정처, 2014, 485면 이하. 이재상/조균석/이창온, 형사소송법(제13판), 박영사, 2021, 739면; 신동운, 신형사소송법(제5판), 법문사, 2014, 1436면; 신양균, 신판 형사소송법, 박영사, 2009, 907면 등.
33) 공소기각 판결 사유 중 형사소송법 제327조 제2호 소정의 '공소제기의 절차가 법률의 규정에 위반하여 무효인 때'에 해당하지 않는가? 라는 의문을 가질 수 있다. 그러나 친고죄에서 고소 없이 기소된 경우와는 달리 형벌권이 발동하지 아니하였다는 상황은 절차법적 문제가 아니라 실체법적 문제이다. 따라서 형면제 대상인 사건을 기소하였다고 하더라도 공소제기를 무효화하는 절차법적 위법은 아니기 때문에 위 공소기각 판결 사유에 해당하지 않는다고 판단된다.

죄판결에는 다시 형선고, 형면제, 선고유예의 3가지 종류가 있는데[34] 그 중 형선고는 실제로 형벌권을 발동하여 처벌하는 것이므로 처벌조건을 갖추지 못한 경우에는 취할 수가 없고, 선고유예는 일정한 형벌을 선고할 사건에 대하여 잠정적으로만 선고를 유예하는 것으로서 처벌조건을 갖추지 못한 경우와는 맞지 않는다. 그렇다면 결국 객관적 처벌조건을 갖추지 못한 경우 형면제 판결을 선고할 수 밖에 없는 것이다. 위와 같은 논리적 귀결에 따르면 '개별 법규에 형을 면제하는 규정이 있는 경우에만 선고할 수 있다'는 위 설명은 재고되어야 할 것으로 보인다.

(2) 검사의 처분

가. 혐의없음 결정에 대하여

수사단계에서 수뢰한 사람이 이후 공무원에 취임하지 아니하였음이 밝혀졌다면 검사는 구체적으로 어떤 처분을 하여야 하는지가 문제된다. 저자는 이에 대하여 적극적으로 논의한 문헌 역시 발견하지 못하였다. 먼저 불기소처분의 기준이 되는 검찰사건사무규칙 제115조 제3항 제2호에 의하면 '피의사실이 범죄를 구성하지 아니하거나 인정되지 아니하는 경우에 혐의없음(범죄인정안됨) 결정을 하고, 피의사실을 인정할만한 충분한 증거가 없는 경우에 혐의없음(증거불충분) 결정을 하도록 되어 있고, 같은 항 제4호에 의하면 법률규정에 의하여 형이 면제된 등의 경우에 '공소권없음' 결정을 하도록 되어 있다. 여기에서 '혐의없음' 결정의 요소가 되는 '피의사실'이라는 것이 정확하게 무슨 의미인지는 다소 불분명하다. 그러나 이를 자구 그대로 보아 '범죄와 관련된 모든 의심스러운 사실'이라고 해석할 수는 없고[35] 범죄성립요건과 결부지어 해석함이 상당하다. 더욱이 범죄성립요건 중 위법성과 책임이 조각된 경우에는 '죄가안됨'이라는 결정을 하여야 한다. 그렇다면 결국 '피의사실'은 범죄성립요건 중 '구성요건 요소되는 사실'을 의미한다고 생각된다. 이렇게 해석하는 것이 '피의사실이 범죄를 구성하지 아니하거나'라는 법문의 표현과도 부합하는 것으로 보인다. 이러한 전제 하에 공무원 취임을 구성요건이 아닌 객관적 처벌조건으로 해석하는 통설에 비추어 보면, 수뢰 이후 공무원에 취임하지 아니한 경우를 '피의사실이 인정되지 아니하거나 증거가 없는 때'

---

34) 형사소송법 제321조 제1항.
35) 만일 그렇게 해석한다면 범죄성립요건 뿐만 아니라 처벌조건, 소추요건, 소송조건 등을 모두 포함하는 개념이 되어버릴 것이다.

로 보기는 어려울 것이다. 결국 수뢰 이후 공무원에 취임하지 아니한 경우에는 '혐의없음' 결정을 할 수는 없는 것이다.

나. 공소권없음 결정에 대하여

검찰사건사무규칙 제115조 제3항 제4호 사목은 '법률에 따라 형이 면제된 경우'에 공소권 없음 결정을 하도록 규정하고 있다. 종래 "법률의 규정에 의하여 형이 면제된 경우"라고 규정되어 있었는데 2021년 개정의 기회에 현재와 같이 변경하였다. 개정 전에는 '개별 법률이 필요적으로 형을 면제할 것을 명시적으로 규정한 경우'를 의미하는 것이 아닌가? 그렇다면 객관적 처벌조건에 해당하는 경우에는 형면제 대상이라는 명시적 규정이 없으므로 이에 해당하지 않는 것 아닌가? 라는 의문이 있었다. 앞에서 살핀 바와 같이 객관적 처벌조건을 결여한 경우 형면제 판결을 한다는 것은 해석에 의하여 나온 결론이지 직접 법률의 규정에 의하여 나온 결론이 아니기 때문이다. 아마도 이러한 점을 고려하여 위와 같이 개정한 것으로 보인다[36]. 객관적 처벌조건을 결여한 경우 형이 면제되는 것은 형사소송법 제321조 제1항 등의 해석에서 자연스럽게 도출되는 결론이므로, 위 형면제가 위와 같이 개정된 규정이 말하는 '법률에 따라' 나온 처분임에는 의문이 없다. 따라서 객관적 처벌조건을 결여한 경우 검사로서는 '공소권없음' 결정을 한다고 보는 것이 검찰사건사무규칙 제115조 제3항 제4호 나목의 해석론으로서는 일응 적절할 것이다.

그런데 형면제 판결의 사유있는 사건에 대하여 공소권없음 결정을 하는 것이 정말로 적절할까? 이에 대하여는 이 책의 제2편 불기소처분의 주문 유형에 대한 실무적 고찰 중 해당 부분에서 상론하였으므로 여기에서는 결론만 간략하게 정리한다. 형면제 판결은 유죄판결의 일종이므로 공소권 개념을 가장 좁게 인정하는 유죄판결청구권설에 의하더라도 검사에게 공소권이 있는 상태이다. 따라서 객관적 처벌조건을 결여한 경우 공소권없음 결정을 하는 것은 법리적으로 옳지 못하다. 형면제 판결이 유죄판결의 일종이기는 하지만 현실적인

---

[36] 당시에도 저자는 형면제 판결의 요건 역시 당연히 법률에서 도출되어야 하기 때문에 '법률의 규정에 의하여'라는 문구를 반드시 개별적 명문규정으로 한정하여 해석할 필요는 없고, 수뢰 이후의 공무원 취임이라는 조건을 통설의 입장을 따라 형면제 사유로 해석한다고 하여 이것이 '법률의 규정에 의하여 형이 면제된 경우'에 해당하지 않는다고 볼 이유는 없으므로, 결국 객관적 처벌조건을 결여한 경우 '공소권없음' 결정을 한다고 해석하는 것이 검찰사건사무규칙 제115조 제3항 제4호의 해석론으로서는 일응 적절하다고 주장하면서, 다만 '법률의 규정에 의하여'라는 부분은 불필요한 오해를 불러올 우려가 있으므로 삭제함이 상당하다는 의견을 개진하였는데(졸고, "객관적 처벌조건에 관한 실무적 고찰", 인권과 정의 제374호, 대한변호사협회, 2007, 131면), 위 개정은 이러한 취지에 상당 부분 부합하는 것으로 보인다.

처벌도 하지 못하고 종결될 사건이라면 공소제기와 형사재판에 들이는 노력에 비하여 형사 정책적 성과가 너무 작다는 점을 고려하여 원칙적으로 기소유예 처분의 대상으로 하는 것이 적절할 것으로 생각된다. 입법론적으로는 검찰사건사무규칙의 개정이 요구된다.

3. 필요적 면제가 바람직한지에 대한 고찰

더 나아가 형법 제129조 제2항에서 공무원 취임을 처벌조건으로 규정하여 수뢰 이후 공무원에 취임한 경우에만 처벌이 가능하도록 한 것이[37] 형사정책적으로 과연 적절한지에 대하여 깊이 생각해 볼 필요가 있다[38]. 앞에서도 언급한 바와 같이 사전수뢰죄는 비록 수뢰 당시에는 현실적인 공무원 등의 신분을 가지고 있지 않지만 곧 그와 같은 신분을 가질 개연성이 대단히 높은 상태에서 이를 이용하여 뇌물죄를 범하는 경우 국가기능의 공정한 수행에 대한 국민의 신뢰를 크게 침해할 수 있다는 판단에서 만들어진 범죄이다. 다시 말해 사전수뢰죄의 보호법익 역시 일반 수뢰죄의 경우와 마찬가지로 '국가기능의 공정성에 대한 국민들의 신뢰'이다. 그런데 그와 같이 공무원에 취임하기도 전에 수뢰한 경우 '이후 실제로 공무원에 취임한다'는 사실이 과연 수뢰자에 대한 가벌성에 어떤 영향을 미치는 것일까?

사전수뢰죄의 불법(행위반가치, 결과반가치)의 핵심은 공무원 취임 내정자가 뇌물을 받았다는 점에 있지 그렇게 뇌물을 받은 자가 공무를 담당한다는 점에 있지 않다. 따라서 공무원 취임 내정자가 미리 수뢰를 하였다면 이후에 현실적으로 공무원에 취임하였는지 여부는 이미 성립한 불법에 특별한 영향을 미치지 아니한다[39]. 다시 말하면 수뢰 이후 현실적으로 공무원에 취임하지 않았다고 하더라도 그와 같은 수뢰행위 자체가 가지고 있는 불법의 크기를 달리 평가할 이유가 별로 없다. 위 수뢰행위의 결과로 인하여 국가기능의 공정한 수행에 대한 국민의 신뢰 침해의 정도(혹은 침해 우려의 정도)도 변하는 것이 없고[40], 더 나아가 수뢰자가 공무원에 취임하

---

37) 불벌이라는 결과에서는 공무원 취임을 객관적 처벌조건으로 해석하는 통설과 불법요소로 해석하는 소수설이 동일하다.
38) 이 점에 대하여 고민한 문헌이 지금까지도 거의 없다는 점이 매우 아쉽다.
39) 이는 행위반가치와 결과반가치가 범죄성립요건 중 불법의 요소임에 반하여 이후의 공무원 취임이라는 조건은 범죄가 성립한 이후의 처벌조건에 불과하다는 본질과도 상통한다.
40) "객관적 처벌조건을 범죄성립요건 중 하나라고 보는 입장에서는 사전수뢰죄에서는 공무원이 된 때에 비로소 실행행위의 법익에 대한 위태화가 실현되었다고 볼 수 있고 그 사정에 대하여는 고의가 미친다(고의의 인식 대상이 된다는 의미인 듯)"고 설명하는 분도 있다(김성규, 앞의 논문, 80면). 적절한 논리라고 생각된다. 다만 사전수뢰죄에서의 법익 위태화는 공무원 취임시가 아닌 수뢰시에 실현되며 공무원 취임 사실(취임 예정 사실이 아니다)은 당연히 수뢰시 인식 대상이 아니기 때문에 공무원 취임은 범죄성립요건이 될 수 없다고 생각된다.

지 아니하였다고 하더라도 수뢰자에 대한 비난가능성 등 책임에도 특별한 영향이 없다[41]. 오히려 만일 형법을 개정하여 '이후 실제로 공무원에 취임한 경우 형을 가중한다'고 규정한다면 책임주의에 반한다는 비판이 가능할지 의문이 들 정도이다.

수뢰죄의 신분범성과 관련하여 살펴보아도, 수뢰죄를 신분범으로 할 것인지 여부는 형사정책적 판단일 뿐 법리적으로 반드시 취하여야 할 조건이 아니다. 수뢰죄를 신분범으로 하고 있는 현행 형법의 체계 내에서 살펴본다고 하더라도 위 신분이 반드시 현실적인 공무원 등의 신분이어야 하는 것으로 한정할 필연적 이유는 없다. 가까운 장래에 공무원 등의 신분을 가지게 될 개연성이 높은 상태 그 자체를 신분이라 구성하더라도 특별한 무리가 없는 것이다[42]. 더 나아가 이후에 신분을 취득하는 것이 범죄성립요건이 아니라 처벌조건에 불과하다는 통설에 의할 때, 수뢰 당시에 현실적인 신분이 없었음에도 범죄가 성립하였다고 평가하는 것 자체가 사전수뢰죄가 현실적 신분을 요건으로 성립하는 범죄가 아님을 보여주고 있는 것이다. 결국 사후에 신분을 취득하는 것을 반드시 처벌을 위한 필수적 조건으로 할 필요가 없는 것이다.

한편으로는 수뢰자가 처벌조건을 악용하는 경우도 있을 수 있다. 예컨대 공무원 취임 내정자가 그 지위를 이용하여 수뢰를 한 후 공무원 취임을 포기하거나 임용되지 아니하도록 조치해 버릴 수도 있는데, 이러한 경우에는 현행 형법의 태도에 의하면 전혀 처벌할 수 없게 된다. 혹 처음부터 공무원에 취임하지 않을 의사였음에도 이를 숨기고 수뢰를 하였다면 이론적으로는 사기죄가 성립될 수도 있겠지만[43], 수뢰자가 그럴 의사였는지는 입증이 쉽지 않을 것이다. 반대로 처음에는 공무원에 취임할 생각이었으나 수뢰 이후 처벌을 피하기 위하여 취임 포기 등으로 생각을 바꾼 경우라면 전혀 처벌할 수 없게 된다. 이러한 점은 건전한 법감정에도 부합하지 않는다. 결국 수뢰 후의 공무원 취임을 필요적 형면제 사유로 하는 것은 형사정책적으로 적절하지 못하다.

---

41) "사전수뢰죄에서 공무원 취임을 불법과 무관한 객관적 처벌조건으로 본다면 공무원에 취임한 때를 기다려 처벌하는 실질적인 근거가 애매하다"는 지적(김성규, 앞의 논문, 85면)은 뼈아프게 정확하다.
42) 김일수/서보학, 앞의 형법각론. 821면의 "단순수뢰죄의 주체인 공무원 또는 중재인과 같은 신분을 현재 갖고 있는 것이 아니지만 그것이 예정되어 있는 자라는 점에서 그에 준하는 진정신분범의 일종으로 이해해야 할 것"이라는 표현도 같은 취지라고 생각된다.
43) 불법원인급여가 사기죄의 처분행위가 될 수 있는지도 문제될 수 있지만 여기에서는 논외로 한다.

이런 점 때문에 "공무원 취임을 불법 구성요건의 외부에 있는 객관적 처벌조건으로서 이해하는 입장에서는 공무원 취임을 기다릴 필요도 없이 수뢰단계에 법익의 위태화가 긍정됨에도 무엇 때문에 공무원 취임을 기다려 처벌하는 것인지를 설명할 수 없다"고 비판하면서 "수뢰행위는 결과반가치의 제1조건, 공무원 취임은 결과반가치의 제2조건이 되고 위 두 가지의 조건이 어울려 공무의 공정성 내지 사회의 신뢰를 위태화하는 것 - - -, 수뢰행위 시점에는 새삼 공무의 공정성에 대한 가벌적인 정도의 위험이 현실화되고 있다고 말하기 어렵고 공무원에 취임하는 데에 이르지 않으면 그 불법은 형사상 불문에 부칠만한 정도로 평가될 수 있을 것"이라고 설명하는 분도 있다[44]. 위 비판 자체는 옳다. 그러나 공무원 취임을 결과반가치의 존건, 즉 불법요소의 하나로 보는 점은 그대로 수용하기 어렵다. 앞에서 여러 경우로 나누어 살펴본 바와 같이 저자는 제1의 조건만 성취되어도 형벌이라는 방법으로 통제하여야 할 만큼 공무의 공정성 내지 사회의 신뢰가 위태화 된다고 보기 때문이다. 그렇다면 과연 사전 수뢰행위 이후 현실적으로 공무원에 취임하지 아니한 경우에 형을 면제하는 것이 형사정책적으로 적절한지에 대하여는 새로운 평가를 요한다고 하지 않을 수 없다. 앞에서도 살핀 바와 같이 사전수뢰죄는 그 자체로 완전한 불법성을 가지고 있고, 이후 공무원 취임이라는 조건은 가벌성에 특별한 영향을 주지 아니한다. 따라서 형사정책적으로는 공무원 취임이라는 처벌조건을 완전히 폐지함이 상당하며, 백보를 양보하더라도 임의적 감경사유 이상으로 보기는 어렵다고 생각된다[45)46)].

Ⅳ. 사기파산죄에 대한 검토

1. 파산 확정이라는 조건의 의미

사기파산죄는 파산절차 중에 재산 은닉 등의 방법으로 파산절차의 공정성과 총채권자의

---

44) 김용희, 앞의 박사학위논문, 75면, 82면. 이 견해는 수뢰죄에서 공무의 공정성 내지 공정성의 위태화라는 광의의 결과가 필요한데 사전수뢰죄에서는 이후 공무원에 취임해야 형법상 가벌적인 정도의 법익 침해 내지 위태화가 현실화 되므로 결국 사전수뢰죄에서는 행위의 수행과 법이 방지할 만한 결과반가치의 발생과의 사이에 시간적인 간격이 있다는 의미에서 실질적으로는 결과범이라고 설명하고 있다.
45) 손지영, "채무자 회생 및 파산에 관한 법률상 사기파산행위 처벌규정", 제도와 경제 제6권 제3호(2012. 11.), 한국제도·경제학회, 119면도 같은 취지.
46) 이후 공무원에 취임함으로써 국가기능의 공정성에 대한 국민의 신뢰가 더욱 크게 위태로워지는지 여부에 대한 판단에 따라 감경 사유가 될 수도 있고 되지 않을 수도 있다고 생각된다. 한편 수뢰 등 행위 및 그 행위자의 의지와는 직접 관계가 없는 공무원 취임이라는 조건에 의하여 형의 경중이 달라진다는 것이 책임주의 원칙과 조화되기 어렵지 않은가? 라는 문제와 함께 공무원 취임을 가중조건으로 하는 것이 아니라 취임하지 않은 것을 감경조건으로 한다고 하여 책임주의 문제를 비켜갈 수 있을까? 라는 의문이 드는 것도 사실이다.

재산상 이익을 해치는 범죄이다[47]. 채무자 회생 및 파산에 관한 법률 제650조는 "채무자가 파산선고의 전후를 불문하고 자기 또는 타인의 이익을 도모하거나 채권자를 해할 목적으로 다음 각 호의 어느 하나에 해당하는 행위를 하고 그 파산선고가 확정된 때에는 10년 이하의 징역 또는 1억원 이하의 벌금에 처한다"고 규정하면서 각 호에 재산은닉, 손괴, 허위 채무부담, 상업장부 조작 등 행위를 규정하고 있다. 이때 '파산 확정'이 객관적 처벌조건에 해당한다고 보는 견해가 일반적이다[48]. 이와 같은 법리는 같은 법 제643조 사기회생죄, 제644조 제3자 사기회생죄, 제651조 과태파산죄, 제654조 제3자 사기파산죄에서도 그대로 적용된다(사기회생죄와 제3자 사기회생죄에서는 처벌조건이 '파산 확정'이 아니라 채무자에 대한 '회생절차 개시결정 확정'이라는 점이 다를 뿐이다). 아래에서는 사기파산죄를 기준으로 설명한다.

사기파산죄에서 파산 확정은 사전수뢰죄에서의 공무원 취임과 마찬가지로 객관적 처벌조건에 해당하므로 파산 불확정 사실이 수사과정에 드러난 경우에는 검사가 공소권없음 처분을 하여야 하고, 공소제기 후에 드러난 경우에는 법원이 형면제 판결을 선고하여야 함은 앞에서 설명한 사전수뢰죄의 경우와 동일하다.

2. 필요적 면제가 바람직한지에 대한 고찰

저자는 앞에서 살펴본 사전수뢰죄의 경우에는 이후 공무원에 취임하지 않았다고 하더라도 이에 구애받지 않고 사전수뢰죄로 처벌함이 상당하다고 주장하였다. 그러나 사기파산죄의 경우에는 사정이 조금 다르다. 사기파산죄의 보호법익은 파산절차의 공정성과 총채권자의 재산상 이익이다. 그런데 파산절차에 즈음하여 파산자나 제3자가 부정한 이익을 얻거나[49] 채권자를 해하기 위하여 재산을 은닉하는 등의 행위를 하였다가 막상 파산선고가 확정되지 않게 되었다면 채권자가 직접적인 피해를 입을 수도 있고 입지 않을 수도 있다. 예컨대 파산선고를 받을 때를 대비하여 재산 일부를 은닉하였는데 실제로는 파산신청이 기각되어 버린 경우 채권자는 잔존 재산을 집행하여 자신의 채권을 모두 변제받을 수도 있고[50], 일부만

---

47) 이천현, 파산범죄에 관한 연구, 한국형사정책연구원, 2005. 80면 이하.
48) 이천현, 앞의 책, 216면.
49) 파산자 혹은 제3자가 부정한 이익을 얻는 것 자체가 채권자를 해하는 것이 된다.
50) 이 단계에는 행위반가치는 있지만 아직 결과반가치는 거의 없어 법 효과에 있어서는 미수와 유사하다고 할 수 있다. 다만 그러한 법 효과가 미수의 경우에는 범죄행위의 중단이나 행위 자체의 결과 불발생에서 오지만, 사기파산죄의 경우에는 '파산선고의 확정'이라는 외부적 사정에서 온다는 점에서 차이가 있다.

변제받을 수도 있고, 잔존 재산이 없어 전혀 변제받지 못할 수도 있는 것이다. 경우에 따라서는 설혹 채무자가 재산을 은닉하지 않았더라도 채권자가 처음부터 채권을 변제받지 못하였을 수도 있다[51]. 재산 은닉 등 행위의 결과반가치가 상황에 따라 크게 달라질 수 있는 것이다.

"형법상의 강제집행면탈죄와 도산범죄가 일반법과 특별법의 관계에 있기 때문에 보다 중한 형벌을 부과하기 위한 조건으로서 파산선고의 확정이라고 하는 객관적 처벌조건을 두는 것은 정책적인 합리성이 있다"는 견해도 있다[52]. 그러나 강제집행면탈죄에서는 '강제집행을 받을 객관적인 상태'가 존재하여야 한다는 것이 통설·판례의 입장이지만[53], 파산에 대비하여 재산을 은닉하였다 하여 언제나 강제집행을 받을 객관적인 상태에 있었다고 볼 수는 없다. 따라서 강제집행면탈죄의 특별법인 도산범죄에 중한 형벌을 부과하는 조건으로 파산선고의 확정을 요한다고 하는 주장은 적절하지 못하다. 사기파산죄에서 파산 확정을 객관적 처벌조건으로 규정한 이유는 '파산선고 이전의 어느 시점에 사기파산행위를 처벌하게 된다면 채무자로 하여금 파산을 회피하기 위한 노력에 대한 의지를 상실시킬 우려가 있고, 형벌의 조기 개입은 기업의 경영파탄을 촉진하여 오히려 총채권자의 이익을 침해할 우려가 있기 때문'이라고 일반적으로 설명되지만, 그와 같은 이유는 파산절차가 유일한 도산처리절차이고, 이것이 징계로서의 의미를 가지고 있던 시대에 적합한 것으로서 파산절차에 면책제도가 도입되어 있고 다양한 도산절차가 마련되어 있는 현행법 체계 하에서는 타당하지 않을 뿐만 아니라, 파산선고 자체는 연쇄도산 등 채무자 자신의 행위와는 직접적인 관계가 없는 사태에 의하여 발생하는 경우도 적지 않다는 점에서 이를 객관적 처벌조건으로 하는 것은 문제가 있다는 일본이나 독일에서의 비판[54]이 경청할만하다고 생각된다. 이런 점들을 고려할 때 파산선고가 확정되지 않은 경우 전혀 처벌하지 못하게 하는 것이나 파산선고가 확정된 경우와 동일하게 처벌하도록 하는 것은 모두 적절하지 못하다. 저자는 파산 확정을 처벌조건으로 하되, 일률적인 필요적 형면제 사유가 아니라 임의적 감면 사유로 규정함이 가장 적절할 것으로 생각된다.

---

51) 이 경우는 법 효과에 있어서는 불능미수와 유사하다고 할 수 있다.
52) 이천현, 앞의 책, 217면.
53) 대법원 1996. 1. 26. 1995도2526 판결 등. 이 경우 강제집행을 받을 객관적 상태란 민사소송에 의한 강제집행이나 보전처분 또는 이를 제기할 구체적 태세를 보이는 상태 등을 의미한다고 해석된다.
54) 이천현, 앞의 책, 216면에서 재인용함.

V. 부정수표단속법 제2조 제2항 위반죄 검토

부정수표단속법 제2조 제2항은 수표를 발행하거나 작성한 자가 수표를 발행한 후에 예금부족, 거래정지처분이나 수표계약의 해제 또는 해지로 인하여 제시기일에 지급되지 아니하게 한 경우 5년 이하의 징역 또는 수표금액의 10배 이하의 벌금에 처하도록 규정하고 있다. 같은 조 제1항이 수표계약 없이 또는 거래정지처분을 받은 후 수표를 발행하는 등의 경우 발행 당시의 불법성에 기인하여 처벌하는 것이라면, 제2항은 사후적인 지급불능 상태의 야기에 실질적 불법성을 인정하여 처벌한다는 점에서 차이가 있다[55]. 어음과 달리 수표는 지불수단이지 신용수단이 아니기 때문에 수표금을 은행에 예치해 놓지 않은 상태로 수표를 발행하는 것 자체가 불법이다. 수표가 발행되면 당연히 수표금 상당액이 은행에 예치되어 있으리라는 사회 일반의 신뢰가 있고, 그것이 위 부정수표단속법 위반죄의 보호법익인 것이다. 따라서 미예치 상태에서 수표가 발행하였다면 이후 소지자가 은행에 지급제시하기 전에 수표금을 예치하여 현실적인 지급에는 문제가 없었다고 하더라도 불법이 되는 것이다. 그러나 현실적으로 수표의 발행과 지급제시 사이에 약간의 시간차가 있는 경우가 많고(심지어는 선일자로 발행하면서 소지인과 사이에 위 선일자까지는 지급제시하지 않기로 약속하는 경우도 적지 않다) 그 사이에 수표금을 예치하거나 수표를 회수하면 굳이 형사처벌할 필요까지는 없다고 보아(실제로 조속한 수표금의 사후 예치를 유도하는 기능도 있다) '지급제시기일에 지급되지 아니하게 하는 것'(이를 속칭 '부도'라 한다)을 일종의 조건으로 규정한 것이다.

위 '지급제시기일에 지급되지 아니하게 하는 것'을 범죄체계적으로 어떻게 보아야 할까? 만일 구성요건 요소라면 지급되지 아니하게 하는 것이 범죄 실행행위의 일부가 되고 최소한 그때 또는 그 이후에 공소시효가 진행한다고 보아야 할 것이다. 그리고 수표금 예치 없이 수표를 발행하는 것 자체는 이후 부도 사태를 막기만 한다면 확정적으로 불법한 행위가 아니게 된다. 그러나 앞에서도 설명한 바와 같이 신용수단이 아닌 수표를 수표금 예치 없이 발행하는 것 자체가 '수표금 상당액이 은행에 예치되어 있으리라는 사회 일반의 신뢰'를 확정적으로 깨트린 것으로서 부정수표단속법 위반죄의 기수가 되고, 이후 사후적 예치 등을 통해 부도 사태를 막았다면 이미 성립한 범죄의 처벌만 면해 주는 것이라고 보는 것이 더 적절하다. 대법원도 같은 태도이다.

---

[55] 이주원, 특별형법(제7판), 홍문사, 2021. 638면. 제1항과 제2항은 법정형이 동일하다.

대법원 1996. 3. 8. 선고 95도2114 판결[56]

　원심판결 이유에 의하면, 부정수표단속법 제2조 제2항은 "수표를 발행하거나 작성한 자가 수표를 발행한 후에 예금부족, 거래정지처분이나 수표계약의 해제 또는 해지로 인하여 제시기일에 지급되지 아니하게 한 때에도 전항의 형과 같다"고 규정하여 동조 제1항과는 규정 형식을 달리하고 있는 점, 1966. 2. 26. 법률 제1747호로 개정되기 전의 부정수표단속법 제2조는 현행법 제2조 제1항과 제2항을 구별함이 없이 "부정수표라 함은 다음 각 호의 1에 해당하는 것을 말한다"고 하여 제4조에서 "예금부족으로 제시기일에 지급되지 아니한 수표"를 들고 있고, 동법 제4조 제1항은 단순히 "부정수표를 발행 또는 작성한 자는 2년 이하의 징역 또는 수표금액의 2배 이상 10배 이하의 벌금에 처한다"고 규정하여 있었는데 위 법의 개정으로 현재와 같은 규정형식을 취하게 된 점 등에 비추어 보면 현행 부정수표단속법 제2조 제2항의 죄는 수표를 발행한 때가 아니라 제시기일에 지급되지 아니하게 한 때 비로소 성립하는 것으로 보아야 할 것인 바, 제1심판결의 별지 제1 일람표 순번 2, 3번 수표는 그 판시 도로교통법위반에 관한 약식명령 확정 후에 제시되었으나 지급거절된 것으로서 위 각 수표가 지급되지 아니하게 한 행위는 형법 제37조 전단의 경합범관계에 있다고 할 것임에도 불구하고 제1심은 이에 대하여 2개의 형을 선고하였으니 이는 부정수표단속법 제2조 제2항의 죄의 성립 시기를 오해하여 판결에 영향을 미친 위법이 있다고 판단하였다.

　그러나, 부정수표단속법 제2조 제2항 위반의 범죄는 예금부족 등으로 인하여 제시기일에 지급되지 아니할 것이라는 결과 발생을 예견하고 발행인이 위 수표를 발행한 때에 바로 성립되었다고 할 것이고 수표소지인이 그 제시기일에 지급을 위한 제시를 하여 수표금의 지급이 되지 아니한 때에 성립하는 것은 아니라고 함은 당원의 확립된 견해이고 원심이 들고 있는 논거들을 감안하여 보더라도 위 견해를 변경할 필요성이 없다고 할 것이다. 따라서 이와 다른 견해에 선 원심판결에는 부정수표단속법 제2조 제2항의 죄의 성립 시기를 오해한 위법이 있다고 할 것이다.

　그렇다면 수표 발행시에 범죄는 이미 성립하였으므로 위 '지급제시기일에 지급되지 아니하게 하는 것'을 구성요건 요소로 볼 수는 없고, 위법성이나 책임 요소가 아님도 명백하며, 소송조건이라 볼 여지도 없다. 결국 이를 객관적 처벌조건으로 볼 수 밖에 없고, 또 그렇게 보는데 문제가 없다. 그간 학계에서는 우리나라에서의 객관적 처벌조건의 예로 사전수뢰죄

---

[56] 대법원 2003. 9. 26. 선고 2003도3394 판결 등도 같은 취지.

에서 공무원 취임과 사기파산 등 죄에서 파산 확정만 거론해 왔는데, 부정수표단속법 제2조 제2항 위반죄에서의 '지급제시기일에 지급되지 아니하게 하는 것'도 객관적 처벌조건의 또 다른 예라고 생각된다.

Ⅵ. 나가며

앞에서 통설이 객관적 처벌조건이라고 해석하는 사전수뢰죄에서의 '공무원 취임'과 사기파산 등 죄에서의 '파산 확정'을 놓고 형법체계상의 지위와 수사·재판과정에서의 실무적 처리문제, 형의 필요적 면제사유로 하는 것이 적절한지에 대한 형사정책적 문제들을 살펴보면서, 부정수표단속법 제2조 제2항 위반죄에서 '지급제시기일에 지급되지 아니하게 하는 것'도 객관적 처벌조건에 해당한다는 점을 설명하였다. 위와 같은 문제들은 형법 체계론적으로는 물론 형사 실무적으로도 매우 중요한 의미가 있다고 생각되지만, 그간 깊이 있는 논의들이 진행되지 못한 것이 사실이다. 그 근본적인 이유는 수뢰를 할 만한 공무원 취임이 내정되는 경우가 매우 한정되어 있고 사전수뢰라는 범죄가 일어나더라도 행위양태가 극히 은밀하여 발각되기 어려우며, 파산제도는 이용 빈도가 매우 낮아 실제로는 재산 은닉 등의 행위가 횡행하면서도 대부분의 경우 전근대적인 '빚잔치'에 의하여 도산절차가 종결되어 왔으며, 파산제도를 이용하는 경우에도 재산 은닉 등을 적발하고 입증하는 것이 매우 어렵다는 점에 있는 것으로 보인다.

그러나 공무원 취임이 내정되어 상당기간 내정자로 지내게 되는 경우가 적지 아니하며 취임을 전후하여 부정한 행위가 있지 않은지에 대한 국민의 관심이 높아지고 있을 뿐만 아니라, 최근 기업과 개인의 파산제도의 이용이 빈번해짐에 따라 파산과 관련한 범죄 역시 빈발할 것으로 예상된다. 따라서 향후 사전수뢰죄나 사기파산죄와 관련한 연구가 매우 필요할 것으로 생각되며 더 깊이 있는 논의를 기대한다.

기판력의 발현 형태와 효력 범위에 관한 소고
-민사소송과 형사소송을 비교하여-

Ⅰ. 들어가며

1. 민사소송과 형사소송에서의 기판력의 개념

소송은 법원의 판결로 종결되는 것이 가장 원칙적인 모습이다. 민사소송이나 형사소송이나 공히 판결이 확정되면 형식적 확정력[1], 집행력과 함께 기판력이 발생한다. 기판력은 확정된 판결의 가장 중요한 효력이라 할 수 있다. 민사소송과 형사소송에서 공통적으로 '기판력'이란 용어를 사용하지만 그 의미와 내용에는 적지 않은 차이가 있다. 민사소송법에서는 기판력을 '판결이 확정되면 법원도 전소에 반하는 판단을 할 수 없게 되는 효력'이라고 정의하는 경우가 많다[2]. 그러나 뒤에서 살펴볼 바와 같이 이는 모순금지설에서의 정의이고, 반복금지설에서는 '판결이 확정되면 법원도 전소와 동일한 후소를 심리 판단할 수 없게 되는 효력'이라고 정의한다. 기판력 있는 재판의 범위와 관련하여 민사소송에서는 확정된 종국판결이기만 하면 실체판결은 물론 소송판결에도 기판력이 인정될 뿐만 아니라, 결정이나 명령 중에도 실체법적 권리관계를 종국적으로 판단하는 경우(예컨대 소송비용에 관한 결정, 배상금지급 결정, 과태료 결정 등)에는 기판력이 인정된다고 본다[3][4].

형사소송에서도 기판력의 개념에 대하여 견해가 대립하는데 그 양상은 민사소송에서와

---

[1] 형식적 확정력은 '당사자도 다툴 수 없다'는 불가쟁력과 '법원 자신도 바꿀 수 없다'는 불가변력을 포함하고 있다. 불가변력을 기판력과 동일시하는 견해도 있지만, 불가변력은 판결을 선고한 법원 자신에 대한 효력인 반면 기판력은 다른 법원에 대한 효력이라는 점에서 차이가 있다.

[2] 범경철, "기판력의 객관적 범위에 관한 비판적 고찰", 홍익법학 제13권 제3호(2012. 10.), 홍익대학교 법학연구소, 386면; 석현수, "기판력 작용의 요건", 한양법학 제51집(2015. 8.), 한양법학회, 129면 등. 대법원 1987. 6. 9. 86다카2756 판결 등 우리 판례가 일관되게 유지하고 있는 정의이기도 하다.

[3] 김홍엽, 민사소송법(제11판), 박영사, 2023, 828면. 가압류, 가처분절차에서의 결정에도 '뒤의 보전처분절차에서 동일사항에 관하여 달리 판단할 수 없다'는 의미에서의 한정적인 기판력은 인정된다는 견해도 있으나(이시윤, 신민사소송법(제17판), 박영사, 2024, 664면), 보전처분절차는 피보전권리를 종국적으로 확정하는 것이 아니라는 이유로 반대하는 견해도 있다(김홍엽, 앞의 책, 828면, 829면).

[4] 민사소송에서는 재판 외에도 확정판결과 동일한 효력이 있는 청구의 포기·인낙조서, 화해·조정조서, 확정된 화해권고결정 등에도 기판력이 인정되나, 형사소송에는 그와 같은 제도가 아예 없다.

는 사뭇 다르다. 형사소송에서는 기판력을 실체재판(유죄·무죄판결이 이에 해당한다)이 가지는 내용적 확정력의 대외적 효과라고 보아 '실체재판이 확정된 경우 동일한 사건에 대하여 다시 심리 판단하는 것이 허용되지 않는다는 효력'이라고 설명하는 견해(이하 협의설이라 한다)[5]와, 기판력을 일사부재리효를 포함하는 개념으로 보면서 '실체재판이든 형식재판이든 재판이 확정되면 발생하는 내용적 확정력의 대외적 효과가 기판력이고, 실체재판이 가지는 내용적 확정력의 대외적 효과는 일사부재리효'라고 설명하는 견해(이하 광의설이라 한다)가 있다[6]. 기판력 있는 재판의 범위에 대해서 협의설에서는 확정된 실체재판, 즉 유죄·무죄판결과 면소판결[7]이라고 보는 반면, 광의설에서는 유죄·무죄판결과 면소판결은 물론이고 관할위반, 공소기각의 형식재판까지도 모두 기판력이 있다고 설명하는 것이다[8]. 그러나 광의설이 말하는 형식재판의 기판력을 협의설은 구속력이라고 부른다는 점 외에는 광의설과 협의설 사이에 내용상 차이는 없는 것으로 보인다. 실체재판의 기판력은 확정적이어서 예컨대 무죄판결이 확정되면 이후 새로운 증거로 유죄를 입증할 수 있게 되어도 다시 기소하여 유죄판결을 받을 수가 없지만[9], 형식재판의 구속력은 불확정적이어서 사정변경이 있으면 새로운 재판을 받을 수 있다는데 이견이 없다[10]. 예컨대 관할위반 판결이 확정되어도 관할권 있는 법원에 다시 기소하면 유죄판결을 받을 수 있고, 친고죄를 고소 없이 기소하여 공소기각 판결이 확정되어도 고소를 보완하여(다만 고소할 수 있는 기간 내이어야 할 것이다) 다시 기소하면 유죄판결을 받을 수 있는 것이다[11][12]. 이러한

---

[5] 협의설에는 ① 기판력과 일사부재리효는 다른 개념이라는 구별설(이은모/김정환, 형사소송법(제9판), 박영사, 2023, 780면; 차용석/최용성, 형사소송법(제4판), 21세기사, 2013, 750면 등)과 ② 기판력과 일사부재리효를 동일한 개념으로 보는 일치설(정웅석/최창호/김한균, 신형사소송법(제2판), 박영사, 2023, 787면; 신동운, 신형사소송법(제5판), 법문사, 2014, 1498면 등)이 포함되어 있지만, 어느 설을 취하든 기판력의 정의에는 차이가 없다.

[6] 노명선/이완규, 형사소송법(제5판), 성균관대학교 출판부, 2017, 579면; 배종대/이상돈/정승환/이주원, 형사소송법, 홍문사, 2015, 759면; 신양균, 신판 형사소송법, 화산미디어, 2009, 954면; 이재상/조균석/이창온, 형사소송법(제13판), 박영사, 2021, 771면 등. 포함설이라 부르기도 한다.

[7] '면소판결에는 기판력이 있다'고 설명하기도 하고 '결과적으로 기판력이 있는 것과 마찬가지'라고 설명하기도 한다.

[8] 민사소송에서는 외국법원의 판결도 기판력이 인정될 수 있지만(제217조), 형사소송에서는 외국에서 형의 전부 또는 일부의 집행을 받으면 한국에서는 집행된 형의 전부 또는 일부를 선고하는 형에 산입할 수 있을 뿐(형법 제7조) 외국법원의 판결에 기판력이 인정될 여지는 없다.

[9] 기판력에도 불구하고 재심의 여지가 없는 것은 아니지만, 독일과 달리 우리나라는 불이익재심을 허용하지 않기 때문에(형사소송법 제439조) 재심을 통해서도 처벌할 수 없다.

[10] 신동운, 앞의 책, 1495면 등.

[11] 친고죄에서 고소가 취소되고 공소기각 판결이 선고되면 이후에는 다시는 처벌할 수 없게 된다는 점에서 기판력과 유사한 결과가 되지만, 이는 기판력 법리가 아니라 '고소를 취소한 자는 다시 고소하지 못한다(형사소송법 제232조 제2항)'는 친고죄 법리의 결과일 뿐이다.

[12] 피고인 스스로 사망한 것으로 위장하여 공소기각 결정이 확정되었는데 나중에 살아있음이 밝혀진 경우 공소기각 결정의 확정력이 유지되는지에 대하여 견해가 대립하고 있다. '살아있음이 밝혀졌다는 사실'이 과연 확정력을 깨트릴 사정변경에 해당하는지 여부의 문제이다.

점은 민사소송에서의 실체재판, 형식재판에서도 동일하게 나타난다.

기판력이 인정되는 재판의 범위, 기판력의 발현 형태 등의 점에서 광의설에서 말하는 기판력 개념이 민사소송법에서 말하는 기판력 개념에 대응된다고 할 수 있다. 따라서 이 글에서는 비교 검토의 편의를 위해 일응 광의설이 말하는 기판력 개념을 사용하기로 하지만, 주된 관심사가 협의설이 말하는 기판력임은 물론이다.

2. 문제의 제기

기판력의 범위는 통상 인적 범위, 물적 범위, 시적 범위로 나누어 설명하고 있지만[13], 각각의 의미는 민사소송과 형사소송에서 큰 차이가 있다. 인적 범위에 있어서 민사소송에서는 기판력이 당사자 뿐만 아니라[14] 청구 목적물 소지자, 변론종결 후의 승계인, 제3자 소송담당의 권리귀속 주체 등에게도 미칠 수 있지만, 형사소송에서는 철저하게 피고인에게만 미친다. 물적 범위에 있어서 민사소송에서는 기판력이 판결 주문에 나타난 소송물에만 미친다고 보지만, 형사소송에서는 공소사실 자체 뿐만 아니라 그와 동일성이 인정되는 범위 전부에 미친다고 본다. 시적 범위에 있어서 민사소송에서는 기판력이 발생하면 사실심 변론종결시를 표준시로 하여 후소에서 당사자도 표준시 이전에 제출할 수 있었던 주장 입증을 제출할 수 없게 되고 법원도 전소에 저촉되는 판단을 할 수 없게 된다고 보는 반면, 형사소송에서는 일죄의 시간적 일부에 대하여만 판결이 확정된 경우 (최종)사실심 판결선고시를 표준시로 하여 후소에서는 표준시 이전 부분에 대하여만 기판력이 미친다고 본다.

이 중 인적 범위의 차이는 민사소송과 형사소송의 본질적인 이념의 차이에 기인하는 것으로 쉽게 이해될 수 있기 때문에 비교 검토가 큰 의미가 없는 듯 하나, 물적 범위와 시적 범위는 의미와 기능, 범위의 광협 등에서 복잡한 차이점들을 보이고 있어 왜 그와 같은 차이가 발생하는지, 서로에게 시사점은 없는지 등을 검토해 보는 것이 나름의 의미가 있다고 생각된다. 또한 기판력이 어떤 형태로 발현하는지에 대하여도 민사소송과 형사소송 내부에

---

[13] 인적 범위를 '주관적 범위', 물적 범위를 '객관적 범위'라고 부르는 분이 많으나, 주관적, 객관적이라는 표현의 의미가 부정확할 뿐만 아니라, 이들은 판단, 시각 등에 적절한 표현이지 효력 범위의 설명에 적절한 표현은 아닌 듯 하다. 일응 '인적 범위', '물적 범위'라는 표현을 사용하기로 한다.

[14] 다만 형성판결과 일부 가사재판은 그 특수성 때문에 대세효를 가진다고 해석된다(이시윤, 앞의 책, 704면; 호문혁, 민사소송법 제14판, 법문사, 2020, 784면, 785면 등).

도 견해가 대립하고 있지만(이는 기판력이 인정되는 재판의 범위와도 관련이 있다) 서로에게 시사점을 던져주기도 하다. 따라서 이 글에서는 기판력과 관련한 여러 사항 중 기판력의 발현형태와 물적 범위, 시적 범위의 문제에 국한하여 비교 검토하기로 한다[15]. 우선 기판력의 발현 형태에 대하여 검토하고(Ⅱ), 기판력의 물적 범위의 의미와 기능(Ⅲ), 기판력의 시적 범위의 의미와 기능(Ⅳ)에 대하여 순차 검토한 후 저자 나름의 결론으로(Ⅴ) 글을 맺으려 한다.

Ⅱ. 기판력의 발현형태

1. 민사소송에서의 논의

기판력이 어떤 형태로 발현되는지의 문제는 원래는 기판력의 본질론에서 비롯되었다. 기판력의 본질에 관해 과거 실체법설과 구체적 법규설(또는 구체적 규범설)이 있었지만 오늘날 추종자가 없고, '기판력은 실체법상 권리관계를 변동시키는 것이 아니라 오로지 소송법상 효력으로서 후소를 재판하는 법원을 구속하는 효력'이라는 소송법설이 지금의 통설이다. 실체법설이나 구체적 법규설을 따르게 되면 당연히 후소 법원은 실체적 법률관계 또는 형성된 규범적 효력에 의하여 그에 부합하는 내용의 판결을 선고하여야 하므로 기판력은 모순금지효의 형태로 발현된다. 종래의 소송법설과 판례는 '후소 법원은 기판력에 구속되어 전소에 반하는 내용의 판결을 선고할 수 없게 된다'고 보아 여전히 모순금지설을 취해 왔다[16]. 그러나 근자에 '기판력은 후소에 대하여 심판 자체를 금지하는 효력, 즉 반복금지효(또는 일사부재리효라 부르기도 한다)'라고 주장하는 견해가 나타나 이제는 다수설이 되었다[17][18]. 분쟁의 1회적 해결을 강조하는 위 견해를 종래의 소송법설에 대비하여 신소송법설이라 부른다[19]. 반복금지설에 의하면 기

---

15) 어떤 부분은 민사소송법 이론이 형사소송에, 어떤 부분은 형사소송법 이론이 민사소송에 시사점을 던져주고 있다.
16) 이영섭, 신민사소송법(상)(제7전정판), 박영사, 1972, 191면; 김홍엽, 앞의 책, 813면, 814면; 호문혁, 앞의 책, 740면.
17) 이시윤, 앞의 책, 657면; 김홍규/강태원, 민사소송법(제5판), 삼영사, 2020, 669면; 정동윤/유병현/김경욱, 민사소송법(제9판), 법문사, 2022, 803면, 804면 등.
18) 기판력이 후소 법원에 대해 전소의 판단과 동일한 판단을 요구한다는 점을 '적극적 작용'이라 부르고, 기판력에 저촉되는 당사자의 주장과 증거제출을 허용하지도 않고 법원의 심리도 허용되지 않는다는 점을 '소극적 작용'이라 부르기도 하지만(국순욱, "기판력의 본질과 작용", 민사법연구 제11집 제1호(2003. 6.), 대한민사법학회, 28면), 적극적 작용, 소극적 작용을 그와 같이 정의한다면 이는 모순금지효, 반복금지효와 전혀 다르지 않은 것 같다. 차라리 법원이 기판력에 구속되어 재판하여야 하는 점을 적극적 작용, 당사자도 기판력에 저촉되는 주장 증거를 제출할 수 없는 점을 소극적 작용이라고 부르는 것이 적절해 보인다.
19) 기판력의 발현형태는 멀리는 소권론과도 무관하지 않다. 권리보호청구권설(승소판결청구권설)을 취하면 모순금지설에 가깝게 되고, 본안판결청구권설(분쟁해결청구권설)을 취하면 반복금지설에 가깝게 된다. 김홍규/강태원, 앞의 책, 574면; 국순욱, 앞의 논문, 8면.

판력에 부합하거나 저촉되는 모든 경우에 소각하 판결을 하여야 함이 명백하다. 그런데 모순금지설에 의하면 원칙적으로 기판력에 저촉되는 후소에 대하여 기각 판결을 하여야 하는 것과 같이[20] 기판력에 부합하는 후소[21]에 대하여도 승소 판결을 하여야 한다고 보는 것이 논리적이지만, 이 경우에는 다른 특별한 사정이 없으면[22] 권리보호의 이익, 즉 소의 이익이 없다고 하여[23] 각하하여야 한다고 한다[24].

모순금지설에 대하여는 ① 전소와 다른 내용의 판결을 해 줄 것도 아니라면 다시 소송이 가능하다고 할 필요가 없고(결과가 미리 예정되어 있다면 후소가 아무런 의미가 없으므로 공연히 변론을 열 필요 없이 각하하는 것이 옳다), ② 모순금지설에서는 전소 기판력에 저촉되는 경우 본안을 심리하지도 않고 기각한다고 하는데, 본안을 심리하지 않았으면 각하가 옳으며[25], ③ 더욱이 다시 소송이 가능하다고 해 놓고 전소 승소자의 再訴에 대하여 각하하는 것은 모순금지의 논리로는 설명할 수 없다는 등의 비판이 제기된다.

반복금지설에 대하여도 ① 민사소송에서는 형사소송과 달리 언제나 시적 요소를 넣어서

---

20) 사실은 이 표현에도 문제가 있다. 전소가 기각 아닌 각하되었는데 다시 같은 내용으로 후소를 제기하는 경우라면 후소 법원은 기각이 아닌 각하를 할 것이기 때문이다(오정후, "확정판결의 기판력이 후소에 미치는 영향", 민사소송 제18권 제2호(2014. 11.), 한국민사소송법학회, 224면. 따라서 위 표현은 전소가 기각된 경우를 전제로 한 것이라고 이해함이 상당하다.
21) 예컨대 전소에서 승소한 원고가 전소와 동일한 내용으로 후소를 제기한 경우나 전소에서 승소한 피고가 전소와 반대되는 내용으로 후소를 제기한 경우가 이에 해당한다.
22) 민사소송에서는 기판력 있는 전소가 있어도 멸실, 불명확, 시효 임박 등의 사정이 있으면 후소가 가능하다고 하는데, 이런 경우 후소 역시 전소와 동일한 내용(불명확한 것을 명확하게 해주고, 멸실된 판결의 내용을 확인할 수 있게 해 준다는 의미)을 선언하는 것에 불과하여(심리·판단과정이 없기 때문에 법률행위적 소송행위라고 하기 어렵다) 진정한 의미의 재판이 아니다. 이에 대한 상세한 내용은 후술한다.
23) "대법원은 종래 기판력 있는 판결이 있는 경우 소송적 권리보호 요건이 흠결된 때에는 실체적 권리보호 요건의 흠결이 있는 때와 마찬가지로 청구기각 판결을 선고하여야 한다고 하였으나, 대법원 1960. 4. 10. 4291민상868 판결에서 확인의 이익이 없는 경우 소각하 판결을 하고 난 뒤부터 점차 소각하 판결로 일관하여 가고 있다"는 서성, "기판력이 미치는 사건의 판결 주문", 대법원 판례해설 제1권 제1호, 법원행정처, 1979, 269면 이하 참조. 그러나 판결의 모순을 막는다는 기판력의 기능은 위 논리와 무관하다. 결국 기판력 자체의 논리에서 기판력에 부합하는 경우와 기판력에 저촉되는 경우를 달리 취급할 이유가 없다. 오정후, 앞의 논문, 229면, 230면도 같은 취지.
24) 대법원 1979. 9. 11. 선고 79다1275 판결. 다만 호문혁 교수는 구소송법설을 취하면서도 "만일 후소가 전소송 확정판결의 기판력에 저촉되면 후소는 소송요건 불비가 되어 부적법해지고, (새로 제출된 증거자료를 고려함이 없이) 판결로 각하 당하게 된다"고 하여 판례와는 다소 다른 입장을 보여주고 있다. 호문혁, 앞의 책, 726면.
25) 이와 관련하여 "우리 대법원은 구소송법설을 취하고 있기 때문에 '000청구는 000기판력에 저촉되어 본안에 대하여 나아가 판단할 필요도 없이 기각하여야 한다'고 판단하는 경우가 속출하고 있다"고 지적하는 분도 있다. 오정후, 앞의 논문, 222면.

생각하여야 하므로 엄밀한 의미에서 민사소송에는 동일사건이 있을 수 없고[26], ② 기판력 있는 재판이 있어도 권리보호의 이익이 있는 경우(예컨대 소멸시효 완성 임박, 권리 불특정, 판결원본 멸실 등) 다시 재판하는 법리를 설명하지 못하며, ③ 반복금지작용(소극적 작용)도 논리적으로는 적극적 작용의 결과로서 작동하는 것이라는 등의 비판이 제기된다. ①비판은 대단히 의미 있는 지적이라 생각된다. 형사소송에서는 과거의 사실관계에 대한 판단이므로 동일사건 개념이 가능하지만, 민사소송에서는 현재의 법률관계에 대한 판단이므로 동일사건 개념이 쉽지 않다. 그러나 과거의 권리관계에 대한 판단에 비추어 지금도 그때의 권리관계가 유효하다면 이를 수용하여 현재의 권리관계를 판단해 줄 수 밖에 없다. 더욱이 민사소송에서 전소와 후소가 형식적으로는 달라도 실질적으로는 동일하다고 평가되는 경우에는 기판력이 미친다고 하여야 하는데, 전소와 후소가 모순관계에 있는 경우와 전소가 후소의 선결관계에 있어 후소가 전소를 당연한 전제로 하는 경우가 이에 해당한다. 이런 점에 비추어 볼 때 민사소송에서도 동일사건 개념이 불가능한 것은 아니라고 생각된다. 더 나아가 구소송법설을 취한다고 하여 동일사건 판단을 요하지 않는 것도 아니다. 결국 동일성 여부는 규범적 시각에서 판단하는 것이기 때문에 이것이 신소송법설에 대한 결정적 비판이 되기는 어려울 것으로 보인다. ②비판도 상당히 의미 있으나, 지극히 예외적인 상황에 있어서의 문제점에 불과하기 때문에 신소송법설 전체에 대한 비판으로는 미약하다[27]. ③비판에 대하여는 반드시 모순적 판결을 막기 위해서만 반복을 금지하는 것은 아니며, 동일한 내용의 판결이라면 다시 판단해 줄 필요성, 즉 권리보호의 필요나 소의 이익이 없어 반복을 금지하는 것이기 때문에 반복금지 작용이 논리적으로 모순금지 작용의 결과라고만 단정할 수는 없다고 반박할 수 있다.

2. 형사소송에서의 논의

형사소송에서도 기판력의 본질에 관해 실체법설, 구체적 법규설이 있었으나 오늘날 추종자가 없고, 소송법설이 지금의 통설인 점은 민사소송의 경우와 같다. 기판력의 발현형태와 관련하여서는 실체판결의 기판력이 반복금지효로 나타나는 것은 당연하지만(특히 유죄판결의 경우 하나의 범죄로 2번 처벌받을 수는 없기 때문이다)[28], 형식재판의 기판력에 대하여는 모순금지설과 반복금지설이 대립할 수 있다. 그러나 국내 통설은 판결에 구속력을 인정한 이상 반복적인 심리판단 자체를 허용하

---

26) 정재길, "기판력의 본질과 그 한계에 관한 연구", 법학연구 제9호, 전북대학교 법학연구소, 1982, 190면.
27) 다만 그와 같은 상황이라고 하여도 다시 동일한 판결을 선고해 주는 것이 적절하지 않은 것은 사실이다. 이에 대한 저자의 견해는 후술한다.
28) 다만 그 표현 형식은 공소기각이 아니라 면소판결(제326조 제1호)이다.

여서는 아니된다는 이유에서 반복금지설을 따르고 있다[29]. 예컨대 관할위반이 확정되었음에도 동일한 법원에 다시 기소된 경우 모순금지설에 의하면 다시 관할위반 판결을 선고하여야 하겠지만, 반복금지설에 의하면 공소기각 판결(제327조 제2호)을 선고하여야 한다[30]. 다만 현실적으로는 관할위반이나 공소기각 재판이 확정되었음에도 하자를 보완하지 않고 다시 기소하는 경우가 없기 때문에 이와 관련한 판례는 당연히 없다.

3. 비교 검토

모순금지설은 근본적으로는 기판력의 본질을 실체법설 또는 구체적 법규설의 논리로 판단한 결과이다. 기판력을 정말로 확정된 판결의 소송법적인 힘이라고 본다면 분쟁의 1회적 해결이라는 소송법의 이념에 맞추어 기판력에 부합 또는 저촉되는 후소의 심리판단 자체가 부적법하다고 보아 각하함이 상당하다. 실체법적 시각에서는 원고 청구의 당부 판단이 중요하겠지만 소송법적 시각에서는 이미 판단한 동일 사안에 대하여 다시 재판할 필요가 없는 것이다. 소송법설을 취하면서도 모순금지설을 따르는 것은 아직도 완전히 벗어나지 못한 실체법설 또는 구체적 법규설적 사고의 흔적이 아닌가 생각된다. 더욱이 민사소송인지 형사소송인지에 따라, 또는 본안판결(실체재판)인지 소송판결(형식재판)인지에 따라 기판력의 발현 형태를 달리 보는 것은 기판력의 의미와 기능의 이해에 혼선을 초래할 수 있기 때문에, 형사소송 뿐만 아니라 민사소송에서도, 본안판결 뿐만 아니라 소송판결에서도 반복금지설로 통일하여 판단하는 것이 적절하다고 생각된다.

Ⅲ. 기판력의 물적 범위의 의미와 기능

1. 민사소송에서의 기판력의 물적 범위

민사소송에서는 판결의 주문에 포함된 소송물, 즉 법률관계의 존부에 대한 현실적 판단의 결론에만 기판력이 발생하고, 이유에서의 판단에는 기판력이 발생하지 않는다고 본다(제

---

[29] '차단효설'이라고 부르기도 한다. 배종대/이상돈/정승환/이주원, 앞의 책, 757면; 이재상/조균석/이창온, 앞의 책, 770면; 신양균, 앞의 책, 948; 손동권/신이철, 새로운 형사소송법(제5판), 세창출판사, 2022, 745면; 차용석/최용성, 앞의 책, 753면; 노명선/이완규, 앞의 책, 577면 등.

[30] 기판력에 저촉되는 기소가 과연 위법한 것인지 역시 소권론과 관련있다. 결론만 말하자면 반복금지설을 따른다면 유죄판결청구권설은 물론이고 실체판결청구권설에 의할 때에도 기판력에 저촉되는 기소는 실체판결을 받을 수 없으므로 위법하다고 하여야 하고, 이러한 논리는 형식판결의 확정력에 반한 기소에도 동일하게 적용되어야 할 것으로 생각된다.

216조 제1항). 주문이 당사자가 재판에서 다툰 핵심이고 그 밖의 사실들은 주문을 이유 있게 하기 위한 방법에 불과한데, 만일 판결에서 판단된 모든 사실에 기판력을 인정한다고 한다면 재판이 걷잡을 수 없이 확대되어 어떤 결론에 이르기가 대단히 어렵게 되고 당사자로서는 불의의 타격을 입을 우려가 대단히 크게 될 것이기 때문이다[31]. 다만 예외적으로 주문 아닌 이유 부분의 판단에도 기판력이 인정되는 경우가 있는데, 그것이 바로 상계항변이다(제216조 제2항). 상계항변이 인용된 경우에는 자동채권의 존재사실 및 반대채권과 상계된 사실에 기판력이 발생하고, 상계항변이 기각된 경우에는 자동채권이 부존재한다는 사실에 기판력이 발생한다. 상계항변에 기판력을 부여하는 이유는 상계항변은 권리의 존재로서가 아니라 권리의 처분(따라서 인용되는 경우 자동채권은 소멸된다)으로서 주문에 영향을 주는 항변이며, 만일 이에 기판력을 부여하지 아니하면 자동채권을 위 소송 밖에서 이중 행사하여 결과적으로 확정된 판결의 타당성을 침해하기 때문이다. 결국 상계항변은 실질적으로는 예비적 반소의 성격을 띤다고 할 수 있다.

민사소송에서는 소송물이 동일하면 기판력이 미치는 것이 원칙이다. 소송물이 동일하면 과거의 판결의 효력을 이용하면 될 것이고 새로운 판결이 필요하지 않기 때문에 새로운 소송을 허용하지 않는 것이다. 이때 소송물은 주문(또는 청구취지)을 전체적·실질적으로 관찰하여 판단하여야 한다는데 이견이 없다[32]. 더욱이 형식적으로는 소송물이 달라도 전소의 기판력 있는 법률관계가 후소의 선결적 법률관계가 되거나, 후소의 소송물이 전소의 기판력있는 법률관계(권리관계 존부에 관한 판단의 결론만 의미)와 정면으로 모순될 때에는 기판력이 미친다고 보는데[33], 이러한 경우에는 실질적으로 소송물이 동일하다는 판단이 전제된 것이다. 청구취지는 동일하지만 청구원인을 이루는 사실관계를 달리할 때 소송물이 다르다고 볼 것인지가 문제되는데, 이에 관해서는 구소송물 이론(청구취지와 청구원인이 소송물), 이분지설(청구취지와 사실관계가 소송물), 일분지설(청구취지만 소송물)

---

31) 이에 반대하여 판결의 이유에서만 다루어지더라도 소송상 중요한 쟁점이 되어 당사자도 다투고 법원도 실질적으로 심리하였으면 그 판단에는 구속력을 인정하여야 한다는 '쟁점효 이론'이 일본에서 등장하였으나, 우리나라에서는 이를 따르는 분이 없는 것으로 보인다.
32) 승소판결의 주문에 원인된 사실관계가 기재되는 경우, 즉 소유권이전등기 기타 재산권에 관한 의사진술을 명하는 판결, 가등기에 기한 본등기의 판결, 채권양도에 관한 의사진술을 명하는 판결 등은 주문에 기재된 원인된 사실관계(패소판결의 경우에는 승소라면 주문에 기재되었을 사실관계)에 기판력이 발생하고, 그 밖의 경우에는 비로소 소송물이론을 적용하여 기판력의 물적 범위를 정하여야 한다는 주장으로는 김일룡, "판결주문의 형식과 기판력의 객관적 범위의 관계", 동아법학 제53호(2011. 11.), 동아대학교 법학연구소, 369면, 370면.
33) 소송물이 달라도 기판력이 미치는 경우를 특별히 '기판력의 작용이론'이라 부르며, 이유에서의 쟁점에 대한 구속력을 인정하기 어려운 현실에서 매우 유용한 절충적 도구라고 평가하기도 한다. 한충수, "소송물의 실질적 동일성과 기판력의 작용이론", 법학논총 제25집 제2호, 한양대학교 법학연구소, 2008, 6면, 24면.

중 어느 설을 취하느냐에 따라 소송물의 동일성 여부에 대한 결론을 달리한다.

그러나 소송물이 동일한 기판력 있는 판결이 있음에도 새로운 판결이 필요한 경우도 있을 수 있다. 시효중단이나 판결내용의 특정을 위한 소제기가 바로 그것이다. 이러한 경우에는 기판력이 미치지 않기 때문에 새로 소를 제기하는 것이 허용된다고 본다. 그러나 이러한 경우에도 굳이 새로 소를 제기하여 새로운 판결을 선고받는 것이 바람직한지는 의문이다. 새로 진행되는 소에서 다시 실체적 판단을 할 것인가? 만일 종래의 모든 자료를 심리한 결과 과거의 판결이 잘못되었고 새로운 내용의 판결을 선고함이 상당할 때에는 어떻게 할 것인가? 혹은 새로운 다른 증거가 제출된다면 새로운 내용의 판결을 선고할 수 있는가? 그간 법규나 판례가 변경되었다면 어떠한가? 만일 새로운 판결을 허용한다면 이는 실질적으로는 재심이 되는 결과가 되는데, 결국 민사소송법이 극히 한정적으로만 허용하고 있는 재심을 법해석에 의해 확대하여 확정판결에 대한 법적 안정성을 떨어트리게 되므로 결코 바람직하지 않다. 만일 시효중단을 위해서 판결이 필요하다면 굳이 판결로 할 것이 아니라, 시효중단효를 인정할만한 어떤 결정절차(예컨대 법원에 과거의 판결을 제시하고 법원을 통해 시효중단효를 인정받는 절차)를 만들면 되지 굳이 소제기-심리-판결이라는 무용한 절차를 반복할 필요는 없을 것이다. 또한 판결내용의 특정을 위한 경우에도 법원에 과거의 판결 기타 관련 자료를 제출하면서 판결의 내용을 특정해 달라는 신청을 하고 법원은 결정 등을 통해 이를 특정해 주면 족할 것이다.

2. 형사소송에서의 기판력의 물적 범위

형사소송에서도 민사소송과 마찬가지로 기판력은 이유가 아닌 주문에만 미친다고 보지만[34][35], 이러한 점은 기판력의 물적 범위 문제의 핵심이 아니다. 형사소송에서 기판력의 물

---

34) 예컨대 방화 후 화재보험금을 청구하여 사기죄(보험사기)로 기소된 사건에서 무죄를 선고하면서 '방화하였다는 점이 입증되지 않았다'고 판단하였다고 하더라도 기판력은 주문인 사기죄 무죄 판단에만 미치고 이유인 방화 혐의 부분에 대하여는 미치지 않는다. 따라서 향후 방화죄로 기소되더라도 기판력의 저촉을 받지 않는다. 이를 기판력의 범위 문제가 아닌 전제 문제로 다루기도 한다. 신동운, 앞의 책, 1505면.
35) 다만 형사재판에서는 주문에 표시하여야 할 내용 중에 주문에 표시하지 못하는 경우가 있다. 소송법상 1죄는 주문에서도 1죄로만 다루어야 하기 때문이다. 예컨대 포괄일죄인 상습범 중 일부에는 유죄, 일부에는 무죄 등 사유가 있는 경우 둘 다 주문에 표시할 수는 없으므로 주문에는 유죄부분만 표시하고 무죄부분은 이유에서만 설시한다(그 말미는 ' - - - 사유로 무죄를 선고하여야 하나, 그와 포괄일죄 관계에 있는 00죄(또는 - - 부분)에 대하여 주문에서 유죄를 선고하므로 이 부분은 주문에 따로 표시하지 아니한다'라고 설시한다). 이러한 법리는 상상적경합의 경우에도 마찬가지이다. 주위적·예비적 청구 또는 택일적 청구의 경우에는 어떠할까? 주위적 청구가 유죄면 예비적 청구를 심판할 필요도 없지만 주위적 청구가 무죄이고 예비적 청구가 유죄라면 둘 다를 심판하여야 하는데 주문에 둘 다 표시하는 것은 1죄 1주문 법리에 맞지 않기 때문에 주문에는 유죄부분만 표시

적 범위 문제의 핵심은 기판력이 공소사실 뿐만 아니라 그와 동일성이 인정되는 범위 전체에 미친다는 점이다. 공소사실은 원래 검사가 공소장에 기재하는 것인데, 판결에서도 주문에는 나타나지 않고 유죄판결의 경우라면 이유 중 일부인 범죄사실에 설시되고 무죄판결이라도 이유 중에서 설시됨이 관행이다[36]. 공소사실이 주문에는 나타나지 않지만 이유나 공소장 등의 설시를 종합하면 주문이 어떤 사건에 대한 판단인지가 드러나므로, 주문이 판단한 사건 자체가 공소사실이 되고 그와 동일성이 인정되는 범위 내에 있으면 기판력이 미치는 것이다.

형사소송에서는 왜 기판력이 공소사실 자체에만 미치지 않고 공소사실과 동일성이 인정되는 범위 전체에 미치는 것일까? 이에 대하여는 공소불가분의 원칙(제248조 제2항 참조)에 따라 범죄사실 중 일부만 기소하더라도 공소사실의 동일성이 미치는 전 범위가 현실적인 심판의 대상이 되기 때문이라는 공소사실 대상설[37]과, 공소사실 자체는 법원의 '현실적 심판의 대상'이 되고 공소사실과 동일성이 인정되는 범위 전체는 언제든지 공소장변경 절차를 거치기만 하면 현실적 심판의 대상이 될 수 있는 '잠재적 심판의 대상'이어서 피고인으로서는 이미 처벌의 위험(이중위험금지 법리가 말하는 '위험')을 겪은 영역이기 때문이라는 이원설[38]이 대립하고 있다. 심판되지도 않은 사실에 기판력이 발생할 수 있는지 등의 이론적 약점이 없는 것은 아니지만, 이원설이 기판력의 범위와 공소장변경 제도를 좀 더 조화롭게 설명할 수 있는 것으로 판단된다.

공소사실의 동일성 판단의 기준에 대하여는 사실적 측면에서만 판단한다는 기본적 사실관계 동일설이 오랫동안 통설, 판례의 지위를 누려왔으나, 근자에 들어 대법원은 장물취득죄·강도상해죄 사안에서 사실적 측면 외에 규범적 요소도 함께 고려하여 동일성 여부를 판단하여야 한다고 판시하였고[39], 이에 대해 학설은 찬반의 견해 대립을 보이고 있다.

하고 무죄부분은 이유에서만 설시하는 것이 옳다. 이와 같은 경위로 이유에서 판단된 결론은 실질적으로는 주문이므로 주문에 준하는 기판력이 발생한다고 보아야 할 것이지만, 형사소송에서는 어차피 1죄 전체에 기판력이 미치기 때문에 달리 문제되지는 않는다. 민사소송에서는 이런 경우 일부 인용, 일부 기각의 판결을 선고하기 때문에 형사소송에서와 같은 문제는 발생하지 않는다.

36) 기타 형식재판에서는 이유 중에서도 공소사실이 설시되지 않을 가능성이 많으며, 결국 검사의 공소장을 보고 판단할 수 밖에 없다.
37) 신동운, 앞의 책, 625-627면.
38) 배종대/이상돈/정승환/이주원, 앞의 책, 417면 등. 통설이라 할 수 있다.
39) 대법원 1994. 3. 22. 선고 93도2080 전원합의체 판결. 같은 취지로는 대법원 2011. 6. 30. 선고 2011도1651 판결 등.

3. 비교 검토

기판력의 물적 범위라 하면 형사소송에서는 공소사실의 동일성의 범위를 어디까지로 볼 것인지가 핵심적 문제인 반면, 민사소송에서는 기판력이 주문에만 미친다는 점이 핵심적 내용이다. 물론 주문 개념을 실질적으로 파악하기 위하여 주문의 해석과정에 소송판결인 경우에는 어떤 소송요건의 흠으로 본안판결에 이르지 못하였는지를, 본안판결인 경우에는 어떤 소송물에 대한 판단인지를 해석함에 있어 청구취지와 판결이유를 참작하여야 하고, 이를 통해 전소와 후소의 소송물이 동일한지, 혹 선결문제 또는 모순관계에 있는지[40]의 판단이 필요한 것도 사실이지만, 이는 어디까지나 무엇이 주문의 취지인지를 밝히는 과정일 뿐이다. 이처럼 기판력의 물적 범위를 논하는 시각 자체에서 큰 차이가 있는 것이다.

민사소송에서는 기판력의 물적 범위를 좁게 보아 원칙적으로 소송물이 동일한 경우에만 기판력이 미친다고 보는 반면, 형사소송에서는 기판력의 물적 범위를 넓게 보아 전소의 공소사실과 후소의 공소사실이 일치하지 않더라도 기본적 사실관계만 동일하면 기판력이 미친다고 본다. 다만 최근에는 '공소사실의 동일성 범위를 너무 넓게 인정하는 바람에 기판력이 부당하게 확장되어 있다'는 인식 하에 이를 축소하려는 움직임이 여러 곳에서 감지된다. 공소사실의 동일성을 순수한 사실적 판단에만 의존할 것이 아니라 규범적 요소도 함께 고려하여 판단하여야 한다는 위 판례나, 상습범에서 전소가 상습범으로 처벌된 경우에만 그 기판력이 후소인 상습범에 미친다는 판례[41]가 모두 같은 맥락이라 생각된다.

이상의 비교 검토를 표로 정리해 보면 아래와 같다.

	민사소송	형사소송
심판의 물적 대상	소송물(법률관계)	공소사실(사실관계)
기판력의 물적 범위	원칙적으로 주문에서 판단한 것, 즉 현실적 심판대상만	공소사실의 동일성이 미치는 범위 전체, 즉 잠재적 심판대상까지
이유에서 판단된 점	이유에서만 판단된 점에는 기판력이 부여되지 않는다.	좌 동

---

40) 대법원 1995. 3. 24. 선고 93다52488 판결이 선언한 기판력의 물적 범위의 기준이다.
41) 대법원 2004. 9. 16. 선고 2001도3206 전원합의체 판결 등.

기판력의 물적 범위에 대한 판례·학설의 경향	기판력의 범위가 너무 좁아, 판례·학설은 기판력을 확대하려는 경향. 이에 따라 신소송물 이론, 묵시적 일부청구의 경우 잔부청구에 대한 再訴 제한, 상계항변에도 기판력 부여, 쟁점효 이론 등 등장	기판력의 범위가 너무 넓어, 판례·학설은 기판력을 축소하려는 경향. 이에 따라 공소사실의 동일성 판단에 규범적 요소도 고려, 상습범으로 처벌된 때에만 기판력이 나머지 상습범에 미친다. 통고처분·즉결심판 있어도 기판력 인정 제한 등

4. 기판력의 물적 범위 이론의 상호 시사점

민사소송에서는 기판력의 물적 범위를 너무 좁게 파악하여 분쟁의 1회적 해결에 문제점이 발생하고, 반대로 형사소송에서는 기판력의 물적 범위를 너무 넓게 파악하여 형사사법정의 실현에 문제가 발생하는 경향이 있다. 양자를 조화롭게 조절할 수는 없을까?

먼저 형사소송에서 기판력의 물적 범위를 다시 한 번 생각해 보자. 이는 궁극적으로는 유죄필벌이라는 형사사법정의 실현과 피고인이 느끼는 법적 안정성의 보호 중 어느 가치를 우선에 둘 것인가의 문제이다. 통설인 이원설에 따를 때 공소장변경이 가능하였다는 점, 즉 잠재적 심판의 대상이었다는 점이 실제로 판단되지도 않은 대상까지 기판력이라는 면죄부를 부여할 필연적 사유가 될까?[42] 민사소송에서도 청구의 기초가 동일한 범위 내에서는 청구취지의 확장을 허용하면서도(제262조 제1항. 물론 '소송절차를 현저히 지연시키지만 않는다면'이라는 조건이 붙어 있다) 청구취지 확장이 가능한 영역 전체에 기판력이 미친다고 보지는 않는데, 왜 형사소송에서는 공소장이 변경되지도 않은 영역 전체에 기판력이 미친다고 보아야 할까? 형사소송에서와 같은 기판력의 물적 범위의 확장은 피고인의 입장에서는 형사사법절차의 1회적 해결과 법적 안정성이라는 측면에서 장점이 되겠지만, 검사의 입장에서는 그 1회의 형사사법절차에서 1개 사건의 모든 범죄내용을 거시하여 심판받지 못하면 다시는 추가 기소하지 못한다는 형사사법정의 실현상의 치명적인 문제점도 안고 있다. 민사소송에서는 원고(대체로 피해자의 입장일 것이다)에게 이와 같은 부담을 전가하지 않기 위해서 원칙적으로 심판의 대상이 된 소송물에만 기판력이 미친다고 보는 반면, 형사소송에서는 국가를 대리하는 법률전문가인 검사에게는 그와 같은 부담을 주어도 된다는 판단에서 잠재적 심판의 대상에까지 기판력을 확장하고 있는 것으로 보인다.

그러나 기판력의 물적 범위가 너무 넓으면 형사사법정의의 실현에는 분명히 문제가 발생

---
42) 이 점은 심판범위와 관련하여 이원설에 대한 공소사실대상설의 비판이기도 하다.

한다. 이 때문에 판례도 전소가 상습범으로 처벌된 경우에만 그 기판력이 후소인 상습범에 미친다거나, 공소사실의 동일성 판단에 규범적 요소도 고려하여야 한다고 보는 것이겠지만, 저자는 조금 다른 생각을 가지고 있다. 우선 대법원 1994. 3. 22. 선고 93도2080 전원합의체 판결이 형사사법정의의 실현을 고려한 결론 자체는 충분히 수긍이 되지만, 그 정당화 논리의 근거를 '규범적 요소의 판단'에 둔 점에는 찬성하기 어렵다. 민사소송의 소송물은 법률관계이지만 형사소송의 공소사실은 기본적으로 사실관계이다. 설령 사실관계를 규범적으로 판단한다고 하더라도 그 대상은 사실적 개념이지 규범적 개념이 아니다[43]. 더욱이 규범적 요소라는 개념은 너무도 다의적이어서, 예컨대 폭행-상해-살인을 신체에 대한 가해라는 점에서 규범적으로 동일하다고 평가할 수도 있고 죄질이나 보호법익 등의 면에서 규범적으로 다르다고 평가할 수도 있는 것이다. 특히 대법원은 위 전원합의체 판결과 거의 유사한 절도죄·장물운반죄 사안에서는 공소사실의 동일성이 인정된다고 판시한 바 있는데[44], 이 판결이 공소장변경 허부 사안인 반면 위 장물취득죄·강도상해죄 판결은 기판력의 물적 범위 사안이라는 점 외에는 실질적 차이가 없어 보인다. 결국 대법원은 논리를 확립하지 못한 채 피고인 처벌에만 유리한 이중의 잣대를 가지고 있는 것이 아닌가 생각될 뿐이다. 기판력의 물적 범위도 일응 공소사실의 동일성을 사실적 요소로만 판단하되[45][46], 기판력에 저촉되는 후소의 제기가 피고인의 중대한 귀책에 기인하는 경우(예컨대 위 장물취득·강도상해 사례에서와 같이 피고인이 위계 등으로 은닉한 범죄 등)에는 기판력을 제한하더라도[47] 법적 안정성 유지라는 기판력의 근본적인 목적에 전혀 반하지 않기 때문에 차라리 '중대한 피고인 귀책에 의한 기판력 제한' 제도를 창설하는 것이 더 솔직하고 명확한 방법이 아닐까 생각된다.

한편 민사소송에서는 본질적으로 기판력의 물적 범위를 확대하기 어려운 면이 없지 않

---

43) 이는 '너는 사실을 말하라. 나는 권리를 주리라'라는 오랜 법격언과도 맥이 닿아있다. "대법원의 태도는 범죄사실의 동일성 판단이 궁극적으로는 법적 판단의 문제로 귀착되어 규범적 요소가 고려될 수 밖에 없다는 입장으로 이해되며, 법적 판단에 당연히 수반되는 규범성을 강조한 것으로서 특별히 새로운 것은 아니다"고 설명하는 분도 있는데(신동운, 앞의 책, 650면), 같은 취지로 보인다.
44) 대법원 1999. 5. 14. 선고 98도1438 판결.
45) "기판력의 물적 범위가 넓어 정의의 심각한 훼손이 야기되거나 이를 악용하는 폐해가 발생하더라도 기판력을 제한하는 이론을 구성한다면 기판력이 지키고자 하는 국가형벌권의 한계와 시민의 권리가 차츰 불분명하게 되기 때문에 즉결심판에서도 기판력의 물적 범위를 좁히기 어렵다"고 주장하는 분도 있다. 홍영기, "일사부재리의 효력 범위", 저스티스 통권 제123호(2011. 4.), 한국법학원, 180면.
46) 동일성 범위를 좁히면 공소장변경의 폭이 좁아진다는 반대의 문제점도 발생하지만, 이는 별건 기소 후 병합하는 방법으로 웬만큼 해결할 수 있기 때문에 기판력과 같은 치명적 문제는 아니라고 생각된다.
47) 기판력의 물적 범위를 좁혀서가 아니라 기판력 배제 특칙을 통해서 기판력이 미치지 않게 한다는 점에서 판례와 차이가 있다. 이러한 방식이 위 판례에서 대법원이 차마 표현하지 못한 속뜻이 아닌가 생각되기도 한다.

만[48][49] 당사자의 정당한 권리행사를 침해하지 아니하는 한도 내에서 소송물 개념을 실질적으로 파악하여[50] 사실상 동일하거나 또는 중첩되는 부분에 대하여는 기판력이 미친다고 해석한다거나, 이유로만 판단되는 쟁점을 중간확인의 소로 유도하여 가급적 분쟁이 1회적으로 종결될 수 있도록 조치하는 것이 좋을 것으로 생각된다[51].

Ⅳ. 기판력의 시적 범위의 의미와 기능

1. 민사소송에서의 기판력의 시적 범위

민사소송은 시간의 흐름에 따라 계속적으로 변동해 가는 법률관계 중 일정 시점의 법률관계를 법원이 판단하는 것이기 때문에, 가변적인 법률관계 전(全)과정을 하나의 판결로써 모두 판단할 수는 없고, 일정 시점을 정하여 그 시점 기준의 법률관계를 판단하게 된다. 법률관계 즉 소송물은 재판절차가 계속되는 동안에도 시간의 경과에 따라서 지속적으로 변화한다. 만일 법률관계의 존부를 소송절차 전반에 걸쳐 확인하고자 한다면 소송의 개시부터 종료까지 모든 법률관계의 변동과 흐름을 계속적으로 확인하여 주문에 반영하여야 할 것이지만, 이러한 현상을 우회하여 특정시점의 법률관계의 존부 만을 재판절차상 확정하는 것이다[52]. 이 때문에 민사소송법은 사실관계에 대한 주장 입증이 허용된 마지막 시점인 (최종)

---

48) 쟁점에 대하여 구속력을 인정하기 어려운 이유로는 문지기 법관제도가 확고히 자리잡지 못하고 있는 점, 제1심에 대한 확고한 신뢰가 확보되지 못한 점, 소액민사사건에서는 판결이유가 기재되지 않는 점, 본인소송의 비율이 높은 점, 증거의 편재를 해소할 수 있는 강력한 장치가 마련되지 못한 점 등이 거시되고 있다. 한충수, 앞의 논문, 23면, 24면.

49) 소송계속의 소송물 개념과 기판력의 소송물 개념을 이원화하여 전자는 반드시 당사자의 신청에 의해서가 아니라 넓은 의미의 실제적인 사실관계를 기준으로 판단하여야 할 것이지만, 후자를 전자와 같은 정도로 확대하는 것은 민사소송법 제202조 본문, 중간확인의 소를 둔 제도적 취지 등에 반하므로 해석론으로는 허용되기 어렵다고 설명하는 분도 있다. 김용진, "소송상 쟁점사항과 소송물이론", 법학연구 제12권 제1호(2001. 12.), 충남대학교 법학연구소, 179면.

50) 대법원 2001. 9. 20. 선고 99다37894 전원합의체 판결은 '진정명의 회복을 원인으로 한 소유권이전등기 청구권과 무효등기의 말소청구권은 모두 진정한 소유자의 등기명의를 회복하기 위한 것으로서 실질적으로 그 목적이 동일하고, 소유권에 기한 방해배제청구권이라는 법적 근거와 성질이 동일하므로 실질적으로 동일한 소송물'이라고 판단하여 기판력을 확장 적용하였다. 이 판결을 비판하면서 소송물은 다르지만 기판력의 작용이론으로 해결할 수 있다는 글로는 한충수, 앞의 논문 18면 이하, 쟁점효 이론의 도입을 언급한 글로는 우세나, "소송물과 기판력의 객관적 범위의 관계", 영남법학 제25호(2007. 10.), 영남대학교 법학연구소, 145면 이하가 있다.

51) 이유로만 판단된 점에 대하여도 민사소송법 제1조가 규정하고 있는 신의칙을 매개로 기판력은 아니지만 최소한 '구속력'은 인정할 수 있다는 견해로는 주인, "민사판결 효력의 확장에 관한 소고", 목원대학교 논문집 제25호, 목원대학교, 1994, 278면.

52) 남동현, "기판력의 표준시에 관한 법률적 쟁점", 비교사법 제16권 1호, 비교사법학회, 2009, 227면. 다만 변론종결 후의 승계인과 같이 사정이 변경되더라도 기판력의 범위를 넘지 못하는 경우도 있다.

사실심 변론종결시를 표준시로 정하여 그때까지 일체의 주장과 입증을 하게하고, 그 시점의 법률관계를 판단한 다음, 판결이 확정되면 동일한 내용의 후소가 제기되더라도 표준시 당시의 법률관계는 이미 확정되었다는 것[53]이 기판력의 시적 범위 문제이다. 오로지 표준시 당시의 법률관계에만 기판력이 발생할 뿐 표준시 이전의 법률관계나 이후의 법률관계에는 기판력이 없다[54]. 따라서 표준시 이후 법률관계에 변화가 있는 경우(예컨대 변제, 소멸시효 완성 등), 명시적 일부청구의 경우[55], 예상치 못한 사정변경이 있는 경우(예컨대 후유장애, 임료 폭등 등) 등에는 이를 주장하여 다시 소를 제기하면 기판력에 저촉되지 않고 새로운 판단을 받을 수 있다.

민사소송법은 표준시에 대하여 명시적으로 규정하고 있지 않지만, 제218조와 민사집행법 제44조는 표준시가 (최종)사실심 변론종결시임을 사실상 표현하고 있다[56]. 대법원 역시 "종국판결은 구두변론 종결까지 제출된 자료를 기초로 하는 관계로[57] 구두변론 종결시가 기판력의 표준시임은 민사소송법 제505조(지금의 민사집행법 제44조)에 비추어 명백하며, 사건이 상고심까지 계속된 경우에도 법률심인 상고심에서는 새로운 사실주장이나 증거제출이 불가능하므로 기판력의 표준시는 최종 사실임인 항소심의 구두변론 종결시라고 할 것"[58] 이라

---

53) 전소에 기판력이 발생하면 후소에서는 전소의 사실심 변론종결 전에 제출할 수 있었지만 제출하지 않았던 공격방어방법을 제출하지 못하게 하는 효력을 '차단효' 또는 '실권효'라 한다. 기판력에 의하여 후소 자체가 각하 또는 기각될 것이므로 일반적으로는 차단효가 특별한 의미를 가지지 못하지만, 형성권에 대하여는 법원이 권리행사 또는 그 기간을 강요할 수는 없고 형성권을 행사한 시점에 비로소 권리관계가 변동되기 때문에 기판력 발생 이전에 발생한 형성권을 기판력 발생 이후에도 행사할 수 있다는 견해(호문혁, 앞의 책, 769-771면), 법적 안정성을 해치지 않는 범위 내에서만 허용하자는 견해(강현중, "변론종결 후의 형성권 행사", 민사재판의 제문제 제5권, 민사실무연구회, 1989, 357면)도 있으나, 법률행위 무효사유도 기판력에 의하여 차단되는데 이보다 약한 취소·해제권의 행사를 허용하는 것은 부적절하고 법적 안정성에도 반하기 때문에 취소·해제권 등의 뒤늦은 행사를 허용할 수 없다는 견해(김홍엽, 앞의 책, 842면; 정동윤/유병현/김경욱, 앞의 책, 820면, 821면, 나현, "차단효의 근거와 범위", 법학논집 제16권 제3호(2012. 3.), 이화여자대학교 법학연구소, 132면 등)가 일반적이다. 다만 상계권의 경우에는 실권되지 않는다는 견해가 통설적이고(정동윤/유병현/김경욱, 앞의 책, 820면 등), 판례도 같은 취지이다(대법원 2005. 11. 10. 선고 2005다41443 판결).
54) 강현중, "기판력에 관한 연구", 법학논총 제19집, 국민대학교 출판부, 2007, 113면.
55) 대법원 1973. 2. 28. 선고 73다71 판결 등. 다만 명시 여부를 떠나서 일부청구는 언제나 허용되어야 한다는 견해로는 호문혁, "일부청구와 기판력", 사법행정 제375호(1992. 3.), 한국사법행정학회, 83면 등.
56) 민사소송법 제218조 제1항 "확정판결은 당사자, 변론을 종결한 뒤의 승계인 또는 그를 위하여 청구의 목적물을 소지한 사람에 대하여 효력을 미친다". 제2항 "제1항의 경우에 당사자가 변론을 종결할 때까지 승계사실을 진술하지 아니한 때에는 변론을 종결한 뒤에 승계한 것으로 추정한다". 민사집행법 제44조 제1항 "채무자가 판결에 따라 확정된 청구에 관하여 이의하려면 제1심 판결법원에 청구에 관한 이의의 소를 제기하여야 한다". 제2항 "제1항의 이의는 그 이유가 변론이 종결된 뒤에 생긴 것이어야 한다".
57) 민사소송법 제146조는 적시제출주의를 규정하고 있지만, 소송자료 제출의 시적 한계가 사실심 변론종결시라는 점에서는 동일하다.
58) 대법원 1961. 2. 14. 선고 4293민상837 판결, 같은 취지 대법원 1998. 5. 26. 선고 98다9908 판결 등.

고 판시하여 같은 취지를 보여주고 있다. 요컨대, 기판력의 시적 범위는 모든 민사소송에서 문제될 수 있으며, 기판력은 표준시점의 법률관계에만 미친다.

2. 형사소송에서의 기판력의 시적 범위

(1) 형사소송에서의 기판력의 시적 범위의 의미와 기능

형사소송은 과거의 특정 시점에 존재하였던 사건(사실관계)의 실체를 규명하여 피고인에 대한 범죄가 성립하는지를 판단한 후 피고인에게 적절한 형벌을 부과하는 재판이기 때문에 시간이 흐르더라도 원칙적으로 판단대상이 거의 고정되어 있다[59]. 따라서 기판력의 시적 범위라는 것은 주로 범죄행위에 일정한 시간의 흐름을 요하는 예외적인 경우($^{계속범,\ 상습범,}_{영업범\ 등}$)에만 문제된다. 즉 계속범 등의 일부를 심판하여 판결이 확정되었을 때에 그 기판력이 위 일죄의 어느 부분에까지 미치는지가 문제되고($^{그\ 이후\ 부분에\ 대하여는}_{새로운\ 재판이\ 가능하다}$), 범죄행위가 일시에 종결되는 일반적인 사건에서는 이와 같은 문제가 발생하지 아니한다[60]. 또한 계속범 등의 경우가 아니면 범죄의 일부에만 실체재판이 확정되어도 그 기판력은 범죄 전체에 미치기 때문에, 피해의 확대 등 사건 관련 사실관계에 실질적 변화가 있더라도 다시 기소하는 것은 허용되지 않는다. 더욱이 형사소송에서는 동일성 범위 내에서라면 민사소송에서 말하는 차단효가 절대적으로 미치기 때문에 민사소송에서와 같은 차단효가 미치지 않는 공격방어방법의 문제가 발생하지 않는다.

앞에서도 설명하였듯이 형사소송의 기판력의 물적 범위가 민사소송의 그것보다 더 넓다. 형사소송에서는 포괄일죄로서 물적으로는 공소사실의 동일성이 인정되더라도 시적으로는 사실심 판결선고 전의 범죄부분에만 기판력이 미치고 사실심 판결선고 후의 범죄부분에는

---

59) 물론 재판 중에 상해의 악화로 피해자가 사망하거나 사건 이후 피해자가 고소를 취소하는 등의 실체법적·소송법적 가변 요소가 없는 것은 아니지만 민사소송에 비하여는 현저히 적다. 더욱이 전자는 기판력의 물적 범위 문제이고 후자는 형식재판의 구속력 문제일 뿐 기판력의 시적 범위 문제도 아니다.
60) 이러한 점에 대하여 "예컨대 갑이 을의 물건을 10개 훔쳤다고 할 때 절도죄로 처벌받은 법률효과는 시간의 경과나 물건의 반환에 의하여 변하지 않는다(다만 친고죄나 반의사불벌죄인 경우 처벌 가부가 달라질 수 있고 일반 범죄에서도 변제나 합의 등은 양형에 큰 영향을 미친다). 그러나 민사소송에서는 피고가 원고에게 반환하는 물건의 수량에 따라 원고가 구하는 법률효과가 달라진다. 과거의 어떤 범죄사실은 시간의 경과에 의하여 변하지 않지만 법률효과 즉 사법상의 권리 또는 법률관계는 시간의 경과로 변동되므로 그 존부를 확정하려면 어느 시점에서의 권리관계가 문제되는가를 정하지 않으면 안되기 때문이다. 이것이 기판력의 시적 범위의 문제이다"라고 설명하는 분이 있다(강현중, 앞의 "기판력에 관한 연구", 110면). 적절한 설명이라고 생각된다.

기판력이 미치지 않기 때문에 그 부분은 별소 제기가 가능하다. 이처럼 형사소송법에서는 시적 범위 이론이 넓혀진 물적 범위를 제한하는 기능을 수행한다. 그러나 민사소송에서는 동일한 소유물 반환청구라 하더라도 변론종결 후에 발생한 매매 등 사유가 있으면 이제는 사실상 다른 소송물이 되기 때문에[61] 전체에 대하여 다시 제소할 수 있을 뿐이다. 즉 민사소송법에서는 시적 범위 이론에 그와 같은 제한 기능이 없는 것이다.

(2) 형사소송에서의 기판력의 표준시[62]

형사소송에서의 기판력의 표준시에 대하여도 사실심 변론종결시설, 사실심 판결선고시설, 판결확정시설 등 견해가 제시되어 왔고, '형사소송법이 변론재개를 허용하고 있고(제305조) 판결선고시까지 공소장변경을 통하여 심판대상을 확장 내지 축소할 수 있기 때문에 판결선고시가 맞다'고 보는 견해가 일반적이다[63]. 대법원의 태도도 이와 같아서 "판결의 확정력은 사실심리의 가능성이 있는 최후의 시점인 판결선고시를 기준으로 하여 그때까지 행하여진 행위에 대하여만 미치는 것으로서, 제1심 판결에 대하여 항소가 된 경우 판결의 확정력이 미치는 시간적 한계는 현행 형사항소심의 구조와 운용실태에 비추어 볼 때 항소심 판결선고시라고 보는 것이 상당한데, 항소이유서를 제출하지 아니하여 결정으로 항소가 기각된 경우에도 형사소송법 제361조의4 제1항에 의하면 피고인이 항소한 때에는 법정기간 내에 항소이유서를 제출하지 아니하였다 하더라도 판결에 영향을 미친 사실오인이 있는 등 직권조사사유가 있으면 항소법원이 직권으로 심판하여 제1심 판결을 파기하고 다시 판결할 수도 있으므로 사실심리의 가능성이 있는 최후시점은 항소기각 결정시라고 보는 것이 옳다"고 판시한 바 있다[64]. 다만 기판력의 표준시를 변론 재개와 관련하여 설명하고 있는 판례

---

61) 민사소송에서는 기판력의 시적 범위 문제를 물적 범위 문제의 일부로 다루는 견해도 있다. 이러한 입장에서는 기판력의 시적 범위가 의미 있는 것은 새로운 사실관계 없이 이행기의 도래와 같은 상황변화가 생긴 경우 뿐이라고 설명하고 있다(호문혁, 앞의 책, 769면).

62) 적용 법률의 기준시(사건의 어느 시점의 법률을 적용하여야 하는지의 문제)와 기판력의 표준시는 전혀 다른 문제이다. 형사사건에서 실체법은 행위시법주의가 원칙(다만 이후 피고인에게 유리하게 변경된 경우에는 재판시법 또는 중간시법을 적용할 수도 있다. 형법 제1조 제1항, 제2항)이고 절차법은 재판시법주의가 원칙이지만, 이는 당해 재판에서 통용되는 원칙이고, 동일한 내용의 후소에 영향을 주는 시적 기준인 표준시는 그와 개념을 달리한다. 적용 법률의 기준시 문제는 특히 사후심인 상고심과 확정 후의 재판인 재심·비상상고심에서 문제될 수 있다.

63) 김성돈, "확정판결에 의한 포괄일죄의 분리", 비교형사법연구 제2권 제2호, 한국비교형사법학회, 2000, 311면, 312면. 같은 취지, 박광민, "포괄일죄의 일부에 대한 추가기소와 확정판결에 의한 전후 사건의 분리", 형사판례연구 제11호, 박영사, 2003, 267면; 이병주, "상습범행 중간의 확정판결과 기판력의 범위", 재판실무연구(2005. 1.), 광주지방법원, 199면.

64) 대법원 1993. 5. 25. 선고 93도836 판결. 대법원 1973. 8. 31. 선고 73도1366 판결 등도 같은 취지. 특히 대법원

는 보이지 않는다.

생각건대, 변론재개와 공소장변경을 허용한다는 말은 사정이 발생하면 새로 변론을 열어 변론도 하고 공소장도 변경하라는 취지이므로, 오히려 판결선고시가 아니라 변론종결시설의 논거가 된다. 실제로 민사소송도 변론재개를 허용하고(제142조), 사실심 계속 중에는 청구취지 변경도 허용하면서(제262조 제1항), 사실심리의 가능성이 있는 최종시점인 사실심 변론종결시를 기준시점으로 하고 있다(제218조 참조). 아래에서 상세히 다루겠지만 형사소송에서도 변론종결시설을 취할 수 있는데, 그렇게 하면 변론을 재개하지 않고는 일체의 소송자료 제출이 불가능할 것이다. 민사소송에서는 현재의 법률관계에 대한 판단이기 때문에 시간의 흐름에 따른 법률관계의 변동이 심하여 일정 시점을 기준으로 그 때의 법률관계를 판단하여야 하고 일정 시점까지의 법률관계에 대한 자료를 상당시간을 두고 판단하여야 할 필요가 있기 때문에 판결선고시 보다 앞의 시점인 변론종결시를 기준으로 하지만(갑자기 소송자료가 제출되면 그 판단에 상당시간이 소요되고 상대방에게 공평한가의 문제도 발생하기 때문에 변론종결 후에는 변론을 재개하지 않고는 일체의 소송행위로서 판결에 영향을 줄 수 없다), 형사소송에서는 주로 과거의 사건에 대한 판단이기 때문에 시간의 흐름에 따른 법률관계의 변동이 크게 없고, 사건 외적인 영향이라 할 수 있는 고소취소장, 참고자료 등은 변론종결 후에 제출되더라도 판결에 반영하기가 별로 어렵지 않고, 상대방에 대한 공평의 문제가 발생할 여지도 적기 때문에 판결선고 전이기만 하면 변론 재개를 하지 않은 채로 법원에 접수시켜 재판에 반영할 수 있다. 다만 통설이 말하는 엄격한 증명의 대상인 사실에 대한 증거자료 제출은 공식적인 증거조사절차를 거쳐야 하기 때문에 변론을 재개하지 않으면 불가능하다.

민사소송에서도 청구의 기초가 바뀌지 않는 범위 내에서는 청구를 변경할 수 있지만, 사실심 변론종결 전일 것을 요건으로 하고 있다(제262조 제1항). 변론종결 후에 청구취지 변경신청이 들어와도 법원은 변론을 재개할 필요가 없다는 판례가 있지만[65], 이는 반드시 변론을 재개하여야 할 의무가 법원에 없다는 의미일 뿐 변론종결 후에는 청구변경을 위한 변론재개가 허용되지 않는다는 의미는 아닌 것으로 해석된다. 형사소송에서도 사실심 변론종결 후에 공소장변경을 신청하려면 변론재개를 함께 신청하여야 하고 공소장변경은 기존 공소

1983. 4. 26. 선고 82도2829 판결은 항소가 제기되었다면 항소기각이든, 파기자판이든 불문하고 항소심 판결선고시로 보았다.
65) 대법원 1970. 11. 24. 선고 70다1501 판결.

사실과 사이에 공소사실의 동일성만 인정된다면 허용하여야 하겠지만, 그 전제인 변론재개 자체는 법원의 재량적 판단으로 불허할 수 있는 것으로서 민사소송의 경우와 전혀 다르지 않다. 따라서 이러한 점은 민사소송과 형사소송에서의 기판력 표준시의 차이의 이유는 되지 못한다.

"민사소송은 변론기일과 선고기일이 엄격하게 구분되어 있고 변론기일이 아니면 변론하지 못하지만, 형사소송은 변론기일과 선고기일 구분 없이 공판기일 하나만 있을 뿐이고 공판기일에 변론과 선고를 함께 할 수도 있어 선고를 위한 공판기일에 변론재개 하여 변론을 위한 공판기일로 활용할 수도 있다. 민사판결서에는 변론 종결일자와 판결 선고일자가 기재되나 형사판결서에는 판결 선고일자만 기재된다"고 설명하는 분도 있다[66]. 그러나 변론기일·공판기일은 이름의 차이일 뿐이고 변론기일·공판기일이 아니면 변론하지 못하는 것은 민사소송이나 형사소송이 똑 같다. 형사소송에서도 즉일선고[67]만 아니라면 따로 선고기일을 지정하여야 하고(제318조의4 제1항, 제3항), 선고기일에는 필요적 변호사건이라도 변호인의 출석을 요하지 않으며(제282조) 검사의 출석도 요하지 않는다(제278조)[68]. 따라서 공판기일과 선고기일이 구분되지 않는 것이 아니라 선고기일이라도 변론을 재개하면 그날이 공판기일이 되기 때문에 변론할 수 있는 것 뿐이다.

"현실적으로 심판대상이 되지 아니한 부분에 대하여도 판결의 효력이 미치는 것이 그와 같은 부분도 공소장변경에 의하여 심판의 대상이 될 가능성이 있음을 전제로 한 것이라면, 공소장변경이 가능한 최종시점이 바로 사실심리의 가능성이 있는 최종시점으로서 판결의 기판력의 기준시점이 되는 것이라고 볼 수 있다. 따라서 확정판결의 기판력의 시간적 한계를 제1심 판결선고시로 볼 것인지 항소심 판결선고시로 볼 것인지의 문제는 항소심에서의 공소장변경의 가능성 여부에 따라서 판가름 나게 된다"는 견해도 있다[69]. 공소장변경이 항소심까지 가능하므로 항소심 판결시라는 논리는 맞지만, 공소장변경이 가능한 최종시점이 사실심리의 가능성이 있는 최종시점이라고 말하기는 어렵다. 민사소송에서도 청구의 변경이 항소심까지 가능하지만 판결선고시라고 하지는 않기 때문이다. 청구변경이 가능한 최종

---

66) 배종대/이상돈/정승환/이주원, 앞의 책, 765면.
67) 제318조의4 제1항은 즉일선고가 원칙이라고 규정하고 있지만, 실무에서 즉일선고는 극히 예외이다.
68) 법원실무제요 형사(Ⅱ), 법원행정처, 2014, 508면.
69) 윤용섭, "형사확정판결의 기판력이 미치는 시간적 범위", 법조 통권 제447호(1993. 12.), 법조협회, 126면.

시점이 아니라 실제로 변론재개 되어 청구변경이 있었던 시점(그것이 마지막 변론이었다면)이 최종 사실심리 시점이고 기판력의 표준시인 것이다. 형사소송에서 변론종결시가 아닌 판결시로 보는 이유는 뒤에서 살펴볼 바와 같이 변론종결 후 변론재개 없이도 일부 소송자료의 제출이 가능하기 때문이다.

3. 형사소송의 기판력의 표준시와 관련한 몇 가지 검토

(1) 상고심의 기판력의 표준시

상고심은 원칙적으로 법률심이지만 형사소송법 제383조 제3호, 제4호 사유의 경우와 민사소송법 제451조 제1항 단서에 의하여 재심사유로 상고하는 경우에는 실질적인 사실심이 된다. 이러한 경우에는 상고심에서도 공소장변경도 허용되고 기판력의 표준시도 상고심 선고시로 볼 수 있을까? 상고심의 성격에 대하여 설명하는 모든 문헌이 법률심으로만 설명하면서 위 문제에 대하여는 언급한 일이 없다. 그러나 저자는 위와 같은 경우에는 상고심도 사실심이기 때문에 공소장변경도 허용되고 기판력의 표준시도 상고심 선고시가 된다고 생각한다. 물론 대법원이 파기환송 해 버리면 결국 항소심 법원에서 공소장변경이 허용되고 기판력의 표준시도 항소심 선고시가 될 것이므로 위와 같은 상황은 파기자판의 경우에만 발생한다.

상고심 판단의 기준시점은 어떨까? 형사소송법 제383조 제2호는 제2심 판결 후 형의 폐지나 변경, 사면이 있는 경우를 상고이유로 함으로써 판단의 기준시점이 언제나 사실심 판결선고시는 아니라는 점을 명백히 하고 있다. 제3호나 제4호 사유가 있어 사실심으로 전환된 경우에는 사실관계가 달리 인정되고 공소장이 변경될 수도 있을 뿐만 아니라 고소취소 등 사유도 판결에 반영되어야 할 것이다. 즉 그러한 경우에는 사실심일 뿐만 아니라 속심이 되는 것이다. 만일 사실심이라도 사후심적 성격을 유지한다면 사실관계에 대하여 판단한 마지막 시점인 항소심 판결선고시가 표준시가 되어야 하겠지만, 사실심으로 넘어가면서 항소심 이후의 사실관계를 굳이 판단하지 아니하는 것은 현저히 정의에 반한다. 판단의 기준시점이 상고심 당시인데 기판력의 표준시가 항소심 판결선고시라고 하는 것은 전혀 불합리하다. 예컨대 무면허 의료행위로 기소되어 제383조 제4호 사유로 파기자판 하면서 항소심 판결선고 이후에도 계속된 무면허 의료행위 부분을 처벌 판단에 포함시키지 못한다고 볼 이유가 없고, 혹 실제로는 이를 판단하지 않았다고 하더라도 잠재적 심판의 대상이 되었으니 기판력은 미친다고 보아야 할 것이다.

이러한 논리는 상고심이 법률심이기 때문이라고 설명할 수도 있지만, 근본적으로는 사후심이기 때문이라고 설명하는 것이 더 정확하리라 생각된다. 사실관계를 판단하지 않는 법률심은 당연히 사실관계에 관한 하급심의 판단 자체를 판단의 대상으로 삼아야 하기 때문에 사후심이 되지만, 사실심은 복심이나 속심이 아닌 사후심으로 할 수도 있기 때문이다. 일본의 경우가 그러하다. 일본의 구 형사소송법은 항소심을 복심으로 구성하고 있었으나, 현행 형사소송법은 항소심을 원칙적 사후심으로 바꾸었다(제372조 내지 제404조 참조). 따라서 지금 일본의 항소심은 사실심이면서도(제382조, 제392조, 제393조 등 참조) 사후심이다. 일본에서는 기판력의 표준시에 대하여 제1심판결 선고시설도 없지 않지만, 다수설은 '원칙적으로는 제1심판결 선고시이지만 항소심에서 파기자판하는 경우에는 항소심 판결선고시'로 보고 있고[70], 판례의 태도도 그러하다[71]. 이러한 점은 우리나라 상고심에서 예외적으로 파기자판되는 경우에도 시사하는 바가 크다고 생각된다.

(2) 재심과 비상상고심의 기판력의 표준시

재심 심판절차에서 원판결 당시의 법령이나 정상관계가 기준이 되는지 재심판결 당시의 법령이나 정상관계가 기준이 되는지 문제된다. 대법원은 재심판결 당시의 법령, 즉 재판하고 있는 현재의 법령이 적용되어야 하기 때문에 원판결 이후 법령이 변경되면 법원은 변경된 법률을 적용하여야 하며 법령을 해석할 때에도 재심판결 당시를 기준으로 하여야 하며(대법원 2011. 10. 27. 선고 2009도1603 판결), 양형과 관련하여서도 원판결 이후의 새로운 정상도 참작하여야 한다고 판시한 바 있다(대법원 1996. 6. 14. 선고 96도4777 판결). 재심에서도 공소장변경은 허용되지만 우리 형사소송법이 이익재심만 허용하는 취지에 따라 피고인에게 불리한 공소장변경은 허용되지 않는다는 것이 통설이다[72]. 이에 따르면 재심에서 공소사실이 추가될 가능성은 없어 영업범 등에서 원판결 이후의 범죄부분은 잠재적으로도 심판의 대상이 되지 않기 때문에 기판력의

---

70) 上口裕, 刑事訴訟法(第4版), 成文堂, 2015, 565면, 566면. 물론 일본 형사소송법 제411조 제3호와 제4호도 사실오인과 재심사유를 상고이유로 하고 있어 사실심인 상고심을 허용하고 있지만, 이러한 파기자판에서의 기판력의 표준시에 관한 별도의 논의는 없는 것으로 보인다.
71) 東京高等裁判所 1971. 11. 29. 東京刑時報 第22券 第11号 318頁.
72) 신동운, 앞의 책, 1702면 등.

표준시도 원판결 선고시로 보아야 할 것이다.

그러나 비상상고심은 원판결 또는 소송절차의 법령위반 판단시 원판결 당시의 법령을 기준으로 한다는 견해가 통설일 뿐만 아니라[73] 비상상고심 자체가 법률심이어서 공소장변경이 허용되지도 않는다. 따라서 비상상고가 제기되더라도 기판력의 표준시에는 영향이 없다고 보아야 할 것이다.

(3) 형사소송의 기판력의 표준시로 판결선고시가 적절한지

통설과 판례가 형사소송의 표준시를 사실심 판결선고시로 보고 있지만 변론재개 제도가 있기 때문에 변론종결 후에 변론, 즉 주장과 입증자료를 제출하려면 먼저 변론을 재개하여야 한다. 그러나 여기에서의 주장과 입증이란 범죄성립요건이나 소송조건에 관한 주장 입증을 말할 뿐 정상관계 자료 등은 여기에 해당하지 않는다. 따라서 당사자, 특히 피고인은 변론종결 후에 변론재개 없이도 합의나 변제 등의 정상관계 자료 등을 제출할 수 있고[74] 그것이 그대로 판결에 반영된다. 물론 법원은 의문이 있으면 변론을 재개하여 검사에게 그와 같은 자료가 제출되었음을 고지하고 그 진위나 경위, 당부 등에 대한 반박의 기회를 부여할 수 있겠지만, 대부분의 경우 검사에게 위와 같은 기회가 부여되지 아니한 채 판결이 선고되고 있다. 이러한 문제점은 판단의 기준시 즉 기판력의 표준시가 변론종결시가 아닌 판결선고시이기 때문에 발생하는 것이다.

상습범이나 영업법과 같은 포괄일죄의 경우 변론종결시까지는 범법행위를 자제하다가 변론이 종결되고 나면 판결선고까지 사이에 다시 범법행위를 반복하더라도 그 전체가 기판력 범위에 포함되어 향후로도 처벌할 수 없게 되는 문제점이 있다. 실제로 심판되거나 적어도 심판될 수 있었던 범위까지만 기판력이 미치는 것이 옳은데, 변론종결 후에 변론재개가 없는 상황이라면 그 부분의 범죄는 사실상 심판될 수 있었던 범위에 포함되지 않는다. 따라서 변론종결시까지는 계속되는 범법행위를 검사가 알지 못하여 공소사실에 포함시키지 못한 것을 검사의 귀책으로 보아 기판력에 포함시킨다고 하더라도, 그 이후의 범법행위는 기

---

73) 신동운, 앞의 책, 1713면 등.
74) 심지어 그간의 쟁점에 대한 입장 정리 등 변론에 해당하지 않을 정도의 자료를 '의견서' 또는 '참고자료'라는 이름으로 제출하기도 한다. 오랜 관행에 따라 변론요지서가 변론종결 후에 법원에 제출되고 검사에게는 교부되지 않는 것도 같은 맥락이다.

판력에서 제외하는 것이 논리적으로도 옳다. 그렇게 하려면 기판력의 표준시를 변론종결시로 설정하여야 한다[75].

　표준시를 사실심 변론종결시로 바꿀 때의 문제점을 살펴보자. 우선 변론종결 후 고소취소장 등 소송자료를 제출하려 하면 반드시 변론을 재개하여야 한다. 선고기일에는 검사가 출석하지 아니하는 경우가 많으므로 선고기일 법정에서도 즉시 변론을 재개하기가 어려울 때가 많을 것이다. 신속한 재판과 소송경제 이념에 반하고 법원의 업무량 부담이 증가한다는 것은 문제가 될 수 있다. 소년범의 나이도 판결선고시 기준이 아닌 변론종결시 기준으로 바꾸어야 하고, 재판시법주의가 적용되는 경우(형법 제1조 제2항 등)에는 판결선고시가 아니라 변론종결시 기준으로 바꾸어야 할 것이다.

　특히 변론종결 후 피고인의 사망, 법인의 소멸이 있는 경우가 문제될 수 있다. 피고인의 사망과 같은 불가벌의 절대적 사유에 대하여는 변론종결 후 판결선고 전에 발생한 경우 변론종결 후의 승계인에게 기판력이 확장되는 민사소송과는 달리 엄격한 자기책임주의가 실현되는 형사소송에서 변론종결시설을 맹종하여 실체판결을 할 필요는 없을 것이다. 다만 사망을 가장한 도피의 가능성 등이 있을 수 있으므로 이런 경우에는 직권으로라도 변론을 재개하여 검사에게 의견개진의 기회를 주는 것이 좋을 것으로 생각된다. 변론종결 후 법인이 타 법인에 승계된 경우에는 승계받은 법인에 형벌을 집행하는 문제가 발생할 수 있다.

　결국 표준시를 사실심 변론종결시로 바꾸면 참고자료 제출 등에 있어 절차상 다소 복잡하고 번거로운 문제가 발생하는 반면, 판단의 기준시점이 명확해지고 법원이나 검사도 기준시점의 상황만 고려하면 이후의 예상하지 못한 상황변화를 염려할 필요가 없는[76] 등의 장점이 발생한다. 위와 같은 장단점을 종합할 때 어느 쪽이 더 좋을지는 형사정책적 선택의 문제이지만, 저자로서는 약간의 복잡함과 번거로움을 감수하고라도 명확성, 예측가능성을

---
75) 이와 같은 문제는 변론종결일에 판결을 선고하면 해결될 수 있다. 실제로 2007년 개정 형사소송법은 원칙적으로 변론종결일에 판결을 선고하도록 권유하고 있다(제318조의4). 그러나 개정 형사소송법 스스로도 인정하듯이 즉일선고가 언제나 가능한 것은 아니다. 더욱이 신속한 재판이나 소송경제 보다는 신중한 판결이 훨씬 더 중요한 덕목이며, 단독이든 합의부든 주문 도출을 위해 1-2주 정도의 검토·숙려기간은 반드시 필요할 뿐만 아니라, 판결서를 작성하는 과정에 다시 한 번 과오가 없는지 되돌아보는 기회를 가질 필요가 있다는 점 등을 고려할 때 대부분의 경우(음주운전에 대한 벌금 선고와 같이 형량이 거의 정형화되어 있는 일부 범죄 제외) 즉일선고가 바람직하지 않다는 것이 저자의 소신이다.
76) 이러한 명확성은 결국은 피고인에게도 재판 준비나 결과의 예측 등에 도움이 될 것이다.

얻는 것이 더 큰 이득이 될 뿐만 아니라, 민사소송과 형사소송에서 굳이 다르게 보아야 할 이유가 없는 부분이라면 가급적 법리를 통일하여 동일한 기준을 적용하는 것이 장기적으로 좋다고 생각된다. 요컨대 형사소송에서도 사실심 변론종결시를 표준시로 도입하자는 취지이다.

V. 나가며

민사소송과 형사소송은 목적과 이념상의 차이 때문에 많은 법리적 차이가 발생하기도 하지만, 소송이라는 보편성과 권리보호, 법질서 유지, 진실발견, 소송경제 등의 공통의 이념들에서 발현되는 적지 아니한 공통점들이 있는 것도 사실이다. 이러한 차이점과 공통점들을 잘 검토 분석해 보면 서로 참고할 수 있는 시사점들을 적잖이 발견할 수 있다. 이 글에서 저자는 ① 기판력의 발현형태에 대해 형사소송 뿐만 아니라 민사소송에서도, 본안판결(실체판결) 뿐만 아니라 소송판결(형식판결)에서도 반복금지설로 통일하는 것이 적절하고, ② 기판력의 물적 범위에 대해 민사소송에서는 너무 좁게 파악하여 분쟁의 1회적 해결에 문제점이 발생하고 반대로 형사소송에서는 너무 넓게 파악하여 형사사법정의 실현에 문제가 발생하기 때문에, 민사소송에서는 소송물 개념을 좀 더 실질적으로 파악한다든가 이유로만 판단되는 쟁점을 중간확인의 소로 유도하는 등의 방법으로 가급적 기판력이나 구속력의 범주로 끌어들이고, 형사소송에서는 공소사실 동일성의 판단기준을 정립하고 상습범의 법리를 재검토하며 명백히 피고인에게 귀책이 있는 경우에는 기판력을 배제하는 제도의 창설을 고려할 수 있으며, ③ 기판력의 시적 범위와 관련하여 형사소송에서도 민사소송과 같이 사실심 판결선고시가 아닌 사실심 변론종결시를 표준시로 도입하는 방안을 검토해 보았다.

지금까지 우리 소송법학계나 실무계는 형사소송과 민사소송으로 양분되어 연구나 입법 등에 있어서도 전혀 교류가 없었지만, 미국 등의 사례에서 보듯이 공통적으로 활용할 수 있는 법규나 해석, 연구 등이 결코 적지 않다. 저자는 이 글에서 기판력과 관련한 일부 분야만을 다루면서도 민사소송법과 형사소송법 상호간에 참고하거나 도입할만한 법리가 적지 않음을 다시 한 번 확인하였다. 앞으로 이러한 방식의 연구가 여러 분야에서 시도되기를 바라본다.

포괄일죄의 일부에 대한 확정판결의
기판력과 죄수 문제[1]

○ 대상판결1 : 대법원 2000. 2. 11. 선고 99도4797 판결

원래 실체법상 상습사기의 일죄로 포괄될 수 있는 관계에 있는 일련의 사기 범행의 중간에 동종의 죄에 관한 확정판결이 있는 경우에는 그 확정판결에 의하여 원래 일죄로 포괄될 수 있었던 일련의 범행은 그 확정판결의 전후로 분리되고, 이와 같이 분리된 각 사건은 서로 동일성이 있다고 할 수 없어 이중으로 기소되더라도 각 사건에 대하여 각각의 주문을 선고하여야 한다.

○ 대상판결2 : 대법원 2010. 7. 8. 선고 2010도1939 판결

상습사기의 범행이 단순사기죄의 확정판결의 전후에 걸쳐서 행하여진 경우에는 그 죄는 두 죄로 분리되지 않고 확정판결 후인 최종의 범죄행위시에 완성되는 것이므로, 피고인의 이 사건 상습사기의 범죄는 2003. 8. 17. 확정된 단순사기죄와의 관계에서 그 후에 이루어진 포괄일죄의 범행으로 봄이 상당하다. 따라서 피고인의 판시 제2.가.의 죄에 대하여 위 확정판결 이전의 범행이라는 이유로 형법 제37조 후단, 제39조 제1항을 적용하여 피고인을 두 개의 형으로 처단한 원심판결에는, 죄수 및 경합범에 관한 법리를 오해함으로써 법령의 적용을 그르친 잘못이 있고 이는 판결 결과에 영향을 미쳤음이 분명하다.

○ 참고판결1 : 대법원 2000. 3. 10. 선고 99도2744 판결

상습범에 있어서 공소제기의 효력은 공소가 제기된 범죄사실과 동일성이 인정되는 범죄사실의 전체에 미치는 것이므로 상습범의 범죄사실에 대한 공판심리 중에 그 범죄사실과 동일한 습벽의 발현에 의한 것으로 인정되는 범죄사실이 추가로 발견된 경우에는 검사는 공소장변경절차에 의하여 그 범죄사실을 공소사실로 추가할 수 있다고 할 것이나, 공소제기된 범죄사실과 추가로 발견된 범죄사실 사이에 그것들과 동일한 습벽에 의하여 저질러진 또다른 범죄사실에 대한 유죄의 확정판결이 있는 경우에는 전후 범죄사실의 일죄성은 그에

---

[1] 이 글은 저자와 김현조 박사가 공동으로 쓴 글을 저자가 다시 다듬은 것이라는 점을 밝혀둔다. 이 글을 이 책에 담을 수 있도록 허락해 준 김현조 박사에게 깊은 감사의 뜻을 표한다.

의하여 분단되어 공소제기된 범죄사실과 판결이 확정된 범죄사실만이 포괄하여 하나의 상습범을 구성하고, 추가로 발견된 확정판결 후의 범죄사실은 그것과 경합범 관계에 있는 별개의 상습범이 되므로, 검사는 공소장변경절차에 의하여 이를 공소사실로 추가할 수는 없고 어디까지나 별개의 독립된 범죄로 공소를 제기하여야 한다.

○참고판결2 : 대법원 1982. 2. 23. 선고 81도3277 판결

확정판결 선고 전의 범행(특정범죄가중처벌법 제5조의4 제1항 소정 상습절도)이 확정판결과 포괄일죄를 이루고 있어서 면소판결을 할 것이나 그 부분이 확정판결 후의 범행과 포괄일죄로 기소되었고 그 중 확정판결 후의 범행이 유죄라 하여 형을 선고하는 경우에는 따로 주문에서 면소의 선고를 하지 않는다.

○참고판결3 : 대법원 2004. 9. 16. 선고 2001도3206 전원합의체 판결

상습범으로서 포괄적 일죄의 관계에 있는 여러 개의 범죄사실 중 일부에 대하여 유죄판결이 확정된 경우에, 그 확정판결의 사실심판결 선고 전에 저질러진 나머지 범죄에 대하여 새로이 공소가 제기되었다면 그 새로운 공소는 확정판결이 있었던 사건과 동일한 사건에 대하여 다시 제기된 데 해당하므로 이에 대하여는 판결로써 면소의 선고를 하여야 하는 것인바(형사소송법 제326조 제1호), 다만 이러한 법리가 적용되기 위해서는 전의 확정판결에서 당해 피고인이 상습범으로 기소되어 처단되었을 것을 필요로 하는 것이고, 상습범 아닌 기본 구성요건의 범죄로 처단되는 데 그친 경우에는, 가사 뒤에 기소된 사건에서 비로소 드러났거나 새로 저질러진 범죄사실과 전의 판결에서 이미 유죄로 확정된 범죄사실 등을 종합하여 비로소 그 모두가 상습범으로서의 포괄적 일죄에 해당하는 것으로 판단된다 하더라도 뒤늦게 앞서의 확정판결을 상습범의 일부에 대한 확정판결이라고 보아 그 기판력이 그 사실심판결 선고 전의 나머지 범죄에 미친다고 보아서는 아니된다.

Ⅰ. 들어가며

계속범, 영업범[2], 상습범과 같이 범죄 개시로부터 종료까지 사이에 당연히 또는 대체로 상당시간을 요하는 포괄일죄에 있어서 그 중간에 동종범죄의 확정판결이 개입하는 경우가

---
[2] 영업범과 직업범을 구별하는 견해도 있으나(신동운, 형법총론(제13판), 법문사, 2021, 789면 등), 구별의 기준도 명확하지 않고 구별의 실익도 크지 않으므로 이 글에서는 영업범으로 통칭하기로 한다.

있다. 이러한 경우 확정판결 전의 행위부분과 그 후의 행위부분의 관계가 어떠한지가 문제된다. 대법원은 대상판결1에서 원래 포괄일죄였던 상습범죄가 확정판결 전과 후로 분리되어 2개의 죄가 되고, 분리된 각 죄에 대하여 따로 주문을 선고하여야 한다고 판시하였다. 참고판결1도 같은 취지이다. 그러나 그 전에 나온 참고판결2에서는 상습범죄의 중간에 동종의 확정판결이 있더라도 상습범죄가 2개의 죄로 분리되지 않고 1죄성을 유지하되, 다만 확정판결 선고 전 부분만 판결 이유에서 면소로 판단하면 족할 뿐 따로 주문에서 면소를 선고하여야 하는 것은 아니라고 판시하였다. 결과적으로 대상판결1과 참고판결1은 대법원의 전원합의체 판단을 거치지도 아니한 채 참고판결2의 취지를 변경한 것이다.

대상판결1은 실체법상 1죄인 포괄일죄의 일부분에만 기판력이 미쳐 그 부분은 면소가 되고 나머지 부분은 유죄 등 실체판결을 내려야 한다는 발상에 기인한 것으로 보이는데, 원래 1개이던 죄가 어느 시점에 내려진 판결의 확정에 의하여 (판결의 확정 시점도 아닌 최종 사실심 선고시점을 기준으로) 2개의 죄로 분리된다는 논리가 쉽게 수긍되지는 않는다. 참고판결2를 따르려 한다면 1죄의 일부에만 기판력이 미칠 수 있다는 논거를, 대상판결1을 따르려 한다면 확정판결을 계기로 1죄가 2개의 죄로 분리된다는 논거를 설명하여야 할 것이다.

대법원은 이러한 문제를 주로 상습범에서 판단하고 있는데, 영업범이나 계속범에서는 어떠한지도 의문이다. 상습범은 습벽에 의한 범죄이기만 하면 1회의 범죄라도 성립할 수 있다는 견해가 일반적이므로 미리 특정 행위의 반복을 예상하여야 할 필요는 없다. 그러나 영업범은 처음부터 동종 행위의 반복이 예정되어 있는 점, 계속범은 특정 범죄행위가 상당시간 지속될 것이 당연한 요건으로 되어 있는 점 등에서 상습범과는 차이가 있어 확정판결을 전후한 죄수 문제에서 다른 논리가 나올 수도 있기 때문이다. 대법원은 참고판결3을 통하여 포괄일죄인 상습범을 2개의 죄로 분리하는 확정판결은 상습범의 확정판결만을 말한다고 판시함으로써 대상판결1에 의한 분리효과가 적용될 수 있는 범위를 대폭 축소하였다[3]. 대상판결2에서는 종래 2개의 죄로 분리될 수 있었을 상습범죄가 참고판결3의 논리로 분리되지 않고 최종 범죄행위시에 종료된 1죄로 인정되었다. 대상판결1의 취지에 따라 확정판결 전후의 2개의 죄로 분리된다고 보는 견해는 이제는 참고판결3의 취지를 반대하지 않는다면 왜 상습범죄의 확정판결만 분리효를 가지고 비상습범죄의 확정판결은 분리효를 가지지 못

---

[3] 이 글에서 참고판결3의 당부를 논할 생각은 없다.

하는지도 함께 설명하여야 할 것이다.

이 글에서는 우선 상습범죄의 중간에 동종 범죄의 유죄의 확정판결이 있는 경우 포괄일죄가 확정판결 전후의 2개의 죄로 분리되는지 여부를 살펴보면서, 특히 분리설이 주장하는 논거에 대하여 구체적으로 검토하고(Ⅱ), 계속범과 영업범에서도 위와 같은 논리가 동일하게 적용될 수 있는지를 살펴본 후(Ⅲ), 나아가 유죄판결이 아니라 무죄판결이 확정된 경우에도 위와 같은 논리가 동일하게 적용될 수 있는지를 검토하면서(Ⅳ) 저자 나름의 결론으로 (Ⅴ) 이 글을 맺으려 한다.

Ⅱ. 확정판결에 의한 상습범 포괄일죄의 분리 여부

1. 학설 대립

포괄일죄의 중간에 동종 범죄의 확정판결(주로 유죄판결이 될 것이다)이 있는 경우[4] 포괄일죄가 1죄성을 유지하는지 아니면 확정판결 전후의 2개의 죄로 분리되는지에 대하여 분리설과 비분리설이 대립하고 있다. 비분리설은 다시 포괄일죄가 확정판결 이전에 행하여진 범죄로 보는 범죄개시시설과 확정판결 이후에 범하여진 범죄로 보는 범죄종료시설로 나누어진다[5].

분리설은 동시재판의 가능성을 강조하는 범죄개시시설의 장점을 채택하면서도 공소시효 기산 문제나 공범 가능성 문제를 보완하는 학설이다. 그러나 동시재판의 가능성 유무만으로 1죄성의 한계를 설정하는 것이 필연적인지는 의문이다. 그리고 분리설은 형법상 경합범의 틀을 유지하기 위해서는 확정판결과 동시에 재판을 받을 가능성이 있었던 범죄와 그럴 가능성이 없었던 범죄로 양분하여야 하는 것으로 이해하지만, 반드시 그렇게 양분하여야 하는지도 의문이다. 생각건대 1죄의 일부는 동시재판의 가능성이 있었다고 하더라도 동시재판이 이루어지지 않고 재판이 확정된 이상 그 일부를 나머지 부분과 아울러서 1죄를 구성한다고 보더라도 불합리한 점이 전혀 없다. 상습범이나 영업범, 계속범 이외의 범죄를 놓고

---

[4] 대법원은 동종범죄의 확정판결이 있는 경우와 달리 이종범죄의 확정판결이 있는 경우에는 포괄일죄가 분리되지 않는다고 보고 있다(대법원 1986. 2. 25. 선고 85도2767 판결 등). 이종범죄 뿐만 아니라 동종범죄의 확정판결에도 포괄일죄가 분리되지 않는다는 저자의 입장에서는 이종범죄의 확정판결의 경우는 논할 필요도 없다고 생각된다. 동종범죄의 확정판결의 경우에는 기판력의 시적 문제가 발생하지만, 이종범죄의 확정판결의 경우에는 기판력이 처음부터 미치지 않기 때문에 기판력의 시적 문제도 발생하지 않기 때문이다.
[5] 각 학설의 구체적인 내용에 관하여는 박채규, "상습범의 중간에 확정판결이 있을 때의 몇가지 문제", 사법논집 제10집, 법원행정처, 1979, 514-522면 참조.

생각해 보면 그 중간에 다른 확정판결이 있다고 하여 위 범죄가 양분된다고 생각할 수 없듯이, 상습범 등도 원칙적으로 1죄로 처단하지 않으면 안 된다. 또한 분리설은 본래 1죄였는데 중간에 다른 죄의 확정판결이 들어있다는 우연에 의하여 분리되어야만 하는 이유에 대하여 명확한 해답을 주지 못하고 있다[6].

비분리설 중 범죄개시시설은 동시재판의 가능성이 있었던 범죄는 형법 제37조 후단 경합범이 되어야 한다는 점, 즉 상습범죄는 1죄인데 그 개시시에 이미 확정된 범죄와 동시재판의 가능성이 있었다는 점을 강조하고 있다. 그러나 이 견해는 범죄 종료시에 공소시효가 기산하는 점, 그때까지는 공범이 성립할 수 있는 점 등과 조화되기 어렵다[7]. 또한 이 견해에 따르면 확정판결 후의 상습범까지도 모두 확정판결의 기판력에 저촉되어 불가벌이 되는데, 이는 법감정에 크게 반하게 되고 범죄자에 의해 악용될 소지가 크다.

범죄종료시설에 대하여는 1인이 수개의 죄를 범한 경우에 어떤 죄에 관하여 확정판결이 있을 무렵 그 확정판결 이전에 이미 범죄가 성립하였으면 동시재판의 가능성이 있으므로 경합범 관계에 있다고 보아야 함에도 불구하고, 상습범을 확정판결 이후의 범죄로 봄으로써 그 죄와 경합범 관계가 되지 않는 것이라고 하는 것은 경합범 규정을 둔 형법의 취지에 반한다는 비판이 제기된다[8]. 상습범과 같은 포괄일죄의 특수성을 고려할 때 경합범에서의 동시재판의 가능성이라는 점을 지나치게 강조할 필요는 없다. 또한 대법원은 포괄일죄 중간에 이종(異種) 범죄가 끼어있는 경우 포괄일죄가 분리되지 않는다는 점과 이러한 경우 포괄일죄는 확정판결 후의 범죄로 다루어져야 한다는 점을 명백히 하였다[9]. 이러한 논리는 대상판결2에서도 마찬가지이다. 포괄일죄의 중간에 동종 범죄가 끼어있는 경우에도 비분리설을 취한다면 범죄종료시설을 취하는 것이 더 적절해 보인다.

그런데 대상판결1 이후 실무[10] 뿐만 아니라 학계의 주류[11]도 분리설의 입장을 수용하고

---

6) 박채규, 앞의 논문, 524-526면.
7) 박채규, 앞의 논문, 522-523면.
8) 박채규, 앞의 논문, 523면.
9) 대법원 1986. 2. 25. 선고 85도2767 판결.
10) 안철상, "상습사기의 범행의 중간에 동종의 죄에 관한 확정판결이 있는 경우 확정판결 전후의 각 사건 사이에 동일성이 인정되는지 여부", 대법원판례해설 제34호, 법원행정처, 2000, 910-915면.
11) 신동운, 신형사소송법(제5판), 법문사, 2014, 1510면; 이재상/조균석/이창온, 형사소송법(제13판), 박영사, 2021,

있다. 아래에서 분리설이 주장하고 있는 논거의 타당성에 대하여 구체적으로 검토해 보자.

2. 분리설의 논거에 대한 구체적 검토

(1) 수죄 이론과 기판력 범위론의 충돌

가. 1죄의 일부에만 기판력이 미칠 수는 없는지

분리설은 참고판결1의 문제, 즉 포괄일죄로 평가받는 상습범의 범죄사실에 대한 공판심리 중에 그 범죄사실과 동일한 습벽의 발현으로 인정되는 범죄사실이 추가로 발견된 경우 근본적으로 실체적 정의의 요청에 따를 것인지 법적 안정성을 중시할 것인지의 문제이고, 만약 포괄일죄의 중간에 있는 확정판결이 기판력의 효력을 차단시키는 소송법적 효과만 가진다면 '실체법상 1죄는 소송법상으로도 1죄(또는 1개의 사건)'라는 원칙에 반하게 된다고 주장한다[12]. 분리설은 결국 새로운 결의, 즉 '고의의 갱신'을 근거로 포괄일죄는 확정판결 전후의 2개의 죄로 분리된다는 논리의 전개를 통하여 판례의 입장을 합리화하려는 것으로 보인다. 분리설은 과연 위에서 말한 실체적 정의 문제와 법적 안정성 문제를 모두, 또는 어느 하나라도 해결할 수 있을까?

분리설은 기판력의 범위(특히 시적 범위) 문제와 죄수 문제를 혼동(또는 동일시)하고 있는 것으로 보인다. 죄수는 범죄행위의 내용이나 성질, 법률규정에 의하여 결정되며, 법원은 이러한 요소들을 해석하여 죄수를 판단할 뿐이다. 죄수는 판결에 의하여 결정되는 것이 아니라 범죄 자체의 속성에 의하여 이미 정해져 있는 것이다. 판결이 언제 있었는지, 그 효력이 어디까지 미치는지 등은 죄수 결정에 아무런 영향을 주지 않는다. 1죄 중 시간적 일부에만 기판력이 미치는 것도 얼마든지 가능하다. 이 때문에 기판력의 시적 범위론이 나오는 것이다. 1죄의 일부만 기판력의 시적 범위에 해당하면 그 부분은 기판력이 미치므로 면소의 대상이 되고, 나머지 부분은 실체판결이 가능하게 된다. 즉 기판력의 시적 범위로 1죄의 일부를 제한하면 위와 같은 죄수론의 문제가 처음부터 발생하지 않는다. 이렇게 '죄수의 문제가 아니라 기판

775면 등. 한편 배종대/이상돈/정승환/이주원, 형사소송법, 홍문사, 2015, 766면, 신양균, 신판 형사소송법, 화산미디어, 2010, 934, 963면도 참고판결1만 소개하고 다른 설명이 없는 점에 비추어 같은 취지인 것으로 보인다.

12) 박광민, "포괄일죄의 일부에 대한 추가기소와 확정판결에 의한 전후사건의 분리", 저스티스 제68호, 한국법학원, 2002, 258-260면.

력의 시적 범위 문제에 불과하다'고 해석하면 '실체법상 1죄는 소송법상 1죄'라는 원칙에도 거스르지 않고, 기판력의 적용·부적용의 경계도 명확하게 하여 법적 안정성도 유지할 수 있는 것이다. 명백히 가벌성 있는 행위임에도 처벌할 수 없는 경우가 발생한다는 문제가 남는 것은 사실이지만, 이는 분리설에 의하더라도 피할 수 없는 결과이므로 분리설, 비분리설의 문제가 아니다. 결국 상습범 등 포괄일죄 체제를 지금과 같이 유지할 것인지의 형사정책적 문제로 귀결될 뿐이다.

분리설에서는 "일단 인정된 포괄일죄가 확정판결 전후로 양분된다는 설명 방식은 '실체법상 1죄는 소송법상으로도 1죄'이라는 원칙[13]을 포기하는 듯한 인상 또는 오해를 초래할 우려가 있기 때문에, 확정판결 이후의 행위를 애초부터 포괄일죄의 구성부분으로 보지 않는다는 이른바 '실체법적 해결방안'을 찾아내는 것이 문제의 소지를 최소화하고, 이렇게 이론구성해야 '소송법적 현상에 의해 실체법상 1죄가 분리된다'는 결과(죄수관계 원칙론을 무너뜨리는 결과이다)를 피할 수 있을 것"으로 판단하고 있다[14]. 그러나 포괄일죄라는 사실은 처음부터 변하지 않는 것이지만, 기판력은 1죄의 시간적 일부에 대하여만 미칠 수 있다. 분리설에 의하면 확정판결 이전의 범죄행위(특히 확정판결된 사건보다 후에 발생한 범죄행위)는 이후 확정판결이 선고되고 나서야 비로소 포괄일죄의 구성부분인지 여부가 결정된다는 논리가 되는데, 범죄행위 자체와는 전혀 무관하고 우연히 개입하게 된 확정판결이 포괄일죄 여부를 결정한다는 논리는 쉽게 수긍하기 어렵다.

"상습범을 1죄로 보는 경우 확정판결 이후의 상습범행도 처벌할 수 없다는 문제를 해결하기 위해 종래 기판력의 시적 한계(혹은 범위)라는 이름으로 기판력의 물적(혹은 객관적) 범위를 일정한 시점까지로 제한하고자 하였으므로, 이러한 전제 하에서 보면 판결선고에 의하여 선고

---

[13] "실체법상 죄수와 소송법상 죄수가 반드시 동일한 것은 아니다. ① 상상적 경합이 그러하고, ② 실체적 경합이라도 수개의 범죄가 직접적으로 연결되어 있어 그 중 어느 하나라도 독자적으로 분리하여 다루면 하나의 생활상태를 부자연스럽게 바라보는 것이 될 때에는 소송법상 1개의 사건으로 볼 수 있고, ③ 수개의 범죄가 1개의 목적을 위하여 동시에 또는 수단·결과 관계에서 행하여진 경우에도 소송상 1죄(제208조 제2항)가 된다"는 견해가 있다(김성돈, "확정판결에 의한 포괄일죄의 분리", 비교형사법연구 제2권 제2호, 한국형사법학회, 2000, 314면). ①은 적절한 예가 맞다. 그러나 ②는 견련범, 연속범을 의미하는 듯한데 우리나라에서는 견련범을 소송법상 일죄로 보지 않으며, 연속범 역시 구 형법에서는 과형상 일죄로 하였지만 현행 형법에서 그 규정이 폐지되어 이제는 포괄일죄로 보는 견해가 일반적이고 경합범으로 보는 견해도 일부 있지만 '실체법상 수죄이면서 소송법상 1죄'로 보는 견해는 없는 듯하다. ③은 재구속 제한이라는 특수 목적에만 적용되는 기준으로 제시된 것으로서 공소사실의 동일성 또는 기판력의 범위 등과 직결된 죄수 개념으로 판단하였다고 보기는 어렵다.
[14] 김성돈, 앞의 논문, 313-315면.

전후의 포괄일죄는 소송법상 2개의 죄로 나누어지고 별개의 사건이 된다"는 주장도 있다[15]. 그러나 기판력의 시적 범위는 하나의 사건 중 일부에 대하여만 기판력이 미치는 이치를 설명하는 도구이고, 분리설은 별개의 죄가 되어 당연히 기판력이 미치지 않게 된다는 논리이므로, 양자는 전혀 다른 논리전개 방법이다. 분리설은 그러한 차이를 인식하지 못하고 있는 것이 아닌가 생각된다.

나. 기판력의 물적 범위와 시적 범위가 일치하여야 하는지

분리설에서는 "대법원이 기판력의 시적 한계를 사실심리의 가능성이 있는 최종시점에 두고 있는 것은 그 시적 한계를 긋기 이전에 확정판결의 기판력이 미치는 물적 범위가 사실상 결정되어야 하기 때문"이라고 하면서 "기판력의 시적 한계와 물적 범위를 일치시키기 위해서는 다시 확정판결 후의 행위부분이 실체법적으로도 확정판결 이전의 행위부분과 독립된 별개의 행위부분임을 근거지워야 하는데, 그 근거는 포괄일죄로 평가되기 위해 갖추어야 할 1죄성 요건의 충족 여부에서 찾을 수 있다"고 주장한다[16]. 이러한 주장은 대상판결1과 마찬가지로 기판력이 포괄일죄 중 일부에만 미치고 나머지 일부에는 미치지 않는 점을 수죄이론, 즉 기판력의 물적 범위론으로 해결하려고 이론구성 하는 것으로 볼 수 있다.

기판력의 물적 범위가 시적 한계보다 먼저 결정되어야 하는 것은 맞다. 이러한 점은 동시에 기판력의 물적 범위가 시적 범위와 일치하는(또는 일치해야 하는) 것이 아니라는 사실도 보여주고 있다. 기판력의 물적 범위가 시적 범위와 언제나 일치한다면 시적 범위라는 기준이 따로 존재할 이유가 어디 있겠는가? 기판력의 물적 범위와 시적 범위는 병존하는 별개의 기준(또는 조건)이지 일치시켜야 하는 하나의 기준이 아니다. 실제로 기판력의 물적 범위 내·외가 구분되면 물적 범위 외의 행위는 기판력이 배제되고, 물적 범위 내의 행위를 다시 시적 범위 내·외로 구분하여 시적 범위 외의 행위 역시 기판력이 배제되고 최종적으로는 시적 범위 내의 행위에만 기판력이 미치는 것이다. 동일 습벽의 발로인 수개의 행위는 확정적으로 포괄하여 하나의 범죄이지 확정판결 여부를 보아가며 1죄인지 수죄인지가 결정되는 것이 아니다. 분리설은 물적 범위론만으로 위 문제를 해결하려다 보니 하나의 포괄일죄를 실체법적으로 분리된 2개의 죄로 만들기 위해 위와 같은 무리한 이론구성을 하게 되는 것이다. 기

---

15) 이병주, "상습범행 중간의 확정판결과 기판력의 범위", 재판실무연구 2004, 광주지방법원, 2005, 199면.
16) 김성돈, 앞의 논문, 315면.

판력이 미치는 범위에 영향을 주는 것은 물적 범위론도 있지만 시적 범위론도 있다. 물적 범위론으로는 일응 1죄의 전부에 대하여 기판력이 미치는 듯 하지만, 시적 범위론으로 이를 제한하여 1죄의 일부에만 기판력이 미칠 수도 있는 것이다. 따라서 1죄의 일부에만 기판력이 미친다 하여 반드시 기판력이 미치는 부분과 미치지 않는 부분을 별죄로 나누어야 할 이유도 없고, 기판력이 일부에만 미친다 하여 원래 1죄였던 죄가 사후적으로 양분될 리도 없는 것이다. 논리를 뒤집어 만일 확정판결 이후의 행위부분이 별개의 범죄라면 기판력의 시적 범위론 자체가 무용할 것이다. 이는 주객이 전도된 논리이다. 이 문제는 결국 기판력의 시적 범위론으로 해결하는 것이 타당하고, 물적 범위론, 즉 수죄의 논리로 해결하는 것은 옳지 못하다. 기판력의 물적 범위론으로 문제를 해결하는 것은 결국 '실체법상 1죄는 소송법에서도 1죄'이어야 하는 원리에도 반한다.

그와 같은 이치는 어쩌면 기판력의 인적 범위에서도 동일하게 나타난다. 갑과 을이 합동절도를 저질렀는데 갑만 먼저 검거되어 기소되고 판결을 선고받아 확정되었다고 할 때, 위 재판에서 을이 절도에 가담하였는지 여부도 현실적으로 심판되었을 것이다(그래야 갑이 단순절도인지 합동절도인지가 판단되니까). 따라서 을의 합동절도 부분도 기판력의 물적 범위에는 포함되지만 기판력의 인적 범위에 들지 않기 때문에 위 확정판결의 기판력이 을에게는 미치지 않는 것이다. 굳이 을의 합동절도 부분은 별죄이기 때문에 기판력의 물적 범위에도 들지 않는다고 이론구성할 필요가 없다. 죄수 개념은 처음부터 동일인을 전제로 하기 때문에 위와 같은 경우를 논할 가치가 없다고 할지 모르지만, 형법에서는 자기책임 원칙이 적용되기 때문에 그러할 뿐이고 민사소송이라면 변론종결 후의 승계인, 목적물 소지자, 제3자 소송담당에서의 권리귀속 주체 등에게도 기판력이 미치기 때문에 이치적으로는 피고인 아닌 자도 일응 기판력의 물적 범위에는 들 수 있지만 인적 범위에서 탈락한다고 보는 것이 옳을 것이다.

다. 소송법적 사유로 기판력의 범위가 달라지는 것이 잘못된 현상인지

분리설 중에는 "상습성이 인정되더라도 포괄일죄의 다른 1죄성 요건, 즉 계속적인 고의에 터잡지 않은 행위부분은 처음부터 별개의 고의로 평가하여야 하고, 이러한 이론구성에 따라야 확정판결의 시점에 따라 기판력의 범위가 상이하게 확정되는 것이 공리적인 관점에서 문제가 없게 된다"는 주장도 있다[17]. 이러한 주장은 순차 실행된 A, B, C죄 중 A죄와 C

---
17) 김성돈, 앞의 논문, 318면, 319면.

죄가 B죄의 확정판결로 분리되는 것이 아니라, 확정판결 후의 사건인 C죄는 처음부터 별개의 죄라고 보는 것이다. 그러나 이러한 주장에 따르더라도 어디까지가 1죄인지는 A죄 당시에는 알 수 없고 결국 B죄가 확정되어야 알 수 있게 된다. 실체법적 죄수가 소송법적 상황에 휘둘리는 것을 막겠다는 의도는 이렇게 해도 달성하지 못하는 것이다. 확정판결의 시점에 따라 기판력의 범위가 달라지는 것은 그때까지의 사실관계가 잠재적 심판대상의 범위에 있었기 때문이라는 논리로 자연스럽게 설명될 수 있다. 굳이 1죄를 수죄로 분리하는 무리한 해결방식을 취하지 않아도 되는 것이다.

또한 분리설은 "어느 사건이 먼저 기소되었는지의 우연한 사정에 의해 상이한 결과가 나오는 것은 공리적으로 문제가 있다"고 지적하고 있다[18]. C죄가 먼저 기소되었다면 그 기판력이 A죄와 B죄에 모두 미쳤을 것임에도 B죄가 먼저 기소되는 바람에 그 기판력이 A죄에만 미치게 되는 문제가 발생한다는 것이다. 그러나 이러한 문제의 근본적인 원인은 상습범 제도를 만들어 수개의 상습범죄를 포괄일죄로 의제한 점[19]에 있는 것이지, 상습범죄에 기판력 법리를 적용한 결과 위와 같은 문제가 발생하였다고 하여 기판력 제도에 문제가 있는 것은 아니다. 만일 상습범 제도를 폐지하고 각 범행을 실체적 경합으로 이해하였다면, 혹은 상습범 제도를 유지하더라도 각 상습범행이 별죄로서 실체적 경합관계(결국 각 범죄행위를 상습 가중만 하는 셈)에 있다고 해석하였다면 이런 문제는 처음부터 발생하지 않을 것이다.

라. 분리설이 정의감정에 부합하는지

분리설 중에는 "확정판결 후에 범해진 새로운 범죄에 대해서는 확정판결의 기판력이 미치지 않게 하여 일반인의 정의감정과 조화를 이루게 하는데에 분리설의 실천적인 이유가 있다"고 설명하는 분도 있다[20]. 그러나 확정판결 후의 범죄에 대해 확정판결의 기판력이 미치지 않는 것은 정의감정 때문이 아니라 기판력의 본질론에 따라 '잠재적으로라도 심판의 대상이 되지 않았기 때문'이다. 기판력은 물적 범위 뿐만 아니라 시적 범위에도 들어야 인정되는 것이다. 대상판결1의 경우에 A죄, B죄, C죄 모두 동일 상습성의 발현, 즉 기판력 물적

---

18) 김성돈, 앞의 논문, 309면.
19) 상습성이란 행위의 속성이 아니라 행위자의 속성이므로 개별적인 행위들을 하나의 행위로 통합하는 기능을 하지 못한다. 이에 관한 상세한 내용은 김성돈, "상습범의 죄수: 상습범이 일죄가 아닌 이유", 법조 제51권 제2호, 법조협회, 2002, 137면 이하 참조.
20) 김성돈, 앞의 "확정판결에 의한 포괄일죄의 분리", 310면.

범위 내이므로 이제 시적 범위만 검토하면 된다. A죄는 B죄 확정 전에 범한 죄이므로 B죄 확정판결의 기판력을 받아 면소판결의 대상이 됨에도 불구하고 벌금형을 선고받고 확정되었다. 어찌되었건 유죄판결 확정으로 기판력이 발생하고, 그 확정 전에 범한 C죄는 A죄의 확정 전에 범한 죄이므로 이 역시 면소판결의 대상이 된다. 만일 A죄가 면소판결을 받았다고 하더라도 그 면소판결의 기판력에 의해[21] C죄가 면소대상이 되는 것은 동일하다.

"제1심 판결 선고 후부터 제2심 판결 선고시까지의 포괄일죄에 속하는 피고인의 범행을 처벌할 수 없다는 사실은 정의감정에 반하고 형사정책적으로도 심각한 문제를 초래할 수 있으므로 제1심 판결 선고 후부터 항소심 판결 선고 전까지의 범죄는 이미 기소되어 제1심 판결을 선고받은 범죄와 독자적인 범죄라고 보아야 한다"고 주장하는 분도 있다[22]. 재판 자체가 행위자에게 경고작용을 하는 것이므로 재차 동일한 범죄를 수회 범하였다는 것은 이러한 경고작용을 무시하고 새로운 결의를 하였다고 평가하여야 하고, 그 새로운 결의에 기한 범죄는 독자적인 범죄가 되는 것이지 이미 재판에 계류되어 판결을 받은 범죄와 포괄하여 1죄로 볼 것은 아니라는 설명이다. 그러나 이 주장은 결국 기판력의 시적 범위를 제1심 판결 선고시로 하자는 말과 동일하다. 이 주장에 따르면 만일 제1심에서 무죄가 선고되고 제2심에서 유죄가 확정된 경우라면 경고가 제2심에서 있었다고 보아야 할 듯하다. 그러나 이러한 이론적 모색은 기판력의 시적 기준과 관련한 이론적 문제 외에도 실무상 제2심 판결 선고 전에 추가 범행이 있음을 검사가 알게 되면 공소장변경을 통해 해결하면 되므로 처벌불가의 문제는 발생하지 않고, 만일 이를 검사가 알지 못하였다면 위와 같은 방법도 사용할 수 없으므로 차이가 없게 된다. 오히려 제2심까지는 공소장을 변경하여 해결할 수 있는 문제를 별소 제기로 해결하는 것은 소송경제에 반한다. 결국 차이는 추가 범행 있음을 나중에 알게 되었을 때에 기판력과의 관계상 검사가 추가기소 할 수 있는지 여부일 뿐이다. 그렇지만 이 문제는 상술한 바와 같이 상습범의 법리적 문제이지 기판력의 문제가 아니므로 상습범 제도의 존치 여부에 대한 논의로 해결하는 것이 타당할 것이다.

(2) 고의의 갱신 여부

분리설은 포괄일죄의 1죄성을 단일한 고의에서 찾기 때문에 확정판결 전후의 각 행위는

---

21) 면소판결에 기판력 또는 그에 준하는 효력을 인정하는 견해가 통설적이다.
22) 김성돈, 앞의 논문, 319-321면.

'고의의 갱신'에 의해 단일한 고의가 아니므로 포괄일죄가 아니라 별죄를 구성한다고 본다[23]. 이에 따르면 계속범, 집합범 등 지속성을 가지는 포괄일죄의 1죄성 인정 범위를 공통으로 제한하는 조절장치가 바로 행위자의 '단일한 고의'이고, 종전의 일련의 행위와는 다른 새로운 결의에 근거한 행위일 경우에는 마땅히 단일한 고의가 부정된다는 것이다. 이러한 관점에서 볼 때 확정판결 후의 행위는 포괄일죄의 다른 요건을 구비하고 있다고 하더라도 행위자에게 새로운 결의가 있는 경우로서 단일한 고의라는 주관적 요건을 결여하고 있으므로 1죄라고 평가되어서는 아니된다는 취지이다. 예컨대 행위자가 동일한 종류의 불법행위를 반복하다가 검거되어 기소된 후 유죄의 확정판결을 받으면 이 확정판결을 통해 행위자는 '규범의 경고'를 받게 되고 그러한 경고를 받았음에도 다시 동일한 불법행위로 나아갔다면 이제는 '새로운 결의'에 따라 새로운 불법으로 나아간 것을 의미하기 때문에 확정판결 후의 행위부분은 확정판결 전의 행위부분과 독립적인 성격을 가진 행위로 해체되어 이제는 포괄일죄가 될 수 없고 독자적인 범죄를 구성한다는 것이다.

이러한 주장에 대하여는 우선 '1죄는 언제나 단일한 고의로 구성되는 것인가?'라는 의문이 든다. 단순일죄의 한 형태인 불가벌적 사후행위의 선행행위와 후행행위는 단일한 고의라고 보기 어렵다. 결합범, 접속범은 단일한 고의라 할 수 있지만, 영업범, 상습범의 경우에는 처음부터 단일한 고의라고 보기 어렵다. 영업범에 있어서 첫 번째 행위를 할 때에 두 번째 행위가 있으리라는 것을 전혀 예상할 수 없었던 경우에 그 행위들을 동일한 고의에 의한 것이라고 의제하는 것은 타당해 보이지 않는다. 예컨대 무면허 의료행위의 경우, 향후 환자가 오면 치료하리라는 추상적 또는 잠재적 의사는 있었겠지만, 구체적으로 환자가 오기 전에는 고의, 즉 객관적 구성요건 요소에 대한 구체적 인식이 있었다고 보기 어렵다. 더욱이 첫 번째 무면허 의료행위를 할 때 '이제 그만해야지!'라고 마음먹었다가 환자가 다시 오자 두 번째 무면허 의료행위를 했다면 새로운 고의에 의한 것임이 명백한데 이런 경우에도 전체가 하나의 영업범이 되는 것은 동일하다. 상습범의 경우에도 마찬가지이다.

"고의의 갱신을 인정하면서 상습범은 구성요건의 성질상 처음부터 동종의 행위가 반복될 것이 당연히 예상되는 범죄라고 할 수 없으므로 경합범으로 보아야 하고, 다만 고의의 단일성이나 행위의 근접성과 같은 포괄일죄의 요건이 갖추어진 경우에만 포괄일죄로 볼 수 있

---

[23] 김성돈, 앞의 논문, 316-318면; 박광민, 앞의 논문, 270면.

다"는 주장도 있다[24]. 이러한 주장에 비추어 보아도 상습범에서 '단일한 고의', '새로운 결의'라는 논리는 불합리하다. '새로운 결의'와 관련하여 대법원은 "동일 죄명에 해당하는 수개의 행위 혹은 연속된 행위를 단일하고 계속된 범의 하에 일정 기간 계속하여 행하고 그 피해법익도 동일한 경우에는 이들 각 행위를 통틀어 포괄일죄로 처단하여야 할 것이나, 범의의 단일성과 계속성이 인정되지 아니하거나 범행방법이 동일하지 않은 경우에는 각 범행은 실체적 경합범에 해당한다"고 판시하면서, 컴퓨터로 음란 동영상을 제공한 제1 범죄행위로 서버 컴퓨터가 압수된 이후 다시 장비를 갖추어 동종의 제2 범죄행위를 하고, 제2 범죄행위로 약식명령을 받아 확정된 사안에서 "피고인에게 범의의 갱신이 있어 제1 범죄행위는 약식명령이 확정된 제2 범죄행위와 포괄일죄가 아닌 실체적 경합관계에 있다고 보아야 할 것"이라고 판단하였다[25].

단일한 고의를 기준으로 죄수, 특히 포괄일죄의 죄수를 논한다고 하더라도 고의의 갱신이라는 이론구성은 무리한 의제이다. 우선 확정판결로 피고인이 규범의 경고를 받았는지 여부를 알 수가 없다. 포괄일죄를 2개의 죄로 나누는 기준은 최종 사실심 선고시인데, 예컨대 상고심까지 가서 유죄가 확정되었다고 할 때 피고인이 왜 하필이면 제2심 판결선고시에 규범의 경고를 받았다고 보아야 하는지 의문이다. 범죄자는 위 경고를 검거될 때 받을 수도 있고, 기소될 때 받을 수도 있고, 제1심 판결시에 받을 수도 있고, 상고심 판결시에 비로소 받을 수도 있다. 이는 기판력의 시적 기준을 무리하게 물적 범위론으로 맞추다 보니 오로지 시적 기준에 맞추어 고의가 갱신되었다고 의제하는 것이다. 만일 형사소송법을 개정하여 제2심부터 법률심으로 바꾸거나 제3심도 사실심이라고 바꾼다면 피고인이 제1심 판결이나 상고심 판결시에 규범의 경고를 받는다고 이론구성을 바꿀 것인가? 위 형사절차와 관계없이 피고인 스스로 '이제는 범죄를 저지르지 말아야지'라고 생각하다가 다시 범죄를 저질렀다고 하더라도 포괄일죄를 수죄라고 평가할 것인지, 혹은 매번 후회하고 또 습벽대로 범죄를 저지르는 자는 매 행위마다 별개의 범죄라고 할 것인지 의문이다.

---

24) 김성돈, 앞의 "상습범의 죄수: 상습범이 일죄가 아닌 이유", 151면 이하.
25) 대법원 2005. 9. 30. 선고 2005도4051 판결. 대법원 2010. 11. 11. 선고 2007도8645 판결도 같은 취지. 이러한 판결들은 컴퓨터 등이 압수당하지 아니한 채 다시 영업을 재개한 경우 단일하고 계속된 고의 하에 동일 범행을 반복하여 행한 것으로서 포괄일죄에 해당한다는 대법원 2007. 3. 29. 선고 2007도595 판결과 비교된다. 이에 관한 상세한 내용은 김혜경,"영업범의 개념과 죄수관계", 형사판례연구 제19권, 한국형사판례연구회, 2011, 60면 이하 참조.

더욱이 참고판결3에서 보듯이 판례가 변경되어 비상습범죄에 대한 확정판결의 기판력은 상습범에 미치지 못한다고 하는데, 그렇다면 이제는 규범의 경고를 상습범죄로 처벌받은 경우에만 받고 비상습범죄로 처벌받은 경우에는 받지 않는다고 해석할 것인가? 대상판결2는 상습범죄 중간에 비상습범의 확정판결이 있는 경우 상습범죄는 2개의 죄로 분리되지 않고 최종 범죄행위시에 완성되는 것이라고 보고 있다. 참고판결3에 의해 비상습범 확정판결에는 상습범에 대한 기판력을 부여하지 않은 결과이다. 이 점에 비추어 보면 대법원도 확정판결 자체의 효력에 의해 상습범죄가 2개의 죄로 나누어지는 것이 아니라 기판력에 의해 2개의 죄로 나누어진다고 보는 것이다. 대법원은 결국 기판력 유무에 따라 범죄의 분리 여부를 결정하는데, 이는 소송법적 논리일 수밖에 없으며, 새로운 결의에 의한 죄수의 분리라는 의제와는 전혀 다른 이론구성인 것이다.

(3) 소결

1죄이지만 그 일부에는 기판력이 미치지 않는다는 비분리설과 2개의 죄로 분리된다는 분리설 사이에 어떤 실질적인 차이가 있을까? A죄 B죄 C죄 중 B죄가 먼저 확정된 경우 A죄와 C죄가 포괄일죄로 기소되면 A죄 부분은 (주문에 표시하든 하지 않든) 면소, C죄 부분은 유죄라는 점에서 결론은 동일하다[26]. 그러나 B죄가 확정되었을 뿐만 아니라 C죄 후 A죄도 확정되었다면 비분리설에 의하면 A죄 확정판결(아마 면소판결이 선고되었을 것이다)의 기판력에 저촉되어 C죄도 확정 전 범죄로서 면소판결이 선고되어야 한다고 보지만, 분리설에 의하면 B죄 확정으로 A죄와 C죄는 별죄가 되어 버렸으므로 이후 A죄가 확정되더라도 C죄에 A죄에 대한 확정판결의 기판력이 미치지 않는다고 보는 점에서 차이가 난다. 비분리설에 대하여 'A죄를 먼저 재판하느냐 C죄를 먼저 재판하느냐에 따라 C죄의 가벌성이 달라지는 것은 정의에 맞지 않다'고 비판할 수도 있겠지만, 이는 애초에 A죄를 먼저 재판하지 않고 B죄를 먼저 재판한 경우에도 나타나는 문제이며, 더 근본적으로는 상습범을 포괄일죄로 처리하는 현행 형법 또는 그 해석론의 문제이지 기판력의 문제는 아니다.

대상판결1은 그 이유에서 "피고인이 (B죄에 대한)위 광주지방법원의 확정판결 전에 저지른

---

[26] A죄와 C죄를 분리하여 한꺼번에 기소한 경우 비분리설에 의하면 이중기소가 되지만 분리설에 의하면 A죄가 기판력에 저촉될 뿐 이중기소가 되지 않는다는 형식적인 차이점도 있으나, 비분리설에 의하더라도 공소장변경에 의하여 A죄와 C죄를 1개의 범죄로 합치고 나머지 1개는 공소취소하여 해결할 수 있기 때문에 본질적인 차이라고 보기는 어렵다.

사기범행(A죄)에 대하여 이 사건 각 범행(C죄) 이후인 1999. 1. 12. 서울지방법원 북부지원에서 벌금 1,000,000원을 선고받았고[27], 이 판결이 그 후 확정되었다 하더라도, 위 벌금형이 선고된 판결의 기판력은 이 사건(C죄)에 미친다고 볼 여지는 없으며"라고 하여 이런 차이점을 고려하고 있다. 대상판결1의 논리는 위와 같은 경우에 C죄를 처벌하기 위해 만든 것이라고 판단된다. 재판의 순서에 따라 가벌성 여부가 달라지는 것은 분명히 법감정이나 형사사법정의에 비추어 바람직하지 않지만, 이를 '확정판결에 죄수의 분리효가 있다'는 논리로 해결하는 것은 형사법 전체의 기본틀을 깨트리는 일이어서 수긍하기 어렵다. 이것은 상습범의 문제로 풀어야 할 오래된 숙제일 뿐이다[28].

3. 참고판결3 이후의 변화

참고판결3에 대하여 학계에서는 대체로 비판적이다[29]. 즉 '실체적 정의'를 앞세워 단순사기죄의 확정판결의 효력은 포괄일죄의 관계에 있는 상습사기죄에 미치지 않는다고 하는 대법원 다수의견의 논리는 피고인의 법적 지위의 안정성을 해치게 된다고 본다. 참고판결3을 전후한 대법원의 태도에 대하여 "대상판결1에서는 '포괄일죄의 중간에 동종범죄의 확정판결이 있으면 포괄일죄가 2개의 죄로 분리된다'고 했다가 참고판결3이 선고되자 그 취지에 따라 태도를 바꾸어 대상판결2와 같이 '상습범죄 중간에 동종 상습범으로 확정판결이 있는 경우에만 상습범죄가 2개의 죄로 분리되고 동종 비상습범죄로 확정판결이 있는 경우에는 상습범죄가 2개의 죄로 분리되지 않는다'고 판결하게 된 것"이라고 해석하는 분이 있다[30]. 대법원의 태도 변화에 대한 이러한 평석은 일면 수긍이 되지만, (저자는 참고판결3의 취지에 동조하지는 않지만, 설혹 이에 동조한다고 하더라도) 상습범죄 중간에 비상습범죄의 확정판결이 있는 경우는 물론이고 상습범죄의 확정판결이 있

---

27) A죄가 B죄(확정), C죄(미확정) 뒤에 재판을 받게 되었는데도 유죄를 선고받았다는데, B죄 확정 전에 범한 죄이므로 B죄 판결의 기판력이 적용되어 면소를 선고받아야 하는 것은 아닌지, C죄에 대하여 B죄의 확정으로 A죄와 C죄가 분리되므로 이후 A죄에 유죄가 확정되어도 이후 C죄에 대하여는 유죄를 선고할 수 있다고 하는데 A죄가 유죄 확정되면 A죄의 기판력이 C죄에 미쳐 C죄도 면소를 선고받아야 하는 것은 아닌지, 그리고 A죄가 면소 확정된다고 하더라도 면소판결도 기판력 있으므로 C죄도 이에 적용되어 면소를 선고받아야 하는 것은 아닌지 의문스럽다.

28) 상습범은 습벽에 기한 각 범죄행위마다 상습범이 성립하고 각 상습범 간에는 실체적 경합관계가 된다는 주장(참고판결3의 대법관 이용우 별개의견)도 경청할 만하다고 생각된다.

29) 신동운, 앞의 책, 1510면, 1511면; 박광민, "상습범의 죄수와 기판력이 미치는 범위", 형사판례연구 제14호, 형사판례연구회, 2006, 42면; 손동권, "검사 작성 피의자신문조서의 증거능력과 포괄일죄의 기판력 범위와 관련된 최근판례", 고시연구 제32권 제4호, 고시연구사, 2005, 102면 등. 이에 반하여 상습범의 본질 및 죄수, 처벌의 필요성, 기판력이론을 잘 조화시킨 판례라는 입장도 있다. 박동률, "상습범행의 일부에 대한 단순범죄의 확정판결과 절차법상의 문제점", 법학논고 제36집, 경북대학교 법학연구원, 2011, 373-375면.

30) 박동률, 앞의 논문, 382면.

는 경우에도 기판력이 미치는지와 죄수는 전혀 다른 문제이기 때문에 포괄일죄의 1죄성에는 변화가 없고 다만 기판력의 시적 범위론에 따라 1죄의 일부에만 기판력이 미친다고 해석함이 타당할 것이다.

참고판결3은 비상습범죄 확정판결의 기판력은 상습범죄에 미치지 못한다고 제한함으로써 결과적으로 대상판결1과 같이 확정판결에 의한 상습범죄의 분리에 적용될 여지를 대폭 줄이고 있다. 왜냐하면 수사된 범죄가 1회성 범죄라면 여죄 수사 없이 비상습범으로 기소되어 비교적 경한 판결이 선고 확정될 가능성이 많은데, 그 기판력 때문에 나중에 나머지 상습범죄가 발견된 때에 처벌 또는 양형과 관련한 법감정과의 충돌이 발생하는 반면, 처음부터 상습범으로 수사되었다면 여죄 수사도 진행될 것이고 상습범으로 기소되어 비교적 중한 판결이 선고 확정될 가능성이 많아 나중에 새로 상습범죄가 발견될 가능성도 적고 발견되더라도 양형상 불균형이 그리 크지 않을 것이기 때문이다. 결국 참고판결3은 다소 무리하거나 박약한 논리 문제를 야기하더라도 상습범에서의 기판력의 문제를 판결 확정된 범죄의 죄명으로 상당부분 해결하려는 의도가 없지 않은 것으로 보인다.

분리설을 주장하면서도 참고판결3에 대하여 "단순사기죄와 상습사기죄는 범죄의 일시, 장소 및 피해자가 다르고 공소사실은 양립 가능하지만, 양립 가능한 2개의 범죄사실은 피침해법익이 동일하며 피해자의 재산권을 침해하는 범죄인 점에서 죄질에 있어서도 현저한 차이가 없고 범행의 동기 수단 및 방법이 유사하여 일정한 내적 관련성을 가지고 있으므로 동일성이 있다고 보아야 한다. 그럼에도 불구하고 대법원의 다수의견이 '실체적 정의'를 앞세워 단순사기죄의 확정판결의 효력은 포괄일죄의 관계에 있는 상습사기죄에 미치지 않는다고 하는 것은 피고인의 법적 지위의 안정성을 해치게 되어 타당하지 않다"라고 비판하는 분이 있다[31]. 참고판결3을 이렇게 비판하여야 대상판결1에 대한 분리설의 논리에 대해 '확정판결의 죄명이 비상습범인지 상습범인지에 따라 고의의 갱신이 일어나는지 여부가 달라지는가?'라는 반론을 피할 수 있을 것이다. 그러나 과연 대상판결1의 논리가 진정으로 수긍할 만한 것인지는 여전히 의문이다.

---

31) 박광민, 앞의 논문, 42면.

Ⅲ. 계속범, 영업범에서의 문제

계속범 중 일부가 확정되고 나머지 부분이 기소되는 경우, 예컨대 감금행위 중 검거되어 기소되었지만 감금행위는 계속되는 상태에서 유죄가 확정된 경우에 이후 제2심 판결 선고 후의 감금을 다시 기소하였다면 어떻게 될까? 확정판결이 있은 경우는 아니지만 건축법 개정 전후에 걸친 불법 건축행위에 대하여는 형법 부칙(1953. 9.) 제4조 제1항[32]의 취지에 비추어 개정 전의 법률에 따라 처단하여야 한다는 판례도 있고[33], 건물을 무단으로 용도 변경하여 사용한 사건에 대하여 "일반적으로 계속범의 경우 실행행위가 종료되는 시점에서의 법률이 적용되어야 할 것이나, 법률이 개정되면서 그 부칙에서 '개정된 법 시행 전의 행위에 대한 벌칙의 적용에 있어서는 종전의 규정에 의한다'는 경과규정을 두고 있는 경우 개정된 법이 시행되기 전의 행위에 대해서는 개정 전의 법을, 그 이후의 행위에 대해서는 개정된 법을 각각 적용하여야 한다"는 판례도 있다[34]. 후자의 판례는 포괄일죄인 계속범이 법률의 개정 등 사정이 있으면 수죄로 분리될 수 있다는 생각에 기초하고 있으며, 대상판결1과 맥을 같이 한다. 그러나 위 형법 부칙 제4조 제1항은 새로 제정된 형법의 시행에 따른 부칙이므로 형법 제정을 전후한 형법상 범죄에만 적용되어야 하고 특별법 범죄에는 적용할 수 없으며, 건축법상의 경과규정이 말하는 '개정된 법 시행 전의 행위'라는 것은 개정법 시행 전에 종료된 행위만을 의미한다고 해석하여야 하므로 위 2개의 판례는 모두 적절하지 못하다고 생각된다. 포괄일죄는 언제나 1죄이며 전체 범행 종료시를 기준으로 죄수 등이 판단되어야 한다[35].

무면허 의료행위와 같은 영업범에서는 어떻게 될까? 이에 관하여 주목할 만한 하급심 판례가 있다. 의사가 아닌 피고인이 2012. 4.경부터 같은 해 10.경까지 사이에 영리를 목적으로 의료행위를 업으로 하였다는 범죄사실로 유죄를 선고하면서 이유 중 면소부분에서 "피고인이 2011. 12.경부터 2012. 3.경까지 사이에 영리를 목적으로 의료행위를 업으로 하였다'는 부분에 대하여는 포괄일죄의 관계에 있는 범행에 관하여 판결이 확정되었다면 사실심

---
32) 제4조 (1개의 죄에 대한 신구법의 적용례) 제1항 "1개의 죄가 본법 시행 전후에 걸쳐서 행하여진 때에는 본법 시행 전에 범한 것으로 간주한다".
33) 대법원 1974. 5. 28. 선고 74도191 판결.
34) 대법원 2001. 9. 25. 선고 2001도3990 판결.
35) 이에 관한 상세한 내용은 이 책 제4편 행위 중에 법률이 변경된 경우 적용 법규와 1죄성에 관한 소고 중 해당부분 참조.

판결 선고시를 기준으로 하여 그 전의 범행에 대하여는 확정판결이 있는 때에 해당하므로 형사소송법 제326조 제1호에 의하여 면소를 선고하여야 할 것이나, 이와 포괄일죄의 관계에 있는 판시 보건범죄 단속에 관한 특별조치법 위반(부정의료업자)죄를 유죄로 인정한 이상 주문에서 따로 면소를 선고하지는 아니한다"고 판시하는 한편, "상습범은 단 하나의 범죄행위를 하더라도 그 행위가 상습성이 발현된 것으로 인정되는 경우 성립이 긍정되는 범죄이고, 영업범은 다수 동종의 행위가 동일한 의사에 의하여 반복되는 범죄로서 그 구성요건의 성질상 범죄의 일시·장소의 근접성이나 범의의 계속성 등이 전제되어 이미 동종의 행위가 반복될 것이라는 사정이 당연히 예상되는 범죄라고 볼 수 있다는 점에서 차이가 있다"고 보았다[36]. 이 판결은 영업범과 상습범이 범의의 계속성 등에서 다르다는 점을 명확히 하였을 뿐만 아니라, 면소부분을 주문에서 선고하지 아니함으로써 대상판결1의 취지에 반하여 영업범의 경우에는 중간에 확정판결이 있더라도 그 전후로 2개의 죄로 분리되지 않는다는 취지를 분명히 하였다는 점에서 대단히 중요한 의미가 있다.

영업범은 처음부터 동종행위가 반복될 것으로 당연히 예상되는 범죄이므로 고의의 갱신이 있었는지 여부를 포괄일죄 성부의 중요한 기준으로 보고 있다[37]. 그러나 상습범을 구성하는 개개의 범죄사실 사이에는 동일한 습벽의 발로라는 점 외에는 별다른 연관성이 없고, 고의도 전체적으로 판단하기 어렵다. 이 때문에 대법원도 상습성 유무를 판단함에 있어 범행의 동기, 수단, 방법, 시간적 간격, 범행 내용의 유사성 등을 종합하여 판단한다고만 할 뿐[38] 고의의 갱신 여부는 고려하고 있지 않다[39].

Ⅳ. 확정판결이 무죄인 경우

B죄에 대한 무죄판결에 의하여 A죄와 C죄가 2개의 죄로 분리될 수 있는지도 문제된다. 이에 대하여 "무죄판결의 기판력은 유죄판결의 기판력과 달리 실제로 법원에서 심판의 대상이 된 부분에만 미친다"고 보는 견해가 있다[40]. 이 견해는 무죄판결은 실제로 법원에서 심

---

36) 광주지방법원 2013. 7. 9. 선고 2013고단2297 판결.
37) 대법원 1993. 10. 22. 선고 93도2178 판결.
38) 대법원 1990. 2. 23. 선고 89도1193판결, 대법원 2006. 5. 11. 선고 2004도6176 판결 등.
39) 박동률, 앞의 논문, 368면도 같은 취지.
40) 신동운, 형법총론 사례입문(증보판), 법문사, 1992, 226면.

리된 개별행위들이 법원에 알려지지 아니한 여죄 혹은 사후에 새롭게 범한 범죄와 함께 포괄일죄를 구성하지 않는다는 반증이고, 불가별적인 행위와 가별적인 행위 사이의 포괄일죄란 상정할 수 없기 때문에, 무죄판결 후에 드러난 여죄나 새롭게 행하여진 범죄는 무죄판결 받은 행위부분과 사건의 동일성이 인정되지 않는다"는 점을 그 근거로 한다. 이와 달리 무죄판결 후 그 판결의 대상이 된 행위부분과 포괄일죄의 관계에 있다고 평가되는 새로운 범죄가 행해진 경우와 여죄가 드러나는 경우를 구별해야 한다는 견해도 있다[41]. 이 견해는 무죄판결 후 새로운 범죄가 저질러진 경우라면 무죄판결의 기판력은 그 이전의 행위부분에만 미치고 이후의 행위부분은 독자적인 범죄가 되지만, 무죄판결 후 여죄가 발견된 경우에는 여죄부분도 하나의 역사적 사건이므로 그 전체가 무죄판결의 기판력을 받게 된다고 설명한다.

무죄판결 후 저질러진 범죄라면 당연히 기판력 범위 외이므로 별건 기소가 가능하지만, 무죄판결 이전에 저질러진 범죄라면 기판력이 미치는 범위 내이므로 유죄판결의 논리구성과 다를 바 없다. 그러나 포괄일죄(불가별적 사후행위의 사례에서 보듯이 단순일죄의 경우에도 문제될 수 있다)의 일부에 대하여 무죄판결이 확정되었다고 그 기판력 시적 범위 내의 포괄일죄 범행들에 대하여 모두 기판력이 적용된다고 볼 것인지가 문제된다. 만일 기판력의 기능을 이중위험금지에 두면서 검사는 기소된 범죄행위 뿐만 아니라 기판력이 적용되는 모든 범죄를 다 검토하여야 한다고 주장한다면 이는 수긍이 된다. 즉 판결이 유죄가 선고될지 무죄가 선고될지는 모르는 상태에서 검사는 기소된 사건의 기판력이 그 사건 뿐만 아니라 그와 동일성이 인정되는 전 범위(시간적으로도 사실심 판결선고시까지 모두)에 미친다는 점을 명심하고 기판력 범위 내의 모든 관련 사항들을 주도면밀하게 검토하고 공소장변경제도를 활용하여 실체적 진실과 정의에 맞게 공소권을 행사하여야 할 의무가 있기 때문이다. 그러나 무죄판결은 피고인이 그와 같은 범죄를 저지르지 않았다는 판단이므로 피고인이 저지른 다른 범죄와는 동일성이 있을 수 없다는 점을 고려하면 기판력이 미치지 않는다고 보는 것이 타당하다. 예컨대 타인의 재물을 절취한 후 손괴한 경우 절도죄로 처벌되면 손괴죄가 불가별임은 당연하지만(불가별적 사후행위 법리), 절취사실을 입증하지 못해 무죄판결이 확정되었다면 나중에 본인이 절취하였다는 점이 밝혀지더라도 손괴죄는 처벌할 수 있다고 보아야 할 것으로 생각된다.

---

41) 김성돈, 앞의 "확정판결에 의한 포괄일죄의 분리", 322면, 323면.

V. 나가며

포괄일죄에 있어서 그 중간에 동종 범죄의 확정판결이 있는 경우 대법원은 대상판결1에서 확정판결 전의 행위부분과 확정판결 후의 행위부분이 2개의 죄로 분리되고, 분리된 각 죄에 대하여 따로 주문을 선고하여야 한다고 판시하였다. 이에 대하여 '실체법상 1죄는 소송법상으로도 1죄'라는 원칙을 준수하기 위하여 '고의의 갱신'을 근거로 확정판결 전후의 포괄일죄는 2개의 죄로 분리된다는 논리의 전개를 통하여 대법원 판례의 입장을 지지하는 견해가 많다. 즉 행위자가 동일한 종류의 행위를 반복하다가 그 중 일부의 행위에 대하여 유죄판결이 확정되면 이 확정판결을 통해 행위자는 '규범의 경고'를 받게 되고 그러한 경고를 받았음에도 다시 동일한 불법행위로 나아갔다면 이미 '새로운 결의'에 따라 새로운 불법으로 나아갔다는 것을 의미하므로 확정판결 후의 행위부분은 별개의 범죄를 구성한다는 논리이다.

그러나 이러한 주장은 기판력의 범위 문제와 죄수의 문제를 혼동하고 있는 것으로 보인다. 죄수의 문제는 판결 이전에 이미 정해져 있는 것으로 판결에 의하여 결정되는 것이 아니다. 확정판결이 언제 있었고 그 효력이 어디까지 미치는지 등은 죄수의 결정에 아무런 영향을 주지 않는다. 이에 반하여 1죄 중 시간적 일부에만 기판력이 미치는 것도 얼마든지 가능하다. 1죄의 일부만이 기판력의 시적 범위에 해당하면 그 부분은 기판력이 미치므로 면소의 대상이 되고, 나머지 부분은 실체판결의 대상이 되는 것이다. 이러한 문제는 죄수의 문제가 아니라 기판력의 시적 범위의 문제에 불과하다고 해석하면 실체법상 일죄는 소송법상 일죄라는 원칙에도 반하지 않고, 기판력의 적용·부적용의 경계도 명확하게 하여 법적 안정성도 유지할 수 있을 것으로 생각된다.

또한 분리설은 포괄일죄의 경우 '단일한 고의'가 있다는 것을 전제로 논리를 전개한다. 그러나 영업범, 상습범의 경우에는 처음부터 단일한 고의라고 단정하기 어렵다. 대상판결1의 경우 A죄, B죄, C죄 모두 동일한 상습성의 발현, 즉 기판력 물적 범위 내이므로 이제 기판력의 시적 범위만 검토하면 된다. A죄는 B죄 확정 전에 범한 죄이므로 B죄 확정판결의 기판력을 받아 면소판결의 대상이 됨에도 불구하고 벌금형을 선고받고 확정되었다. 어찌되었건 유죄판결 확정으로 기판력이 발생하고, 그 확정 전에 범한 C죄는 A죄의 확정 전에 범한 죄이므로 이 역시 면소 대상이 된다고 보는 것이 타당하다. 만일 A죄가 면소판결을 받았다고 하더라도 면소판결 역시 기판력이 있으므로 C죄가 면소대상이 되는 것은 동일하다. C죄를 처벌할 수 없다는 것이 법감정에 반하고 형사정책적 문제를 가져올 수 있지만, 이는 상습범의 법리적 문제이지 기판력의 문제는 아니다.

행위 중에 법률이 변경된 경우 적용 법규와 1죄성에 관한 소고

○ 대상판결 : 대법원 2022. 12. 29. 선고 2022도10660 판결

- 기소와 하급심 판결

아동·청소년의 성보호에 관한 법률(약칭 청소년성보호법) 제11조 제1항에서 아동·청소년 성착취물을 제작하는 행위를 처벌하는 규정을 두고 있는데, 청소년성보호법이 2020. 6. 2. 법률 제17338호로 개정되면서 상습으로 아동·청소년 성착취물을 제작하는 행위를 처벌하는 조항인 제11조 제7항을 신설하고 그 부칙에서 개정 법률은 공포한 날부터 시행한다고 정하였다. 검사는 청소년성보호법 위반(상습 성착취물 제작·배포 등) 부분에 대하여 '피고인은 2020. 11. 3.부터 2021. 2. 10.까지 상습으로 아동·청소년인 피해자 3명에게 신체의 전부 또는 일부를 노출한 사진을 촬영하도록 하여 총 19개의 아동·청소년 성착취물인 사진 또는 동영상을 제작하였다'고 공소를 제기하였고 제1심 법원은 공소사실에 대하여 유죄를 선고하였다.

검사는 제2심에서 기존의 공소사실에 '피고인은 2015. 2. 28.부터 2021. 1. 21.까지 상습으로 아동·청소년인 피해자 121명에게 신체의 전부 또는 일부를 노출한 사진을 촬영하도록 하여 총 1,910개의 아동·청소년 성착취물인 사진 또는 동영상을 제작하였다'는 공소사실을 추가하는 공소장변경 허가신청을 하였고, 법원은 이를 허가한 후 공소사실 전부를 하나의 상습범으로 보아 유죄를 선고하였다.

- 대법원 판결

포괄일죄에 관한 기존 처벌법규에 대하여 그 표현이나 형량과 관련한 개정을 하는 경우가 아니라 애초에 죄가 되지 않던 행위를 구성요건의 신설로 포괄일죄의 처벌대상으로 삼는 경우에는 신설된 포괄일죄 처벌법규가 시행되기 이전의 행위에 대하여는 신설된 법규를 적용하여 처벌할 수 없고(형법 제1조 제1항), 이는 신설된 처벌법규가 상습범을 처벌하는 구성요건인 경우에도 마찬가지이다(대법원 2016. 1. 28. 선고 2015도15669 판결 참조).

본건 사실관계를 위 법리에 비추어 살펴보면 다음과 같은 이유에서 원심의 판단을 받아들

일 수 없다. 이 부분 공소사실 중 위 개정규정이 시행되기 전인 2015. 2. 28.부터 2020. 5. 31.까지 아동·청소년 성착취물 제작으로 인한 청소년성보호법 위반 부분에 대하여는 위 개정규정을 적용하여 청소년성보호법 위반(상습 성착취물 제작·배포 등)죄로 처벌할 수 없고, 행위시법에 기초하여 청소년성보호법 위반(성착취물 제작·배포 등)죄로 처벌할 수 있을 뿐이다. 2015. 2. 28.부터 2020. 5. 31.까지 부분은 청소년성보호법 위반(상습 성착취물 제작·배포 등)죄로 처벌될 수 없으므로 청소년성보호법 위반(상습 성착취물 제작·배포등)죄로 처벌되는 그 이후의 부분과 포괄일죄의 관계에 있지 않고 실체적 경합관계에 있게 된다. 그런데 실체적 경합관계에 있는 부분은 종전 공소사실과 기본적 사실관계가 동일하다고 볼 수 없으므로 2015. 2. 28.부터 2020. 5. 31.까지 부분을 추가하는 공소장변경은 허가될 수 없고 이 사건에서 심판의 대상이 되지 못한다. 따라서 원심으로서는 검사의 공소장변경 허가신청을 그대로 허가하여서는 안 되고 다시 개정규정 이후의 부분만을 추가하는 새로운 공소장변경 허가신청이 있는 경우에만 이를 허가하였어야 한다(개정규정 이전의 부분은 추가 기소의 방법으로 해결할 수밖에 없다).

그런데 원심은 이 부분 공소사실이 전부 상습범에 해당하는 포괄일죄라는 전제 아래 검사의 공소장변경 허가신청을 그대로 허가한 뒤 포괄하여 청소년성보호법 제11조 제7항, 제1항을 적용하여 전부 유죄로 판단하였다. 이러한 원심판결에는 상습범과 형법 제1조 제1항의 적용 및 공소장변경에 관한 법리를 오해하여 판결에 영향을 미친 잘못이 있고 이를 지적하는 상고이유 주장은 이유 있다.

○비교판결1 : 대법원 2016. 1. 28. 선고 2015도15669 판결

포괄일죄에 관한 기존 처벌법규에 대하여 그 표현이나 형량과 관련한 개정을 하는 경우가 아니라 애초에 죄가 되지 아니하던 행위를 구성요건의 신설로 포괄일죄의 처벌대상으로 삼는 경우에는 신설된 포괄일죄 처벌법규가 시행되기 이전의 행위에 대하여는 신설된 법규를 적용하여 처벌할 수 없다(형법 제1조 제1항). 이는 신설된 처벌법규가 상습범을 처벌하는 구성요건인 경우에도 마찬가지라고 할 것이므로, 구성요건이 신설된 상습 강제추행죄가 시행되기 이전의 범행은 상습 강제추행죄로는 처벌할 수 없고 행위시법에 기초하여 강제추행죄로 처벌할 수 있을 뿐이며, 이 경우 그 소추요건도 상습 강제추행죄에 관한 것이 아니라 강제추행죄에 관한 것이 구비되어야 한다.

위 법리에 따라 원심판결 이유를 기록에 비추어 살펴보건대, 원심이 처벌법규가 신설된 상습 강제추행죄(형법 제305조의2)가 시행되기 이전 시점의 공소사실인 피해자 공소외 1, 공

소외 2에 대한 상습강제추행의 점은 죄가 되지 아니하는 경우에 해당한다고 보아 이유 무죄로 판단하면서, 그 상습 강제추행죄의 공소사실에 포함된 각 강제추행의 점에 대하여는 위 피해자들의 적법한 고소가 없어 공소제기의 절차가 법률의 규정에 위반하여 무효인 때에 해당한다고 보아 공소기각판결을 선고한 제1심판결을 그대로 유지한 것은 정당하다. 이와 달리 처벌법규 자체가 신설된 상습 강제추행죄의 규정을 적용하여 그 신설 이전의 강제추행 범행까지 포괄하여 상습범으로 처벌하여야 한다는 검사 상고이유의 주장은 받아들일 수 없으며, 원심판결에 상습범에 관한 법리를 오해한 위법이 없다.

○ 비교판결2 : 대법원 1986. 7. 22. 선고 86도1012 전원합의체 판결 (다수의견)

직권으로 살피건대 원심판결은 설시하기를, 제1심판결은 피고인의 판시 제1의 소위를 포괄하여 특정경제범죄가중처벌등에 관한 법률 제3조 제1항 제3호, 형법 제351조, 제347조 제1항에 의율하면서 피고인의 위 소위는 상습성의 발로로 인한 포괄일죄라 할 것이고, 그 일련의 행위의 중간에 상습사기의 범죄를 가중처벌하는 법률인 특정경제범죄가중처벌등에 관한 법률이 공포, 시행되었으므로 그 전체를 포괄일죄로 하여 이를 같은 법률위반의 죄로 처벌하여야 할 것이로되, 위 법률은 피해액수에 따라 법정형을 달리하고 있으므로 구성요건의 기준이 되는 피해액수는 위 법률이 시행된 이후의 부분만을 기준으로 하여 처단하기로 한다고 판시하고 있는 바, 형법이 그 부칙 제4조 제1항에서 1개의 죄가 본법 시행 전후에 걸쳐서 행하여진 때에는 본법 시행 전에 범한 것으로 간주한다고 규정하고 있는 취지에 비추어 제1심 판시 제1의 소위가 특정경제범죄가중처벌등에 관한 법률이 시행된 1984.1.1 전후에 걸쳐 행하여진 이 사건에 있어서는 위 법률 시행 이후에 편취한 금액의 합계가 비록 위 법률에서 구성요건으로 하는 피해액의 하한을 넘고 있다 하더라도 위 법률 제정 전의 법률에 따라 의율됨이 상당하다 하고 제1심판결 중 배상명령을 제외한 부분을 파기한 후 그 판시 제1의 소위에 대하여는 포괄하여 형법 제351조, 제347조 제1항에 의율하고 있다.

그러나 이 사건에서와 같이 상습으로 사기의 범죄행위를 되풀이 한 경우에 특정경제범죄가중처벌등에 관한 법률 시행 이후의 범행으로 인하여 취득한 재물의 가액이 위 법률 제3조 제1항 제3호의 구성요건을 충족하는 때에는 그 중 법정형이 중한 위 특정경제범죄가중처벌등에 관한 법률 위반의 죄에 나머지 행위를 포괄시켜 특정경제범죄가중처벌등에 관한 법률 위반의 죄로 처단하여야 할 것이다(당원 1970.8.31 선고 70도1393 판결 참조). 형법 제8조는 "본법 총칙은 타법령에 정한 죄에 적용한다. 단 그 법령에 특별한 규정이 있는 때에는 예외로 한다"고 규정하고, 부칙 제4조 제1항은 "1개의 죄가 본법시행 전후에 걸쳐서 행하여진 때에는 본법 시행 전에 범한 것으로 간주한다"고 규정하고 있으나, 위 부칙은 신형법(1953. 9. 18. 공포 법률 제293호) 시행에 즈음하여 구 형법과의 관계에서 그 적용범위를 규정한 이른바 경과법으로서 위 제8조에서 규정하는 "본법 총칙"이 아닐 뿐 아니라 범죄의 성립과 처벌은 행위시의 법률에 의한다고 규정한 형법 제1조 제1항의 해석으로서도 행위종료시의 법률의 적용을 배제한 점에서 타당한 것이 아니므로 위 신구형법과의 관계가 아닌 다른 법과의 관계에서는 위 부칙을 적용 내지 유추적용할 것이 아니다. 위 견해에 어긋나는 당원 1985. 7. 9. 선고, 85도740 판결; 1974. 5. 28. 선고 74도191 판결; 1959. 7. 31. 선고 단기 4292년 형상 제194호 판결 등은 이를 폐기하기로 한다.

I. 들어가며

법률의 시적 기준과 관련하여 우리 형법은 행위시법주의를 기본으로 채택하고 있다(제1조 제1항). 여기에서의 '행위시'는 범죄 행위시를 말할 뿐 '결과 발생시'는 포함되지 않는다. 이는 책임비난의 전제가 되는 법률의 행위통제기능이 행위 착수시부터 행위 종료시까지만 작동하기 때문이다[1]. 여기에는 형법의 양대 이념이라 할 수 있는 죄형법정주의와 책임주의가 교차하고 있다. 그런데 하나의 범죄에서 행위가 순간적으로 행하여질 수도 있지만, 상당시간에 걸쳐 행하여질 수도 있다. 예컨대 1번 총을 쏘아 사망에 이르게 할 수도 있지만, 매일 조금씩 독약을 먹이는 방법으로 수일에 걸쳐 누적되게 하여 사망에 이르게 할 수도 있는 것이다. 후자의 경우라면 단순일죄이지만 행위가 상당시간에 걸쳐 행하여진 것이다. 더욱이 행위가 상당시간에 걸쳐 행하여지는 것이 당연한 범죄도 있는데, 이런 경우는 포괄일죄, 그 중에서도 특히 상습범, 영업범, 계속범[2], 연속범[3] 등에서 주로 나타난다[4]. 따라서 이 글에서는 주로 포괄일죄를 염두에 두고 설명하기로 한다.

---

1) 문채규, "행위 중에 형벌법규의 변경이 있는 경우 적용법규의 문제", 형사법연구 제21권 제4호, 한국형사법학회, 2009, 204면; 이근우, "'행위 중에 형벌법규의 변경이 있는 경우 법규의 적용문제'의 평석", 법학연구 제65권 제1호, 부산대학교 법학연구소, 2024, 140면.
2) 계속범을 단순일죄로 분류하는 견해도 있고 포괄일죄로 분류하는 견해도 있지만, 어느 견해에 의하든 이 글의 주제인 행위시법주의와 일죄의 처벌 문제와 관련하여서는 아무런 차이가 없다.
3) 연속범 개념을 인정할 것인지, 포괄일죄로 다룰 것인지, 포괄일죄로 다룬다면 그 요건을 어떻게 볼 것인지 등에 대하여도 여러 견해가 대립하고 있고, 대법원은 연속범을 포괄일죄로 인정하는 것으로 해석된다. 이 글에서는 일응 연속범도 포괄일죄라고 전제하기로 한다.
4) 사실은 과형상 1죄라고 불리는 상상적 경합관계에도 1회적 처벌 법리가 미친다. 그래서 기판력의 물적 범위, 공소사실의 동일성 범위에 상상적 경합관계에 있는 실체법상 수죄에도 미치는 것이다. 다만 이 글의 주제인 1죄 진행 중 법률의 변경 문제와는 직접 관련이 없기 때문에 이 글에서는 실체법상 1죄 범위에서만 논하기로 한다.

행위가 순간적으로 행하여진 경우라면 그 순간의 법률을 행위시법으로 적용함에 의문이 없다. 그러나 행위가 상당시간에 걸쳐 행하여진 경우라면 행위 착수시와 종료시 사이에 상당한 시간 간격이 있으며 그 사이에 적용할 법률이 변경될 수도 있다. 이러한 경우 범죄행위 전체에, 또는 어느 행위부분에 어느 법을 적용하여야 하는지가 문제된다. 범죄행위 진행 중에 법률이 변경되는 경우에 대하여는 우리 형법에 아무런 규정이 없다. 형법 제1조 제2항도 범죄 종료 후[5]에 법률이 변경되는 경우를 규정하고 있을 뿐이다. 독일 형법 제2조 제2항은 '행위 중에 처벌정도가 변경된 경우에는 행위 종료시에 유효한 법률을 적용한다'라고 규정하고 있어 일응의 기준을 제시하고 있다. 그러나 이 규정에도 불구하고 1죄 중 일부 행위부분이 전체 행위 종료시 법률에 의하면 가벌성이 있지만, 그 부분행위 당시 법률에 의하면 가벌성이 없는 경우에는 가벌성이 인정되는지 등의 문제가 남기 때문에 위 규정으로 행위 중의 법률 변경 문제를 완전히 해결하였다고 보기는 어려울 것이다[6].

위 문제는 이중처벌금지 원칙과도 직접 관련된다. 이중처벌금지 원칙에는 1죄는 한 번에 처벌하여야지 수죄로 나누어서 처벌할 수 없다는 법리와 1죄의 일부라도 처벌되면 이후 다시는 동일 사건으로 처벌할 수 없다는 법리가 포함되어 있다. 전자는 하나의 시점에서 판단한 것이고 후자는 시간의 흐름을 고려하여 판단한 것이다. 후자는 기판력(또는 일사부재리)라는 이름으로 자주 언급되지만, 전자는 그렇게 자주 언급되지도 않고, 확립된 이름도 없다. 간혹 '실체법상 1죄는 형사소송법상 1죄(또는 하나의 사건)'이라고 표현되기도 하지만[7], 이 글에서는 일응 '1죄 1회적 처벌 법리'라고 부르기로 한다[8]. 1죄 1회적 처벌 법리도 형사법에서 매우 중요한 법리 중 하나임에는 틀림이 없다. 그 명확한 존재 근거는 1죄를 수죄로 나누어 기소하는 경우 이중기소에 해당되어 공소기각 판결·결정 사유가 된다는 점(형사소송법 제327조 제3호, 제328조 제1항 제3호[9])에서도 찾아볼 수 있지만, 기판력의 물적 범위가 민사소송의 경우와 달리 기소된 범죄사실 자체 뿐만

---

[5] 통설은 이를 범죄 행위 종료 후라고 해석하고 있다. 이재상/장영민/강동범, 형법총론(제11판), 박영사, 2022, 41면 등.
[6] 같은 취지로 문채규, 앞의 논문 212면, 213면.
[7] 김성돈, 형법총론(제8판), 성균관대학교 출판부, 2022, 750면; 윤동호, "상습범의 일죄성과 처벌의 합리성 내지 필요성", 형사정책 제34권 제3호, 한국형사정책학회, 2022, 237면.
[8] 이중처벌금지의 법리를 시간의 흐름을 고려한 판단으로만 보아 이중위험금지 또는 기판력 법리와 동일시하는 견해가 많으나(예컨대 손인혁, "헌법상 이중처벌금지 원칙의 내용과 그 적용", 유럽헌법연구 제35호, 유럽헌법학회, 2021, 103면), 엄밀한 의미에서는 1죄 1회적 처벌 법리도 이중처벌금지 법리의 일부라고 생각된다.
[9] 위 2개의 조문을 비교할 때 동일사건이 별개 법원에 기소된 경우에는 공소기각 결정을, 동일 법원에 기소된 경우에는 공소기각 판결을 하여야 하는 것으로 해석된다.

아니라 그와 동일성이 인정되는 범위 전체에 미친다는 점[10]에서도 찾아볼 수 있다[11][12].

이중처벌금지 원칙이 1죄 1회적 처벌 법리와 기판력 법리로 구성된다는 점은 공소사실의 동일성이 단일성과 협의의 동일성으로 구성된다는 점과 맥이 닿아 한다. 여기에서 '단일성'이란 하나의 시점에서 하나의 사건인지 수개의 사건인지를 판단하는 개념이고, '협의의 동일성'이란 다른 시점에서 비교되는 수개의 사건이 동일 사건인지 다른 사건인지를 판단하는 개념이다[13]. 협의의 동일성 판단에서 비교되는 수개의 사건이 완전히 동일하다면 협의의 동일성만 문제되지만, 완전히 동일하지는 않고 단일성 범위 내에 있는 경우라면 협의의 동일성 판단 내에 이미 단일성 판단이 포함되어 있는 것이다. 따라서 사건의 단일성 범위를 먼저 살핀 후 동일성 여부를 살피는 것이 순리이고, 같은 이치로 1죄 1회적 처벌 법리를 먼저 살핀 후 기판력 법리를 살피는 것이 순리이다. 사건의 단일성, 동일성을 논하는 이유가 바로 1죄는 1번만 처벌하라는 요구 때문인데, 이것이 바로 이중처벌금지 원칙이다. 공소사실의 동일성이 위와 같이 단일성과 협의의 동일성을 포함하고 있으므로 이중처벌금지 역시 1죄는 1회적으로 처벌하라는 법리와 지금의 사건이 과거에 이미 처벌받은 사건과 동일한 사건이라면 지금의 사건은 처벌할 수 없다는 법리를 포함할 수 밖에 없다. 결국 1죄 1회적 처벌 법리는 공소사실의 단일성 법리의 다른 표현이라고 할 수 있다.

1죄 즉 단일성이 인정되는 범죄는 1회적으로 처벌함이 원칙이다. 다만 법리적으로는 1죄라 하더라도 가분적 평가가 가능하다면 가벌성은 부분행위별로 판단하여야 한다. 1죄의 일부 행위가 가벌적이라 하여 나머지 행위부분도 모두 가벌적이라고 판단할 수 없고, 그 반대

---

10) 이창현, 형사소송법(제10판), 도서출판 정독, 2024, 1144면 등.
11) 손인혁, 앞의 논문 132면에서도 상습범의 일부에 대해 판결이 확정되면 법원의 심리대상이 되지 않은 나머지 부분의 행위에까지 기판력이 미치는 것도 시간의 흐름을 고려한 판단인 것처럼 설명하고 있다. 그러나 상습범의 일부와 나머지 부분이 일죄를 구성하는지에 대한 판단이 선행되어야 하고 위 판단은 동시에 기소된 경우에도 마찬가지로 이루어져야 하므로 오히려 1죄 1회적 처벌 법리의 문제에 더 가깝다고 생각된다.
12) 다만 포괄일죄가 발각되어 처벌받은 후에도 계속된 포괄일죄에 대하여는 처벌받은(정확하게 말하면 마지막 사실심 판결선고시) 이후의 포괄일죄 부분은 별죄로 처벌할 수 있는데(기판력의 시적 범위 문제이다) 얼핏 보면 1죄 1회적 처벌 법리와 충돌하는 듯하지만, 처벌받은 후의 포괄일죄 부분은 처벌받기 이전의 포괄일죄와는 1죄성이 유지되지 않기 때문에 1회적 처벌의 제한을 받지 않는다고 평가된다. 뒤에서 살펴보겠지만 포괄일죄 중간에 처벌규정이 변경되는 것은 1죄성 유지에 영향이 없기 때문에(설령 비상습범 규정만 있다가 상습범 규정이 신설되는 경우라 하더라도 변경 전후에 걸쳐있는 상습범죄는 변경 후의 행위만 1죄성이 인정되는 것이 아니라 변경 전후의 행위 전체가 1죄성이 인정된다) 위 사례와는 경우를 달리한다고 생각된다.
13) 이창현, 앞의 책, 640면.

도 마찬가지이다. 결과적으로 1죄 1회적 처벌 법리에 따르더라도 1회적 처벌은 1죄 중 가벌성이 인정되는 행위부분에만 적용되는 법리가 된다. 예컨대 상습폭행 1죄로서 단일성이 인정된다 하더라도 그 중 일부 폭행에 정당방위 사유가 인정된다면 이 행위부분은 무죄 판단하고(물론 나머지 유죄부분이 주문에서 표시되고 / 위 무죄부분은 이유에서만 표시될 것이다) 나머지 가벌적인 부분만 1회적으로 처벌하는 것이다. 소송조건 흠결로 면소, 공소기각 등의 사유가 있는 경우에도 마찬가지이다[14]. 결국 가벌성 판단에서는 부분행위들에 대한 행위시법주의가 1죄 1회적 처벌 법리보다 우선하여 적용되는 것이다[15]. 앞에서도 언급한 바와 같이 책임비난의 전제가 되는 법률의 행위통제기능이 미치지 않는 행위에 대하여는 책임이 인정될 수 없다는 원칙이 1죄 1회적 처벌 법리보다 우선하기 때문이다.

1죄를 구성하는 행위 진행 중에 법률이 변경되는 경우 중 ① 비상습범 처벌규정만 있다가 상습범 처벌규정(당연히 가중적일 것이다)이 신설[16]된 경우 위 신설 이전에 종료된 행위는 비상습범(또는 그 경합범)으로 처벌할 수 있을 뿐 신설된 상습범으로 처벌할 수 없음이 명백하지만, ② 상습적인 범죄행위가 위 상습범 처벌규정이 신설되기 전부터 신설된 후까지 연속하여 있는 경우라면 위 신설 전 행위와 신설 후의 행위를 어떤 법률을 적용하여 어떻게 처벌할 것인지가 문제된다. 대법원은 이러한 경우 대상판결을 통해 상습범 처벌규정 신설 전 행위에는 신설된 상습범 처벌규정을 적용할 수 없으므로 비상습범으로 처벌하고, 신설 후 행위는 신설된 상습범 처벌규정에 따라 상습범으로 처벌하되, 위 두 죄는 실체적 경합관계에 있다고 판시하였다. 대상판결의 법리대로라면 행위시법주의를 존중하다가 보니 상습적 범죄행위를 위 신설 전후에 걸쳐 저지른 경우 1죄를 2개의 죄로 나누어 처벌하는 문제가 발생하는 것이다. 이처럼 1죄를 구성하는 행위 진행 중에 법률이 변경된 경우 행위시법주의와 1죄 1회적 처벌의 법리가 충돌하게 되는데, 이러한 경우 위 2개의 법리를 어떻게 조화시킬 것인지 문제로 귀착된다. 이 연구는 이러한 의문에 대한 저자 나름의 해답을 구하는 과정이다.

---

14) 다만 공소시효 완성 여부는 1죄 전체의 종료시(범죄 결과 발생시 포함)로부터 기산하므로 일부 행위에 대한 공소시효 완성이란 불가벌 사유는 발생할 수 없다.
15) 이근우, 앞의 논문 17면에 나오는 "형법적 행위의 단일성, 즉 1개의 행위인가의 여부로 해당 행위 전체의 가벌성을 논할 필연성은 극히 낮아 보인다"는 표현도 같은 취지로 이해된다.
16) 정확하게 말하면 신설된 법률의 '발효'이지만 일응 '신설'이라고만 표현하기로 한다. 앞에서 서술한 법률의 '변경'도 마찬가지이다.

Ⅱ. 대상판결과 비교판결 검토

1. 1죄 진행 중에 법률이 변경되는 여러 유형

1죄를 구성하는 행위 진행 중에 법률이 변경되는 경우는 여러 유형으로 분류할 수 있다. 먼저 법률이 피고인에게 불리하게 변경된 경우와 유리하게 변경된 경우로 대별할 수 있다. 그리고 전자는 다시 처벌규정 자체가 신설된 경우, 법정형만 가중된 경우, 기존의 구성요건 외에 가중된 구성요건이 신설된 경우 등으로 세분할 수 있고, 후자 역시 위 전자의 분류에 준하여 세분할 수 있다. 아래에서 상술한다.

① 처벌규정이 신설된 경우(그 밖의 사유로 불가벌적이다가 법률의 변경으로 비로소 가벌적이게 된 경우 포함). 만일 밤 11시부터 새벽 1시까지 2시간 동안 전동킥보드 무면허운전을 하였는데 밤 12시를 기하여 전동킥보드 무면허운전 처벌규정이 신설(정확하게는 발효)된 경우가 이에 해당할 것이다. 기존에 친고죄로 규정되어 있다가 비친고죄로 변경되는 등 관련 소송조건이 변경된 경우에도 소급적용이 금지되고 행위시법주의가 적용된다면 위 유형이라 할 수 있다. 비교판결1이 여기에 해당한다.

② 동일한 구성요건으로 가벌성은 유지되면서 법정형만 상향된 경우. 아래 ③유형과 비슷한 결과가 되지만, 이러한 경우에 구법에 따른 1죄와 신법에 따른 1죄의 경합범으로 처벌한다면 형법 제37조, 제38조 소정의 경합범 가중 때문에 법정형을 가중한 취지 이상으로 중벌하게 되는 이상한 결과가 초래되므로 다른 경과규정이 없다면 신법에 따라 1죄로 처벌함이 타당하다.

③ 기존의 처벌규정 외에 구성요건과 법정형이 가중된 새로운 처벌규정이 신설 추가된 경우. 만일 음주운전 처벌규정만 있다가 상습 음주운전 처벌규정이 신설 추가되었다면(일정 수치 이상 음주운전 가중처벌규정이 신설된 경우도 마찬가지일 것이다) 이에 해당할 것이다. 이 유형이 이 글의 핵심적인 주제인데, 대상판결과 비교판결2가 여기에 해당한다[17].

---

17) 물론 기존의 구성요건과 죄명이 폐지되면서 구성요건과 죄명, 법정형이 가중된 법률이 신설된 경우, 예컨대 음주운전 처벌규정이 있다가 이것이 폐지됨과 동시에 더 무거운 상습 음주운전 처벌규정이 신설된 경우도 상상할 수 있지만, 실제로는 거의 없을 것이다.

④ 기존의 처벌규정이 폐지된 경우(그 밖의 사유로 가벌적이다가 법률의 변경으로 불가벌적이게 된 경우 포함). 위 폐지 이후의 행위가 불가벌적임은 의문이 없지만, 폐지 전의 행위가 행위시법에 의해 가벌적인지 재판시법에 의해 불가벌적인지가 문제된다. 행위시법주의의 해석상 행위 종료시법에 따라 무죄가 된다는 견해도 있다[18]. 그러나 폐지 전의 행위를 처벌할 것인지 여부는 형사정책적 문제로서 행위시법주의 이념을 존중하여 가벌적이라 볼 여지도 있고 폐지의 취지를 존중하여 불가벌이라 볼 여지도 있다. 대부분의 다른 나라들과 마찬가지로 우리 형법도 후자의 입장을 취하고 있는데(형법 제1조 제2항) 무죄는 아니고 면소 대상이다(형사소송법 제326조 제1호, 다만 1죄의 다른 일부에 무죄사유가 있으므로 주문은 무죄로 하되 위 면소부분은 이유에서 판단하면 족하다)[19]. 이에 더하여 형법 제1조 제2항의 태도는 절대적인 것이 아니기 때문에 경과규정을 두어 폐지 전의 행위를 행위시법에 의해 처벌할 수도 있다는 것이 일반적인 견해이다[20]. 이러한 점에서 행위 종료시법에 의하여 무죄가 된다는 위 견해는 부적절해 보인다.

⑤ 기존 처벌규정의 구성요건 등은 동일하게 유지하면서 법정형만 하향한 경우. 이러한 경우에 구법에 따른 1죄와 신법에 따른 1죄의 경합범으로 처벌한다면 형법 제37조, 제38조 소정의 경합범 가중 때문에 법정형을 감경한 취지에 반하여 오히려 중벌하게 되는 이상한 결과가 초래된다. 따라서 특별한 경과규정이 없다면 신법에 의해 1죄로 처벌함이 타당할 것이다.

⑥ 일반 처벌규정과 가중처벌규정을 함께 가지고 있다가 가중처벌규정만 폐지한 경우. 비상습범 처벌규정과 상습범 처벌규정을 모두 가지고 있다가 상습범 처벌규정만 폐지되었는데, 폐지 전의 행위는 상습범으로, 폐지 후의 행위는 비상습범으로 경합범 가중하여 처벌한다면 이 역시 상습범 가중처벌을 폐지하는 입법취지에 반하는 결과가 된다. 더욱이 폐지 전의 상습범도 형법 제1조 제2항에 의하여 비상습범으로 처벌하되 폐지 후의 비상습범과 경합범 관계가 된다고 보아야 할 것이다.

---

[18] 하태훈, "건축법상의 불법 용도변경과 형법의 시간적 적용범위", 고려법학 제38권, 고려대학교 법학연구원, 2002, 261면.
[19] 이러한 결론은 뒤에서 설명할 바와 같이 1죄를 구성하는 행위 진행 중 법률이 변경된 경우 가벌성은 각 행위부분의 행위시법에 의해 판단한다는 이 글의 취지에도 부합한다.
[20] 김성돈, 앞의 책, 107면.

2. 대상판결 검토

대상판결은 행위시법주의와 소급적용금지 원칙, 공소사실의 동일성 등 법리를 강조한 것으로 보인다. 형법 제1조 제1항은 행위시법주의를 천명하고 있고 소급적용은 허용되지 아니한다는 원칙이다. 따라서 여러 행위를 묶어 1죄로 처벌할 수 있는 포괄일죄의 경우에도 처벌규정 신설 이전의 행위까지 포괄일죄에 포함시킬 수는 없다. 상습범도 포괄일죄 중 하나이므로 위 법리에 따라 상습범 처벌규정이 신설되기 전의 행위에 위 상습범 처벌규정을 적용하여 처벌할 수 없음이 자명하다. 비교판결1은 이를 명확히 하고 있다. 포괄일죄에 해당하는 각 범죄사실들 사이에는 공소사실의 동일성이 인정되므로 공소장변경에 의하여 기존의 공소사실에 추가될 수 있지만, 앞에서 살펴본 바와 같이 상습범 처벌규정이 신설되기 전의 범죄행위에는 상습범 처벌규정을 적용할 수 없으므로 위 신설 이후의 범죄행위들이 구성하는 상습범 범죄사실과 위 신설 이전의 범죄행위를 하나의 포괄일죄로 묶을 수는 없다. 따라서 위 신설 이전의 범죄행위와 위 신설 이후의 범죄행위는 포괄일죄가 아닌 별개의 죄로서 실체적 경합관계가 될 뿐이다. 이것이 대상판결에서 대법원의 논리이다.

일견 대상판결의 논리는 그럴듯해 보인다. 처벌규정이 신설되기 전의 행위에 신설된 처벌규정을 적용할 수 없음은 소급금지 법리상 당연하다. 상습범 처벌규정이 신설되기 전의 행위에 상습범 처벌규정을 적용할 수 없음 역시 당연할 것이다. 형법 제1조 제2항은 변경(신설 포함)된 처벌규정을 변경 이전 행위에 적용할 수 있는 예외를 규정하고 있지만, 이것은 변경된 처벌규정이 범죄 성부 또는 형의 측면에서 피고인에게 유리한 경우로만 한정되는데, 상습범 처벌규정을 신설하였다면 당연히 가중적일 것이므로 여기에 해당하지 아니한다.

그러나 조금만 더 깊이 생각해 보면 대상판결의 논리가 반드시 옳은 것은 아니다. 본건과 같이 상습범 처벌규정이 신설되고 상습범죄 행위가 신설 전후에 걸쳐있는 경우 판례처럼 해석하면 신설 이전 행위와 신설 이후 행위가 실체적 경합관계가 되고 형법 제37조, 제38조에 의하여 상습범 법정형의 1.5배로 가중처벌 될 가능성이 많다. 그런데 예컨대 죄질과 횟수가 비슷한 상습범행을 신설 전후에 걸쳐 행한 경우가 신설 후에 행한 경우보다 1.5배 더 큰 비난을 받아야 할 이유는 없다[21]. 오히려 상습범 가중처벌의 경고를 받은 후에 더 많은 상습범행을 저지른 후자가 전자보다 더 큰 비난을 받는 것이 합리적일지도 모른다. 결국

---

21) 류동훈, "형법 제1조와 계속범의 관계에 대한 비판적 검토", 법학논총 제55집, 숭실대학교 법학연구소, 2023, 54면.

대상판결과 같은 결론은 형벌의 형평성에 반한다. 형벌의 형평성은 형사사법정의의 가장 중요한 요소 중 하나이다. 물론 선고형 결정단계에서 위 문제점을 상당부분 보정할 수 있겠지만, 그러한 방법은 충분하지도, 적절하지도 않다. 그러한 보정이 완벽할 수 없을 뿐만 아니라 형평성이 저평가될 우려가 크기 때문이다. 가능하다면 처단형 결정단계에서 형평성이 실현되어야 한다.

대상판결은 행위시법주의를 강조하지만, 행위시법주의는 법률이 피고인에게 불리하게 변경된 경우 변경 전의 행위에 변경된 법률을 적용하여서는 아니된다는 취지이다. 따라서 법률이 피고인에게 유리하게 변경된 경우라면 변경 전의 행위에 변경된 법률을 적용할지 여부는 형사정책적으로 결정하여야 할 별개의 문제이다. 앞에서도 언급한 바와 같이 신법 적용을 부정하는 논리도 나름의 설득력이 있지만, 우리 형법 제1조 제2항은 유리한 신법을 적용하도록 규정하고 있다[22]. 따라서 대상판결의 경우와 같이 상습범 처벌규정 신설 이전의 행위에 신설된 상습범 처벌규정을 소급적용하는 것이 오히려 피고인에게 더 유리한 경우라면 이를 소급적용 하더라도 행위시법주의의 본래의 취지에 반하지 않고 실질적으로는 오히려 형법 제1조 제2항의 취지와도 부합한다.

더 나아가 대상판결은 기판력의 문제에서도 중대한 불균형을 초래한다. 대상판결의 논리에 따르면 검사가 상습범 처벌규정 신설 후의 행위만 상습범으로 기소하여 처벌한 후에라도 위 신설 전의 행위도 비상습범으로 별건 기소할 수 있게 된다. 그러나 만일 처음부터 상습범 처벌규정이 있었는데 일정 시점 이후의 행위를 상습범으로 처벌하였다면 그 전의 행위는 기판력에 저촉되어 불가벌적일 것이다. 처음부터 상습범 처벌규정이 있었던 경우가 피고인에게 더 유리한 불균형이 발생하는 것이다. 대상판결에는 이러한 점에 대한 고민의 흔적이 없다. 결국 대상판결은 행위시법주의에만 집착하여 지나치게 형식적으로 판단한 결과 처벌의 형평성, 나아가 형사사법정의에 반하는 결과를 초래하였다고 생각된다.

---

[22] 다만 형법 제1조 제2항은 구법과 신법의 유불리 판단의 기준으로 신법에 의할 때 '범죄를 구성하지 아니하게 되거나 형이 가벼워진 경우'만을 규정하고 있기 때문에 구성요건 또는 법정형 이외의 요소, 예컨대 위법성이나 책임조각 여부, 소송조건 등에 의해 유불리가 발생하는 경우에도 위 규정을 적용(또는 유추적용)할 수 있는지의 문제가 발생한다. 본건과 같이 1죄 1회적 처벌 법리에 의하여 유불리가 발생하는 경우에 위 제1조 제2항이 적용되기는 어렵겠지만 피고인에게 유리할 때에는 신법을 적용할 수도 있다는 취지에서는 맥을 같이 한다고 생각된다.

3. 비교판결1 검토

대상판결은 이론구성에서 비교판결1에 크게 의지하고 있다. 비교판결1의 검토에 앞서 살펴보아야 할 것이 있다. 비교판결1은 상습 강제추행죄에 관한 판결인데, 형법은 종래 강제추행죄(제298조) 등을 친고죄로 규정하고 있었고(제306조), 2010. 4. 상습 강제추행죄 등을 신설하면서(제305조의2. 공포한 날부터 시행.) 이를 친고죄 적용대상에서 제외하였는데(제306조), 위 개정 부칙 제1항
2012. 12. 강제추행죄 등에 대하여도 친고죄 규정을 폐지하면서 부칙을 통해 폐지 이전의 사건은 여전히 친고죄로 처리하는 것으로 규정하였다(위 개정 부칙 제2조). 상습 강제추행죄가 신설되기 전의 강제추행 범죄는 2010. 4. 이전의 범죄이므로 당연히 위 친고죄 규정 폐지 전의 범죄이다. 비교판결1의 제1심 법원은 상습 강제추행죄 신설 전의 강제추행 범죄에 대하여는 형법 제305조의2가 아닌 제298조 및 제306조를 적용하여 고소가 없음을 이유로 공소기각 판결을 선고하였고, 제2심 법원은 제1심 판결을 그대로 유지하였다.

검사는 상고를 통해 상습범은 포괄일죄이므로 범죄 진행 도중에 법률이 변경되는 경우 범죄행위 종료 당시의 법률이 적용되어야 한다는 법리를 들어 상습 강제추행죄가 신설되기 이전의 강제추행 범죄에 대하여도 동일한 상습성의 발로라는 점이 인정되므로 그 부분에 대하여도 신설 이후의 강제추행 행위와 함께 상습 강제추행죄 1죄를 구성하고, 비친고죄가 되어 고소 여부와 관계없이 유죄가 선고되어야 한다는 주장을 펼쳤을 것으로 짐작된다. 이에 대하여 대법원은 "구성요건이 신설된 상습 강제추행죄가 시행되기 이전의 범행은 상습 강제추행죄로는 처벌할 수 없고 행위시법에 기초하여 강제추행죄로 처벌할 수 있을 뿐"이라는 법리 하에 상습 강제추행죄 신설 이전의 강제추행 부분에는 무죄를 선고하여야 할 것이지만, 다만 친고죄에 대하여 고소가 없어 공소기각 판결 사유가 있고 그것이 판결 주문에 우선적으로 설시되어야 하므로[23] 제1심의 공소기각 판결을 정당하다고 판시하였던 것이다.

대상판결은 비교판결1의 '상습범 처벌규정이 신설되기 전의 행위에 대하여는 신설된 상습범 처벌규정을 적용할 수 없다'는 법리를 그대로 따르면서, 그 법리만으로 신설 전 행위의 가벌성 뿐만 아니라 처벌방법까지 모두 다 판단하였다. 대상판결과 비교판결1이 모두 상습범 처벌규정이 신설된 경우 신설 이전 행위의 처벌과 관련된 사례라는 점에서 동일하므로 비교판결1의 법리를 대상판결에 그대로 적용할 수 있다고 판단한 것이다. 그러나 대상판결

---
23) 주석 형사소송법(Ⅲ)(제6판), 한국사법행정학회, 2022, 778면. 이를 '형식재판 우선의 원칙'이라 부르기도 한다.

과 비교판결1의 각 사안 사이에는 중요한 차이가 있다. 비교판결1은 상습범 처벌규정 신설 이전 행위에 신설된 상습범 처벌규정을 적용하지 아니하면 행위시법으로는 처벌할 수 없는 사안임에 반하여, 대상판결은 상습범 처벌규정 신설 이전 행위에 신설된 상습범 처벌규정을 적용하지 않더라도 행위시법으로도 처벌할 수 있는 사안이다. 이러한 차이가 적용 법리에 어떤 차이를 가져올까?

4. 비교판결2 검토

비교판결2는 상습사기죄에 관한 사안이다. 사기(상습사기 포함) 등 죄[24]로 일정 금액[25] 이상을 취득한 경우 특정경제범죄 가중처벌 등에 관한 법률(이하 특경법 이라 한다) 제3조 제1항에 의하여 가중처벌된다. 위 법은 1983. 12.에 제정되어 1984. 1.부터 시행(편의상 이를 '신설'이라 부르기로 한다)되었는데, 상습사기 행위가 위 법 신설 전후에 걸쳐있는 경우 몇 가지 점이 문제된다. 첫째 형법 제정 당시의 부칙 제4조 제1항은 "1개의 죄가 형법 시행 전후에 걸쳐서 행하여진 때에는 형법 시행 전에 범한 것으로 간주한다"고 규정하고 있는데, 이 법리를 형법이 아닌 위 특경법 신설에도 적용(또는 유추적용)할 것인지가 문제된다. 만일 위 부칙 제4조 제1항을 특경법 신설에도 적용한다면 본건 상습사기 전체를 특경법 신설 이전에 범한 것으로 보아야 하므로 특경법이 적용될 수 없고 형법상 상습사기죄로 처벌하면 족하다. 그러나 위 부칙 제4조 제1항을 위 특경법 신설에는 적용할 수 없다고 본다면 적어도 위 신설 이후의 상습사기 부분에는 신설된 특경법을 적용할 수 있게 된다. 이에 대하여 비교판결2는 '형법 제8조에 따라 위 부칙 제4조 역시 신형법 뿐만 아니라 일반적인 법률 제정 또는 개정에도 적용되어야 할 것'이라는 소수의견도 있었지만, 다수의견은 위 부칙 제4조는 구 형법과의 관계에서 신형법의 적용범위를 규정한 경과규정일 뿐 일반적인 법률 제정 또는 개정에 적용될 규정은 아니라고 판단하였다.

둘째 위 다수의견에 따라 본건 상습사기에 신설된 특경법 처벌규정을 적용하게 된다면 상습사기는 포괄일죄이므로 그 이득액을 합산하여 일정 금액 이상이면 특경범을 적용하게 되는데, 특경법 신설 전후의 이득액 전체를 합산할 수 있는지 특경법 신설 후의 이득액만 합산하여야 하는지가 문제된다. 비교판결2는 특별한 고민 없이(적어도 판결문상은 그렇다) "특경법 신설 이

---

24) 단순일죄 또는 포괄일죄의 이득액을 말하고 경합범의 이득액은 합산할 수 없다는 대법원 1989. 6. 13. 선고 89도582 판결 등 참조.
25) 특경법 신설 당시에는 1억원 이상이면 특경법에 적용하였는데, 현재는 5억원 이상이어야 특경법에 적용한다.

후의 이득 합산액 기준으로 특경법 소정의 일정 금액 이상이어야 한다"고 판시하였다[26].

셋째 위와 같이 특경법 신설 후의 이득액만 합산하여 일정 금액 이상이어야 특경법을 적용할 수 있다고 본다면 드디어 이 글의 핵심 쟁점인 특경법 신설 이전의 상습사기 부분은 특경법 신설 이후의 상습사기 부분과 어떤 관계가 되는지가 문제된다. 1죄를 구성하는 각 부분 행위에 대한 행위시법주의을 강조하여 특경법 위반죄와는 별개의 범죄로서 실체적 경합관계가 된다고 볼 여지도 있고, 1죄 1회적 처벌 법리를 강조하여 특경법 위반죄에 포괄시켜 1죄로 처벌하면 족하다고 볼 여지도 있기 때문이다. 비교판결2는 이 문제에 대하여도 특별한 고민 없이 "위 특경법 위반의 죄에 나머지 행위를 포괄시켜 특경법 위반의 죄로 처단하여야 할 것"이라고 판단하였다[27]. 여기에서 '위 특경법 위반의 죄'란 특경법 신설 후의 상습사기 행위부분을 의미하고, '나머지 행위'란 특경법 신설 전의 상습사기 행위부분을 의미함이 명백하다. 결국 특경법 신설 이전의 상습사기 부분은 행위시법에 의하면 형법상 상습사기죄로 처벌할 수 있을 뿐이지만, 특경법 신설 후의 상습사기 부분이 특경법 위반죄로 처벌되고 신설 전의 상습사기 부분과 1죄성이 인정된다면 신설 전후의 상습사기 전체를 범죄행위 종료시법인 특경법에 의율하여 1죄로 처벌하면 족하다는 의미가 된다.

Ⅲ. 행위시법주의와 1죄 1회적 처벌 법리의 충돌과 조화

1. 비교판결1과 비교판결2의 비교

비교판결1과 비교판결2는 1죄 진행 중에 법률이 변경되어 1죄를 구성하는 행위가 위 변경 전후에 걸쳐있다는 점에서 동일한데, 그 결론에 이르는 논리는 확연히 다르다. 비교판결1에서는 각 부분행위에 대한 행위시법주의를 강조하여 변경 전 행위부분에는 변경 전 법률을, 변경

---

[26] 위 소수의견은 그 논리에 따르면 이러한 문제가 발생하지 않기 때문에 이 문제에 대하여 특별한 의견이 없었음이 오히려 당연하다. 위 소수의견과 논리를 같이 하여 이 사건은 특경법이 아닌 형법상 상습사기죄로 처벌하여야 한다는 결론에 이른 원심에서는 이득액 산정은 특경법 신설 이후의 이득액 부분만을 기준으로 판단하여야 한다고 판시하였다. 만일 특경법 시행 이후의 이득액 만으로 특경법 소정의 일정 금액에 미치지 못하였다면 처음부터 특경법 적용을 고려할 필요가 없었기 때문에 일응 이득액 산정의 기준을 판단하였던 것으로 보인다.

[27] 위 소수의견은 이 문제에 대하여도 거의 고민한 바가 없다. 소수의견은 "다수의견은 특정경제범죄가중처벌등에 관한 법률 시행 전의 상습사기는 그 법 시행 후의 상습사기와 포괄적 일죄를 이루되 법 시행 후의 이득액에 대하여서만 그 법을 적용하게 되므로 피고인에게 불리할 것이 없다고 보는 듯하나, 법 시행 전의 상습사기가 가분적인데도 이를 법 시행 후의 범행으로 간주하는 것이 행위시법주의와 법률 불소급의 원칙에 어긋난다"고 비판하기는 하였으나, 시행 전의 상습사기와 시행 후의 상습사기를 어떻게 처벌하는 것이 적절한지에 대하여는 언급한 바가 없다.

후 행위부분에는 변경된 법률을 적용한 반면, 비교판결2에서는 1죄 1회적 처벌 법리를 강조하여 1죄 전체에 변경된 법률을 적용하였다. 왜 이런 차이가 발생하였을까? 여기에서 행위시법주의와 1죄 1회적 처벌 법리가 충돌할 때 조화로운 해결방법이 무엇인지를 고민하게 된다.

법률이 변경되고 1죄를 구성하는 행위가 위 변경 전후에 걸쳐 있고 각 부분행위에 각 행위시법을 적용할 때 일부 부분행위에는 가벌성이 인정되고 일부 부분행위(특히 변경 전 부분행위)에는 가벌성이 인정되지 않는 경우가 비교판결1의 상황이다. 형법 제1조 제1항은 "범죄의 성립과 처벌은 행위시의 법률에 따른다"고 규정하고 있고 이때의 행위시를 1죄 전체의 행위 종료시라고 본다면 1죄 1회적 처벌 법리에 따라 1죄 진행 중에 법률이 변경되어 일부 부분행위가 그 행위시법에 의할 때 불가벌적이라 하더라도 전체 행위 종료시의 법에 의할 때 가벌적이라면 포괄일죄 전체를 처벌한다는 해석이 가능할 수도 있다. 그러나 행위시법주의는 소급금지 원칙을 내포하고 있고, 부분행위 당시의 법에 의하면 불가벌적일 때 변경된 신법을 소급적용하여 위 부분행위도 함께 처벌하는 것은 앞에서도 설명한 바와 같이 책임주의에 반한다. 따라서 이러한 경우에는 각 부분행위 기준의 행위시법주의가 우선 적용되어야 한다. 결국 행위시법주의와 1죄 1회적 처벌 법리를 조화시키려면 제1조 제1항의 '성립과 처벌'은 가벌성 여부를 의미하고 '행위시'란 포괄일죄라 하더라도 이를 구성하는 각 부분행위시(또는 각 부분행위의 종료시)를 의미한다고 해석하여야 한다. 이는 상습범죄로 기소된 경우 가벌성, 예컨대 정당방위나 심신상실 사유 등 범죄성립 여부, 보강증거 유무[28] 등 입증 여부 등은 상습범죄를 구성하는 각 부분행위별로 판단하여야 하는 점과도 같은 이치이다[29]. "(행위시법에 따르면) 불가벌적인 신설 이전 행위부분을 (신법에 따라) 처벌되는 포괄일죄에 포함시켜서는 아니되고, 양형에서 함께 고려하여도 아니된다"는 견해[30] 역시 같은 취지라고 이해된다.

법률이 변경되고 1죄를 구성하는 행위가 위 변경 전후에 걸쳐 있고 각 부분행위에 각 행위시법을 적용할 때 각 가벌성이 인정될 경우가 비교판결2의 상황이다. 여기에는 대략 4가지 정도의 해결방법을 생각할 수 있다. ① 변경 전 행위부분과 변경 후 행위부분을 별죄의 실체적 경합관계로 보는 방법. 이는 대상판결이 취하고 있는 방법인데, 앞에서도 살펴본 바

---

28) 대법원 1996. 2. 13. 선고 95도1794 판결.
29) 공소시효 완성 여부는 행위 당시에 고려하는 요소가 아니므로 위와 같은 각 부분행위 당시 기준으로 판단할 것이 아니라 포괄일죄 전체 행위의 종료시를 기준으로 일괄 판단하여야 함에 의문이 없다.
30) 문채규, 앞의 논문, 212면.

와 같이 형식적으로는 행위시법주의에 부합하는 듯 하지만 실제로는 피고인을 부당하게 가중처벌하고 기판력의 물적 범위 문제에서도 합리적이지 않은 결과를 초래하기 때문에 취할 바가 되지 못한다. ② 변경 후 행위부분만 변경된 법률로 처벌하는 방법. 이 방법에 의하면 법률이 피고인에게 불리하게 변경된 경우에도 변경 전 행위부분에 변경된 처벌규정을 소급 적용하지 않으므로 형식적으로도 행위시법주의와 충돌하지 않고, 피고인을 경합범으로 가중처벌하지 않은 점도 장점이 된다. 그러나 행위시법에 의하더라도 가벌성이 인정되는 변경 전 행위부분을 전혀 처벌하지 않는 이유를 설명하기 어렵고, 검사가 변경 이후의 행위부분만 기소하여 처벌한 후 변경 전 행위부분의 존재를 알게 된 경우 '그 부분에도 기판력이 미쳐 처벌할 수 없다'고 설명하여야 할 터인데[31], 애초에 처벌되지 않는 행위부분에 왜 기판력이 미치는지를 설명하기도 어려운 문제점이 발생한다.

③ 변경 전 법률로 변경 전후의 행위 전체를 1죄로 처벌하는 방법. 뒤에서 설명할 대법원 1974. 5. 28. 선고 74도191 판결이 취하는 방법인데, 제정 형법 부칙 제4조 제1항을 다른 법률의 변경에도 적용한 결과이다. 그러나 위 부칙 제4조 제1항이 구형법과 현행 형법 사이뿐만 아니라 모든 처벌규정의 변경에 적용되는가? 라는 이론적인 문제점 뿐만 아니라, 형사정책적 필요에 의하여 처벌규정을 중하게 변경한 경우 변경 전부터 시작된 1죄는 변경 후까지 지속되어도 언제나 변경 전 법률을 적용하여 1죄로 처벌될 뿐이므로 형사정책적 효과를 전혀 기대할 수 없다는 문제점과,[32] 오랫동안 범죄를 계속한 자가 오히려 경하게 처벌된다는 문제점 등이 발생한다. 이러한 경우 형법 제1조 제2항을 유추적용 하여야 한다는 견해도 있는데[33] 행위 종료 후 법률이 유리하게 변경된 경우에도 유리한 신법을 적용하여야 한다면 행위 중에 유리하게 변경된 경우라면 당연히 유리한 신법을 적용하여야 한다는 논리이다. 이에 따르면 신법이 경한 경우에만 1죄 전체에 신법을 적용하고 구법이 경하다면 1죄 전체에 구법을 적용하여 1죄로 처벌하게 되는데, 대부분의 법률 변경이 중하게 변경되는 경우이므로 결과적으로는 ③의 방법과 거의 비슷하게 된다. 개정 전부터 시작된 1죄는 법률을 중

---

31) 기판력은 물적으로 잠재적 심판대상이 되었던 부분에만 미치기 때문이다.
32) 처벌규정이 없던 행위에 대하여 처벌규정이 신설되었다면 구법에 따라 처벌 불가라 할 것인가? 문채규, 앞의 논문, 209면 참조.
33) 손해목, 형법총론, 법문사, 1996, 74면. 뒤에서 설명할 대법원 1974. 5. 28. 선고 74도191 판결은 결과적으로 위 견해와 같이 되었지만, 위 판결은 처벌규정이 중하게 개정되었다는 점을 전혀 거론하고 있지 않아 경중과 관계없이 구법을 적용하여야 한다는 취지인지, 실제로는 경중을 고려하여 더 중한 신법으로 처벌하는 것이 부당하다는 판단에서 그러한 결론에 이른 것인지 불명하다.

하게 개정하는 형사정책적 효과를 기대할 수 없다는 등의 문제점도 비슷하다.

④ 변경 전후의 행위 전체를 변경된 법률에 의해 1죄로 처벌하는 방법. 이는 비교판결 2 등이 취하는 방법이다. 형식적으로는 변경 전 행위에도 변경된 가중처벌규정을 적용하는 것이어서 행위시법주의나 소급금지 원칙에 비추어 부당하게 보일 수 있으나, 실제로는 그러한 소급적용은 피고인에게 오히려 유리하므로 행위시법주의의 취지를 몰각시키지 않으면서 1죄 1회적 처벌 법리를 실현할 수 있고 처벌의 형평성에도 부합하는[34] 올바른 방법이라고 생각된다. 더욱이 이 방법은 형법 제1조 제1항이 말하는 '행위시의 법률'을 '범죄행위 종료시의 법률'로 해석하는 다수설[35]의 입장에도 부합한다. 위 다수설은 제1조 제2항의 '범죄 후 법률 변경'에서의 '범죄 후'가 범죄행위 종료 후라는 의미이기 때문에 이와 궤를 같이 하는 제1항의 '행위시' 역시 범죄행위 종료시라고 보는 것이 적절하다는 점과 행위시법주의의 이념적 근거인 법률의 행위통제기능이 행위 종료시까지 가능하다는 점을 근거로 하는데, 행위 종료 전에 신법이 신설되었다면 그 행위에는 이미 법률의 행위통제기능이 작동하였음에도 이를 위반한 것이므로 신법에 따른 비난이 가능하기 때문에 범죄행위 종료시의 법률인 신설된 법률에 의해 범죄행위 전체를 1죄로 처벌하는 것은 행위시법주의에 부합한 해석이고 소급적용의 문제는 발생하지 않는다. 다만 어느 부분행위가 행위시법에 의할 때 가벌성이 없다면 그 부분행위는 법률의 행위통제기능이 없는 상황에서의 행위로서 비난 불가하므로 가벌성 있는 다른 부분과 연계할 필요 없이 그 부분만 불가벌로 종결하는 것이고 이것이 오히려 1죄 1회적 처벌 법리의 예외가 되는 것이다. 결국 이 방법을 취한다면 1죄를 구성하는 행위 진행 중에 법률이 변경된 경우 1단계로 변경 전의 행위부분과 변경 후의 행위부분이 각 행위시법에 의할 때 가벌적인지를 먼저 판단하여 불가벌적인 행위부분은 불가벌로 종결하고, 2단계로 변경 전후의 가벌적 행위부분을 모아서[36] 1죄 1회적 처벌 법리를 적용하여 변경된 법률에 의하여 전체 행위를 포괄하여 1죄로 처벌하는 것이다.

대상판결과 비교판결2는 포괄일죄에 대한 가중처벌규정이 신설되었고 범죄행위는 신설 전후에 걸쳐 있으며 신설 전후의 각 행위부분은 각 행위시법에 의하더라도 가벌성이 인정

---

34) 1죄성 법리가 처벌의 공평성을 위한 법리라는 윤동호, 앞의 논문, 236면도 같은 취지.
35) 김성돈, 앞의 책, 100면 등.
36) 만일 변경 후에는 가벌적 행위부분이 없다면 변경된 법률을 적용할 수 없음은 물론이다.

된다는 점에서 그 상황이 동일하다. 대상판결에서는 신설 전의 처벌규정이 단순일죄이고 비교판결2에서는 신설 전의 처벌규정도 포괄일죄라는 점에서 차이가 있지만, 그러한 점은 신설 전의 범죄를 별죄로 볼 것인지 신설된 범죄에 포괄시킬 것인지에 대하여는 아무런 영향을 주지 못한다. 그런데 대상판결과 비교판결2의 논리와 결론은 정반대이다. 대상판결의 경우 상습범 처벌규정 신설 전후의 각 행위부분이 행위시법에 의하여 가별적이고, 행위 전체가 1죄라고 판단된다면 신설 전 행위부분과 신설 후 행위부분을 분리하여 2개의 죄의 실체적 경합범으로 처벌할 것이 아니라 두 부분을 합하여 하나의 포괄일죄로 처벌하는 것이 적절하였다. 그런데 대상판결은 비교판결1과의 차이점을 전혀 고려하지 아니한 채 가별성 판단에만 적용하여야 할 비교판결1의 행위시법주의 법리를 가별성 판단에 이어 신설 전후의 행위부분에 대한 처벌방법에도 그대로 적용해 버린 결과 신설 전후에 걸쳐 상습범죄를 실행한 경우를 불합리하게 중하게 처벌하는 결과를 초래하였다. 대법원이 대상판결을 선고하기 전에 비교판결1의 법리에 현혹되어 비교판결2의 법리를 전혀 검토하지 못한 것이 아닌가 생각된다[37].

이와 같이 불합리한 결과가 발생한 데에는 비교판결1이 상습범 처벌규정이 신설된 모든 경우에 적용될 수 있는 법리인 듯 '구성요건이 신설된 상습 강제추행죄가 시행되기 이전의 범행은 상습 강제추행죄로는 처벌할 수 없고 행위시법에 기초하여 강제추행죄로 처벌할 수 있을 뿐'이라고 설시하면서 '상습범 처벌규정 신설 이전의 행위부분이 불가별적인 경우에만 적용될 법리이고, 만일 위 신설 이전의 행위부분이 행위시법에 의하더라도 가별적인 경우에는 1죄의 1회적 처벌 법리도 함께 고려하여야 한다는 점'을 미리 밝히지 아니한 점에도 원인이 있다. 비교판결1의 표현만 보면 마치 상습범 처벌규정 신설 이전의 범죄부분은 언제나 신설 후의 상습범과 별개의 비상습범으로 처벌하라는 듯 이해되기 때문이다. 비교판결1을

---

[37] 반대로 만일 일반 처벌규정과 가중적 처벌규정이 병존하다가 가중적 처벌규정만 폐지된 경우라면 어떨까? 역시 범죄의 가별성은 일죄를 구성하는 각 범죄의 각 행위시법에 따라 판단하여야 하므로 폐지 이전의 행위부분은 가중적 범죄를, 폐지 이후의 행위부분은 일반 범죄를 각 구성한다. 그런데 전체 범죄 종료시에 가중적 처벌규정이 없으므로 행위 전체를 하나의 가중적 범죄로 처벌할 수는 없을 것이다. 다만 범죄 후 법률이 변경되어 형이 구법보다 가벼워진 경우에 해당하므로 형법 제1조 제2항에 의하여 폐지 이전의 행위부분도 신법에 따라 가중적 범죄가 아닌 일반 범죄로 처벌될 것이고(행위시법에 의하면 상습범죄인데 신법에 상습범 처벌규정이 없으므로 형사소송법 제326조에 의해 면소가 선고되어야 한다고 주장하는 사람은 없을 것이다. 행위시법에 의하더라도 비상습범죄도 가별적이기 때문이다) 결국 폐지 전후의 각 범행 모두를 각 일반 범죄의 실체적 경합관계로 보아야 할 것이다. 따라서 이러한 경우에는 행위시법주의와 1죄 1회적 처벌 법리가 충돌하는 문제가 발생하지 않는다.

선고하기 전에 '신설 이전 행위부분이 행위시법에 의하더라도 가벌적인 경우라면 어떨까?' 라는 점은 검토해 보지 않았을까? 신설 이전 행위부분이 행위시법에 의하면 가벌적인 경우와 불가벌적인 경우를 모두 검토해 보고 이러한 점을 위 판결의 전제로 설시해 주었더라면 좋았으리라는 아쉬움이 있다. 하급심 판결이라면 기소된 당해 사건 자체에 대한 구체적 타당성 검토에 매달려 당해 사건의 해결에만 적합한 해석론을 펼치는 것이 어느 정도 이해될 수 있지만, 대법원 판결은 다른 사건의 법률해석에서도 매우 중요한 지침이 되는 것이 현실이기 때문에 대법원은 판결을 선고하기 전에 그러한 점을 충분히 고려하여 다른 사건의 법률해석에서 오해의 소지가 없도록 설시할 필요가 있다.

2. 대상판결과 비슷한 상황에서의 여러 판결들 검토

(1) 비교판결2와 같은 법리를 취한 판결들

사실은 행위 진행 중에 법률이 변경되고 행위시법주의에 의할 때 변경 전 행위부분과 변경 후 행위부분이 모두 가벌적인 경우에 대한 판단은 대상판결 또는 비교판결2 이전에도 다수 있었다. 그 중 비교판결2와 같은 법리를 취한 판결들은 아래와 같다.

① 대법원 2009. 9. 10. 선고 2009도5075 판결

2007. 1. 19. 법률 제8259호로 개정된 방문판매 등에 관한 법률 제23조 제2항이 시행된 이후에도 포괄일죄인 위 법률 위반 범행이 계속된 경우 그 범죄실행 종료시의 법이라고 할 수 있는 신법을 적용하여 포괄일죄로 처단하여야 하고, 또한 "이 법 시행 전의 행위에 대한 벌칙의 적용에 있어서는 종전의 규정에 따른다"는 방문판매 등에 관한 법률 부칙(2007. 1. 19.) 제3조가 적용될 수도 없다.

방문판매 등에 관한 법률(이하 '방판법'이라 한다) 제23조 제2항에는 종래 "누구든지 다단계 판매조직 또는 이와 유사하게 단계적으로 가입한 자로 구성된 다단계조직을 이용하여 재화 등의 거래 없이 금전거래만을 하거나 재화 등의 거래를 가장하여 사실상 금전거래만을 하는 행위를 하여서는 아니된다"라고만 규정되어 있었는데, 2007. 1. 이를 개정하여 그 말미에 "이 경우 재화 등의 거래를 가장하여 사실상 금전거래만을 하는 행위의 구체적인 내용은 대통령령으로 정한다"라는 문구를 추가하면서 그 부칙 제3조에서 "이 법 시행 전의 행위에 대한

벌칙의 적용에 있어서는 종전의 규정에 따른다"라고 규정하였고, 이후 위 구체적 내용을 담은 방판법 시행령 제32조의2가 신설되었다. 대법원은 피고인의 방판법 위반행위가 위 개정 전후에 걸쳐서 행하여진 경우 중간에 처벌규정의 개정이 있었더라도 영업범 전체에 범죄 종료시의 법인 신법을 적용하여 포괄일죄로 처단하여야 하고, 비록 위와 같은 부칙규정이 있다 하더라도 마찬가지라는 점을 확인하였다. 위 판결에 따르면 위 부칙은 이 법 시행 전에 종료된 범죄행위에 대하여만 적용된다는 취지가 된다. 즉 포괄일죄가 개정 전후에 걸쳐 있는 경우에도 언제나, 심지어 형이 중해지는 경우에도 범죄 종료시의 법인 신법이 적용되는 것이다. 보건범죄단속법 시행 전후에 걸친 무면허 의료행위에 대하여 포괄일죄이므로 그 행위 전체에 대하여 위 법을 적용하여 1죄로 처벌하면 족하고 구법인 의료법 제25조를 비교할 필요도 없다는 대법원 1970. 8. 31. 선고 70도1393 판결도 같은 취지이다.

② 대법원 1992. 12. 8. 선고 92도407 판결

"1개의 죄가 본법(수질환경보전법) 시행 전후에 걸쳐서 행하여진 때에는 본법 시행 전에 범한 것으로 간주한다"고 규정하고 있는 형법 부칙 제4조 제1항은 형법을 시행함에 즈음하여 구형법과의 관계에서 그 적용범위를 정한 경과규정으로서, 형법 제8조가 타법령에 정한 죄에도 적용하도록 규정한 "본법 총칙"에 해당되지 않을 뿐만 아니라, 범죄의 성립과 처벌은 행위시의 법률에 의한다고 규정한 형법 제1조 제1항의 해석으로서도 행위가 종료된 때 시행되는 법률의 적용을 배제한 점에서 타당한 것이 아니므로, 신·구형법 사이의 관계가 아닌 다른 법률 사이의 관계에서는 형법 부칙 제4조 제1항을 그대로 적용하거나 유추적용 할 것이 아니다(당원 1986. 7. 22. 선고 86도1012 전원합의체 판결; 1989. 5. 23. 선고 89도570 판결 등 참조).

또 수질환경보전법이 시행된 1991. 2. 1. 이후에도 계속되어 온 이 사건 범행을 같은 법 부칙 제15조가 규정하고 있는 "이 법 시행 전에 행한 종전의 환경보전법의 위반행위"라고 볼 수는 없으므로, 같은 법 부칙 제15조에 따라 이 사건 범행에 대한 벌칙의 적용을 종전의 규정인 환경보전법에 의할 것도 아니다. 이와 취지를 같이하여 피고인들의 이 사건 범행을 계속범으로 보고 그 행위가 종료된 때인 1991. 3. 20.에 시행되고 있는 수질환경보전법의 관계규정을 적용한 원심판결에 행위시법주의와 법률불소급의 원칙에 관한 법리를 오해한 위법이 있다고 비난하는 논지도 받아들일 수 없다.

수질환경보전법은 1990. 8. 제정되어 6개월이 지난 1991. 2.부터 시행되었는데, 부칙 제15

조는 '이 법 시행 전에 행한 종전의 환경보전법의 위반행위에 대한 벌칙의 적용은 종전의 규정에 의한다'고 규정하였다[38]. 위 2009도5075 판결이 개정 전의 행위도 개정 후의 행위와 죄명은 동일하고 법정형만 달리하는 경우인 반면, 본 판결은 개정 전의 행위는 환경보전법 위반죄가 되고 개정 후의 행위는 수질환경보전법 위반죄가 되어 형식적으로 죄명은 다르지만 실질적으로는 구성요건이 동일하여 하나의 계속범인 경우이다(이런 점에서는 위 70도1393 판결도 같다). 행위시법주의와 1죄 1회적 처벌 법리가 충돌하는 경우 변경 전의 행위부분과 변경 후의 행위부분이 1죄인지, 그리고 변경 전의 행위부분과 변경 후의 행위부분이 각 행위시의 법률에 의할 때 가벌성이 있는지 여부만 문제될 뿐 동일한 죄명인지 여부는 문제되지 않는다. 행위시법주의 원칙만 고려한다면 죄명이 다른 경우는 물론이고 죄명이 동일하다고 하더라도 법정형이 중해진 재판시법을 변경 이전의 행위부분에 적용하는 것이 동일하게 금지되기 때문이다.

(2) 비교판결2와 다른 법리를 취한 판결들

물론 비교판결2에 이르기 전에는 비교판결2와 다른 법리를 취한 판결도 없지 않았다.

① 대법원 1974. 5. 28. 선고 74도191 판결

원심판결 이유에 의하면, 원심은 피고인 법인의 이 사건 무허가증축은 1968. 9.경에 착수되어 1970. 12.말경에 완성된 사실을 인정할 수 있으므로 이와 같은 불법증축행위에 대하여 위의 증축 완성시에 시행된 법률(1970. 3. 1. 시행 법률 제2188호 건축법 중 개정법률)를 적용한 제1심의 조처는 정당하다고 판시하였다. 그러나 원심이 인정한 바와 같이 이 사건 불법증축이 1970년 말에 완성된 것이라고 인정되어 이 증축행위가 건축법 개정 전, 후에 걸치게 된 것이라고 한다면 형법이 그 부칙 제4조 제1항에서 "1개의 죄가 본법 시행 전후에 걸쳐서 행하여진 때에는 본법 시행 전에 범한 것으로 간주한다"고 규정하고 있는 취지에 비추어 구법인 개정 전의 법률에 따라 의율됨이 상당하다 할 것이다[39].

② 대법원 2001. 9. 25. 선고 2001도3990 판결

일반적으로 계속범의 경우 실행행위가 종료되는 시점에서의 법률이 적용되어야 할 것이

---

38) 수질환경보전법은 2007. 5. 수질 및 수생태계 보전에 관한 법률로 바뀌었고, 2017. 1. 물환경보전법으로 바뀌어 오늘에 이르고 있다.
39) 개정 전후 행위 전체를 1죄로 취급하되 구법에 의율한다는 취지이다.

나, 법률이 개정되면서 그 부칙에서 '개정된 법 시행 전의 행위에 대한 벌칙의 적용에 있어서는 종전의 규정에 의한다'는 경과규정을 두고 있는 경우 개정된 법이 시행되기 전의 행위에 대해서는 개정 전의 법을, 그 이후의 행위에 대해서는 개정된 법을 각각 적용하여야 한다.

위 건축법위반 판결에는 특별한 사정이 좀 있다. 건축법 제14조, 제78조 제1항에 대하여는 위헌결정이 내려져[40] 1998년 건축법이 개정되었고 본건 건축법 위반행위는 그 개정 전후에 걸쳐있었던 사안이다. 대법원은 위헌결정의 소급효에 따라 개정 전 건축법 위반부분은 개정 전 법률에 의하여 무죄에, 개정 후 건축법 위반부분은 개정된 법률에 의하여 유죄에 해당한다고만 설시할 뿐 1죄성을 유지하는지 아니면 2개의 죄로 나누어지는지에 대하여는 밝힌 바가 없다. 개정 전 행위부분이 가벌성이 인정되지 않기 때문에 앞에서 말한 1단계 판단에 그친 것이라고 볼 여지도 있다. 그러나 '위와 같은 경과규정이 있는 경우 개정 전 행위에 대하여는 개정 전 법률, 개정 후 행위에 대하여는 개정된 법률을 각각 적용한다'는 표현은 설령 개정 전 행위부분에 가벌성이 인정되는 경우라도 개정 전 법률을 적용하여 개정 후 행위부분과는 별죄의 실체적 경합관계로 다루어야 한다는 의미로 이해된다. 위 이해대로라면 계속범에 대한 법률이 변경되는 경우 경과규정만 있으면 하나의 계속범이 개정 전 행위부분과 개정 후 행위부분으로 나누어져 2개의 죄가 된다는 논리인데, 입법적 조치만 하면 1죄를 얼마든지 수죄로 나누어 처벌할 수 있다는 발상 자체가 실질적 죄형법정주의 정신, 처벌의 형평성 더 나아가 형사사법정의에 반하며, 위 논리를 일반화할 경우에는 대상판결과 같은 매우 부당한 결과가 발생한다. 위 2개 판결의 논리를 반대하면서 '포괄일죄가 종료하는 시점의 법률에 의해 1죄로 처벌함이 상당하다'는 견해가 일반적이며[41], 실무적으로도 비교판결2에 의하여 사실상 폐기된 것으로 평가된다.

3. 1죄 1회적 처벌 법리의 물적 확장

1죄 1회적 처벌의 이념은 1죄로 처벌하는 경우 형식적으로는 그 구성요건에 포함되지 않는 행위라 하더라도 실질적으로는 1죄 1회적 처벌의 이념에 부합한다면 1죄 처벌의 물적 범위에 포함시키라는 대법원 1984. 12. 26. 선고 84도1573 전원합의체 판결(특가법상 상습절도죄에 절도 목적의 주간 주거침입 행위도 포괄된다는 취지)[42],

---
40) 헌법재판소 1997. 5. 29. 94헌바22 결정. 건축법이 건축물의 용도제한에 관하여 구체적 기준이나 범위를 정함이 없이 대통령령이나 조례에 백지위임하여 죄형법정주의에 위반된다는 취지.
41) 류동훈, 앞의 논문, 59면 등.
42) 이후 특가법 제5조의4 제1항 소정의 상습절도죄 규정에 대하여 헌법재판소가 위헌 결정함에 따라(헌법재판소

대법원 2010. 5. 13. 선고 2010도2468 판결(보건범죄단속법상 영리 목적의 무면허 의료행위죄에 비영리 목적의 무면허 의료행위도 포괄된다는 취지), 대법원 2003. 2. 28. 선고 2002도7335 판결(상습 상해죄에 상습 폭행 행위도 포괄된다는 취지), 대법원 2018. 4. 24. 선고 2017도10956 판결(상습 존속폭행죄에 상습 비존속 폭행행위도 포괄된다는 취지) 등에서도 잘 드러난다. 특히 위 84도1573 판결의 다수의견은 그 논거 중 하나로 "특가법에 규정된 상습절도죄 외에 별개로 주거침입죄가 성립한다고 본다면 상습으로 야간에 주거침입을 하여 절도를 한 상습야간주거침입절도의 경우에는 위 법조 소정의 1죄로서 그 법정형기 내에서 처단하게 되는 반면 상습으로 주간에 주거침입을 하여 절도를 한 경우에는 위 법조 소정의 죄와 주거침입죄의 경합범이 되어 경합가중을 한 형기 범위 내에서 처단하게 되므로 야간주거침입절도 보다 죄질이 더 무겁다고 볼 수 없는 주간 주거침입절도에 대한 처단형이 오히려 야간주거침입절도의 경우보다 더 무겁게 되는 불합리한 결과가 된다는 점"을 들고 있는데, 이러한 취지는 대상판결에서도 거의 그대로 적용될 수 있다고 생각된다.

Ⅳ. 나가며

1죄를 구성하는 행위 진행 중에 법률이 변경되는 경우 어느 행위부분에 어느 법을 적용하여 어떻게 처벌하여야 하는지가 문제되는데, 이 글에서는 대상판결, 비교판결1, 비교판결2가 취한 법리를 비교하면서 살펴보았다. 비교판결1은 변경 전의 행위부분이 행위시법에 의할 때 불가벌적이므로 변경 후의 행위부분만 변경된 법률에 의하여 처벌하면 족하고 변경 전 행위부분에 변경된 법률을 적용하여 처벌할 수는 없다는 점을 명백히 하였고, 비교판결2는 변경 전의 행위부분과 변경 후의 행위부분이 모두 가벌적이므로 변경된 법률에 의하여 1죄로 처벌하면서 변경 전 행위부분도 위 1죄에 포괄시키라는 취지였다. 이를 종합하면 1죄를 구성하는 행위 진행 중에 법률이 변경된 경우 1단계로 변경 전후의 각 행위부분에 대하여 각 행위시법에 따라 가벌성을 판단하여 불가벌적인 행위부분은 불가벌로 종결하면 족하고, 만일 변경 전후의 행위부분이 모두 가벌적이라면 1죄 1회적 처벌 법리를 적용하여 변경된 법률에 의하여 행위 전체를 1죄로 포괄하여 처벌하는 것이 옳다는 결론에 이르렀다.

2015. 2. 26. 2014헌가16 결정) 2016. 1. 위 규정이 폐지되고 형법 제332조 소정의 상습절도죄로 처벌하게 되었는데, 제332조는 단순절도, 야간주거침입절도, 특수절도 등을 상습으로 범한 경우 각 죄에 정한 형의 2분의1까지 가중하는 것으로 규정하고 있다. 다만 제332조에 의할 때에도 예컨대 상습 야간주거침입절도죄에 의율되는 자가 저지른 절도 목적의 주간 주거침입, 상습 특수절도죄에 의율되는 자가 저지른 단순절도 등에 대하여는 위 84도1573 판결의 법리가 여전히 적용되어야 할 것으로 생각된다.

그런데 대상판결은 변경 전후의 행위부분이 각 행위시법에 의할 때 모두 가벌적임에도 비교판결1의 법리를 적용하여 변경 전의 행위부분과 변경 후의 행위부분이 각 별죄를 구성하고 실체적 경합관계에 놓이게 된다는 잘못된 판단을 하였는데, 그 결과 처벌의 불균형, 기판력 물적 범위의 혼란 등의 문제점을 야기하였다. 이러한 오류의 원인은 대상판결에서 비교판결1과 비교판결2의 법리를 제대로 비교, 검토하지 못한 결과 위 1단계에서만 적용되어야 할 비교판결1의 법리를 2단계 판단을 요하는 사안에 그대로 적용한 점에도 있지만, 비교판결1이 상습범 처벌규정이 신설된 모든 경우에 적용될 수 있는 법리인 듯 "구성요건이 신설된 상습 강제추행죄가 시행되기 이전의 범행은 상습 강제추행죄로는 처벌할 수 없고 행위시법에 기초하여 강제추행죄로 처벌할 수 있을 뿐"이라고만 설시한 점에도 있다. 대상판결의 오류가 하루속히 시정되기를 희망한다.

참고문헌

제1편 수사

체포의 요건과 절차에 관한 실무적 고찰
-체포의 목적·본질과의 연관성을 강조하여-

(각 체포의 목적·본질과 요건에 관한 실무적 고찰(인권과 정의 제450호(2015. 6.), 대한변호사협회와 각 체포의 주체와 절차에 관한 실무적 고찰(서울법학 제23권 제1호(2015. 5.), 서울시립대학교 법학연구소의 합본)

권오걸, 형사소송법, 형설출판사, 2010.
노명선/이완규, 형사소송법(제5판), 성균관대학교 출판부, 2017.
배종대, 형법총론(제17판), 홍문사, 2023,
배종대/이상돈/정승환/이주원, 형사소송법, 홍문사, 2015.
배종대/홍영기, 형사소송법(제2판), 홍문사, 2020.
손동권, 형사소송법(개정신판), 세창출판사, 2010.
신동운, 신형사소송법(제5판), 법문사, 2014.
신양균, 신판 형사소송법, 화산미디어, 2009.
신양균/조기영, 형사소송법, 박영사, 2020,
신양균, 형사소송법 제·개정자료집(상), 한국형사정책연구원, 2009.
신현주, 형사소송법(신정2판), 박영사, 2002.
이영란, 한국형사소송법(개정판), 나남출판, 2008.
이완규, 형사소송법특강, 법문사, 2006.
이은모/김정환, 형사소송법(제9판), 박영사, 2023,
이재상/장영민/강동범, 형법총론(제11판), 박영사, 2022.
이재상/조균석/이창온, 형사소송법(제13판), 박영사, 2021.
임웅, 형법총론(제13정판), 법문사, 2022.
전용득, 피의자 구속론, 법문사, 2000.
정웅석/최창호/김한균, 신형사소송법(제2판), 박영사, 2023,
차용석/최용성, 형사소송법(제4판), 21세기사, 2013.
三井誠/酒卷匡(신동운 역), 입문 일본 형사수속법, 법문사, 2003.
福井厚, 刑事訴訟法講義(제4판), 법률문화사, 2009.
Klaus Volk(김환수/문성도/박노섭 공역), 독일 형사소송법, 박영사, 2009.
Rolando V. del Carmen(김성돈 역), 미국 형사소송법, 길안사, 1999.

김대성, "현행법상 현행범인 체포제도의 문제점과 개선방안", 형사법연구 제25권 제1호(2013. 봄), 한국형사법학회.
김상호, "긴급체포의 명칭과 요건상의 대상범죄에 대한 검토", 동아법학 제47호(2010. 5.), 동아대학교 법학연구소.
김상호, "체포제도의 문제점과 개선방안", 저스티스 통권 제89호(2006. 2.), 한국법학원.
김종덕, "체포제도에 관한 비교법적 고찰", 계명법학 제6집, 계명대학교 사회고학연구소 법학연구실, 2002.
김준성, "형사소송법상 긴급체포제도에 관한 재검토", 형사법연구 제23권 3호(2011. 가을), 한국형사법학회.
노정환, "현행 체포제도에 대한 실무적 고찰", 법조 제62권 제8호(2013. 8.), 법조협회.
박희태, "구속제도의 개선 모색", 검찰 제91호(1986. 1.). 대검찰청.
류지영, "긴급체포제도의 문제점과 개선방안", 형사법연구 제20호(2003. 겨울), 한국형사법학회.
문채규, "긴급체포 및 긴급 압수·수색의 적법요건", 고시연구 통권 제384호(2006. 3.), 고시연구사.
손동권, "현행 피의자 체포 구속제도에 관한 연구", 동암 이형국교수 회갑기념논문집, 법문사, 1998.
신동운, "인신구속제도를 둘러싼 법적용의 왜곡과 그 해결방안", 법학, 서울대학교 법학연구소, 1998.
신양균, "독일의 인신구속제도에 대한 검토", 비교형사법연구 제11권 제1호(2009. 7.), 한국비교형사법학회.
심재무, "체포의 요건에 관한 고찰", 형사법연구 제13호(2000. 6.), 한국형사법학회.
심희기, "현행범체포의 요건", 영남법학 제1권 제1호(1994. 1.), 영남대학교 법학연구소.
안성수; "영·미의 체포·구속제도에 비추어 본 우리 제도의 문제점과 보완방안", 형사법의 신동향 통권 제7호(2007. 4.), 대검찰청.
양문상/박광섭, "현행 형사소송법상 체포제도에 대한 검토", 법학연구 제20권 제2호(2009. 12.), 충남대학교 법학연구소.
이은모, "수사상의 인신구속에 관한 한일 형사소송법의 비교연구", 법학논총 제23집 2호(2006. 12.), 한양대학교 출판부.
이은모, "피의자 인신구속제도의 정비방안", 형사법연구 제19호(2003. 6.), 한국형사법학회.
이재석, "체포제도에 관한 고찰", 대구법학 제1호(2000. 2.), 대구대학교 법과대학.
이재석, "현행 인신구속제도의 문제점과 개선방안", 형사정책 제11호(1999. 10.), 한국형사정책학회.
이창현, "긴급체포의 규정과 운용에 대한 비판적 고찰", 외법논집 제36권 제1호(2012. 2.), 한국외국어대학교 법학연구소.
전승수, "개정 형사소송법상 구속제도", 법조 제57권 제2호(2008. 2.), 법조협회.
정승환, "형사소송법의 체포제도에 대한 재검토", 법조 제54권 제7호(2005. 7.), 법조협회.
조상제, "현행 형사소송법상 체포제도의 문제점", 계명법학 제3집, 계명대학교 사회과학연구소 법학연구실, 1998.
차용석, "개정 형사소송법의 내용", 형사법연구 제9호(1997. 1.), 한국형사법학회.
천진호, "개정 형사소송법상 형사피의자·피고인의 방어권 보장", 저스티스 통권 제103호(2008. 4.), 한국법학원.

하태인, "수사기관의 무영장체포와 영장주의의 실질적 의미", 법학논문집 제35집 제1호, 중앙대학교 법학연구원, 2011.
하태인, "수사상 긴급체포 요건과 운용", 형사법연구 제23권 1호(2011. 봄), 한국형사법학회.
하태훈, "한국형사법학회 형사소송법 개정안에 대한 논평", 형사법연구 제23권 1호(2011. 3.), 한국형사법학회, 287면.
황정근, "구속영장 실질심사제도의 개선방안", 형사정책연구 제8권 4호(1997. 12.), 한국형사정책연구원.

CCTV 녹화자료의 압수 · 수색에 관한 소고
(법학논고 제69권(2017. 11.), 경북대학교 법학연구소)

강수진, "별도 범죄혐의 관련 전자정보의 압수 · 수색에 관한 대법원 2015. 7. 16. 자 2011모1839 결정의 검토", 안암법학 제50호, 안암법학회, 2016.
권양섭, "디지털 포렌식 법률체계 구축방안", 법학연구 제35집(2009. 8.), 한국법학회.
김성룡, "전자정보에 대한 이른바 '별건 압수 · 수색'", 형사법의 신동향 통권 제49호(2015. 12.), 대검찰청.
노수환, "디지털 증거의 압수 · 수색절차상 당사자의 참여권 및 별건 관련성 없는 증거의 압수 요건", 법조 통권 제718호(2016. 8.), 법조협회.
박혁수, "디지털 정보 압수 · 수색의 실무상 쟁점", 형사법의 신동향 제44호, 대검찰청, 2014.
서주연, "정보저장매체에 저장된 디지털증거의 압수 · 수색에 대한 고찰", 경찰학 연구 제15권 제3호, 경찰대학 경찰학연구편집위원회, 2015.
오기두, "전자정보의 수색 검증 압수에 관한 개정 형사소송법의 함의", 형사소송 이론과 실무 제4권 제1호, 한국형사소송법학회, 2012.
이숙연, "전자정보에 대한 압수 수색과 기본권, 그리고 영장주의에 대하여", 헌법학 연구 제18권 제1호(2012. 3.), 한국헌법학회.
이완규, "디지털증거 압수 수색과 관련성 개념의 해석", 법조 통권 제686호(2013. 11.), 법조협회.
이완규, "디지털증거 압수절차상 피압수자 참여방법과 관련성 범위 밖의 별건증거 압수방법", 형사법의 신동향 통권 제48호(2015. 9.), 대검찰청.
전승수, "디지털정보에 대한 압수 · 수색영장의 집행", 법조 통권 제670호(2012. 7.), 법조협회.
조국, "컴퓨터 전자기록에 대한 대물적 강제처분의 해석론적 쟁점", 형사정책 제23권 제1호(2010. 7.), 한국형사정책학회.
최윤정, "전자정보 압수 수색에 적용되는 영장주의 원칙과 그 예외에 관한 법적 검토", 저스티스 통권 제153호(2016. 4.), 한국법학원.
Orin S. Kerr, "디지털 세계에서의 압수 수색"(조기영 번역), 법학연구 통권 제49집(2016. 8.), 전북대학교 법학연구소.
졸고, "제1회 공판기일 전 증인신문제도에 대한 실무적 고찰", 법학논고 제47권, 경북대학교 법학연구원, 2014.

임의제출물의 압수에 관한 실무적 고찰
(형사법의 신동향 제68권(2020. 9.), 대검찰청)

배종대/이상돈/정승환/이주원, 형사소송법(제2판), 홍문사, 2016.
배종대/홍영기, 형사소송법(제2판), 홍문사, 2018.
신동운, 신형사소송법(제5판), 법문사, 2014.
이창현, 형사소송법(제10판), 도서출판 정독, 2024.
지원림, 민법강의(제21판), 홍문사, 2024.
차용석/최용성, 형사소송법(제4판), 21세기사, 2013.
주석 형사소송법(Ⅰ)(제6판), 한국사법행정학회, 2022.
주석 형사소송법(Ⅱ)(제6판), 한국사법행정학회, 2022.
이병태, 법률학사전(개정판), 법문 북스, 2008.
이희승 편저, 국어대사전, 민중서림, 1995.
한국어대사전(ㅂ-ㅇ), 고려대학교 민족문화연구원, 2009.

김혁돈, "영장없는 압수·수색과 관련한 대법원의 태도에 대한 고찰", 법학논고 제50집, 경북대학교 법학연구원, 2015.
신상현, "임의제출물 압수의 적법요건으로서의 임의성", 형사법의 신동향 통권 제67호, 대검찰청, 2020.
신이철, "형사소송법 제218조의 유류물 또는 임의제출물의 압수에 대한 소고", 형사법의 신동향 통권 제67호, 대검찰청, 2020.
안성수, "당사자의 동의에 의한 압수 수색", 비교형사법연구 제10권 제1호, 한국비교형사법학회, 2008.
이순옥, "현행범인 체포 및 임의제출물 압수와 관련한 대법원의 태도에 대한 연구", 중앙법학 제18집 제4호, 중앙법학회, 2016.
조국, "압수·수색의 합법성 기준 재검토", 비교형사법연구 제5권 제2호, 한국비교형사법학회, 2003.
최창호, "미국법상 동의에 의한 수색에 관한 연구", 가천법학 제6권 제3호, 가천대학교 법학연구소, 2013.
한상훈, "임의제출물의 영치와 위법수집증거 배제법칙", 법조 제65권 제8호, 법조협회, 2016.
허준, "제3자 동의에 의한 디지털 증거 압수·수색의 한계", 비교형사법연구 제20권 제4호, 한국비교형사법학회, 2018.
졸고, "형사소송에서 입증책임과 쟁점형성책임에 관한 실무적 고찰", 형사소송 이론과 실무 제9권 제2호, 한국형사소송법학회, 2017.

유류물 압수와 유기물 취거에 관한 영장주의적 통제 방안
(형사법의 신동향 제76권(2022. 9.), 대검찰청)

신동운, 신형사소송법(제5판), 법문사, 2014.
신양균/조기영, 형사소송법, 박영사, 2020.
이창현, 형사소송법(제10판), 도서출판 정독, 2024.
조균석/이완규, 형사법통합연습, 박영사, 2012.
조균석/강수진, 형사법 사례형 해설(제4판), 박영사, 2019.
지원림, 민법총칙(제21판), 홍문사, 2024.
압수·수색 절차의 개선방안에 관한 연구, 대법원 사법정책연구원, 2016.
주석 형사소송법(Ⅰ)(제6판), 한국사법행정학회, 2022.
주석 형사소송법(Ⅱ)(제6판), 한국사법행정학회, 2022.
주석 형법각칙(Ⅴ)(제5판), 한국사법행정학회, 2017.

김태명, "미국법상 압수·수색의 법리와 우리나라에 대한 시사점", 법학논총 제27권 제3호, 국민대학교 법학연구소, 2015.
김혁돈, "영장 없는 압수·수색과 관련한 대법원의 태도에 대한 고찰", 법학논고 제50집, 경북대학교 법학연구원, 2015.
신상현, "임의제출물 압수의 적법요건으로서의 임의성", 형사법의 신동향 통권 제67호, 대검찰청, 2020.
신이철, "형사소송법 제218조의 유류물 또는 임의제출물의 압수에 대한 소고", 형사법의 신동향 통권 제67호, 대검찰청, 2020.
오상지, "비밀수사의 법제화에 관한 연구", 경찰학 연구 제21권 제2호, 경찰대학, 2021.
이성기, "수사기관의 범죄현장 증거물 수집에 관한 소송법적 논의", 형사법연구 제26권 제1호, 한국형사법학회, 2014.
이정민, "쓰레기 집하장의 쓰레기에 대한 영장 없는 압수의 적법성 여부", 형사법의 신동향 통권 제55호, 대검찰청, 2017.
조상제, "독립적 긴급 압수수색제도의 입법론적 연구", 형사법의 신동향 통권 제32호, 대검찰청, 2011.
최진안, "독립적 긴급압수수색제도의 도입가능성과 한계", 아주법학 제7권 제1호, 아주대학교 법학연구소, 2013.
허준, "제3자 동의에 의한 디지털 증거 압수·수색의 한계", 비교형사법연구 제20권 제4호, 한국비교형사법학회, 2019.
홍영기, "압수의 허용과 제한", 고려법학 제72호, 고려대학교 법학연구원, 2014.
졸고, "임의제출물의 압수에 관한 실무적 고찰", 형사법의 신동향 통권 제68호, 대검찰청, 2020.

제2편 기소와 불기소

피고인의 특정에 관한 실무적 고찰
(형사소송의 이론과 실무 제7권 제1호(2015. 6.), 한국형사소송법학회)

배종대/이상돈/정승환/이주원, 형사소송법, 홍문사, 2015.
백형구, 형사소송법강의(제8정판), 박영사, 2001.
백형구, 형사소송법연습(신정판), 박영사, 1997.
신동운, 신형사소송법(제5판), 법문사, 2014.
신양균, 신판 형사소송법, 화산미디어, 2009.
신현주, 형사소송법(신정2판), 박영사, 2002.
심희기, 쟁점강의 형사소송법(제3판), 삼영사, 2012.
이시윤, 신민사소송법(제17판), 박영사, 2024.
이재상/조균석/이창온, 형사소송법(제13판), 박영사, 2021.
정동윤/유병현/김경욱, 민사소송법(제9판), 법문사, 2022.
정영석/이형국, 형사소송법(전정판), 법문사, 1997.
정웅석/최창호/김한균, 신형사소송법(제2판), 박영사, 2023.
차용석/최용성, 형사소송법(제4판), 21세기사, 2013.
호문혁, 민사소송법(제14판), 법문사, 2020.
주석 형사소송법(Ⅳ)(제6판), 한국사법행정학회, 2022.
법원실무제요 형사(Ⅰ), 법원행정처, 2014.

김상희, "성명모용과 피고인의 특정", 형사판례연구 제2권, 박영사, 1996.
김진태, "피고인 특정 문제", 검찰 제92호. 대검찰청, 1985.
박찬주, "당사자의 확정에 관한 몇 가지 문제", 중앙법학 제11집 제4호, 중앙법학회, 2009.
백형구, "위장출석·성명모용의 소송관계", 월간고시 제225호, 법지사, 1992.
신이철, "형사절차상 성명모용이 판명된 경우 검사와 법원의 조치", 외법논집 제33권 제22호, 한국외국어대학교 법학연구소, 2009.
오영근, "피고인의 특정", 고시연구 제254호, 고시연구사, 1995.
오진선 "인적 도용 방지를 위한 지문제도의 효율적 활용방안", 인하대학교 행정대학원 석사학위논문, 1995.
이기광, "성명모용의 경우 법원이 취하여야 할 형사소송절차상의 조치", 재판과 판례 제6집, 대구판례연구회, 1997.
이동형, "피고인 인정의 기준과 성명모용 및 위장출석", 영남법학 제11권 제2호, 영남대학교 법학연구소, 2005.
지영환, "형사절차상 위장출석의 소송관계에 대한 소고", 형사정책연구 제21권 제2호, 한국형사정책연구원, 2010.

황현호, "성명모용과 위장출석의 경우 피고인의 인정기준", 사법논집 제25집, 법원행정처, 1994.

형사절차상 공범 처벌의 공평성에 관한 소고
-고소 불가분의 원칙과 공소시효 정지효의 관점에서-
(법학논고 제56호(2016. 11.), 경북대학교 법학연구원)

권문택, 형법학연구, 박영사, 1983.
배종대/이상돈/정승환/이주원, 형사소송법, 홍문사, 2015.
백형구, 형사소송법강의(신정판), 박영사, 1994
손동권/신이철, 새로운 형사소송법(제5판), 세창출판사, 2022.
신동운, 신형사소송법(제5판), 법문사, 2014.
신양균, 신판 형사소송법, 화산미디어, 2009.
유기천, 형법학, 일조각, 1980.
이건호, 형법각칙, 일신사, 1957.
이은모/김정환, 형사소송법(제9판), 박영사, 2023.
이재상/조균석/이창온, 형사소송법(제13판), 박영사, 2021.
정영석, 형법각론, 법문사, 1983.
정웅석/최창호/김한균, 신형사소송법(제2판), 박영사, 2023.
차용석/최용성, 형사소송법(제4판), 21세기사, 2013.
주석 형사소송법(Ⅱ)(제6판), 한국사법행정학회, 2022.

김상희/정성현, "조세범처벌관계법의 운용실태와 개선방안", 한국형사정책연구원, 1991.
김선복, "친고죄에 대한 고찰", 형사법 연구 제10호, 한국형사법학회, 1998.
김재봉. "고발의 주관적 불가분원칙 인정 여부", 법학논총 제23권 제4호, 한양대학교 법학연구소, 2006.
류화진, "필요적 공범의 개념과 대향범의 유형", 법학논고 제30집, 경북대학교 법학연구소, 2009.
박달현, "반의사불벌죄와 고소불가분의 원칙", 법조 통권 제572호(2004. 5.), 법조협회.
박달현, "보충성의 원칙과 친고죄의 본질", 비교형사법연구 제3권 제1호, 한국비교형사법학회, 2001.
양동철, "형사소송절차에서의 '공범'", 경희법학 제51권 제1호, 경희법학연구소, 2016.
오경식, "성범죄 피해자의 관점에서 친고죄와 반의사불벌죄의 형사정책적 의미에 관한 연구", 피해자학연구 제21권 제1호, 한국피해자학회, 2013.
윤남근, "공소제기로 인한 공소시효의 정지와 필요적 공범", 법조 통권 제668호(2012. 5.), 법조협회.
윤동호, "피해자의 의사와 형사절차", 피해자학연구 제14권 제1호, 한국피해자학회, 2006.
윤동호, "친고죄와 반의사불벌죄의 입법기준 연구", 법학논총 제37권 제1호, 단국대학교 법학연구소, 2013.

이동임, "성폭력범죄에 대한 고소의 주간적 불가분의 원칙으로 인한 피해방지 방안", 피해자학연구 제20권 제1호, 한국피해자학회, 2012.
이주원, "필요적 공범과 공소시효 정지의 효력", 고려법학 제74호, 고려대학교 법학연구원, 2014.
이희경, "친고죄와 반의사불벌죄의 근거와 현행법제의 타당성 연구", 피해자학연구 제21권 제1호, 한국피해자학회, 2013.
최준혁, "필요적 공범과 공소시효의 정지", 비교형사법연구 제18권 제2호, 한국비교형사법학회, 2016.

소멸시효 제도와 비교하여 검토해 본 공소시효 제도
(인권과 정의 제462호(2016. 12.) 대한변호사협회)

김준호, 민법강의(제30판), 법문사, 2024.
김형배/김규완/김명숙, 민법학강의(제15판), 신조사, 2016.
박미숙, 공소시효제도에 관한 연구, 한국형사정책연구원, 2004.
손동권/신이철, 새로운 형사소송법(제5판), 세창출판사, 2022.
신동운, 신형사소송법(제5판), 법문사, 2014.
신양균, 신판 형사소송법, 화산미디어, 2009.
이재상/조균석/이창온, 형사소송법(제13판), 박영사, 2021.
이창현, 형사소송법(제10판), 도서출판 정독, 2024
지원림, 민법강의(제21판), 홍문사, 2024.
주석 형사소송법(Ⅱ)(제6판), 한국사법행정학회, 2022.

강윤구, "범죄의 증명이 없다는 이유로 무죄확정된 공범의 1인에 대한 기소와 다른 공범에 대한 공소시효정지 여부", 재판과 판례 제9집(2000. 12.), 대구판례연구회.
구상진, "한비 공소시효제도 비교연구", 경희법학 제42권 제2호(2007. 9.), 경희법학연구소.
김성돈, "공소시효제도와 소급금지원칙", 법학논고 제11집(1995. 12.), 경북대학교 법학연구소.
김현수, "프랑스의 공소시효제도", 국외훈련검사 연구논문집 제26집, 법무연수원, 2011.
박찬걸, "공소시효의 정지·연장·배제에 관한 최근의 논의", 형사법의 신동향 통권 제34호(2012. 3.), 대검찰청.
손병현, "프랑스 형사소송법상 공소시효의 특색", 법과 정책 제18집 제2호(2012. 8.), 청주대학교 법과정책연구소.
양동철, "형사소송절차에서의 공범", 경희법학 제51권 제1호, 경희법학연구소, 2016.
양천수, "공소시효에 대한 법철학적 시론", 영남법학 제35호(2012. 12.), 영남대학교 법학연구소.
윤남근, "공소제기로 인한 공소시효의 정지와 필요적 공범", 법조 통권 제668호(2012. 5.), 법조협회.
이주원, "필요적 공범과 공소시효 정지의 효력", 고려법학 제74호(2014. 9.), 고려대학교 법학연구원.
임상규, "공소시효제도의 문제점과 개선방안", 법학논총 제32권 제2호, 전남대학교 법률행정연구소, 2012.

임준호, "공소시효의 본질과 소급적 연장", 법조 제45권 5호, 법조협회, 1996.
정진연, "공소시효", 법학논총 제13권, 숭실대학교 법학연구소, 2003.
최준혁, "필요적 공범과 공소시효의 정지", 비교형사법연구 제18권 제2호, 한국비교형사법학회, 2016.
하태영, "공소시효제도의 문제점과 개정방향", 비교형사법연구 제4권 제1호, 한국비교형사법학회, 2002.
홍영기, "시효이론의 역사적 전개와 그 평가", 법사학연구 제37호, 한국법사학회, 2008.
홍영기, "형사법상 시효의 정당화 근거", 형사법연구 제23호(2005. 여름), 한국형사법학회,

이념 조화적 시각에서 재검토한 공소장일본주의의 공과와 개선방안
(법학논집 제19권 제3호(2015. 3.), 이화여자대학교 법학연구소)

배종대/이상돈/정승환/이주원, 형사소송법, 홍문사, 2015.
손동권/신이철, 새로운 형사소송법(제5판), 세창출판사, 2022.
신동운, 신형사소송법(제5판), 법문사, 2014.
신동운, 입문 일본 형사수속법, 법문사, 2003.
이시윤, 신민사소송법(제17판), 박영사, 2024.
이은모/김정환, 형사소송법(제9판), 박영사, 2123.
이재상/조균석/이창온, 형사소송법(제13판), 박영사, 2021.
정웅석/최창호/김한균, 신형사소송법(제2판), 박영사, 2023.
차용석/최용성, 형사소송법(제4판), 21세기사, 2013.
호문혁, 민사소송법(제14판), 법문사, 2020.

강구진, "공소장일본주의 시론", 법률연구 제2호, 연세대학교법과대학 법률문제연구소, 1982.
박순영, "공소장일본주의", 사법 제12호, 사법발전재단, 2010.
백원기, "공소장일본주의에 대한 비판적 고찰", 형사판례연구 제18권, 한국형사판례연구회, 2010.
백형구, "공소장일본주의", 고시계 제49권 제9호, 고시계사, 2004.
신양균, "바람직한 형사재판의 방향", 저스티스 제37권 제2호, 한국법학원, 2004.
양동철, "개정 형사소송법상의 공소장일본주의", 경희법학 제45권 제1호, 경희대학교 법학연구소, 2010.
이상현, "공소장일본주의의 비교법적 분석", 법조 제60권 제2호, 법조협회, 2011.
이완규, "공판중심주의를 둘러싼 개념상의 혼돈과 해결방향", 법조 제54권 제6호, 법조협회, 2005.
이한주/김동오/김득환, "독일의 공판중심주의", 법조 제55권 제11호, 법조협회, 2006.
차용석, "공소장단독(일본, 유일)주의(Ⅱ)", 고시계 제350권, 한국고시학회, 1986.
홍영기, "공소장일본주의", 형사법연구 제22권 제3호, 한국형사법학회, 2010.

불기소처분의 주문 유형에 대한 실무적 고찰
(인권과 정의 제437호(2013. 11.), 대한변호사협회)

이재상/장영민/강동범, 형법총론(제11판), 박영사, 2022.
이재상/조균석/이창온, 형사소송법(제13판), 박영사, 2021.
배종대, 형법총론(제17판), 홍문사, 2023.
배종대/이상돈/정승환/이주원, 형사소송법, 홍문사, 2015.
신동운, 신형사소송법(제5판), 법문사, 2014.
신양균, 신판 형사소송법, 화산미디어, 2009.
심의기/양동철, 쟁점강의 형사소송법(제2판), 삼영사, 2010.
이영란, 한국형사소송법(개정판), 나남출판사, 2008.
이은모/김정환, 형사소송법(제9판), 박영사, 2023.

정웅석/최창호/김한균, 신형사소송법(제2판), 박영사, 2023.
표성수, 미국의 검찰과 한국의 검찰, 2000. 육법사
三井誠/酒卷(신동운 역), 일본 형사수속법, 2003. 법문사
平良木登規男(조균석 역), 일본 형사소송법, 2012. 박영사
Klaus Volk(김환수/문성도/박노섭 공역), 독일 형사소송법, 2009. 박영사
Diethelm Klesczewski(김성돈 역), 독일 형사소송법, 2012. 성균관대학교 출판부
법률용어사전, 2013. 법전출판사

고경희/이진국, "검사의 불기소처분 실태와 개선방안", 한국형사정책연구원, 2006.
노정환, "수사절차독립성론(상)", 법조 제57권 제3호, 법조협회, 2008.
노정환, "수사절차독립성론(하)", 법조 제57권 제4호, 법조협회, 2008.
이보영, "공소권의 본질과 공소권남용론에 관하여", 사회과학연구 제26집, 호서대학교 사회과학연구소, 2007.
조상제, "불기소처분 및 기소유예 제도에 관한 연구", 동아법학 제44호, 동아대학교 법학연구소, 2009.
채정석, "미국연방검찰청 실무수습보고서", 해외파견검사 연구논문집(제9집), 법무부, 1993.
졸고, "객관적 처벌조건에 관한 실무적 고찰", 인권과 정의, 대한변호사협회, 2007.

제3편 주장과 입증

형사소송에서 책문권의 인정과 한계에 대한 실무적 고찰
- 민사소송의 경우와 비교하여-
(법학논총 제19권 제3호(2012. 12.), 조선대학교 법학연구원)

권오걸, 형사소송법, 형설출판사, 2010.
김홍규/강태원, 민사소송법(제5판), 삼영사, 2020.
배종대/이상돈/정승환/이주원, 형사소송법, 홍문사, 2015.
신동운, 신형사소송법(제5판), 법문사, 2014.
신양균, 신판 형사소송법, 화산미디어, 2009.
이시윤, 신민사소송법(제17판), 박영사, 2024.
이재상/조균석/이창온, 형사소송법(제13판), 박영사, 2021.
정동윤/유병현/김경욱, 민사소송법(제9판), 법문사, 2022.
차용석/최용성, 형사소송법(제4판), 21세기사, 2013.
호문혁, 민사소송법(제14판), 법문사, 20201.
주석 신민사소송법(Ⅱ)(제1판), 한국사법행정학회, 2003.

표호건, "책문권", 고시계 제481호, 국가고시학회, 1997.
졸고, "형사소송법의 시각에서 살펴본 민사소송법에서의 문서의 진정성립", 법학논집 제20권 제3호
　　　(2016. 3.), 이화여자대학교 법학연구소
졸고, "형사소송에서의 증거동의", 인권과 정의 제349호(2005. 9.), 대한변호사협회.

구성요건 요소인 '정당한 사유' 유무의 입증에 관한 소고
(형사법의 신동향 제78권(2023. 3.), 대검찰청)

김성돈, 형법각론(제7판), 성균관대학교 출판부, 2021.
김성돈, 형법총론(제8판), 성균관대학교 출판부, 2022.
김일수/서보학, 새로쓴 형법각론(제8판), 박영사, 2015.
김홍엽, 민사소송법(제11판), 박영사, 2023.
배종대, 형법각론(제12판), 홍문사, 2021.
신동운, 신형사소송법(제5판), 법문사, 2014.
이시윤, 신형사소송법(제17판), 박영사, 2024.
임웅, 형법각론(제11정판), 법문사, 2020.

정동윤/유병현/김경욱, 민사소송법(제6판), 법문사, 2017.

김상오, "적극적 위법성요소", 형사법연구 제34권 제3호. 한국형사법학회, 2022.
김종호, "보전소송에 있어서 소명책임과 본안소송에서의 증명의 정도에 관한 고찰", 법조 제67권 제3호, 법조협회, 2018.
김찬돈, "조세법처벌법 제10조 소정의 '정당한 사유'의 의미 및 그 입증책임의 소재", 법조 제51권 제2호, 법조협회, 2002.
배상원, "양심적 병역거부와 병역법 제88조 제1항의 정당한 이유", 사법 1권 47호, 사법발전재단, 2019.
서승렬, "보전소송에 있어서의 소명", 재판실무연구(3), 한국사법행정학회, 2008.
이재승, "병역법 제88조 제1항의 '정당한 사유'의 의미", 경희법학 제53권 제3호, 경희법학연구소, 2018.
정선주, "가처분절차에서 소명", 민사소송 제13권 제2호, 한국민사소송법학회, 2009.
졸고, "증거재판주의의 의미와 엄격한 증명, 자유로운 증명", 법학논총 제17권 제1호, 조선대학교 법학연구원, 2010.
졸고, "형사소송에서 입증책임과 쟁점형성책임에 관한 실무적 고찰", 형사소송 이론과 실무 제9권 제2호, 한국형사소송법학회, 2017.

피의자신문조서와 형사소송법 제314조의 관계에 대한 소고
(형사법의 신동향 제63권(2019. 6.), 대검찰청)

노명선/이완규, 형사소송법(제5판), 성균관대학교 출판부, 2017.
배종대/이상돈/정승환/이주원, 형사소송법, 홍문사, 2015.
신동운, 신형사소송법(제5판), 법문사, 2014.
이재상/조균석/이창온, 형사소송법(제13판), 박영사, 2021.
이창현, 형사소송법(제10판), 도서출판 정독, 2024.
정웅석/최창호/김한균, 신형사소송법(제2판), 박영사, 2023.

강동범, "사법경찰관이 작성한 공범에 대한 피의자신문조서의 증거능력", 법학연구 제41집(2014. 5.), 전북대학교 법학연구소.
김봉수, "피고인의 공소사실과 관련한 공동피고인에 대한 경찰 작성 신문조서의 증거능력", 형사법연구 제22권 제1호, 한국형사법학회, 2010.
서보학, "공범자의 수사상 진술과 형소법 제314조 및 제310조의 적용 여부", 고시연구 제31권 제3호 (2004. 3.), 고시연구사.
손동권, "피의자신문조서에 대한 제314조의 적용문제", 경찰학연구 제11권 제3호, 경찰대학교, 2011.

신이철, "형사증거법상 제314조의 적용범위와 그 한계", 형사법의 신동향 제42권, 대검찰청, 2014.
이완규, "공범인 피의자에 대한 경찰 피의자신문조서의 증거능력", 형사법의 신동향 제18호(2009. 2.), 대검찰청.
이은모, "공범자에 대한 피의자신문조서의 증거능력", 법학논총 제32집 제4호, 한양대학교 법학연구소, 2015.
정웅석, "공범의 수사상 진술의 증거능력을 인정하기 위한 대면권과 전문법칙과의 관계", 형사소송 이론과 실무 제4권 제1호(2012. 6.), 한국형사소송법학회.
최병각, "공범과 공동피고인, 왜 문제인가?", 저스티스 제122호(2011. 2.), 한국법학원.
졸고, "형사소송법 제310조의2의 적용 기준과 범위에 관한 소고", 인권과 정의 제445호, 대한변호사협회, 2014.

녹음테이프와 녹취록, 녹취진술의 증거능력에 대한 실무적 고찰
(인권과 정의 제498호(2021. 6.), 대한변호사협회)

노명선, 판례연구 형사소송법(전정개정판), 고시계사, 2013.
배종대/이상돈/정승환/이주원, 형사소송법(제2판), 홍문사 2016.
신동운, 신형사소송법(제5판), 법문사, 2014.
이은모/김정환, 형사소송법(제9판), 박영사, 2023.
이재상/조균석/이창온, 형사소송법(제13판), 박영사, 2021.
졸저, 실무형사소송법(2025년 개정판), 준커뮤니케이션즈.

김동원, "형사소송에서 증거로 활용되는 녹음파일 등에 관한 실무상 문제점에 대한 소고", 사법 제1권 제46호, 사법발전재단, 2018.
김혁돈, "녹취서와 녹음테이프의 증거능력 등에 관한 실무적 고찰", 법학논집 제19권 제2호, 이화여자대학교 법학연구소, 2014.
서태경, "녹음매체에 대한 녹취서의 증거법상 지위와 증거조사 방법에 대한 소고", 법학논총 제32권 제3호, 한양대학교 법학연구소, 2015.
이완규, "협박 진술 녹음의 전문증거 문제와 진정성 문제의 구별", 저스티스 제139호, 한국법학원, 2013.
이창섭, "형사소송법 제313조 제1항에 관한 몇가지 검토" 동아법학 제62호, 동아대학교 법학연구소, 2014.
차정인, "진술이 담긴 기계적 기록물과 전문법칙", 형사법연구 제29권 제3호, 한국형사법학회, 2017.
최병각, "진술과 기록의 증거능력", 형사판례연구 제21권, 한국형사판례연구회, 2013.
졸고, "다중전문증거의 증거능력에 관한 소고", 법학논총 제21집 제3호, 조선대학교 법학연구소, 2014.

컴퓨터가 자동 생성한 문서에 대한 형사증거법적 고찰
-증거능력 요건과 증거조사 방법을 중심으로-
(법학연구 제30권 제1호(2019. 6.) 충북대학교 법학연구소)

배종대/이상돈/정승환/이주원, 형사소송법, 홍문사, 2015.
신동운, 신형사소송법(제5판), 법문사, 2014.
이재상/조균석/이창온, 형사소송법(제13판), 박영사, 2021.
이창현, 형사소송법(제10판), 도서출판 정독, 2024.
정웅석/최창호/김한균, 신형사소송법(제2판), 박영사, 2023.

강구민, "전자적 증거와 관련한 미국의 전문법칙", 형사법의 신동향 통권 제52호, 대검찰청, 2016.
안성수, "디지털증거의 증거능력", 법조 통권 제721호, 2017, 법조협회.
이숙연, "형사소송에서의 디지털증거의 취급과 증거능력", 고려대학교 정보경영공학전문대학원 박사학위논문, 2011.
탁희성, "전자증거에 관한 연구", 이화여자대학교 대학원 박사학위논문, 2004.

제4편 판결과 그 효력

객관적 처벌조건에 관한 실무적 고찰
- 이를 흠결한 경우 검사의 처분과 법원의 판결을 중심으로 -
(인권과 정의 제374권(2007. 10.), 대한변호사협회)

김일수/서보학, 형법각론(새로쓴 제9판), 박영사, 2018
배종대, 형법총론(제17판), 홍문사, 2023.
배종대, 형법각론(제14판), 홍문사, 2023.
신동운, 신형사소송법(제5판), 법문사, 2014.
신양균, 신판 형사소송법, 박영사, 2009.
신현주, 형사소송법(신정2판), 박영사, 2002.
유기천, 형법학(각론강의 하), 일조각, 1982.
이재상/장영민/강동범, 형법총론(제11판), 박영사, 2022.
이재상/장영민/강동범, 형법각론(제13판), 박영사, 2023.
이재상/조균석/이창온, 형사소송법(제13판), 박영사, 2021.
이주원, 특별형법(제7판), 홍문사, 2021.
이천현, 파산범죄에 관한 연구, 한국형사정책연구원, 2005.

이형국/김혜경, 형법총론(제7판), 법문사, 2023.
법원실무제요 형사(Ⅱ), 법원행정처, 2014.

김성규, "객관적 처벌조건과 범죄의 성립요건", 법조 통권 제611호(2007. 8.), 법조협회.
김용희, "객관적 처벌조건의 형법체계상 지위에 관한 연구", 청주대학교 대학원 박사학위논문, 1999.
김용희, "객관적 처벌조건에 관한 연구", 법학연구 제18집(2005. 6.), 한국법학회.
손지영, "채무자 회생 및 파산에 관한 법률상 사기파산행위 처벌규정", 제도와 경제 제6권 제3호(2012. 11.), 한국제도·경제학회.
졸고, "객관적 처벌조건에 관한 실무적 고찰", 인권과 정의 제374호, 대한변호사협회, 2007.

기판력의 발현 형태와 효력 범위에 관한 소고
- 민사소송과 형사소송을 비교하여 -
(형사소송의 이론과 실무 제8권 제1호(2016. 6.), 한국형사소송법학회)

김홍규/강태원, 민사소송법(제5판), 삼영사, 2020.
김홍엽, 민사소송법(제11판), 박영사, 2023.
노명선/이완규, 형사소송법(제5판), 성균관대학교 출판부, 2017.
배종대/이상돈/정승환/이주원, 형사소송법, 홍문사, 2015.
손동권/신이철, 새로운 형사소송법(제5판), 세창출판사, 2022.
신동운, 신형사소송법(제5판), 법문사, 2014.
신양균, 신판 형사소송법, 화산미디어, 2009.
이시윤, 신민사소송법(제17판), 박영사, 2024.
이영섭, 신민사소송법(상)(제7전정판), 박영사, 1972.
이은모/김정환, 형사소송법(제9판), 박영사, 2023.
이재상/조균석/이창온, 형사소송법(제13판), 박영사, 2021.
정동윤/유병현/김경욱, 민사소송법(제9판), 법문사, 2022.
정웅석/최창호/김한균, 형사소송법(제2판), 박영사, 2023.
차용석/최용성, 형사소송법(제4판), 21세기사, 2013.
호문혁, 민사소송법(제14판), 법문사, 2020.
법원실무제요 형사 Ⅱ, 법원행정처, 2014.
上口裕, 刑事訴訟法(第4版), 成文堂, 2015.

강현중, "기판력에 관한 연구", 법학논총 제19집, 국민대학교 출판부, 2007.
강현중, "변론종결 후의 형성권 행사", 민사재판의 제문제 제5권, 민사실무연구회, 1989.
국순욱, "기판력의 본질과 작용", 민사법연구 제11집 제1호(2003. 6.), 대한민사법학회.

김성돈, "확정판결에 의한 포괄일죄의 분리", 비교형사법연구 제2권 제2호, 한국비교형사법학회, 2000.
김용진, "소송상 쟁점사항과 소송물이론", 법학연구 제12권 제1호(2001. 12.), 충남대학교 법학연구소.
김일룡, "판결주문의 형식과 기판력의 객관적 범위의 관계", 동아법학 제53호(2011. 11.), 동아대학교 법학연구소.
남동현, "기판력의 표준시에 관한 법률적 쟁점", 비교사법 제16권 1호, 비교사법학회, 2009.
박광민, "포괄일죄의 일부에 대한 추가기소와 확정판결에 의한 전후 사건의 분리", 형사판례연구 제11호, 박영사, 2003.
범경철, "기판력의 객관적 범위에 관한 비판적 고찰", 홍익법학 제13권 제3호(2012. 10.), 홍익대학교 법학연구소.
서성, "기판력이 미치는 사건의 판결 주문", 대법원 판례해석 제1권 제1호, 법원행정처, 1979.
석현수, "기판력 작용의 요건", 한양법학 제51집(2015. 8.), 한양법학회.
오정후, "확정판결의 기판력이 후소에 미치는 영향", 민사소송 제18권 제2호(2014. 11.), 한국민사소송법학회.
우세나, "소송물과 기판력의 객관적 범위의 관계", 영남법학 제25호(2007. 10.), 영남대학교 법학연구소.
윤용섭, "형사확정판결의 기판력이 미치는 시간적 범위", 법조 통권 제447호(1993. 12.), 법조협회.
이병주, "상습범행 중간의 확정판결과 기판력의 범위", 재판실무연구(2005. 1.), 광주지방법원.
정재길, "기판력의 본질과 그 한계에 관한 연구", 법학연구 제9호, 전북대학교 법학연구소, 1982.
주인, "민사판결 효력의 확장에 관한 소고", 목원대학교 논문집 제25호, 목원대학교, 1994.
한충수, "소송물의 실질적 동일성과 기판력의 작용이론", 법학논총 제25집 제2호, 한양대학교 법학연구소, 2008.
호문혁, "일부청구와 기판력", 사법행정 제375호(1992. 3.), 한국사법행정학회.
홍영기, "일사부재리의 효력 범위", 저스티스 통권 제123호(2011. 4.), 한국법학원.

포괄일죄의 일부에 대한 확정판결의 기판력과 죄수 문제
(형사소송의 이론과 실무 제8권 제2호(2016. 12.), 한국형사소송법학회)

배종대/이상돈/정승환/이주원, 형사소송법, 홍문사, 2015.
신동운, 형법총론(제13판), 법문사, 2021.
신동운, 형법총론 사례입문(증보판), 법문사, 1992.
신동운, 신형사소송법(제5판), 법문사, 2014.
신양균, 신판 형사소송법, 화산미디어, 2010.
이재상/조균석/이창온, 형사소송법(제13판), 박영사, 2021.

김성돈, "상습범의 죄수: 상습범이 일죄가 아닌 이유", 법조 제51권 제2호, 법조협회, 2002.

김성돈, "확정판결에 의한 포괄일죄의 분리", 비교형사법연구 제2권 제2호, 한국형사법학회, 2000.
김혜경, "영업범의 개념과 죄수관계", 형사판례연구 제19권, 한국형사판례연구회, 2011.
박광민, "상습범의 죄수와 기판력이 미치는 범위", 형사판례연구 제14호, 형사판례연구회, 2006.
박광민, "포괄일죄의 일부에 대한 추가기소와 확정판결에 의한 전후사건의 분리", 저스티스 제68호, 한국법학원, 2002.
박동률, "상습범행의 일부에 대한 단순범죄의 확정판결과 절차법상의 문제점", 법학논고 제36집, 경북대학교 법학연구원, 2011.
박채규, "상습범의 중간에 확정판결이 있을 때의 몇가지 문제", 사법논집 제10집, 법원행정처, 1979.
손동권, "검사작성 피의자신문조서의 증거능력과 포괄일죄의 기판력 범위와 관련된 최근판례", 고시연구 제32권 제4호, 고시연구사, 2005.
안철상, "상습사기의 범행의 중간에 동종의 죄에 관한 확정판결이 있는 경우 확정판결 전후의 각 사건 사이에 동일성이 인정되는지 여부", 대법원 판례해설 제34호, 법원행정처, 2000.
이병주, "상습범행 중간의 확정판결과 기판력의 범위", 재판실무연구 2004, 광주지방법원, 2005.

행위 중에 법률이 변경된 경우 적용 법규와 1죄성에 관한 소고
(형사법의 신동향 제86호(2025. 3.), 대검찰청)

김성돈, 형법총론(제8판), 성균관대학교 출판부, 2022.
손해목, 형법총론, 법문사, 1996.
이재상/장영민/강동범, 형법총론(제11판), 박영사, 2022.
이창현, 형사소송법(제10판), 도서출판 정독, 2024.
주석 형사소송법(Ⅲ)(제6판), 한국사법행정학회, 2022.

류동훈, "형법 제1조와 계속범의 관계에 대한 비판적 검토", 법학논총 제55집, 숭실대학교 법학연구소, 2023.
문채규, "행위 중에 형벌법규의 변경이 있는 경우 적용법규의 문제", 형사법연구 제21권 제4호, 한국형사법학회, 2009.
손인혁, "헌법상 이중처벌금지 원칙의 내용과 그 적용", 유럽헌법연구 제35호, 유럽헌법학회, 2021.
윤동호, "상습범의 일죄성과 처벌의 합리성 내지 필요성", 형사정책 제34권 제3호, 한국형사정책학회, 2022.
이근우, "'행위 중에 형벌법규의 변경이 있는 경우 법규의 적용문제'의 평석", 법학연구 제65권 제1호, 부산대학교 법학연구소, 2024.
하태훈, "건축법상의 불법용도변경과 형법의 시간적 적용범위", 고려법학 제38권, 고려대학교 법학연구원, 2002.

참고문헌

형사절차법 삐딱하게 보기

발행 / 2025년 9월 15일

글쓴이 / 김정한
펴낸이 / 박준성
펴낸곳 / 준커뮤니케이션즈
등록일 / 2004년 1월 9일 제25100-2004-1호
주 소 / 대구광역시 중구 봉산동 217-16 삼협빌딩 3층
홈페이지 / www.jbooks.co.kr
전 화 / (053)425-1325
팩 스 / (053)425-1326

ISBN 979-11-6296-065-3 93360

값 30,000원

※파본은 바꿔 드립니다. 본서의 무단복제행위를 금합니다.